溧 阳 神 墩

（上）

南 京 博 物 院
常 州 博 物 馆 编著
溧阳市文化广电体育局

主 编

田名利

副主编

彭 辉 赵东升 徐建中 曹昕运

文物出版社

北京·2016

图书在版编目（CIP）数据

溧阳神墩／南京博物院，常州博物馆，溧阳市文化广电体育局
编著．—北京：文物出版社，2016.1
ISBN 978－7－5010－4408－5

Ⅰ．①溧…　Ⅱ．①南…　②常…　③溧…　Ⅲ．①墓葬（考古）—
考古发掘—溧阳市　Ⅳ．①K878.8

中国版本图书馆 CIP 数据核字（2015）第 239290 号

溧阳神墩

编　　著：南京博物院　常州博物馆　溧阳市文化广电体育局

责任编辑：黄　曲
封面设计：程星涛
责任印制：张　丽

出版发行：文物出版社
社　　址：北京市东直门内北小街 2 号楼
邮政编码：100007
网　　址：http：//www.wenwu.com
邮　　箱：web@wenwu.com
经　　销：新华书店
印　　刷：北京鹏润伟业印刷有限公司
开　　本：889×1194　1/16
印　　张：57　插页：4
版　　次：2016 年 1 月第 1 版
印　　次：2016 年 1 月第 1 次印刷
书　　号：ISBN 978－7－5010－4408－5
定　　价：680.00 元

Shendun Site in Liyang

(I)

(with Abstracts in English and Japanese)

by

Nanjing Museum

Changzhou Museum

Liyang Municipal Culture and Sports Bureau

Cultural Relics Press

Beijing · 2016

目　录

插图目录

插表目录

第一章 概 述

第一节 自然环境和历史沿革[①]

一 自然环境

神墩遗址位于长江下游的江苏省南部、太湖西部的溧阳市（图一）。溧阳市东邻无锡宜兴市，北与常州金坛区、镇江句容市毗连，西与南京市溧水、高淳区接壤，南与安徽省郎溪、广德县交界。地理坐标为北纬 $31°09' \sim 31°41'$，东经 $119°08' \sim 119°36'$。东西宽约 45.14 千米，南北长约 59.06 千米，总面积 1535.87 平方千米。

境内主要属北亚热带季风气候区，干湿冷暖，四季分明，雨量丰沛，日照充足，自然植被茂盛。全年无霜期 224 天，年平均气温 15.4℃，雨量 1149.7 毫米，雨日 133 天，平均风速 3.0 米/秒，日照 2103.7 小时，太阳年辐射总量 114.8 千卡/cm^2，四季特征是夏冬季历时长，春秋季短。

境内地貌受地质构造和岩石性质的控制，形成低山、丘陵和平原圩区兼有的格局。全境南、西、北三面高，中部与东面低平，其中南部宜溧山地丘陵属天目山脉延伸，层峦叠嶂，最高山峰锅底山，海拔 541 米；西北部茅山山脉丘陵，岗峦起伏，最高峰丫髻山海拔 412 米，为太湖地区和宁镇地区的自然分界。南、西、北分别依次向中部递降并向东倾斜，形似簸箕，地势相对平坦，由高到低，分布着大片的平原和圩区，平均海拔 3 米，河港纵横交错，湖荡分布其间。

溧阳受大地构造影响，形成溧阳盆地，属太湖水系，位于太湖湖西水网区。古代中江（现大致为胥溪河一线）贯穿县境中部洼地（高淳境内多称胥河，溧阳境内多称南河，宜兴境内多称荆溪河，溧阳、宜兴境内有时又合称南溪河，全线有时称胥溪河），向东可达太湖，向西可到长江。境内有湖荡近百万亩。明洪武二十五年（1392 年）筑东坝，截断胥河上游水阳江水源，湖荡淤浅，并被逐步围垦耕作，遂分化成独立的湖荡。境内主要以南河、中河、北河汇全县山丘之水和高淳、郎溪部分河水，分别向东注入西氿、东氿，东流入太湖。

境内矿藏资源丰富，主要为非金属矿的透闪石岩、石灰岩、方解石、膨润石、硅灰石、建筑砂等，储量丰富。

二 历史沿革

据历史记载，溧阳古为荆蛮之地。春秋时，吴王寿梦元年（前 585 年）建立吴国，溧阳属吴，此时即有溧阳之名。战国初，周元王姬仁三年（前 473 年），越王勾践灭吴，溧阳属越。周显王三十六年

---

① 本节内容参考《溧阳县志》编纂委员会：《溧阳县志》，江苏人民出版社，1992 年。

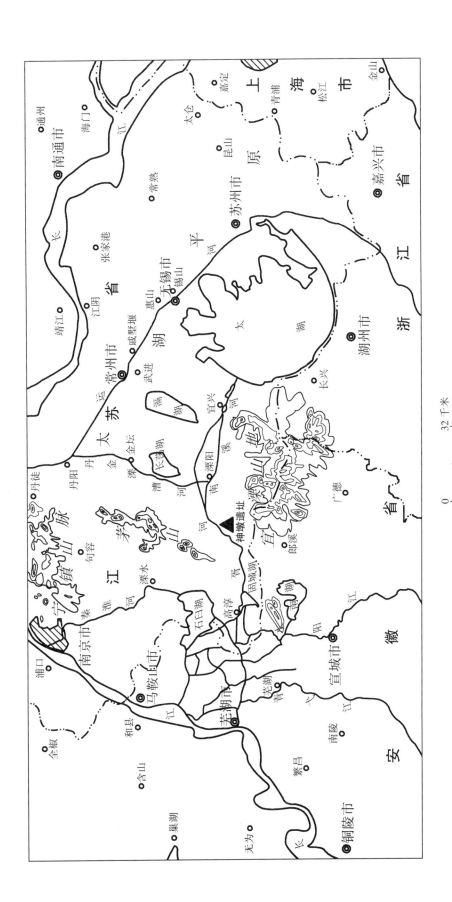

图一　神墩遗址地理位置图

楚威王七年（前333年），溧阳属楚。秦始皇二十四年（前223年），秦灭楚，秦始皇二十五年（前222年）于原吴、越地置会稽郡，郡治吴县（今苏州市），溧阳属之。二十六年（前221年），秦统一全国，分天下为36郡，置溧阳县，属鄣郡，郡治故鄣（今浙江安吉西北），县治不详。秦二世元年（前209年），项梁起兵江东反秦，称三楚，溧阳属楚。汉高祖五年（前202年），统一全国，溧阳属汉。西汉时溧阳曾先后为楚（韩信）、荆（刘贾）、吴（刘濞）、江都（刘非）等王封地，皆属鄣郡。汉武帝元封二年（前109年），改鄣郡为丹杨（即丹阳）郡，郡治宛陵（今安徽宣城），溧阳属之。东汉时，溧阳县治在固城（今高淳县境内）。东汉末，建安二十四年（219年），孙权以吕范为丹阳郡太守，将郡治由宛陵迁至建业（今南京市）。三国吴大帝黄武元年（222年），废溧阳县建制，以其一部分辟为屯田，设屯田都尉；另一部分置永平县，县治在今城南十五里古县（今茶亭乡）。溧阳屯田都尉与永平县仍属丹阳郡，郡治建业。晋武帝太康元年（280年），司马炎灭吴，改永平为永世县，县治仍在古县。同时，废溧阳屯田都尉，复置溧阳县，县治仍在固城。永世、溧阳仍属丹阳郡。晋惠帝永兴元年（304年），分永世县部分地区置平陵县，县治在平陵城（今南渡镇古城村）。永世、平陵俱属义兴郡，郡治在阳羡（今宜兴）。永世县治仍旧。南北朝时宋文帝元嘉九年（432年），废平陵县，其地分属溧阳、永世二县，俱属丹阳尹，尹治建康（今南京市）。溧阳、永世治所依旧。南齐、梁、陈时，溧阳、永世二县，仍属丹阳郡，郡治、县治依旧。隋文帝开皇九年（589年），隋灭陈，废永世县，其地并入溧阳县，属蒋州，州治在石头城（今南京市清凉山），县治依旧。十一年（591年），析溧阳之西为溧水县。十二年（592年），复置永世县，溧阳、永世属宣州，州治在宛陵，永世县治依旧。十八年（598年），并溧阳入溧水县，属蒋州。唐高祖武德三年（620年），再废永世县，并划溧水县东部之地复置溧阳县，县治在今南渡镇旧县村，属扬州。七年（624年），扬州更名蒋州，八年（625年）复名扬州，九年（626年）州废，溧阳属宣州（今安徽宣城）。唐肃宗上元元年（760年），改属升州（今南京市），二年（761年）州废，还属宣州。僖宗光启三年（887年），复属升州。昭宗天复三年（903年），县治迁至今溧城镇。五代十国时，溧阳先属杨吴，属升州。杨隆演武义二年（920年）七月，属金陵府，府治上元（今南京市市区）。后属南唐。南唐升元元年（937年），改金陵府为江宁府，府治、县治仍旧。宋初，属江宁府。太祖开宝八年（975年），府改升州。真宗天禧二年（1018年）复旧。南宋高宗建炎三年（1129年），改为建康府，县亦随时转属，府治在南京市。元世祖至元十四年（1277年），改溧阳县为溧州，州治溧城镇。十五年（1278年），改为溧阳府。十六年（1279年），改为溧阳路。二十八年（1291年），革路存县。原贞二年（1296年），又改为溧阳州，属建康路（今南京市）。元明宗天历二年（1329年），建康路改名集庆路。元惠宗至正十五年（1355年），朱元璋攻占溧阳，仍沿元旧制，为溧阳州。十六年（1356年），属应天府（今南京市）。明太祖洪武二年（1369年），改溧阳州为溧阳县，仍属应天府。清世祖顺治二年（1645年），清兵克南京，改应天府为江宁府，溧阳属之。世宗雍正八年（1730年），改属镇江府（今镇江市）。文宗咸丰十年（1860年）三月二十三日至穆宗同治三年（1864年）二月初二日，属太平天国苏福省，省治苏州。后仍属镇江府。辛亥革命后，属镇江府，府治丹徒。

民国元年（1912年）1月，直属江苏省行政公署。民国三年（1914年）6月，属金陵道，治所江宁。民国十六年（1927年）废道制，属江苏省政府直辖。民国二十四年（1935年）9月，属江苏省第一行政督察区，行政督查专员公署驻溧阳县。之后，溧阳又经历了多次行政区划的变迁。1945年，国民政府复治溧阳县，属江苏省政府管辖。

1949年4月25日溧阳解放。5月7日，成立溧阳县人民政府，属苏南行政公署武进行政分区。11

月 28 日起，属常州公署，专署驻常州市。1953 年 1 月起属镇江专署管辖，专署驻镇江市。1958 年属
常州专署。1960 年复属镇江专署。1983 年 3 月实行市管县体制，溧阳县归常州市（地级）管辖。1990
年撤溧阳县建溧阳市（县级），属常州市管辖至今。

第二节　遗址概况和工作经过

一　遗址概况

　　神墩遗址位于江苏省溧阳市社渚镇孔村行政村下文头自然村东部 30 米左右，东北距溧阳市区约 30
千米（图二）。处于宜溧低山丘陵和茅山山脉丘陵向太湖平原逐渐过渡的平原地带，海拔高度约 5 米。

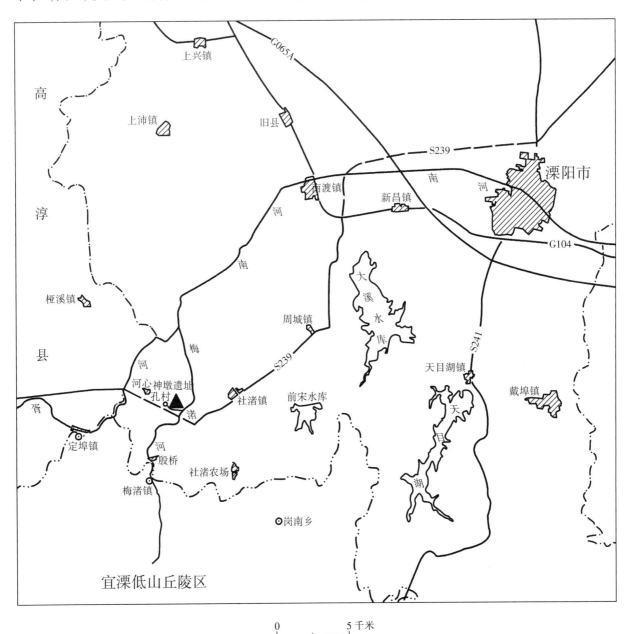

图二　神墩遗址行政位置图

20 世纪 70 年代，当地村民在遗址东部、南部开挖生产引水渠和拓宽、疏浚河道时发现大量陶片、石器、红烧土、动物骨骼等，遂上报文化部门。1982 年全国第二次文物普查时得到确认。2003 年由溧阳市人民政府公布为市级文物保护单位。当时基本认识为："系新石器时代遗址，东西长 90 米，南北长 80 米，面积约 7000 平方米。神墩东南两面环河，文化堆积层厚 5 米，上层为龙山文化层，下层为马家浜文化层，地表残陶片俯拾皆是。"①

神墩遗址现为平原地带高出四周地面 1～2 米的不太规整的长条形土墩，东西约 150 多米，南北约 200 米，总面积近 3 万平方米。东部和西南部的局部边缘因现代堆土而高于遗址表面 2 米左右，中部相对比较平坦，向北、向西略低。其上种植有大量树木和桑林，并埋葬有大量的现代坟墓。南部和西南部被溧梅支河环绕，东为生产引水渠，北为农田，附近有面积大小不等的水塘，西为孔村行政村下属的下文头自然村（图三；彩版一，1，2）。溧梅支河向东 200 米后注入发源于宜溧低山丘陵、由南向北流淌的梅渚河并在三尖嘴附近汇入南河，向东经宜兴荆溪河可入太湖，向西经高淳胥河、固城湖、石臼湖通过水阳江、青弋江水系可达长江。

二　工作经过

自 1959 年马家浜遗址发掘②和 1977 年夏鼐先生正式定名马家浜文化③以来，江、浙、沪的考古工作者在太湖流域围绕着马家浜文化开展了一系列工作。然而，大量的考古发掘相对集中于环太湖东部地区，环太湖西部地区特别是太湖正西部的宜兴、溧阳在整个 20 世纪基本处于空白，影响了整个太湖流域史前考古工作的平衡进展和深入研究。2000 年以来，南京博物院考古研究所张敏先生提出了环太湖西部马家浜文化研究课题的设想，在此基础上先后发掘了江阴祁头山④、锡山彭祖墩⑤、宜兴骆驼墩⑥和西溪⑦等马家浜文化时期遗址，发现了以平底釜为中心的马家浜文化遗存，与太湖东部以圜底釜为中心的马家浜文化遗存有相当大的区别。为了全面了解太湖西部马家浜文化的整体面貌，建立完整的新石器时代—商周时期的文化序列，确定太湖文化区和宁镇文化区的文化分界，动态地把握马家浜文化的变迁过程，2004～2006 年，经国家文物局批准，我们对溧阳神墩遗址进行了三次主动性科学发掘。

2004 年 12 月～2005 年 1 月，南京博物院、常州博物馆、溧阳市文化局（现溧阳市文化广电体育局）联合组成溧阳神墩遗址考古队对神墩遗址进行了全面钻探和第一次发掘。布方是在遗址西南角确定永久性坐标基点，采用第一象限法，每隔 5 米按正方向统一编号布方（图三、四）。参加发掘的人员有田名利、赵东升（南京博物院）、钱发家、钱海江（安徽技工）。发掘了 T1235、T1335 和 TG1，分别分布于遗址的西北部（后连续发掘成为主发掘区）和中南部，发掘面积 80 平方米，清理墓葬 5 座、灰坑 12 个、房址 1 座。

---

① 文字见于神墩遗址市级文物保护单位标志碑。
② 浙江省文物管理委员会：《浙江嘉兴马家浜新石器时代遗址的发掘》，《考古》1961 年第 7 期。
③ 夏鼐：《碳—14 测定年代和中国史前考古学》，《考古》1977 年第 4 期。
④ 南京博物院、无锡市博物馆、江阴博物馆编著：《祁头山》，文物出版社，2007 年。
⑤ 南京博物院、无锡市博物馆、锡山区文物管理委员会：《江苏无锡锡山彭祖墩遗址发掘报告》，《考古学报》2006 年第 4 期。
⑥ 林留根：《环太湖流域史前考古新突破——宜兴骆驼墩遗址发掘》，《中国文物报》2002 年 8 月 30 日第 1 版。南京博物院考古研究所：《江苏宜兴市骆驼墩新石器时代遗址的发掘》，《考古》2003 年第 7 期。林留根等：《江苏宜兴骆驼墩遗址》，《2002 中国重要考古发现》，文物出版社，2003 年。
⑦ 田名利等：《江苏宜兴西溪遗址发掘取得重要成果》，《中国文物报》2004 年 10 月 22 日第 1 版。南京博物院、宜兴市文物管理委员会：《江苏宜兴西溪遗址发掘纪要》，《东南文化》2009 年第 5 期。

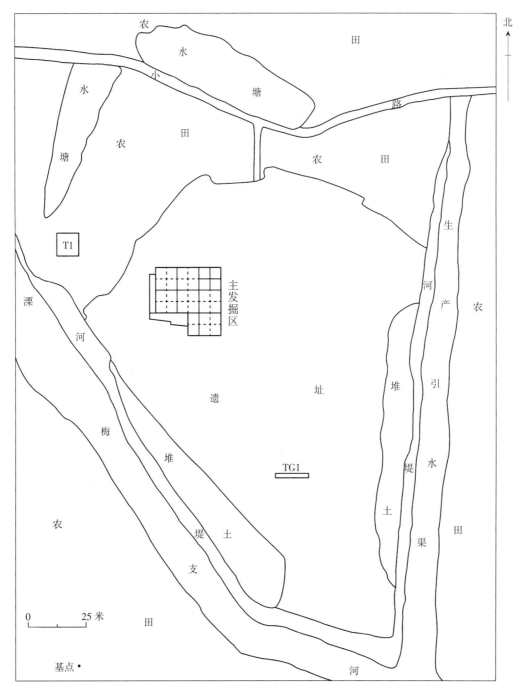

图三 神墩遗址平面图

2005 年 11 月～2006 年 1 月，考古队对神墩遗址进行了第二次发掘。参加发掘的人员有田名利、赵东升、彭辉（常州博物馆）、曹昕运（溧阳市文化局）、齐军（陕西技工）、钱发家等，吉林大学张全超博士现场鉴定了出土的人体骨骼。发掘集中在第一次发掘探方的西部和南部（主发掘区），发掘过程中根据墓葬和房址密集的实际情况，为避免隔梁过多导致遗迹现象的支离破碎，往往将 4 个 5×5 米的探方合成 1 个 10×10 米的探方。10×10 米的探方编号以西南角探方号作为代表，如 T0834、T0835、T0934、T0935 称为 T0834 等四方（器物编号时为方便和简略，简称为 T0834 等），T1034、T1035、T1134、T1135 称为 T1034 等四方（器物编号时简称为 T1034 等）。此次发掘了 T0834 等四方、T1034 等四方和 T1234，发掘面积 225 平方米，清理墓葬 52 座、瓮棺葬 9 座、灰坑

15 个、房址 5 座。

2006 年 3 ~ 8 月，考古队对神墩遗址进行了第三次发掘。参加发掘的人员有田名利、赵东升、彭辉、齐军、高攀（陕西技工）、曹昕运、陈大海、张义中、许超（南京大学）、钱发家等。张全超博士继续现场进行出土人体骨骼的鉴定。发掘集中在第一、二次发掘探方的西部和南部（主发掘区），发掘过程中根据实际情况往往将 4 个 5×5 米的探方合成 1 个 10×10 米的探方或将 2 个 5×5 米的探方合成 1 个 5×10 米的探方，并以西南角探方号作为代表编号，如 T0832、T0833、T0932、T0933 称为 T0832 等四方（器物编号时简称为 T0832 等），T1032、T1033、T1132、T1133 称为 T1032 等四方（器物编号时简称为 T1032 等），T1232、T1233、T1332、T1333 称为 T1232 等四方（器物编号时简称为 T1232 等），T1230、T1231、T1330、T1331 称为 T1230 等四方（器物编号时简称为 T1230 等），T1130、T1131 称为 T1130 等两方（器物编号时简称为 T1130 等）。因受现代坟墓的影响，T0832 等四方、T1032 等四方的南部以及 T0832 等四方、T0834 等四方的西部仅做了局部扩方，称为南扩方和西扩方（未发掘到生土面）。此次发掘了 T0832 等四方、T1032 等四方、T1232 等四方、T1230 等四方、T1130 等两方、T1334、南扩方、西扩方以及遗址西北部农田中的 T1 等，发掘面积共 697.5 平方米，清理墓葬 204 座、瓮棺葬 7 座、灰坑 75 个、房址 4 座、灰沟 2 条。

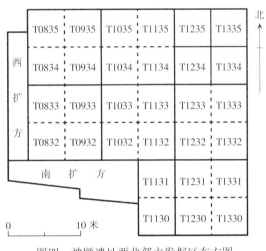

图四 神墩遗址西北部主发掘区布方图

三次发掘累计发掘面积 1002.5 平方米。发现一处马家浜文化时期相对完整的氏族公共墓地，共清理马家浜文化时期墓葬 252 座、瓮棺葬 16 座、房址 10 座、灰坑 90 个、灰沟 1 条，崧泽—良渚文化时期墓葬 9 座，夏商春秋时期灰坑 12 个、灰沟 1 条。项目入围 2006 年度"全国十大考古新发现"评选。

三 室内整理和报告编写

2006 年 9 月 ~ 2009 年 12 月进入室内整理（统计、拼对、修复、绘图、摄影等）和报告编写阶段，郝明华、赵焕（南京博物院）、王蒙、周贵龙（南京大学）、彭辉、齐军完成了器物线图的绘制和描图，器物修复由钱发家、齐军完成，纹饰拓片由齐军完成，刻纹白陶片拓片由刘义茂（南京博物院）完成，曹昕运参与了卡片文字输入等工作，摄影由田名利和齐军完成。

为了尽可能地收集、提取遗址中人类和人类活动相关遗存及其蕴含的各类信息，对神墩遗址出土的玉石器、炭化稻米、动物遗存、人体骨骼、孢粉土样等进行了鉴定和研究；其中，玉、石器由北京大学考古文博学院赵朝洪教授、中国地质大学地质学史研究所员雪梅博士进行了鉴定，炭化稻米由江苏省农业科学院汤陵华研究员进行了分析研究，动物遗存由山东大学东方考古研究中心宋艳波博士进行了分析，人体骨骼鉴定报告由吉林大学边疆考古研究中心张全超博士、朱泓教授完成，孢粉土样由南京大学地理与海洋科学学院马春梅博士等进行了鉴定和研究，^{14}C 标本由北京大学加速器质谱与第四纪年代测定实验室测试。

2010~2013 年因发掘领队田名利工作岗位变化，报告的编写工作中断。2014 年，重新恢复编写进程，南京大学博士研究生彭辉作为主要人员参与了这一阶段工作，期间得到南京大学历史系考古专业黄建秋教授的大力支持和帮助，齐军作为主要助手自始至终参加了全程工作。

本书是集体劳动的成果和结晶，各章节执笔如下：第一章第一节由曹昕运执笔；第一章第二节、第三章由田名利执笔；第二章、第四章由彭辉执笔；第五章、第八章第三节由赵东升执笔；第六章第一节、第八章第四节由张长东执笔；第六章第二节由唐根顺执笔；第七章第一节由张全超、朱泓撰写，第二节由马春梅撰写，第三节由汤陵华撰写，第四节由宋艳波撰写，第五节由赵朝洪撰写，第六节由员雪梅撰写；第八章第一节由田名利、彭辉共同完成；第八章第二节由黄建秋和彭辉撰写。黄建秋先生翻译了日文提要，丁晓雷先生完成了英文提要。责任编辑黄曲为报告的编排体例和编辑校对付出了大量心血和劳动，保证了报告的顺利出版。

四 致谢

遗址的项目选定和发掘整理工作得到了南京博物院考古研究所邹厚本所长、张敏所长、林留根所长的长期悉心指导；发掘整理期间，常州博物馆、溧阳市文化局（现溧阳市文化广电体育局）、社渚镇政府等各级领导及孔村的广大村民给予了大力支持和无私配合；特别是在遗址的发掘整理到报告的编辑出版整个过程中，自始至终都得到了南京博物院龚良院长、王奇志副院长、李民昌副院长的关心支持和鼎力相助，在此一并致以深深的谢忱！

第二章　地层堆积

神墩遗址属平原地区的土墩型遗址，高于周围农田，面积近3万平方米。经钻探，文化层平均厚度约在1.5~1.8米左右，中部略厚，周围略薄，有中部向四周略倾斜的趋势。发掘主要集中在遗址西北部，发掘面积947.5平方米，为主发掘区。中部偏南发掘TG1，发掘面积30平方米。另土墩西北部的农田中局部区域有零星的文化堆积，发掘探方T1，发掘面积25平方米。总发掘面积1002.5平方米。各区地层堆积情况现分别介绍如下。

一　西北部主发掘区地层堆积

（一）T0832等四方、T1032等四方、T1232等四方北壁剖面堆积（图五）

第①层，耕土层，厚15~35厘米。土色褐色，质地松软，内夹杂大量植物根茎、红烧土块、近现代砖瓦片、瓷片及陶片等。

第②层，分为②a、②b两个亚层。

第②a层，灰褐色土，距地表深15~30、厚0~40厘米。土质较硬，内夹杂较多红烧土块和草木灰。出土物以夹蚌陶为主，其次为泥质陶和印纹硬陶，夹砂陶及原始瓷较少，另有少量石器、铜器。陶片以素面为主，纹饰有席纹、回纹、菱形填线纹、方格纹、绳纹、梯格纹、叶脉纹、弦纹、水波纹、刻划纹、附加堆纹、圆圈纹及指窝纹等。出土物有陶罐、瓿、盆、豆、碗、纺轮、石锛、镰、纺轮和铜镞、残铜工具等。本层主要分布于主发掘区的西部，堆积东薄西厚呈斜坡状。有时代接近的灰坑3个（H88、H89、H90），其中2个打破该层。时代为春秋时期。

第②b层，浅灰色土，距表深40~65、厚0~20厘米。土质较硬，内夹杂较多红烧土块和草木灰。出土物有陶片、石器、石块等。陶片以泥质黑皮陶、红陶、灰陶和夹砂红陶为多，有少量泥质褐陶、夹蚌末红陶和褐陶等；素面为主，纹饰有弦纹、镂孔、刻划纹、指捺纹、刺点纹等。出土物有陶鼎、豆、罐、双鼻壶、壶、钵、杯、器盖和穿孔石斧、穿孔石钺、石锛等。本层主要分布在主发掘区的西南部，堆积东高西低呈斜坡状。该层面和层下有时代接近的墓葬9座（M58~M66）。时代为崧泽—良渚文化时期。

第③层，黑褐色土，距地表深20~80、厚25~50厘米。土质较硬，内夹杂有较多的红烧土块和红烧土颗粒。出土物有陶片、石器等。陶片以夹蚌褐陶、红陶为主，其次为泥质陶和夹砂陶，有少量夹炭陶；素面为主，纹饰有弦纹、指捺纹、弦纹加指窝组合纹、镂孔、戳印纹、刻划纹等。出土物有陶鼎、罐、盂、盆、豆、钵、器盖、纺轮、网坠和石斧、凿、锛、钻头、磨制石片、条形器、磨砺石等。该层面有F1、F7等房址柱洞和灰坑等。本层遍布主发掘区，地势东部略高且平，西边稍低。该层及该层下所有遗存以及该层表部分遗存时代为马家浜文化时期。

第④层，灰褐色土，距地表深60~105、厚20~40厘米。土质较硬，内夹杂有红烧土块、红烧土颗粒和草木灰等。出土物有陶片、石器等。陶片以夹蚌褐陶、红陶为主，其次为夹蚌红衣及黑衣陶，

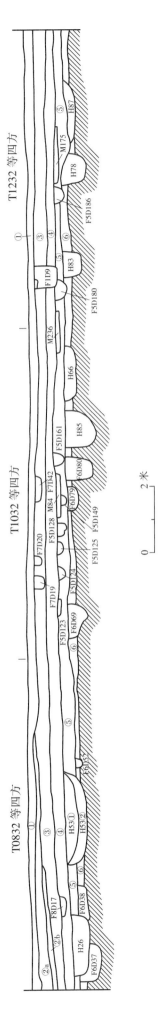

图五 T0832 等四方、T1032 等四方、T1232 等四方北壁剖面堆积图

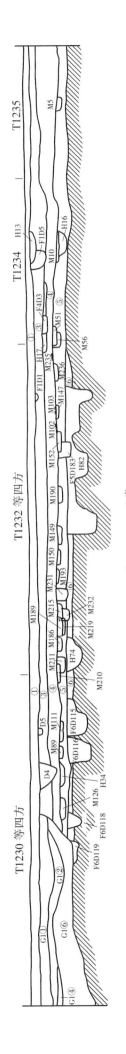

图六 T1230 等四方、T1232 等四方、T1234、T1235 西壁剖面堆积图

泥质陶、夹砂陶、夹炭陶较少；素面为主，纹饰有少量弦纹、戳印纹、指捺纹、弦纹加指窝组合纹、刻划纹等。出土物有陶鼎、罐、盆、豆、盉、钵、釜、器盖、支座、纺轮、拍、网坠和石锛、凿、钻头等。该层遍布主发掘区，地势东部略高、西边稍低。该层面有 F8 等房址柱洞和灰坑等。

第⑤层，黄灰色土，距地表深 75～135、厚 20～50 厘米。土质较硬，内夹杂有红烧土块、红烧土颗粒和草木灰等。出土陶片以夹蚌褐陶、红陶为主，其次为夹蚌红衣及黑衣陶，夹炭陶、泥质陶、夹砂陶极少；素面为主，纹饰有镂孔、指窝、戳印纹、刻划纹等。出土物有陶釜、罐、盆、豆、钵、盉、甗、匜、器盖、纺轮和石斧、锛及少量动物骨骼等。该层遍布主发掘区，地势东部略高、西边稍低。层面遗迹非常丰富，有墓葬 M84、M175、M236，房址 F5 柱洞和灰坑 H26、H53 等，基本为墓葬打破或叠压房址柱洞。

第⑥层，黄褐色土，距地表深 110～155、厚 10～35 厘米。土质较硬，内夹杂有红烧土块和草木灰。出土有陶片、石器和少量动物骨骼等。陶片以夹蚌褐陶、红陶为主，其次为夹蚌红衣、黑衣陶等，有零星夹炭陶等；素面为主，纹饰有少量指窝、戳印纹等。出土物有陶釜、罐、盆、钵、蒸箅、器盖、网坠和石锛等。层面有房址 F6 柱洞和灰坑 H66、H78、H83、H85、H87 等。

第⑥层以下为青黄色生土，土质纯净，致密坚硬，无包含物。

（二）T1230 等四方、T1232 等四方、T1234、T1235 西壁剖面堆积（图六）

第①层，耕土层，厚 15～30 厘米。土色褐色，质地松软，内夹杂大量植物根茎、红烧土块、近现代砖瓦片、瓷片及陶片等。本层下有灰沟 G1，呈东北—西南向，位于 T1130 等两方、T1230 等四方、T1232 等四方。

第③层，黑褐色土，距地表深 15～30、厚 20～55 厘米。土质较硬，内夹杂有较多的红烧土块和红烧土颗粒、草木灰等。出土物有陶片、石器等。陶片以夹蚌红陶、褐陶为主，其次为泥质陶，夹砂陶较少；素面为主，纹饰有弦纹、指捺纹、弦纹加指窝组合纹、镂孔、刻划纹等。出土物有陶鼎、罐、盆、豆、钵、器盖、炉条、纺轮和石锛等。分布于整个主发掘区。层表有 F1 等房址柱洞和灰坑 H13 等。该层、该层下所有遗存以及该层表部分遗存为马家浜文化时期。

第④层，灰褐色土，距地表深 40～70、厚 20～75 厘米。土质较硬，内夹杂有红烧土块和草木灰。出土物有陶片、石器、动物骨骼等。陶片以夹蚌褐陶、红陶为主，其次为夹蚌红衣陶及黑衣陶，夹砂褐陶、红陶及泥质褐陶、红陶较少；素面为主，纹饰有弦纹、镂孔、指窝纹等。出土物有陶鼎、罐、盆、豆、釜、盉、盘、钵、器盖、圈足杯、支座、拍、纺轮、网坠和石凿、锛等。分布于整个主发掘区。层表有 F4 等房址柱洞和灰坑 H17 等。

第⑤层，黄灰色土，距地表深 80～110、厚 20～45 厘米。土质较硬，内夹杂有红烧土块和草木灰。出土陶片以夹蚌褐陶、红陶为主，其次为夹蚌红衣陶及黑衣陶，有零星夹砂陶、泥质陶和夹炭陶等；以素面为主，纹饰有指窝、镂孔、刻划纹等。出土物有陶釜、罐、盆、豆、器盖、甗、匜、钵、蒸箅和石斧、锛、凿等。分布于整个主发掘区。层面遗迹非常丰富，有墓葬 M10、M51、M56、M89、M103、M111、M120、M126、M149、M150、M152、M186、M189、M190、M193、M210、M215、M219、M221、M231、M232、M235、M236 等打破该层或叠压于层表，以及房址 F5 柱洞和灰坑 H16、H34 等，基本为墓葬打破或叠压房址和灰坑，少量灰坑打破墓葬。

第⑥层，黄褐色土，距地表深 110～125、厚 0～25 厘米。土质较硬，内夹杂有红烧土块和草木灰。出土物有陶片、动物骨骼等。陶片以夹蚌褐陶、红陶为主，其次为夹蚌红衣陶、夹蚌黑衣陶，有个别夹炭褐陶等；以素面为主，纹饰有指窝、指窝加刻划组合纹等。出土物有陶釜、罐、匜、钵、蒸箅、网坠和石锛等。本层在主发掘区除东北角外都有分布。层表有 F6 房址柱洞以及灰坑 H74、H82 等。

第⑥层以下为青黄色生土，土质纯净，致密坚硬，无包含物。

二　TG1 北壁剖面堆积（图七）

第①层，分为①a、①b 两个亚层。

第①a 层，耕土层，厚 15~35 厘米。土色灰褐，质地松软，夹杂植物根茎、红烧土块、陶片、瓷片和砖瓦块等。

第①b 层，灰白色土，距地表深 15~30、厚 20~40 厘米。土质细密疏松，夹杂有青花瓷片、玻璃制品及石镞 1 件。本层下有近代墓 1 座。

第②层，灰黑色土，距地表深 40~60、厚 40~60 厘米。土质稍硬，夹杂有大量红烧土颗粒。出土陶片以夹蚌陶为主，夹砂陶次之，泥质陶及夹炭陶较少；以素面为主，纹饰有指窝、弦纹、凹槽和镂孔等；器形以平底器为主，少量三足器及圜底器。出土物有陶鼎、罐、豆、盆、盃、釜、器盖和石斧等。该层下有灰坑 H3、H4、H5。

第③层，灰色土，距地表深 90~110、厚 0~45 厘米。土质较硬，内夹杂有少量红烧土颗粒，出土有动物骨骼和牙齿。出土陶片较多，以夹蚌陶为主，夹炭陶和夹砂陶较少；以素面为主，纹饰有指窝、戳印、镂孔、刻划等；器形大部分为平底器，零星圈足器及三足器，未见圜底器。出土物有陶釜、罐、钵、器盖、纺轮和石锛等。该层下有灰坑 H9、H10、H11。

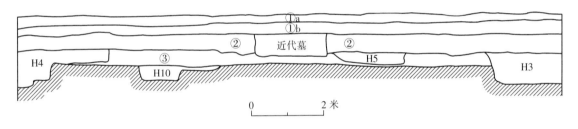

图七　TG1 北壁剖面堆积图

三　T1 北壁剖面堆积（图八）

第①层，耕土层，厚 20~30 厘米。土色深褐色，土质松软，内夹杂大量植物根茎、红烧土块、近现代砖瓦片、瓷片及陶片等。

第②层，青白色土，距地表深 20~30、厚 15~20 厘米。土质稍硬，内夹杂草木灰及红色水锈斑。出土物有陶片、石器等。陶片以印纹硬陶为主，夹蚌陶及夹砂陶较少；以素面为多，纹饰有弦纹、菱形填线纹、叶脉纹、梯格纹、席纹等。出土物有陶罐、鼎和石锛等。

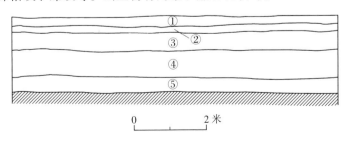

图八　T1 北壁剖面堆积图

第③层，黄褐色土，距地表深40～45、厚42～50厘米。土质较硬，内夹杂有零星红烧土颗粒、草木灰。出土物以印纹硬陶为主，其次为夹蚌陶及夹砂陶，泥质陶较少，原始瓷仅见数片；以素面为主，纹饰有弦纹、方格纹、水波纹、回纹、菱形填线纹、席纹、窗格纹等；可辨器形有罐、碗、豆、鼎等。

第④层，红褐色土，距地表深80～95、厚70～85厘米。土质较硬，内夹杂有零星红烧土颗粒。出土物较少，仅见数片印纹硬陶片及夹蚌灰陶、夹砂红陶和残石锛。陶片以素面为多，纹饰有菱形填线纹等；器形有陶鼎和器平底等。

第⑤层，青褐色土，距地表深155～170、厚40～50厘米。土质较硬，出土物有陶片及残石器。陶片以硬陶为主，其次为夹蚌褐陶和原始瓷，泥质灰陶较少；以素面为主，纹饰有菱形填线纹、席纹、方格纹、回纹、叶脉纹、梯格纹等。可辨器形有陶罐、瓿、碗和多孔石刀等。

第⑤层下为青灰色生土，土质纯净致密，无包含物。

通过对遗址地层堆积和文化遗存的初步整理和分析研究得知，神墩遗址的主体遗存为马家浜文化时期，主要包括主发掘区的第③层、④层、⑤层、⑥层，TG1的第②层、③层以及252座墓葬、16座瓮棺葬、2处狗骨架、10座房址、90个灰坑、1条灰沟，堆积分布于整个遗址。同时还有不同时代的局部文化堆积，如主发掘区的第②b层和M58～M67为崧泽—良渚文化时期遗存，主要分布于主发掘区的西南部及其以西区域。灰沟G1及H1等9个灰坑属于夏商时期遗存，散布于主发掘区。经钻探，G1由东北—西南向穿越整个遗址。主发掘区的第②a层、H88等3座灰坑和T1的第②～⑤层为春秋时期遗存，主要分布于主发掘区的西部及其以西区域。遗址西北部的农田也有零星堆积分布。由于发掘面积有限，仅为遗址总面积的三十分之一，对了解遗址的整体堆积还有一定的局限性。

第三章　马家浜文化遗存

马家浜文化时期遗存是神墩遗址的主体堆积，主要集中在遗址西北部的主发掘区。根据主发掘区地层的叠压、打破关系和堆积的早晚形成序列，以第⑥层、第⑤层及这两层下的房址、灰坑和⑤层层表的房址为代表构成了最早的生活居住区，生活居住区功能废弃后，在第⑤层层表形成了以 252 座墓葬和 16 座瓮棺葬为代表的公共墓葬区，丧葬区功能消失后，这里再次形成了以第④层、第③层及这两层层表房址、灰坑为代表的生活居住区。由此可见，在遗址堆积的形成过程中，生活类遗存功能和丧葬类遗存功能是有明确划分的，生活居住区和死亡丧葬区的区域在遗址上曾发生过变化和移动。因发掘面积有限，遗址聚落的详细布局还不够清晰。

第一节　生活类遗存

生活类遗存主要包括主发掘区的③层、④层、⑤层、⑥层以及各层表和层下的相关遗迹如房址、灰坑、灰沟等（图九～图一三），TG1 的②层、③层以及层表和层下的遗迹如灰坑等（图一四）。全部遗迹包括建筑遗存房址 10 座、灰坑 90 个、灰沟 1 条。出土了大量的陶器（或陶片）、石器以及个别骨器等。

一　遗迹

（一）建筑遗存

建筑遗存房址或柱洞群编号共 10 座，另有零星可能属于建筑遗存的柱洞，均分布于主发掘区。F1、F7、F10 位于主发掘区③层表（图九），F2、F3、F4、F8、F9 位于主发掘区④层表（图一〇），F5 位于主发掘区⑤层表（图一一），F6 位于主发掘区⑥层表（图一二）。F5、F6 柱洞密集，分布散乱，似乎又有一定的走向，可能与干栏式建筑遗存相关。F1、F10 为地面建筑遗存。F2、F3、F4、F7、F8、F9 柱洞构成相对独立的单元，有的房址周围常见相关同类遗址（如宜兴骆驼墩和西溪）地面建筑遗存常见的大口、深腹、厚胎、平底缸，但房址都遭到一定程度的破坏，地面建筑遗存的可能性较大。

1. F1 建筑遗存

（1）概述

F1 建筑遗存位于 T1234、T1235、T1334 以及 T1034 等四方东部、T1032 等四方东北部和 T1232 等四方北部（图一五 A；彩版二），主要开口于①层和②a 层下，打破③层。距地表深约 15～20 厘米，局部被商代灰坑 H1 和 H13 打破。

F1 主体建筑为东北—西南走向约 14° 的南北两开间的长方形地面式房屋。南北长约 12、东西宽约 4.75 米，面积约 57 平方米左右。清理前仅存柱洞（彩版三，1），形状有圆形、椭圆形、长圆形、长

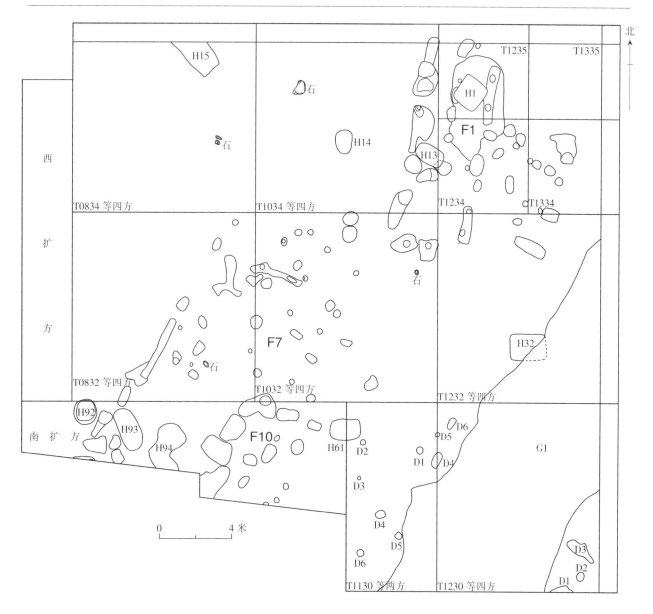

图九　主发掘区③层表遗迹分布图

条形、不规则形等（图一五 B）。D1～D9 构成南间，D1 和 D9 之间可能为南间通向室外的门道，D10～D16 构成北间，D17～D20 可能为北间的支撑柱，D5 和 D6 间可能为南、北两间相通的内门道。D21～D34 位于主体建筑的东南部，形成两个面向东南、并不封闭的小空间，可能为 F1 的附属建筑或设施，面积约 10 平方米。D35 在其北侧，较大且不够规整，功能可能与灰坑类似。另外，在北间房屋的内外发现有一片相对密集的红烧土颗粒区，面积约 20 平方米左右，周围逐渐相对稀疏。南间靠近 D4 处有一小片灰烬，南间室外有一块石头。在房址柱洞构成范围内的地面上出土石锛（Ab Ⅲ）①、陶纺轮（B）、磨制石片各 1 件。

　　F1 为地面式建筑遗存，其建造过程为：先选择一片红烧土颗粒相对密集、地面相对坚硬的区域（或有意识地铺垫了部分红烧土颗粒），经规划设计后开挖柱洞（长条形的实际是柱槽），柱洞多较大、

---

①　为方便读者使用资料，本报告正文中涉及的典型遗迹遗物等，其后以括号内英文字母及罗马数字标注型式，型式划分依据见专门章节。下同。

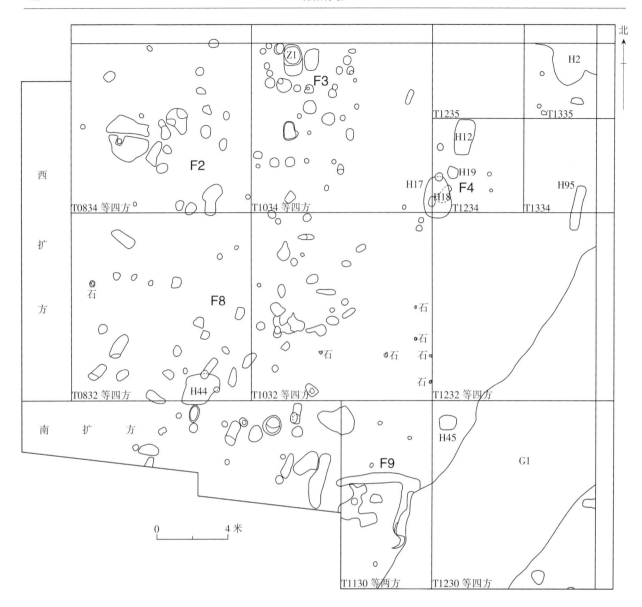

图一〇 主发掘区④层表遗迹分布图

较长、较深，柱洞围成的范围内形成一个相对独立的空间，可以有效阻断室外的水分和潮湿，保持室内干燥。柱洞内往往填上大小不一的红烧土块后再立柱，其目的可能为稳固木柱防止倾斜，有些柱洞槽内有柱芯，柱芯为圆形，直径 30~90、深 24~110 厘米，柱芯内均为黄褐色土。柱洞（槽）长 35~325、宽 35~140、深 5~113 厘米，柱洞（槽）内均填大小不一的红烧土（表一）。因 F1 大部位于耕土层下，与房屋相关的居住面、墙壁、灶等遗迹均遭破坏，具体情况不详。

F1 时代为马家浜文化晚期晚段。

（2）遗物

柱洞填土中出土了少量残石器和陶片。陶片有泥质陶、夹蚌陶、夹砂陶等。出土器物有陶鼎、鼎足、罐、器盖、豆、刻纹白陶片、纺轮和残石锛等。

F1D5：1，陶鼎（AⅡ）。夹蚌外红内黑陶。直口微侈，圆唇，平沿，束颈，溜肩，折腹，下腹斜弧收成圜底，三扁条状足稍外撇，足面中央有一道纵向指捺凹槽，凹槽内留有指窝痕。制作不甚规整，上腹有轮修时留下的弦痕。口径 27.4、高 27.4 厘米（图一五 C，1；彩版三，2）。

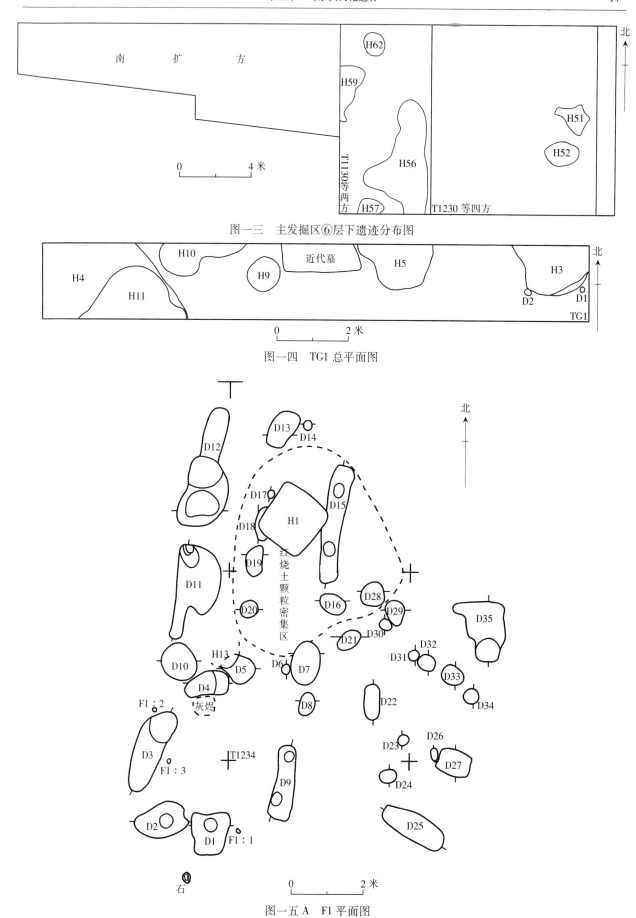

图一三 主发掘区⑥层下遗迹分布图

图一四 TG1 总平面图

图一五A F1 平面图

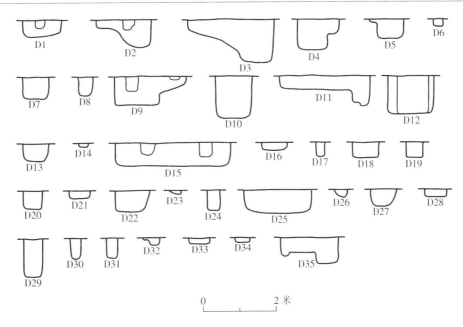

0　　　　　　2 米

图一五 B　F1 柱洞剖面图

表一　　　　　　　　　　　　　　马家浜文化 F1 柱洞登记表

编号 （F1）	形状	填土	尺寸（cm）			深度（cm）	结构与备注	出土器物
			长	宽	直径			
D1	近方形	柱洞内填红烧土，柱芯内为黄褐色土	110	104	柱芯直径 35	柱芯深 24、柱洞深 35～45	柱洞内有一圆形柱芯	
D2	不规则形	柱洞内填红烧土，柱芯内为黄褐色土	150	95	柱芯直径 36	柱芯深 24、柱洞深 22～75	斜坡底，柱洞内有一圆形柱芯	
D3	长条形	红烧土	231	80		25～113	斜坡底	器盖 1（DⅡ）、豆圈足 1（I）、豆盘 1（BV）等
D4	近椭圆形	红烧土	125	62		40～80		
D5	不规则形	红烧土	100	75		10～50		鼎 1（AⅡ）
D6	圆形	红烧土			26	20		
D7	椭圆形	红烧土	120	80		57		纺轮 1（D）、刻纹白陶片 1
D8	椭圆形	黑褐色土	62	42		50		
D9	长条形	柱洞内填红烧土，柱芯内为黄褐色土	200	60	柱芯直径 30	柱芯深 10～40，柱洞深 20～75	柱洞内有两圆形柱芯	
D10	圆形	红烧土			100	110		罐 1（DbⅣ）
D11	不规则形	红烧土	252	35～120		35～80		
D12	不规则形	柱洞内填红烧土，柱芯内为黄褐色土	325	60～115	柱芯直径 65～90	柱芯深 100、柱洞深 100	柱洞内有两不规则形柱芯	

编号 (F1)	形状	填土	尺寸（cm）			深度（cm）	结构与备注	出土器物
			长	宽	直径			
D13	圆角长方形	红烧土	105	70		45		
D14	圆形	红烧土			26	10		
D15	长条形	柱洞内填红烧土，柱芯内为黄褐色土	315	58	柱芯直径30~40	柱芯深 30~35，柱洞深60	柱洞内有两椭圆形柱芯，被 H1 打破	
D16	椭圆形	红烧土	75	48		20		
D17	圆形	红烧土			20	36		
D18	椭圆形	红烧土	90			40	被 H1 打破	
D19	不规则形	红烧土	82	46		40		
D20	圆形	红烧土			47	47		
D21	椭圆形	红烧土	70	43		20		
D22	长条形	红烧土	95	45		55		
D23	圆形	红烧土			30	10	向北倾斜	
D24	椭圆形	红烧土	50	36		55		鼎足 1 (Da)
D25	长条形	红烧土	185	70		60		鼎足 1 (Db)、豆盘 1 (BⅤ)、豆圈足 1 (Ⅲ)
D26	椭圆形	红烧土	35	20		20		
D27	长方形	红烧土	90	65		45		豆圈足 1 (Ⅰ)
D28	圆形	红烧土			65	20		
D29	不规则形	红烧土	65	55		100		鼎足 3 (Ba1、Db2)、罐 1 (BⅡ)
D30	圆形	红烧土			35	55		
D31	圆形	红烧土			30	55		
D32	椭圆形	红烧土	50	40		55		豆盘 1 (AⅣ)
D33	椭圆形	红烧土	62	50		15		
D34	圆形	红烧土			40	12		
D35	不规则形	红烧土	160	65~140		40~70		石锛 1 (AaⅢ)

F1D24：1，陶鼎足（Da）。夹蚌末红陶。长条形足，正面有一条瓦沟状凹槽，里面隐约有 1 个捺窝，正面平，背面略弧。残高6.8、宽6.1厘米（图一五 D，10）。

F1D25：1，陶鼎足（Db）。夹蚌末红陶。长条形足，正面有三道瓦沟状凹槽，背面微外弧。残高7.4、宽7.4厘米（图一五 D，6）。

F1D29：1，陶鼎足（Db）。夹蚌末红陶。长条形足，正面有两道瓦沟状凹槽，背面弧平。残高8.4、宽6.5厘米（图一五 D，8）。

F1D29：2，陶鼎足（Ba）。夹砂褐陶。扁梯形足，正面平，足根部有 1 个深捺窝，背部弧。高10、宽8.9厘米（图一五 D，7）。

F1D10：1，陶罐（DbⅣ）。夹蚌黑衣陶，外壁黑衣大多脱落，露出褐色陶胎。敛口，方圆唇，溜肩，最大腹径处出一条凸棱，一侧装有鋬手，下部残。口径13.4、残高9.8厘米（图一五 C，4；彩版三，3）。

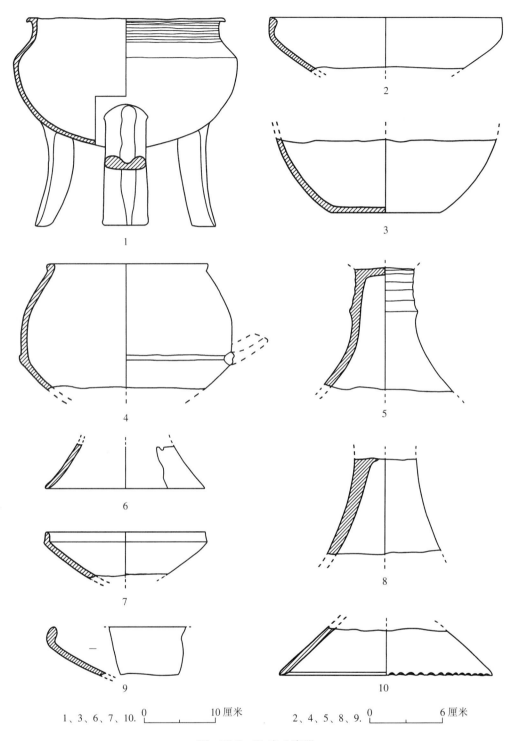

1、3、6、7、10. 0 [_____] 10 厘米   2、4、5、8、9. 0 [_____] 6 厘米

图一五 C　F1 出土陶器

1. 鼎（F1D5∶1）　　2、7、9. 豆盘（F1D3∶3、F1D25∶3、F1D32∶1）　　3、4. 罐（F1D29∶3、F1D10∶1）

5、6、8. 豆圈足（F1D25∶2、F1D3∶2、F1D27∶1）　　10. 器盖（F1D3∶1）

　　F1D29∶3，陶罐（BⅡ）。泥质外红内灰陶，器表施红衣。上部残，鼓腹，平底。底径 14.8、残高 10.4 厘米（图一五 C，3）。

　　F1D3∶3，陶豆盘（BⅤ）。泥质红陶。方圆唇，肩部折，斜弧腹。口径 19、残高 4 厘米（图一五 C，2）。

图一五 D　F1 出土器物

1. 刻纹白陶片（F1D7∶1）　2. 磨制石片（F1∶3）　3、4. 石镞（F1∶1、F1D35∶1）　5、9. 陶纺轮
（F1∶2、F1D7∶2）　6~8、10. 陶鼎足（F1D25∶1、F1D29∶2、F1D29∶1、F1D24∶1）

　　F1D25∶3，陶豆盘（BⅤ）。泥质褐陶。敛口，圆唇，肩部微内折，斜弧腹。口径 22、残高 5.6 厘米（图一五 C，7）。

　　F1D32∶1，陶豆盘（AⅣ）。泥质红陶。方圆唇，斜弧腹。残长 6.3、残高 4 厘米（图一五 C，9）。

　　F1D3∶2，陶豆圈足（Ⅰ）。泥质红陶。器表原施陶衣，大部脱落。圈足残片上可见一圆形镂孔。圈足径 22、残高 5.6 厘米（图一五 C，6）。

　　F1D25∶2，陶豆圈足（Ⅲ）。外红内灰黑。上有凸棱和弦纹装饰。残高 9.8 厘米（图一五 C，5）。

F1D27：1，陶豆圈足（Ⅰ）。夹砂红陶。喇叭状。残高7.5厘米（图一五C，8）。

F1D3：1，陶器盖（DⅡ）。泥质红陶。盖口沿内面斜折，边缘有一周按捺纹，斜壁。盖口径29、残高6厘米（图一五C，10）。

F1D7：1，刻纹白陶片。夹细砂白陶。压印出浅浮雕效果的圆角长方形和三角锯齿纹，压印阴面填以小方格纹和短线交叉纹，可能是豆类器的圈足残片。残长7.9、残宽5.1厘米（图一五D，1；彩版四，1）。

F1：2，陶纺轮（B）。泥质褐陶。正面和侧面微凹，底面有数道刻划痕，中央有孔。直径4.4～5.9、孔径0.6、厚2厘米（图一五D，5；彩版四，2）。

F1D7：2，陶纺轮（D）。夹蚌红陶。亚腰形，中央有孔。直径6.7、孔径0.9、厚1.6厘米（图一五D，9；彩版四，3）。

F1：1，石锛（AbⅢ）。凝灰质页岩，深灰色—黑色。梯形，单面刃，两侧有多处石片疤，略残，刃部有使用痕迹。长4.8、宽2.7～4.7、厚1.1厘米（图一五D，3；彩版四，4）。

F1D35：1，石锛（AaⅢ）。凝灰岩，表面红色，里面深灰色。长方形厚体石锛，单面刃。残长7.1、宽3.1、厚2.6厘米（图一五D，4；彩版四，5）。

F1：3，磨制石片。砂岩。黄褐色。利用天然扁平石材加工而成，顶端稍平，其余面较圆钝。长6.4、宽4.6、厚1厘米（图一五D，2；彩版四，6）。

2. F2建筑遗存柱洞群

（1）概述

F2建筑遗存柱洞群主要位于T0834等四方，部分柱洞进入北隔梁和T0832等四方北部。开口于③层下，打破④层。

F2柱洞群共包括21个柱洞和两小片红烧土堆积（图一六A；彩版五，1、2）。D1～D10、D12～D14、D16～D18构成了两个相对封闭的空间，呈西北—东南向，约330°。长约9.5、宽约4.5米，面积约40平方米。D11、D15、D19～D21在此空间的外围，红烧土1和红烧土2呈不规则形浅坑状堆积，深度约7～10厘米，底面较平。柱洞形状为圆形、椭圆形和不规则形，大小、深浅不一，填土除D12为青灰色土外，其余均为灰褐色土夹大量红烧土，土质坚硬。圆形柱洞直径20～42厘米，椭圆形柱洞长径33～70、短径25～55厘米，不规则形柱洞长50～165、宽30～120厘米，柱洞深为15～63厘米（表二）。大多数柱洞为直壁平底，少数为直壁圜底（图一六B）。有的柱洞内含有少量陶片。在柱洞群的西北侧地面有大口厚胎平底陶缸1件（F2：1）。D1、D10间距165厘米，可能为F2门道位置。从其柱洞看，F2应为地面式建筑，未见墙、居住面等其他迹象。

表二   马家浜文化F2柱洞登记表

编号 （F2）	形状	填土	尺寸（cm）			深度（cm）	出土器物
			长	宽	直径		
D1	不规则形	灰褐色土夹大量红烧土	50	45		16～43	
D2	近椭圆形	灰褐色土夹大量红烧土	70	55		23	
D3	不规则形	灰褐色土夹大量红烧土	165	90		15	
D4	近椭圆形	灰褐色土夹大量红烧土	65	40		22～42	
D5	椭圆形	灰褐色土夹大量红烧土	70	52		40	

编号 （F2）	形状	填土	尺寸（cm）			深度（cm）	出土器物
			长	宽	直径		
D6	不规则形	灰褐色土夹大量红烧土	146	120		24～63	鼎1（AⅡ）
D7	不规则形	灰褐色土夹大量红烧土	110	53		24～55	鼎足1（Aa）
D8	椭圆形	灰褐色土夹大量红烧土	52	38		22	
D9	不规则形	灰褐色土夹大量红烧土	125	65		25～40	鼎1（CⅡ）
D10	椭圆形	灰褐色土夹大量红烧土	65	52		24	
D11	椭圆形	灰褐色土夹大量红烧土	42	32		15	
D12	不规则形	青灰色土	55	45		30	
D13	不规则形	灰褐色土夹大量红烧土	55	35		20	
D14	圆形	灰褐色土夹大量红烧土			42	37	
D15	椭圆形	灰褐色土夹大量红烧土	55	42		15～30	
D16	椭圆形	灰褐色土夹大量红烧土	33	25		28	
D17	椭圆形	灰褐色土夹大量红烧土	65	55		33	
D18	圆形	灰褐色土夹大量红烧土			23	18	
D19	圆形	灰褐色土夹大量红烧土			25	15	
D20	圆形	灰褐色土夹大量红烧土			23	15	
D21	圆形	灰褐色土夹大量红烧土			20	17	

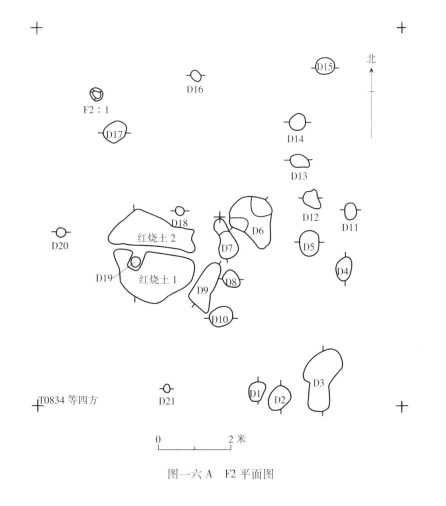

图一六A　F2平面图

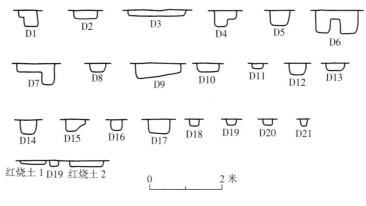

图一六 B F2 柱洞剖面图

F2 年代为马家浜文化晚期晚段。

（2）遗物

F2D9：1，陶鼎（C Ⅱ）。夹蚌末红陶。侈口，束颈，窄沿，尖圆唇，溜肩，下部残。口沿下有制作时留下的弦痕。口径 15、残高 6.5 厘米（图一六 C，1）。

F2：1，陶大口缸。夹粗砂红陶，胎体夹有大颗粒粗沙。口部残，斜腹，平底，胎特别厚，内壁呈锥状，上大下小。底径 12.8、残高 30.2 厘米（图一六 C，2；彩版六，1）。

3. F3 建筑遗存柱洞群

（1）概述

主要位于 T1034 等四方，个别柱洞在 T0834 等四方东南角、T1032 等四方的西北部。开口于③层下，打破④层。

共包括 38 个柱洞（图一七 A；彩版七，1、2）。D1 ~ D13 构成了一个向北延伸可能为东北—西南向的长方形空间，残长约 3.1、宽约 4.5 米，面积约 14 平方米。D14 为此长方形空间内的柱洞，其西侧为灶 1（Z1）。Z1 为半地穴式结构，包括灶眼、火道、灶坑等；灶坑呈长圆形，长 166、宽 104 厘米，北端底面略

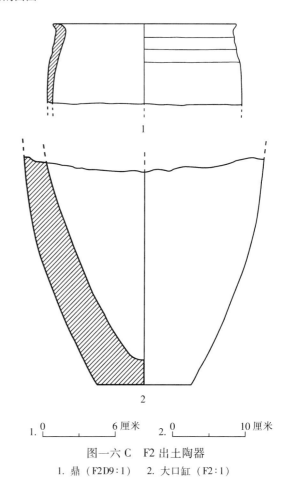

图一六 C F2 出土陶器
1. 鼎（F2D9：1） 2. 大口缸（F2：1）

低，形成坎状结构，西侧壁上有一直径为 28 厘米的不规则形火道与灶眼相连；灶眼略呈圆形，直径 50 厘米，一侧有坎状结构，似为方便灶具放置。Z1 内部密填红烧土块，灶壁烧结相当结实，在灶坑和灶眼近底部均发现有因长期高温而形成的蜂窝状土渣。灶坑内出土牛鼻耳陶罐 1 件（B Ⅱ）。D19 ~ D31 构成了一个东北—西南向的长方形空间，长约 6.7、宽约 4 米，面积约 27 平方米。D32 ~ D37 为此空间内的柱洞。两个空间通过 D8、D9 和 D19、D20 相通。D15 ~ D18 依托于空间一的东边和空间二的北边构成了附属的小空间。D38 为 F3 柱洞群和 F4 柱洞群之间的一个柱洞。

柱洞形状有圆形、椭圆形、不规则形、圆角长方形，内填青灰土、红烧土、黑灰土等。圆形柱洞直径 18 ~ 70 厘米，椭圆形柱洞长径 30 ~ 116、短径 22 ~ 80 厘米，不规则形柱洞长 50 ~ 100、宽 45 ~ 85

厘米。柱洞深浅不一，深 8～58 厘米，个别柱洞内有柱芯（图一七 B；表三）。可能为地面式建筑，未见居住面等其他迹象。

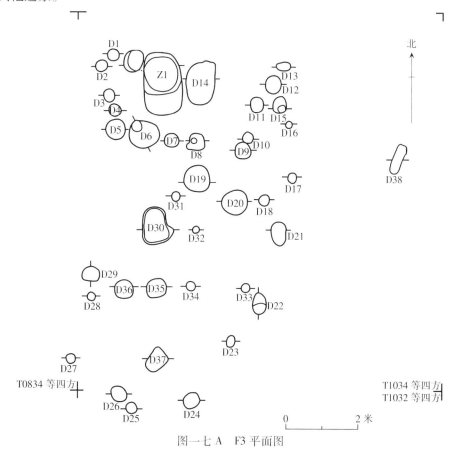

图一七 A F3 平面图

表三 马家浜文化 F3 柱洞登记表

编号 （F3）	形状	填土	尺寸（cm）			深度（cm）	结构与备注	出土器物
			长	宽	直径			
D1	圆形	青灰土			30	40		
D2	圆形	青灰土			32	25		
D3	圆形	红烧土			30	45		
D4	圆形	青灰土			31	35		
D5	圆形	黄灰土			52	45		
D6	椭圆形	红烧土	85	75	柱芯直径 30	柱洞深 35、柱芯深 48	柱洞内有一圆形柱芯	鼎足 1（Da）
D7	圆形	红烧土			35	47		
D8	不规则形	柱洞内为青灰土，柱芯内为红烧土	50	45	柱芯直径 15	柱洞深 23、柱芯深 28	柱洞内有一圆形柱芯	
D9	圆形	红烧土			45	40		
D10	圆形	红烧土			28	13		
D11	椭圆形	红烧土	40	35		45		
D12	圆形	青灰土			40	45		
D13	椭圆形	青灰土	40	25		30		

续表三

编号 （F3）	形状	填土	尺寸（cm）			深度（cm）	结构与备注	出土器物
			长	宽	直径			
D14	椭圆形	红烧土	116	80		55		
D15	椭圆形	柱洞内为青灰土，柱芯内为红烧土	42	35	柱芯直径20	柱洞深40，柱芯深20	柱洞内有一圆形柱心	
D16	圆形	青灰土			18	10		
D17	圆形	青灰土			25	12		
D18	圆形	红烧土			30	30		
D19	圆形	红烧土			70	45		
D20	圆形	红烧土			70	50		器足1（AⅠ）
D21	椭圆形	青灰土	60	40		12		
D22	椭圆形	红烧土	55	35		38		
D23	椭圆形	红烧土	30	22		32		
D24	圆形	黄褐土			45	22		
D25	圆形	黄灰土			30	40		
D26	椭圆形	黄灰土	50	40		40		
D27	圆形	黄褐土夹大量红烧土			25	38		
D28	圆形	红烧土			21	32		
D29	近椭圆形	红烧土	50	37		8		
D30	不规则形	黑灰土	100	85		27		罐1（DbⅢ）
D31	圆形	红烧土			25	30		
D32	圆形	红烧土			20	20		
D33	圆形	红烧土			23	29		
D34	圆形	红烧土			25	24		
D35	圆形	青灰土			50	15		
D36	圆形	红烧土			50	55		
D37	圆角长方形	红烧土	62	45		30		
D38	圆角长方形	红烧土	80	26		58		

F3 时代为马家浜文化晚期早段。

（2）遗物

柱洞内出土少量的陶片，有夹蚌陶、夹砂陶，器形有鼎足、罐、器足等。

F3Z1：1，陶罐（BⅡ）。夹蚌红陶。侈口，方唇，宽沿，溜肩，鼓腹，平底，腹最大径在器中部，中腹处两侧有对称牛鼻形耳，耳背内弧度较大。口径20.2、底径11.2、高26厘米（图一七C；彩版六，2）。

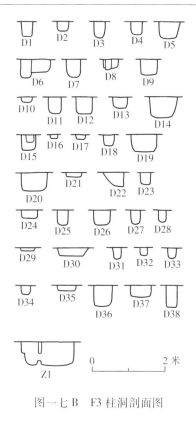

图一七 B　F3 柱洞剖面图

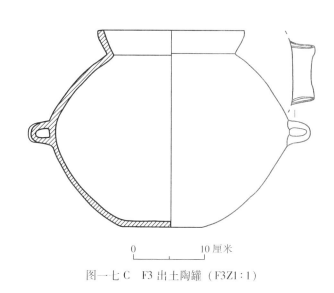

图一七 C　F3 出土陶罐（F3Z1：1）

4. F4 建筑遗存柱洞群

（1）概述

主要位于 T1234 以及 T1034 等四方东南角和 T1032 等四方东北角。开口于③层下，打破④层和 H17。

F4 柱洞群共包括 8 个柱洞（图一八 A）。D1～D5 大体在东北—西南向一条直线上，D8 在其西侧，D6、D7 南北向呈直线在其东侧。柱洞形状除 D3 为椭圆形外，其余均为圆形。圆形柱洞直径 15～42 厘米，深 13～50 厘米，个别柱洞内有柱芯。柱洞内填红烧土夹黄灰土、黑褐土、黄褐土（表四）。整体面貌不清。

F4 时代为马家浜文化晚期早段。

（2）遗物

个别柱洞内出土少量陶片和石器，器形有陶拍、碗和圈形石器等。

F4D4：1，陶碗（C）。夹炭黑衣陶。敞口，圆唇，斜腹，矮圈足。口径 18.9、圈足径 10.3、高 6.2 厘米（图一八 B，1）。

F4D3：2，陶拍。夹蚌红陶。拍体呈圆角弧边长方形，正面刻划横、竖垂直刻槽，背面横向环形把手残。残长 4.5、宽 5.2、残厚 3 厘米（图一八 B，2）。

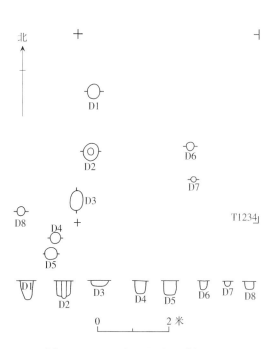

图一八 A　F4 平面图和柱洞剖面图

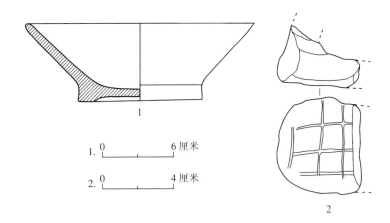

图一八B F4 出土陶器

1. 碗（F4D4:1）   2. 拍（F4D3:2）

表四   马家浜文化 F4 柱洞登记表

编号 （F4）	形状	填土	尺寸（cm）			深度（cm）	结构与备注	出土器物
			长	宽	直径			
D1	圆形	红烧土夹黄灰土			35	50		
D2	圆形	红烧土夹黄灰土，柱芯为灰土			柱洞直径42，柱芯直径15	柱洞深40，柱芯深46	柱洞内有一圆形柱芯	
D3	椭圆形	红烧土夹黄灰土	55	35		15		陶拍1、圈形石器1
D4	圆形	黑褐土			30	35		碗1（C）
D5	圆形	黄褐土			35	38		
D6	圆形	红烧土夹黄灰土			20	23		
D7	圆形	红烧土夹黄灰土			15	13		
D8	圆形	红烧土夹黄灰土			23	22		

5. F5 建筑遗存柱洞群

（1）概述

位于主发掘区，除 T1235 外各方都有分布。开口于④层下，被 252 座墓葬、16 座瓮棺葬、少量灰坑以及开口于①层下、打破③层的 G1 等打破或叠压，柱洞又打破少量灰坑、灰沟和⑤层。

共包括柱洞 275 个。柱洞分布非常密集，排列似乎又有一定的规律（图一九 A；彩版八、九）。如大多数柱洞按照东北—西南走向分布，如 D214、D215、D216、D260、D262，D221 ~ D224、D208 ~ D213、D206、D201、D259，D220、D207、D203、D204、D190、D194、D195、D198、D199、D178、D258、D252、D253、D255、D256，D275、D218、D219、D185、D189、D192、D196、D177、D169、D170、D249 ~ D251，D217、D184、D181 ~ D183、D176、D175、D168、D158、D246、D247，D179、D172、D174、D167、D153、D156、D157、D147、D242、D241、D239、D63、D58、D61、D62、D161、D151、D133、D138、D139、D141、D120、D121、D233、D234、D237、D238，D57、D59、D60、D52、D126、D125、D122、D134、D135、D116、D117、D232、D231、D229、D230，D42、D44 ~ D46、D50、D59、D110、D111、D112、D98、D99、

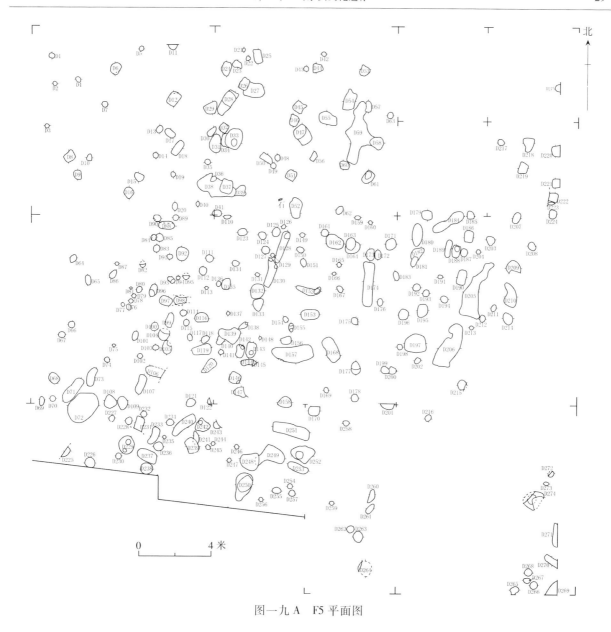

图一九 A　F5 平面图

D104、D103、D106、D107、D109、D227、D226，D27、D32、D31、D35、D20、D89、D88、D85、
D83、D82、D72～D80，D12～D16，D65～D69，D6～D8 等，与之垂直相交的地方有西北—东南走
向的柱洞分布，如 D11、D24、D26、D27、D45、D55、D59、D58、D6、D12、D30、D33、D34、
D49～D51、D62、D159、D160、D171、D182、D191、D190、D205、D211、D214，D7、D14、
D19、D40、D41、D110、D123、D127、D129、D152、D175、D198、D202、D215 等，但相当多的
柱洞分布散乱，无规律可循。柱洞形状有圆形、椭圆形、长条形、不规则形等，圆形柱洞直径 10～
75 厘米，其余柱洞长 20～236、宽 15～160 厘米，柱洞深 8～108 厘米（图一九 B；表五）。柱洞内
填土也有一定的差别，大多数为灰黑土，有的夹有红烧土颗粒，也有一部分为黄土且夹有大量的红烧
土颗粒。少量柱洞有打破关系，如 D26 打破 D27，D36、D37 打破 D38，D38 打破 D39，D49 打破 D50、
D57、D58 打破 D59，D163 打破 D164，D181 打破 D182，D248 打破 D249。大多数为竖直柱洞，也有
少量倾斜柱洞。部分柱洞内出土有少量陶片和小件器物，陶质有夹蚌陶、泥质陶、夹砂陶，器形有釜、
罐、碗、钵、器足、支座、网坠、纺轮等。

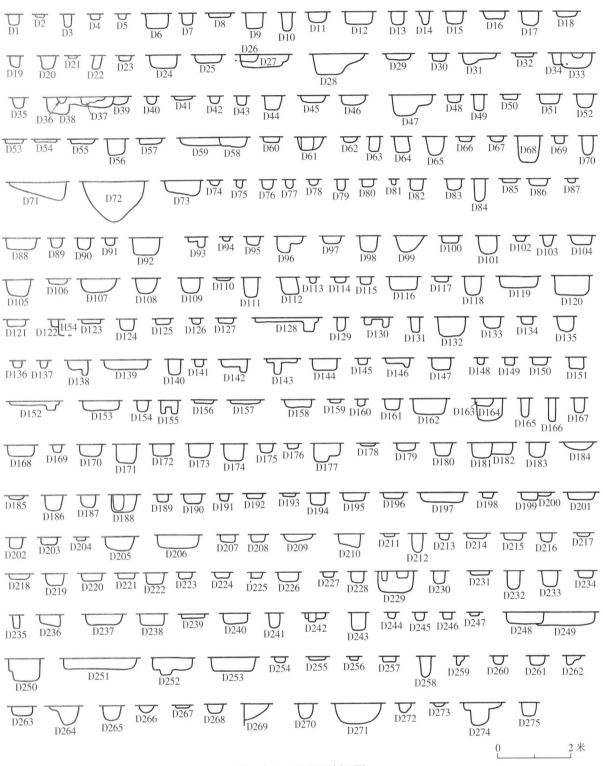

图一九B F5柱洞剖面图

关于F5建筑遗存的建筑形式，由于在地面上没有发现任何经过加工或使用过的生活面的遗迹，推测其是一种干栏式结构的房屋。干栏式房屋的建造过程是，首先在地面上立柱以确定房屋的平面布局，然后在立柱上架设横梁、铺设木板，最后立墙、架设屋顶。房屋的墙体和屋顶，既可能采用有机物质作为建筑材料，例如木板墙或用树枝、竹竿、芦苇、茅草编织成墙体和屋顶；也可能用有机物质制作框架，外抹泥土，用火烧烤，形成红烧土结构的墙体或屋顶。从柱洞大体有东北—西南走向和西北—

表五　　　　　　　　　　　　　　　马家浜文化 **F5** 柱洞登记表

编号（F5）	形状	填土	尺寸（cm）			深度（cm）	结构与备注	出土物
			长	宽	直径			
D1	椭圆形	黑褐色土	30	25		28		
D2	圆形	黑褐色土			23	8		
D3	圆形	黑褐色土			22	35		
D4	椭圆形	黑褐色土	33	27		15		
D5	圆形	黑褐色土			25	15		
D6	不规则形	黑褐色土	65	52		40	打破 H27	
D7	圆形	黑褐色土			30	32		
D8	圆角方形	黑褐色土	60	50		13		
D9	不规则形	黑褐色土	47	42		43	打破 H26	
D10	不规则形	黑褐色土	35	30		50		
D11	圆形	黑褐色土			50	26	打破 H27	
D12	圆角方形	黑褐色土	77	57		32	打破 H27	
D13	椭圆形	黑褐色土	40	32		34		
D14	圆形	黑褐色土			30	35		
D15	不规则形	大小不一的红烧土块	55	45		32		
D16	不规则形	黑褐色土	60	52		20		
D17	圆角长方形	黑褐色土	60	35		36		
D18	圆角长方形	黑褐色土	85	43		15		
D19	不规则形	黑褐色土	28	25		30		
D20	椭圆形	黑褐色土	42	28		35	打破 H21	
D21	椭圆形	黑褐色土	20	16		8		
D22	不规则形	黑褐色土	25	23		35	柱洞向南倾斜	
D23	不规则形	大小不一的红烧土块	55	40		15		
D24	不规则形	黑褐色土	75	52		35		
D25	不规则形	黑褐色土	75	43		21		
D26	圆角长方形	黑褐色土	63	50		18	打破 D27	
D27	不规则形	大小不一的红烧土块	115	75		20～35	被 D26 打破	釜 1（CbⅡ）
D28	圆角长方形	黑褐色土	145	62		55		
D29	不规则形	黑褐色土	75	64		16		
D30	不规则形	大小不一的红烧土块	60	32		20		
D31	近椭圆形	黑褐色土	97	62		15～30		
D32	不规则形	黑褐色土	47	45		10		
D33	柱洞为不规则形，柱芯近椭圆形	柱洞内填黑褐色土，柱芯内填红烧土块	110	90	柱芯长 38，宽 30	柱芯深 13，柱洞深 40	柱洞内有一椭圆形柱芯，打破 D34	
D34	不规则形	大小不一的红烧土块	73	残宽 35		30	被 D33 打破	
D35	近圆形	黑褐色土			30	28		
D36	近椭圆形	黑褐色土	35	25		17	打破 D38	
D37	圆角方形	黑褐色土	70	65		10～20	打破 D38	

编号 （F5）	形状	填土	尺寸（cm）			深度（cm）	结构与备注	出土物
			长	宽	直径			
D38	不规则形	大小不一的红烧土块	213	105		20~45	打破 D39	纺轮 1（A）
D39	不规则形	大小不一的红烧土块	残长 65	55		20	被 D38 打破	
D40	椭圆形	黑褐色土	25	18		20		
D41	椭圆形	黑褐色土	50	35		10		
D42	椭圆形	黑褐色土	25	22		20		
D43	近圆形	黑褐色土			26	25		
D44	不规则形	黑褐色土	55	48		38		
D45	不规则形	黑褐色土	60	55		20		
D46	不规则形	黑褐色土	60	50		27		
D47	不规则形	黑褐色土	103	80		30~55		
D48	圆形	黑褐色土			32	20		
D49	圆形	黑褐色土			30	42	打破 D50	
D50	不规则形	黑褐色土	75	35		13	被 D49 打破	
D51	圆角方形	黑褐色土	55	50		25		
D52	不规则形	黑褐色土	110	70		35		
D53	不规则形	黑褐色土	55	50		10		
D54	不规则形	黑褐色土	115	60		8		
D55	不规则形	大小不一的红烧土块	105	65		13		釜 1（BⅡ）
D56	不规则形	黑褐色土	50	26		45		
D57	不规则形	黑褐色土	60	30		15	打破 D59	
D58	不规则形	大小不一的红烧土块	75	68		25	打破 D59	
D59	不规则形	黑褐色土	335	160		20	被 D57、D58 打破	釜 1（GⅠ）
D60	近椭圆形	黑褐色土	55	43		13		
D61	柱洞不规则形， 柱芯近圆形	柱洞内填黑褐色土， 柱芯内填红烧土块	75	55	柱芯直径 35~47	柱芯深 35， 柱洞深 35	柱洞内有一椭 圆形柱芯	
D62	椭圆形	大小不一的红烧土块	50	35		15		
D63	圆形	大小不一的红烧土块			30	40		
D64	椭圆形	灰褐色土	45	35		43	向西倾斜，打 破 H26	
D65	椭圆形	灰褐色土	52	30		50		
D66	圆形	灰褐色土			35	15	打破 G2	
D67	椭圆形	灰褐色土	37	30		15		
D68	圆角长方形	灰褐色土	60	50		70		
D69	椭圆形	灰褐色土	45	28		20		
D70	圆形	灰褐色土			30	50	打破 H64	
D71	长条形	灰褐色土	158	60		10~50	斜坡底，打破 H64	
D72	椭圆形	大小不一的红烧土块	185	135		108	打破 H64	

编号 （F5）	形状	填土	尺寸（cm）			深度（cm）	结构与备注	出土物
			长	宽	直径			
D73	长条形	大小不一的红烧土块	105	45		30～40	斜坡底	
D74	圆形	灰褐色土			25	14		
D75	圆形	灰褐色土			15	20		
D76	圆形	灰褐色土			27	25	打破 G2	
D77	圆形	灰褐色土			20	23	打破 G2	
D78	圆形	灰褐色土			25	15	打破 G2	
D79	圆形	大小不一的红烧土块			25	30		
D80	圆形	灰褐色土			30	20		
D81	圆形	灰褐色土			10	15		
D82	圆形	大小不一的红烧土块			30	30		
D83	圆形	灰褐色土			37	30		
D84	圆形	大小不一的红烧土块			30	60	打破 H53 及 D85	
D85	圆形	灰褐色土			40	10	被 D84 打破	
D86	椭圆形	灰褐色土	50	30		18		
D87	椭圆形	灰褐色土	20	15		11		
D88	椭圆形	大小不一的红烧土块	85	42		30	打破 H21	
D89	圆形	大小不一的红烧土块			30	25	打破 H21	
D90	椭圆形	大小不一的红烧土块	42	35		30	打破 H21	
D91	圆形	灰褐色土			30	20		
D92	近圆形	灰褐色土			70	45		
D93	椭圆形	灰褐色土	45	27		10～26		
D94	圆形	灰褐色土			23	10		
D95	圆形	灰褐色土			35	23		
D96	椭圆形	灰褐色土	70	40		20～42		
D97	圆角长方形	灰褐色土	65	50		18		
D98	椭圆形	灰褐色土	70	52		40		
D99	圆角长方形	灰褐色土	75	40		43	打破 G2	
D100	圆形	灰褐色土			45	20	打破 G2	
D101	圆形	灰褐色土	50	30		50		
D102	圆形	灰褐色土			26	16		
D103	椭圆形	灰褐色土	35	26		30		
D104	圆形	灰褐色土			65	25	打破 G2、H63	
D105	椭圆形	大小不一的红烧土块	70	50		45	打破 H63	
D106	椭圆形	灰褐色土夹大量草木灰	96	50		15		
D107	长条形	灰褐色土	105	43		35		
D108	不规则形	灰褐色土	72	70		40		
D109	不规则形	灰褐色土	70	55		40		
D110	椭圆形	黑褐色土	40	23		8		

编号（F5）	形状	填土	尺寸（cm）			深度（cm）	结构与备注	出土物
			长	宽	直径			
D111	圆形	大小不一的红烧土块			40	51		
D112	圆形	灰褐色土			40	45	向北倾斜	
D113	圆形	灰褐色土			18	15		
D114	圆形	灰褐色土			38	15		
D115	圆形	灰褐色土			32	20		
D116	椭圆形	灰褐色土	76	55		35		
D117	椭圆形	灰褐色土	35	28		15	打破 H63	
D118	椭圆形	灰褐色土	48	32		50	打破 H63	网坠6（Aa3、Ab3）
D119	不规则形	大小不一的红烧土块	102	58		30	打破 H63	
D120	不规则形	灰褐色土	95	50		50	打破 H63	
D121	椭圆形	灰褐色土	50	42		18		
D122	圆形	灰褐色土			35	20	被 H54 打破	
D123	椭圆形	黑褐色土	50	35		11		
D124	近圆形	灰褐色土			40	30		
D125	椭圆形	黄褐土夹大量红烧土块	50	40		15		
D126	椭圆形	大小不一的红烧土块	25	20		15		
D127	圆形	灰褐色土			40	12		
D128	长条形	灰褐色土	178	43		10～35		
D129	圆形	灰褐色土			20	35		
D130	不规则形	灰褐色土	150	46		5～26		
D131	椭圆形	大小不一的红烧土块	25	20		40		
D132	圆形	大小不一的红烧土块			75	50		碗1（AⅠ）
D133	不规则形	大小不一的红烧土块	68	55		30		
D134	圆形	灰褐色土			37	20		
D135	椭圆形	大小不一的红烧土块	60	45		40		
D136	圆形	灰褐色土			30	18		
D137	圆形	灰褐色土			20	20		
D138	不规则形	大小不一的红烧土块	55	30		25～40		
D139	不规则形	灰褐色土夹大量红烧土块	120	86		25	打破 D140	
D140	不规则形	灰褐色土	41	38		40	被 D139 打破	
D141	圆形	灰褐色土			27	20		
D142	不规则形	灰褐色土	65	45		20～35		
D143	不规则形	大小不一的红烧土块	85	50		10～40		
D144	不规则形	灰褐色土	70	30		30	打破 D145	
D145	不规则形	灰褐色土	26	15		15	被 D144、H41 打破	
D146	不规则形	灰褐色土	62	58		15～25		

编号 （F5）	形状	填土	尺寸（cm）			深度（cm）	结构与备注	出土物
			长	宽	直径			
D147	不规则形	灰褐色土	55	53		30	被 H41 打破	
D148	圆形	灰褐色土			17	18		
D149	圆形	大小不一的红烧土块			28	20		
D150	椭圆形	大小不一的红烧土块	40	30		20		
D151	椭圆形	灰褐色土	45	30		30		
D152	不规则形	大小不一的红烧土块	133	40		10～23		
D153	椭圆形	灰褐色土	100	55		25		钵 1（Aa）
D154	椭圆形	灰褐色土	32	25		30		
D155	不规则形	灰褐色土	45	25		18～36		
D156	圆角长方形	灰褐色土	58	40		10		
D157	不规则形	灰褐色土夹大量红烧土块	225	85		11	被 H41 打破	
D158	不规则形	灰褐色土	80	60		20		釜 1（EⅡ）
D159	椭圆形	大小不一的红烧土块	32	20		10		
D160	圆形	大小不一的红烧土块			22	18		
D161	圆形	大小不一的红烧土块			40	30		
D162	不规则形	大小不一的红烧土块	100	72		42		
D163	椭圆形	灰褐色土	68	50		20	打破 D164	
D164	椭圆形	大小不一的红烧土块	85	50		60	被 D163 打破	
D165	圆形	大小不一的红烧土块			25	50		
D166	椭圆形	大小不一的红烧土块	20	15		62		
D167	椭圆形	灰褐色土	40	25		40		
D168	圆角长方形	灰褐色土	135	70		30		
D169	圆形	灰褐色土			30	20		
D170	近椭圆形	灰褐色土	60	50		30		
D171	圆形	灰褐色土			56	50		
D172	椭圆形	灰褐色土	50	40		32		
D173	椭圆形	灰褐色土	62	45		35		
D174	长条形	灰褐色土	236	65		45		
D175	椭圆形	灰褐色土	46	35		25		
D176	椭圆形	灰褐色土	40	30		15		
D177	椭圆形	灰褐色土	70	50		33～50		
D178	圆形	灰褐色土			40	8		
D179	近圆形	灰褐色土	60	50		21		
D180	椭圆形	灰黑色土	120	56		35		
D181	椭圆形	黑褐色土	55	30		40	打破 D182	
D182	不规则形	灰黑色土	87	52		33	被 D181 打破	
D183	椭圆形	大小不一的红烧土块	50	28		40		
D184	不规则形	灰黑色土	190	60		20		

编号 （F5）	形状	填土	尺寸（cm）			深度（cm）	结构与备注	出土物
			长	宽	直径			
D185	不规则形	黑褐色土	43	40		10	打破 H97	
D186	圆角方形	灰褐色土	62	50		40		
D187	圆形	黑褐色土			45	33		
D188	圆角长方形	黑褐色土	68	48	柱芯直径28	柱洞深42 柱芯深48	柱洞内有一圆形柱芯	
D189	长条形	大小不一的红烧土块	93	32		20		
D190	圆角长方形	黑褐色土	80	50		25		釜 1（H）
D191	椭圆形	黑褐色土	25	20		18		
D192	圆形	黑褐色土			43	13		釜 1（H）
D193	圆形	大小不一的红烧土块			35	8		
D194	圆形	大小不一的红烧土块			40	30		
D195	椭圆形	大小不一的红烧土块	70	58		20		
D196	圆形	灰黑色土			55	15		
D197	不规则形	大小不一的红烧土块	120	100		25		
D198	圆形	大小不一的红烧土块			28	15		
D199	椭圆形	大小不一的红烧土块	45	38		20	打破 D200	
D200	椭圆形	大小不一的红烧土块	38	35		10	被 D199 打破	
D201	椭圆形	大小不一的红烧土块	75	30		20		
D202	椭圆形	灰黑色土	37	30		30		
D203	不规则形	大小不一的红烧土块	50	46		20		
D204	圆形	灰黑色土			23	10		
D205	不规则形	大小不一的红烧土块	325	118		37		
D206	不规则形	大小不一的红烧土块	251	95		35		罐 1（AⅡ）
D207	椭圆形	大小不一的红烧土块	60	40		20		
D208	椭圆形	黑褐色土	47	40		20		
D209	不规则形	灰黑色土	80	72		20	被 H55 打破	
D210	不规则形	大小不一的红烧土块	135	68		25－36	斜坡底	
D211	椭圆形	大小不一的红烧土块	38	26		8		
D212	椭圆形	灰黑色土	38	30		50		
D213	圆形	大小不一的红烧土块			23	18		
D214	椭圆形	灰黑色土	67	50		15		
D215	圆形	灰黑色土			50	18	被 G1 打破	
D216	圆形				35	25		
D217	近圆形	黑褐色土			38	10		
D218	不规则形	黑褐色土	75	60		15		
D219	不规则形	大小不一的红烧土块	63	48		32		网坠 1（Ab）、钵 1（BⅡ）
D220	椭圆形	黑褐色土	60	45		20		
D221	不规则形	大小不一的红烧土块	48	43		15		

编号（F5）	形状	填土	尺寸（cm）			深度（cm）	结构与备注	出土物
			长	宽	直径			
D222	不规则形	黑褐色土	48	45		30		
D223	近椭圆形	黑褐色土	33	13		16		
D224	圆角方形	大小不一的红烧土块	45	40		15		
D225	椭圆形	大小不一的红烧土块	62	25		15		
D226	圆形	黑褐色土夹红烧土块			55	25		
D227	近圆形	黑褐色土			31	15		
D228	近圆形	黑褐色土			35	30		
D229	圆形	柱洞内填黑褐色土夹红烧土块，柱芯内填黄褐土及红烧土块			柱洞直径88，柱芯直径20～26	柱洞深55，柱芯深18、25	柱洞内有两圆形柱芯	
D230	圆形	黑褐色土			30	33		
D231	长方形	大小不一的红烧土块	70	45		10		
D232	圆形	黑褐色土			33	50		
D233	不规则形	黑褐色土	95	40		43		
D234	椭圆形	大小不一的红烧土块	40	33		20		
D235	圆形	大小不一的红烧土块			17	35		
D236	近圆形	黑褐色土夹红烧土块	53	48		22～30	斜坡底	
D237	圆角长方形	黑褐色土夹红烧土块	110	60		28		
D238	圆形	黑褐色土			65	30		
D239	不规则形	大小不一的红烧土块	85	65		10	打破D241	
D240	长条形	大小不一的红烧土块	155	50		25		
D241	椭圆形	黑褐色土	70	30		38	被D239打破	
D242	柱洞为不规则形，柱芯为圆形	柱洞内填大小不一红烧土块，柱芯内填黄灰色土	80	70	柱芯直径23	柱洞深15，柱芯深23	柱洞内有一圆形柱芯	
D243	圆形	黑褐色土			40	45	被H54打破	
D244	圆形	黑褐色土			22	15		
D245	近圆形	黑褐色土			23	20		
D246	圆形	黑褐色土			23	17		
D247	圆形	黑褐色土			24	9		
D248	不规则形	黑褐色土	105	95		30	打破D249	
D249	不规则形	黑褐色土	150	123		35	被D248打破	
D250	不规则形	黑褐色土	155	90		35～60		
D251	长条形	黑褐色土	208	60		28		
D252	不规则形	大小不一的红烧土块	133	96		32～45		
D253	长条形	黑褐色土	118	38		38		
D254	圆形	黑褐色土			28	15		
D255	椭圆形	大小不一的红烧土块	45	35		10		
D256	圆形	黑褐色土			20	10		

续表五

编号 (F5)	形状	填土	尺寸（cm）			深度（cm）	结构与备注	出土物
			长	宽	直径			
D257	圆形	黑褐色土			35	15		
D258	近圆形	灰黄土			32	55		
D259	圆形	大小不一的红烧土块			25	25		
D260	不规则形	黑褐色土	75	30		23		
D261	椭圆形	大小不一的红烧土块	60	30		25		
D262	圆形	大小不一的红烧土块			40	25		
D263	圆形	黄褐土			55	25		
D264	近圆形	大小不一的红烧土块			80	50	被 G1 打破	
D265	不规则形	灰褐色土	50	45		40		
D266	圆形	灰褐色土			40	19		器足 1（AⅡ）
D267	椭圆形	灰褐色土	38	30		8		
D268	近圆形	灰褐色土			42	25		
D269	不规则形	黑褐色土	95	50		43		
D270	长条形	灰褐色土	75	35		40		
D271	不规则形	灰褐色土	125	25		55		支座 1（A）
D272	圆形	灰褐色土			33	25	被 G1 打破	
D273	椭圆形	灰黄色土	28	18		10	被 G1 及 H38 打破	
D274	不规则形	灰褐色土	118	90		20～60		釜（BⅡ）
D275	椭圆形	灰褐色土	40	30		36		

东南走向看，还是经过一定规划设计的，从发掘区的柱洞总体布局看，东北部和西部比较稀疏或没有柱洞分布，其余区域柱洞极其密集，柱洞的填土也不一致，且柱洞间还有打破关系，推测由柱洞构成的建筑遗存在时间上可能有一定的跨度，使用过程中在同一片区域有过移位或修整，甚至可能经过多次重建，因而出现了柱洞的重叠或打破，从而使柱洞布局显得紊乱。加之这一区域在建筑遗存废弃、生活居住功能失去后成为专门的墓地，晚期深坑墓葬、灰坑以及商代灰沟的破坏，使原本比较紊乱的柱洞更加支离破碎，因此，根据残存下来的柱洞很难判断出 F5 清晰、明确的布局结构。

F5 时代为马家浜文化早期晚段。

（2）遗物

F5D59∶1，陶釜（GⅠ）。夹细蚌末褐陶。微侈口，卷沿，圆唇，微束颈，鼓腹，下部残。腹部腰檐呈波状起伏，其上出露舌状錾手，錾手顶部有按捺纹装饰。口径 22.2、残高 7.4 厘米（图一九 C，1）。

F5D206∶1，陶罐（AⅡ）。夹蚌红陶。侈口，圆唇，溜肩，鼓腹，下部残。上腹接近口沿处有两对

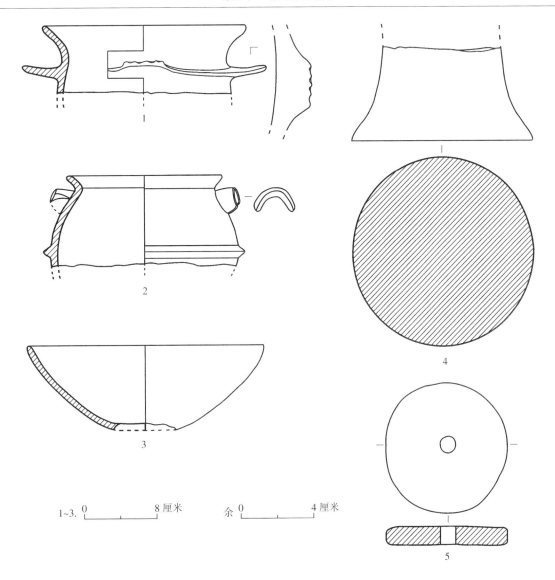

图一九 C　F5 出土陶器

1. 釜（F5D59：1）　2. 罐（F5D206：1）　3. 碗（F5D132：1）　4. 支座（F5D271：1）　5. 纺轮（F5D38：1）

称弧形鋬，中腹有一圈凸棱。口径 17、残高 9.6 厘米（图一九 C，2）。

F5D132：1，陶碗（A I）。夹蚌红衣陶。敞口，圆唇，浅弧腹渐收至底，底残。口径 25.8、残高 8.9 厘米（图一九 C，3；彩版一〇，1）。

F5D271：1，陶支座（A）。泥质红陶。圆柱体，底部外凸，上端残。底径 10、残高 4.9 厘米（图一九 C，4）。

F5D38：1，陶纺轮（A）。泥质褐陶。圆饼形，中央有孔。直径 6.8、孔径 0.9、厚 1 厘米（图一九 C，5；彩版一〇，2）。

陶网坠　均为长方形或长条形条块状，正面一般有两道凹槽（彩版一〇，3）。

F5D118：1（Aa），泥质红陶。长 2.9、宽 2.5、厚 1.3 厘米（图一九 D，1）。

F5D118：2（Ab），泥质红陶。长 2.9、宽 3、厚 1、9 厘米（图一九 D，2）。

F5D118：3（Ab），泥质红陶。长 2.4、宽 3、厚 1.4 厘米（图一九 D，3）。

F5D118：4（Ab），泥质黑衣陶。长 2.8、宽 2.9、厚 1.4 厘米（图一九 D，4）。

F5D118：5（Aa），泥质褐陶。长3.1、宽2.8、厚1.6厘米（图一九D，5）。

F5D118：6（Aa），夹蚌褐陶。长2.5、宽2.3、厚1.5厘米（图一九D，6）。

F5D219：1（Ab），泥质红陶。长1.3、宽1.4、厚0.8厘米（图一九D，7）。

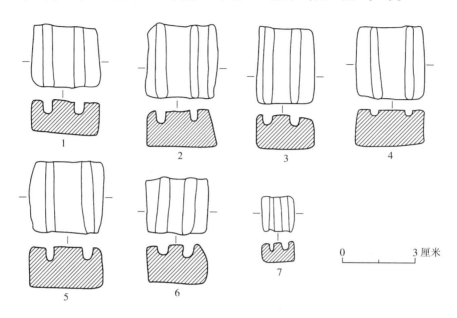

图一九D　F5出土陶网坠

1. F5D118：1　2. F5D118：2　3. F5D118：3　4. F5D118：4　5. F5D118：5　6. F5D118：6　7. F5D219：1

6. F6建筑遗存柱洞群

（1）概述

主要分布在主发掘区除T1234、T1235、T1334、T1335四方的区域，南扩方区域因梅雨季节长时期积水，未做清理。开口于⑤层下，打破⑥层和一些灰坑。

F6柱洞群共包括139个柱洞，分布密集，相对散乱又似乎有一定的规律（图二〇A；彩版一一）。如D8、D39～D41、D47～50，D9～D11、D13～D16、D52～D57，D28、D34、D79、D84、D78、D26、D27、D29、D36、D80～D83、D87，D30～D32、D88、D89、D90、D91、D92、D93～D95大体按照南北方向排列，D37、D38、D52、D69、D79、D80、D88、D89、D54、D66、D67、D70、D74、D83、D90，D43～D45、D49、D61～D65、D72，D46、D50、D51、D58～D60、D73、D77、D78、D95～D97，D105～D108、D115，D18、D24、D25、D33等大体按东西方向排列，在此范围内或附近散布有少量柱洞或灰坑（也可能是较大柱坑），如D12、D17、D19～D23、H23、D68、H96、D71、H84、H68、H69、D85、D75、D98等，而且从走向看，这些柱洞还向北、向南、向西延伸。另外，D1～D6构成的弧形空间向西北方向延伸，总体面貌不清。发掘区东南部的D109～D139分布非常散乱，规律性不明，且被商代灰沟G1严重破坏，总体结构不清。东部的D99～D104散布于和建筑遗存关系密切的灰坑群之间，性质不明。这些柱洞大小相差悬殊，形状有圆形、椭圆形、不规则形等，圆形柱洞直径12～115厘米，其余柱洞长18～220、宽12～156厘米，柱洞深6～104厘米（图二〇B；表六）。填土有黄灰土、灰褐土、黑褐土等，有的柱洞底部垫有石块，如D11、D67、D19等。有的柱洞有打破关系，如D76打破D77、D71打破H84等。柱洞中有少量陶片，质地多为夹蚌陶，器形有陶釜、罐等。

图二○ A　F6 平面图

关于 F6 建筑遗存的建筑形式，由于在地面上没有发现任何经过加工或使用过的生活面遗迹，推测是一种干栏式结构的房屋。由于在同一地区长期使用，柱洞可能有移位、修整，甚至可能经过多次重建，因而出现柱洞的重叠或打破，从而使柱洞布局显得比较散乱。

F6 时代为马家浜文化早期晚段。

（2）遗物

F6D127:1，陶釜（FⅡ）。夹细蚌末外红内黑陶。敞口，微束颈，圆唇，腹微鼓，下腹残。腹部有一周低腰檐，上有锯齿纹装饰。口径 30、残高 12.4 厘米（图二○ C，1）。

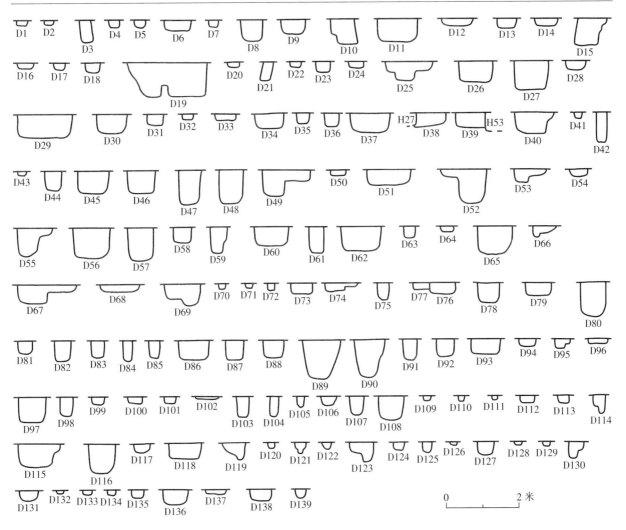

图二〇 B　F6 柱洞剖面图

表六			马家浜文化 F6 柱洞登记表					

编号 （F6）	形状	填土	尺寸（cm）			深度（cm）	结构与备注	出土物
			长	宽	直径			
D1	近圆形	黄灰土			30	15		
D2	近圆形	黄灰土			23	12		
D3	近圆形	黄灰土			30	60	向西倾斜	
D4	近圆形	黄灰土			23	20		
D5	椭圆形	黄灰土	40	25		20		
D6	圆角长方形	黄灰土	75	45		30		
D7	圆形	黄灰土			28	20		
D8	不规则形	黄灰土	75	58		58		
D9	椭圆形	黄灰土	70	50		40		
D10	近圆形	黄灰土			60～65	43～65	向北倾斜	
D11	椭圆形	黄灰土	135	110		60	底有石块	釜1（AⅡ）
D12	椭圆形	黑灰土	85	70		20		

编号 （F6）	形状	填土	尺寸（cm）			深度（cm）	结构与备注	出土物
			长	宽	直径			
D13	圆形	黄灰土			55	25		
D14	椭圆形	黑褐土	70	56		20		
D15	椭圆形	黄灰土	85	70		72	向北倾斜	
D16	圆形	黄灰土			45	15		
D17	椭圆形	黄灰土	30	25		18		
D18	椭圆形	黄灰土	46	39		25		
D19	不规则形	黄灰土	220	156		60~90	底有石块	
D20	圆形	黄灰土			35	14		
D21	椭圆形	黄灰土	43	25		50	向西倾斜	
D22	圆形	黄灰土			35	15		
D23	圆形	黄灰土			48	28		
D24	圆角长方形	黄灰土	62	43		16		
D25	不规则形	黄灰土	150	125		30~50		
D26	椭圆形	灰褐色土夹红烧土块	125	90		55	打破 H24	
D27	圆形	灰褐色土夹红烧土块			90	75	打破 H24	
D28	圆形	黑褐土			57	25		
D29	不规则形	灰褐色土夹红烧土块	155	150		60	打破 H22	
D30	不规则形	灰褐色土夹红烧土块	95	75		50	打破 H22	
D31	圆角长方形	黑褐土	70	43		30		
D32	长条形	黄灰土	56	25		15		
D33	不规则形	黄灰土	68	55		20		
D34	不规则形	黄灰土	90	80		40		
D35	不规则形	黄灰土	45	35		28		
D36	圆形	黄灰土			40	35		
D37	椭圆形	青灰土	115	110		51		
D38	椭圆形	青灰土	82	65		25~40	斜坡底，被 H27 打破	
D39	圆形	黄灰土				90	被 H53 打破	
D40	椭圆形	黄灰土	110	67		50~56		
D41	近圆形	灰褐土			20~25	15		
D42	圆形	大小不一红烧土块			30	80		
D43	椭圆形	灰褐土	38	30		10		
D44	椭圆形	灰褐土	50	45		50		
D45	圆形	黄灰土			90	60		
D46	圆形	灰褐土			80	60		

编号 （F6）	形状	填土	尺寸（cm）			深度（cm）	结构与备注	出土物
			长	宽	直径			
D47	圆角长方形	灰褐土	60	33		90		
D48	椭圆形	灰褐土	70	35		88		
D49	长条形	灰褐土	130	50		30～70		
D50	椭圆形	灰褐土	40	26		15		
D51	长条形	灰褐土	123	43		40		
D52	不规则形	青灰土	135	130		20～90	被 H53 打破	
D53	近圆形	黄灰土			90	15～35		
D54	椭圆形	黄灰土	65	50		20		
D55	椭圆形	黄灰土	95	65		25～75		
D56	圆形	青灰土			115	80		
D57	椭圆形	灰褐土	70	55		90		
D58	椭圆形	灰褐土	50	40		40		
D59	椭圆形	灰褐土	50	33		70		
D60	不规则形	灰褐土	95	75		50		
D61	圆形	大小不一红烧土块			30	70		
D62	椭圆形	黑灰土	115	105		65		釜片 3（Da2、Ja1）
D63	圆形	灰褐土			30	30		
D64	椭圆形	灰褐土	37	20		15		
D65	圆角长方形	青灰土	95	65		75		
D66	椭圆形	黄灰土	80	65		20～30		
D67	不规则形	黄灰土	160	135		20～50	底有石块	罐 1（DaⅠ）
D68	椭圆形	黄灰土	110	77		20		
D69	椭圆形	黄灰土	105	57		40－60		
D70	圆形	黄灰土			20	15		
D71	圆形	黄灰土			22	13	打破 H84	
D72	圆形	红烧土			20	18		
D73	椭圆形	黑褐土	60	50		28		
D74	椭圆形	黑褐土	103	90		10～22		
D75	椭圆形	黑褐土	30	20		45		
D76	圆角长方形	红烧土	65	60		30	打破 D77	
D77	椭圆形	黄灰土	70	55		18	被 D76 打破	
D78	椭圆形	黄灰土	65	50		53		
D79	近圆形	黄褐土			72	35		
D80	椭圆形	黄褐土	105	70		90		
D81	圆形	黑褐土			42	35		
D82	圆形	黑褐土			50	55		
D83	圆形	黑褐土			35	45	底有石块	
D84	圆形	黄灰土			27	55	打破 H71	

续表六

编号（F6）	形状	填土	尺寸（cm）			深度（cm）	结构与备注	出土物
			长	宽	直径			
D85	圆形	红烧土			35	46	打破 H71	
D86	圆形	黄灰土			90	52	打破 H71	
D87	圆形	黄灰土			52	52	打破 H71	
D88	圆形	红烧土			60	48	打破 H85	
D89	圆形	黑灰土			110	104	打破 H66	
D90	椭圆形	黑灰土	90	82		100	打破 H66	
D91	圆形	黄灰土			47	55	打破 H71	
D92	椭圆形	黄灰土	70	45		45	打破 H71	
D93	圆形	黄灰土			80	40	打破 H71	
D94	圆形	黑褐土			40	20		
D95	圆形	黄灰土			40	13~25		
D96	椭圆形	黑褐土	55	40		13		
D97	椭圆形	黄褐土	78	70		65		
D98	圆形	黄灰土			40	50	打破 H71	
D99	圆形	黑褐土			35	20		
D100	近圆形	灰黑土			40	16		
D101	圆形	灰黑土			29	18		
D102	不规则形	红烧土	70	55		6		
D103	圆形	灰黑土			38	55		
D104	圆形	灰黑土			25	54		
D105	椭圆形	黑褐土	25	18		30		
D106	不规则形	红烧土	45	25		25		
D107	不规则形	红烧土	42	25		50		
D108	椭圆形	红烧土	70	48		65		
D109	椭圆形	黑褐土	18	12		12		
D110	圆形	黑褐土			12	15	打破 H49	
D111	圆形	黑褐土			12	12	打破 H49	
D112	椭圆形	红烧土	42	30		20	打破 H49	
D113	圆形	红烧土			23	20		
D114	圆形	黑褐土			36	30~50		
D115	不规则形	红烧土	115	55		62		
D116	不规则形	红烧土	80	55		80		
D117	圆形	红烧土			47	25		
D118	不规则形	红烧土	90	76		40	底有石块	
D119	不规则形	红烧土	120	72		45	被 G1 打破	
D120	圆形	红烧土			20	15		
D121	圆形	红烧土			30	30		
D122	椭圆形	灰土	25	20		18		
D123	不规则形	灰黄土	145	71		30~50	被 G1 打破	

编号 （F6）	形状	填土	尺寸（cm）			深度（cm）	结构与备注	出土物
			长	宽	直径			
D124	椭圆形	灰黄土	30	25		20		
D125	圆形	灰黄土			20	27		
D126	圆形	灰黄土			20	8		
D127	圆形	灰黄土			40	35	被G1打破	釜片2（FⅡ2）
D128	椭圆形	灰黄土	30	18		8		
D129	圆形	灰黄土			20	10		
D130	椭圆形	灰黄土	70	54		25~45		
D131	不规则形	灰黄土	57	52		26		
D132	圆形	灰黄土			25	10		
D133	近圆形	灰黄土			30	13		
D134	不规则形	灰黄土	28	25		15		
D135	圆形	灰黄土			38	20		
D136	不规则形	灰黄土	70	56		40		
D137	椭圆形	灰黄土	61	40		12		
D138	椭圆形	灰黄土	63	56		30		
D139	圆形	灰黄土			32	24		

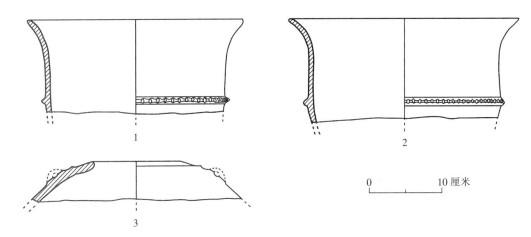

图二〇 C F6 出土陶器

1、2. 釜（F6D127：1、F6D127：2）　3. 罐（F6D67：1）

F6D127：2，陶釜（FⅡ）。夹细蚌末外红内黑陶。敞口，微束颈，圆唇，腹微鼓，下腹残。腹部有一周低腰檐，上有锯齿纹装饰。口径31.5、残高13.2厘米（图二〇 C，2）。

F6D67：1，陶罐（DaⅠ）。夹细蚌末红衣陶。敛口，圆唇，广肩，口外侧有一圈折棱，折棱下环状耳已缺，腹以下残。口径12.4、残高5.2厘米（图二〇 C，3）。

7. F7 建筑遗存柱洞群

（1）概述

位于T0832等四方、T1032等四方以及南扩方的西部。开口于②b层下，打破③层。其南部有F10，东北部有F1。

F7 柱洞群共有 43 个柱洞，从整体分布看，大体呈东北—西南向（图二一 A；彩版一二，1、2）。从平面布局来看，D1 ～ D6 在东部大体呈一直线，D6、D8、D12 在南部形成与 D1 ～ D6 相交的直线，D12 ～ D16 在西部形成与 D5、D8、D12 相交的直线，D16 ～ D18 在北部形成与 D12 ～ D16 相交的直线，它们共同构成了一个相对封闭的长方形的空间。D9、D10、D23 ～ D28 在此空间之内，D19 ～ D22 以及 D7、D11 紧贴东部和南部构成了更小的空间。这一片柱洞的空间面积约 79 平方米。D42、D43 相对独立，向东 1.7 米为 F1，可能为连接两组建筑间的设施。D29 ～ D41 主要分布在主体柱洞群的西南部，D29、D30、D36 ～ D38、D41 与 D16 ～ D18 基本在一条直线上，其余柱洞在这一直线的东侧，附近的 H92 ～ H94 可能是与之关系密切的灰坑。由于这一走向的柱洞和灰坑延伸到探方外，对了解整体布局带来了一定的困难。

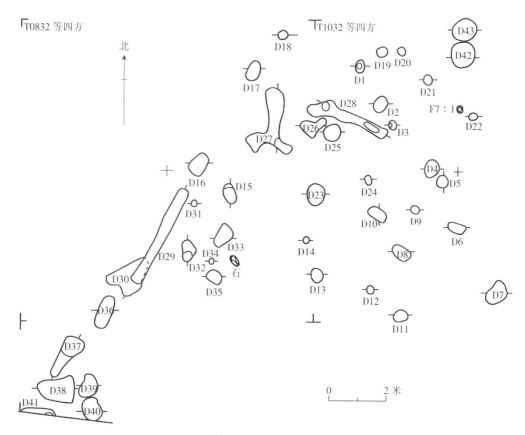

图二一 A F7 平面图

柱洞形状有圆形、椭圆形、长条形、不规则形等几种，圆形柱洞直径 10 ～ 60 厘米，其余柱洞长 28 ～ 352、宽 20 ～ 160 厘米，柱洞深 10 ～ 175 厘米，部分柱洞内有柱芯。洞内填土为灰黄土、黄灰土夹大量红烧土、黑褐土等。柱洞多为直壁，少量斜壁，深浅不一（图二一 B；表七）。从 D29 打破 D30 来看，在建造或使用过程中有过移位修整或重建。

F7 时代为马家浜文化晚期晚段。

（2）遗物

在 D22 和 D35 附近的层面上出土了陶缸和石块。部分柱洞中出土少量陶片，有泥质陶、夹砂陶、夹蚌陶，器形有钵、碗、鼎足等。

F7：1，陶大口缸。夹粗砂红陶。口部残，斜腹，小平底，厚胎。底径 13.6、残高 10 厘米（图二一 C，1）。

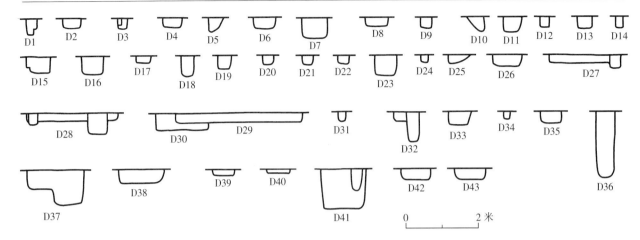

图二一 B F7 柱洞剖面图

表七   马家浜文化 F7 柱洞登记表

编号 （F7）	形状	填土	尺寸（cm）			深度（cm）	结构与备注	出土器物
			长	宽	直径			
D1	椭圆形	灰黄土	45	30	柱芯直径 20	柱洞深 27，柱芯深 42	柱洞内有一圆形柱芯	
D2	椭圆形	灰黄土	55	40		25		
D3	椭圆形	柱洞内填灰黄土，柱芯内填褐土	30	25	柱芯直径 10	柱洞深 27，柱芯深 18	柱洞内有一圆形柱芯	
D4	近椭圆形	灰黄土	60	50		25		
D5	圆形	灰黄土			40	38		
D6	圆角长方形	红烧土	65	32		30		
D7	不规则形	红烧土	85	57		55		
D8	圆角长方形	黑褐土	65	40		24		
D9	圆形	灰黄土			30	30		
D10	圆角长方形	红烧土	70	37		38	向北倾斜	
D11	椭圆形	灰黄土	50	40		40		
D12	圆形	灰黄土			25	27		
D13	圆形	灰黄土			45	30		
D14	圆形	红烧土			21	30		
D15	椭圆形	灰黄土	68	40		28~43		
D16	圆角长方形	灰黄土	75	52		47		碗 1（C）
D17	椭圆形	红烧土	70	45		18		
D18	圆形	红烧土			30	55		
D19	圆形	红烧土			38	35		
D20	圆形	红烧土			28	25		
D21	圆形	灰黄土			30	25		
D22	椭圆形	灰黄土	28	22		23		
D23	椭圆形	红烧土	75	60		52		钵 1（BⅣ）
D24	椭圆形	灰黄土	32	25		20		
D25	圆形	红烧土			60	23	向东倾斜	

编号(F7)	形状	填土	尺寸（cm）			深度（cm）	结构与备注	出土器物
			长	宽	直径			
D26	不规则形	红烧土	90	52		30		
D27	不规则形	红烧土	185	40～160	柱芯直径30～60	柱洞深23，柱芯深36	内有一椭圆形柱芯	
D28	长条形	红烧土	290	32～55	柱芯直径分别29 和20～58	柱洞深21，柱芯深30 和55	内各有一圆形和椭圆形柱芯	
D29	长条形	灰黄土	352	42		25	打破 D30	
D30	不规则形	红烧土	155	95		45	被 D29 打破	
D31	圆形	灰黄土			20	25		
D32	不规则形	红烧土	70	46	柱芯直径38	柱洞深25，柱芯深80	柱洞内有一圆形柱芯	
D33	不规则形	灰黄土	75	52		35		
D34	圆形	黑褐色土			20	20		
D35	圆角长方形	灰黄土	55	40		30		
D36	圆角长方形	红烧土	115	50		175		
D37	不规则形	红烧土	155	55～70		50～92		
D38	不规则形	红烧土	130	90		35		钵 1（BⅣ）
D39	不规则形	黑褐土	80	60		15		
D40	椭圆形	红烧土	80	65		10		
D41	椭圆形	柱洞内填黑褐土，柱芯内填灰黄土	120	20		柱洞深 105，柱芯深60	柱洞内有一圆形柱芯	
D42	椭圆形	红烧土	93	80		32		鼎 1（Db）
D43	椭圆形	红烧土	80	75		28		

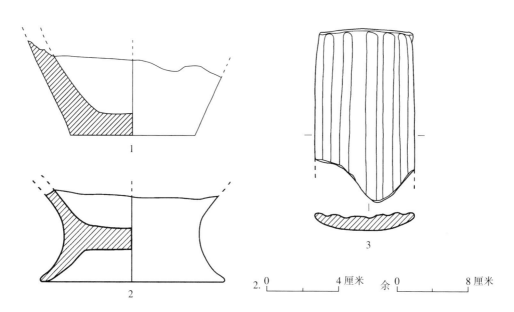

图二一 C　F7 出土陶器
1. 大口缸（F7:1）　2. 碗（F7D16:1）　3. 鼎足（F7D42:1）

F7D16：1，陶碗（C）。夹砂红陶。上部残，仅余矮圈足。圈足径10.1、残高4.5厘米（图二一 C，2）。

F7D42：1，陶鼎足（Db）。夹蚌末红陶。长条形足，正面内凹弧，有5道纵向凹槽，背面微凸。残高18.4、宽11.2厘米（图二一 C，3）。

8. F8 建筑遗存柱洞群

（1）概述

主要位于 T0832 等四方、T1032 等四方以及南扩方。开口于③层下，打破④层和 H44。其北部为 F2 和 F3 柱洞群，东南部为 F9 柱洞群。

共包括62个柱洞（图二二 A；彩版一三）。D1～D12 构成了一个不太规则的圆形空间，面积约35平方米。D13 和 D14 紧邻其南侧和东侧，D15～D17 在其北部，位置稍远。D28～D43 构成了一个近长方形的呈东北—西南向的空间，面积约27平方米。D46～D54、D62、D55～D59 构成了又一个近长方形的呈东北—西南向的空间，面积约25平方米。D60 在两长方形空间之间。在圆形空间和长方形空间之间有 D18～D27 等一排呈东北—西南向柱洞，一直延伸到发掘区以外。柱洞基本为圆形、椭圆形、不规则形等。大小深浅不一，圆形柱洞直径20～108厘米，其余柱洞长30～145、宽22～76厘米，柱洞深10～113厘米（图二二 B；表八）。填土有黄灰土、灰土夹大量红烧土、灰白土等。

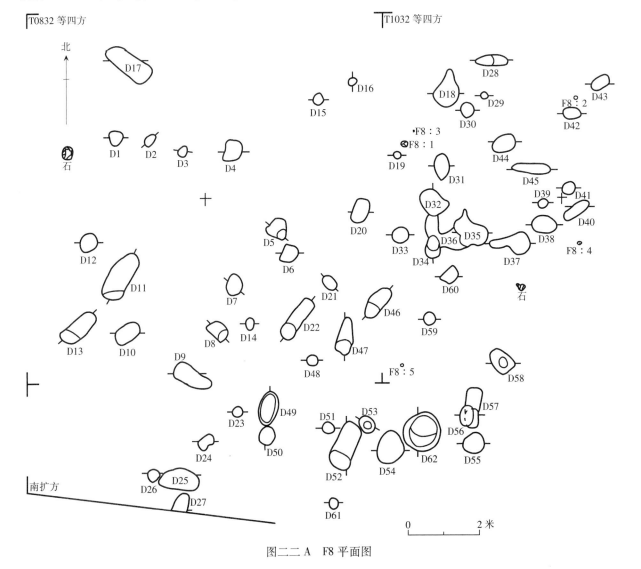

图二二 A　F8 平面图

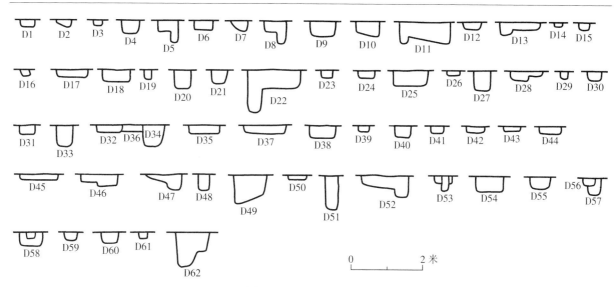

图二二 B　F8 柱洞剖面图

表八　　　　　　　　　　　　　　　　　马家浜文化 **F8** 柱洞登记表

编号 （F8）	形状	填土	尺寸（cm）			深度（cm）	结构与备注	出土器物
			长	宽	直径			
D1	不规则形	红烧土	35	30		20		
D2	椭圆形	黄灰土	38	25		10～20		
D3	椭圆形	黄灰土	30	25		15		
D4	不规则形	红烧土	60	50		35		
D5	不规则形	黄灰土	60	55		30～60		
D6	圆角方形	黄灰土	50	40		25		
D7	近椭圆形	黄灰土	60	45		28		
D8	近椭圆形	黄灰土	60	42		30～60		
D9	不规则形	黄灰土	112	50		40		
D10	椭圆形	黄灰土	75	45		30～40		
D11	长条形	黄灰土	145	60		40～58		釜 1（H）
D12	近圆形	黄灰土			50	20		
D13	长条形	黄灰土夹红烧土	113	50		20～35		
D14	椭圆形	黄灰土	35	22		10		
D15	圆形	黄灰土			30	20		
D16	圆形	黄灰土			25	22	向南倾斜	
D17	长条形	红烧土	136	60		20		
D18	不规则形	红烧土	105	75		32		鼎足 2（Ba、C），豆盘 1（BⅤ）
D19	圆形	黄灰土			20	25		
D20	圆角长方形	黄灰土	70	43		50		
D21	椭圆形	黄灰土	45	30		36		
D22	长条形	黄灰土	125	40		50～113		
D23	圆形	红烧土			30	20		
D24	不规则形	红烧土	50	30		20		

编号 （F8）	形状	填土	尺寸（cm）			深度（cm）	结构与备注	出土器物
			长	宽	直径			
D25	不规则形	红烧土	115	57		42		
D26	近圆形	红烧土			35	13		
D27	椭圆形	红烧土	50	40		53		
D28	近椭圆形	红烧土	90	30		13～25		
D29	圆形	红烧土			20	20		
D30	圆形	黄灰土			40	25		
D31	近椭圆形	红烧土	70	43		25		
D32	不规则形	红烧土	82	75		20	打破 D36	
D33	圆形	黄灰土			45	55		
D34	近椭圆形	红烧土	60	40		55	打破 D36	
D35	不规则形	红烧土	100	70		23	打破 D36	
D36	不规则形	黄灰土	100	65		18	被 D32、D34、D35 打破	
D37	不规则形	红烧土	115	60		23		鼎 1（BⅡ）
D38	椭圆形	红烧土	70	45		33		
D39	圆形	黄灰土			30	17		
D40	长条形	红烧土	80	27		30		鼎足 1（Aa）
D41	圆形	红烧土			36	20		
D42	椭圆形	红烧土	50	30		17		
D43	椭圆形	红烧土	55	32		14		
D44	椭圆形	红烧土	70	46		20		
D45	椭圆形	红烧土	108	30		15		
D46	椭圆形	黄灰土	100	45		20～30		
D47	不规则形	黄灰土	103	46		20～40		
D48	圆形	黄灰土			28	43		
D49	椭圆形	黄灰土	92	52		50～75		
D50	圆形	红烧土			50	12		
D51	圆形	红烧土			30	90		
D52	长条形	红烧土	130	60		35～56		
D53	椭圆形	柱洞内填红烧土，柱心内填黄灰土	50	45	柱芯直径25	柱洞深20，柱芯深40	柱洞内有一圆形柱芯	
D54	近椭圆形	红烧土	90	76		40		
D55	圆形	红烧土			55	30		
D56	椭圆形	灰白土	55	37		20	打破 D57	
D57	长条形	红烧土	110	45		45	被 D56 打破	
D58	圆角长方形	柱洞内填红烧土，柱心内填黄灰土	122	50	柱芯直径23	柱洞深36，柱芯深16	柱洞内有一圆形柱芯	
D59	圆形	黄灰土			35	21		
D60	不规则形	红烧土	50	35		30		
D61	圆形	红烧土			25	18		
D62	近圆形	黑褐土			108	50～92		

在 F8 建筑遗存柱洞群的东部和西部外围空旷处有一些石块。从 D56 打破 D57 以及 D32、D34、D35 打破 D36 来看，建筑在使用过程中有过移位或修整。F8 可能为地面式建筑，未见居住面等其他迹象。

F8 时代为马家浜文化晚期晚段。

（2）遗物

F8 柱洞群范围内和附近出土有陶盘、小罐、纺轮和石锛等，柱洞内出土少量的陶片，有泥质陶、夹蚌陶等，器形有鼎、鼎足、釜、豆等。

F8D37：1，陶鼎（BⅡ）。泥质黑衣陶。敞口，圆唇，斜腹弧收成平底，扁圆形足略残，足根部有一捺窝。口沿下有一周低腰檐，上有按捺纹。口径 14.1、残高 6.7 厘米（图二二 C，1；彩版一四，1）。

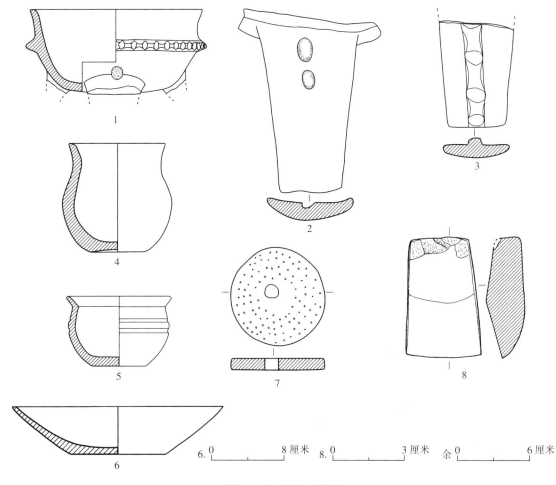

图二二 C　F8 出土器物

1. 陶鼎（F8D37：1）　　2、3. 陶鼎足（F8D18：1、F8D18：2）　　4、5. 小陶罐（F8：2、F8：4）　　6. 陶盘（F8：1）
7. 陶纺轮（F8：5）　　8. 石锛（F8：3）

F8D18：1，陶鼎足（Ba）。泥质褐陶。长梯形足，正面微凹，足根部有 2 个深捺窝，背部略外弧。残高 14.7、宽 11.7 厘米（图二二 C，2）。

F8D18：2，陶鼎足（C）。泥质红陶。正面微凹，中间有一条纵向泥条堆贴，上有按捺纹，背面略外弧。残高 8.4、宽 6.1 厘米（图二二 C，3）。

F8：2，小陶罐（AⅢ）。泥质红陶。直口微侈，束颈，方圆唇，鼓腹，最大径在器中部，平底，底心微凹。口径 7.8、底径 4.4、高 8.6 厘米（图二二 C，4；彩版一四，2）。

　　F8:4，小陶罐（AⅣ）。夹砂外红内黑陶。侈口，圆唇，折沿，腹微鼓，腹中部有两条凹弦纹，下腹弧收，小平底。口径 8.6、底径 4.4、高 5.5 厘米（图二二 C，5；彩版一四，3）。

　　F8:1，陶盘（Ⅲ）。泥质红衣陶，器表内外均施红衣，已大半脱落。敞口，方圆唇，浅斜腹，平底。口径 23、底径 10.4、高 5 厘米（图二二 C，6；彩版一四，4）。

　　F8:5，陶纺轮（A）。泥质红陶。中央有孔，正、背两面密布圆形戳孔。直径 7.7、孔径 1.1、厚 0.9 厘米（图二二 C，7；彩版一四，5）。

　　F8:3，石锛（BⅡ）。沉凝灰岩，灰白色条带。梯形，单面刃，平顶，端部有打击疤痕。长 4.8、宽 2.4~3.1、厚 1.6 厘米（图二二 C，8；彩版一四，6）。

9. F9 建筑遗存柱洞群

　　（1）概述

　　主要位于 T1130 等两方以及南扩方的东部。开口于③层下，打破④层。其西北部为 F8 柱洞群，东部被 G1 严重破坏，西南部因近代墓葬未发掘，对了解整体布局有一定的局限。

　　现有柱洞 12 个（图二三 A）。D2~D4 大体在一条直线上，其余柱洞散布于两侧。柱洞大小、深浅不一，形状有圆形、椭圆形、不规则形等，圆形柱洞直径 20~45 厘米，其余柱洞长 22~297、宽 17~150 厘米，柱洞深 20~47 厘米（图二三 B；表九）。柱洞内填土除 D1 为青灰土、D8 为黑褐土外，其余均为红烧土。

　　在柱洞群范围内有两小片红烧土和略呈转折状态的黄土条带，可能与居住面或墙基槽有关。个别柱洞内出土有陶网坠等。

　　F9 时代为马家浜文化晚期早段。

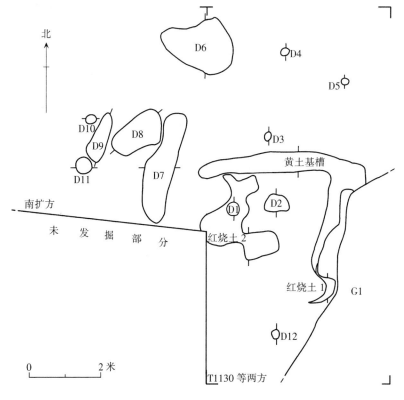

图二三 A　F9 平面图

（2）遗物

F9D2：1，陶网坠（Aa）。泥质红陶。正面有两道凹槽。长 3.1、宽 2.9、厚 1.4 厘米（图二三 C）。

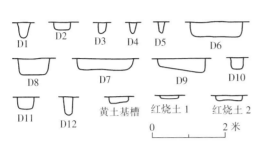

图二三 B　F9 柱洞剖面图

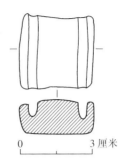

图二三 C　F9 出土陶网坠（F9D2：1）

表九　　　　　　　　　　　　　　马家浜文化 F9 柱洞登记表

编号（F9）	形状	填土	尺寸（cm）			深度（cm）	结构与备注	出土器物
			长	宽	直径			
D1	圆形	青灰土			35	40		
D2	不规则形	红烧土	70	45		20		网坠 1（Aa）
D3	椭圆形	红烧土	22	17		30		
D4	圆形	红烧土			20	30		
D5	圆形	红烧土			20	30		
D6	不规则形	红烧土	205	150		40		
D7	长条形	红烧土	297	80		43		
D8	不规则形	黑褐土	150	95		30		
D9	长条形	红烧土	130	50		20 ~ 36	斜坡底	
D10	圆形	红烧土			30	30		
D11	圆形	红烧土			45	32		
D12	圆形	红烧土			25	47		

10. F10 建筑遗存

（1）概述

主要位于南扩方东部，向南延伸至探方外。开口于①层下，被 H89 打破，打破③层。

F10 遭到严重破坏，仅存部分柱洞。从清理的柱洞推测，其平面形状为东北—西南向的长方形，长度在 6.6 米以上，宽约 5.3 米左右，现存面积约 35 平方米，方向约 26°（图二四 A；彩版一五）。

共清理出柱洞 14 个，分布较密集。柱洞平面形状为圆形、椭圆形和不规则形。D1、D4、D7、D10 等柱洞大且不规则，成一直线构成西墙，D1 ~ D3 构成北墙，D3、D6、D12 ~ D14 成一直线构成东墙，柱洞相对较小。D5、D8、D9、D11 为房屋内东北—西南向柱列，可能为中柱或具有隔墙夹柱的功能。圆形柱洞较小，直径 26 ~ 30 厘米，其他柱洞长 34 ~ 220、宽 24 ~ 140 厘米，柱洞深 13 ~ 120 厘米。大多数柱洞壁略直，平底，个别为斜壁，其中 D1 内有圆形柱芯（图二四 B；表一〇）。柱洞内填土均为红烧土。D6、D12 间距 160 厘米，可能为 F10 门道位置。F10 可能为地面式建筑，建筑方式为挖坑立柱建屋，但未发现居住面、灶、墙等相关遗迹。

　　F10 时代为马家浜文化晚期晚段。

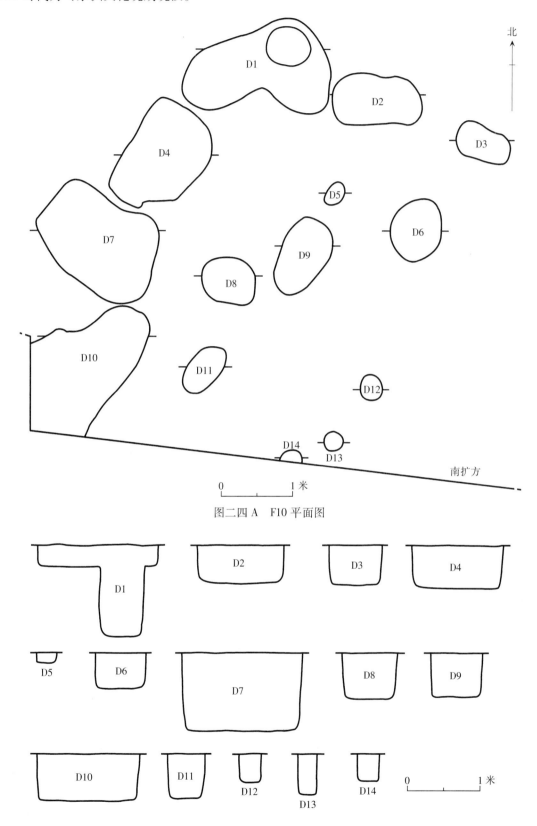

图二四 A　F10 平面图

图二四 B　F10 柱洞剖面图

表一〇 马家浜文化 F10 柱洞登记表

编号 （F10）	形状	填土	尺寸（cm）			深度（cm）	结构与备注	出土器物
			长	宽	直径			
D1	不规则形	柱洞内为红烧土，柱芯内为黄灰土	205	122	柱芯直径60	柱芯深120，柱洞深30	柱洞内有一圆形柱芯	
D2	近椭圆形	红烧土	130	68		50		
D3	近椭圆形	红烧土	76	46		54		
D4	近长方形	红烧土	152	100		57		
D5	椭圆形	红烧土	34	24		13		
D6	椭圆形	红烧土	84	70		48		
D7	不规则形	红烧土	165	122		104		
D8	椭圆形	红烧土	76	60		61		
D9	近椭圆形	红烧土	106	68		58		
D10	不规则形	红烧土	220	140		63		鼎足1（Da）、盆1（DⅡ）、瓿1、豆盘1（AV）
D11	椭圆形	红烧土	74	42		60		
D12	椭圆形	红烧土	34	30		38		
D13	圆形	红烧土			26	54		
D14	半圆形	红烧土			30	35		

（2）遗物

F10D10填土内出土少量陶片，有泥质陶、夹蚌陶、夹砂陶等。纹饰有指捺纹、镂孔等，器形有鼎足、盆、瓿、豆等。

（二）灰坑遗存

马家浜文化灰坑90个（附表一）。主发掘区分布84个，其中打破③层的7个；开口③层下，打破④层的8个；开口④层下，打破⑤层的25个；开口⑤层下，打破⑥层的38个；开口⑥层下，打破生土层的6个（见图九～一三）。TG1分布6个，开口②层下，打破③层的3个；开口③层下，打破生土层的3个（见图一四）。根据坑口形状可分为圆形（近圆形）、椭圆形（近椭圆形）、近方形（或近圆角方形）、近长方形（或圆角长方形）和不规则形等。坑壁分为直壁和斜壁，坑底有平底和圜底，有的不够规整，在底部形成一个或两至三个深坑，有的坑底置石头。

1. A型 坑口平面圆形（近圆形）。共12个，举例11个。

H9

位于TG1中部偏西，开口③层下，打破生土。近圆形，斜壁，圜底。直径约0.9、深0.46米（图二五）。填土灰黑色，

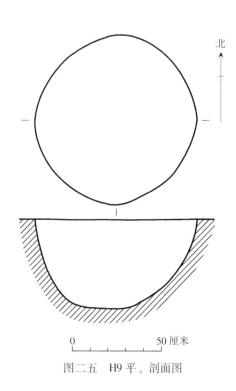

北

0   50厘米

图二五 H9平、剖面图

土质松软。出土物另有①陶釜、盖等残片。

H25

位于 T0834 等四方东北部，伸入北隔梁内。开口于⑤层下，打破⑥层。近圆形，斜壁，平底。直径 1.24、深 0.86 米（图二六 A；彩版一六，1）。填土灰黄色，内夹杂零星红烧土颗粒及草木灰，土质较硬。出土物有陶纺轮 1（A），另有釜、盖等残片。

H25∶1，陶纺轮（A）。夹蚌褐陶。中央有单向管穿圆孔。用陶片改制而成，一面褐色，一面灰黑色。仅存一半。直径 7.8、孔径 1.3、厚 0.7 厘米（图二六 B；彩版一六，2）。

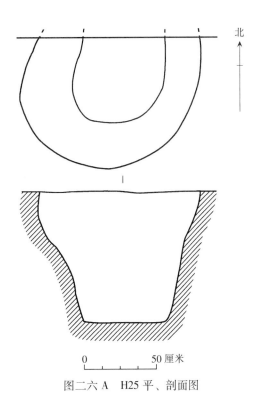

图二六 A　H25 平、剖面图

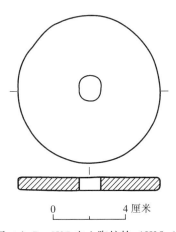

图二六 B　H25 出土陶纺轮（H25∶1）

H40

位于 T1130 等两方南部。开口于④层下，打破⑤层。近圆形，东侧壁较直，西侧斜坡壁，底略斜。直径约 1.48～1.62、深 0.5 米。填土分两层。第①层为褐色土，夹杂较多红烧土颗粒，土质较硬，厚约 20 厘米，出土物有陶罐 1（EⅠ）、釜 1（Da）等。第②层为灰黑色土夹杂零星红烧土，经筛选有较多炭化稻米出土，土质松软，厚约 30 厘米（图二七）。

H43

位于 T0832 等四方的西部，延伸入探方外。开口④层下，打破 G2、H26 和⑤层。清理部分近半圆形，直壁下部略斜，平底（彩版一六，3）。直径 2、深 0.86 米。填土分为两层。第①层为黑灰色土，夹杂红烧土块及草木灰，土质较硬，厚 54～60 厘米。出土有较多炭化稻米，陶片较多，有龟壳（彩版一六，4）。第②层为黄褐色土，夹杂零星红烧土颗粒及木灰星，土质较硬，陶片较少，厚 20～35 厘米（图二八 A）。①层出土物有陶球 1，釜 3（H1、GⅢ2），三足带把匜 1（C），盖纽 2（E2），罐 1

---

① "出土物另有"指标本仅做过数量统计。"出土物有"指此标本经挑选、画图并划定型式。下同。

（Ib），器把1（BⅡ）；②层出土物有三足带把匜1（C）等。

H43①:6，陶釜（GⅢ）。夹蚌黑衣陶。侈口，尖圆唇，溜肩，鼓腹，下部残。口径22.8、残高6.6厘米（图二八B，1）。

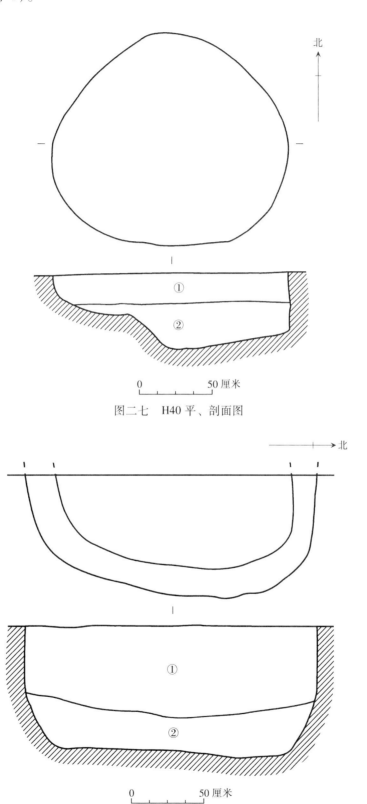

图二七 H40平、剖面图

图二八A H43平、剖面图

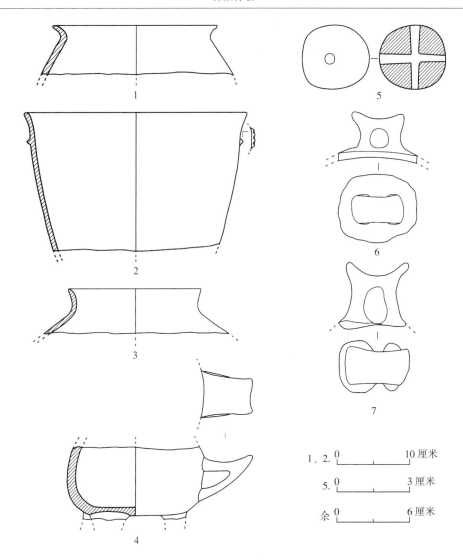

图二八 B H43 出土陶器

1、2. 釜（H43①:6、H43①:2） 3. 罐（H43①:9） 4. 匜（H43②:12） 5. 球（H43①:1）

6、7. 盖纽（H43①:5、H43①:7）

H43①:2，陶釜（H）。夹蚌红陶，直口稍敞，圆唇，直腹，口沿下有两个堆贴按捺的装饰性小鋬，底部已缺。口径30.8、残高18.4厘米（图二八 B，2；彩版一六，5）。

H43①:9，陶罐（Ib）。夹蚌红陶。侈口，圆唇，溜肩，鼓腹，手制，素面。口径11、残高4.2厘米（图二八 B，3）。

H43①:3，陶匜（C）。夹蚌外红内黑陶。直口微敛，圆唇，中腹略鼓，平底，底面接三扁柱状足，中腹一侧有一鸟尾状把手，口沿一侧流口形态不明。手制，素面。口径14、高15厘米（图二八 C；彩版一六，6）。

H43②:12，陶匜（C）。夹蚌陶，外壁施红衣，内壁褐色。口残，弧腹，平底，腹一侧装有一鸟尾状把手。底部装有三扁柱状足，已缺失。手制轮修，素面。残高5.8厘米（图二八 B，4）。

H43①:1，陶球。泥质褐陶。圆形球体，球面对穿四孔，孔道交叉相连。手制，不够规整。球径2.7、孔径0.3~0.4厘米（图二八 B，5；彩版一六，7）。

H43①:5，陶盖纽（E）。夹蚌红衣，内外均施。桥形盖纽，两端起翘，中有一圆孔。残长6.5、

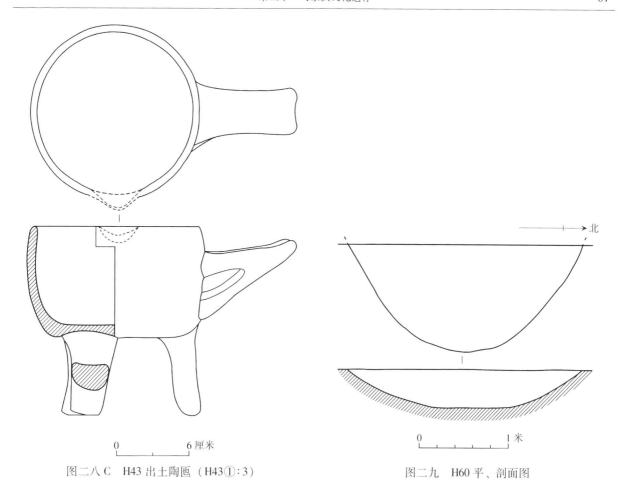

图二八 C　H43 出土陶匜（H43①：3）　　　　　图二九　H60 平、剖面图

残高 3.7 厘米（图二八 B，6）。

H43①：7，陶盖纽（E）。夹蚌红衣，器表普施。桥形盖纽，两端起翘，中有一圆孔。残长 5.7、残高 5.3 厘米（图二八 B，7）。

H60

位于 T1130 等两方西南部，延入探方外。开口④层下，打破⑤层。清理部分为半圆形，斜壁，浅圈底。直径 2.6、深 0.4 米。填土灰褐色，含大量红烧土颗粒，土质较硬。基本未见出土物（图二九）。

H62

位于 T1130 等两方北部。开口⑥层下，打破生土。近圆形，斜壁，平底。直径 1.14 ~ 1.26、深 0.3 米。填土浅黄色夹褐斑，含少量红烧土颗粒，土质松软。未有出土物（图三○）。

H65

位于 T1232 等四方西南部。开口⑤层下，打破⑥层。近圆形，斜壁，平底。直径 0.96 ~ 1.02、深 0.9 米。填土灰褐色，土质松软。出土物有釜 1（H）等（图三一；彩版一七，1）。

H70

位于 T1032 等四方东南部。开口⑤层下，打破 H71 和⑥层。近圆形，斜壁，平底。直径 1.1 ~ 1.38、深 1.2 米。填土分为两层。第①层为黄褐色土，夹杂少量红烧土块，土质较硬，厚 45 ~ 65 厘米，基本未见出土物。第②层为黑褐色土，夹杂大量红烧土颗粒及草木灰、骨渣等，土质松软，厚 55 ~ 75 厘米（图三二 A）。出土物有石锛 1（AaⅠ），陶钵 2（Aa1、BⅢ1），陶纺轮 1（A），陶釜 1（Ja）等。

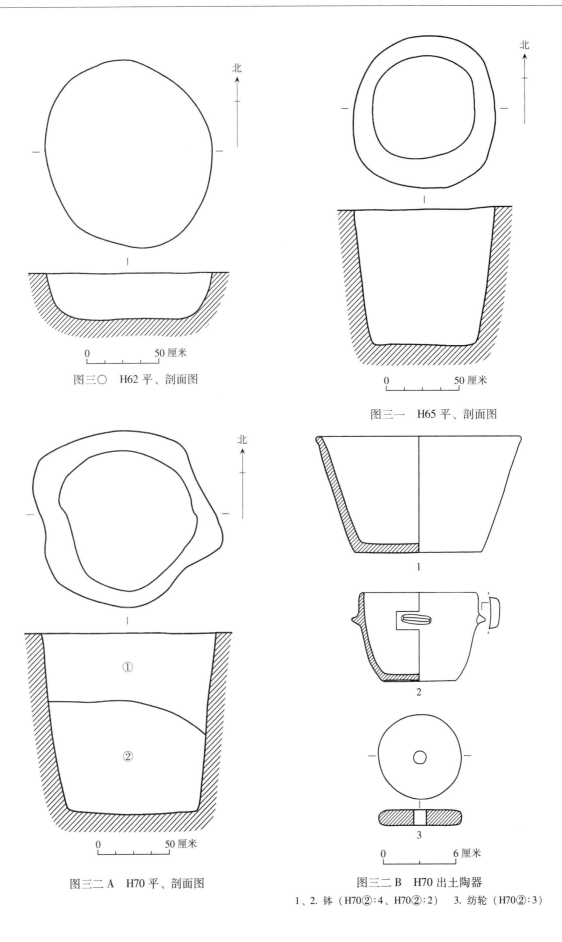

北

0   50 厘米

图三〇 H62 平、剖面图

北

0   50 厘米

图三一 H65 平、剖面图

北

①

②

0   50 厘米

图三二 A H70 平、剖面图

1

2

3

0   6 厘米

图三二 B H70 出土陶器

1、2. 钵（H70②:4、H70②:2） 3. 纺轮（H70②:3）

H70②：4，陶钵（Aa）。夹蚌红陶。敞口，圆唇，斜直腹，平底。口径16.8、底径10.2、高9.2厘米（图三二 B，1；彩版一七，3）。

H70②：2，陶钵（BⅡ）。夹蚌外红内黑陶，色质不匀，局部灰黑色。敛口，圆唇，口沿下有对称四舌形錾手，弧腹，平底，底心微凹，器形不够规整。口径9.2、底径6、高7厘米（图三二 B，2；彩版一七，4）。

H70②：3，陶纺轮（A）。夹蚌褐陶。圆饼形，中央有孔。直径6.9、孔径1、厚1.2厘米（图三二 B，3；彩版一七，5）。

H84

位于T0832等四方东南部、T1032等四方西南部。开口⑤层下，被F6D71打破，打破⑥层。近圆形，斜壁，平底。直径1.3、深0.78米。填土灰黑色，夹杂红烧土颗粒及草木灰，土质较硬。出土物有龟甲等动物骨骼，另有陶釜、罐、盖等（图三三；彩版一八，1、2）。

H99

位于南扩方西部。开口④层下，打破⑤层。近圆形，直壁，平底。直径0.92～1.04、深0.58米。填土黑褐色，夹杂少量红烧土颗粒，土质松软。出土物有陶鼎足1（Aa）、陶碗1（AⅡ）和残石锛1等（图三四 A）。

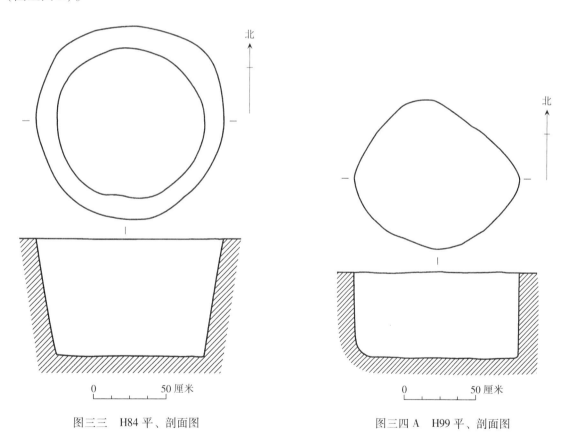

图三三　H84平、剖面图　　　　　　　图三四 A　H99平、剖面图

H99：1，陶鼎足（Aa）。夹蚌红陶。扁条形足，足正面有一条纵向泥脊。残高8.6、宽3.8厘米（图三四 B，1）。

H99：2，陶碗（AⅡ）。夹蚌红衣陶，外壁施一层红衣。敞口，方唇，唇缘有一道凹槽，弧腹弧收至底，底残。口径15、残高4.9厘米（图三四 B，2）。

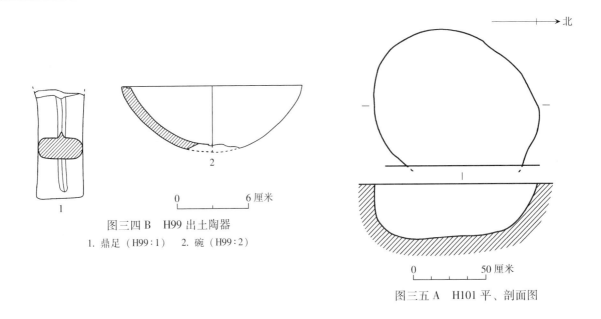

图三四 B　H99 出土陶器

1. 鼎足（H99∶1）　2. 碗（H99∶2）

图三五 A　H101 平、剖面图

H101

位于 T1334 东南角，T1232 等四方东北角，局部进入隔梁。开口⑤层下，打破⑥层。近圆形，斜壁，圜底。直径 0.98～1.16、深 0.36 米。填土灰黑色，夹杂草木灰，土质松软。出土物有陶拍 1、匜口 1（Ⅰ）、罐 1（AⅠ）等，另有陶釜、盖等（图三五 A）。

H101∶1，陶拍。夹蚌红陶。圆角长方形拍体，拍背装有半环形柄，已残，拍正面满方格刻纹，手制。残长 8.5、宽 4.7、残厚 2.6 厘米（图三五 B，1）。

H101∶2，陶匜口（Ⅰ）。夹细砂褐陶。匜形器口沿残片，流外侧有一短舌形錾手，上有指捺纹。残长 14、残高 10.2 厘米（图三五 B，2）。

H101∶3，陶罐（AⅠ）。夹蚌红陶。微侈口，圆唇，唇下有一弧形錾手，略残，中腹处有一圈浅腰檐，上有按捺纹，下部残。口径 14、残高 8.4 厘米（图三五 B，3）。

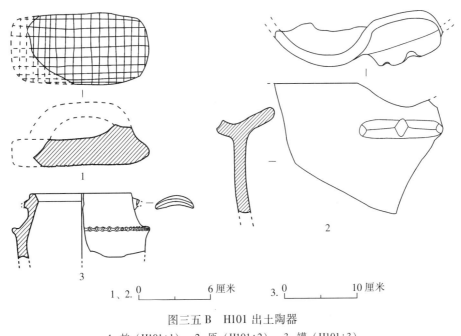

图三五 B　H101 出土陶器

1. 拍（H101∶1）　2. 匜（H101∶2）　3. 罐（H101∶3）

2. B 型　坑口平面椭圆形。共 15 个，举例 10 个。

H14

位于 T1034 等四方中部。开口②a 层下，打破③层。椭圆形，斜壁，圜底。长径 1.28、短径 0.94、深 0.48 米。填灰土，夹大量红烧土块和木炭屑，土质较硬。出土物有石锛 1（AaⅢ）和陶鼎足 2（C1、Da1）等，另有陶豆、罐、盉等（图三六）。

H23

位于 T1034 等四方西部。开口⑤层下，打破⑥层。近椭圆形，斜壁，近平底。长径 2、短径 1.49、深 0.12 米。填灰黄土，夹大量红烧土和草木灰，土质较硬。出土物有陶釜 1（AⅠ）、豆（盘）1（BⅠ）等（图三七 A）。

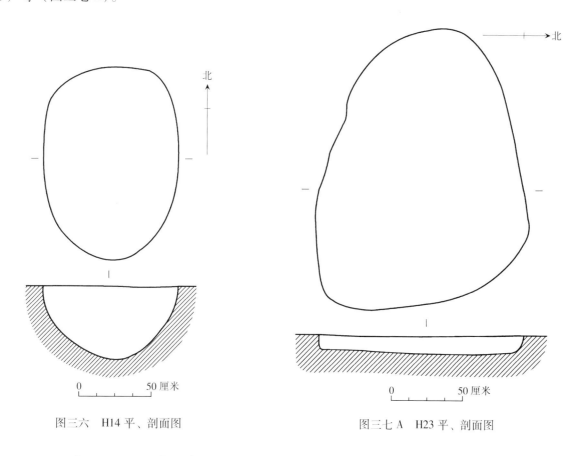

图三六　H14 平、剖面图　　　　图三七 A　H23 平、剖面图

H23：1，陶釜（AⅠ）。夹细蚌末红陶，外红内黑。敞口，圆唇，口下有一小舌形錾，下部残。手制轮修。口径 23.6、残高 6 厘米（图三七 B，1）。

H23：2，陶豆（盘）（BⅠ）。夹蚌末黑衣陶。敛口，圆唇，折肩。口径 20、残高 3.6 厘米（图三七 B，2）。

H52

位于 T1230 等四方东南部。开口⑥层下，打破生土。近椭圆形，斜壁，圜底。长径 1.86、短径 1.3、深 0.94 米。填土分三层。第①层为浅灰色土，夹杂较多红烧土颗粒，土质较硬，厚 40 厘米，出土陶片较多；第②层为灰土，夹大量草木灰，土质松

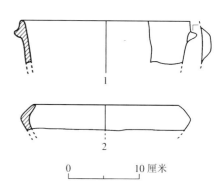

图三七 B　H23 出土陶器

1. 釜（H23：1）　2. 豆（盘）（H23：2）

软，厚 22 厘米；第③层为浅灰色土，夹烧土颗粒，厚 32 厘米。出土物有陶釜 6（BⅠ2、Da2、DbⅠ1、GⅠ1）、钵 1（BⅠ）和个别兽骨等（图三八 A；彩版一八，3）。

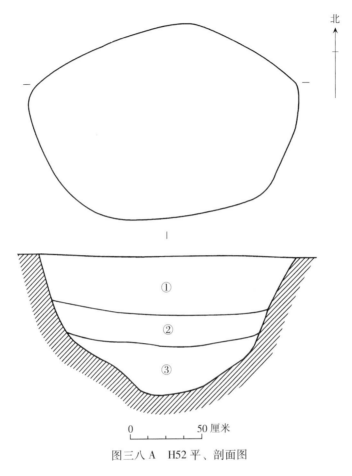

图三八 A H52 平、剖面图

H52①：1，陶釜（GⅠ）。夹细蚌末红陶。微侈口，卷沿，圆唇，微束颈，鼓腹，腹部腰檐呈波状起伏，其上出露四个鋬手，鋬手顶部有锯齿纹装饰，下腹斜弧收至平底。腰檐以上至口内上部施红衣，陶胎表面有细孔隙。手制轮修。口径 27.4、底径 13.2、高 23.2 厘米（图三八 B，1；彩版一八，4）。

H52①：2，陶釜（BⅠ）。夹细蚌末褐陶，内部黑色。口、底残，斜直腹，口腹间微折，口下有对称的四个鸡冠状鋬手，上有齿状按捺装饰。手制轮修。残高 16 厘米（图三八 B，2）。

H52①：5，陶釜（DbⅠ）。夹细蚌末红陶。敛口，圆唇，口沿外侧出露一外凸流口，流口下有一周低腰檐。手制轮修。残长 7.7、残高 7.1 厘米（图三八 B，3）。

H53

位于 T0832 等四方北部。开口④层下，被 M155、M233、M234、F5D84 打破，被 W14、M108 叠压，打破⑤层。椭圆形，斜壁，平底。长径 2.8、短径 1.9、深 0.7 米。填土分为两层。第①层为灰褐色土，夹杂红烧土块及草木灰，土质较硬，厚 40 厘米，出土有少量陶片；第②层为黄褐色土，夹杂零星红烧土颗粒及草木灰，土质较硬，厚 30 厘米。第①层出土物有陶罐 1（Ib）等，另有陶釜等（图三九 A）。

H53①：1，陶罐（Ib）。泥质褐陶。侈口，微卷沿，圆唇，溜肩，折腹斜弧收，下腹以下残。肩部有压印的半弧形、水波、弦纹和直线组成的组合纹饰。口径 14、残高 8.5 厘米（图三九 B）。

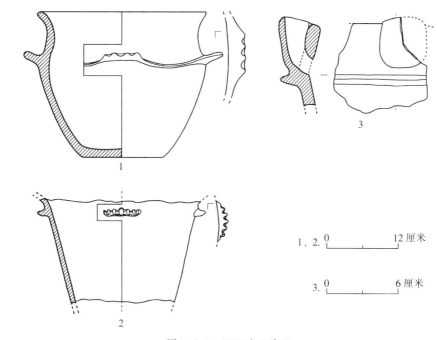

图三八 B　H52 出土陶釜
1. H52①：1　2. H52①：2　3. H52①：5

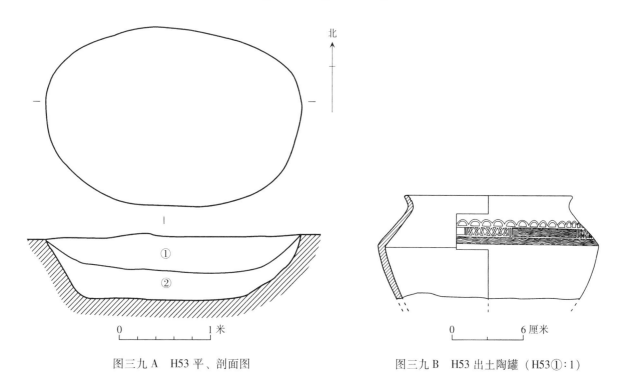

图三九 A　H53 平、剖面图　　　　　　　图三九 B　H53 出土陶罐（H53①：1）

H67

位于 T0832 等四方西部，伸入探方外。开口⑤层下，被④层下 H43 打破，打破⑥层。清理部分为椭圆形，直壁微斜，平底。长径大于 2.1、短径 2.2、深 0.5 米。填青灰色土，夹杂零星红烧土块炭屑，土质较硬。出土物有动物骨骼、陶器圈足 1 等，另有陶釜等（图四〇 A）。

H67：1，陶器圈足。夹蚌黑衣陶。喇叭形圈足，厚胎，器身残。圈足径 10.2、残高 7.4 厘米（图四〇 B）。

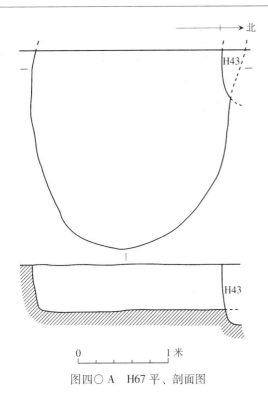

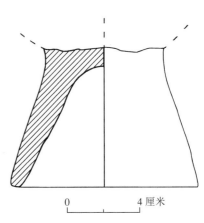

图四〇 A　H67 平、剖面图　　　　　　　　　图四〇 B　H67 出土陶器圈足（H67∶1）

H78

位于 T1232 等四方北部。开口⑤层下，打破⑥层。近椭圆形，壁一边较直，一边略斜，斜坡底。长径 1.66、短径 1.3、深 0.6～0.8 米。填土灰褐色，土质较软。出土物另有陶釜、罐、盆等（图四一）。

H85

位于 T1032 等四方东北部。开口⑤层下，被 F6D88 打破，打破⑥层。椭圆形，斜壁，平底。长径 2、短径 1.1、深 0.94 米。填土灰黑色，夹杂有石块和兽骨，土质较硬。出土物有陶釜 1（FⅢ）等（图四二 A）。

H85∶1，陶釜（FⅢ）。夹细蚌末外红内黑陶。敞口，圆唇，束颈，鼓腹，腹部有一周腰檐，弧腹逐渐内收，底残。口径 25.8、残高 19.4 厘米（图四二 B）。

H86

位于 T1232 等四方东部。开口⑤层下，南部被 H80 打破，打破⑥层。近椭圆形，壁一边较直，一边较斜，平底。长径约 1.2、短径 0.88、深 0.98 米。填灰褐色土，夹较多红烧土颗粒，土质较硬。出土物另有个别陶甑、盆等残片（图四三）。

H92

位于南扩方西北部，局部在 T0832 等四方西南角。开口②b 层下，打破③层。近椭圆形，斜壁，平底。长径 1.3、短径 1.2、深 0.72 米。填灰黑色土，土质松软。出土物另有个别陶鼎、豆等（图四四）。

H93

位于南扩方西部。开口②b 层下，打破③层。近椭圆形，斜壁，平底。长径 2.32、短径 1.18、深 0.44 米。填灰黑色土，夹杂白斑点，土质松软。出土物另有个别平底器陶片等（图四五）。

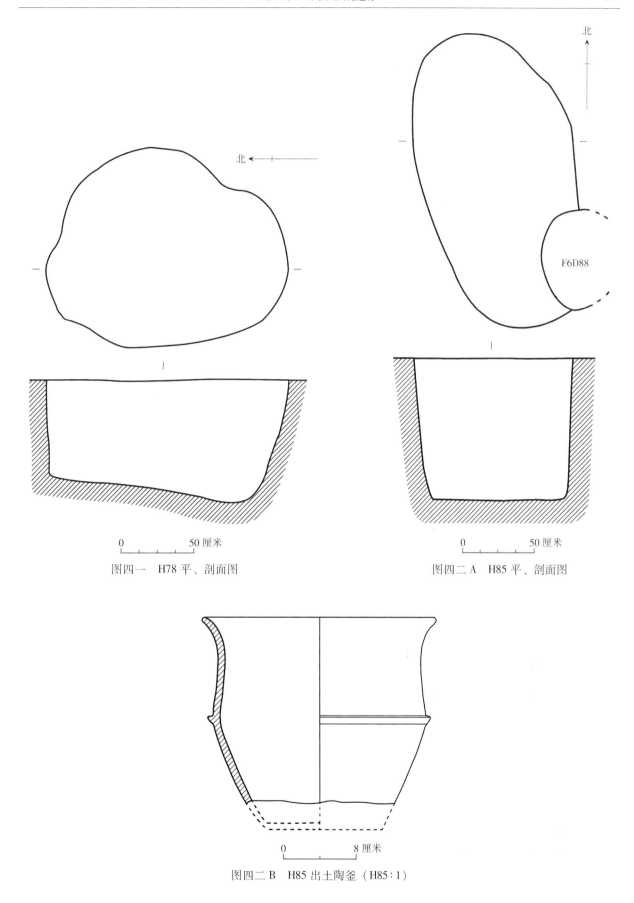

F6D88

图四一　H78 平、剖面图

图四二 A　H85 平、剖面图

图四二 B　H85 出土陶釜（H85∶1）

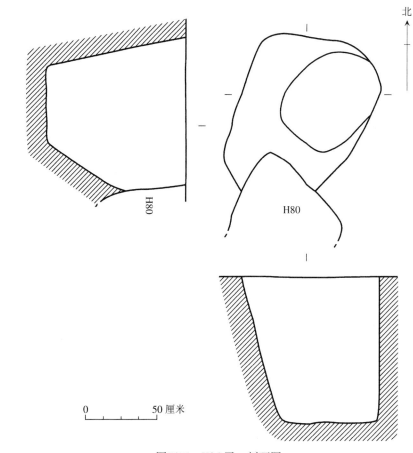

图四三　H86 平、剖面图

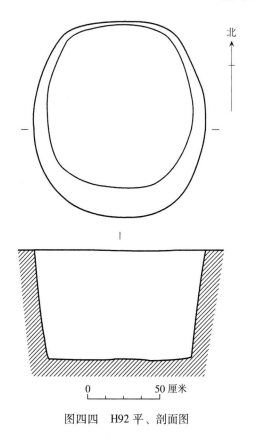

图四四　H92 平、剖面图

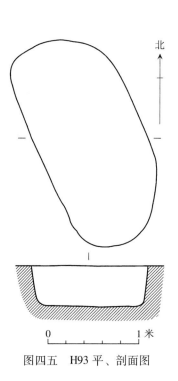

图四五　H93 平、剖面图

3. C 型　坑口平面近方形（或近圆角方形）。共 3 个。

H42

位于 T0832 等四方西部。开口④层下，打破瓮棺葬 W12 和⑤层。近圆角方形，壁一边较直，一边稍斜，平底。长 1、宽 0.85、深 0.58 米。填黑灰色土，夹杂红烧土块及炭屑，土质较硬。淘洗出炭化稻米，出土物另有陶釜、罐等（图四六）。

H45

位于 T1230 等四方西北部。开口③层下，被 T1230 等四方③层表的 D6 打破，打破④层。近圆角方形，直壁，斜坡底。长 0.95、宽 0.75、深 0.95 米。填灰褐色土，含少量红烧土颗粒。出土刻纹白陶残片 1 片（图四七）。

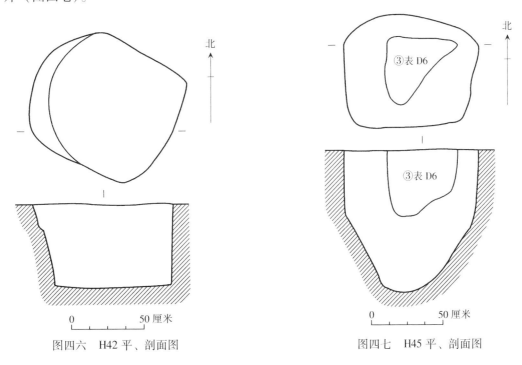

图四六　H42 平、剖面图　　　　　图四七　H45 平、剖面图

H45：1，刻纹白陶。夹细砂白陶。陶片太小，器形不辨，仅见陶片上有一道压印凹弦纹。残长 3.8、残宽 1.7 厘米。

H102

位于南扩方中部。开口⑤层下，打破⑥层。近圆角方形，直壁，平底。长 1.16、宽 1.08、深 0.5 米。填黑褐色土，夹杂大量红烧土颗粒，土质较松。出土物有陶豆圈足 1（Ⅰ）等，另有其他器物残片（图四八 A）。

H102：2，陶豆圈足（Ⅰ）。夹砂黑衣陶。仅存豆柄一部分，柄部有一圈 3 个圆形镂孔，胎较厚。残高 8.7 厘米（图四八 B）。

4. D 型　坑口平面近长方形（或圆角长方形）。共 10 个，举例 8 个。

H12

位于 T1234 西北部。开口③层下，打破④层。近长方形，直壁，平底。长 1.86、宽 1.08、深 0.94 米。填灰褐土，夹杂红烧土颗粒。出土物有陶鼎足 2（C1、Da1）、陶网坠 1（Ab）、刻纹白陶片 1 等（图四九 A；彩版一九，1）。

H12：1，刻纹白陶片。夹细砂白陶，内外两面有黄棕色陶衣。表面压印出浅浮雕的弧线、直线以及三角锯齿纹装饰，压印阴面填以小方格纹和"X"形纹。残长 10.9、残高 5.6 厘米（图四九 B，1；彩版一九，2）。

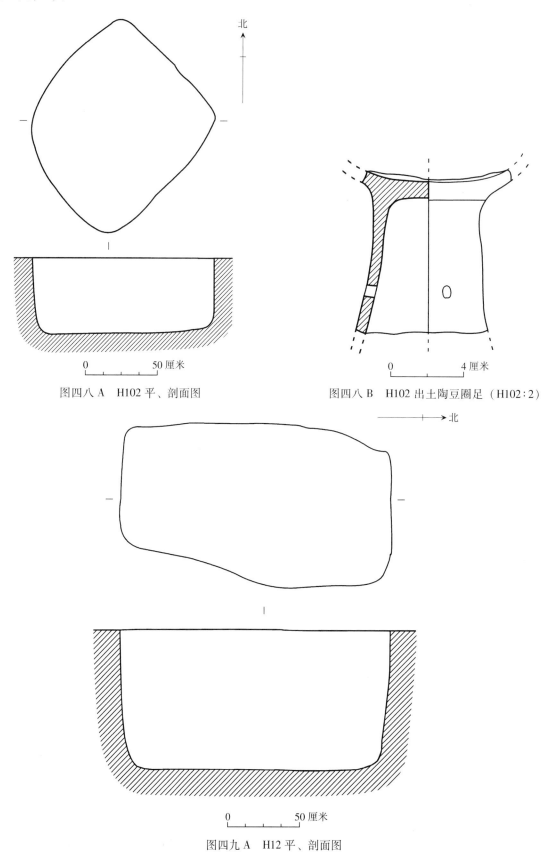

图四八 A　H102 平、剖面图

图四八 B　H102 出土陶豆圈足（H102：2）

图四九 A　H12 平、剖面图

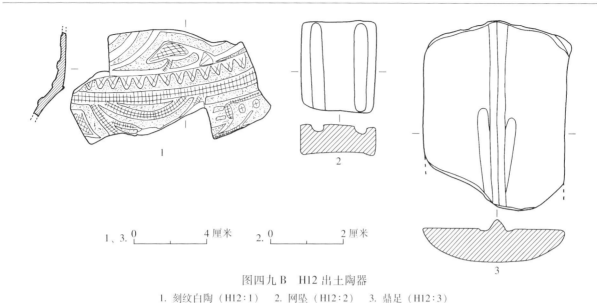

图四九 B　H12 出土陶器
1. 刻纹白陶（H12：1）　2. 网坠（H12：2）　3. 鼎足（H12：3）

H12：2，陶网坠（Ab）。泥质红陶。正面有两道凹槽，背面略内弧。长 2.1、宽 2.5、厚 0.7 厘米（图四九 B，2；彩版一九，3）。

H12：3，陶鼎足（C）。夹蚌末褐陶。长梯形足，正面平，中间有一条纵向泥凸。两侧有指捺的凹槽，背面弧。残高 10.1、宽 8.2 厘米（图四九 B，3）。

H15

位于 T0834 等四方东北部，伸入北隔梁。开口②b 层下，打破③层。清理部分近长方形，近直壁，平底。残长 2.6、宽 1.1～1.45、深 0.95～1 米。填充物为大小不一的红烧土块，有的一面较平，一面有植物茎秆痕迹，夹杂草木灰及骨渣，土质较硬。出土物有石锛 1（AaⅢ）和陶豆盘 1（BⅤ）、豆圈足 1（Ⅰ）等（图五〇 A；彩版一九，4）。

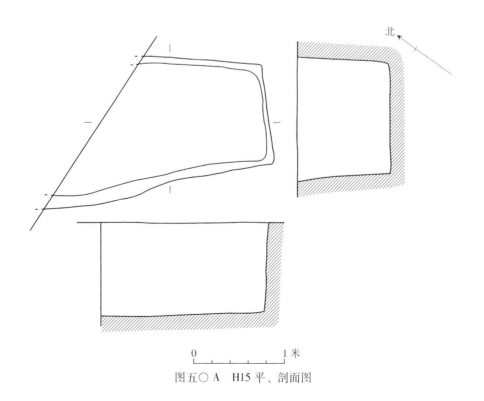

图五〇 A　H15 平、剖面图

H15：1，石锛（AaⅢ）。沉凝灰岩，灰白色，有条纹石料。单面刃，刃面窄，左上和右下残损严重。长8.7、残宽2.5、厚2.8厘米（图五〇B，1；彩版一九，5）。

H15：2，陶豆圈足（Ⅰ）。泥质红陶。上有斜向排列的刺刻圆点纹。圈足径21.2、残高6.4厘米（图五〇B，2）。

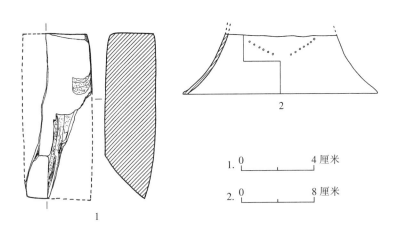

图五〇 B　H15 出土器物
1. 石锛（H15：1）　　2. 陶豆圈足（H15：2）

H32

位于T1232等四方中部偏南。开口②b层下，东南部被G1打破，打破③层。长方形，直壁，底不够平整。长2、宽1.62、深0.7～0.93米。填充物为大小不一的红烧土块，夹杂草木灰，土质较硬。出土物有陶鼎足4（Aa1、Da1、Db1、E1），盆2（C1、DⅡ1），器耳1（AⅢ），豆圈足1（Ⅰ），罐1（CⅡ），钵1（BⅣ），豆盘1（BⅤ）和器盖1（E）等（图五一A）。

H32：1，陶鼎足（E）。夹砂红陶。扁侧弯角形足，两侧面足根处有两个捺窝，足尖外撇。手制。残高11.8、宽5.7厘米（图五一B，1）。

H32：3，陶鼎足（Da）。夹蚌末红陶。长条形足，正面有一条瓦沟状沟槽。残高9.8、宽7厘米（图五一B，2）。

H32：12，陶鼎足（Db）。夹蚌红陶。扁条形足。正面有三道瓦沟状沟槽，正面足面上有几个深浅不一的捺窝，背面略弧。残高12.8、宽9.8厘米（图五一B，3）。

H32：8，陶罐（CⅡ）。泥质红陶，器表及口沿内侧施红衣。侈口，宽沿，沿面内凹，广肩，下部残。口径20、残高4.8厘米（图五一B，4）。

H32：10，陶钵（BⅣ）。泥质红陶。敛口，圆唇，鼓腹，下部残。残长6、残高5.8厘米（图五一B，5）。

H32：2，陶盆（C）。泥质红陶。敞口，圆唇，颈微束，折腹，弧收至底，下部残。近口沿部有两个穿孔，用途不明。口径25、残高7厘米（图五一B，6）。

H32：9，陶盆（DⅡ）。夹砂红陶。敛口，尖圆唇，折腹，下腹斜收，下腹以下残。口径15、残高4.4厘米（图

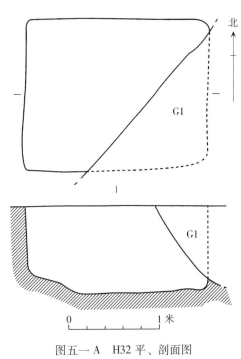

图五一 A　H32 平、剖面图

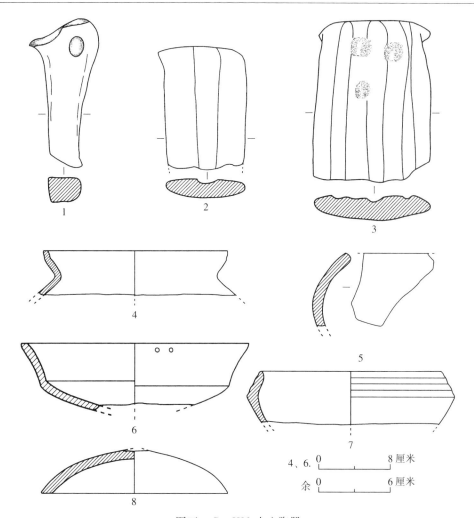

图五一 B　H32 出土陶器

1~3. 鼎足（H32:1、H32:3、H32:12）　4. 罐（H32:8）　5. 钵（H32:10）　6、7. 盆（H32:2、H32:9）　8. 器盖（H32:13）

五一 B，7）。

H32:13，陶器盖（E）。泥质红陶。覆钵形，盖纽残，盖面弧，盖缘方圆唇。盖口径 15.3、残高 3.4 厘米（图五一 B，8）。

H34

位于 T1130 等两方东北部、T1230 等四方西北部。开口④层下，打破 M88、M90、M91 和⑤层。近长方形，斜壁，圜底。长 1.86、宽 0.85、深 0.25 米。填褐色土，夹杂有烧土颗粒，土质较硬。另有零星碎陶片（图五二）。

H39

位于 T1230 等四方东南部。开口④层下，打破⑤层。近圆角长方形，斜壁，平底。长 2.22、宽 1.05、深 0.62 米。填黑灰色土，夹杂大量红烧土颗粒，土质较硬。另有个别陶釜片等（图五三）。

H55

位于 T1232 等四方东北部。开口④层下，打破 F5D209 和⑤层。近长方形，直壁，斜平底。长 1.4、宽 0.62、深 0.58 米。填灰黑色土，夹红烧土颗粒和炭渣，土质较硬。出土物有陶拍 1、器座 1 等，另有陶釜、盆、罐等（图五四 A）。

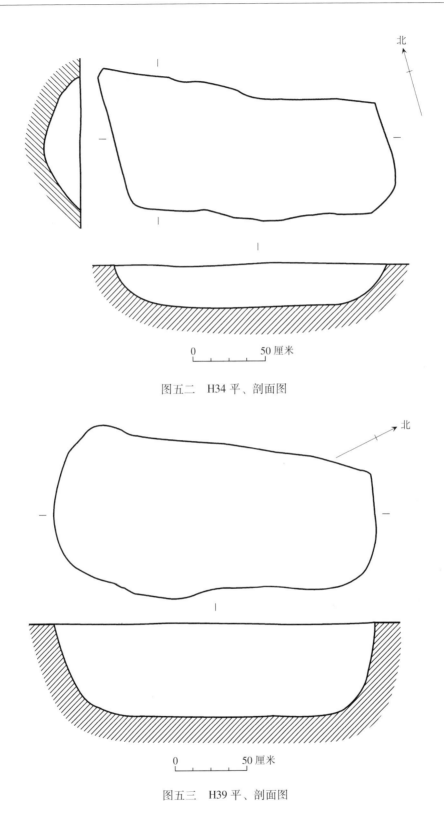

图五二　H34 平、剖面图

图五三　H39 平、剖面图

　　H55：1，陶拍。夹蚌褐陶。圆角长方形拍体，拍面遍刻"V"形纹饰，拍背有一柄，已残，手制。
残长7.7、残宽3.8、残厚1.6厘米（图五四B，1）。

　　H55：3，陶器座。夹细蚌末红陶，色质不匀，局部呈浅灰色。外壁为束折腰筒形，内壁斜直。底
径17、残高5.2厘米（图五四B，2）。

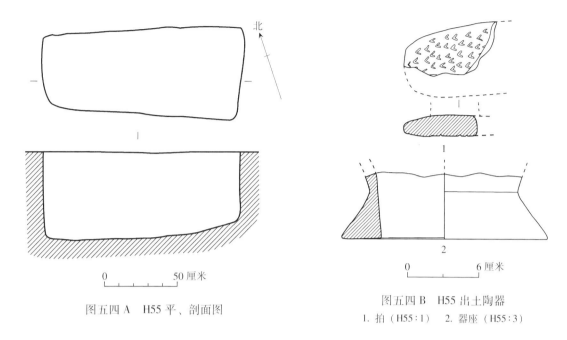

图五四 A　H55 平、剖面图

图五四 B　H55 出土陶器
1. 拍（H55:1）　2. 器座（H55:3）

H61

位于 T1130 等两方西北角、南扩方东北角。开口②b 层下，打破③层。圆角长方形，斜壁，圜底。长 1.65、宽 1.1、深 0.44 米。填土灰黑色，夹杂大量大块烧土和颗粒，土质较硬。基本未见出土物（图五五）。

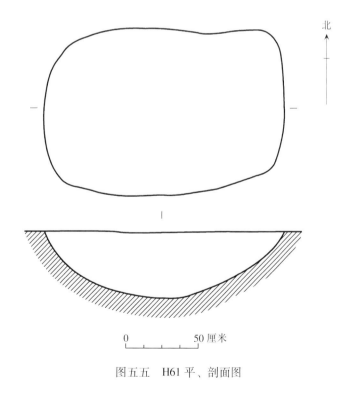

图五五　H61 平、剖面图

H95

位于 T1334 东南部、T1232 等四方西北部。开口③层下，打破④层。近长方形，直壁，底略平。长 2.48、宽 0.54、深 0.58～0.68 米。填灰黑色土，夹杂大量白斑点和草木灰，土质松软。出土物有陶纺轮 1（B）、鼎足 2（Aa1、Da1）等（图五六 A）。

H95∶1，陶纺轮（B）。夹蚌褐陶。台形，轮侧内凹，中央有孔。直径 5.2～5.8、孔径 0.8、厚 1.7 厘米（图五六 B）。

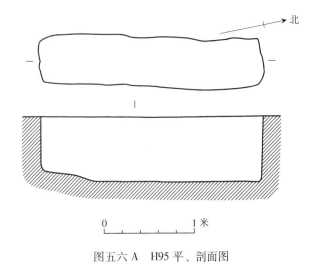 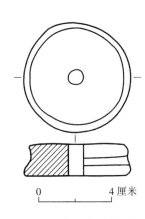

图五六 A　H95 平、剖面图　　　　　　　　　图五六 B　H95 出土陶纺轮（H95∶1）

5. E 型　坑口平面呈不规则形。共 50 个，举例 20 个。

H2

位于 T1335 东北角，伸入隔梁。开口③层下，打破④层。清理部分呈不规则形，斜壁，圜底。残长 3.4、残宽 2.26、深 0.7 米。内填大小不等的红烧土块。出土物有石纺轮 1、锛 1（AaⅢ）和陶鼎足 2（Da1、G1）、罐 1（CⅡ）、大口缸 1、豆盘 1（BV）、盖纽 1（C）、鼎 1（AⅡ）等（图五七 A）。

H2∶1，石纺轮。黏土岩，红白相间石质。台形。中央有孔，单面管穿而成，正背面及侧面均打磨光滑，局部残损。直径 5.6～6、孔径 0.8、厚 1.4 厘米（图五七 B，1）。

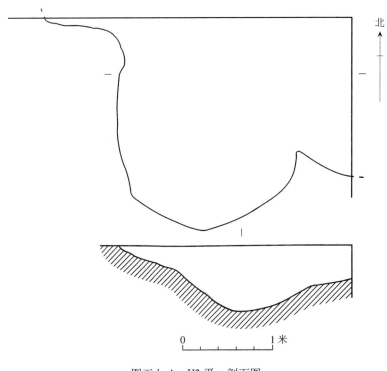

图五七 A　H2 平、剖面图

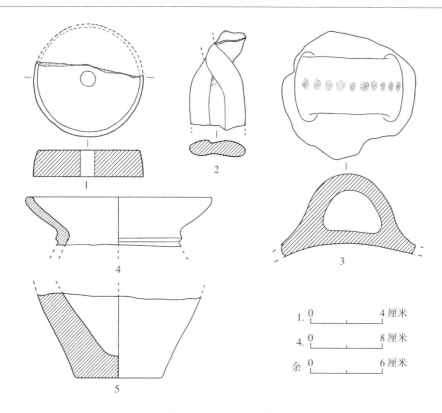

图五七 B H2 出土器物
1. 石纺轮（H2：1） 2. 陶鼎足（H2：6） 3. 陶盖纽（H2：5） 4. 陶罐（H2：9） 5. 陶大口缸（H2：7）

H2：5，陶盖纽（C）。夹砂红陶。半环状盖纽，纽面上有一排较浅的捺窝。残长11.1、高5.5厘米（图五七B，3）。

H2：6，陶鼎足（G）。夹砂褐陶。窄条形中部有凹槽，鼎足扭转而成。残高8、宽4.5厘米（图五七B，2）。

H2：7，陶大口缸。夹粗砂红陶。上部残，斜腹，小平底，厚胎。底径7、残高6.6厘米（图五七B，5）。

H2：9，陶罐（CⅡ）。泥质红陶。侈口，宽沿，沿面内凹，方圆唇，颈部有一圈低凸棱。口径20.2、残高5.2厘米（图五七B，4）。

H20

位于T0834等四方西南角、T0832等四方西北角，伸入探方外。开口④层下，打破H26和⑤层。清理部分呈不规则形，坑壁一边较直，一边呈台阶状，底较平。残长2.3、宽1.6、深0.2~0.5米。填黑灰色土，夹杂红烧土块及炭屑，土质较硬。出土物有石锛1（BⅠ）、残石器片1以及陶支座1（B）、豆圈足1（Ⅰ）、罐3（GⅠ2、Ib1）、器足2（AⅡ2）等（图五八A；彩版二〇，1）。

H20：1，石锛（BⅠ）。凝灰岩，灰白石料。近长方形，双面刃，磨制。长2.8、宽1.3、厚1.1厘米（图五

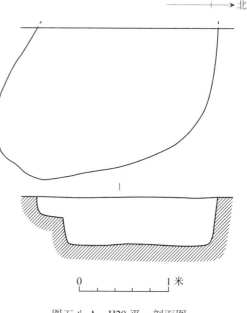

图五八 A H20 平、剖面图

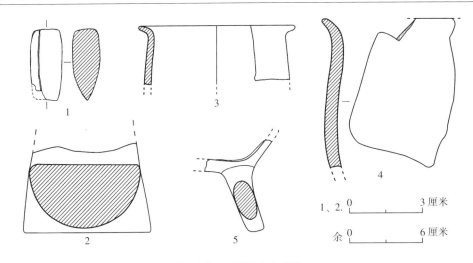

图五八 B H20 出土器物

1. 石锛（H20:1） 2. 陶支座（H20:3） 3、4. 陶罐（H20:5、H20:6） 5. 陶器足（H20:8）

八 B，1；彩版二○，2）。

　　H20:3，陶支座（B）。夹细蚌末褐陶。半圆柱体，底部平整，上部残。底径 2.5～5.3、残高 3.4 厘米（图五八 B，2；彩版二○，3）。

　　H20:5，陶罐（GⅠ）。夹蚌末黑衣陶。微敞口，微卷沿，圆唇，直腹。口径 13、残高 4.3 厘米（图五八 B，3）。

　　H20:6，陶罐（GⅠ）。夹蚌末红陶。敞口，微卷沿，圆唇，直腹微鼓。残宽 8、残高 11.7 厘米（图五八 B，4）。

　　H20:8，陶器足（AⅡ）。夹蚌末红陶。扁条形足，器底平。残高 7.3、残宽 5.5 厘米（图五八 B，5）。

H21

　　位于 T0834 等四方东南部、T0832 等四方东北部。开口④层下，被 M7、M8、M14、W5 叠压，被 M233、F5D20、F5D88、F5D89、F5D90 打破，打破⑤层。不规则形，坑壁一边较直，一边稍斜，平底。长 2.4、宽 1.8、深 0.4 米。填黄褐色土，夹杂大量红烧土颗粒及草木灰，土质较硬。出土物有陶釜 1（CbⅠ），另有陶罐等（图五九）。

H26

　　位于 T0834 等四方西南角、T0832 等四方西北角，进入探方外。开口④层下，被 H20、H43、M52、M54、M55 及 F5D9、F5D64 打破，被 M27 叠压，打破⑤层。清理部分为不规则形，直壁，平底。残长 7.8、宽 2.5、深 0.6 米。填黄褐色土，夹杂大量红烧土块及草木灰、动物骨骼、蚌壳朽痕，土质较硬。出土物有陶器盖 1（B），带把罐形匜 1（B），釜 11（AⅡ1、BⅡ2、Da1、EⅡ5、Ja2），纺轮 1（A），鋬手 1、器足 2（AⅠ1、B1），匜口 1、罐 1（Ib），盂 1（C）和石凿 1、残石器

图五九 H21 平、剖面图

北

0　　　　　　1 米

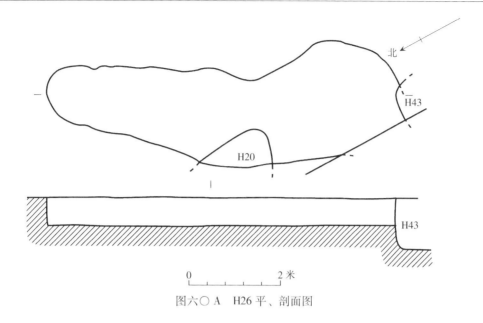

图六〇 A H26 平、剖面图

片 1 等（图六〇 A；彩版二〇，4）。

H26：3，陶釜（AⅡ）。夹蚌红陶，外红内黑。敞口，圆唇，口沿下有对称四錾手，錾手上有斜向锯齿刻纹，斜腹，腹部有一圈宽腰檐，腹内壁略起折棱，平底。手制轮修。口径 28.8、底径 11.8、高 15 厘米（图六〇 B，1；彩版二一，1）。

H26：12，陶釜（Da）。夹细蚌末红陶。敛口，圆唇，微鼓腹。口沿下有一周低腰檐，腰檐上出露四个对称的鸡冠形錾手，其上有齿状按捺纹装饰。口径 21.4、残高 9.2 厘米（图六〇 B，2）。

H26：7，陶釜（EⅡ）。夹蚌外红内黑陶。侈口，宽沿，圆唇，口沿下有一周低腰檐，上侧有指窝按捺形成的纹饰，斜直腹渐收至底，底残。口径 30.4、残高 15.4 厘米（图六〇 B，3；彩版二一，2）。

H26：10，陶釜（EⅡ）。夹蚌外红内黑陶。侈口，宽沿，圆唇，口沿下有一圈低腰檐。口径 32、残高 8.2 厘米（图六〇 B，4）。

H26：8，陶釜（Ja）。夹蚌红陶。敞口，宽沿，圆唇，口沿下有一圈低腰檐，檐上有齿状装饰。手制轮修。口径 36.6、残高 11.6 厘米（图六〇 B，5）。

H26：22，陶釜（Ja）。夹细蚌末外褐内黑陶。敞口，圆唇，口沿稍外折浅腹，口沿下有四个对称的舌梯形錾手，下腹及底残。手制轮修。口径 33.2、残高 10.8 厘米（图六〇 B，6）。

H26：19，陶盉（C）。夹蚌末褐陶。口及上腹残，中腹微鼓，弧收成小平底，有四足，呈矮小的扁锥柱状，腹部似有一把手残痕。手制轮修，素面。残高 10.9 厘米（图六〇 C，1）。

H26：2，陶匜（B）。夹蚌红陶。敛口，圆唇，垂腹，腹最大径偏下，平底。腹一侧安置条形把手一个，把手已残损，口部一侧有流口，流口方向与把手垂直。口径 5.2 ~ 6.5、底径 6.2、高 5.5 厘米（图六〇 C，2；彩版二一，3）。

H26：26，陶器足（B）。夹有机质外褐内黑陶，陶胎黑色。口腹部残，平底，有三个宽扁倒梯形铲形足。残高 7 厘米（图六〇 C，3）。

H26：1，陶器盖（B）。夹蚌红陶。盖面平整外弧。盖顶面有一束腰柱形纽，器盖边缘及柱纽边缘均有齿状纹饰，手制。盖口径 13.5、高 3.3、纽径 2.8 厘米（图六〇 C，4；彩版二〇，5）。

H26：9，陶錾手。夹细蚌末红衣陶。扁舌形，錾手背部有指捺纹。手制。残长 8.3、残宽 6.8 厘米（图六〇 C，5）。

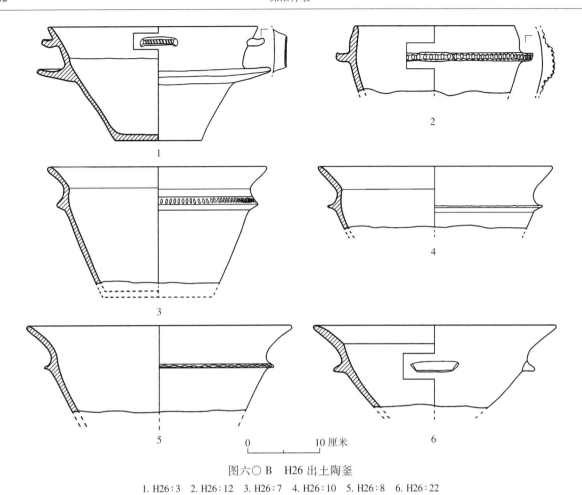

图六〇 B   H26 出土陶釜
1. H26：3 2. H26：12 3. H26：7 4. H26：10 5. H26：8 6. H26：22

H26：4，陶纺轮（A）。泥质红陶，陶色一面红一面黑。圆饼形，不太规整，系利用烧成陶片磨制穿孔而成。中央双面对穿成孔。直径 3.5～3.9、孔径 0.7～0.9、厚 1 厘米（图六〇 C，6；彩版二一，4）。

H27

位于 T0834 等四方东北角、T1034 等四方西北角，进入探方外。开口④层下，被 F5D6、F5D11、F5D12 打破，被 W1、W2、W4 和狗骨架 2 叠压，打破⑤层。清理部分为不规则形，直壁，平底。长 3.3、宽 2.5、深 0.66 米。填黄褐色土，夹杂大量红烧土块及草木灰、动物骨渣、蚌壳朽痕，土质较硬。出土物有陶蒸箅 1（Ba），钵 1（Aa），网坠 1（Aa），支座 1（A），釜 8（BⅡ1、CaⅡ2、CbⅡ1、Da1、EⅡ1、Ja2），豆盘 1（BⅡ），豆圈足 1（Ⅰ），器盖 1（AaⅡ），甑 1 和石斧 1（A）等（图六一 A）。

H27：1，陶蒸箅（Ba）。夹蚌末红陶。原器大致为圆形，两侧有宽舌形鋬手。中部弧凹，四周略高，里面有数个圆形镂孔。手制，素面。残长 13、残宽 7.7、残高 5 厘米（图六一 B，1）。

H27：2，石斧（A）。硅化凝灰岩，灰绿色。双面刃，刃部有使用痕迹，通体磨光，上端残断，留有石片疤和茬口。残长 7.3、宽 5.5、厚 3 厘米（图六一 B，2）。

H27：3，陶钵（Aa）。夹蚌红陶，色质不匀，夹有灰黑色，器内壁为黑色。敞口，圆唇，斜腹，平底。腹身一侧安置把手一个，把手横截面略成扁条形。口径 15.8、底径 8.6、高 8.4 厘米（图六一 B，5）。

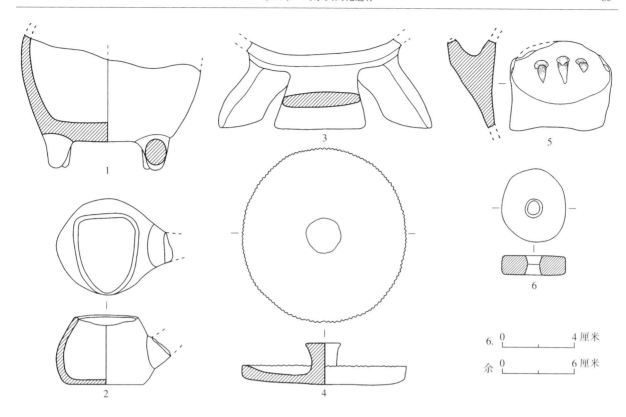

图六○ C H26 出土陶器

1. 盉（H26:19） 2. 匜（H26:2） 3. 器足（H26:26） 4. 器盖（H26:1） 5. 鋬手（H26:9） 6. 纺轮（H26:4）

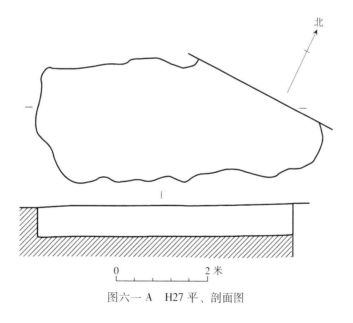

图六一 A H27 平、剖面图

　　H27:4，陶网坠（Aa）。夹蚌红陶。正面有两道凹槽。长5.7、宽3.7、厚1.9厘米（图六一B，3）。

　　H27:7，陶豆圈足（Ⅰ）。泥质红陶。足缘圆唇。手制轮修，素面。圈足径12.9、残高5厘米（图六一B，6）。

　　H27:9，陶釜（CbⅡ）。夹细蚌末红陶，器表有细孔隙。平沿加宽，勾敛口，圆唇，浅弧腹。口径33.2、残高4.8厘米（图六一B，9）。

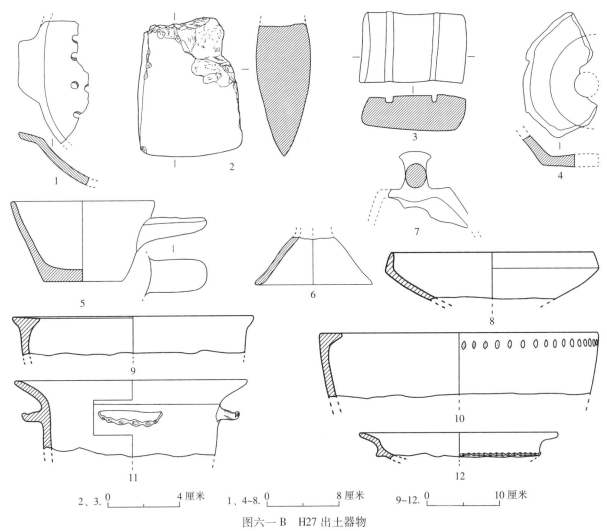

2、3. 0———————4厘米 1、4~8. 0———————8厘米 9~12. 0———————10厘米

图六一 B H27 出土器物

1. 陶蒸箅 （H27：1） 2. 石斧 （H27：2） 3. 陶网坠 （H27：4） 4. 陶甑 （H27：16） 5. 陶钵 （H27：3） 6. 陶豆圈足
（H27：7） 7. 陶器盖 （H27：14） 8. 陶豆 （H27：18） 9～12. 陶釜 （H27：9、H27：10、H27：11、H27：13）

　　H27：10，陶釜 （CaⅡ）。夹蚌末红陶。勾敛口，内缘圆唇，浅弧腹，口沿外侧有一圈椭圆形戳印纹。口径 38、残高 8.4 （图六一 B，10）。

　　H27：11，陶釜 （BⅡ）。夹细蚌末外红内黑陶。敞口，圆唇，宽沿外翻，口沿下有四个舌梯形鋬手，上有按捺纹，下部残。口径 32、残高 10.2 厘米 （图六一 B，11）。

　　H27：13，陶釜 （Ja）。夹蚌末褐陶。敞口，宽沿，圆唇，浅盘，折腹斜弧收，折腹处突出有一圈锯齿纹装饰。手制轮修。口径 27、残高 3.4 厘米 （图六一 B，12）。

　　H27：14，陶器盖 （AaⅡ）。夹蚌末外红内黑陶。覆盆形器盖，束腰柱形盖纽。残高 8.2、残宽 9.5 厘米 （图六一 B，7）。

　　H27：16，陶甑。夹蚌末褐陶。斜腹，平底，底中央有圆孔。残长 13.4、残宽 7.3、残高 3 厘米 （图六一 B，4）。

　　H27：18，陶豆盘 （BⅡ）。夹蚌末红陶。敛口，圆唇，折肩，斜收腹。口径 22、残高 5.2 厘米 （图六一 B，8）。

H35

　　位于 T1130 等两方西北部。开口④层下，打破 M142、M72 和⑤层。不规则形，斜壁，圜底，东端较浅。长 2.3、宽 0.9、深 0.39 米。填灰褐色土，土质较硬。出土物有小陶罐 1（BⅡ）、錾手 1、豆 1（AⅢ）、豆圈足 2（Ⅰ）、釜 1（GⅢ）等（图六二 A）。

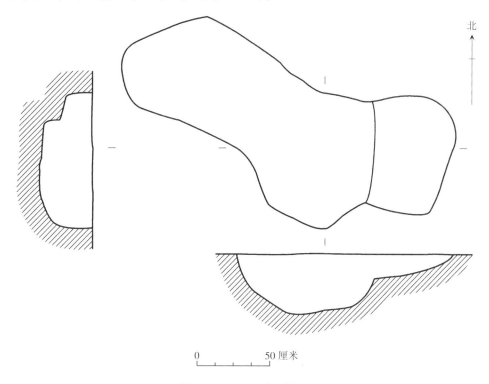

图六二 A　H35 平、剖面图

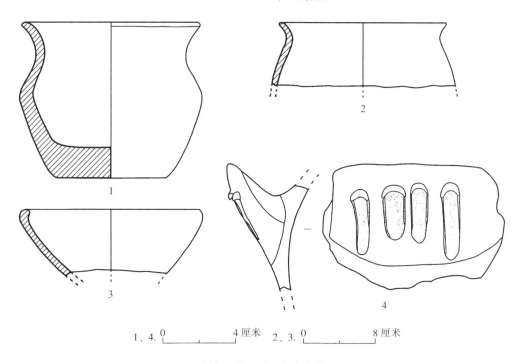

图六二 B　H35 出土陶器

1. 小罐（H35∶1）　2. 釜（H35∶8）　3. 豆（H35∶4）　4. 錾手（H35∶3）

　　H35∶1，小陶罐（BⅡ）。泥质灰陶。侈口，卷沿，圆唇，短束颈，鼓折腹，下腹弧收成平底。手制，素面。口径 9.8、底径 6、高 8.2 厘米（图六二 B，1）。

H35：3，陶鋬手。夹蚌红衣陶，鋬手部位被烟炱熏呈黑色。扁梯形鋬手。背面有四条捺窝印痕。手制。残长10、残宽6.7厘米（图六二B，4）。

H35：4，陶豆（AⅢ）。泥质红陶。敛口，圆唇，唇缘微内卷，弧腹。口径19.6、残高6.9厘米（图六二B，3）。

H35：8，陶釜（GⅢ）。夹炭褐陶。侈口，圆唇，溜肩，鼓腹。从陶片断茬可见大量炭化谷物类掺和料痕迹。口径18.4、残高7厘米（图六二B，2）。

H41

位于T1032等四方西南部。开口④层下，打破M171、M222、M229、F5D145、F5D147、F5D157和⑤层。不规则形，斜壁，圜底，底部不够平整。长3.1、宽2.1、深1米。填灰褐色土，夹杂零星红烧土及草木灰，土质松软。出土物有陶鼎足2（Aa2），罐1（DbⅡ），小罐2（BⅠ1、BⅡ1），盉1（A），豆2（CⅡ1、BⅢ1），纺轮1（B），器盖4（C），鋬手1等（图六三A；彩版二二，1）。

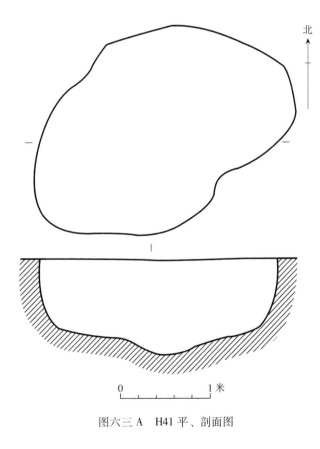

北

图六三A　H41平、剖面图

H41：1，陶罐（DbⅡ）。夹蚌黑衣陶。敛口，方圆唇，溜肩，鼓腹，最大腹径在器中，下腹弧收，平底略圜。中腹两侧各有一环形耳。手制，轮修。口径19.8、底7、高12.5厘米（图六三B，1；彩版二二，2）。

H41：5，小陶罐（BⅠ）。夹砂红陶，局部灰黑。侈口，卷沿，圆唇，束颈，鼓腹，底残。手制。口径11、残高7.8厘米（图六三B，4；彩版二二，3）。

H41：15，小陶罐（BⅡ）。夹炭红陶。侈口，卷沿，圆唇，鼓腹，腹部有一道弦纹并略折。口径10、残高6.8厘米（图六三B，5）。

H41：3，陶器盖（C）。夹蚌红陶。陀螺形器盖，中央为一轮形盖盘，上段为一丫形捉手，下段为一锥柱形突出。手制，素面。轮径6.4、残高7.8厘米（图六三C，1；彩版二二，4）。

H41：6，陶器盖（C）。夹蚌红陶。陀螺形器盖，中段为一轮形盖盘，上段为一丫形捉手，下段为一锥形突出。手制，素面。轮径7、残高7.3厘米（图六三C，2；彩版二二，5）。

H41：7，陶器盖（C）。夹蚌红陶。陀螺形器盖，中央为一轮形盖盘，上段为一丫形捉手，略残，下段为一锥形突出。手制，素面。轮径7.5、残高8厘米（图六三C，3；彩版二三，6）。

H41：2，陶纺轮（B）。夹砂红陶。台形，中央有穿孔。直径4.5～5.3、孔径0.9、厚2.7厘米（图六三C，4；彩版二三，7）。

H41：9，陶盉（A）。夹蚌末红陶。敛口，圆唇，广肩，管状流，口沿下有两道弦痕。残高4.7、残宽7厘米（图六三C，5）。

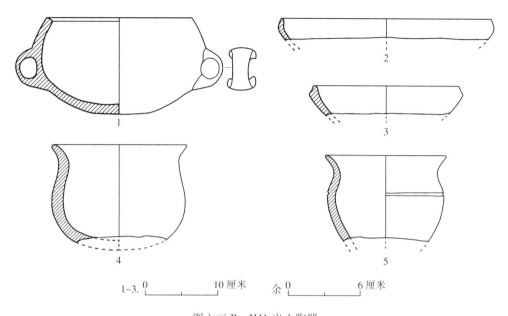

1~3. $\underset{0}{\vdash}\,\underline{\qquad}\,\underset{10}{\text{厘米}}$ 余 $\underset{0}{\vdash}\,\underline{\qquad}\,\underset{6}{\text{厘米}}$

图六三 B H41 出土陶器

1. 罐（H41∶1） 2、3. 豆（H41∶14、H41∶13） 4、5. 小罐（H41∶5、H41∶15）

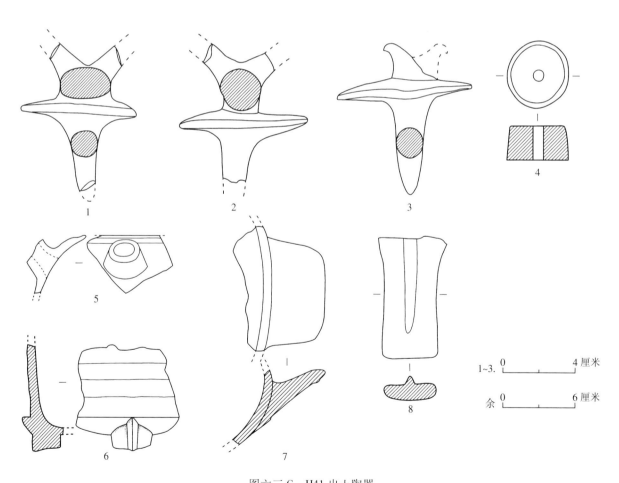

1~3. $\underset{0}{\vdash}\,\underline{\qquad}\,\underset{4}{\text{厘米}}$

余 $\underset{0}{\vdash}\,\underline{\qquad}\,\underset{6}{\text{厘米}}$

图六三 C H41 出土陶器

1~3. 器盖（H41∶3、H41∶6、H41∶7） 4. 纺轮（H41∶2） 5. 盉（H41∶9） 6、8. 鼎足（H41∶10、H41∶12） 7. 器鋬手（H41∶11）

H41：10，陶鼎（Aa）。夹蚌末红陶。存有足、底和部分腹片。筒形直腹，腹身有数道弦痕，平底。腹底交接处有一圈凸棱，下接三扁圆足，足根正面有一条纵向泥脊。残长8.5、残高8.4厘米（图六三 C，6）。

H41：11，陶器鋬手。夹蚌末褐陶。长梯形鋬手，背面有四道按捺形成的凹槽和凸起。残长9.9、残宽7.5厘米（图六三 C，7）。

H41：12，陶鼎足（Aa）。夹蚌末红陶。扁条形足，正面有一条纵向泥脊。长9.5、宽5.6厘米（图六三 C，8）。

H41：13，陶豆（CⅡ）。夹蚌末褐陶。敞口，圆唇，沿外有一道折棱，斜腹。口径20、残高3.8厘米（图六三 B，3）。

H41：14，陶豆（BⅢ）。夹蚌黑衣陶。尖圆唇，弧腹。口径29、残高2.8厘米（图六三 B，2）。

H44

位于 T0832 等四方东南部、南扩方北部。开口③层下，被 F8D22、F8D48 打破，打破④层。不规则形，直壁，平底。长2.44、宽1.68、深0.52米。填青灰色土，夹黄色土块和零星红烧土颗粒、草木灰，土质较硬。出土物另有陶釜、鼎、豆、罐等残片（图六四）。

H51

位于 T1230 等四方东部。开口⑥层下，打破生土。不规则形，斜壁，近平底。长1.9、宽1.45、深0.68米。填浅黄色土，土质较松软。出土物有陶釜1（Da）等（图六五）。

H54

位于 T0832 等四方东南角、T1032 等四方西南角和南扩方内。开口④层下，被 M207、M229 打破，

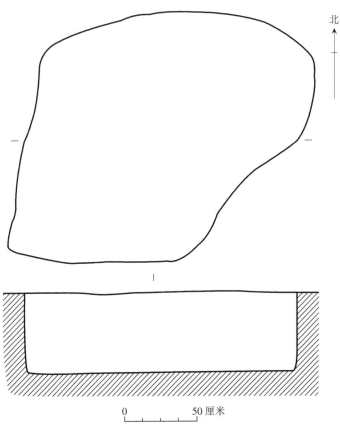

北

0　　　　　50 厘米

图六四　H44 平、剖面图

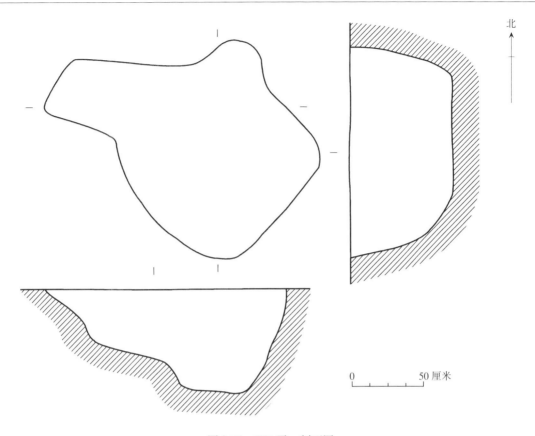

图六五　H51 平、剖面图

打破 F5D122、F5D243 和⑤层。不规则形，微斜壁，圜底。长 2.58、宽 1.2、深 0.6 米。填黑褐色土夹草木灰，土质较硬。出土物有陶器盖 1（C），另有陶釜、罐、豆等残片（图六六 A）。

H54∶1，陶器盖（C）。夹蚌红陶。陀螺形器盖，中央有一轮形盖盘，盖盘上有一丫形纽，略残。盖盘下为一圆锥形突出。手制，素面。轮径 6.6、残高 6.6 厘米（图六六 B）。

H56

位于 T1130 等两方东南部，进入探方外。开口⑥层下，打破生土。清理部分为不规则形，台阶状斜壁，平底。长 6.05、宽 3.5、深 0.55～1.8 米。填浅黄色土夹褐斑，含烧土颗粒，土质疏松。出土物有陶釜 1（EⅠ）、罐 1（EⅠ）、器盖 1（AaⅠ）等（图六七 A；彩版二三，1）。

H56∶1，陶器盖（AaⅠ）。夹蚌外红内黑陶，器表色泽不均，夹有红褐色。覆盆形器盖，平顶，顶中央有一微束腰柱形盖纽，四周有齿形装饰，斜敞腹，敞口，圆唇。中腹两侧各有一舌梯形錾手，上有锯齿装饰。手制轮修。盖口径 31.8、盖纽径 4、高 20.8 厘米（图六七 B，1；彩版二三，2）。

H56∶2，陶罐（EⅠ）。夹细蚌末外红内黑陶。微侈口，圆唇，削肩，鼓腹。口沿下有一舌形錾手，上有指捺纹，腹部有一周窄腰檐，其上装饰有按捺纹。手制轮修。口径 13.2、残高 10.9 厘米（图六七 B，2）。

H56∶3，陶釜（EⅠ）。夹蚌红陶。侈口微敞，圆唇，宽沿，腹部微收。口沿下有一道低腰檐，上有锯齿纹装饰。口径 30.8、残高 6 厘米（图六七 B，3）。

H63

位于 T0832 等四方东南部及 T1032 等四方西南部，开口④层下，被 M92 叠压，被 M99、M100、M177、M180、M200、M201、M206 和 F5D104、D105、D117～D120 打破，打破⑤层。平面呈不规则形，斜壁，底部凹凸不平。长 3.5、宽约 1.2～1.5、深约 0.52～0.82 米。填土黑灰色，内夹杂零星红烧土块

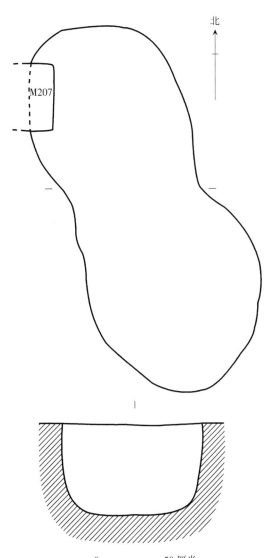

北

M207

0　　　　　50厘米

图六六 A　H54 平、剖面图

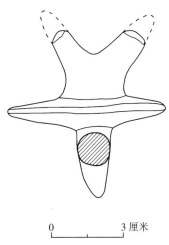

0　　　　　3厘米

图六六 B　H54 出土陶器盖
（H54∶1）

及大量木灰星、骨渣等，土质较硬。出土物较多，有陶网坠 6（Aa3、Ab3）、釜 3（AⅡ2、GⅡ1）、豆盘 1（CⅠ）、喇叭形豆圈足 1（Ⅰ）、碗 1（B）和石斧 1（A）、骨匕 1 等，另有陶缸、盆等残片（图六八 A；彩版二四，1）。

H63∶1，石斧（A）。硅化凝灰岩，深灰色。通体磨光，双面刃，刃面较宽，刃部因使用严重破损，后又在两面再次磨出部分刃面继续使用，背面比较光滑平整，端部及侧部亦有少量石片疤，磨制。长 9.5、宽 6、厚 1.8 厘米（图六八 B，1；彩版二五，1）。

H63∶2，陶碗（B）。夹蚌红衣陶，器身外壁普施绛红色陶衣。敛口，圆唇，鼓腹，腹最大径偏上，下腹弧收。手制，素面。口径 13.3、残高 6.8 厘米（图六八 C，1；彩版二五，2）。

H63∶3，骨匕。系利用动物肢骨劈削后打磨制成，黑褐色骨质。长条形，一端圆钝，磨成刃边，略有变形。长 17.2、宽 2.1 厘米（图六八 B，2；彩版二五，6）。

H63∶4，陶网坠（Ab）。泥质红陶。正面有两道凹槽。长 2.8、宽 2.9、厚 1.3 厘米（图六八 B，3；彩版二五，4）。

H63∶5，陶釜（GⅡ）。夹蚌褐陶。微侈口圆唇，微卷沿，鼓腹，腹最大径在器中部，上腹处有一圈窄腰檐，腰檐上出露对称的四个不明显舌形小錾，下腹弧收，底部已缺。手制轮修。口径 21、残高 16.2 厘米（图六八 C，5；彩版二五，3）。

H63∶7，陶豆盘（CⅠ）。夹蚌末褐陶。敞口，尖圆唇，斜腹。口径 26、残高 8.3 厘米（图六八 C，2）。

H63∶9，陶釜（AⅡ）。夹蚌末褐陶，内部灰黑色。圆唇，筒形腹，口沿偏下有舌形錾手。手制轮修。口径 24、残高 8 厘米（图六八 C，3）。

H63∶10，陶豆圈足。夹蚌末红陶，外表施红衣，已大部脱落。圈足中部有三个对称的圆形镂孔。圈足径 14.6、残高 10.8 厘米（图六八 C，6）。

H63∶11，陶釜（AⅡ）。夹蚌末褐陶，内部灰黑色。圆唇，斜直腹，口沿下有舌形錾手。手制轮修。口径 22.5、残高 11 厘米（图六八 C，4）。

H63∶12，陶网坠（Ab）。泥质红陶。正面有两道凹槽。长 2.2、宽 3.2、厚 1.5 厘米（图六八 B，4；彩版二五，5）。

H63∶13，陶网坠（Aa）。泥质褐陶。长方形，正面有两道凹槽，一角缺。长 2.5、宽 2.1、厚 1.6 厘米（图

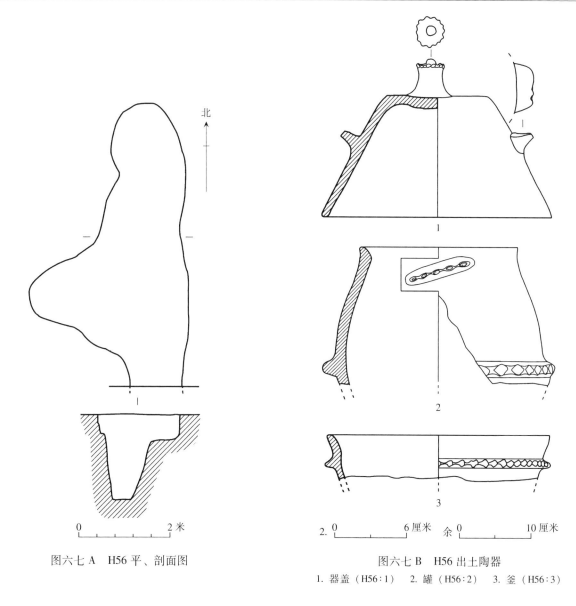

图六七 A　H56 平、剖面图

图六七 B　H56 出土陶器

1. 器盖（H56：1）　2. 罐（H56：2）　3. 釜（H56：3）

六八 B，5；彩版二五，5）。

H63：14，陶网坠（Aa）。泥质褐陶。长方形，正面有两道凹槽。长 2.5、宽 2.4、厚 0.9 厘米（图六八 B，6；彩版二五，5）。

H63：15，陶网坠（Aa）。泥质红陶。长方形，正面有两道凹槽。长 2.3、宽 2、厚 1.3 厘米（图六八 B，7；彩版二五，5）。

H63：16，陶网坠（Ab）。泥质褐陶。长方形，正面有两道凹槽。长 1.9、宽 2.6、厚 1.1 厘米（图六八 B，8；彩版二五，5）。

H66

位于 T1032 等四方东北部。开口⑤层下，被 F6D89、F6D90 打破，打破⑥层。不规则形，斜壁，底不够平整。长 5.13、宽 2.4、深 0.78 米。填黑灰色土，夹杂红烧土块及炭屑，土质较软。出土物有陶釜 4（CbⅠ1、Da2、FⅠ1），钵 1（BⅠ），网坠 1（B）及动物骨骼等（图六九 A；彩版二四，2）。

H66：1，陶网坠（B）。夹蚌红陶。圆柱形，中央双面对穿成孔。手工捏制，制作较为粗糙。长 9.1、宽 5、孔径 1.5 厘米（图六九 B，1；彩版二六，1）。

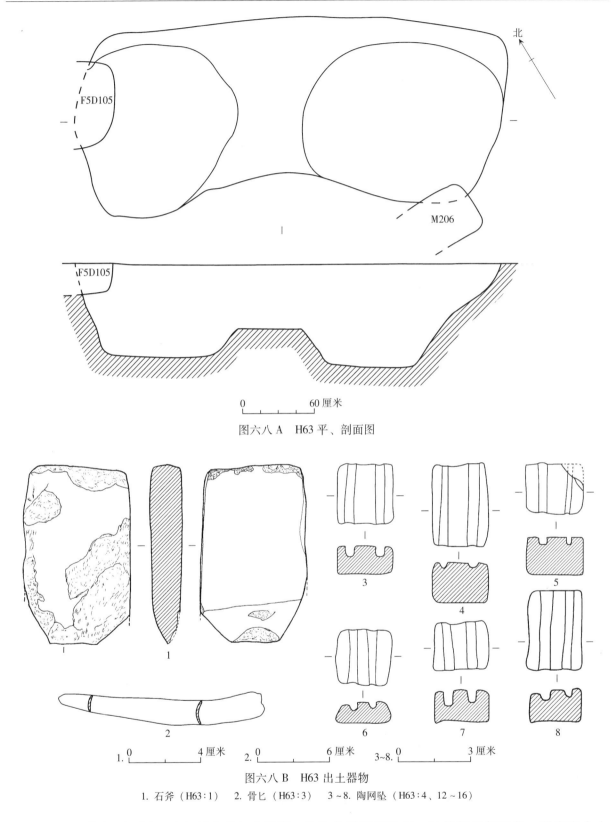

0   60 厘米

图六八 A   H63 平、剖面图

1. 0   4 厘米   2. 0   6 厘米   3~8. 0   3 厘米

图六八 B   H63 出土器物

1. 石斧（H63：1）   2. 骨匕（H63：3）   3~8. 陶网坠（H63：4、12~16）

    H66：2，陶釜（FⅠ）。夹细蚌末外红内黑陶，整体色泽不够均匀，口外部呈灰黑色，器表有大小不等的孔隙。大敞口，圆唇，微束颈，腹微鼓，斜弧收至平底。腹部有一圈低腰檐。手制轮修。口径35.4、底径12、高26.8厘米（图六九 B，2；彩版二六，2）。

    H66：3，陶釜（CbⅠ）。夹细蚌末褐陶，沿面和内部灰黑。勾敛口，宽斜沿，口沿下有短条状刻划

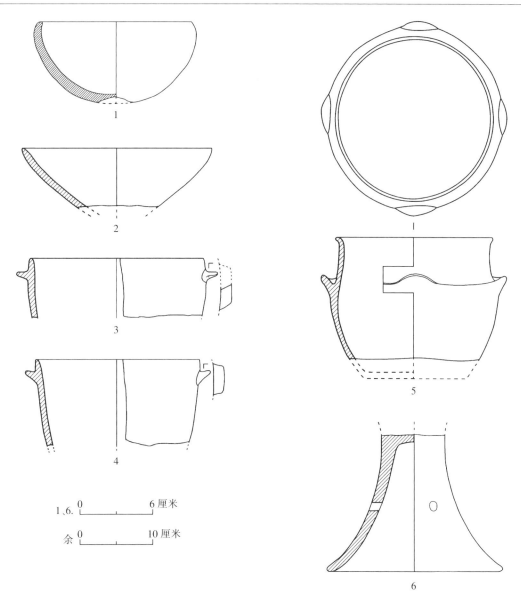

图六八 C H63 出土陶器

1. 碗（H63：2） 2. 豆盘（H63：7） 3～5. 釜（H63：9、11、5） 6. 豆圈足（H63：10）

纹。残长 6.8、残高 7.9 厘米（图六九 B，3）。

H66：4，陶钵（B I）。夹蚌末褐陶。微敛口，方圆唇，口沿下有錾手，微鼓腹，下部残。口径 8、残高 6.5 厘米（图六九 B，5）。

H66：6，陶釜（Da）。夹蚌末红陶。敛口稍直，圆唇，口沿下有低腰檐，腰檐上侧面有指捺纹装饰，下部残。口径 30、残高 6.2 厘米（图六九 B，4）。

H71

位于 T1032 等四方东南部。开口⑤层下，被 H70、H72 和 F6D84～F6D87、F6D91～F6D93、F6D98 打破，打破⑥层。不规则形，斜壁，平底。长 6、宽 4.3、深 0.42 米。填黑灰色土，土质较硬。出土物有石锛 1（B I），陶釜 2（E II 1、Ja1），陶纺轮 1（A）及动物骨骼等（图七〇 A；彩版二七，1）。

H71：1，石锛（B I）。沉凝灰岩，深灰色石料。近长方形，双面刃，顶部残缺，磨制。残长 3.7、宽 2.3、厚 0.9 厘米（图七〇 B，1；彩版二七，2）。

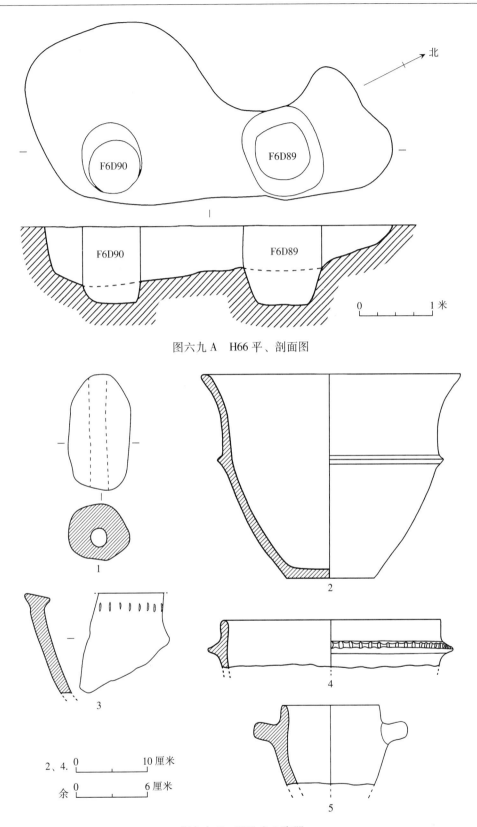

图六九 A　H66 平、剖面图

图六九 B　H66 出土陶器

1. 网坠（H66:1）　2~4. 釜（H66:2、H66:3、H66:6）　5. 钵（H66:4）

　　H71:2，陶纺轮（A）。夹蚌红陶。圆饼形，中央有孔。直径 7.6、孔径 1.3、厚 1.6 厘米（图七〇 B，2；彩版二七，3）。

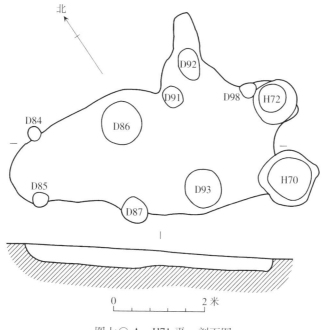

图七〇 A　H71 平、剖面图

（D84～D87、D91～D93 和 D98 均为 F6 柱洞）

H71:3，陶釜（Ja）。夹细蚌末红陶。敞口，折沿，圆唇，浅弧腹，下部残。手制轮修。口径 35、残高 13.2 厘米（图七〇 B，3）。

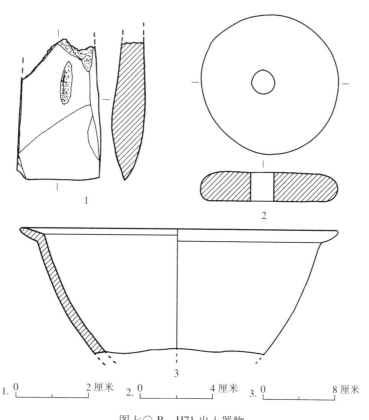

图七〇 B　H71 出土器物

1. 石锛（H71:1）　　2. 陶纺轮（H71:2）　　3. 陶釜（H71:3）

H74

位于 T1232 等四方西南角、T1032 等四方东南角。开口⑤层下，打破⑥层。不规则形，斜直壁，有台坡，北侧台坡上有两块石头，底部有两个深坑。长 3.1、宽 1.6、深 0.3~1.1 米。填灰褐色土，夹杂少量烧土颗粒，土质较软。出土物有陶璜形器 1、匜口 1、钵 1（Ab）等（图七一 A；彩版二七，4）。

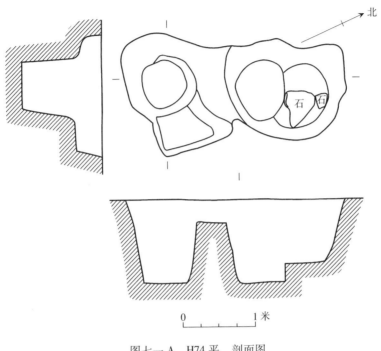

图七一 A　H74 平、剖面图

H74：1，陶璜形器。泥质红陶。弧形，系用整条方形泥条弯曲而成。两端各有一戳孔，戳孔可连通。手制。长 6.2、宽 2.1、厚 2 厘米（图七一 B，1；彩版二七，5）。

H74：2，陶钵（Ab）。夹蚌末褐陶。敞口，圆唇，斜腹弧收，底残。口径 16、残高 9.5 厘米（图七一 B，2）。

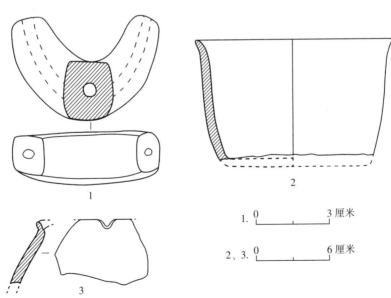

图七一 B　H74 出土陶器
1. 璜形器（H74：1）　2. 钵（H74：2）　3. 匜口（H74：3）

H74：3，陶匜口。夹蚌末红陶。口沿残片，小侈口，带有流口，溜肩。残长 7.6、残高 5.2 厘米（图七一 B，3）。

H75

位于 T1232 等四方西部。开口⑤层下，打破⑥层。不规则形，斜直壁，有台坡，台坡上有两块石头，底部有两个深坑。长 2.66、宽 2、深 0.6 ~ 1.18 米。填黄褐色土，夹有烧土颗粒，土质较软。出土物有陶网坠 2（Ab2），另有陶釜、罐等残片（图七二 A；彩版二八，1）。

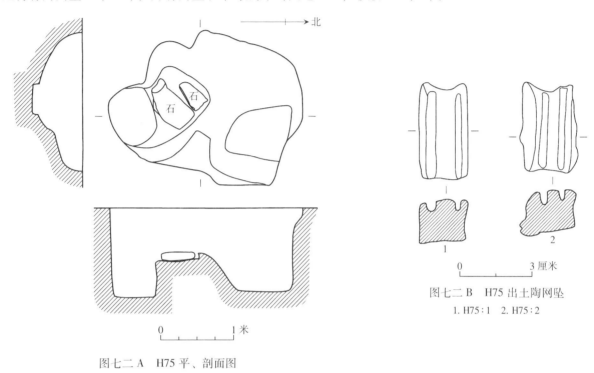

图七二 A　H75 平、剖面图

图七二 B　H75 出土陶网坠
1. H75：1　2. H75：2

H75：1，陶网坠（Ab）。泥质红陶。正面有两道凹槽。长 2.4、宽 3.5、厚 1.7 厘米（图七二 B，1；彩版二八，2）。

H75：2，陶网坠（Ab）。泥质红陶。正面有两道凹槽。长 2.1、宽 3.8、厚 1.7 厘米（图七二 B，2；彩版二八，3）。

H79

位于 T1232 等四方中部偏北。开口⑤层下，打破 H87 和⑥层。不规则形，斜直壁，有台坡，底部有三个深坑。长 4.25、宽 1.4、深 0.22 ~ 1.1 米。填灰褐色土，夹红烧土颗粒，土质较软。出土物有陶器把 1（AbⅡ）等（图七三 A）。

H79：1，陶器把（AbⅡ）。夹细蚌末红陶。扁条形器把上侧有舌梯形附件。把尾和附件有锯齿形刻划。长 10.4、宽 7、厚 6.2 厘米（图七三 B）。

H97

位于 T1334 西南部、T1234 东南部。开口④层下，被 M30、M31、M247、M248 叠压，被 M253、M254、M255、M256、F5D185 打破，打破⑤层。不规则形，微斜壁，平底。长 3.62、宽 2.25、深 0.5 米。填灰黑色土，夹杂大量草木灰，土质松软。另有陶釜等残片（图七四）。

H98

位于南扩方东北部、T1032 等四方西南部。开口④层下，被 M258 叠压，被 M257 打破，打破⑤

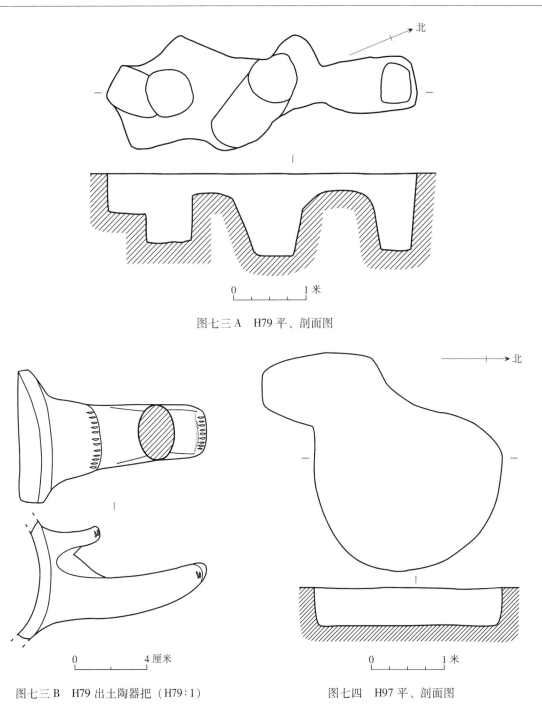

图七三 A　H79 平、剖面图

图七三 B　H79 出土陶器把（H79∶1）

图七四　H97 平、剖面图

层。不规则形，斜壁，平底，底部有一深坑。长 2.7、宽 1.9、深 0.4 ~ 1.35 米。填土可分两层。第①层为褐色土，夹杂少量红烧土，土质松软，厚 15 厘米；第②层为黑褐色土，夹杂零星红烧土，土质较硬，厚 25 ~ 120 厘米，陶片较多。第②层出土物有陶釜 4（AⅣ1、EⅡ1、GⅢ2），鼎 1（BⅠ），罐 1（EⅡ），小罐 2（AⅡ1、BⅡ1），豆盘 1（DⅡ），豆圈足 1（Ⅰ）等（图七五 A；彩版二八，4）。

H98②∶1，小陶罐（AⅡ）。夹蚌褐陶。直口，微束颈，圆唇，鼓腹，最大腹径在器中，小平底，底面不平。内壁见多道盘筑痕迹。手制，器形不够规整。口径 10、底 5、高 9.8 厘米（图七五 B，1；彩版二八，5）。

H98②∶2，陶罐（EⅡ）。夹砂红陶。侈口，圆唇，削肩，微鼓腹弧收至底，平底微圜。口沿下有

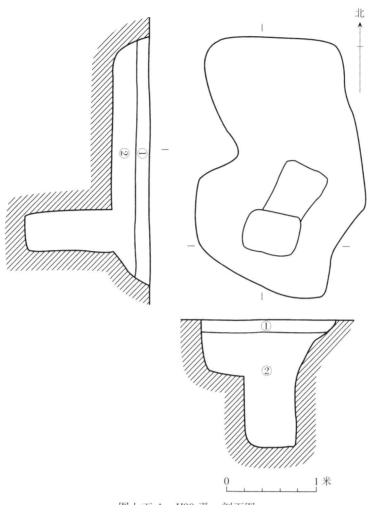

图七五 A　H98 平、剖面图

两装饰性小錾。手制轮修，素面。口径23.2、底径7、高24.6 厘米（图七五 B，2；彩版二八，6）。

　　H98②:3，陶釜（EⅡ）。夹蚌末红陶。侈口，宽沿，圆唇，下部残。口沿下有一周低腰檐，上有锯齿状按捺纹。口径34.4、残高8.2 厘米（图七五 B，5）。

　　H98②:4，陶釜（GⅢ）。夹蚌末红陶，外表施红衣。侈口，卷沿，圆唇，溜肩，鼓腹，下部残。口径25.2、残高13 厘米（图七五 B，6）。

　　H98②:5，陶鼎（BⅠ）。夹蚌末红陶。敞口，圆唇，浅斜腹，平底。三扁条状足，仅余足根。口径16、残高4.2 厘米（图七五 B，7）。

　　H98②:6，陶釜（AⅣ）。夹蚌末红陶。圆唇，斜筒形腹，口沿偏下有錾手。残长7.2、残高8.8 厘米（图七五 B，4）。

　　H98②:8，小陶罐（BⅡ）。夹蚌末红陶。侈口，卷沿，圆唇，溜肩，鼓腹，腹部略折。口径13、残高7 厘米（图七五 B，8）。

　　H98②:9，陶豆圈足（Ⅰ）。夹蚌末红陶。喇叭形圈足，足缘圆唇。足径13、残高4.1 厘米（图七五 B，3）。

　　H98②:10，陶豆盘（DⅡ）。夹蚌末红衣陶，外表施红衣。敞口，圆唇，多角沿，浅斜腹。残长11.3、残高8.4 厘米（图七五 B，9）。

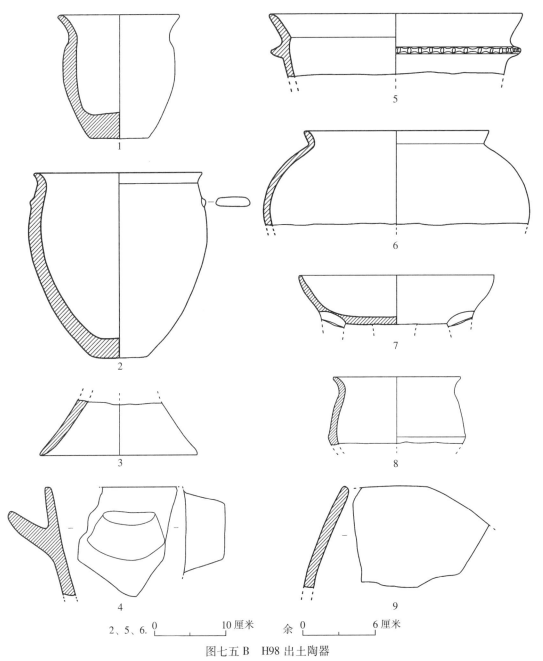

2、5、6. [0——————10厘米]　　余 [0——————6厘米]

图七五 B　H98 出土陶器

1、8. 小罐（H98②：1、H98②：8）　2. 罐（H98②：2）　3. 豆圈足（H98②：9）　4～6. 釜（H98②：6、H98②：3、H98②：4）
7. 鼎（H98②：5）　9. 豆盘（H98②：10）

H100

位于南扩方南部，进入探方外。开口④层下，打破⑤层。清理部分为不规则形，直壁，平底，底部有两深坑，并有一大石块。长4、残宽2.94、深0.84～1.65米。填黑褐色土，夹杂大量红烧土颗粒，土质较硬。出土物有陶盉2（BaⅠ1、BbⅠ1），器盖1（C），器把1（BⅡ），支座1（B）等（图七六A）。

H100：1，陶盉（BbⅠ）。夹蚌红衣陶。直口外敞，圆唇，束颈，溜肩，鼓腹，下部残。口颈与腹部系分别制作后粘接在一起的，内壁交接处可见明显泥条修抹痕迹。手制轮修。口径6.7、残高12.2厘米（图七六B，1）。

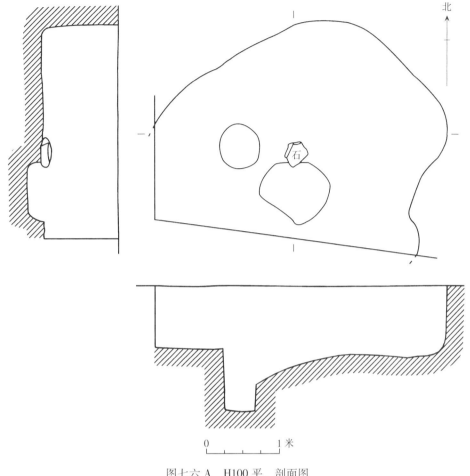

图七六 A H100 平、剖面图

H100：2，陶盉（Ba I）。夹蚌红衣陶。直口，圆唇，高领，溜肩，鼓腹。口颈与腹部连接部位系分别制作后粘接而成，内壁连接处可见明显泥条修抹痕迹。手制轮修。口径5.8、残高14.2厘米（图七六 B，2）。

H100：4，陶支座（B）。夹蚌末红陶。扁长方柱体，上下端均残。残高9.3、宽5、厚3厘米（图七六 B，3）。

H100：5，陶器把（B II）。夹蚌末红陶。扁环形鱼尾状。长5.4、宽8.5、厚4.2厘米（图七六 B，4）。

（三）灰沟遗存

G2

位于T0832等四方的中部，大体呈东西向横贯全方。开口④层下，被H43、M129、M200和F5的D66、D76、D77、D78、D99、D100、D104等柱洞打破，被W13叠压，打破⑤层。不太规则的长条形，斜壁，底凹凸不平。东西残长7.4、宽0.8～1.74、深0.2～0.3。沟内为深灰色填土，土质较硬，夹杂红烧土块、颗粒以及炭粒。原可能为当时地表的冲沟，后被填平，先建造房屋，后成为墓地。出土物有穿孔石斧1和陶釜2（A III 1、B II 1），钵2（Ab2），罐2（E I 2），碗1（A I），豆盘1（B II），器盖1（E），器把2（Aa I 1、Ab II 1），器底1等（图七七 A；彩版二九，1）。

G2：1，穿孔石斧。硅化凝灰岩，灰褐色。双面弧刃，侧边和顶边微外弧。刃部和右侧破损严重。通体磨光，中上端有一穿孔，管钻双面对穿。残长11.1、宽8.9、厚1.3、孔径2～2.2厘米（图七七

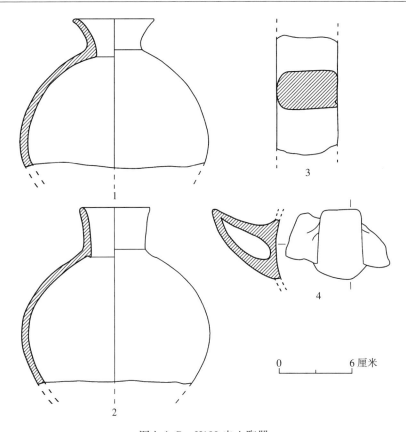

图七六 B　H100 出土陶器

1、2. 盉（H100∶1、H100∶2）　3. 支座（H100∶4）　4. 器把（H100∶5）

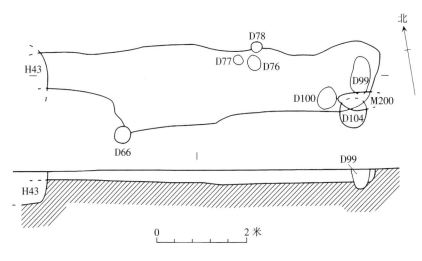

图七七 A　G2 平、剖面图

（D66、D76 ~ D78、D99、D100、D104 均为 F5 柱洞）

B，1；彩版二九，2）。

　　G2∶2，陶碗（AI）。夹蚌红衣陶，内外壁遍施红衣，大部分已脱落。敞口，圆唇，浅弧腹至底，底残。口径 26.6、残高 8.4 厘米（图七七 B，3；彩版二九，3）。

　　G2∶3，陶钵（Ab）。夹蚌红衣陶。敞口，圆唇，唇缘上有一道凹槽，微弧腹，近底部一侧有一条形把手残痕，底部残。口径 17.4、残高 9.2 厘米（图七七 B，2；彩版二九，4）。

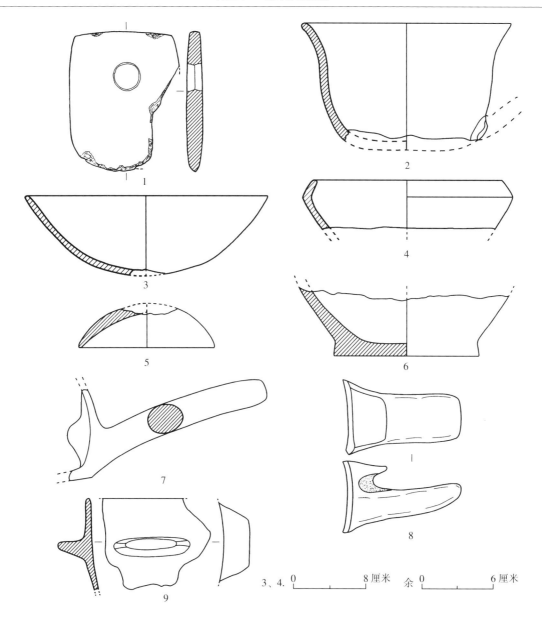

图七七 B　G2 出土器物

1. 穿孔石斧（G2:1）　2. 陶钵（G2:3）　3. 陶碗（G2:2）　4. 陶豆盘（G2:4）　5. 陶器盖（G2:8）
6. 陶器底（G2:10）　7、8. 陶器把（G2:11、G2:12）　9. 陶釜（G2:13）

　　G2:4，陶豆盘（BⅡ）。夹蚌末红陶。敛口，方圆唇，折肩，斜收腹。口径 21、残高 5.4 厘米
（图七七 B，4）。

　　G2:8，陶器盖（E）。夹蚌红衣陶。覆钵形，盖纽残，盖面弧，盖缘圆唇。盖口径 11、残高 3 厘
米（图七七 B，5）。

　　G2:10，陶器底。夹细蚌末外红内黑陶。上部残，下腹弧收成平底。底径 12、残高 5 厘米（图七
七 B，6）。

　　G2:11，陶器把（AaⅠ）。夹细蚌末红胎黑陶，器内壁红。扁条形略弯。残长 17.2、宽 2.9、厚 2.8
厘米（图七七 B，7）。

　　G2:12，陶器把（AbⅡ）。夹细蚌末红陶。扁条形器把上侧有舌梯形附件。长 9.5、宽 5.9、厚 5.6
厘米（图七七 B，8）。

G2：13，陶釜（AⅢ）。夹细蚌末褐陶。圆唇，斜腹略直，口沿偏下有舌形錾手。残长 8.6、残高 7 厘米（图七七 B，9）。

二　出土遗物

生活类遗存中出土的遗物既包括日常使用的生活用品，也包括生产使用的工作用具，主要出土于文化层、房址、灰坑、灰沟等堆积中。以陶器为大宗，石器次之，骨器零星出土。考虑到生活类遗存出土遗物和丧葬类遗存出土遗物在种类、形制、功能和用途上的很大差别，故采取了先分别叙述和认识，再综合分析和研究的方法。因而两类出土遗物种类、型式标准采用了两个相对独立又有一定关联的分类体系。

（一）陶器

陶器为生活类遗物中的大宗，数量最多，品种最为丰富，由于其易碎性，绝大多数为陶片，复原和基本完整的陶器约 200 余件。器形有釜、鼎、罐、豆、盆、钵、匜、盘、盉、甑、碗、盂、圈足小杯、大口缸、蒸箅、炉箅、器盖、器座、支座、网坠、纺轮、拍、球、璜形器、坠和动物雕塑等。根据陶质可分为夹蚌陶、夹炭陶、夹砂陶和泥质陶。根据陶胎表面颜色可分为红陶、褐陶、灰陶、白陶、红衣陶、黑衣陶等。相当多的陶器色质斑驳，不够均匀，少量陶器外红内黑（或灰黑）色。依据主发掘区第③、④、⑤、⑥层的陶片统计，夹蚌陶为 48657 片，占总数的 95.43%，即将软体动物蚬、蚌、螺蛳类的外壳敲打碾碎后作为掺和料加入陶土中，⑤、⑥层的蚌末相对较细，陶胎和表面多有孔隙，陶质相对较为疏松，③、④层的蚌末相对较粗；陶色有红陶、褐陶、灰陶、红衣陶、黑衣陶、白陶等，陶衣的施用比率相对较高，白陶基本为浅白或灰白色，与夹砂刻纹白陶有一定的区别。其次为泥质陶，共 1297 片，占总数的 2.54%，火候相对较高；陶色有红陶、褐陶、灰陶、红衣陶、黑衣陶等。再次为夹砂陶，共 751 片，占总数的 1.47%；陶色有红陶、褐陶、灰陶、红衣陶、黑衣陶等。夹炭陶最少，共 282 片，占总数的 0.55%，所夹有机质在烧制过程中炭化，陶胎一般呈黑或灰黑色；陶色有红陶、褐陶、灰陶、红衣陶、黑衣陶等。不同陶质陶色的陶片在各文化层中的数量和所占比例都不相同（附表二～六），并呈现出一定的变化趋势。如第⑥层夹蚌陶占 99.53%，占绝对主要地位，不见泥质陶和夹砂陶，第⑤层夹蚌陶稍有减少（99.38%），泥质陶和夹砂陶出现，经过第④层（97%）到第③层夹蚌陶继续减少，占 89.65%，泥质陶和夹砂陶缓慢增多，夹炭陶变化不大。多平底器和三足平底器，也有圈足器、圜底器和三足圜底器。腰檐的使用比较普遍，宽窄高低有一定的变化，有的腰檐外缘有凸纽、锯齿纹装饰，或形成多角状，或有波状起伏。纹饰有锯齿纹、刻划纹、按捺纹、捺窝、镂孔、凸棱、附加堆纹、粗绳纹、压印纹、刺点纹等（图七八）。大部分较大型陶器采用泥条盘筑并分段拼接成形，小件器物直接手捏制成，拼接的部位一般在领部、肩部和腹部，腰檐、錾手、把手、器耳、鼎足、圈足、盖纽等一般分别制成，然后采用粘接的方法结合到一起。器物成形后一般经过慢轮修整处理。

1. 釜

为最主要的陶器之一。根据口腹底的特征分为 11 型，A 至 J 型应为平底釜，K 型可能为圜底釜。选取绘图标本共 157 件[①]。

---

① 选取绘图标本数与实际数量有一定的相对联系，无绝对的多少对应关系，以下简称"标本"，举例标本数一般等于或小于绘图标本数。以下以"数量极多、数量多、数量相对较多、数量相对较少、数量少"表示标本的相对多少关系。

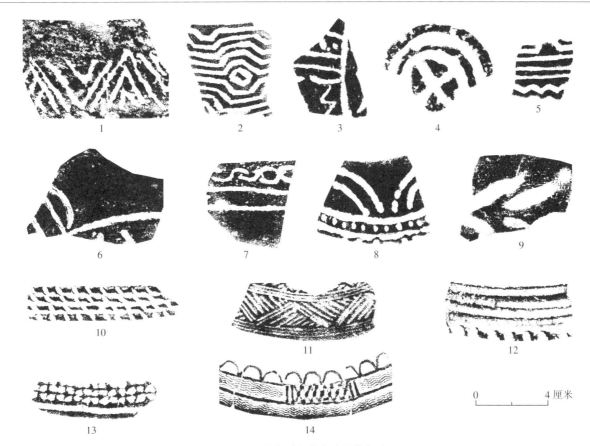

图七八　马家浜文化陶片纹饰拓片

1. T1232 等⑤：22　2. T0832 等⑤：17　3. T0832 等⑤：19　4. T0832 等⑤：20　5. T0832 等⑤：1 8　6. T0834 等④：44　7. T0834 等④：45
8. T1130 等④：7　9. T1234④：5　10. T0832 等④：9　11. T1034 等④：33　12. T1034 等④：35　13. T1034 等④：34　14. H53①：1

A 型　敞口，斜直腹，筒形，平底。一般腰檐较宽，贴附于腰部，口下有四个（部分可能为两个）
錾手。数量相对较少。标本 11 件。

Ⅰ式　整体矮胖，小舌形錾手紧靠口沿。标本 4 件。

H22：1，夹蚌末红衣陶。敞口，圆唇，斜直腹，口沿下有四个小舌形短錾，腹部有一圈七边形宽
带状腰檐，微向上翘，平底残。腰檐以上至内腹壁施红色陶衣，大部脱落，器表有细孔隙。手制轮修。
口径 26.4、残高 17.2 厘米（图七九，1；彩版三〇，1）。

H23：1，夹细蚌末外红内黑陶。圆唇，口沿下有小舌形錾，下部残。手制轮修。口径 23.6、残高 6
厘米（图七九，2）。

T1232 等⑥：7，夹细蚌末褐陶。圆唇，口沿下有舌形小錾手，略斜略残。残长 8.3、残高 6.5 厘米
（图七九，3）。

Ⅱ式　整体矮胖，舌形錾手略大，位置略下移。标本 4 件。

H26：3，夹蚌末外红内黑陶。敞口，圆唇，口沿下有对称四錾手，錾手上有斜向锯齿刻纹，斜
腹，腹部有一圈宽腰檐，腹内壁略起折棱，平底。手制轮修。口径 28.8、底径 11.8、高 15 厘米
（图七九，4；彩版三〇，2）。

H63：9，夹蚌末褐陶，内部灰黑色。圆唇，筒形腹，口沿偏下有舌形錾手。手制轮修。口径 24、
残高 8 厘米（图七九，5）。

H63：11，夹蚌末褐陶，内部灰黑色。圆唇，斜直腹，口沿下有舌形錾手。手制轮修。口径 22.5、

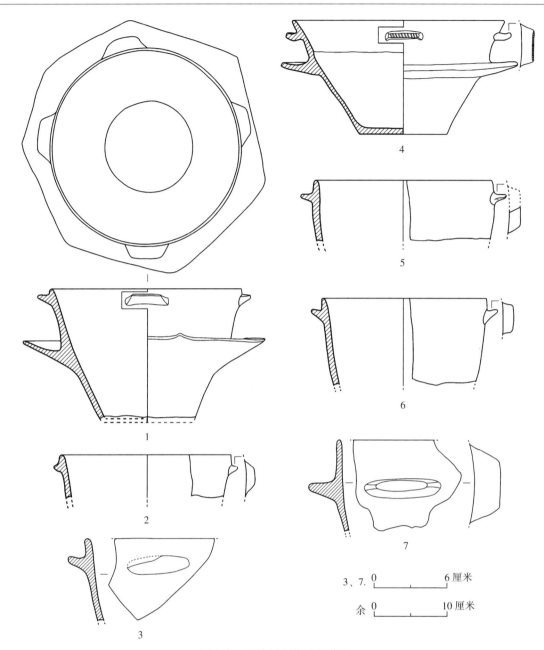

图七九　马家浜文化 A 型陶釜

1～3. Ⅰ式（H22：1、H23：1、T1232 等⑥：7）　4～6. Ⅱ式（H26：3、H63：9、H63：11）　7. Ⅲ式（G2：13）

残高 11 厘米（图七九，6）。

　　Ⅲ式　整体矮胖，舌形錾手较Ⅱ式略大，位置略下移。标本 1 件。

　　G2：13，夹细蚌末褐陶。圆唇，斜腹略直，口沿偏下有舌形錾手。残长 8.6、残高 7 厘米（图七九，7）。

　　Ⅳ式　整体由矮胖逐渐向瘦高变化，舌形錾手宽大，接近舌状梯形或长方形，位置继续下移。标本 2 件。

　　T1232 等④：2，夹蚌末红陶。敞口，方唇，口沿下有近长方形錾手，筒腹略斜收，中腹部有一圈腰檐，已残。腰檐以上部分外壁施红色陶衣。出土时口部朝上，残余大部，里面未发现骨渣等物，可能为瓮棺被扰动破坏而进入地层。口径 24.8、残高 23 厘米（图八〇，1；彩版三〇，3）。

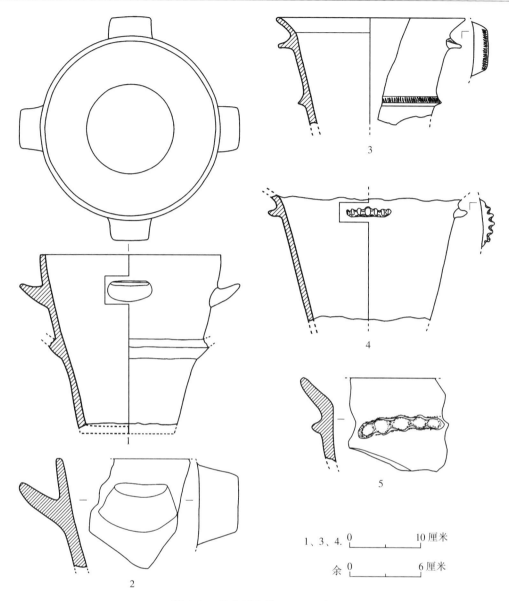

图八〇 马家浜文化 A、B 型陶釜

1、2. A 型Ⅳ式（T1232 等④:2、H98②:6） 3~5. B 型Ⅰ式（T1032 等⑥:7、H52①:2、T0834 等⑥:3）

H98②:6，夹蚌末红陶。圆唇，斜筒形腹，口沿偏下有鋬手。残长 7.2、残高 8.8 厘米（图八〇，2）。

B 型 敞口，宽沿，斜直腹，筒形，平底。对称鋬手在口沿折线下，呈小舌形或鸡冠形，上有按捺、锯齿或指甲纹装饰。大部分腹部有低腰檐，腰檐上有的有装饰。数量相对较多。标本 26 件。

Ⅰ式 宽沿稍外敞。标本 5 件。

T1032 等⑥:7，夹蚌末红陶。敞口，宽沿，圆唇，斜直腹，口沿下有舌形鋬手，腹部有一周低腰檐，鋬手和腰檐上侧有指甲刻划纹。口径 26、残高 14.2 厘米（图八〇，3）。

H52①:2，夹细蚌末褐陶，内部黑色。口、底残，斜直腹，口腹间微折，口沿下有对称的四个鸡冠状鋬手，上有齿状按捺装饰。手制轮修。残高 16 厘米（图八〇，4）。

T0834 等⑥:3，夹细蚌末红陶。敞口，宽沿，圆唇，斜直腹，口沿折线下有一鸡冠状鋬手，上有指捺纹装饰。残长 8、残高 7.4 厘米（图八〇，5）。

Ⅱ式　宽沿外折翻，略呈斜平沿。标本 21 件。

T0834 等⑤：1，夹蚌末红陶，内部黑色。敞口，宽折沿，圆唇，斜平沿，斜直筒形腹，平底，口沿折线下有四个对称的条形鸡冠状錾手，上有指捺纹。口径 28.2、底径 13、高 25 厘米（图八一，1；彩版三〇，4）。

T0834 等⑤：2，夹蚌末红陶，内壁灰黑色。敞口，圆唇，宽沿斜折，斜直筒形腹，平底，口沿下对称分布四錾，錾手边缘有齿形装饰，中腹处有一圈低腰檐，腰檐上侧有斜线剔刻纹。口径 28.2、底径 13.2、高 27.8 厘米（图八一，2；彩版三〇，5）。

T0834 等⑤：4，夹细蚌末外红内黑陶。敞口，宽沿斜折，圆唇，口沿下有四个对称的舌形錾手，斜直筒形腹，腹部有一周低腰檐，腰檐和錾手上有按捺纹装饰，平底残。口径 38.4、残高 35.6 厘米（图八一，3；彩版三〇，6）。

T0832 等⑤：1，夹细蚌末红陶。敞口，圆唇，宽沿外折翻，口沿下有一鸡冠状錾手，上有按捺纹，下部残。口径 30.2、残高 8 厘米（图八一，4）。

T0832 等⑤：2，夹细蚌末红陶。敞口，圆唇，宽折沿外翻，口沿下有舌形錾手，下部残。口径 23、残高 14.4 厘米（图八一，5）。

H27：11，夹细蚌末外红内黑陶。敞口，圆唇，宽沿外翻，口沿下有四个舌梯形錾手，上有按捺纹，下部残。口径 32、残高 10.2 厘米（图八一，6）。

H96①：4，夹细蚌末红陶。敞口，圆唇，宽沿外翻，斜直筒形腹，口沿下有鸡冠状錾手，下部残。口径 27.4、残高 16.4 厘米（图八一，7）。

T1235⑤：1，夹蚌末外红内黑陶。仅存腹部，口、底均不见。折沿，筒腹斜收，沿下有一道凸棱，上有锯齿纹装饰，凸棱下有四个对称宽梯形錾手，其中一錾手上有锯齿纹装饰。残高 15.2 厘米（图八一，8）。

C 型　勾敛口，宽沿，盆形，平底。口沿下多有圆形、椭圆形、短条形、指甲形戳印或刻划纹。分两个亚型。数量相对较少。标本 16 件。

Ca 型　内沿内勾。标本 4 件。

Ⅰ式　宽斜沿。标本 1 件。

H24：2，夹细蚌末红陶。内缘圆唇，浅弧腹，沿下有一圈短条状戳印纹。残长 8.9、残高 8.6 厘米（图八二，1）。

Ⅱ式　宽平沿。标本 3 件。

H27：10，夹蚌末红陶。内缘圆唇，浅弧腹，口沿外侧有一圈椭圆形戳印纹。口径 38、残高 8.4 厘米（图八二，2）。

T1034 等⑤：18，夹蚌褐陶。内缘圆唇，浅弧腹，口沿下有一圈近圆形戳印纹。残长 13.2、残高 7 厘米（图八二，3）。

Cb 型　内沿内勾，外沿外凸。标本 12 件。

Ⅰ式　外沿微外凸。标本 6 件。

T1130 等⑥：1，夹细蚌末红陶，沿面和内壁黑色。宽平沿，圆唇，弧腹，口沿下有短条形刻划纹，下部残。残长 9.5、残高 4.2 厘米（图八二，4）。

T1130 等⑥：10，夹蚌褐陶。宽平沿，圆唇，沿面下有一圈指甲刻划纹。残长 7、残高 3.2 厘米（图八二，5）。

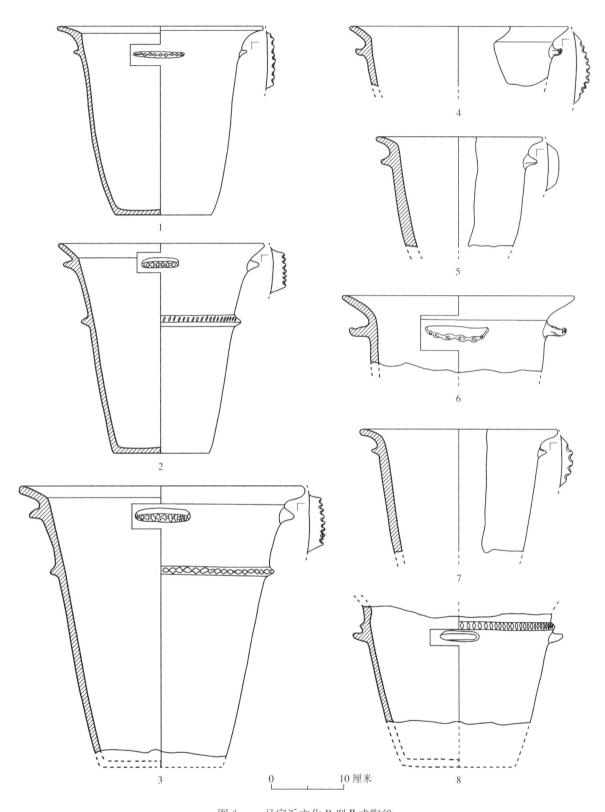

图八一　马家浜文化 B 型 II 式陶釜

1～8. T0834 等⑤：1、T0834 等⑤：2、T0834 等⑤：4、T0832 等⑤：1、T0832 等⑤：2、H27：11、H96①：4、T1235⑤：1

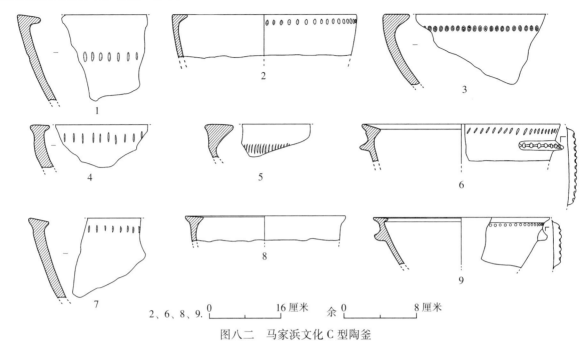

2、6、8、9. 0 ‖‖‖‖ 16 厘米   余 0 ‖‖‖‖ 8 厘米

图八二　马家浜文化 C 型陶釜

1. Ca 型 Ⅰ 式（H24：2）　　2、3. Ca 型 Ⅱ 式（H27：10、T1034 等⑤：18）　　4、5、7. Cb 型 Ⅰ 式（T1130 等⑥：1、T1130 等⑥：10、H66：3）　　6、8、9. Cb 型 Ⅱ 式（T1032 等⑤：6、H27：9、T0834 等⑤：44）

H66：3，夹细蚌末褐陶，沿面和内部灰黑色。宽斜沿，口沿下有短条状刻划纹。残长 6.8、残高 7.9 厘米（图八二，7）。

Ⅱ式　外沿外凸加甚。标本 6 件。

H27：9，夹细蚌末红陶，器表有细孔隙。平沿加宽，圆唇，浅弧腹。口径 33.2、残高 4.8 厘米（图八二，8）。

T0834 等⑤：44，夹细蚌末褐陶。宽平沿略斜，尖圆唇，口沿下有一圈圆形戳印纹和短舌形鋬手，上有齿状按捺纹。口径 36、残高 10 厘米（图八二，9）。

T1032 等⑤：6，夹细蚌末外红内黑陶。宽斜平沿，圆唇，口沿下有一周斜向短条形刻划纹，其下有一窄长条形鋬手，上有按捺纹装饰。口径 40、残高 7.2 厘米（图八二，6）。

D 型　敛口，钵形，平底。口沿下多有低腰檐，上大多有锯齿和按捺纹装饰，少量有鋬手。数量多。分两个亚型。标本 33 件。

Da 型　敛口无流。标本 30 件。

T1130 等⑥：4，夹细蚌末红陶。圆唇，口沿下有一圈低腰檐，系成形后堆贴而成，下部残。口径 35.6、残高 9.6 厘米（图八三，1）。

H66：6，夹蚌末红陶。敛口稍直，圆唇，口沿下有低腰檐，腰檐上侧面有指捺纹装饰，下部残。口径 30，残高 6.2 厘米（图八三，2）。

T1232 等⑤：13，夹蚌末红陶。圆唇，口沿下有一周低腰檐。口径 32.2、残高 8 厘米（图八三，3）。

H26：12，夹细蚌末红陶。圆唇，微鼓腹，口沿下有一周低腰檐，腰檐上出露四个对称的鸡冠形鋬手，其上有齿状按捺纹装饰。口径 21.4、残高 9.2 厘米（图八三，4）。

T1235⑤：6，夹蚌末外褐内黑陶。圆唇，口沿下有鋬手，上有按捺纹装饰。口径 19.2、残高 8.4 厘米（图八三，5）。

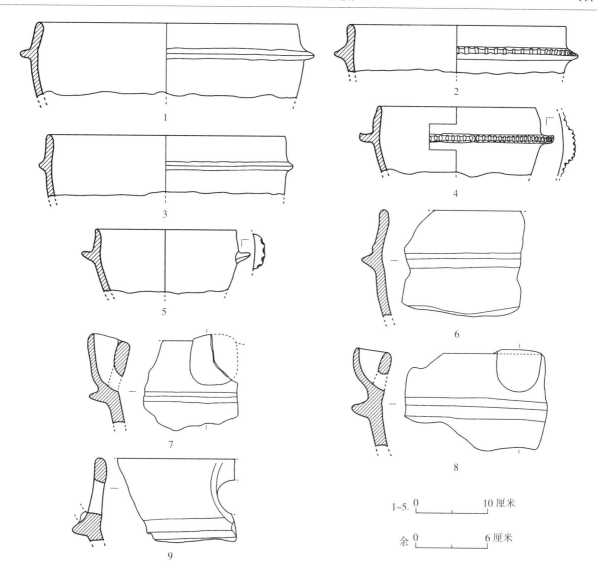

图八三　马家浜文化 D 型陶釜

1~6. Da 型（T1130 等⑥：4、H66：6、T1232 等⑤：13、H26：12、T1235⑤：6、T1230 等⑥：1）　7、8. Db 型 I 式（H52①：5、T1032 等⑥：2）　9. Db 型 II 式（T1334⑤：1）

T1230 等⑥：1，夹细蚌末红陶。圆唇，口沿下有一周低腰檐，下部残。残长 9.7、残高 8.5 厘米（图八三，6）。

Db 型　敛口有流。数量少。标本 3 件。

I 式　口沿内敛。标本 2 件。

H52①：5，夹细蚌末红陶。圆唇，口沿外侧出露一外凸流口，流口下有一周低腰檐。手制轮修。残长 7.7、残高 7.1 厘米（图八三，7）。

T1032 等⑥：2，夹细蚌末外红内黑陶。圆唇，口沿外侧出露一个流口，口沿下有一周凸棱，下腹残。残长 11.8、残高 8 厘米（图八三，8）。

II 式　口沿微内敛。标本 1 件。

T1334⑤：1，夹蚌末外褐内黑陶。口沿外侧出露一外凸流口，流口下有一周窄腰檐。残长 9.7、残高 6.6 厘米（图八三，9）。

　　E 型　侈口，宽沿，盆形，平底。上腹部多有一圈低腰檐或凸棱，上有齿形或按捺纹装饰。数量多。标本 25 件。

　　I 式　侈口微敞，腹部微收。标本 5 件。

　　H56：3，夹蚌红陶。圆唇，宽沿，口沿下有一道低腰檐，上有锯齿纹装饰。口径 30.8、残高 6 厘米（图八四，1）。

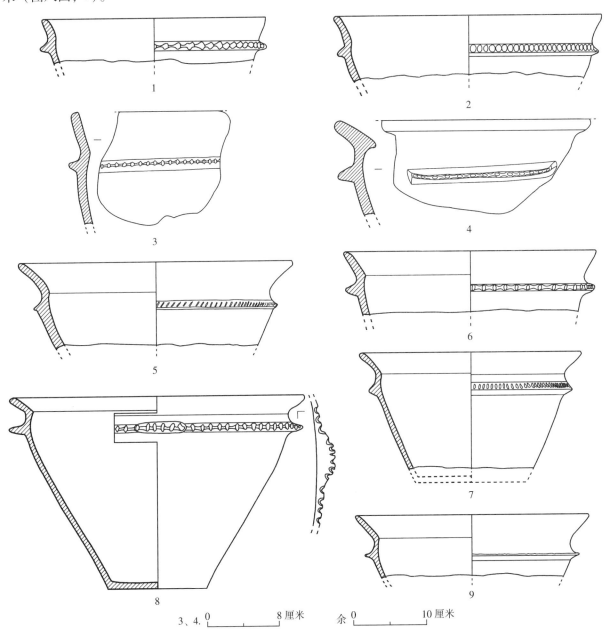

图八四　马家浜文化 E 型陶釜

1~3. I式（H56：3、T1232 等⑥：13、T1032 等⑥：6）　4~9. II式（T1234④：1、T1130 等⑤：8、H98②：3、H26：7、T0834 等⑤：3、H26：10）

　　T1232 等⑥：13，夹蚌红陶。圆唇，口沿下出一圈低腰檐，腰檐上侧面有指窝按捺出的纹饰。口径 36.4、残高 8.4 厘米（图八四，2）。

　　T1032 等⑥：6，夹细蚌末外红内黑陶。圆唇，口沿下有一周凸棱，上有指捺纹。残长 10、残高 9 厘米（图八四，3）。

Ⅱ式　侈口，腹部较内收。标本 20 件。

T1234④：1，夹蚌外红内黑陶。圆唇，口沿下有长条形鋬手，上有锯齿纹装饰，腹部内收较甚。残长 17.1、残高 7.5 厘米（图八四，4）。

T1130 等⑤：8，夹细蚌末外红内黑陶。圆唇，口沿下有一圈低腰檐，上侧有指甲状戳刻纹，斜弧腹，底残。口径 38、残高 11 厘米（图八四，5）。

H98②：3，夹蚌末红陶。圆唇，口沿下有一周低腰檐，上有锯齿状按捺纹，下部残。口径 34.4、残高 8.2 厘米（图八四，6）。

H26：7，夹蚌外红内黑陶。圆唇，沿下有一周低腰檐，上侧有指窝按捺形成的纹饰，斜直腹渐收至底，底残。口径 30.4、残高 15.4 厘米（图八四，7）。

T0834 等⑤：3，夹蚌末外红内黑陶。圆唇，口沿下有一圈腰檐，檐上出露对称的四个鸡冠形小鋬，并形成一圈齿状按捺纹装饰，斜腹渐收，小平底。口径 40.8、底径 14、高 25.6 厘米（图八四，8；彩版三一，1）。

H26：10，夹蚌外红内黑陶。圆唇，口沿下有一圈低腰檐。口径 32、残高 8.2 厘米（图八四，9）。

F 型　敞口，束颈，尊形，平底。数量相对较少。标本 7 件。

Ⅰ式　敞口较大，口径明显大于腹径。标本 2 件。

H66：2，夹细蚌末外红内黑陶，整体色泽不够均匀，口外部呈灰黑色，器表有大小不等的孔隙。圆唇，微束颈，腹微鼓，斜弧收至平底。腹部有一圈低腰檐。手制轮修。口径 35.4、底径 12、高 26.8 厘米（图八五，1；彩版三一，2）。

H57：3，夹细蚌末红陶，口沿内外均施红衣。圆唇，腰檐及以下部分残缺。手制。残长 11.7、残高 9.4 厘米（图八五，2）。

Ⅱ式　敞口稍小，口径略大于腹径，腹部稍直。标本 3 件。

F6D127：1，夹细蚌末外红内黑陶。圆唇，微束颈，腹微鼓，下腹残，腹部有一周低腰檐，上有锯齿纹装饰。口径 30、残高 12.4 厘米（图八五，3）。

F6D127：2，夹细蚌末外红内黑陶。圆唇，微束颈，腹微鼓，下腹残，腹部有一周低腰檐，上有锯齿纹装饰。口径 31.5、残高 13.2 厘米（图八五，4）。

Ⅲ式　口径接近或略小于腹径，束颈程度加甚，和 G 型Ⅱ式釜相似。标本 2 件。

T1232 等⑤：9，夹蚌末红陶，腰檐以上施红衣，大部脱落。卷沿，圆唇，腹部一周低腰檐。口径 25、残高 11.6 厘米（图八五，5）。

H85：1，夹细蚌末外红内黑陶。圆唇，鼓腹，腹部有一周腰檐，弧腹逐渐内收，底残。口径 25.8、残高 19.4 厘米（图八五，6）。

G 型　侈口，罐形，平底。数量相对较少。标本 8 件。

Ⅰ式　口径大于或接近于腹径，束颈，侈沿未现。标本 2 件。

H52①：1，夹细蚌末红陶。微侈口，卷沿，圆唇，微束颈，鼓腹，腹部腰檐呈波状起伏，其上出露四个鋬手，鋬手顶部有锯齿纹装饰，下腹斜弧收至平底。腰檐以上至口内上部施红衣，陶胎表面有细孔隙。手制轮修。口径 27.4、底径 13.2、高 23.2 厘米（图八六，1；彩版三一，3）。

F5D59：1，夹细蚌末褐陶。微侈口，卷沿，圆唇，微束颈，鼓腹，腹部腰檐呈波状起伏，其上出露舌状鋬手，鋬手顶部有按捺纹装饰。口径 22.2、残高 7.4 厘米（图八六，2）。

Ⅱ式　口径略小于腹径，侈沿稍现。标本 1 件。

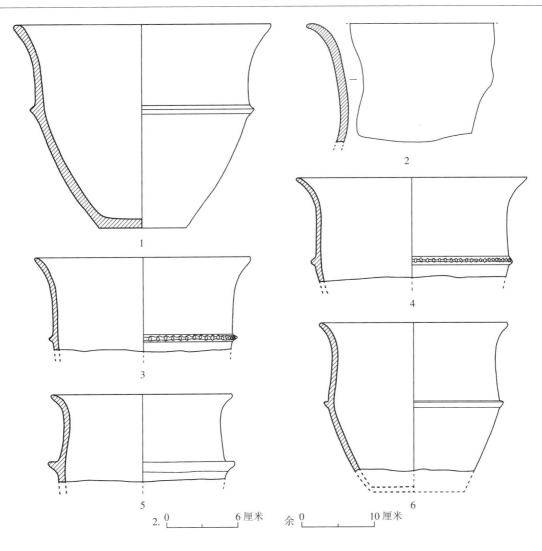

2.　0　　　　　　　6厘米　　余　0　　　　　　　10厘米

图八五　马家浜文化 F 型陶釜
1、2. I 式（H66：2、H57：3）　3、4. II 式（F6D127：1、F6D127：2）　5、6. III 式（T1232 等⑤：9、H85：1）

H63：5，夹蚌褐陶。微侈口，圆唇，微卷沿，鼓腹，腹最大径在器中部，上腹处有一圈窄腰檐，腰檐上出露对称的四个不明显舌形小錾，下腹弧收，底部已缺。手制轮修。口径 21、残高 16.2 厘米（图八六，3；彩版三一，4）。

III 式　口径明显小于腹径，侈沿明显。标本 5 件。

H43①：6，夹蚌黑衣陶。侈口，尖圆唇，溜肩，鼓腹，下部残。口径 22.8、残高 6.6 厘米（图八六，4）。

H35：8，夹炭褐陶。从陶片断口可见大量炭化谷物类掺和料痕迹。侈口，圆唇，溜肩，鼓腹，口径 18.4、残高 7 厘米（图八六，5）。

H98②：4，夹蚌末红陶，外表施红衣。侈口，卷沿，圆唇，溜肩，鼓腹，下部残。口径 25.2、残高 13 厘米（图八六，6）。

H 型　直口，无腰檐，筒形，平底。数量相对较少。作为陶釜特征可能不够鲜明，或许是一种直筒形的缸类器。标本 14 件。

T1130 等⑤：6，夹细蚌末红陶。圆唇，筒形腹，下腹残。口径 32、残高 19.4 厘米（图八七，1）。

T1130 等⑥：5，夹细蚌末红陶。上腹施红衣，大部脱落，胎表有细孔隙。尖圆唇，口沿下有一周

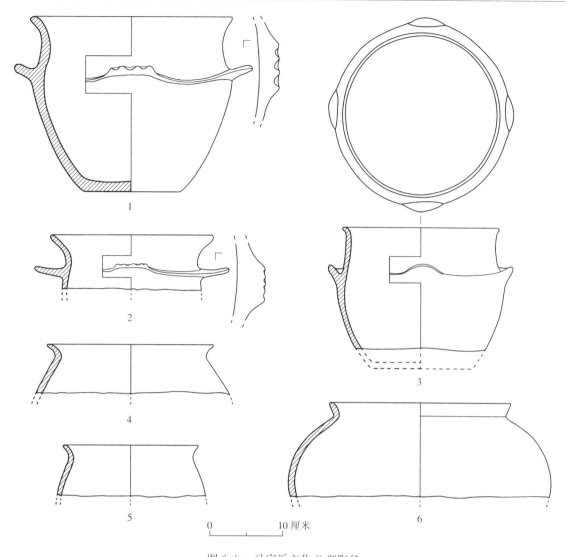

图八六 马家浜文化 G 型陶釜

1、2. I 式（H52①:1、F5D59:1） 3. II 式（H63:5） 4～6. III 式（H43①:6、H35:8、H98②:4）

凸棱，直腹，下部残。口径 20.4、残高 12.4 厘米（图八七，2）。

H43①:2，夹蚌末红陶。直口稍敞，圆唇，斜直腹，口沿下有两个堆贴按捺的装饰性小錾，底部已缺。口径 30.8、残高 18.4 厘米（图八七，3）。

T1130 等③层表 D5:1，夹蚌末红陶，器表施红衣。尖圆唇，口沿外侧微鼓，筒形斜腹，下部残。口径 30、残高 15 厘米（图八七，4）。

T1032 等④:16，夹蚌褐陶。圆唇，斜直腹，下部残。口径 17.3、残高 9.8 厘米（图八七，5）。

T1334③:14，夹蚌红陶。方唇，筒形斜腹，下部残。口径 15、残高 9.1 厘米（图八七，6）。

I 型 敞口，束腰，深腹，筒形，平底。标本仅 1 件。

T1130 等⑥:2，夹蚌外红内灰黑陶，腰檐以上普施红衣。敞口，圆唇，口沿下内壁似有一圈隔檐，用途不明。亚腰形腹身，下腹处出一圈腰檐，已残，腰檐以下腹部渐收至底，残损。口径 21.2、残高 26.6 厘米（图八七，7；彩版三一，5）。

J 型 敞口，浅腹，盆形，平底。数量相对较少。分三个亚型。标本 15 件。

Ja 型 敞口，沿面稍外翻或外折。标本 13 件。

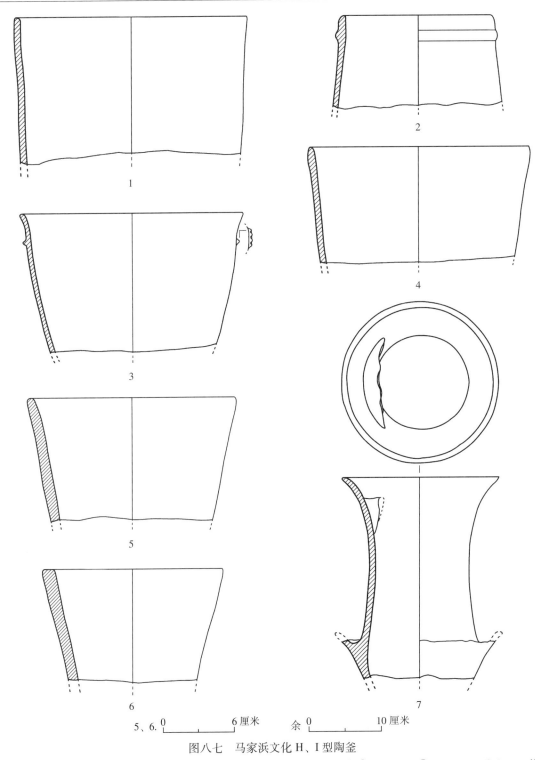

图八七 马家浜文化 H、I 型陶釜

1~6. H 型（T1130 等⑤：6、T1130 等⑥：5、H43①：2、T1130 等③层表 D5：1、T1032 等④：16、T1334③：14） 7. I 型（T1130 等⑥：2）

H27：13，夹蚌末褐陶。宽沿，圆唇，折腹斜弧收，折腹处凸出有一圈锯齿纹装饰。手制轮修。口径 27、残高 3.4 厘米（图八八，1）。

H26：8，夹蚌红陶。宽沿，圆唇，口沿下外侧有一圈凸棱，棱上有齿状装饰。手制轮修。口径 36.6、残高 11.6 厘米（图八八，2）。

H26：22，夹细蚌末外褐内黑陶。宽沿，圆唇，口沿稍外折，浅腹，口沿下有四个对称的舌梯形鋬

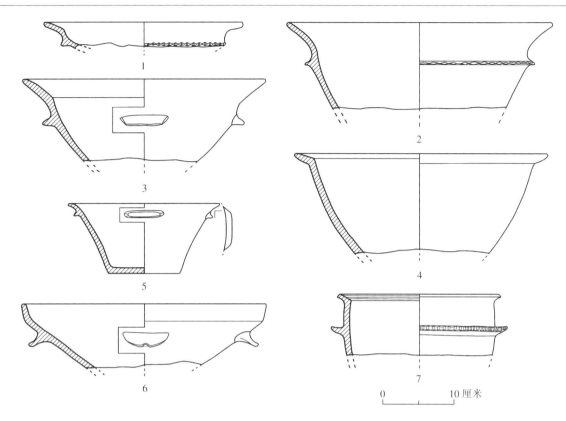

图八八　马家浜文化 J、K 型陶釜

1~4. Ja 型（H27：13、H26：8、H26：22、H71：3）　5. Jb 型（H96①：1）　6. Jc 型（T1034 等⑤：17）　7. K 型（H3：1）

手，下腹及底残。手制轮修。口径 33.2、残高 10.8 厘米（图八八，3）。

H71：3，夹细蚌末红陶。宽折沿，圆唇，浅弧腹，下部残。手制轮修。口径 35、残高 13.2 厘米（图八八，4）。

Jb 型　敞口，沿面稍外卷。标本仅 1 件。

H96①：1，夹蚌红陶。圆唇，斜弧腹，平底，口下有四个装饰性舌形小鋬手。口径 20.6、底径 9.8、高 9.2 厘米（图八八，5）。

Jc 型　敞口，沿面稍内收。标本仅 1 件。

T1034 等⑤：17，夹细蚌末褐陶。方圆唇，斜收浅腹，口沿下有四个舌形鋬手，鋬手上有一个指捺纹。口径 33.4、残高 8.4 厘米（图八八，6）。

K 型　可能为圜底釜。标本仅 1 件。

H3：1，夹砂红陶。微侈口，斜平沿，方唇，沿面有制作时留下的弦痕，口沿下有一圈腰檐，上有锯齿纹装饰，直腹微弧收，下腹残。根据相关遗址的同类材料对比，应为圜底釜。口径 22.6、残高 8.2 厘米（图八八，7）。

2. 鼎

根据口、腹特征分四型。标本共 18 件。

A 型　直口束颈鼎。数量多。标本 10 件。

Ⅰ式　口径略小于腹径，腹部微折。标本 4 件。

T1034 等④：11，夹蚌外红内黑陶。直口微侈，圆唇，平沿，唇沿微外卷，束颈，鼓腹微折，腹最大径在器中部，上腹有多道弦痕，下腹弧收至圜底，三扁条形足粘接于腹底，足中央有指窝按捺形成的纵向凹槽。口径 28.8、高 26.2 厘米（图八九，1；彩版三二，1）。

T0834 等④：32，夹砂外褐内黑陶。直口，束颈，沿面外弧，圆唇。肩部有制作时留下的弦痕。残长 8.3、残高 6 厘米（图八九，3）。

T0834 等④：41，夹砂褐陶。直口，束颈，沿面稍外弧，圆唇，下部残。肩部有轮修时留下的弦痕。口径 25.4、残高 5.4 厘米（图八九，2）。

Ⅱ式　口颈收束，折腹明显。标本 6 件。

T1034 等③：1，夹蚌外红内黑陶。直口微侈，束颈，平沿，圆唇，折腹。颈部有制作时留下的弦痕。残长 8.1、残高 7 厘米（图八九，4）。

F1D5：1，夹蚌外红内黑陶。直口微侈，束颈，圆唇，平沿，溜肩，折腹，下腹斜弧收成圜底，三

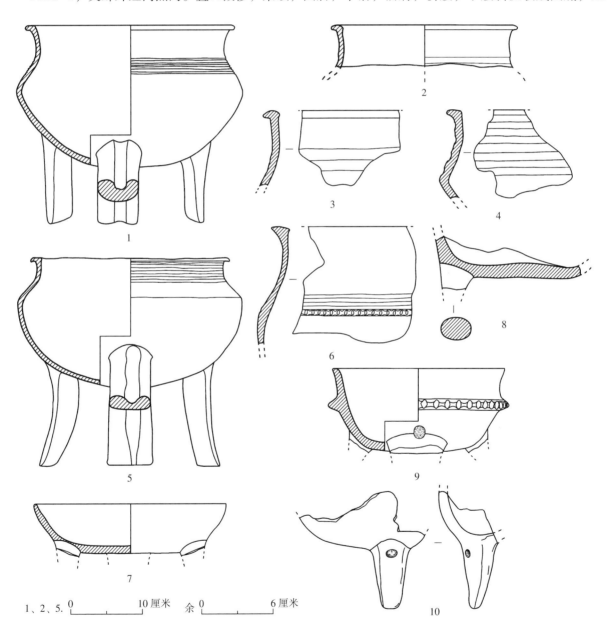

图八九　马家浜文化 A、B 型陶鼎

1～3. A 型Ⅰ式（T1034 等④：11、T0834 等④：41、T0834 等④：32）　4～6. A 型Ⅱ式（T1034 等③：1、F1D5：1、T1335③：5）

7. B 型Ⅰ式（H98②：5）　8、9. B 型Ⅱ式（H19：6、F8D37：1）　10. B 型Ⅲ式（T1235③：2）

扁条状足稍外撇，外表面中央有一道纵向指捺凹槽，凹槽内留有指窝痕。制作不甚规整，上腹有轮修时留下的弦痕。口径27.4、高27.4厘米（图八九，5；彩版三二，2）。

T1335③：5，夹蚌末外红内黑陶。直口微侈，平沿，尖圆唇，束颈，鼓折腹。颈部有制作时留下的弦痕，折腹处有按捺形成的齿状装饰。残长9.3、残高9.2厘米（图八九，6）。

B型　敞口钵形鼎。数量相对较少。标本5件。

Ⅰ式　浅腹。标本1件。

H98②：5，夹蚌末红陶。敞口，圆唇，浅斜腹，平底，三扁条状足，仅余足根。口径16、残高4.2厘米（图八九，7）。

Ⅱ式　腹稍深。标本3件。

H19：6，夹砂红陶。残损严重。斜腹，平底，扁圆形鼎足。残长11.8、残高4.2厘米（图八九，8）。

F8D37：1，泥质黑衣陶。敞口，圆唇，口沿下有一周低腰檐，上有按捺纹，斜弧腹收成平底，扁圆形足，仅余足根，足根部有一捺窝。口径14.1、残高6.5厘米（图八九，9）。

Ⅲ式　腹较深。标本1件。

T1235③：2，夹蚌末红陶。扁尖锥状鼎足，足尖圆钝，足根部有一捺窝。残长10.3、残高9.3厘米（图八九，10）。

C型　侈口罐形鼎。数量少。标本2件。

Ⅰ式　微侈口。标本1件。

南扩方④：11，夹蚌末褐陶。微侈口，微束颈，斜平沿，圆唇，内唇面微凹。腹部有制作时留下的弦痕。口径15.1、残高4.3厘米（图九○，1）。

Ⅱ式　侈口。标本1件。

F2D9：1，夹蚌末红陶。侈口，束颈，窄沿，尖圆唇，削肩。口沿下有制作时留下的弦痕。口径15、残高6.5厘米（图九○，2）。

D型　侈口宽沿鼎。数量少。标本1件。

T1032等④：11，夹细蚌末红陶。侈口，大宽沿，平沿面，方唇。沿外有数道轮修时留下的弦痕。残长12.8、残高7.8厘米（图九○，3）。

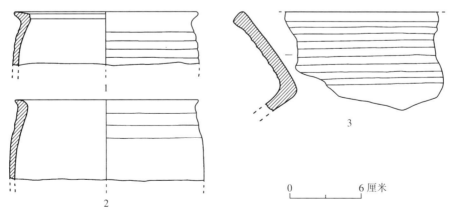

图九○　马家浜文化C、D型陶鼎

1. C型Ⅰ式（南扩方④：11）　　2. C型Ⅱ式（F2D9：1）　　3. D型（T1032等④：11）

3. 小鼎

部分器物可能为墓葬被破坏或扰动而进入地层，和墓葬陶器基本相似。根据口、腹、底特征分四型。标本共7件。

A 型　侈口，罐形，平底，下腹部起折棱。标本1件。

T1032 等④：3，夹蚌红衣陶。侈口，圆唇，卷沿，短束颈，鼓腹，腹最大径在器中部偏下，最大腹径处起折棱，上有牛鼻耳一个，下腹弧收至平底。原有三扁条形足，已全部缺失。口径13.4、残高10.3厘米（图九一，1；彩版三二，3）。

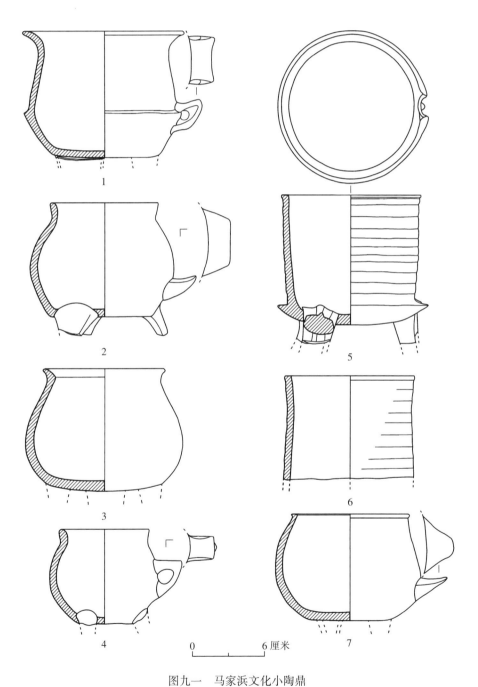

0 ————— 6厘米

图九一　马家浜文化小陶鼎

1. A 型（T1032 等④：3）　2~4. B 型（T1130 等④：3、T1230 等④：4、T1130 等④：1）

5、6. C 型（T1334④：3、T1232 等③：20）　7. D 型（T1034 等④：8）

B 型　侈口，弧腹，罐形。标本 3 件。

T1130 等④：3，夹蚌红衣陶，器表施红衣已基本脱落，露出红色陶胎。微侈口，圆唇，短束颈，鼓腹，最大腹径在器中，一侧设一舌形錾，平底，三扁条形足。口径 9、高 10.5 厘米（图九一，2；彩版三二，4）。

T1230 等④：4，夹蚌红衣陶，器表施有红衣，内壁黑色。侈口，圆唇，溜肩，鼓腹，腹最大径在器中部，下腹弧收，平底略圜，底面分设三扁圆形足，已全部缺失。口径 10.2、残高 9.7 厘米（图九一，3）。

T1130 等④：1，夹蚌红衣陶。微侈口，圆唇，唇缘外翻，短束颈，鼓腹，腹最大径在器中部，一侧置鱼尾状小耳，平底略圜，近底部接三足，现已全部缺失，茬口圆钝。口径 7.4、残高 7.5 厘米（图九一，4；彩版三二，5）。

C 型　直口，筒腹，釜形。标本 2 件。

T1334④：3，夹蚌红衣陶，腹身外壁所施红衣多已脱落，露出红色陶胎。直口，方唇，直腹，腹底交接处出一条凸棱，棱上一侧有一缺口，平底微圜，三扁条形足，足正面有一条纵向短凸脊，足尖已全部折断。腹身上有多道轮修时留下的弦痕。口径 11.4、残高 11.8 厘米（图九一，5）。

T1232 等③：20，夹蚌末褐陶。直口，方唇，筒形腹，下部残。腹部有制作时留下的弦痕。口径 10.6、残高 8.2 厘米（图九一，6）。

D 型　敛口，弧腹，罐形。标本 1 件。

T1034 等④：8，泥质褐陶。敛口，微侈沿，方圆唇，唇面平，溜肩，鼓腹，腹最大径在器中下部，一侧有三角形小錾手，下腹弧收至平底，底有三足，已全部缺失。口径 9.6、高 8.4 厘米（图九一，7）。

4. 鼎足

根据特征分为七型。标本 78 件。

A 型　短小扁条形。数量极多。标本 20 件。

Aa 型　正面有纵向泥条凸出。数量多。标本 17 件。

H41：10，夹蚌末红陶。仅有足、底和部分腹片。筒形直腹，腹身有数道弦痕，平底。腹底交接处有一圈凸棱，下接三扁条形足，足根正面有一条纵向泥脊。残长 8.5、残高 8.4 厘米（图九二，1）。

H99：1，夹蚌红陶。扁条形足，正面有一条纵向泥脊。残高 8.6、宽 3.8 厘米（图九二，2）。

T1235④：5，夹蚌红陶。扁条形足，正面有一条纵向凸脊。残高 7.9、宽 3.2 厘米（图九二，3）。

H41：12，夹蚌末红陶。扁条形足，正面有一条纵向泥脊。残高 9.5、宽 5.6 厘米（图九二，4）。

T1232 等③：18，夹蚌末红陶。扁条形足，正面中部有一纵向凸脊，背面略鼓。残高 9.6、宽 7.1 厘米（图九二，5）。

T1032 等③：20，夹蚌末红陶。扁条形足，足尖外撇，足根部有一条纵向凸脊。残高 8.4、宽 4.8 厘米（图九二，6）。

T1034 等④：22，夹蚌末红陶。扁条形足，正面有两条纵向凸脊，上有按捺形成的绞丝状纹。残高 7.7、宽 6.4 厘米（图九二，7）。

南扩方④：4，夹蚌红陶。扁条形足，正面有一条纵向凸脊。残高 7.3、宽 4.4 厘米（图九二，8）。

Ab 型　正面无纵向泥条凸出。数量极多。标本 2 件。

T0832 等④：19，夹蚌末红陶。扁条形足，正面平，背面稍弧。残高 6.4、宽 4.4 厘米（图九二，9）。

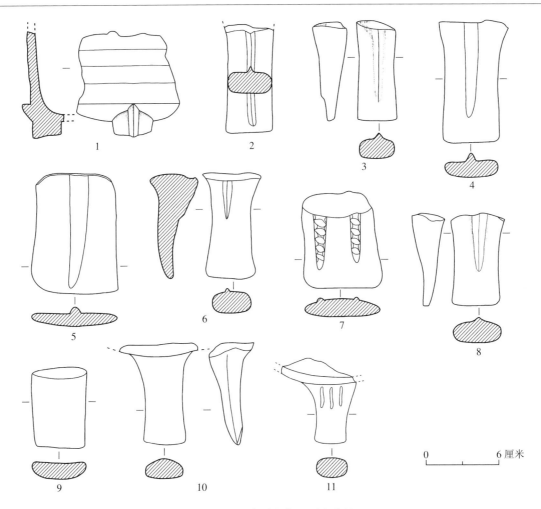

图九二　马家浜文化 A 型陶鼎足

1~8. Aa 型（H41∶10、H99∶1、T1235④∶5、H41∶12、T1232 等③∶18、T1032 等③∶20、T1034 等④∶22、南扩
方④∶4）　9、10. Ab 型（T0832 等④∶19、T1032 等③∶30）　11. Ac 型（T1034 等③∶9）

　　T1032 等③∶30，夹蚌末褐陶。扁条形足，足尖稍外撇。残高 8.1、宽 6.5 厘米（图九二，10）。

　　Ac 型　正面有竖条刻划。数量少。标本 1 件。

　　T1034 等③∶9，夹蚌末红陶。扁条形足，正面有三条纵向浅凹槽刻划。残高 6.8、宽 6.1 厘米（图九二，11）。

　　B 型　梯形，长短不一，正面一般有指捺窝或刻划。数量多。标本 11 件。

　　Ba 型　正面大多有一个或多个指捺窝。标本 10 件。

　　T1230 等④∶8，夹蚌末红陶。剖面呈扁圆形，正面有数个按捺窝。残高 10.6、宽 5.8 厘米（图九三，1）。

　　T0834 等④∶30，夹蚌末褐陶。长梯形足，正面平，足根部有一个深捺窝，背面弧。残高 8、宽 7.2 厘米（图九三，2）。

　　F1D29∶2，夹砂红陶。扁梯形足，正面平，足根部有一个深捺窝，背部弧。残高 10、宽 8.9 厘米（图九三，3）。

　　F8D18∶1，泥质褐陶。长梯形足，正面微凹，足根部有两个深捺窝，背部略外弧。残高 14.7、宽 11.7 厘米（图九三，4）。

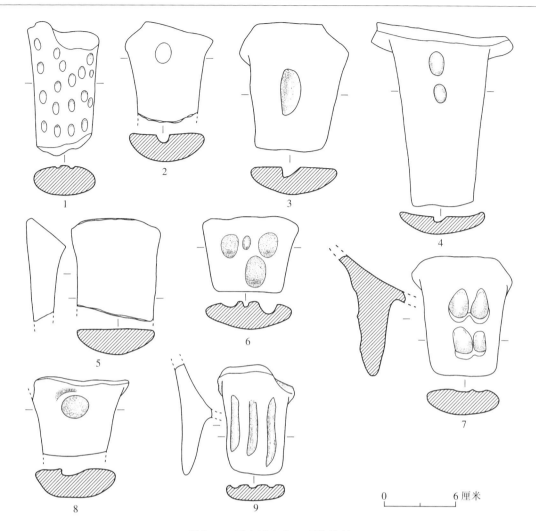

图九三　马家浜文化 B 型陶鼎足

1 ~ 8. Ba 型（T1230 等④：8、T0834 等④：30、F1D29：2、F8D18：1、T0834 等④：28、T1235④：6、南扩方③：3、
T0834 等③：19）　9. Bb 型（T1232 等③：21）

T0834 等④：28，夹蚌红陶。长梯形足，正面平，背面弧。残高 8、宽 7.3 厘米（图九三，5）。

T1235④：6，夹蚌末褐陶。扁梯形足，正面略凹，有四个较深的指捺窝，背面弧。残高 6.1、宽 7.8 厘米（图九三，6）。

南扩方③：3，泥质红陶。短梯形足，正面有四个指捺形成的指窝和凸起，背面弧。残高 9.5、宽 8.3 厘米（图九三，7）。

T0834 等③：19，夹砂褐陶。长梯形足，正面略平，背面弧，足根部有一个深捺窝。残高 6.3、宽 7.8 厘米（图九三，8）。

Bb 型　正面有竖条刻划。标本 1 件。

T1232 等③：21，夹蚌末红陶。扁条梯形足，正面有三道刻槽，背面略平。残高 8.7、宽 6.2 厘米（图九三，9）。

C 型　长梯形。正面平或略凹，正面有一道或两道纵向泥条堆贴，有的泥条上有按捺纹，足根部有的有捺窝。数量多。标本 7 件。

T1032 等④：25，夹蚌褐陶。正面内凹，中间有一条纵向凸脊，上有斜向按捺痕，形成绞丝状装

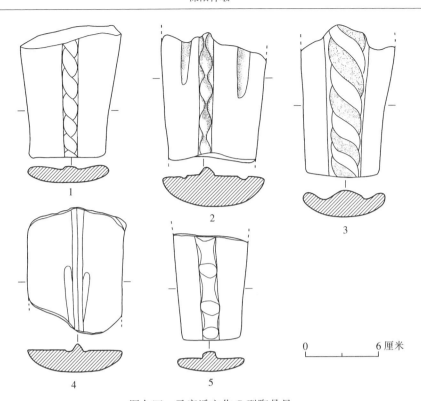

图九四　马家浜文化 C 型陶鼎足

1~5. T1032 等④：25、T0834 等③：21、T1034 等③：10、H12：3、F8D18：2

饰，背面外弧。残高 10.4、宽 8.4 厘米（图九四，1）。

T0834 等③：21，夹蚌末红陶。正面平，中间有一条纵向泥条，上有指捺纹装饰，两侧有两道凹槽。残高 9.9、宽 8.7 厘米（图九四，2）。

T1034 等③：10，泥质红陶。正面微凹，中央凸出一条纵向泥凸，斜向按捺形成绞丝状装饰。残高 12.1、宽 7.7 厘米（图九四，3）。

H12：3，夹蚌末褐陶。正面平，中间有一条纵向泥凸，两侧有指捺的凹槽，背面弧。残高 10.1、宽 8.2 厘米（图九四，4）。

F8D18：2，泥质红陶。正面微凹，中间有一条纵向泥条堆贴，上有按捺纹，背面略外弧。残高 8.4、宽 6.1 厘米（图九四，5）。

D 型　长条形，呈瓦沟状，宽窄不等。数量多。标本 30 件。

Da 型　较窄，有一条纵向瓦沟。标本 16 件。

T0834 等④：13，夹砂红陶。扁长条形足，正面有一条瓦沟，近足根部的凹槽部分有隐约可见的几个捺窝。残高 16.8、宽 5.7 厘米（图九五，1）。

T1034 等④：28，夹蚌红陶。长条形足，正面有一条纵向瓦沟，瓦沟及两侧有深浅不一、隐约可见的指捺凹窝。残高 10.3、宽 8 厘米（图九五，2）。

H32：3，夹蚌末红陶。长条形足，正面有一条瓦沟。残高 9.8、宽 7 厘米（图九五，3）。

T1335④：12，夹蚌末褐陶。长条形足，正面有一条纵向瓦沟。残高 9.3、宽 7 厘米（图九五，4）。

T1230 等③：2，夹蚌末红陶。长条形足，正面有一条指捺形成的瓦沟。残高 9.7、宽 4.8 厘米（图九五，5）。

T1334③：12，夹蚌末褐陶。长条形足，正面有一条瓦沟，里面隐约有四个捺窝，背面弧平。残高

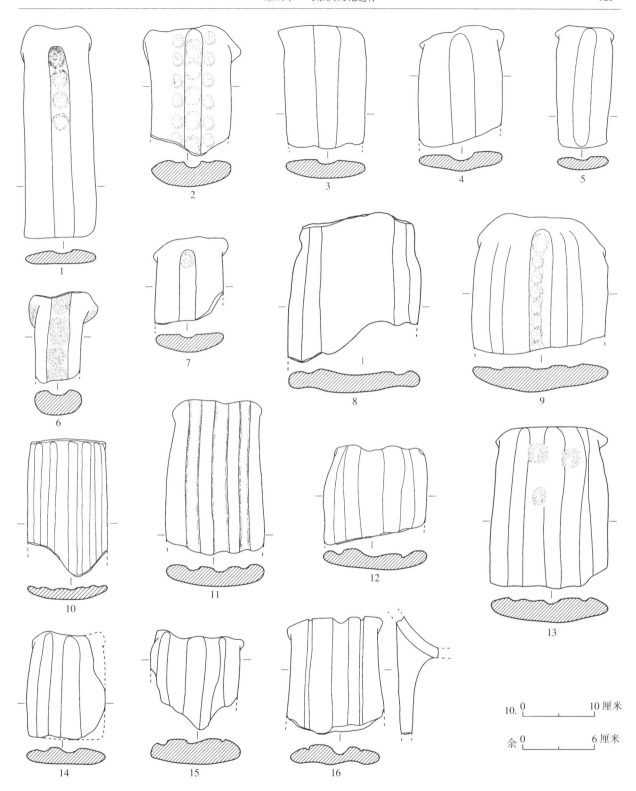

图九五 马家浜文化 D 型陶鼎足

1～7. Da 型（T0834 等④：13、T1034 等④：28、H32：3、T1335④：12、T1230 等③：2、T1334③：12、F1D24：1） 8～16. Db 型
（T1334③：10、T0834 等④：31、F7D42：1、T1335③：7、T1335④：4、H32：12、F1D29：1、F1D25：1、H19：1）

7、宽 5.7 厘米（图九五，6）。

F1D24：1，夹蚌末红陶。长条形足，正面有一条瓦沟状凹槽，里面隐约有一个捺窝，正面平，背

面略弧。残高 6.8、宽 6.1 厘米（图九五，7）。

Db 型　较宽，有多条纵向瓦沟。标本 14 件。

T1334③：10，夹蚌末红陶。正面内弧，有两道纵向凹槽，中部隐约有两个指窝。残高 11、宽 10.7 厘米（图九五，8）。

T0834 等④：31，夹砂褐陶。长条形足，足根部收缩，正面有三条纵向瓦沟，中部瓦沟中有按捺痕迹。残高 11.2、宽 11.1 厘米（图九五，9）。

F7D42：1，夹蚌末红陶。正面内弧，有五道纵向凹槽，背面微凸。残高 18.4、宽 11.2 厘米（图九五，10）。

T1335③：7，夹砂红陶。长条形足，正面平，背面略弧，正面有三道纵向凹槽。残高 12.3、宽 8.1 厘米（图九五，11）。

T1335④：4，夹蚌末红陶。足根部略收缩，正面有三道纵向凹槽，背面圆弧。残高 7.8、宽 8.5 厘米（图九五，12）。

H32：12，夹蚌红陶。正面有三道瓦沟状沟槽，正面足面上有几个深浅不一的捺窝，背面略弧。残高 12.8、宽 9.8 厘米（图九五，13）。

F1D29：1，夹蚌末红陶。正面有两道瓦沟状凹槽，背面弧平。残高 8.4、宽 6.5 厘米（图九五，14）。

F1D25：1，夹蚌末红陶。正面有三道瓦沟状凹槽，背面微外弧。残高 7.4、宽 7.4 厘米（图九五，15）。

H19：1，夹蚌末红陶。正面有三条凹槽，背部扁平。残高 9.2、宽 7.8 厘米（图九五，16）。

E 型　侧扁弯角状。数量相对较多。标本 8 件。

T1335③：4，夹砂红陶。侧扁弯角形足，足尖外撇。足根部两侧有两个深捺窝，正面和两侧面形成深浅不等的凹槽。残高 14.5、宽 5 厘米（图九六，1）。

H32：1，夹砂红陶。扁侧弯角形足，两侧面足根处有两个捺窝，足尖外撇。手制。残高 11.8、宽 5.7 厘米（图九六，2）。

T1334③：11，夹蚌红陶。扁侧三角形足，足根部两侧有两个深捺窝，局部贯穿。残高 9.8、宽 4.6 厘米（图九六，3）。

T1032 等③：23，夹蚌末红陶。扁侧三角形弯角状足，两侧面有凹槽。残高 7.3、宽 3.2 厘米（图九六，4）。

H4：3，夹蚌末红陶。扁侧三角形弯角状足，两侧面足根处各有两个捺窝，侧面微凹。残高 7.8、宽 4.1 厘米（图九六，5）。

T1232 等③：2，夹蚌红陶。扁侧三角形足，两侧面由上往下有数个圆形捺窝。残高 7.8、宽 3.6 厘米（图九六，6）。

F 型　空心鼎足。数量少。标本 1 件。

T0834 等③：15，泥质红陶。空心圆锥状足，足尖圆钝。残高 9.5、宽 3.7 厘米（图九六，7）。

G 型　扭状鼎足。数量少。标本 1 件。

H2：6，夹砂褐陶。窄条形中部有凹槽，鼎足扭转而成。残高 8.8、宽 4.5 厘米（图九六，8）。

5. 罐

根据口、腹、錾、耳等特征分为十型。标本 84 件。

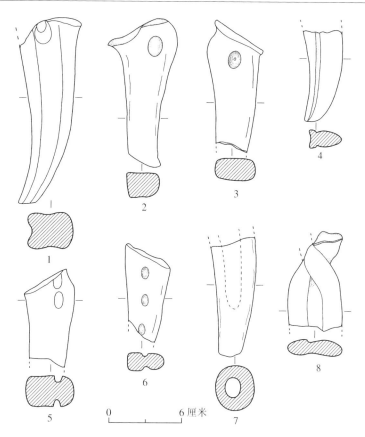

图九六　马家浜文化 E、F、G 型陶鼎足

1~6. E 型（T1335③:4、H32:1、T1334③:11、T1032 等③:23、H4:3、T1232 等③:2）　7. F 型（T0834 等③:15）　8. G 型（H2:6）

A 型　弧形鋬侈口罐。数量少。标本 3 件。

Ⅰ式　微侈口窄沿，鋬手弧度较缓。标本 1 件。

H101:3，夹蚌红陶。微侈口，圆唇，唇下有一弧形鋬手，略残，中腹处有一圈低腰檐，上有按捺纹，下部残。口径 14、残高 8.4 厘米（图九七，1）。

Ⅱ式　侈口沿稍宽，鋬手弧度较大。标本 2 件。

F5D206:1，夹蚌红陶。侈口，圆唇，溜肩，鼓腹，上腹近口沿处有两对称弧形鋬，中腹有一圈凸棱，下部残。口径 17、残高 9.6 厘米（图九七，2）。

T0834 等⑤:5，夹蚌外红内黑陶。侈口，圆唇，溜肩，鼓腹，沿下有两对称弧形鋬，腹部有一圈浅腰檐，上有齿状纹饰，下腹弧收，底部缺。口径 18.4、残高 13.8 厘米（图九七，3；彩版三三，1）。

B 型　牛鼻耳侈口罐。数量相对较少。标本 3 件。

Ⅰ式　腹部浑圆，平底稍小。标本 1 件。

T0834 等⑤:15，夹蚌红衣陶，红衣基本脱落。上部残，腹部浑圆，小平底，腹中部有两个对称牛鼻形耳，器耳两端微翘，耳背稍弧，耳根处有两个戳孔，穿而未透。底径 8.2、残高 15.4 厘米（图九七，4）。

Ⅱ式　腹部扁圆，平底稍大。标本 2 件。

F1D29:3，泥质外红内灰陶，器表施红衣。上部残，鼓腹，平底。底径 14.8、残高 10.4 厘米（图九七，5）。

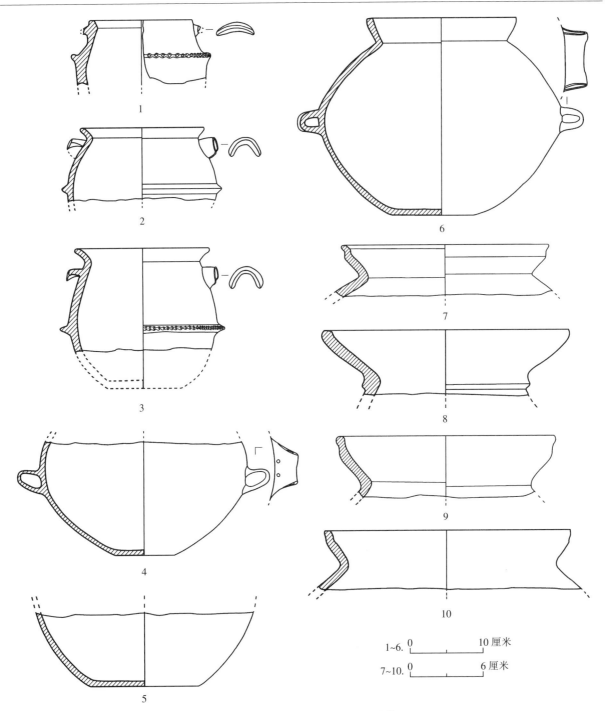

图九七　马家浜文化 A、B、C 型陶罐

1. A 型 I 式（H101：3）　2、3. A 型 II 式（F5D206：1、T0834 等⑤：5）　4. B 型 I 式（T0834 等⑤：15）　5、6. B 型 II 式
（F1D29：3、F3Z1：1）　7. C 型 I 式（T1034 等④：19）　8 ~ 10. C 型 II 式（H2：9、T0832 等③：15、H32：8）

　　F3Z1：1，夹蚌红陶。侈口，方唇，宽沿，溜肩，鼓腹，腹最大径在器中部，中腹处两侧有对称牛
鼻形耳，耳背内弧度较大，平底。口径 20.2、底径 11.2、高 26 厘米（图九七，6）。

　　C 型　凹面沿侈口罐。数量相对较少。标本 4 件。

　　I 式　宽沿稍窄，沿面微凹。标本 1 件。

　　T1034 等④：19，泥质红陶，器表原施红衣，基本脱落。侈口，宽沿微凹，圆唇，广肩。口径 17、
残高 4.2 厘米（图九七，7）。

Ⅱ式　宽沿加宽，沿面稍凹。标本3件。

H2：9，泥质红陶。侈口，宽沿，沿面内凹，方圆唇，颈部有一圈低凸棱。口径20.2、残高5.2厘米（图九七，8）。

T0832等③：15，泥质红陶。侈口，宽沿，方圆唇，沿面内凹。口径18、残高5.2厘米（图九七，9）。

H32：8，泥质红陶，器表及口沿内侧施红衣。侈口，宽沿，沿面内凹，广肩。口径20、残高4.8厘米（图九七，10）。

D型　敛口罐。数量相对较多。标本11件。分三亚型。

Da型　敛口，广肩。标本2件。

Ⅰ式　敛口较小。标本1件。

F6D67：1，夹细蚌末红衣陶。敛口，圆唇，口外侧有一圈折棱，折棱下环状耳已缺，广肩，腹以下残。口径12.4、残高5.2厘米（图九八，1）。

Ⅱ式　敛口较大。标本1件。

T1335④：16，夹炭红陶。敛口，方唇，广肩，鼓腹，腹最大径在器中上部，下腹弧收，底残。口沿下有五道弦线纹，腹最大径处有一圈指窝形成的按捺纹饰。口径29.4、残高9厘米（图九八，2）。

Db型　敛口，溜肩。标本6件。

Ⅰ式　内沿较厚。标本1件。

T1034等⑤：19，夹蚌末红陶。敛口，方唇，溜肩，口沿下有一周凸棱。残长8、残高4.9厘米（图九八，3）。

Ⅱ式　内沿较平。标本1件。

H41：1，夹蚌黑衣陶。敛口，方圆唇，溜肩，鼓腹，最大腹径在器中，下腹弧收，平底略圜，中腹两侧各有一环形耳。手制轮修。口径19.8、底径7、高12.5厘米（图九八，4）。

Ⅲ式　内沿较薄，稍外卷。标本3件。

T1334④：6，夹蚌褐陶。敛口，窄沿微侈稍卷，尖圆唇，溜肩。残长8.2、残高6.7厘米（图九八，6）。

T1032等④：17，夹蚌末红陶。敛口微侈，圆唇，腹略鼓，口沿下有短梯形小錾。口径26、残高10.8厘米（图九八，5）。

Ⅳ式　外沿微凸。标本1件。

F1D10：1，夹蚌黑衣陶，外壁黑衣大多脱落，露出褐色陶胎。方圆唇，溜肩，最大腹径处出一条凸棱，一侧装有錾手，下部残。口径13.4、残高9.8厘米（图九八，7）。

Dc型　小敛口带肩罐。标本3件。

Ⅰ式　小敛口，广肩。标本1件。

T0832等⑥：9，夹蚌红陶，胎质不均，夹有灰黑色。小敛口，圆唇，短领，广肩。口径14、残高3.8厘米（图九八，8）。

Ⅱ式　小敛口，削肩。标本2件。

T1335⑤：2，夹蚌红陶。圆唇，唇缘微外卷，削肩，鼓腹，下腹残。口径11.6、残高14.8厘米（图九八，9）。

H48：2，夹蚌黑衣褐陶。口残，削肩，垂腹，腹最大径在器中偏下，下腹斜收，平底。手制。素

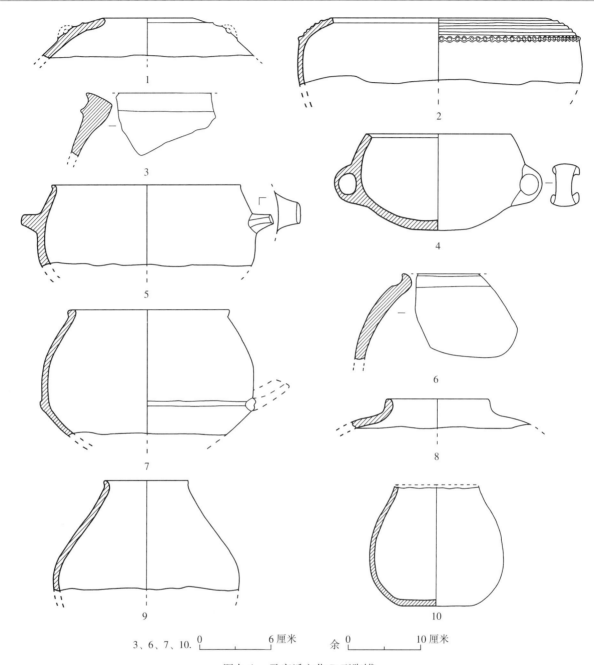

3、6、7、10. 0 ————— 6厘米　　余 0 ————— 10厘米

图九八　马家浜文化 D 型陶罐

1. Da 型Ⅰ式（F6D67：1）　　2. Da 型Ⅱ式（T1335④：16）　　3. Db 型Ⅰ式（T1034 等⑤：19）　　4. Db 型Ⅱ式（H41：1）　　5、6. Db 型Ⅲ式（T1032 等④：17、T1334④：6）　　7. Db 型Ⅳ式（F1D10：1）　　8. Dc 型Ⅰ式（T0832 等⑥：9）　　9、10. Dc 型Ⅱ式（T1335⑤：2、H48：2）

面。底径 6、残高 9.4 厘米（图九八，10）。

　　E 型　窄沿微侈口罐。数量相对较少。标本 7 件。

　　Ⅰ式　微侈口，沿稍内收。标本 6 件。

　　H56：2，夹细蚌末外红内黑陶。微侈口，圆唇，削肩，鼓腹。口沿下有一斜向舌形錾手，上有指捺纹，腹部有一周窄腰檐，其上装饰有按捺纹。手制轮修。口径 13.2、残高 10.9 厘米（图九九，1）。

　　T0834 等⑤：40，夹蚌末外红内黑陶。微侈口，圆唇，削肩。口沿下有鸡冠状小錾手，上有齿形按捺纹。口径 12、残高 10.8 厘米（图九九，2）。

　　Ⅱ式　微侈口，沿稍外敞。标本 1 件。

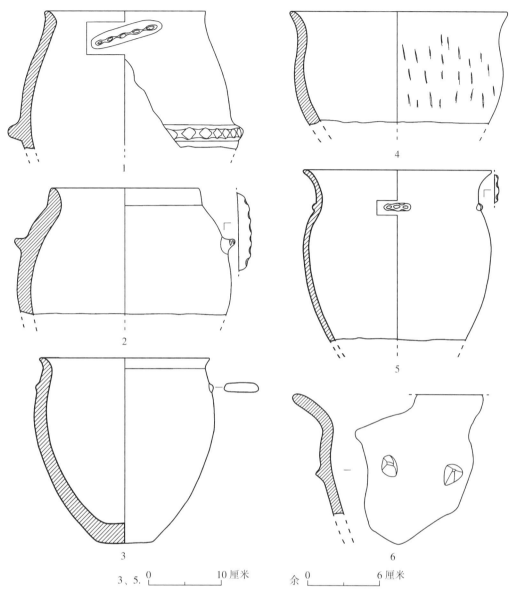

3、5. ⊢0————————10厘米 余 0————————6厘米

图九九 马家浜文化 E、F 型陶罐

1、2. E 型Ⅰ式（H56∶2、T0834 等⑤∶40） 3. E 型Ⅱ式（H98②∶2） 4. F 型Ⅰ式（H58∶2） 5、6. F 型Ⅱ式
（T1235④∶1、T0834 等④∶24）

　　H98②∶2，夹砂红陶。侈口，圆唇，削肩，微鼓腹弧收至底，平底微圜。口沿下有两装饰性小鋬。
手制轮修。素面。口径 23.2、底径 7、高 24.6 厘米（图九九，3）。

　　F 型 大口微侈束颈罐。数量少。标本 3 件。

　　Ⅰ式 束颈不明显。标本 1 件。

　　H58∶2，夹砂褐陶。微侈口，圆唇，束颈，微鼓腹，下部残。器身有刻划纹。手制轮修。口径 18、
残高 9.2 厘米（图九九，4）。

　　Ⅱ式 束颈明显。标本 2 件。

　　T1235④∶1，夹砂褐陶。侈口，卷沿，圆唇，束颈，颈下有对称四鸡冠形小鋬，腹略鼓，最大腹径
靠近颈部，下腹弧收，底部残。口径 26、残高 22.5 厘米（图九九，5）。

　　T0834 等④∶24，夹砂褐陶。侈口，宽卷沿，圆唇，束颈。口沿下有乳丁纹。残长 9.5、残高 12 厘

米（图九九，6）。

　　G 型　直腹微敞口罐。数量少。标本 3 件。

　　Ⅰ式　微敞口。标本 2 件。

　　H20：5，夹蚌末黑衣陶。微敞口，微卷沿，圆唇，直腹。口径 13、残高 4.3 厘米（图一〇〇，1）。

　　H20：6，夹蚌末红陶。微敞口，微卷沿，圆唇，直腹微鼓。残长 8、残高 11.7 厘米（图

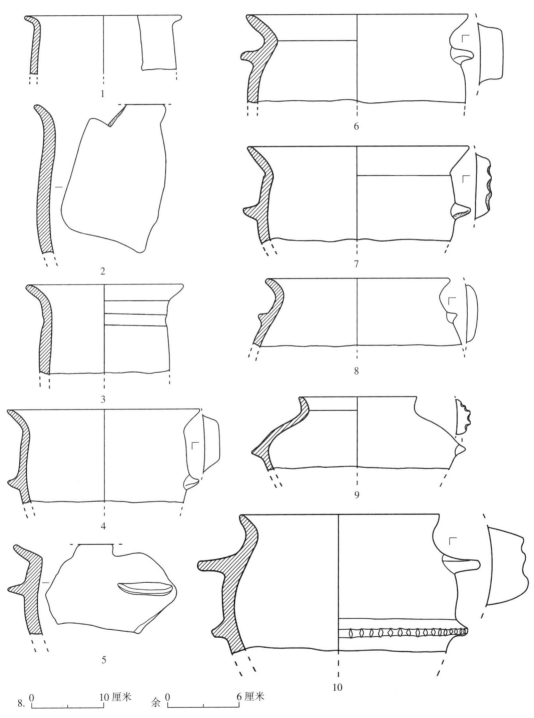

8.　0　　　　　10厘米　　余　0　　　　　6厘米

图一〇〇　马家浜文化 G、H 型陶罐

1、2. G 型 Ⅰ式（H20：5、H20：6）　3. G 型 Ⅱ式（T0834 等④：14）　4 ~ 7. Ha 型 Ⅰ式（T0834 等⑤：33、H16：3、H16：2、T0834 等⑤：39）　8、10. Ha 型 Ⅱ式（T0834 等④：17、T1230 等④：13）　9. Hb 型（H69：1）

一〇〇，2）。

Ⅱ式　敞口较大。标本 1 件。

T0834 等④：14，夹砂褐陶。敞口，卷沿较甚，圆唇。口沿下有轮修时留下的弦痕。口径 13、残高 7.2 厘米（图一〇〇，3）。

H 型　带錾手侈口罐。錾手为条形、舌形、鸡冠形。数量相对较少。标本 7 件。分两亚型。

Ha 型　溜肩或削肩。标本 6 件。

Ⅰ式　稍束颈。标本 4 件。

T0834 等⑤：33，夹蚌末红陶。侈口，宽沿，圆唇，削肩，腹部有舌形錾手。口径 16、残高 7.5 厘米（图一〇〇，4）。

H16：3，夹蚌末红陶。侈口，斜沿，圆唇，削肩，肩部有一舌形錾手。残长 11、残高 7.1 厘米（图一〇〇，5）。

H16：2，夹蚌末红陶。侈口，宽沿，圆唇，溜肩，口沿下有条形錾手。口径 18.2、残高 7 厘米（图一〇〇，6）。

T0834 等⑤：39，夹蚌褐陶。侈口，宽沿，圆唇，削肩，口沿下有鸡冠耳，上有按捺纹装饰。口径 18、残高 7.8 厘米（图一〇〇，7）。

Ⅱ式　束颈明显。标本 2 件。

T0834 等④：17，夹蚌末褐陶。侈口，圆唇，束颈，鼓腹，口下有一对长舌形錾手。口径 15.1、残高 5.9 厘米（图一〇〇，8）。

T1230 等④：13，夹蚌外红内黑陶。侈口，尖圆唇，束颈，鼓腹，口下有一对扁舌形錾手，中腹有一圈腰檐，檐上有指窝按捺形成的纹饰。口径 16.4、残高 11.4 厘米（图一〇〇，10）。

Hb 型　广肩。标本 1 件。

H69：1，夹蚌末红陶。侈口，尖圆唇，广肩，鼓腹，腹部有一舌形錾手，上有锯齿纹装饰。口径 16、残高 9.4 厘米（图一〇〇，9）。

Ⅰ型　无錾耳侈口罐。数量多。标本 42 件。分三亚型。

Ia 型　侈口，折沿。标本 4 件。

T1032 等⑥：4，夹蚌末红陶。侈口，宽折沿，圆唇，溜肩，腹残。口径 24.4、残高 5.6 厘米（图一〇一，1）。

T1232 等③：15，夹蚌末红陶。侈口，宽折沿，圆唇，溜肩。口径 17.8、残高 6.4 厘米（图一〇一，2）。

T1334③：16，夹蚌褐陶。侈口，宽折沿，尖圆唇，溜肩。口径 22、残高 6.8 厘米（图一〇一，3）。

T0834 等⑥：7，夹蚌褐陶。侈口，尖圆唇，宽沿，溜肩，腹部有刻划纹饰，下腹残。残长 7、残高 5.6 厘米（图一〇一，4）。

Ib 型　侈口，卷沿。标本 34 件。

T0832 等⑥：6，夹蚌外红内黑陶。侈口，卷沿，圆唇，鼓腹，溜肩。肩部有一道凹弦纹，器表有细孔隙。口径 20、残高 6.6 厘米（图一〇一，5）。

T1235③：3，泥质灰陶。侈口，卷沿，圆唇，溜肩。口径 13、残高 4.8 厘米（图一〇一，6）。

T1034 等④：21，夹蚌末黑衣陶，大部分脱落。侈口，圆唇，短束颈，颈部内壁有一道凹槽痕，垂

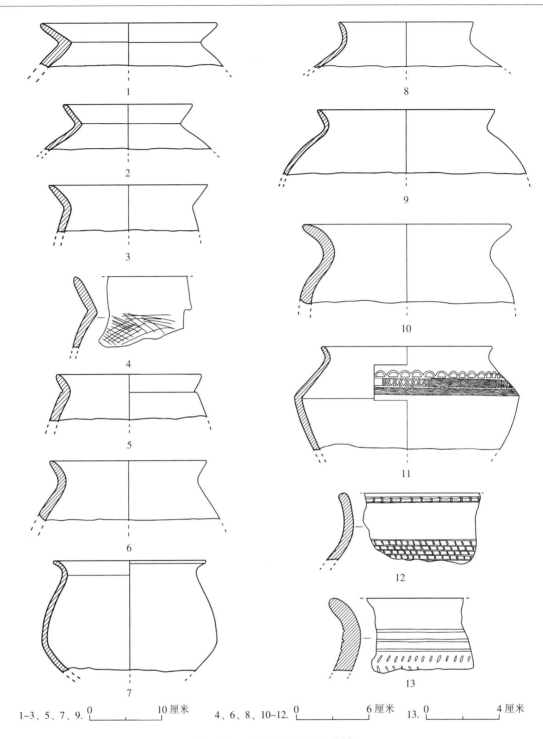

1~3、5、7、9. [0 _____ 10厘米]   4、6、8、10~12. [0 _____ 6厘米]   13. [0 ____ 4厘米]

图一〇一 马家浜文化 I 型陶罐

1~4. Ia 型（T1032 等⑥：4、T1232 等③：15、T1334③：16、T0834 等⑥：7）   5~13. Ib 型（T0832 等⑥：6、
T1235③：3、T1034 等④：21、H43①：9、H58：3、T1234③：7、H53①：1、T0832 等④：9、H3：2）

腹，底缺。口径21、残高15厘米（图一〇一，7）。

H43①：9，夹蚌红陶。侈口，圆唇，溜肩，鼓腹。手制。口径11、残高4.2厘米（图一〇一，8）。

H58：3，夹砂褐陶。侈口，卷沿，圆唇，溜肩。手制轮修。口径24、残高9厘米（图一〇一，9）。

T1234③：7，夹蚌末褐陶。侈口，卷沿，圆唇，溜肩。口径17.1、残高6.4厘米（图一〇一，
10）。

H53①:1，泥质褐陶。侈口，微卷沿，圆唇，溜肩，折腹斜弧收。肩部有压印的半弧形、水波、弦纹和直线组成的复合组合纹饰。口径14、残高8.5厘米（图一〇一，11）。

T0832等④:9，夹砂红陶。侈口，束颈，卷沿，圆唇。沿面外有按捺形成的锯齿纹，肩部有斜向的压刻纹。残长9.5、残高5.7厘米（图一〇一，12）。

H3:2，泥质褐陶。侈口，圆唇。口沿下有三圈弦纹和两圈刺点纹。残长5.6、残高4厘米（图一〇一，13）。

Ic型　侈口，矮领。标本4件。

Ⅰ式　沿面稍外弧。标本2件。

T1232等⑤:5，夹蚌褐陶。侈口，矮领，圆唇，溜肩，下部残。口径18、残高9.4厘米（图一〇二，1）。

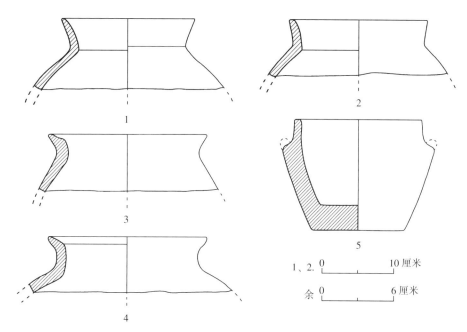

图一〇二　马家浜文化Ⅰ、J型陶罐

1、2. Ic型Ⅰ式（T1232等⑤:5、T1232等⑤:19）　　3. Ic型Ⅱ式（T1032等④:10）　　4. Ic型Ⅲ式（T1334③:13）　　5. J型（H11:1）

T1232等⑤:19，夹蚌末红陶。侈口，矮领，圆唇，溜肩，下部残。口径19.2、残高7.8厘米（图一〇二，2）。

Ⅱ式　沿面略凹。标本1件。

T1032等④:10，夹蚌末褐陶。尖圆唇，溜肩，下部残。口径13、残高5.1厘米（图一〇二，3）。

Ⅲ式　卷沿略外斜。标本1件。

T1334③:13，夹蚌末褐陶。尖圆唇，广肩，下部残。口径13、残高4.6厘米（图一〇二，4）。

J型　直敞口罐。标本仅1件。

H11:1，泥质红陶。直敞口，方唇，口沿下可能出一圈腰檐类装饰，已残，下腹斜收，平底。手制轮修。素面。口径10.6、底径7.8、高8.8厘米（图一〇二，5）。

6. 小罐

器形相对较小。有些小罐特别是主发掘区③层和④层的少量小罐可能是墓葬中扰动后进入地层的器物。共 22 件。根据口、腹变化分两型。

A 型　直口。数量相对较多。标本 15 件。

Ⅰ式　微束颈，器身稍短。标本 2 件。

T1032 等⑤：1，夹砂红陶。微束颈，方唇，腹微鼓，腹最大径在器中部，平底。全器制作粗糙，器内壁可见多道盘筑痕迹。口径 8.5、底径 5、高 8 厘米（图一〇三，1；彩版三三，2）。

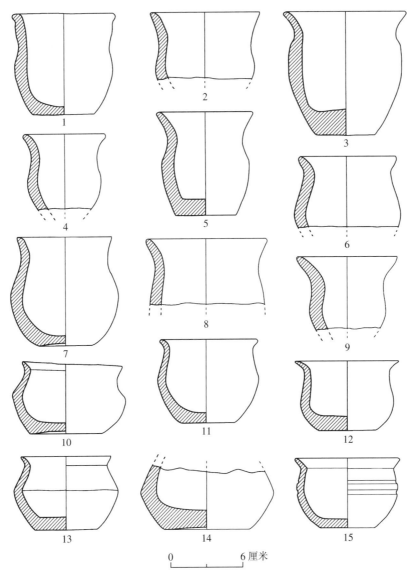

0　　　　6 厘米

图一〇三　马家浜文化 A 型小陶罐

1、2. Ⅰ式（T1032 等⑤：1、T0832 等⑤：13）　3. Ⅱ式（H98①：1）　4～9. Ⅲ式（H19：3、T0834 等④：8、T1034 等④：29、F8：2、T0834 等④：20、T0832 等④：18）　10～15. Ⅳ式（T1032 等③：3、T1130 等③：3、T1232 等③：11、T1232 等③：25、T1232 等③：17、F8：4）

T0832 等⑤：13，泥质外红内黑陶。直口微敞，尖圆唇，微束颈，微鼓腹，下部残。口径 9、残高 5.4 厘米（图一〇三，2）。

Ⅱ式　束颈，器身稍长。标本 1 件。

H98①：1，夹蚌褐陶。直口，束颈，圆唇，鼓腹，最大腹径在器中，小平底，底面不平。内壁见多道盘筑痕迹。手制，器形不够规整。口径 10、底径 5、高 9.8 厘米（图一〇三，3；彩版三三，3）。

Ⅲ式　束颈程度加大，器身加长。标本 6 件。

H19：3，泥质红陶。敞口，圆唇，束颈，鼓腹，下部残。内壁可见泥条盘筑痕迹。口径6.8、残高6.1厘米（图一〇三，4）。

T0834等④：8，泥质褐陶。敞口，圆唇，束颈，微鼓腹，腹最大径在器中，下腹弧收，平底。口径8、底径5、高8.2厘米（图一〇三，5；彩版三三，4）。

T1034等④：29，夹砂褐陶。敞口，圆唇，束颈，鼓腹，下部残。口径8、残高5.8厘米（图一〇三，6）。

F8：2，泥质红陶。直口微侈，束颈，方圆唇，鼓腹，最大径在器中部，平底，底心微凹。口径7.8、底径4.4、高8.6厘米（图一〇三，7）。

T0834等④：20，夹炭红陶。微侈口，圆唇，束颈，微鼓腹，下部残。口径10、残高5.5厘米（图一〇三，8）。

T0832等④：18，夹蚌末红陶。敞口，圆唇，略卷沿，束颈，鼓腹。厚胎，手制，不规整。口径8.2、残高5.7厘米（图一〇三，9）。

Ⅳ式　器身普遍变矮，束颈程度加大，有的成为侈口。标本6件。

T1032等③：3，夹砂红陶。侈口，尖圆唇，短束颈，鼓腹，腹最大径在器中部，平底，底心微凹。手制不规整，一侧略有歪斜。口径8.4、底径6、高5.3～5.7厘米（图一〇三，10；彩版三三，5）。

T1130等③：3，夹蚌红陶。侈口，圆唇，束颈，腹略鼓，最大腹径在器中，下腹弧收，小平底。口径8.1、底径4.4、高6.6厘米（图一〇三，11；彩版三三，6）。

T1232等③：11，夹蚌红陶，色质不匀。敞口，尖圆唇，唇缘外翻，短束颈，直腹微鼓，下腹弧收至小平底。口径8.4、底径4.6、高5.5厘米（图一〇三，12；彩版三四，1）。

T1232等③：25，泥质褐陶。侈口，尖圆唇，短束颈，鼓折腹，腹最大径在器中，平底。手制。素面。口径7.4、底径5.2、高5.8厘米（图一〇三，13）。

T1232等③：17，泥质褐陶。口部残，折腹，平底微内凹。底径7、残高4.8厘米（图一〇三，14）。

F8：4，夹砂外红内黑陶。侈口，圆唇，折沿，腹微鼓，腹中部有两条凹弦纹，下腹弧收，小平底。口径8.6、底径4.4、高5.5厘米（图一〇三，15）。

B型　侈口。数量相对较少。标本7件。

Ⅰ式　弧腹。标本2件。

T1235⑤：2，夹砂红陶。侈口，卷沿，圆唇，束颈，弧鼓腹。全器制作较粗糙。口径10.1、残高7.4厘米（图一〇四，1；彩版三四，2）。

H41：5，夹砂红陶，局部灰黑。侈口，卷沿，圆唇，束颈，鼓腹，底残。手制。口径11、残高7.8厘米（图一〇四，2）。

Ⅱ式　腹部略折。标本3件。

H98②：8，夹蚌末红陶。侈口，卷沿，圆唇，溜肩，鼓腹，腹部略折。口径13、残高7厘米（图一〇四，3）。

H35：1，泥质灰陶。侈口，卷沿，圆唇，短束颈，鼓折腹，下腹弧收至平底。手制，素面。口径9.8、底径6、高8.2厘米（图一〇四，4）。

H41：15，夹炭红陶。侈口，卷沿，圆唇，鼓腹，腹部有一道弦纹并略折。口径10、残高6.8厘米（图一〇四，5）。

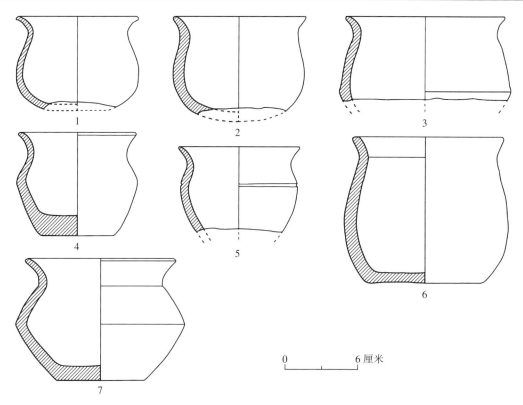

图一〇四　马家浜文化 B 型小陶罐

1、2. Ⅰ式（T1235⑤:2、H41:5）　3~5. Ⅱ式（H98②:8、H35:1、H41:15）　6. Ⅳ式（T1032 等③:7）

7. Ⅲ式（T1032 等④:28）

Ⅲ式　折腹明显。标本 1 件。

T1032 等④:28，泥质灰胎红衣陶，腹部及口沿内侧遍施红衣。侈口，圆唇，唇缘微卷，束颈，折腹，平底。口径 12.4、底径 7.2、高 9.7 厘米（图一〇四，7；彩版三四，3）。

Ⅳ式　垂腹明显。标本 1 件。

T1032 等③:7，夹砂红陶。侈口，卷沿，圆唇，垂腹，平底微内凹。口径 12.4、底径 9.2、高 11.6 厘米（图一〇四，6；彩版三四，4）。

7. 豆（盘）

根据口、盘特征分为四型。标本共 44 件。

A 型　敛口。数量相对较多。标本 8 件。

Ⅰ式　直口微敛。标本 1 件。

T0834 等⑥:6，夹细蚌末外褐内黑陶。圆唇，弧腹，下部残。口径 27、残高 2.8 厘米（图一〇五，1）。

Ⅱ式　微敛口。标本 1 件。

T1032 等⑤:5，夹细蚌末外红内黑陶。方圆唇，沿面较平，浅弧腹，口沿下有舌形鋬手。口径 30、残高 6.6 厘米（图一〇五，2）。

Ⅲ式　敛口。标本 1 件。

H35:4，泥质红陶。圆唇，唇缘微内卷，弧腹。口径 19.6、残高 6.9 厘米（图一〇五，3）。

Ⅳ式　敛口更甚。标本 3 件。

F1D32:1，泥质红陶。方圆唇，斜弧腹。残长 6.3、残高 4 厘米（图一〇五，4）。

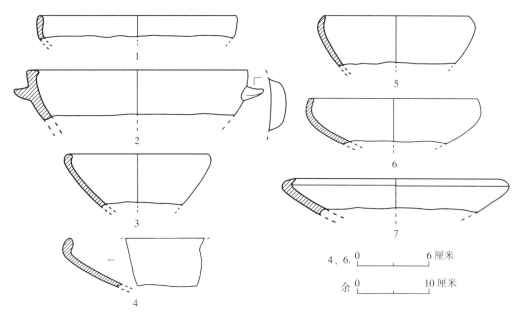

图一〇五　马家浜文化 A 型陶豆（盘）

1. Ⅰ式（T0834 等⑥：6）　2. Ⅱ式（T1032 等⑤：5）　3. Ⅲ式（H35：4）　4～6. Ⅳ式（F1D32：1、T0834 等③：20、T1032 等③：28）　7. Ⅴ式（T1130 等③：9）

T0834 等③：20，夹蚌末红陶。尖圆唇，斜弧腹。口径 20、残高 6.6 厘米（图一〇五，5）。

T1032 等③：28，泥质灰陶。方圆唇，斜弧腹。口径 14、残高 3、7 厘米（图一〇五，6）。

Ⅴ式　敛口内勾。标本 2 件。

T1130 等③：9，泥质外红内黑陶。尖圆唇，弧折肩，斜弧腹。口径 28、残高 4.8 厘米（图一〇五，7）。

B 型　敛口折肩。数量相对较多。标本 24 件。

Ⅰ式　敛口较甚，口肩间较宽。标本 1 件。

H23：2，夹蚌末黑衣陶。圆唇，折肩。口径 20、残高 3.6 厘米（图一〇六，1）。

Ⅱ式　敛口，口肩间稍短。标本 5 件。

T1232 等⑤：18，泥质黑衣陶。圆唇，折肩，弧腹，下部残。口径 22.2、残高 8.8 厘米（图一〇六，2）。

G2：4，夹蚌末红陶。方圆唇，折肩，斜收腹。口径 21、残高 5.4 厘米（图一〇六，3）。

H27：18，夹蚌末红陶。圆唇，折肩，斜收腹。口径 22、残高 5.2 厘米（图一〇六，4）。

T1034 等⑤：22，夹蚌末黑衣陶。圆唇，折肩，弧腹。口径 30.6、残高 7.2 厘米（图一〇六，5）。

Ⅲ式　微敛口，口肩间较短。标本 1 件。

H41：14，夹蚌黑衣陶。尖圆唇，弧腹。口径 29、残高 2.8 厘米（图一〇六，6）。

Ⅳ式　敛口，口肩间稍短，个别肩部出现内折现象。标本 4 件。

T1235④：2，泥质外红内黑陶。圆唇，折肩，斜腹。口径 22、残高 4.3 厘米（图一〇六，7）。

T1032 等④：26，泥质黑衣陶，已大部脱落，露出红褐色陶胎。圆唇，内折肩，弧腹，腹下接一喇叭形圈足，圈足上端出一道凸棱，圈足圆唇。口径 18.4、底径 13、高 13.7 厘米（图一〇六，8；彩版三五，1）。

T0832 等④：17，泥质红陶。圆唇，折肩，斜弧腹。口径 22、残高 5 厘米（图一〇六，9）。

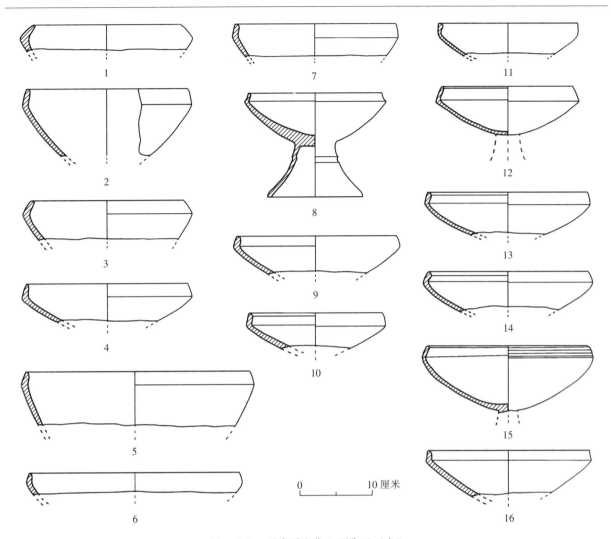

图一〇六　马家浜文化 B 型陶豆（盘）

1. I 式（H23：2）　　2～5. II 式（T1232 等⑤：18、G2：4、H27：18、T1034 等⑤：22）　　6. III 式（H41：14）　　7～9. IV 式
（T1235④：2、T1032 等④：26、T0832 等④：17）　　10～16. V 式（T1034 等③：15、F1D3：3、T1232 等③：4、T1032 等③：26、
T1032 等③：25、T1234③：2、F1D25：3）

V 式　敛口，内沿面起折。标本 13 件。

T1034 等③：15，泥质外红内黑陶。斜方唇，折肩，浅盘，弧腹。口径 17、残高 4.8 厘米（图一〇六，10）。

F1D3：3，泥质红陶。方圆唇，肩部折，弧腹。口径 19、残高 4 厘米（图一〇六，11）。

T1232 等③：4，夹蚌红衣陶。方唇，折肩，下腹斜收，豆柄已缺。口径 17.8、残高 6.4 厘米（图一〇六，12）。

T1032 等③：26，泥质红陶。斜方唇，折肩，斜弧腹。口径 21.8、残高 5.6 厘米（图一〇六，13）。

T1032 等③：25，夹蚌褐陶。斜方唇，折肩，浅盘弧腹。口径 22、残高 5.2 厘米（图一〇六，14）。

T1234③：2，夹蚌红陶。仅存豆盘。方唇，肩微折，口沿下有弦痕，腹弧收。口径 21.8、残高 8.8 厘米（图一〇六，15）。

F1D25：3，泥质褐陶。敛口，圆唇，肩部微内折，弧腹。口径 22、残高 5.6 厘米（图一〇六，16）。

C 型　敞口。数量相对较少。标本 10 件。

Ⅰ式　敞口明显。标本 5 件。

T1232 等⑤：12，夹蚌末外红内黑陶。敞口，圆唇，斜腹。口径 16、残高 4.1 厘米（图一〇七，1）。

H63：7，夹蚌末褐陶。敞口，尖圆唇，斜腹。口径 26、残高 8.3 厘米（图一〇七，2）。

T0834 等⑤：32，夹蚌末红陶。敞口，圆唇，浅盘。残长 7.3、残高 7.7 厘米（图一〇七，3）。

Ⅱ式　敞口略收缩。标本 1 件。

H41：13，夹蚌末褐陶。敞口，圆唇，斜腹，沿外有一道凸棱。口径 20、残高 3.8 厘米（图一〇七，4）。

Ⅲ式　敞口微敛。标本 3 件。

T1032 等④：23，泥质外红内黑陶。圆唇，内唇面微内鼓，斜腹。残长 10.4、残高 5.4 厘米（图一〇七，5）。

T1034 等④：20，夹蚌末褐陶。圆唇，浅弧腹。残长 9.8、残高 5 厘米（图一〇七，6）。

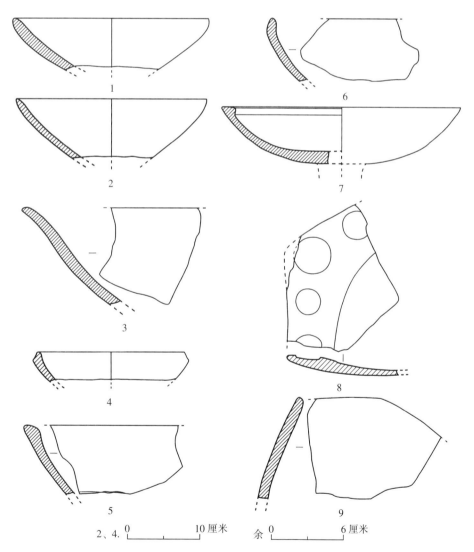

图一〇七　马家浜文化 C、D 型陶豆（盘）

1~3. C 型Ⅰ式（T1232 等⑤：12、H63：7、T0834 等⑤：32）　4. C 型Ⅱ式（H41：13）　5、6. C 型Ⅲ式（T1032 等④：23、
T1034 等④：20）　7. C 型Ⅳ式（H19：2）　8. D 型Ⅰ式（T0832 等⑤：11）　9. D 型Ⅱ式（H98②：10）

Ⅳ式　敞口，内唇面内勾。标本 1 件。

H19：2，夹蚌红衣陶。方唇，内唇面内勾，浅弧腹。口径 19.8、残高 4.5 厘米（图一〇七，7）。

D 型　敞口多角沿。数量少。标本 2 件。

Ⅰ式　内沿面有装饰。标本 1 件。

T0832 等⑤：11，泥质褐陶。敞口，圆唇，多角沿，浅斜腹，沿面有圆形内凹装饰。残长 11.6、残高 9.3 厘米（图一〇七，8）。

Ⅱ式　内沿面无装饰。标本 1 件。

H98②：10，夹蚌末红衣陶，外表施红衣。敞口，圆唇，多角沿，浅斜腹。残长 11.3、残高 8.4 厘米（图一〇七，9）。

8. 豆圈足

数量多。标本 27 件。

Ⅰ式　喇叭形，豆柄上有镂孔装饰。标本 22 件。

H63：10，夹蚌末红陶，外表施红衣，已大部脱落。圈足中部有三个圆形镂孔。圈足径 14.6、残高 10.8 厘米（图一〇八，1）。

H27：7，泥质红陶。足缘圆唇。手制轮修。素面。圈足径 12.9、残高 5 厘米（图一〇八，2）。

H98②：9，夹蚌末红陶。足缘圆唇。圈足径 13、残高 4.4 厘米（图一〇八，3）。

H102：2，夹砂黑衣陶，胎较厚。柄部一圈有三个圆形镂孔。残高 8.7 厘米（图一〇八，4）。

F1D3：2，泥质红陶，器表原施陶衣，大部脱落。圈足残片上可见一个圆形镂孔。圈足径 22、残高 5.6 厘米（图一〇八，5）。

T1232 等④：11，夹蚌褐陶。足缘圆唇，豆柄上分布有四个圆形镂孔。圈足径 15、残高 7.8 厘米（图一〇八，6）。

T1130 等⑥：6，泥质红陶。圈足上有三个圆形镂孔。圈足径 12.2、残高 3.8 厘米（图一〇八，8）。

T0834 等⑥：4，夹炭外红内黑陶。残片上有一个圆形镂孔。圈足径 27.2、残高 9.2 厘米（图一〇八，7）。

F1D27：1，夹砂红陶。残高 7.5 厘米（图一〇八，9）。

H15：2，泥质红陶。上有斜向排列的刺刻圆点纹。圈足径 21.2、残高 6.4 厘米（图一〇八，10）。

Ⅱ式　喇叭形，豆柄上有凹凸弦纹，或有镂孔装饰。标本 2 件。

T1034 等④：30，泥质红陶。喇叭形细柄，柄部有一道弦纹，有两组对称的由小圆点组成的纹饰，每组纹饰由弦纹上下的六个圆点组成。残高 7.6 厘米（图一〇九，1）。

T0834 等④：34，夹细蚌末红陶，外施红衣，大部脱落。圈足部略有弦纹，足缘圆唇。圈足径 16、残高 9.2 厘米（图一〇九，2）。

Ⅲ式　喇叭形，豆柄上有多道凹凸弦纹或形成凸棱。标本 3 件。

H94：1，泥质黑衣陶。细柄中部鼓起，一周有三个圆形镂孔。残高 8.8 厘米（图一〇九，3）。

F1D25：2，圈足外红内灰黑。上有凸棱和弦纹装饰。残高 9.8 厘米（图一〇九，4）。

T0834 等③：22，泥质红陶，内壁黑色。上有三个镂孔和两道隐约凹弦纹，镂孔一个穿通，两个穿而未通。残高 7 厘米（图一〇九，5）。

9. 盆

根据口、腹特征分为四型。标本共 14 件。

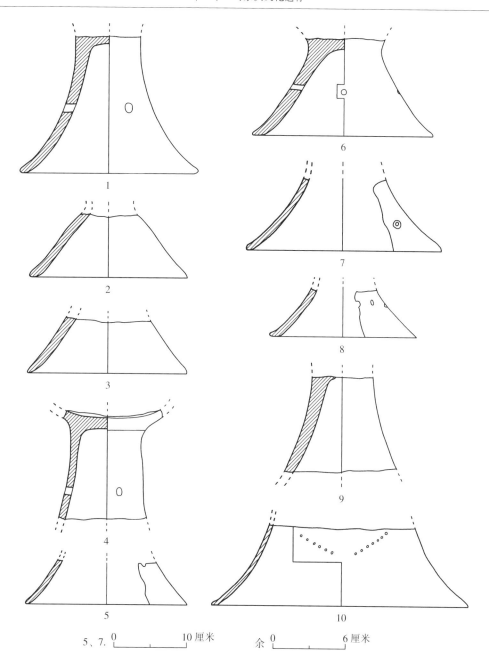

图一〇八　马家浜文化Ⅰ式陶豆圈足

1～10. H63：10、H27：7、H98②：9、H102：2、F1D3：2、T1232 等④：11、T0834 等⑥：4、T1130 等
⑥：6、F1D27：1、H15：2

A 型　敞口，束颈，浅腹。数量少。标本 3 件。

Ⅰ式　微束颈，弧腹。标本 1 件。

T1034 等⑤：4，夹蚌红衣陶，器内外壁施红衣，大部分已脱落。敞口，方圆唇，微束颈，外侧沿
下有一周凸棱，上有微凸小纽，斜弧腹，小平底。口沿上有修补后留下的镂孔。口径 25.8、底径 5.6、
高 7.4 厘米（图一一〇，1；彩版三五，3）。

Ⅱ式　束颈，微折腹。标本 1 件。

T1335④：9，泥质褐陶。敞口，圆唇，束颈，微折腹，浅弧腹至底，底部已缺。口径 28、残高 8.7
厘米（图一一〇，2）。

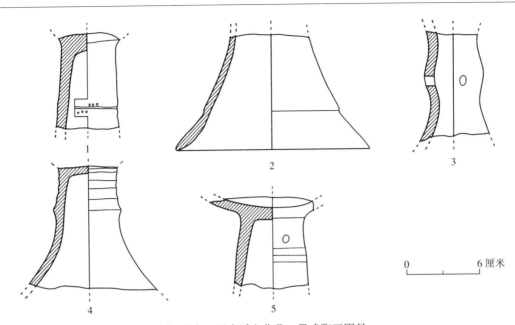

图一○九 马家浜文化 II、III式陶豆圈足

1、2. II式（T1034 等④：30、T0834 等④：34） 3～5. III式（H94：1、F1D25：2、T0834 等③：22）

III式 束颈明显，折腹。标本1件。

T1234③：1，夹蚌褐陶。敞口，圆唇，束颈，折腹明显，下腹弧收，平底略圜。口径25、底径7.2、高8.5厘米（图一一○，3；彩版三五，4）。

B型 敞口，微束颈，深腹。数量少。标本2件。

I式 沿下微束颈。标本1件。

T1334⑤：2，夹蚌末褐衣陶。敞口，圆唇，深弧腹。残长10.4、残高6厘米（图一一○，4）。

II式 沿下束颈。标本1件。

T1230 等③：1，夹蚌褐陶。敞口，斜平沿，方圆唇，深弧腹。残长5.8、残高6.8厘米（图一一○，5）。

C型 敞口，折腹。数量少。标本1件。

H32：2，泥质红陶。敞口，圆唇，颈微束，折腹弧收至底，下部残。近口沿部有两个穿孔。口径25、残高7厘米（图一一○，6）。

D型 敛口，折腹。数量相对较多。标本8件。

I式 敛口或微敛。标本4件。

T1335④：8，夹砂褐陶。敛口微直，圆唇，折腹。口沿下有制作时留下的弦痕。残长7.1、残高4.2厘米（图一一○，7）。

T1335④：13，夹砂红陶。敛口，尖圆唇，折腹。颈部有轮修留下的弦痕。口径22、残高4.4厘米（图一一○，8）。

II式 内敛程度加深。标本4件。

H32：9，夹砂红陶。敛口，尖圆唇，折腹，下腹斜收。口径15、残高4.4厘米（图一一○，9）。

T0834 等③：24，泥质褐陶。敛口，圆唇，折肩，下腹斜弧收。残长9、残高5厘米（图一一○，10）。

10. 钵

根据口部变化分两型。标本共35件。

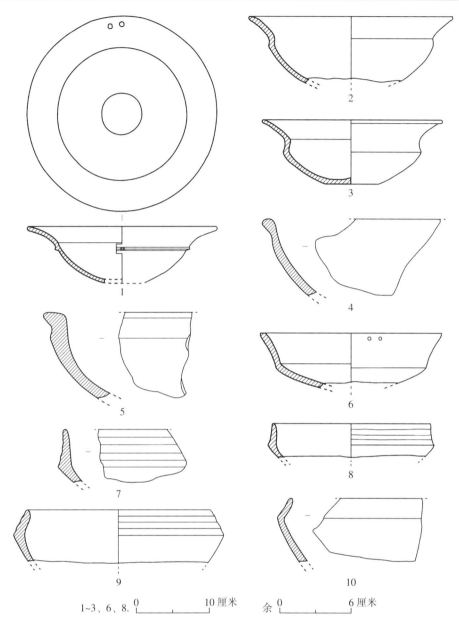

图一一〇　马家浜文化陶盆

1. A 型 I 式（T1034 等⑤：4）　　2. A 型 II 式（T1335④：9）　　3. A 型 III 式（T1234③：1）　　4. B 型 I 式（T1334⑤：2）
5. B 型 II 式（T1230 等③：1）　　6. C 型（H32：2）　　7、8. D 型 I 式（T1335④：8、T1335④：13）　　9、10. D 型 II 式
（H32：9、T0834 等③：24）

　　A 型　敞口，有的带把。数量相对较少。标本 12 件。

　　Aa 型　敞口，平底，斜壁。标本 8 件。

　　H47：1，夹蚌红陶。敞口，圆唇，斜腹，平底，腹部一侧有安装把手痕迹，把手已缺。口径 13.2、底径 8.6、高 8 厘米（图一一一，1）。

　　T1232 等⑥：11，夹蚌红陶。敞口，圆唇，腹斜收，小平底。口径 14、底径 9.8、高 7.8 厘米（图一一一，2）。

　　H27：3，夹蚌红陶，色质不匀，夹有灰黑色，器内壁为黑色。敞口，圆唇，斜腹，平底。腹身一侧安置把手一个，把手横截面略成扁条形。口径 15.8、底径 8.6、高 8.4 厘米（图一一一，3）。

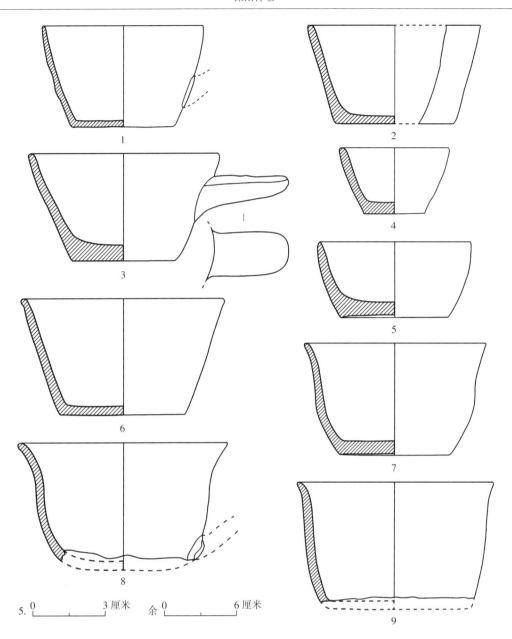

图一一一　马家浜文化 A 型陶钵

1～6. Aa 型（H47∶1、T1232 等⑥∶11、H27∶3、T1032 等⑤∶2、T1335⑤∶1、H70②∶4）　7～9. Ab 型
（南扩方⑤∶1、G2∶3、H74∶2）

　　T1032 等⑤∶2，夹蚌红陶。敞口，圆唇，斜腹，小平底。口径 8.9、底径 5、高 5.2 厘米（图一一
一，4）。

　　T1335⑤∶1，夹蚌红陶。敞口，尖圆唇，斜直腹，平底，底面不平，微凹。手制，器形不规整。口
径 6.2、底径 4.3、高 3 厘米（图一一一，5）。

　　H70②∶4，夹蚌红陶。敞口，圆唇，斜直腹，平底。口径 16.8、底径 10.2、高 9.2 厘米（图一一
一，6）。

　　Ab 型　敞口，平底，壁微弧。标本 4 件。

　　南扩方⑤∶1，夹蚌红陶。敞口，圆唇，弧腹，中腹微鼓，平底，底心微凹。口径 14.8、底径 9、
高 8.8 厘米（图一一一，7）。

G2:3，夹蚌红衣陶。敞口，圆唇，微弧壁，唇缘上有一条凹槽，近底部一侧有一条形把手残痕，底部缺。口径 17.4、残高 9.2 厘米（图一一一，8）。

H74:2，夹蚌末褐陶。敞口，圆唇，斜腹弧收，底残。口径 16、残高 9.5 厘米（图一一一，9）。

B 型　敛口，有的带耳和錾手。数量相对较多。标本 23 件。

Ⅰ式　微敛口。标本 3 件。

H66:4，夹蚌末褐陶。微敛口，微鼓腹，口沿下有錾手，下部残。口径 8、残高 6.5 厘米（图一一二，1）。

T1032 等⑥:1，夹蚌末外红内黑陶。微敛口，圆唇，弧腹，下部残。口径 27、残高 3.1 厘米（图一一二，2）。

Ⅱ式　敛口。标本 9 件。

T1034 等⑤:27，夹细蚌末外红内黑陶。敛口，圆唇，弧腹，口沿下有錾手，上有按捺纹装饰。口径 24、残高 6.4 厘米（图一一二，3）。

图一一二　马家浜文化 B 型陶钵

1、2. Ⅰ式（H66:4、T1032 等⑥:1）　3~6. Ⅱ式（T1034 等⑤:27、H70②:2、T1034 等⑤:23、
T0832 等⑤:6）　7、8. Ⅲ式（南扩方④:7、T1232 等④:5）　9. Ⅳ式（H32:10）

H70②:2，夹蚌外红内黑陶，色质不匀，局部灰黑色。敛口，圆唇，口沿下对称设置四舌形錾手，弧腹，平底，底心微凹。器形不够规整。口径9.2、底径6、高7厘米（图一一二，4）。

T1034等⑤:23，夹蚌末红陶。敛口，微鼓腹，口沿下有环耳，下部残。口径8.8、残高5.1厘米（图一一二，5）。

T0832等⑤:6，夹细蚌末红陶。敛口，尖圆唇，斜弧腹，其下有环耳装饰。残长7.8、残高7.3厘米（图一一二，6）。

Ⅲ式　敛口加甚。标本6件。

南扩方④:7，夹蚌末红陶。敛口，内折沿，圆唇，弧腹，口沿下有环耳。残长9.8、残高6.7厘米（图一一二，7）。

T1232等④:5，夹蚌外红内灰陶。敛口，圆唇，弧腹，平底，器腹一侧装有一环形耳。口径12.2、底径11.8、高9.2厘米（图一一二，8）。

Ⅳ式　更加敛口。标本5件。

H32:10，泥质红陶。敛口，圆唇，鼓腹，下部残。残长6、残高5.8厘米（图一一二，9）。

11. 碗

根据口、腹、底分三型。标本共6件。

A型　敞口，平底。数量少。标本3件。

Ⅰ式　浅弧腹。标本2件。

G2:2，夹蚌红衣陶，内外壁遍施红衣，大部分已脱落。敞口，圆唇，浅弧腹至底，底残。口径26.6、残高8.4厘米（图一一三，1）。

F5D132:1，夹蚌红衣陶。敞口，圆唇，浅弧腹渐收至底，底残。口径25.8、残高8.9厘米（图一一三，3）。

Ⅱ式　弧腹稍深。标本1件。

H99:2，夹蚌红衣陶，外壁施一层红衣。敞口，方唇，唇缘有一条凹槽，弧腹弧收至底，底残。口径15、残高4.9厘米（图一一三，2）。

B型　敛口，平底。数量少。标本1件。

H63:2，夹蚌红衣陶，器身外壁普施绛红陶衣。敛口，圆唇，鼓腹，腹最大径偏上，下腹弧收。手制，素面。口径13.3、残高6.8厘米（图一一三，4）。

C型　敞口，矮圈足。数量少。标本2件。

F7D16:1，夹砂红陶。上部残，仅余矮圈足。圈足径10、残高4.5厘米（图一一三，5）。

F4D4:1，夹炭黑衣陶。敞口，圆唇，斜腹，矮圈足。口径18.8、圈足径10.3、高6.2厘米（图一一三，6）。

12. 盘

均为敞口。数量少。标本3件。

Ⅰ式　斜弧腹。标本1件。

T1230等④:9，泥质红陶。敞口，尖圆唇，内沿面稍凹起折棱，斜弧腹稍深，口沿下有一对扁环耳。口径18、残高6.2厘米（图一一三，7）。

Ⅱ式　腹较斜。标本1件。

T1130等④:2，夹蚌红衣陶。敞口，圆唇，唇缘略外翻，浅腹斜收至底，平底微凸，腹壁两侧有

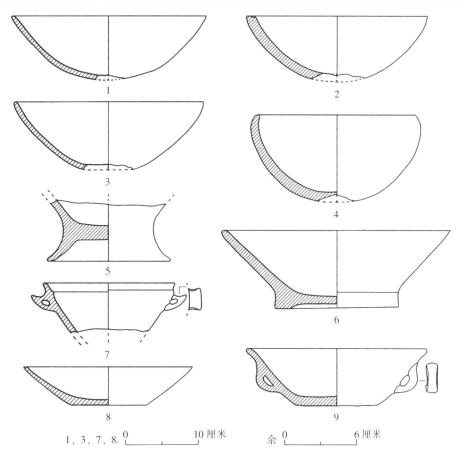

1、3. A 型 I 式碗（G2：2、F5D132：1） 2. A 型 II 式碗（H99：2） 4. B 型碗（H63：2） 5、6. C 型碗
（F7D16：1 、F4D4：1） 7. I 式盘（T1230 等④：9） 8. III 式盘（F8：1） 9. II 式盘（T1130 等④：2）

图一一三 马家浜文化陶碗、盘

两环形耳。口径 15、底径 6.8、高 4.6 厘米（图一一三，9；彩版三五，2）。

III 式 腹更斜。标本 1 件。

F8：1，泥质红衣陶，器表内外均施有红衣，已大半脱落。敞口，方唇，浅斜腹收至平底。口径
23、底径 10.4、高 5 厘米（图一一三，8）。

13. 盉

根据口、腹、底分为三型。标本共计 25 件。

A 型 管状流盉。数量相对较多。标本 13 件。

T0834 等③：17，夹蚌末褐陶。残长 6.7、残宽 5.5 厘米（图一一四，1）。

H41：9，夹蚌末红陶。敛口，圆唇，广肩，管状流，口沿下有两道弦痕。残长 4.7、残宽 7 厘米
（图一一四，2）。

T1234④：4，夹蚌末红陶。管状流，留有套接安装到盉身的痕迹。残长 8.7、残宽 3.6 厘米（图一
一四，3）。

T0832 等⑤：10，夹蚌红陶，器表施红衣，大部脱落。残长 5.7、残宽 6.2 厘米（图一一四，4）。

B 型 小口高领盉。数量相对较少。标本 10 件。

Ba 型 直口。标本 3 件。

I 式 直口微敞。标本 2 件。

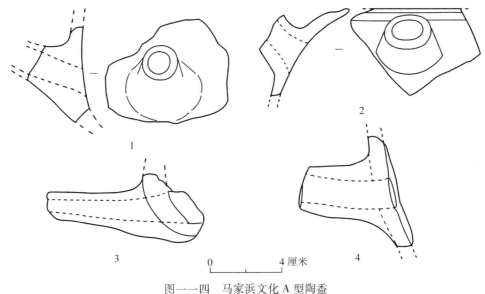

图一一四　马家浜文化 A 型陶盉
1～4. T0834 等③：17、H41：9、T1234④：4、T0832 等⑤：10

H100：2，夹蚌红衣陶。高领，圆唇，溜肩，鼓腹。口颈与腹部连接部位系分别制作后粘接而成，内壁连接处可见明显泥条修抹痕迹。手制轮修。口径 5.8、残高 14.2 厘米（图一一五，1）。

T0832 等④：11，夹蚌末褐陶。高领，圆唇，溜肩。口径 7、残高 5.3 厘米（图一一五，2）。

Ⅱ式　直口较敞。标本 1 件。

H3：3，夹蚌末褐陶。圆唇，束颈，下部残。口径 5.6、残高 2.7 厘米（图一一五，3）。

Bb 型　直口微卷。标本 7 件。

Ⅰ式　直口外敞，束颈。标本 2 件。

H100：1，夹蚌红衣陶。直口外敞，圆唇，束颈，溜肩，鼓腹，下部残。口颈与腹部系分别制作后粘接在一起的，内壁交接处可见明显泥条修抹痕迹。手制轮修。口径 6.7、残高 12.2 厘米（图一一五，4）。

T1034 等⑤：9，夹蚌褐陶。直口，沿稍外翻，圆唇，溜肩，腹部残。口径 6.1、残高 5.3 厘米（图一一五，5）。

Ⅱ式　直口外翻卷，束颈。标本 5 件。

T1032 等④：14，夹蚌末红陶。束颈，圆唇。口径 5、残高 2 厘米（图一一五，6）。

T1232 等④：9，夹蚌末褐陶，外表施红衣。翻卷沿，圆唇，广肩。口径 6.6、残高 4.5 厘米（图一一五，7）。

T0834 等④：23，夹蚌红陶。圆唇，束颈，溜肩。口径 7、残高 4.3 厘米（图一一五，8）。

C 型　小口带足盉。数量少。标本 2 件。

H48：1，夹蚌红衣陶，大部分脱落，露出褐色陶胎。直口微敛，圆唇，垂腹，最大腹径在器中部偏下，平底，下接三扁方形小足，把手已缺，具体形态不明。手制。素面。口径 5.2、高 15.2 厘米（图一一五，9）。

H26：19，夹蚌末褐陶。口及上腹残，中腹微鼓，弧收成小平底，有四足，呈矮小的扁锥柱状，腹部似乎有一把手残痕。手制轮修，素面。残高 10.9 厘米（图一一五，10）。

14. 匜

有平底和带足两种，根据整体特征分为三型。标本共 6 件。

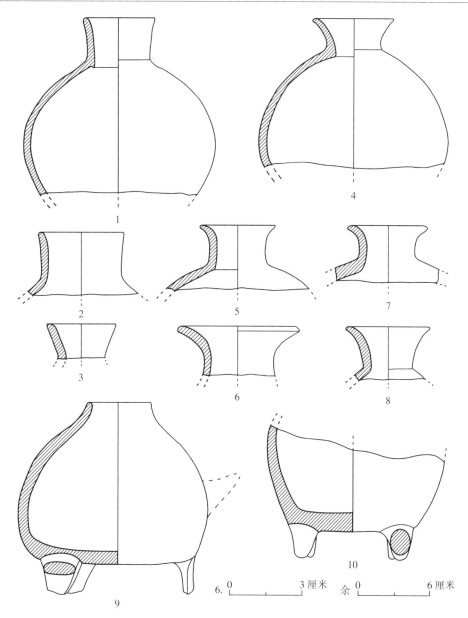

图一一五　马家浜文化 B、C 型陶盉

1、2. Ba 型 I 式（H100：2、T0832 等④：11）　3. Ba 型 II 式（H3：3）　4、5. Bb 型 I 式（H100：1、T1034 等⑤：
9）　6～8. Bb 型 II 式（T1032 等④：14、T1232 等④：9、T0834 等④：23）　9、10. C 型（H48：1、H26：19）

A 型　钵形平底匜。数量少。标本 2 件。

I 式　微敛口，弧腹。标本 1 件。

H6：1，夹蚌褐陶。敛口，圆唇，弧腹，腹最大径在器中部，一侧有一流口，平底。手制。口径
11、底径 9、高 8 厘米（图一一六，1）。

II 式　敛口，折腹。标本 1 件。

T1034 等③：4，泥质红衣陶，大多脱落，露出褐色胎体，局部黑褐色。敛口，方圆唇，一侧有一
短流口，折腹，与流口垂直侧有一短錾，錾手前端残，根部有穿孔，下腹弧收成平底。口径 16、底径
10.8、高 8.4 厘米（图一一六，2；彩版三六，1）。

B 型　罐形带把平底匜。数量少。标本 2 件。

H26：2，夹蚌红陶。敛口，圆唇，垂腹，腹最大径偏下，平底。腹一侧安置条形把手一个，已残

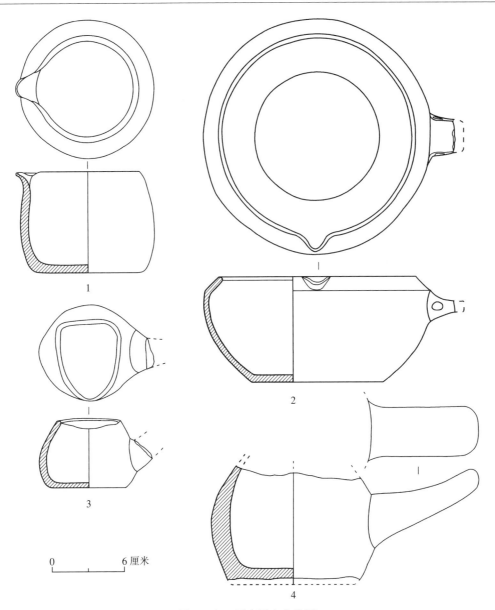

图一一六 马家浜文化陶匜

1. A 型 I 式（H6∶1） 2. A 型 II 式（T1034 等③∶4） 3、4. B 型（H26∶2、T0834 等⑤∶11）

损，口部一侧有流口，流口方向与把手垂直。口径 5.2～6.5、底径 6.2、高 5.5 厘米（图一一六，3）。

T0834 等⑤∶11，夹蚌红衣陶。口部残，鼓腹微下垂，平底。底面残损不平，可能底为手制贴片，后脱落。腹一侧安装有条形把手，流口位置不明。底径 10.8、残高 9 厘米（图一一六，4；彩版三六，2）。

C 型 三足带把匜。数量少。标本 2 件。

H43①∶3，夹蚌外红内黑陶。直口微敛，圆唇，中腹略鼓，平底，底面接三扁柱状足，中腹一侧有一鸟尾状把手，口沿一侧流口形态不明。手制。素面。口径 14、高 15 厘米（图一一七，1）。

H43②∶12，夹蚌陶，外壁施红衣，内壁褐色。口残，弧腹，平底，腹一侧装有一鸟尾形把手。底部装有三扁圆形足，已缺失。手制轮修。素面。残高 5.8 厘米（图一一七，2）。

15. 匜口

数量相对较少。标本 4 件。

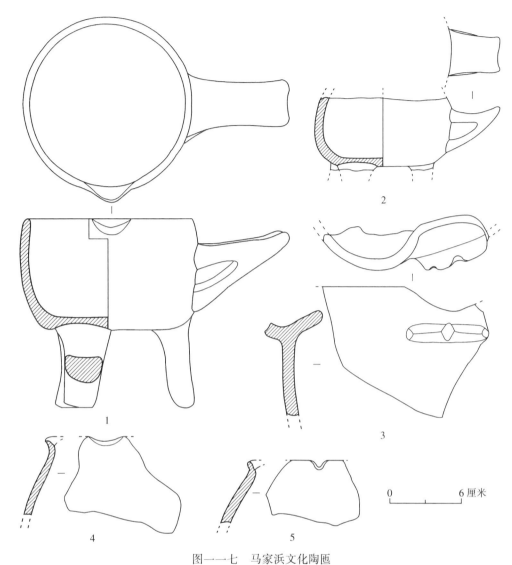

图一一七 马家浜文化陶匜

1、2. C 型（H43①：3、H43②：12） 3~5. 匜口（H101：2、T1232 等⑤：3、H74：3）

H101：2，夹细砂褐陶。匜形器口沿残片，流外侧有一短舌形錾手，上有指捺纹。残长 14、残高 10.2 厘米（图一一七，3）。

T1232 等⑤：3，夹蚌末红陶。小侈口口沿残片，带有流口，溜肩。残长 9.5、残高 6.7 厘米（图一一七，4）。

H74：3，夹蚌末红陶。小侈口口沿残片，带有流口，溜肩。残长 7.6、残高 5.2 厘米（图一一七，5）。

16. 大口缸

数量少。标本 3 件。

F2：1，夹粗砂红陶，胎特别厚。口部残，斜腹，平底。内壁呈锥状，上大下小，胎体夹有大颗粒粗沙。底径 12.8、残高 30.2 厘米（图一一八，1）。

H2：7，夹粗砂红陶，厚胎。口部残，斜腹，小平底。底径 7、残高 6.6 厘米（图一一八，2）。

F7：1，夹粗砂红陶，厚胎。口部残，斜腹，小平底。底径 13.6、残高 10 厘米（图一一八，3）。

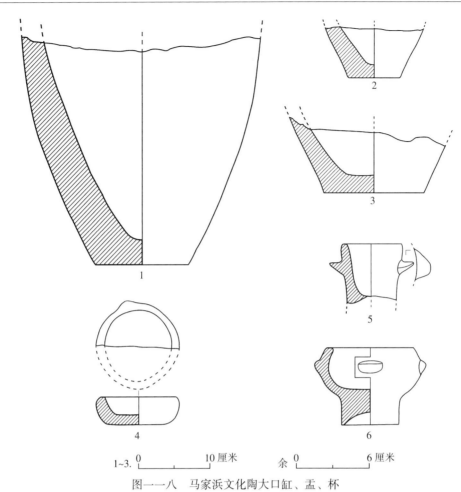

图一一八　马家浜文化陶大口缸、盂、杯

1～3. 大口缸（F2∶1、H2∶7、F7∶1）　4. 盂（T0834 等④∶6）　5. A 型小圈足杯（T0834 等④∶27）　6. B 型小
圈足杯（T1230 等④∶6）

17. 盂

标本仅 1 件。

T0834 等④∶6，夹蚌褐陶，厚胎。敞口，圆唇，斜弧腹，浅盘，平底。口沿处有一外撇泥突。口
径6.4、底径4.5、高2.2厘米（图一一八，4）。

18. 小圈足杯

根据口沿分两型。标本共 2 件。

A 型　敞口。标本 1 件。

T0834 等④∶27，泥质褐陶。敞直口，方圆唇，腹部有两个舌形小鋬手，圈足残。手制。口径4.8、
残高4.7厘米（图一一八，5）。

B 型　敛口。标本 1 件。

T1230 等④∶6，夹蚌红陶。敛口，圆唇，鼓腹，下腹弧收，腹部有四个对称装饰性小鋬，下接筒
形矮圈足。口径7.2、圈足径4.7、高6.1厘米（图一一八，6）。

19. 甑

数量相对较少。标本 5 件。

T0834 等⑤∶7，夹蚌外红内黑陶，色质不均。直口微敞，斜直腹，平底，底心微凹。口沿下有
对称四舌形鋬，上有指捺纹饰，器底有多个小圆孔。口径16.4、底径11.4、高9.6厘米（图一一

九，1；彩版三六，3）。

H27∶16，夹蚌末褐陶。斜腹，平底，底中央有圆孔。残长13.4、残宽7.3、残高3.2厘米（图一一九，2）。

T1232等⑤∶11，夹蚌末红陶。斜腹，平底，在底部和近底的腹部有数个圆形小孔。残长9.2、残

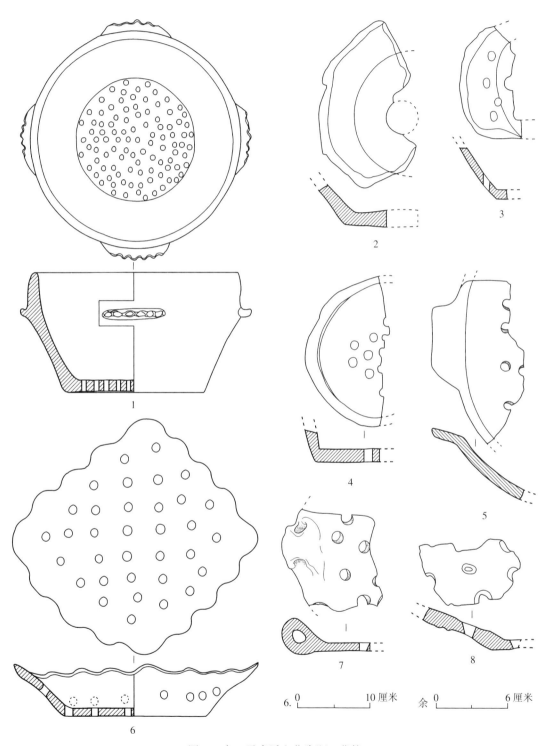

6. 0 _____ 10厘米　　余 0 _____ 6厘米

图一一九　马家浜文化陶甑、蒸箅

1~4. 甑（T0834等⑤∶7、H27∶16、T1232等⑤∶11、T1235⑤∶4）　6、8. A型蒸箅（T1232等⑥∶3、T1232等⑥∶10）　5. Ba型蒸箅（H27∶1）　7. Bb型蒸箅（T1234⑤∶2）

宽4.2、残高4厘米（图一一九，3）。

T1235⑤:4，夹蚌末外红内黑陶。斜腹，平底，底部有多个圆形小孔。残长11.9、残宽6.3、残高2.5厘米（图一一九，4）。

20. 蒸箅

根据把手形态分为两型。标本共4件。

A 型　有四个鋬手。数量少。标本2件。

T1232 等⑥:3，夹蚌红陶。浅盘形，四周形成花边状，并在花边上略凸出形成四个舌形鋬手，底部和侧边有多个圆形镂孔。口径33.6、底径19、高6.4厘米（图一一九，6；彩版三六，5）。

T1232 等⑥:10，夹蚌红陶。仅见残片，上有多个圆形镂孔。残长8.5、残宽4.9厘米（图一一九，8）。

B 型　有两个把手或鋬手。数量少。标本2件。

Ba 型　有两个把手。标本1件。

H27:1，夹蚌末红陶。原器大致为圆形，两侧有宽舌形鋬手。中部弧凹，四周略高，里面有数个圆形镂孔。手制。素面。残长13、残高6.5厘米（图一一九，5）。

Bb 型　有两个鋬手。标本1件。

T1234⑤:2，夹蚌末褐陶。原器大致为圆形，两侧有环形鋬手。中部弧凹，四周略高，里面有数个圆形镂孔。手制。素面。残长7.8、残宽7.2厘米（图一一九，7）。

21. 炉箅

数量相对较少。标本4件。

T0834 等④:42，夹蚌末红陶。仅余局部炉条，剖面呈扁圆形。残长10.5、残宽2.7厘米（图一二〇，1）。

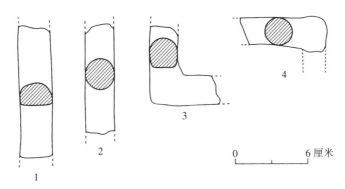

图一二〇　马家浜文化陶炉箅
1~4. T0834 等④:42、T1034 等④:32、T1234③:3、T1335④:3

T1034 等④:32，夹蚌末黑衣陶。仅余局部炉条，剖面呈圆形。残长8.8、残宽2.4厘米（图一二〇，2）。

T1234③:3，夹砂红陶。残余部分炉条，为炉箅的转角，炉条剖面呈扁圆形。残长6.2、残宽5.8厘米（图一二〇，3）。

T1335④:3，夹炭褐陶。仅余局部炉条，为炉箅转折处，剖面呈圆形。残长7.2、残宽2.9厘米（图一二〇，4）。

22. 器盖

根据盖面、盖纽等特征分五型。标本共32件。

A 型　覆盆形器盖。数量少。标本 3 件。

Aa 型　柱形盖纽。标本 2 件。

Ⅰ式　纽微束。标本 1 件。

H56:1，夹蚌外红内黑陶，器表色泽不均，夹有红褐色。覆盆形器盖，平顶，顶中央有一微束腰柱形盖纽，四周有齿形装饰，斜敞腹，敞口，圆唇，中腹两侧各有一舌梯形錾手，上有个别锯齿装饰。手制轮修。盖口径 31.8、盖纽径 4、高 20.8 厘米（图一二一，1）。

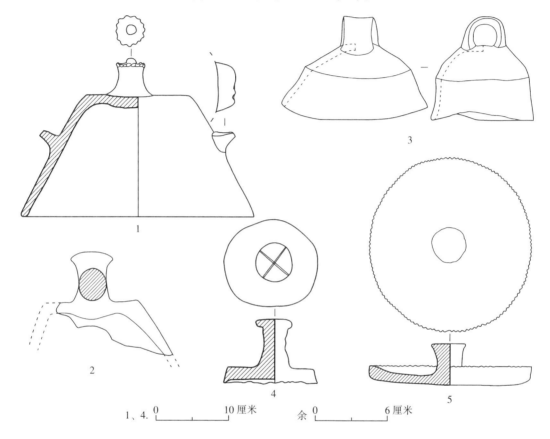

图一二一　马家浜文化 A、B 型陶器盖

1. Aa 型Ⅰ式（H56:1）　2. Aa 型Ⅱ式（H27:14）　3. Ab 型（T0834 等④:9）　4、5. B 型（T0834 等⑤:6、H26:1）

Ⅱ式　纽较收束。标本 1 件。

H27:14，夹蚌末外红内黑陶。覆盆形器盖。束腰柱形盖纽。残宽 9.5、残高 8.2 厘米（图一二一，2）。

Ab 型　环形盖纽。标本 1 件。

T0834 等④:9，夹蚌红衣陶。覆盆形器盖，中央有环形盖纽。盖口圆唇，敞口，斜壁，顶壁交接处折，盖顶弧。器物在烧造过程中严重变形。盖口径 8.5 ~ 12、高 8.2 厘米（图一二一，3；彩版三七，1）。

B 型　圆饼形器盖。数量少。标本 2 件。

T0834 等⑤:6，夹蚌褐陶。盖面平整内凹。盖顶面有束腰柱形纽，上面有"十"字形刻槽。盖口径 12.8、高 8.4 厘米（图一二一，4）。

H26:1，夹蚌红陶。盖面平整外弧。盖顶面有一束腰柱形纽，器盖边缘及柱纽边缘均有齿状纹饰。手制。盖口径 13.5、高 3.3 厘米（图一二一，5）。

C 型　陀螺形器盖。数量多。标本 17 件。

H50：2，夹蚌红陶。中间为一轮形盖盘，上端为一丫形捉手，下端为一圆锥形凸出。手制。素面。轮径 5.2、残高 5.4 厘米（图一二二，1）。

H54：1，夹蚌红陶。中间为一轮形盖盘，上端为一丫形纽，略残，下端为一圆锥形凸出。手制。素面。轮径 6.6、残高 6.6 厘米（图一二二，2）。

T1034 等⑤：5，夹蚌红衣陶，大多脱落。轮形上端盖顶为丫形捉手，前端略残，盖顶微凸起，下端为锥形，略残。轮径 5、残高 5 厘米（图一二二，3）。

H41：7，夹蚌红陶。中间为一轮形盖盘，上端为一丫形捉手，略残，下端为一锥形凸出。手制。素面。轮径 7.5、残高 8 厘米（图一二二，4）。

H41：3，夹蚌红陶。中间为一轮形盖盘，上端为一丫形捉手，下端为一锥柱形凸出。手制。素面。轮径 6.4、残高 7.8 厘米（图一二二，5）。

H41：6，夹蚌红陶。中间为一轮形盖盘，上端为一丫形捉手，下端为一锥形凸出。手制。素面。轮径 7、残高 7.3 厘米（图一二二，6）。

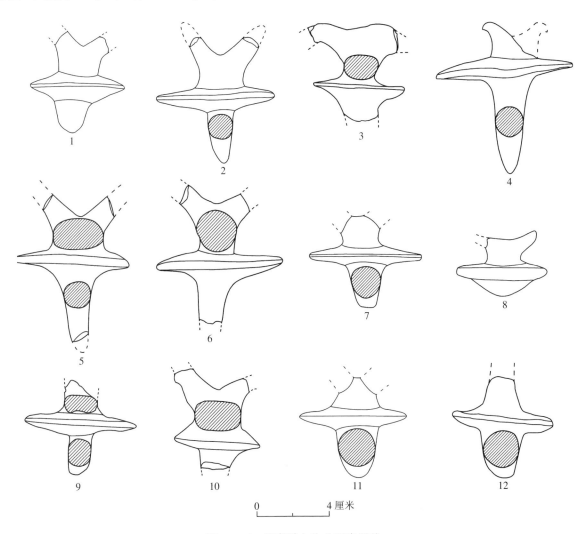

图一二二　马家浜文化 C 型陶器盖

1～12. H50：2、H54：1、T1034 等⑤：5、H41：7、H41：3、H41：6、南扩方④：1、T1232 等④：3、T0834 等④：2、T1032 等④：5、T1034 等③：3、T1234③：4

南扩方④:1，夹蚌红陶。中间为一轮形盖盘，上端为丫形盖纽，角端已残，下端为一锥柱状凸起。轮径6.1、残高4.8厘米（图一二二，7）。

T1232等④:3，夹蚌红衣陶，盖顶及捉手部分施红衣。中间为一轮形盖盘，上端为一丫形捉手，下端为锥柱形凸出。轮径4.9、残高3.5厘米（图一二二，8）。

T0834等④:2，夹蚌红陶。中间为一轮形盖盘，上端捉手部分已残，下端为柱形凸出。手制。轮径6.2、残高5厘米（图一二二，9）。

T1032等④:5，夹蚌褐陶。中间为一轮式盖盘，上端为一丫形捉手，端部已残，下端为一柱形凸出，已残。轮径4.8、残高5.3厘米（图一二二，10；彩版三七，2）。

T1034等③:3，夹蚌红陶。中间为一轮形盖盘，上端为一丫形捉手（残），下端为一锥柱状凸出。轮径5.8、残高5.3厘米（图一二二，11）。

T1234③:4，夹蚌红衣陶，原施红衣大多脱落。中间为一轮形盖盘，盖顶上端残，下端为一柱形凸出。轮径5.6、残高5.3厘米（图一二二，12）。

D型　伞盖形器盖。数量少。标本5件。

Ⅰ式　盖面较矮。标本1件。

T1335④:1，夹蚌红陶。盖纽残缺，盖缘方唇，弧壁。盖内有烟炱痕。盖口径34.4、残高7.2厘米（图一二三，1；彩版三七，3）。

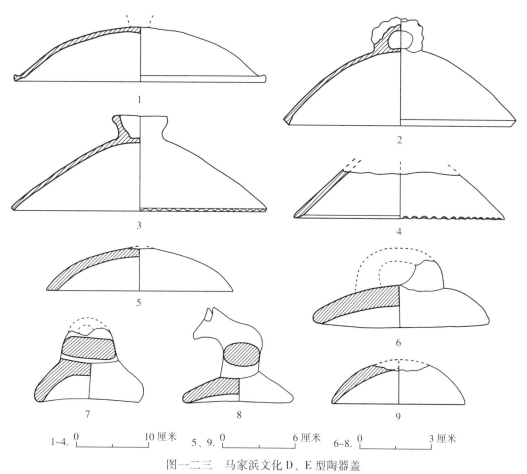

图一二三　马家浜文化D、E型陶器盖

1. D型Ⅰ式（T1335④:1）　2~4. D型Ⅱ式（T1034等③:6、T1034等③:5、F1D3:1）　5~9. E型（H32:13、H87:1、T1032等③:14、T0834等③:12、G2:8）

Ⅱ式　盖面稍高，盖纽或盖边有装饰。标本4件。

T1034 等③：6，夹砂红陶。半环形盖纽，盖纽两侧翻卷形成指捺状花边，正中也施指捺窝。盖口方圆唇，盖面向上逐渐隆起，斜弧壁。盖口径30.8、高14.4厘米（图一二三，2；彩版三七，4）。

T1034 等③：5，夹蚌红陶。圈足形捉手，盖面斜弧壁，盖缘四周有一圈指捺纹。盖口径34.8、高12.6厘米（图一二三，3；彩版三七，5）。

F1D3：1，泥质红陶。盖口沿内面斜折，边缘有一周按捺纹，斜壁。盖口径29、残高6厘米（图一二三，4）。

E型　浅钵形器盖。数量少。标本5件。

H32：13，泥质红陶。覆钵形，盖纽残，盖面弧，盖缘方圆唇。盖口径15.3、残高3.4厘米（图一二三，5）。

H87：1，泥质红陶。环形盖纽残，盖面弧壁，圆唇。手制，制作粗糙。盖口径7.3、残高2.7厘米（图一二三，6）。

T1032 等③：14，泥质红陶。顶部有一扁方形捉手，略残，捉手端部有一圆穿孔。敞口，圆唇，弧壁。盖口径4.4、残高2.8厘米（图一二三，7）。

T0834 等③：12，泥质红衣陶，基本脱落。兽首动物形盖纽，盖面斜，盖缘圆唇。盖口径4.5、高3.8厘米（图一二三，8）。

G2：8，夹蚌红衣陶。覆钵形，盖纽残，盖面弧，盖缘圆唇。盖口径11、残高3厘米（图一二三，9）。

23. 盖纽

根据形状分五型。标本共31件。

A型　束腰柱形。数量少。标本6件。

Ⅰ式　微束腰。标本2件。

T0834 等⑥：1，夹蚌红陶。微束腰柱状盖纽，顶端边缘凸出，有指捺形成的花边装饰，盖纽底端出榫，可知与器盖的接合方式。纽径4.5、残高5.8厘米（图一二四，1）。

Ⅱ式　束腰明显。标本4件。

T0834 等⑤：35，夹蚌末红陶。盖纽圆形束腰柱形，盖顶圆形微凸，上有十字交叉刻划纹。纽径5.4、残高6厘米（图一二四，2）。

T1232 等⑤：15，夹蚌末红陶。盖纽圆形束腰柱形，盖顶有乳突状凸起。纽径2.9、残高4.8厘米（图一二四，3）。

B型　圈足形盖纽。数量少。标本5件。

Ⅰ式　圈足缘外撇。标本4件。

T0834 等④：22，夹蚌末褐陶，外表施红衣。圈足状捉手。纽径3.8、残高3厘米（图一二四，4）。

T0832 等④：12，夹蚌褐陶。圈足状捉手，捉手缘圆唇。纽径4.8、残高3.7厘米（图一二四，5）。

T0832 等④：14，夹蚌末红陶。圈足状捉手，捉手缘圆唇。纽径5、残高3.5厘米（图一二四，6）。

T1130 等④：5，夹蚌末褐陶，原有红色陶衣，基本脱落。圈足状捉手。纽径5.5、残高4.3厘米（图一二四，7）。

Ⅱ式　圈足缘内收。标本1件。

T1334③：4，夹蚌末红陶。圈足状捉手。纽径3.8、残高2.8厘米（图一二四，8）。

C型　环形盖纽。数量相对较少。标本13件。

图一二四　马家浜文化 A、B、C 型陶盖纽

1. A 型 I 式（T0834 等⑥:1）　　2、3. A 型 II 式（T0834 等⑤:35、T1232 等⑤:15）　　4～7. B 型 I 式
（T0834 等④:22、T0832 等④:12、T0832 等④:14、T1130 等④:5）　　8. B 型 II 式（T1334③:4）　　9～
14. C 型（T1335④:15、H2:5、T1235⑤:5、T0832 等⑥:4、T1230 等④:11、T0834 等⑤:38）

T1335④:15，夹砂红陶。两侧耳边及器耳正下方有指窝按捺形成的纹饰。残长 10.2、高 3.9 厘米
（图一二四，9）。

H2:5，夹砂红陶。半环状盖纽，纽面上有一排较浅的捺窝。残长 11.1、残高 5.5 厘米（图一二
四，10）。

T1235⑤:5，夹蚌褐陶。宽环形盖纽，纽的两端有两条横向泥凸，泥凸上有指捺纹饰。残长 8.2、
残高 5.7 厘米（图一二四，11）。

T0832 等⑥：4，夹细砂外红内黑陶。残长 7.5、残高 4.9 厘米（图一二四，12）。

T1230 等④：11，夹蚌红陶。由一根柱形泥条弯曲成半环形，两头出榫。残长 8.9、残高 5.6 厘米（图一二四，13）。

T0834 等⑤：38，夹蚌末褐陶。残长 13、高 6.5 厘米（图一二四，14）。

D 型　动物形或几何形盖纽。数量少。标本 5 件。

H19：4，夹蚌红陶。丫形盖纽。残长 6.8、残高 3.5 厘米（图一二五，1）。

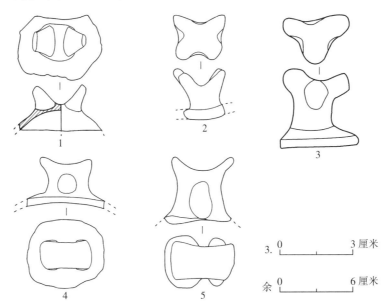

图一二五　马家浜文化 D、E 型陶盖纽
1 ～ 3. D 型（H19：4、T0834 等④：12、T1334④：1）　4、5. E 型（H43①：5、H43①：7）

T0834 等④：12，泥质红陶。四丫形盖纽，形似鹿角。残长 3.5、残高 4 厘米（图一二五，2）。

T1334④：1，泥质灰陶。盖纽似兽首形。残长 3.2、残高 3.1 厘米（图一二五，3）。

E 型　桥形盖纽。数量少。标本 2 件。

H43①：5，夹蚌红衣陶，内外壁均施红衣。桥形盖纽，两端起翘，中有一圆孔。残长 6.5、残高 3.7 厘米（图一二五，4）。

H43①：7，夹蚌红衣陶，器表普施红衣。桥形盖纽，两端起翘，中有一圆孔。残长 5.5、残高 5.3 厘米（图一二五，5）。

24. 器座

数量少。标本 2 件。

H58：1，夹蚌外灰内黑陶。大喇叭形圈足，足缘圆唇，口上有一周凸檐。腰部一周凸棱，其上凸出两个舌形鋬手。口部略残，经打磨修整成为方唇。口径 13.8、底径 23.8、高 11.2 厘米（图一二六，1）。

H55：3，夹细蚌末红陶，色质不匀，局部呈浅灰色。外壁为束折腰筒形，内壁斜直。底径 17、残高 5.2 厘米（图一二六，2）。

25. 支座

根据形态分两型。标本共 12 件。

A 型　圆柱体。数量相对较少。标本 6 件。

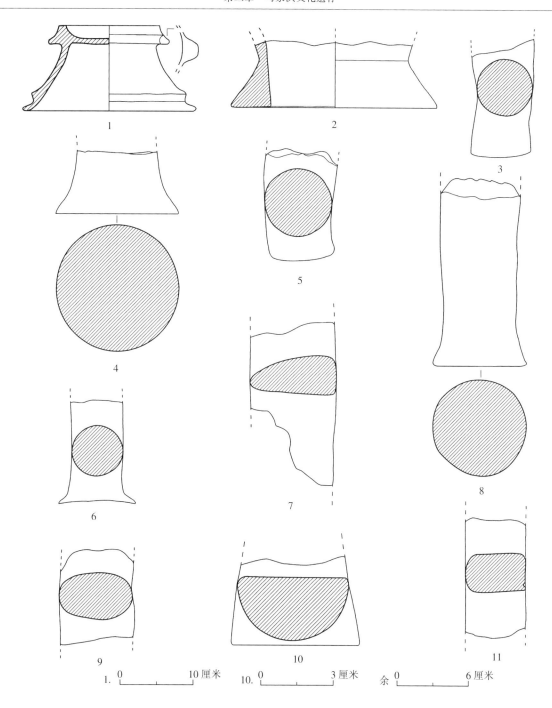

图一二六　马家浜文化陶器座、支座

　　1、2. 器座（H58：1、H55：3）　　3～6、8. A 型支座（T1334③：15、F5D271：1、T1235④：3、T1034 等⑤：20、
T1230 等④：5）　　7、9～11. B 型支座（T1130 等④：6、T0832 等④：16、H20：3、H100：4）

　　T1334③：15，泥质红陶。上端略斜，下端残损。直径 4.6、残高 8.5 厘米（图一二六，3）。

　　F5D271：1，泥质红陶。底部外撇，上端残。底径 10、残高 4.9 厘米（图一二六，4）。

　　T1235④：3，泥质红陶。上端略斜，下端残损。直径 5.6、残高 8.8 厘米（图一二六，5）。

　　T1034 等⑤：20，泥质红陶。底端稍外撇，底心微内凹，上端残。直径 4.2、残高 8 厘米（图一二
六，6）。

　　T1230 等④：5，泥质红陶。底部外撇，上端残。直径 7.7、残高 14.8 厘米（图一二六，8）。

B 型　扁柱体。数量相对较少。标本 6 件。

T1130 等④:6，夹蚌末灰陶。扁三角柱体，两端残缺。残高 12.9、宽 7.1、厚 3.1 厘米（图一二六，7）。

T0832 等④:16，夹蚌末红陶。扁圆柱体，两端残缺。残高 7.5、径 3.7～6 厘米（图一二六，9）。

H20:3，夹细蚌末褐陶。半圆柱体，底部平整，上部残。底径 2.5～5.3、残高 3.4 厘米（图一二六，10）。

H100:4，夹蚌末红陶。扁长方柱体，两端残缺。残高 9.3、宽 5、厚 3 厘米（图一二六，11）。

26. 器把手

根据形态分两型。标本共 27 件。

A 型　扁条形，或有装饰。数量相对较多。标本 19 件。

Aa 型　扁条形，无附加装饰。标本 14 件。

Ⅰ式　扁条形。标本 11 件。

G2:11，夹细蚌末红胎黑陶，器内壁红。扁条形略弯。残长 17.2、宽 2.9、厚 2.8 厘米（图一二七，1）。

T0834 等⑥:2，夹细蚌末红陶，局部灰黑。扁条形把手，通过凸榫与器腹相接。残长 7.7、宽 3.1、厚 1.6 厘米（图一二七，2）。

T0834 等⑤:37，夹蚌末红陶。扁条形把手。残长 13.1、宽 4、厚 3 厘米（图一二七，3）。

Ⅱ式　扁条形，侧面有一道凹槽或把尾有弯曲。标本 3 件。

T1032 等④:20，夹蚌红陶。扁条形把手，正面略平，背面弧，两侧各有一条浅凹槽。残长 8、宽 3.5、厚 2 厘米（图一二七，4）。

T1335④:6，泥质红陶。把手似弯曲的鱼尾部。残长 7.9、宽 5.1、厚 2.6 厘米（图一二七，5）。

T1032 等③:22，夹蚌末红陶。扁条形把手，两侧面各有一条凹槽。残长 8.9、宽 3.8、厚 3 厘米（图一二七，6）。

Ab 型　扁条形，有附加装饰。数量相对较少。标本 5 件。

Ⅰ式　简单附加装饰。标本 1 件。

T1232 等⑥:6，夹蚌红陶。上部有泥条堆塑，尾部略有分叉。长 8.5、宽 3.6、厚 3.5 厘米（图一二七，7）。

Ⅱ式　复杂附加装饰。标本 4 件。

G2:12，夹细蚌末红陶。扁条形器把上侧有舌梯形附件。长 9.5、宽 5.9、厚 5.6 厘米（图一二七，8）。

H79:1，夹细蚌末红陶。扁条形器把上侧有舌梯形附件。把尾和附件尾部有锯齿形刻划。长 10.4、宽 7、厚 6.2 厘米（图一二七，9）。

T1130 等⑤:4，夹蚌末红陶。扁条形把手上翘，同束腰短条形附件相连，中间形成圆孔。长 7.8、宽 7.1、厚 7.3 厘米（图一二七，10）。

T0834 等⑤:22，夹细蚌末红陶。扁条形器把上侧有宽于把手的近梯形附件。长 8.2、宽 6.2、厚 4.8 厘米（图一二七，11）。

B 型　扁环形鱼尾状。数量相对较少。标本 8 件。

Ⅰ式　扁环孔径小，把尾较平。标本 1 件。

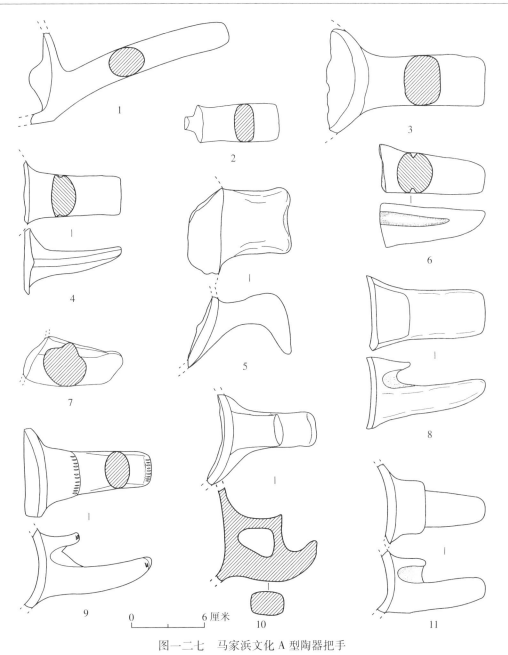

图一二七 马家浜文化 A 型陶器把手

1~3. Aa 型 I 式（G2：11、T0834 等⑥：2、T0834 等⑤：37）   4~6. Aa 型 II 式（T1032 等④：20、T1335④：6、T1032 等③：22）

7. Ab 型 I 式（T1232 等⑥：6）   8~11. Ab 型 II 式（G2：12、H79：1、T1130 等⑤：4、T0834 等⑤：22）

T1130 等⑥：9，夹蚌红陶。原为两根泥条交接而成，略残缺。长 6.8、宽 4.4、残厚 2.4 厘米（图一二八，1）。

II式 扁环孔径加大，把尾略上翘。标本 6 件。

T1034 等④：25，夹蚌末红陶。长 9.4、宽 4.7、厚 5.8 厘米（图一二八，2）。

H100：5，夹蚌末红陶。长 5.4、宽 8.5、厚 4.2 厘米（图一二八，3）。

III式 扁环孔径更加大，把尾更上翘。标本 1 件。

T0834 等③：23，夹砂红陶。长 9.2、宽 8.2、厚 7 厘米（图一二八，4）。

27. 器鋬手

标本 11 件，实际数量极多。

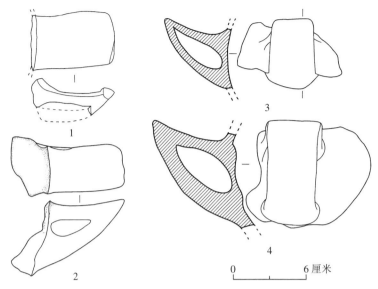

图一二八　马家浜文化 B 型陶器把手

1. I 式（T1130 等⑥：9）　　2、3. II 式（T1034 等④：25、H100：5）　　4. III 式（T0834 等③：23）

H26：9，夹细蚌末红衣陶。扁舌形，鋬手背部有指捺纹。手制。残长 8.3、残宽 6.8 厘米（图一二九，1）。

H35：3，夹蚌红衣陶，鋬手部位被烟炱熏成黑色。扁梯形，背面有四条捺窝印痕。手制。残长 10、残宽 6.7 厘米（图一二九，2）。

H41：11，夹蚌末褐陶。长梯形，背面有四道按捺形成的凹槽和凸起。残长 9.9、残宽 7.5 厘米（图一二九，3）。

T1335④：14，夹蚌末黑衣陶，表面施黑衣，大部脱落。宽梯形，背面有斜线刻划纹。残长 11.7、残宽 8 厘米（图一二九，4）。

T1334④：7，夹蚌红衣陶，器壁施红衣，鋬手部分施黑衣。宽梯形，背面有多道折线刻划纹。长 10.4、宽 7.3 厘米（图一二九，5）。

T1232 等④：10，夹蚌红陶。扁梯形，边缘有指捺形成的按捺纹。残长 7、残宽 3.6 厘米（图一二九，6）。

T1034 等④：24，夹蚌末褐陶。宽梯形，背面有两排八个指窝。残长 8.8、残宽 6.3 厘米（图一二九，7）。

T0832 等③：13，夹蚌末褐陶。扁梯形，背部微内弧，背面有五道纵向浅刻槽。残长 7.5、残宽 7.6 厘米（图一二九，8）。

T1334③：7，夹蚌末红陶。扁梯形，背面有三角波状的刻划纹。残长 8.8、残宽 5.6 厘米（图一二九，9）。

T1334③：5，夹蚌末红陶，器表施红衣。宽梯形，背部有一捺窝。残长 9.2、残宽 5.5 厘米（图一二九，10）。

T1334③：6，夹蚌末褐陶。扁梯形，背面有按捺形成的凹窝和凸起。残长 9.4、残宽 7.6 厘米（图一二九，11）。

28. 器耳

根据形态分两型。标本共 19 件。

图一二九　马家浜文化陶器錾手

1～11. H26：9、H35：3、H41：11、T1335④：14、T1334④：7、T1232 等④：10、T1034 等④：24、T0832 等③：13、T1334③：7、T1334③：5、T1334③：6

A 型　牛鼻耳。数量相对较多。标本 15 件。

Ⅰ式　器耳扁圆，耳背略小于耳根，耳背线外弧，耳形浑圆饱满。标本 3 件。

T1232 等⑥：5，夹蚌红陶，耳上施红衣，胎内呈黑色。残长 9.4、耳高 4.3 厘米（图一三〇，1）。

H57：1，夹细蚌末红陶，器表有细孔隙。残长 7.8、耳高 3.7 厘米（图一三〇，2）。

Ⅱ式　耳形稍扁，耳背稍短，耳背线平或微凹，个别耳面有装饰。标本 1 件。连同完整器牛鼻耳罐 T0834 等⑤：15，共 2 件。

T1034 等⑤：34，夹蚌末红陶。残长 9.6、耳高 4.4 厘米（图一三〇，3）。

Ⅲ式　耳形更扁，耳背明显小于耳根，耳背线内弧明显，有的耳面上有镂孔。标本 8 件。

T1232 等④：6，夹蚌红陶。残长 11.3、耳高 3.9 厘米（图一三〇，4）。

T1334④：5，泥质红陶。耳上部有一圆形镂孔。残长 9.5、耳高 4.4 厘米（图一三〇，5）。

Ⅳ式　耳背更短，更加内弧，两端起翘。标本 3 件。

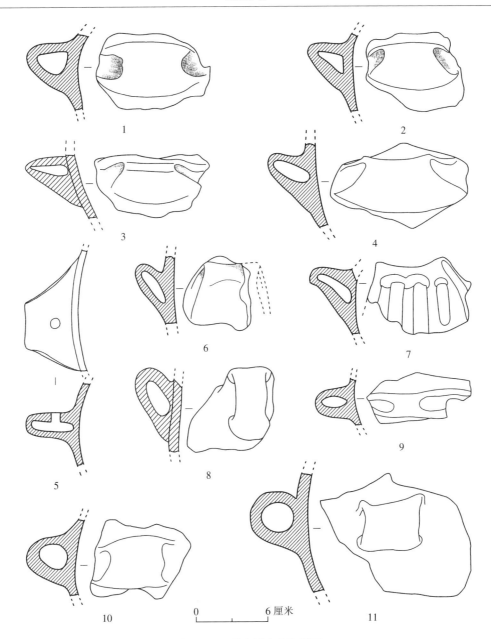

图一三〇　马家浜文化陶器耳

1、2. A 型 I 式（T1232 等⑥:5、H57:1）　3. A 型 II 式（T1034 等⑤:34）　4、5. A 型 III 式（T1232 等
④:6、T1334④:5）　6、7、9. A 型 IV 式（T1232 等③:24、T1032 等③:27、T1235③:1）　8、10、
11. B 型（T1034 等⑤:24、T0834 等⑤:16、T1232 等⑤:17）

　　T1232 等③:24，泥质红陶，内壁黑色。实用功能退化，耳不能贯通。残长 5.6、耳高 3.3 厘米
（图一三〇，6）。

　　T1032 等③:27，夹蚌红陶。耳背下有按捺形成的凹槽和凸起，耳孔退化不贯通。残长 8.5、耳高
3.8 厘米（图一三〇，7）。

　　T1235③:1，泥质红陶。残长 8.6、高 3.2 厘米（图一三〇，9）。

　　B 型　环耳。数量相对较少。标本 4 件。

　　T1034 等⑤:24，夹蚌末红陶。残长 7、耳高 3.8 厘米（图一三〇，8）。

　　T0834 等⑤:16，夹蚌末外红内黑陶。残长 8、耳高 4.1 厘米（图一三〇，10）。

T1232 等⑤：17，夹蚌末褐陶。残长 11、耳高 4.8 厘米（图一三〇，11）。

29. 器圈足

圈足相对较矮，器形不明。数量相对较少。标本 6 件。

T1032 等④：13，夹细蚌末红陶。喇叭形矮圈足，圈足边缘有锯齿纹装饰。器身残。圈足径 6.8、残高 5.3 厘米（图一三一，1）。

T1032 等⑥：3，夹细蚌末红陶。矮圈足，圈足四周约有 8 个切割花边凹槽。器身残。圈足径 7、残高 2.6 厘米（图一三一，2）。

H67：1，夹蚌黑衣陶，厚胎。喇叭形圈足。器身残。圈足径 10.2、残高 7.4 厘米（图一三一，3）。

T1235⑤：3，夹蚌末红陶。矮圈足，圈足根部有锯齿纹装饰。器身残。圈足径 8、残高 5.2 厘米（图一三一，4）。

T0834 等④：7，夹蚌红陶，外施红衣，大部脱落。喇叭形圈足，足缘圆唇，圈足外壁中部一侧有

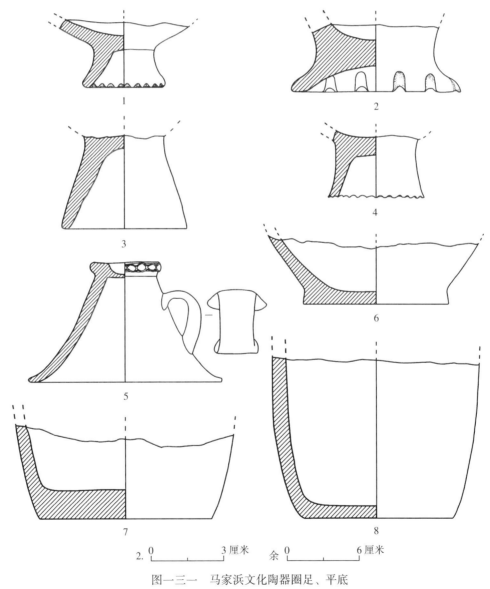

图一三一　马家浜文化陶器圈足、平底

1~5. 器圈足（T1032 等④：13、T1032 等⑥：3、H67：1、T1235⑤：3、T0834 等④：7）　6~8. 器平底
（G2：10、T0834 等⑤：12、T0834 等⑤：13）

一环状把手。圈足顶部有一圈凸棱，上有按捺纹，圈足以上残，茬口被打磨，比较圆钝。圈足径15.8、高9.5厘米（图一三一，5；彩版三六，4）。

30. 器平底

器形不明。数量多。标本3件。

G2：10，夹细蚌末外红内黑陶。上部残，下腹弧收成平底。底径12、残高5厘米（图一三一，6）。

T0834等⑤：12，夹蚌红陶，陶色外红内黑。上腹残，下腹微弧直，平底。底径14、残高7.4厘米（图一三一，7）。

T0834等⑤：13，夹蚌红陶。上部残，下部直腹微弧，平底。底径12.6、残高12.6厘米（图一三一，8）。

31. 器足

相对较为短小，和鼎足有一定的差别。分两型。标本共12件。

A型　圆形或扁圆形锥状或柱状。数量相对较少。标本11件。

Ⅰ式　锥状或柱形，剖面圆形或扁圆形。标本7件。

T1232等⑥：4，夹砂褐陶。三足平底器器足，扁锥柱形，足根圆钝，器足短小。残高5.1、残宽4厘米（图一三二，1）。

T0832等⑥：1，夹细蚌末红陶。三足平底器器足，扁锥形，足尖圆钝，器足短小。残高5.2、残宽4.8厘米（图一三二，2）。

Ⅱ式　扁圆条形，剖面扁圆，器足变高。标本4件。

T1130等⑤：5，夹蚌末红陶。扁条形足，足根外撇，器底平。残高6.4、残宽7厘米（图一三二，3）。

H20：8，夹蚌末红陶。扁条形足，器底平。残高7.3、残宽5.5厘米（图一三二，4）。

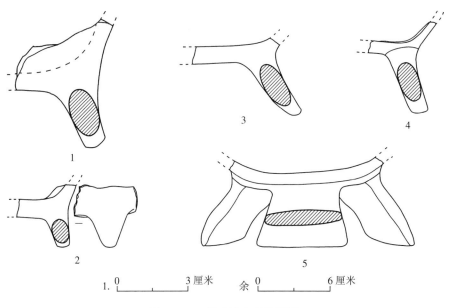

图一三二　马家浜文化陶器足

1、2. A型Ⅰ式（T1232等⑥：4、T0832等⑥：1）　3、4. A型Ⅱ式（T1130等⑤：5、H20：8）

5. B型（H26：26）

B 型　宽扁铲形足。标本仅 1 件。

H26：26，夹有机质外褐内黑陶，陶胎黑色。口腹部残，平底，有三宽扁倒梯形铲形足。残高 7 厘米（图一三二，5）。

32. 刻纹白陶片

数量少。标本 4 件。

H46：1，夹细砂白陶。残片自上而下为压印的小方格纹、斜点纹、小方格纹、波浪纹等，可能为豆类器的圈足。残长 4.1、残高 2.2 厘米（图一三三，1）。

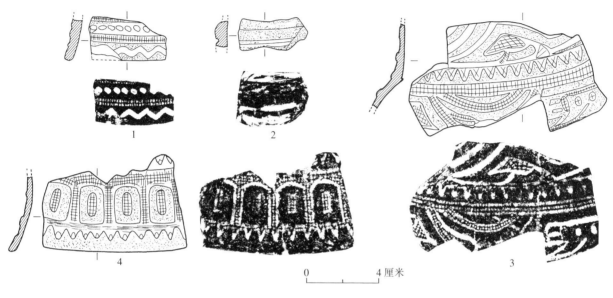

0　　　　　　4厘米

图一三三　马家浜文化刻纹白陶片
1～4. H46：1、H45：1、H12：1、F1D7：1

H45：1，夹细砂白陶。陶片太小，器形不辨，仅见陶片上有一道压印凹弦纹。残长 3.8、残宽 1.7 厘米（图一三三，2）。

H12：1，夹细砂白陶，内外两面有黄棕色陶衣。表面压印出浅浮雕的弧线、直线以及三角锯齿纹装饰，压印阴面填以小方格纹和 "X" 形交叉纹。可能是罐类陶器的肩腹部。残长 11、残高 5.5 厘米（图一三三，3）。

F1D7：1，夹细砂白陶。压印出浅浮雕效果的圆角长方形和三角形锯齿纹，压印阴面填以小方格纹和短线交叉纹，可能是豆类器的圈足。残长 7.9、残高 5.1 厘米（图一三三，4）。

33. 纺轮

根据形态分四型。标本共 27 件。

A 型　圆饼形。标本 18 件。

H25：1，夹蚌褐陶。为陶片改制而成，一面褐色，一面灰黑色。仅存一半。中心有单向管穿圆孔。直径 7.8、孔径 1.3、厚 0.7 厘米（图一三四，1）。

T1034 等⑤：1，泥质褐陶。器形不规整，表面凹凸不平。中心有两面对穿孔。直径 6.3、孔径 0.9～1.2、厚 1.4 厘米（图一三四，2）。

T0832 等⑤：14，泥质褐陶。中心有穿孔。直径 6.4、孔径 1、厚 1.3 厘米（图一三四，3）。

TG1③：2，泥质灰陶。形体较厚，系手工捏制，制作较粗糙。中心有孔。直径 3.6、孔径 0.6、厚

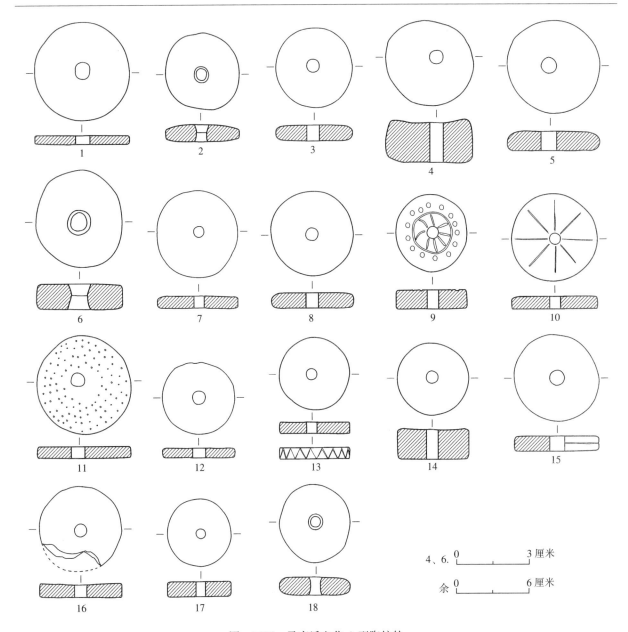

图一三四　马家浜文化 A 型陶纺轮

1～18. H25∶1、T1034 等⑤∶1、T0832 等⑤∶14、TG1③∶2、H71∶2、H26∶4、F5D38∶1、H70②∶3、T1034 等④∶5、T1230 等④∶7、
F8∶5、T1032 等④∶4、T1232 等③∶1、T1232 等③∶5、T1232 等③∶7、T1034 等④∶14、T1232 等③∶8、T1232 等③∶13

1.7 厘米（图一三四，4）。

　　H71∶2，夹蚌红陶。中心有孔。直径 7.6、孔径 1.3、厚 1.6 厘米（图一三四，5）。

　　H26∶4，泥质红陶。不太规整，系利用烧成陶片磨制穿孔而成。陶色一面红一面黑。中心对穿成孔。直径 3.5～3.9、孔径 0.7～0.9、厚 1 厘米（图一三四，6）。

　　F5D38∶1，泥质褐陶。中心有孔。直径 6.8、孔径 0.9、厚 1 厘米（图一三四，7）。

　　H70②∶3，夹蚌褐陶。中心有孔。直径 6.9、孔径 1、厚 1.2 厘米（图一三四，8）。

　　T1034 等④∶5，泥质褐陶。中心有孔。正面以中孔为中心，自内向外依次由 8 条放射线、圆圈、点状圈组成复合装饰。直径 5.8～6.1、孔径 1、厚 1.5 厘米（图一三四，9）。

　　T1230 等④∶7，泥质褐陶。中心有孔。正、背两面均有 8 条围绕中心孔的放射线。直径 7、孔径

0.9、厚1厘米（图一三四，10）。

F8：5，泥质红陶。中心有孔。正、背两面密布圆形戳孔。直径7.7、孔径1.1、厚0.9厘米（图一三四，11）。

T1032等④：4，夹蚌褐陶。中心有孔。直径6.1、孔径1.1、厚0.8厘米（图一三四，12）。

T1232等③：1，泥质褐陶，一面有烟炱痕。中心有孔。边缘侧有一圈三角形刻划纹饰。直径5.8、孔径0.9、厚0.9厘米（图一三四，13）。

T1232等③：5，夹砂红陶，胎质略显疏松。中心有孔。直径5.8、孔径1、厚2.4厘米（图一三四，14）。

T1232等③：7，泥质红陶，色泽不匀，局部灰色。中心有孔。侧面有一道凹弦线。直径7.1、孔径1.2、厚1.2厘米（图一三四，15）。

T1034等④：14，夹蚌红陶。略残，中心有孔，边缘略高，台面中心微凹，制作较粗。直径6.8、孔径1、厚1.1厘米（图一三四，16）。

T1232等③：8，夹蚌红陶。中心有孔。直径5.4、孔径0.8、厚1.2厘米（图一三四，17）。

T1232等③：13，泥质红陶。中心对穿成孔。直径5.8~6.2、孔径0.8~1.2、厚1.4厘米（图一三四，18）。

B型　台梯形。标本5件。

H41：2，夹砂红陶。中心有穿孔。直径4.5~5.3、孔径0.9、厚2.7厘米（图一三五，1）。

H95：1，夹蚌褐陶。轮侧面微内凹，中心有孔。直径5.2~5.8、孔径0.8、厚1.7厘米（图一三五，2）。

T1232等③：10，夹蚌红陶。中心有孔。正面梯台形凸出，底面微凸起。直径1.5~5.4、孔径0.8、厚2.1厘米（图一三五，3）。

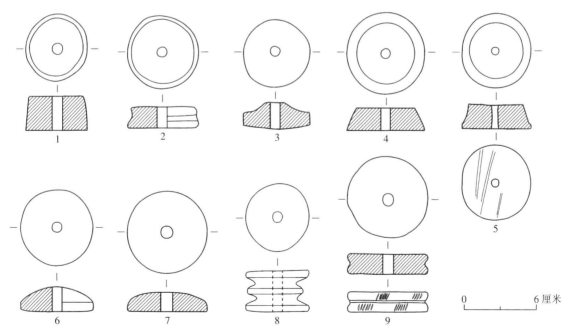

图一三五　马家浜文化B、C、D型陶纺轮

1~5.B型（H41：2、H95：1、T1232等③：10、T1130等③：8、F1：2）　6、7.C型（T1232等③：26、T0832等③：10）

8、9.D型（T0834等④：11、F1D7：2）

T1130 等③：8，泥质褐陶。中心有孔。直径 4.8～6.4、孔径 0.8、厚 1.8 厘米（图一三五，4）。

F1：2，泥质褐陶。正面和侧面微凹，底面有数道刻划痕。中心有孔。直径 4.4～5.9、孔径 0.6、厚 2 厘米（图一三五，5）。

C 型　馒头形。标本 2 件。

T1232 等③：26，夹蚌红陶。底面略平，正面凸出。中心有孔。直径 6、孔径 0.7、厚 2 厘米（图一三五，6）。

T0832 等③：10，夹蚌末褐陶。底面平，正面凸出。中心有孔。直径 6.5、孔径 1、厚 1.5 厘米（图一三五，7）。

D 型　亚腰形。标本 2 件。

T0834 等④：11，夹蚌褐陶。三连亚腰形。中心有孔。直径 5.2、孔径 0.8、厚 3.2 厘米（图一三五，8；彩版三六，6）。

F1D7：2，夹蚌红陶。中心有孔。直径 6.7、孔径 0.9、厚 1.6 厘米（图一三五，9）。

34. 网坠

根据形态分三型。标本共 28 件。

A 型　长方形或长条形条块状，正面一般有两道凹槽，个别有三道，大小有一定差异。标本 24 件。

Aa 型　长度大于或等于宽度。标本 11 件。

T1232 等⑥：2，泥质红陶。长 2.9、宽 2.6、厚 2.2 厘米（图一三六，1）。

H63：13，泥质褐陶。长 2.5、宽 2.1、厚 1.6 厘米（图一三六，2）。

H63：14，泥质褐陶。长 2.5、宽 2.4、厚 0.9 厘米（图一三六，3）。

H63：15，泥质红陶。长 2.3、宽 2、厚 1.3 厘米（图一三六，4）。

F5D118：1，泥质红陶。长 2.9、宽 2.5、厚 1.3 厘米（图一三六，5）。

F5D118：5，泥质褐陶。长 3.1、宽 2.8、厚 1.6 厘米（图一三六，6）。

F5D118：6，夹蚌褐陶。长 2.5、宽 2.3、厚 1.5 厘米（图一三六，7）。

H27：4，夹蚌红陶。长 5.7、宽 3.7、厚 1.9 厘米（图一三六，8）。

F9D2：1，泥质红陶。长 3.1、宽 2.9、厚 1.4 厘米（图一三六，9）。

T1032 等③：19，泥质红陶。长 3.6、宽 2.8、厚 1.4 厘米（图一三六，10；彩版三八，1）。

采集：6，泥质红陶。长 1.7、宽 1.6、厚 0.7 厘米（图一三六，11）。

Ab 型　长度小于宽度。标本 13 件。

H63：4，泥质红陶。长 2.8、宽 2.9、厚 1.3 厘米（图一三六，12）。

H63：12，泥质红陶。长 2.2、宽 3.2、厚 1.5 厘米（图一三六，13）。

H63：16，泥质褐陶。长 1.9、宽 2.6、厚 1.1 厘米（图一三六，14）。

F5D118：2，泥质红陶。长 2.9、宽 3、厚 1.9 厘米（图一三六，15）。

F5D118：3，泥质红陶。长 2.4、宽 3、厚 1.4 厘米（图一三六，16）。

F5D118：4，泥质黑衣陶。长 2.8、宽 2.9、厚 1.4 厘米（图一三七，1）。

T0832 等④：4，泥质褐陶。长 2.5、宽 2.9、厚 1.5 厘米（图一三七，2）。

H75：1，泥质红陶。长 2.1、宽 3.8、厚 1.7 厘米（图一三七，3）。

H75：2，泥质红陶。长 2.4、宽 3.5、厚 1.7 厘米（图一三七，4）。

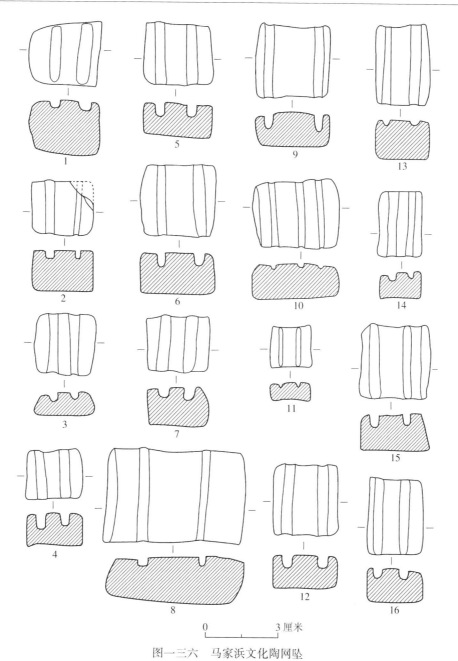

图一三六　马家浜文化陶网坠

1~11. Aa 型（T1232 等⑥：2、H63：13、H63：14、H63：15、F5D118：1、F5D118：5、F5D118：6、H27：4、F9D2
：1、T1032 等③：19、采集：6）　　12~16. Ab 型（H63：4、H63：12、H63：16、F5D118：2、F5D118：3）

T1334③：2，泥质红陶。长 2.2、宽 2.6、厚 1.4 厘米（图一三七，5）。

T1230 等④：1，泥质红陶。长 2.2、宽 2.3、厚 1.2 厘米（图一三七，6）。

F5D219：1，泥质红陶。长 1.3、宽 1.4、厚 0.8 厘米（图一三七，7）。

H12：2，泥质红陶。背面略内弧。长 2.1、宽 2.5、厚 0.7 厘米（图一三七，8）。

B 型　长圆柱状。标本 3 件。

H66：1，夹蚌红陶。圆柱形，中心双面对穿成孔。全器手工捏制，制作较为粗糙。长 9.1、宽 5、
孔径 1.5 厘米（图一三七，10）。

T1232 等④：1，泥质红陶。圆柱形，中心有一圆孔，前后贯通。长 9.2、宽 4.4、孔径 2 厘米（图

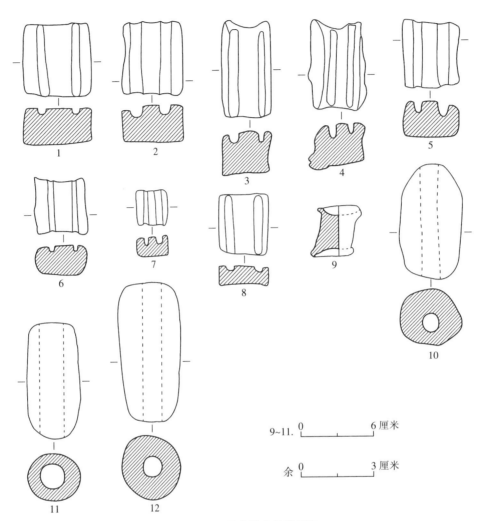

图一三七　马家浜文化陶网坠

1～8. Ab 型（F5D118：4、T0832 等④：4、H75：1、H75：2、T1334③：2、T1230 等④：1、F5D219：1、

H12：2）　9. C 型（T0834 等④：3）　10～12. B 型（H66：1、T1232 等④：1、H50：1）

一三七，11）。

H50：1，泥质红陶。圆柱形，中心有孔，前后贯通。长 11.1、宽 5.2、孔径 1.6 厘米（图一三七，

12）。

C 型　束腰形。标本 1 件。

T0834 等④：3，泥质红陶。束腰形，两端内凹。长 2、宽 1.8 厘米（图一三七，9）。

35. 拍

呈圆角长方形，拍体正面有刻划纹饰，背面往往有半环形把手。数量少。标本 6 件。

T0834 等③：3，夹蚌红陶。拍体呈弧边长方形，正面刻划横、竖垂直刻槽，背面有两个横排圆窝，作为套接把手所用。长 7.9、宽 4.6、厚 1.3 厘米（图一三八，1；彩版三八，2）。

T1232 等④：4，夹蚌红陶。背面有一半环形把手，已残，拍面饰复杂刻划纹饰，含义不详。长 7.4、宽 4.7、厚 1.3 厘米（图一三八，2）。

H101：1，夹蚌红陶。背面装有半环形把手，已残，拍正面满方格刻划纹。手制。残长 8.5、宽 4.7、残厚 2.6 厘米（图一三八，3）。

图一三八　马家浜文化陶拍、球、璜、璜形器和坠

1～5. 拍（T0834 等③：3、T1232 等④：4、H101：1、H55：1、F4D3：2）　6～9. 球（H43①：1、T0834 等③：2、

T1034 等④：2、T1130 等③：7）　10. 璜（T1034 等⑤：2）　11. 璜形器（H74：1）　12. 坠（T1334④：4）

　　H55：1，夹蚌褐陶。拍背有一把手，已残，拍面遍刻"V"形纹饰。手制。残长 7.7、残宽 3.8、残厚 1.6 厘米（图一三八，4）。

　　F4D3：2，夹蚌红陶。正面刻划横、竖垂直刻槽，背面横向环形把手残。残长 4.5、宽 5.2、残厚 3 厘米（图一三八，5）。

36. 球

标本 4 件。

　　H43①：1，泥质褐陶。圆形球体，球面对穿四孔，孔道交叉相连。手制，不够规整。球径 2.8、孔径 0.3～0.4 厘米（图一三八，6）。

　　T0834 等③：2，泥质红陶。圆形实心球体。直径 2.3 厘米（图一三八，7）。

T1034 等④:2,泥质红陶。圆形实心球体。直径 2.4 厘米(图一三八,8)。

T1130 等③:7,泥质红陶。圆形实心球体。直径 1.8 厘米(图一三八,9)。

37. 璜

标本 1 件。

T1034 等⑤:2,泥质红陶。模仿玉璜形制,弧形,剖面圆角长方形,两端有双面对穿孔。用手捏制而成,表面略显粗糙。长 6.7、宽 2.3、厚 1.5、孔径 0.4 厘米(图一三八,10;彩版三八,3)。

38. 璜形器

标本 1 件。

H74:1,泥质红陶。弧形,系用整条方形泥条弯曲而成。两端各有一戳孔,戳孔可连通。手制。长 6.2、宽 2.1、厚 2 厘米(图一三八,11)。

39. 坠

标本 1 件。

T1334④:4,夹蚌红衣陶,大部分脱落。铲形,端部及侧面磨光,前端磨出刃部,上部有穿孔,系双面对穿成孔。长 4.6、宽 4、厚 1.1 厘米(图一三八,12;彩版三八,4)。

40. 动物陶塑

标本 1 件。

T0834 等⑤:25,泥质褐陶。为动物的头部,吻部较长,眼睛镂孔较深,背部有一个镂孔,背部孔和前一孔之间有一道线槽。残长 5.6 厘米(图一三九;彩版三八,5)。

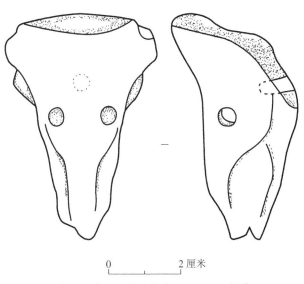

0　　　　　2 厘米

图一三九　马家浜文化动物陶塑(T0834 等⑤:25)

(二)石器

石器主要有穿孔石斧、斧、锛、凿、铲、钻头或坠、圈形器、纺轮、条形器、刀形器、磨制石片、磨砺石等。先打制或琢制成形,再经磨制,少量有穿孔,包括实心桯钻和空心管钻,有两面钻和单面钻。绝大多数在使用过程中产生疤痕或崩损痕迹。质地有凝灰岩、沉凝灰岩、硅化凝灰岩、铁沁凝灰岩、粗凝灰岩、凝灰质板岩、凝灰质泥岩、凝灰质砂岩、凝灰质页岩、含角砾凝灰岩(硅质岩)、硅质岩、赤铁矿石、铁矿化岩石、熔岩、黏土岩、石英砂岩、砂岩和杂砂岩等。

1. 穿孔石斧

标本 2 件。

G2:1,硅化凝灰岩,灰褐色。双面弧刃,侧边和顶边微外弧。刃部和右侧崩损严重。通体磨光,上端有一穿孔,为管钻两面对穿。长 11.1、宽 8.9、厚 1.3、孔径 2~2.2 厘米(图一四〇,1)。

T1335③:1,凝灰岩,黄红色。残损严重,仅余左上一角和部分钻孔,孔管钻双面对穿,通体磨光。残长 5.3、残宽 6.1、厚 1.5 厘米(图一四〇,2)。

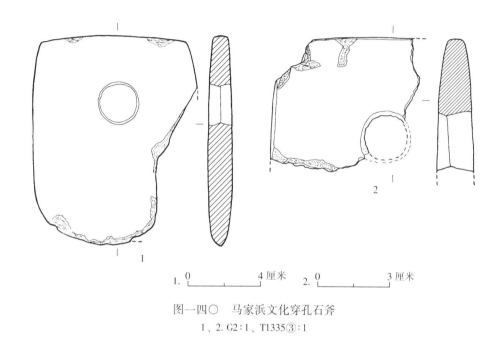

1. 0 ⌞_____⌟ 4 厘米   2. 0 ⌞_____⌟ 3 厘米

图一四〇 马家浜文化穿孔石斧

1、2. G2:1、T1335③:1

2. 斧

器体厚重,双面刃。根据形态分两型。标本共 10 件。

A 型 近圆角方形或长方形。数量相对较少。标本 6 件。

T1034 等⑤:7,杂砂岩,灰色石料。近圆角长方形,刃端残。打琢而成,器表粗糙。残长 7.3、宽 7.4、厚 5 厘米(图一四一,1)。

H63:1,硅化凝灰岩,深灰色。通体磨光。双面刃,刃面较宽。刃部因使用严重破损,后又在两面再次磨出部分刃面继续使用,背面比较光滑平整,端部及侧部亦有少量石片疤。长 9.5、宽 6、厚 1.8 厘米(图一四一,2)。

南扩方④:3,凝灰岩,灰褐色石料。近圆角方形,双面刃。器身有少量石片疤。长 7.5、宽 6.7、厚 2.1 厘米(图一四一,3)。

H27:2,硅化凝灰岩,灰绿色。通体磨光。双面刃,刃部有使用痕迹。上端残断,留有石片疤和茬口。残长 7.3、宽 5.5、厚 3 厘米(图一四一,4)。

T0832 等③:4,凝灰质砂岩,灰褐色石料。仅存石器前端一部分。双面弧刃。全器曾经打磨光滑。残长 6.8、残宽 4.4、厚 4.7 厘米(图一四一,5)。

T1232 等⑤:2,沉凝灰岩,浅灰与深灰相间条带石料。通体磨光。长方形,双面刃,器身多石片疤。长 9.5、宽 6.3、厚 2.7 厘米(图一四一,6)。

B 型 上窄下宽的圆角梯形。数量少。标本 4 件。

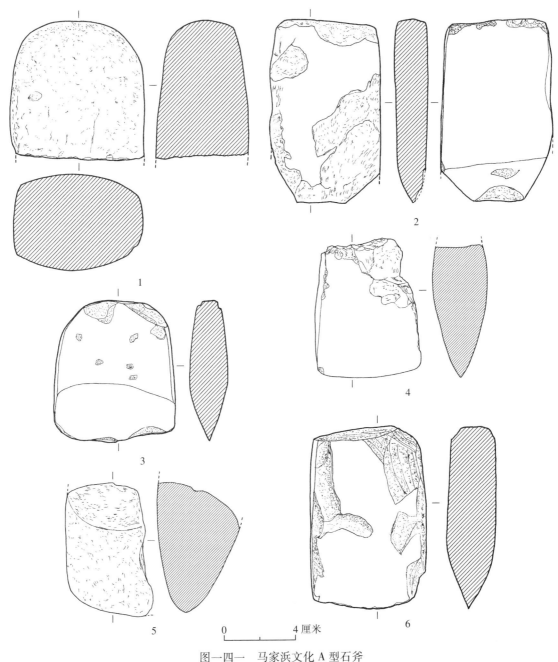

图一四一　马家浜文化 A 型石斧

1~6. T1034 等⑤：7、H63：1、南扩方④：3、H27：2、T0832 等③：4、T1232 等⑤：2

　　T0834 等⑤：8，凝灰岩，灰褐色石料。通体磨光。下部残缺。残长 6.2、宽 5.9、厚 3.95 厘米（图一四二，1）。

　　T1034 等④：1，凝灰岩，外表赭红色，里面深灰色。侧、顶、正面局部留有褐色石皮，背面和正面经磨制，刃部全部残损。残长 6.2、残宽 4、厚 1.7 厘米（图一四二，2）。

　　TG1②：1，凝灰质砂岩，灰褐色。通体磨光。残长 10.1、残宽 6.5、厚 4 厘米（图一四二，3）。

　　T1032 等③：18，铁沁凝灰岩，赭红色石料。通体磨光。残损严重，后端有较多石片疤。残长 5、残宽 4.6、厚 2.6 厘米（图一四二，4）。

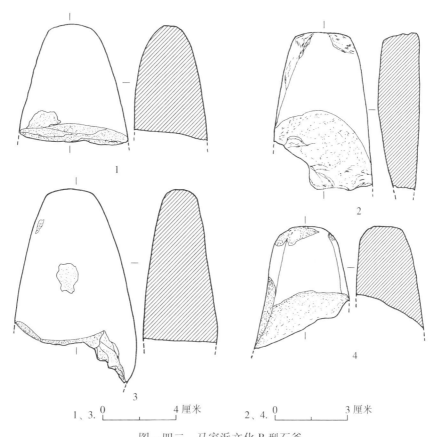

图一四二　马家浜文化 B 型石斧

1～4. T0834 等⑤：8、T1034 等④：1、TG1②：1、T1032 等③：18

3. 锛

一般为单面刃，宽度大于厚度。根据形态分两型。标本共 48 件。

A 型　器形相对较大，长度一般大于 5 厘米。数量多。标本 42 件。

Aa 型　长方形单面刃。标本 36 件。

Ⅰ式　正面刃线大体位于中部，明显凸出，剖面较厚。标本 8 件。

T1130 等⑤：2，硅化凝灰岩，灰白与深灰条带色。正面单面弧刃较宽，背面弧。器身有打制过程中形成的崩疤，磨制。长 6.8、宽 3.3、厚 2.1 厘米（图一四三，1）。

TG1③：1，凝灰岩，外表灰色条带。仅存刃部一小部分，单面刃。残长 2.1、残宽 2.3、残厚 1 厘米（图一四三，2）。

T0832 等③：6，沉凝灰岩，浅灰与深灰条带相间色。通体磨光。正面单面刃，宽刃，背面弧。刃部和上端有使用过程中留下的多块石片疤痕。长 7.5、宽 3.6、厚 2.3 厘米（图一四三，3）。

采集：3，接近 AaⅠ。沉凝灰岩，浅灰与深灰条带相间色。通体磨光。单面刃。刃部和器身残损严重，有片崩疤。残长 10.1、宽 5.2、厚 3 厘米（图一四三，4）。

T1232 等⑥：1，赤铁矿石，外表红色，里面深灰色。通体磨光。长方体，剖面厚，下部残缺严重。残长 8、宽 4.2、厚 2.9 厘米（图一四三，5）。

Ⅱ式　正面刃线稍偏下，微突出，剖面稍薄。标本 3 件。

T1032 等④：2，沉凝灰岩，灰黑条带。通体磨光。宽刃面，刃边直，背面微弧，背部前端修理出

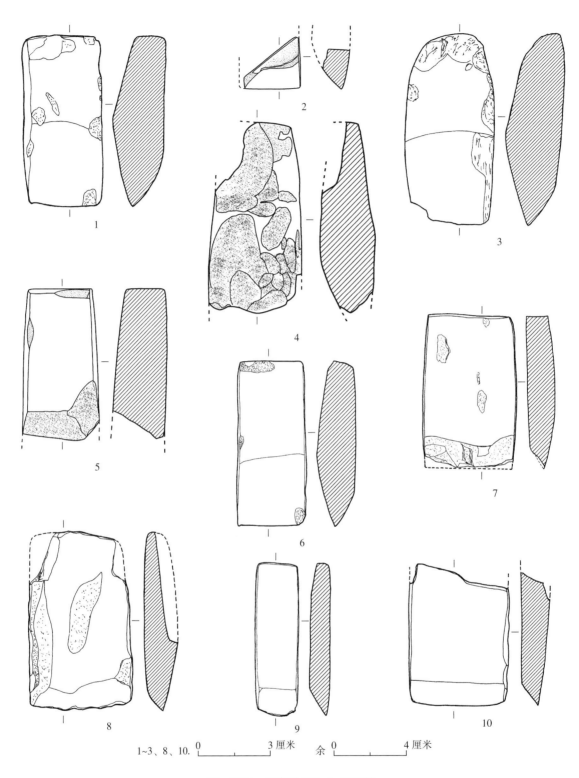

1~3、8、10. 0————————3厘米　余 0————————4厘米

图一四三　马家浜文化 Aa 型石锛

1~5. I 式（T1130 等⑤:2、TG1③:1、T0832 等③:6、采集:3、T1232 等⑥:1）　6. II 式（T1032 等④:2）　7~10. III 式
（T0834 等③:1、南扩方③:1、T1334③:3、T1232 等③:3）

　　一个小刃面。端部及刃部有少量石片疤。长8.7、宽3.8、厚2.2厘米（图一四三，6）。

　　III式　正面刃线明显偏下，正面较平，剖面薄。标本25件。

T0834 等③：1，含角砾凝灰岩（硅质岩），灰色石料。通体磨光。单面刃，刃面窄，正面和刃面有石片疤，刃部残。长 8、宽 5.1、厚 1.5 厘米（图一四三，7）。

南扩方③：1，凝灰岩，灰白色。单面刃，刃面窄，正面和刃部有石片疤，背面残缺一部分。长 7.1、宽 4.3、厚 1.5 厘米（图一四三，8）。

T1334③：3，凝灰岩，深灰色。通体磨光。单面刃，刃面窄，正背面较平，顶略弧。长 8.1、宽 2.4、厚 1 厘米（图一四三，9）。

T1232 等③：3，沉凝灰岩，土黄与灰色相杂。单面刃，刃面窄，正背面较平，顶部残缺。残长 5.6、宽 4.1、厚 1.2 厘米（图一四三，10）。

H15：1，沉凝灰岩，灰白色，有条纹石料。单面刃，刃面窄，左上和右下残损严重。长 8.7、残宽 2.5、厚 2.8 厘米（图一四四，1）。

T1032 等③：2，凝灰岩，灰绿—灰白色石料。单面刃，刃面窄，正面较平，背面微弧。长 6.4、宽 2.7、厚 1.3 厘米（图一四四，2；彩版三九，1）。

T1232 等③：6，凝灰岩，青灰色石料。窄刃面，端部和右侧残损。长 5.1、宽 2.6、厚 0.6 厘米

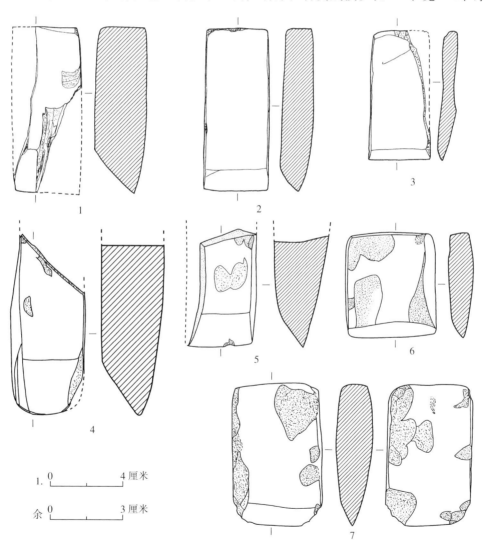

图一四四 马家浜文化 Aa 型 Ⅲ 式石锛
1～7. H15：1、T1032 等③：2、T1232 等③：6、F1D35：1、T1334③：1、采集：1、采集：7

（图一四四，3）。

F1D35：1，凝灰岩，表面红色，里面深灰色。长方形厚体石锛，单面刃。残长 7.1、宽 3.1、厚 2.6 厘米（图一四四，4）。

T1334③：1，硅化凝灰岩，灰褐色。通体磨光。单面刃，左侧和上部残损严重。残长 4.6、残宽 2.6、厚 2.3 厘米（图一四四，5）。

采集：1，接近 AaⅢ。凝灰岩，青灰色。通体磨光。长方体，单面刃，窄刃面，刃口直，微弧背，正面有多块疤痕。长 4.2、宽 3.8、厚 1 厘米（图一四四，6）。

采集：7，接近 AaⅢ。沉凝灰岩，青灰色夹条带。通体磨光。长方体，单面刃，窄刃面，刃口弧，微弧背，刃部和正、背面有多块疤痕。长 5.6、宽 3.7、厚 1.5 厘米（图一四四，7）。

Ab 型　梯形单面刃。标本 6 件。

Ⅰ式　正面刃线处明显凸出，剖面较厚。标本 1 件。

T1130 等⑤：1，凝灰岩，灰白色。磨制，正面弧刃，刃面宽，背面弧。刃口和顶端有使用过程中形成的残损疤痕。长 6.6、宽 5.1、厚 2.3 厘米（图一四五，1）。

Ⅱ式　正面微突出稍平，剖面稍薄。标本 2 件。

T0832 等④：1，凝灰岩，灰色石料。通体磨光。宽刃面，弧背。刃部有多处因反复使用造成的崩损。长 6.8、宽 4.5、厚 1.7 厘米（图一四五，2）。

T1032 等④：1，沉凝灰岩，灰色夹条带石料。通体磨光。宽刃面，弧背。正、侧面和顶端有多处

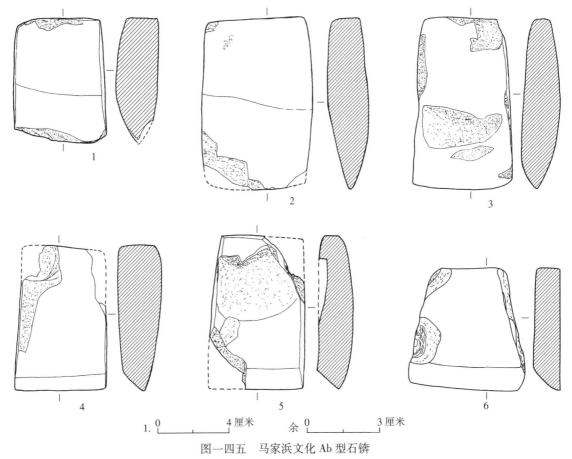

图一四五　马家浜文化 Ab 型石锛

1. Ⅰ式（T1130 等⑤：1）　2、3. Ⅱ式（T0832 等④：1、T1032 等④：1）　4～6. Ⅲ式（T0832 等③：8、T0834 等③：7、F1：1）

石片疤，刃部有使用痕迹。长6.8、宽4.1、厚1.5厘米（图一四五，3；彩版三九，2）。

Ⅲ式　正面较平，剖面薄。标本3件。

T0832等③：8，凝灰岩，灰绿色石料。通体磨光。窄刃面，弧背。锛体左右两端崩损严重。长5.7、宽3.8、厚1.8厘米（图一四五，4）。

T0834等③：7，凝灰岩，浅白色条带。单面刃，窄刃面。左下和右上角残缺，正面有石片疤。长6.1、宽3.9、厚1.4厘米（图一四五，5）。

F1：1，凝灰质页岩，深灰色—黑色。单面刃。两侧有多处石片疤，略残，刃部有使用痕迹。长4.8、宽2.7~4.7、厚1.1厘米（图一四五，6）。

B型　小型，可能为木工加工工具，长度一般小于5厘米。数量少。标本6件。

Ⅰ式　双面刃。标本3件。

H20：1，凝灰岩，灰白色石料。近长方形，双面刃。磨制。长2.8、宽1.3、厚1.1厘米（图一四六，1）。

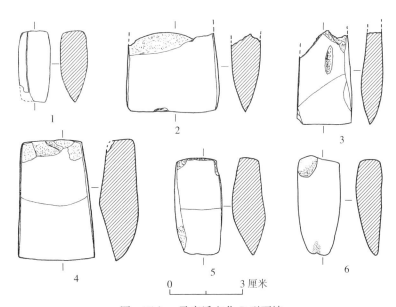

图一四六　马家浜文化B型石锛

1~3. Ⅰ式（H20：1、T1232等⑤：1、H71：1）　4~6. Ⅱ式（F8：3、T1032等③：10、T1032等③：12）

T1232等⑤：1，凝灰岩，青灰色石料。近长方形，双面刃，顶部残缺。磨制。残长3.1、宽3.8、厚1.2厘米（图一四六，2）。

H71：1，沉凝灰岩，深灰色石料。近长方形，双面刃，顶部残缺。磨制。残长3.7、宽2.3、厚0.9厘米（图一四六，3）。

Ⅱ式　单面刃。标本3件。

F8：3，沉凝灰岩，灰白色条带。梯形，单面刃，平顶。端部有打击疤痕。长4.8、宽2.4~3.1、厚1.6厘米（图一四六，4）。

T1032等③：10，沉凝灰岩，灰白、黑相间条带。长方形，单面刃。顶端和侧面有崩疤，通体打磨。长3.8、宽1.9、厚1.3厘米（图一四六，5）。

T1032等③：12，沉凝灰岩，灰绿与白色相杂条带。通体磨光。不太规整的长方形，单面刃。表面有疤痕。长3.9、宽1.8、厚1.1厘米（图一四六，6）。

4. 凿

一般单面刃,厚度大于宽度。数量相对较少。标本8件。

T0834等⑤:10,凝灰岩,灰黑色石料。长条形,单面刃,刃部残,剖面呈斜三角形。残长7、宽2、厚2.9厘米(图一四七,1)。

T0834等③:5,粗凝灰岩,深灰色。长条形,单面刃,刃部残损。长7.8、宽2、厚2.4厘米(图一四七,2)。

采集:2,凝灰质板岩,灰色石料。通体磨光。长条形器体,单面刃,斜刃面和刃口。刃部和端部有残损,有少量崩疤。残长7.7、宽1.8、厚1.9厘米(图一四七,3)。

T1034等④:12,凝灰岩,灰色石料。仅余刃口部分,刃面和背面经打磨,其余各面崩损严重。残长3.6、宽2、厚2.2厘米(图一四七,4)。

T1032等④:7,凝灰岩,红色石料。长条形,宽刃面,左下部、背部、刃部残。残长5.8、宽2.2、残厚1.6厘米(图一四七,5)。

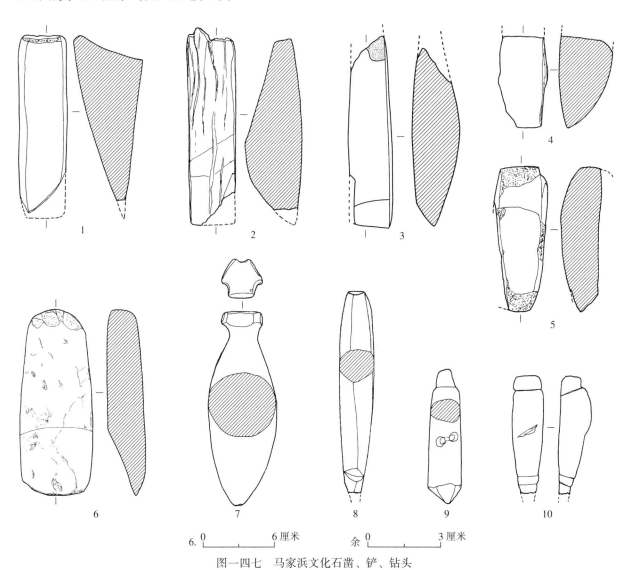

图一四七 马家浜文化石凿、铲、钻头

1~5. 凿(T0834等⑤:10、T0834等③:5、采集:2、T1034等④:12、T1032等④:7) 6. 铲(T1034等④:3) 7~10. 钻头
(T1034等④:6、T1130等③:4、T1032等④:8、T0832等③:1)

5. 铲

标本 1 件。

T1034 等④：3，熔岩，灰褐色杂黑色斑点。圆角长梯形，弧顶，弧刃，两侧边稍直，单面刃。刃和顶端有崩疤，器身经磨制，有风化剥蚀留下的痕迹。长 15.1、宽 6、厚 3.1 厘米（图一四七，6；彩版三九，4）。

6. 钻头（或坠）

标本 4 件。

T1034 等④：6，铁矿化岩石，褐红色。下端呈橄榄形，上端近根部收束，端部磨出一台面，台缘三等分磨出三道纵向凹槽。器身打磨光滑，一侧有一小疤。长 7.7、最大径 2.9 厘米（图一四七，7；彩版三九，3）。

T1130 等③：4，凝灰岩，深灰色石质。通体经打磨。圆锥形，前端残，近端部有绳拉痕迹。残长 8 厘米（图一四七，8；彩版三九，5）。

T1032 等④：8，凝灰岩，白化夹黑色斑点。圆锥状，上端出榫，器身上细下粗，顶端钝尖。器身中部有两孔，为实心桯钻。长 5.4 厘米（图一四七，9；彩版三九，6）。

T0832 等③：1，凝灰质泥岩，灰黑与黑色呈斑点状分布。不太规整的圆锥体，尖部残损。前端和后端分别有两道和一道环形凹槽，用途不明。残长 4.7 厘米（图一四七，10）。

7. 圈形器

数量少。标本 4 件。

H16：1，石英砂岩，青灰色。似圈形器的局部边缘，正面弧形内凹，正、背、侧面都经打磨。石质砂性强。残长 9、残宽 7.5、厚 1.8 厘米（图一四八，1）。

T1034 等④：10，石英砂岩，黄红色。背面平，正面弧形内凹，正、背面和周缘经打磨。石质砂性强。残。残长 7.8、残宽 8.8、厚 1.9 厘米（图一四八，2）。

8. 纺轮

标本 1 件。

H2：1，黏土岩，红白相间石质。台形。中心有孔，单面管穿而成。正、背面及侧面均打磨光滑。直径 5.6~6、孔径 0.8、厚 1.4 厘米（图一四八，3）。

9. 条形器

数量较少。标本 4 件。

T1032 等③：5，凝灰质砂岩，深灰色。利用天然石条稍加磨制加工而成。剖面近方形，前端渐细长，顶端残断。残长 8.2、宽 1.3、厚 0.9 厘米（图一四八，4）。

T1032 等③：13，凝灰质砂岩，深灰色。利用天然石条加工而成。边缘圆钝，一端残损，剖面扁圆形。残长 7.7、宽 2.6、厚 1.1 厘米（图一四八，5）。

T1032 等③：6，硅质岩，灰色。利用天然石条加工而成，两侧经打磨。剖面近方形，两端圆钝。长 6.5、宽 1.2、厚 1 厘米（图一四八，6）。

10. 刀形器

标本 1 件。

T1334④：2，凝灰岩，土灰色。刃缘弧形，刃口圆钝，顶端较平整。残长 12.4、残宽 9.6、厚 1.2 厘米（图一四八，7）。

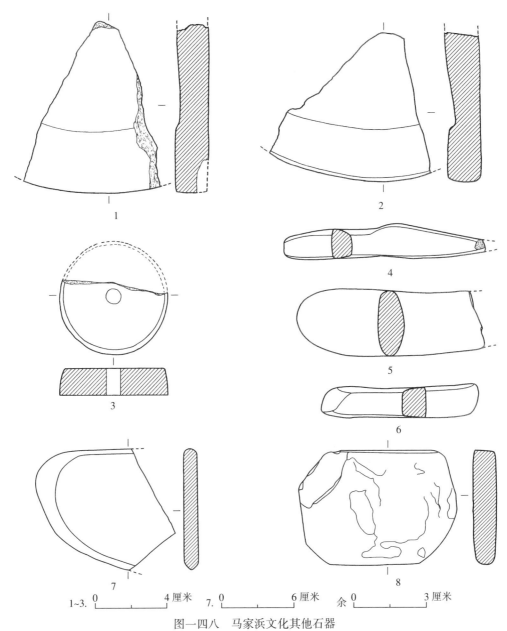

图一四八　马家浜文化其他石器

1、2. 圈形器（H16：1、T1034 等④：10）　3. 纺轮（H2：1）　4~6. 条形器（T1032 等③：5、T1032 等
③：13、T1032 等③：6）　7. 刀形器（T1334④：2）　8. 磨制石片（F1：3）

11. 磨制石片

标本 1 件。

F1：3，砂岩，黄褐色。利用天然扁平石材加工而成。顶端稍平，其余面较圆钝。长 6.4、宽 4.6、厚 1 厘米（图一四八，8）。

12. 磨砺石

数量相对较少。标本 12 件。

T1034 等④：16，砂岩，红色。不规则形，正、背面有打磨使用过程中形成的微凹的磨面。石质砂性强。残长 8.1、残宽 6.2、残厚 3.4 厘米（图一四九，1）。

T0832 等③：9，砂岩，灰黄色。不规则形，正、背面作为研磨面使用。正面中心有一条浅凹槽。

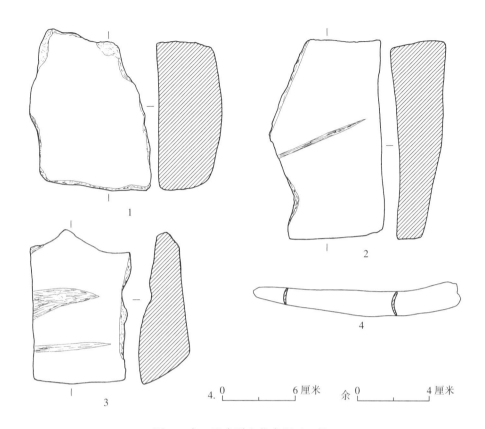

图一四九　马家浜文化磨砺石、骨匕

1~3. 磨砺石（T1034 等④：16、T0832 等③：9、T1034 等⑤：6）　4. 骨匕（H63：3）

石质砂性强。残长 10.4、残宽 6.1、残厚 3 厘米（图一四九，2）。

T1034 等⑤：6，砂岩，红色。不规则形，正、背面有打磨使用过程中形成的微凹的磨面。石质砂性强。残长 8、残宽 5.4、残厚 2.8 厘米（图一四九，3）。

另外还有一些石器残片和残石器，器体不规整，器形不太明确。标本约 16 件。

（三）骨器

骨匕

标本仅 1 件。

H63：3，黑褐色骨质。长条形，一端圆钝，磨成刃边。系利用动物肢骨劈削后打磨制成，略有变形。长 17.2、宽 2.1 厘米（图一四九，4）。

三　分期

主发掘区和 TG1 的生活类遗存堆积单位包括地层、房址、灰坑、灰沟等，它们之间有着比较复杂的叠压和打破关系，同时与丧葬类遗存中的墓葬和瓮棺葬也有着复杂的叠压和打破关系。由于丧葬类遗存所代表的公共墓葬区主要存在于主发掘区第④至⑤层之间的年代框架中，延续的时间相对较短，而且墓葬中的随葬品与生活类遗存中的器物在种类、型式、组合、风格以及发展脉络上也有一定的差别，所以对丧葬类遗存中的出土器物将在下一节单独进行分析。

1. 主发掘区堆积单位的层位关系如下：

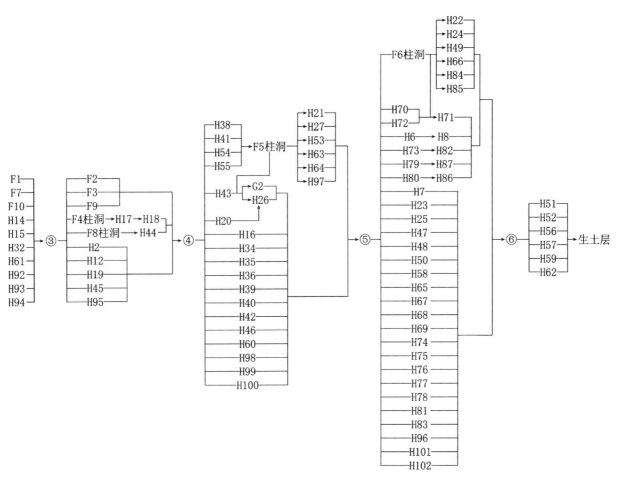

2. TG1 堆积单位的层位关系如下：

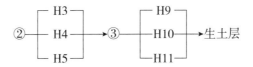

根据以上相对复杂的层位早晚关系和丰富的出土器物种类、组合和型式，可将具有典型分期意义的器物列表如下（表一一，排除个别晚期单位中可能存在的早期遗留物标本）：

表一一　　　　　　　　　神墩遗址马家浜文化地层堆积中出土器物型式变化表

器类 型式 分段	陶釜														
	A	B	Ca	Cb	Da	Db	E	F	G	H	I	Ja	Jb	Jc	K
一段	I	I	I	I	√	I	I	I	I	√	√				
二段	II III	II	II	I II	√	II	II	II III	I II	√		√	√	√	
三段	IV								III	√					
四段										√					
五段										√					√

分段 ＼ 器类/型式	陶鼎 A	陶鼎 B	陶鼎 C	陶鼎 D	小陶鼎 A	小陶鼎 B	小陶鼎 C	小陶鼎 D	陶炉箅	陶大口缸	刻纹白陶片
一段											
二段											
三段		I									√
四段	I	II	I	√	√	√	√	√	√		√
五段	II	III	II				√		√	√	√

分段 ＼ 器类/型式	陶鼎足 Aa	Ab	Ac	Ba	Bb	C	Da	Db	E	F	G	陶器足 A	B
一段												I	
二段												I II	√
三段	√	√											
四段	√	√		√		√		√					
五段	√	√	√	√		√			√	√	√		

分段 ＼ 器类/型式	陶罐 A	B	C	Da	Db	Dc	E	F	G	Ha	Hb	IA	IB	IC	J
一段	I					I	I					√	√		
二段	II	I		I	I	II	I	I	I	I	√		√	I	√
三段						II	II						√		
四段		II	I	II	III			II	II	II			√	II	
五段		II	II			IV					√			III	

分段 ＼ 器类/型式	陶蒸箅 A	Ba	Bb	陶钵 Aa	Ab	B	陶盆 A	B	C	D	陶匜 A	B	C	陶盘	圈足小陶杯 A	B
一段	√			√		I										
二段		√	√	√	√	II	I	I	I		I	√				
三段													√			
四段						III	II		I					I II	√	√
五段						IV	III	II	√		II	II		III		

分段 ＼ 器类/型式	陶豆（盘）A	B	C	D	陶豆圈足	陶盉 A	Ba	Bb	C	陶碗 A	B	C
一段	I	I			I							
二段	II	II	I	I	I	√	I	I	√	I	√	
三段	III	III	II	II	I	√					II	
四段		IV	III IV		I II	I II	I II	I II				√
五段	IV V	V			I III	√						√

器类 型式 分段	小陶罐		石锛			穿孔石斧
	A	B	Aa	Ab	B	
一段			I			
二段	I	I	I	I	I	√
三段	II	I II				
四段	III	III	II	II		
五段	III IV	IV	III I	III	II	√

　　根据表一一所列出的各段典型器物的种类、组合、型式的变化以及各器物型式出土的层位关系，可将马家浜文化生活类遗存分为早、中、晚三个时期和五个时段，早期以一、二段为代表，中期以三段为代表，晚期以四、五段为代表，而且器物演化的早晚序列和层位叠压打破的早晚序列是完全一致的。灰坑、房址、灰沟等遗迹单位根据其出土的具有分期意义的遗物或层位关系划分期段，个别没有出土典型遗物的遗迹，一般将之归入叠压在其上的地层年代，由此，将本次发掘的马家浜文化时期各主要单位分期情况列表如下（表一二）：

表一二　　　　　　　　　　　　神墩遗址马家浜文化生活类遗存分期表

	早段	一段	主发掘区第⑥层及 H22、H23、H24、H25、H51、H52、H56、H57、H59、H62、H66、H101
早期	晚段	二段	主发掘区第⑤层及 F5、F6、G2、H5、H6、H7、H8、H9、H10、H11、H16、H20、H21、H26、H27、H36、H38、H39、H40、H42、H47、H48、H49、H50、H53、H54、H55、H58、H60、H63、H64、H65、H67、H68、H69、H70、H71、H72、H73、H74、H75、H76、H77、H78、H79、H80、H81、H82、H83、H84、H85、H86、H87、H96、H97、H100、H102
中期		三段	H35、H41、H43、H46、H98、H99
晚期	早段	四段	主发掘区第④层及 F3、F4、F9、H12、H17、H18、H19、H34、H45
	晚段	五段	主发掘区第③层及 F1、F2、F7、F8、F10、H2、H3、H4、H14、H15、H32、H44、H61、H92、H93、H94、H95

　　早期遗存　有房址、灰坑、灰沟、地层等，出土器物以陶器为主，石器较少，仅见 1 件骨器。陶系以主发掘区的第⑥层、⑤层为例，夹细蚌末陶居于绝对主体地位，占 99.4%，其中夹蚌褐陶占 65.45%、夹蚌红陶占 24.82%、夹蚌红衣陶占 7.31%，夹蚌黑衣、灰陶、白陶占 1.81%。仅有少量的夹炭陶、夹砂陶、泥质陶，占 0.6%。器形有釜、罐、豆、盆、钵、碗、匜、盉、小罐、甑、蒸箅、器盖、器座、支座、拍、网坠、纺轮、璜形器、动物陶塑等。陶胎相对较为一致，细蚌末的含量较高。胎质较为疏松，火候相对较低。器表颜色色差较大，色质不够均匀。相当多的陶器呈现外红内黑的状态。平底器占绝大多数，也有极少量圈足器和三足器，不见圜底器。纹饰简单，仅有少量锯齿纹、刻划纹、按捺纹、镂孔、凸棱等。錾手、把手、器耳的使用比较普遍。平底釜是最为重要的炊器，数量最多，形制也多种多样。主要有敞口斜直腹筒形、敞口宽沿斜直腹筒形、勾敛口宽沿盆形、侈口宽沿盆形、敞口浅腹盆形、敛口钵形、敞口束颈尊形、侈口罐形等，口沿下常有四个或两个舌形、鸡冠形、舌梯形对称錾手，因器形不同腰檐宽窄不等或无腰檐，有的腰檐外缘有凸纽、锯齿纹装饰或形成多角状。腰檐以上多施红衣，少量施黑衣。石器有穿孔石斧、斧、锛、凿、圈形器、磨砺石等，骨器仅有

骨匕1件。可分为早、晚两段。

早期早段（一段）陶器器形有AⅠ、BⅠ、CaⅠ、CbⅠ、Da、DbⅠ、EⅠ、FⅠ、GⅠ、H、Ⅰ釜，AⅠ、DcⅠ、EⅠ、Ia、Ib罐，A蒸箅，Aa、BⅠ钵，匜口，AⅠ器足，AⅠ、BⅠ豆（盘），Ⅰ豆圈足，AaⅠ器盖，AⅠ、C盖纽，AⅠ器耳，AaⅠ、AbⅠ、BⅠ器把手，Aa、B网坠，A纺轮，拍和器圈足等。夹细蚌末陶占99.53%，其中夹蚌褐陶占66.79%、夹蚌红陶占23.25%、夹蚌红衣陶占7.35%、夹蚌黑衣陶占1.9%、夹蚌灰陶占0.24%，夹炭陶仅占0.47%。石器仅有AaⅠ石锛。

早期晚段（二段）陶器器形有AⅡ、AⅢ、BⅡ、CaⅡ、CbⅠ、CbⅡ、Da、DbⅡ、EⅡ、FⅡ、FⅢ、GⅠ、GⅡ、H、Ja、Jb、Jc釜，AⅡ、BⅠ、DaⅠ、DbⅠ、DcⅡ、EⅠ、FⅠ、GⅠ、HaⅠ、Hb、Ib、IcⅠ、J罐，Ba、Bb蒸箅，甑，Aa、Ab、BⅡ钵，AⅠ、BⅠ盆，AⅠ、B匜，A、BaⅠ、BbⅠ、C盉，AⅠ、B碗，AⅠ、AⅡ、B器足，AⅡ、BⅡ、CⅠ、DⅠ豆（盘），Ⅰ豆圈足，AⅠ、BⅠ小罐，AaⅡ、B、C、E器盖，AⅡ、C盖纽，AⅡ、B器耳，AaⅠ、AbⅡ、BⅡ器把手，动物陶塑，Aa、Ab、B网坠，A纺轮，拍，器座，A、B支座和璜形器等。夹蚌末陶占99.38%，其中夹蚌褐陶占65.23%、夹蚌红陶占25.07%、夹蚌红衣陶占7.31%、夹蚌黑衣陶占1.37%、夹蚌灰陶占0.37%。仅有少量的夹炭陶、夹砂陶、泥质陶，占0.62%。骨器有骨匕。石器有穿孔斧，A、B斧，圈形器，凿，AaⅠ、AbⅠ、BⅠ锛和磨砺石等。

中期遗存（三段）　生活类遗存极少，主要包括6个灰坑。与之年代接近的主要为丧葬类遗存，将在下一节介绍。平底釜的数量、种类、型式明显减少，平底鼎和鼎足出现并迅速增加。夹蚌末陶略有减少，夹砂陶、泥质陶、夹炭陶略有增加。夹蚌末陶占97.65%，其中夹蚌褐陶占36.65%、夹蚌红陶占28.79%、夹蚌红衣陶占20.23%、夹蚌黑衣陶占11.98%，夹砂陶、泥质陶、夹炭陶占2.35%。纹饰有少量锯齿纹、按捺纹、弦纹、压印纹等。陶器有AⅣ、EⅡ（个别）、GⅢ、H釜，DbⅡ、EⅡ、Ib罐，C匜，A盉，AⅡ碗，BⅠ鼎，Aa、Ab鼎足，AⅢ、BⅢ、CⅡ、DⅡ豆（盘），Ⅰ豆圈足，AⅡ、BⅠ、BⅡ小罐，C器盖，E盖纽，BⅡ器把手，B纺轮，陶球和刻纹白陶片等。石器仅有个别残石锛。

晚期遗存　有房址、灰坑、地层等，出土器物以陶器为主，石器较多。陶系以主发掘区的③、④层为例，夹蚌陶数量有所减少，蚌粒有的稍粗，比例达94.19%，其中夹蚌褐陶占55.78%、夹蚌红陶占22.43%、夹蚌红衣陶占9.63%、夹蚌黑衣陶占4.79%、夹蚌灰陶占1.38%、夹蚌白陶占0.19%。泥质陶、夹砂陶、夹炭陶数量有所增加，分别占3.32%、1.89%、0.60%。火候略有增加，烧制质量有所提高。陶器有鼎、小鼎、罐、小罐、釜、豆、盆、钵、盉、匜、甑、大口缸、盘、圈足小杯、盂、器盖、炉箅、支座、网坠、纺轮、拍、球、坠等。纹饰主要有指捺窝、锯齿纹、附加堆贴、镂孔、凸棱、条形凹槽、弦纹、刻划纹、压印纹等。鼎的数量大量增加，鼎足形态多种多样，釜的数量大量减少，非常罕见。新见厚胎夹砂大口深腹小平底缸、沿面内凹的罐、炉箅、刻纹白陶器等。石器数量增多，品种丰富，有穿孔石斧、斧、锛、凿、铲、坠、纺轮、圈形器、条形器、刀形器、磨制石片、磨砺石等。并可分为早、晚两段。

晚期早段（四段）陶器有AⅣ（个别）、EⅡ（个别）、H釜，BⅡ、CⅠ、DaⅡ、DbⅢ、FⅡ、GⅡ、HaⅡ、Ib、IcⅡ罐，BⅢ钵，刻纹白陶片，炉箅，AⅡ、DⅠ盆，Ⅰ、Ⅱ盘，A、B圈足小杯，盂，A、BaⅠ、BaⅡ、BbⅠ、BbⅡ盉，C碗，AⅠ、BⅡ、CⅠ、D鼎，Aa、Ab、Ba、C、Da、Db鼎足，A、B、C、D小鼎，BⅣ、CⅢ、CⅣ豆（盘），Ⅰ、Ⅱ豆圈足，AⅢ、BⅢ小罐，Ab、C、DⅠ器盖，BⅠ、C、D盖纽，AⅢ器耳，AaⅠ、AaⅡ、BⅡ器把，Aa、Ab、B、C网坠，A、D纺轮，拍，A、B支座，陶球和陶坠等。陶系中夹蚌陶占97%，比例继续略有减少，其中夹蚌褐陶占57.59%、夹蚌红陶占

21.97%、夹蚌红衣陶占 11.17%、夹蚌黑衣陶占 4.88%、夹蚌灰陶占 1.23%、夹蚌白陶占 0.15%。夹砂陶占 1.45%，泥质陶占 1.29%，夹炭陶占 0.27%。泥质陶和夹砂陶比例继续略有增加，夹炭陶变化不大。石器有 A、B 斧，AaⅡ、AbⅡ锛和凿、铲、坠、圈形器、刀形石器、磨砺石等。

晚期晚段（五段）陶器有 H、K（个别）釜，BⅡ、CⅡ、DbⅣ、Ia、Ib、IcⅢ罐，甑，BⅣ钵，炉箅，大口缸，AⅢ、BⅡ、C、DⅢ盆，AⅡ匜，Ⅲ盘，A 盉，C 碗，AⅡ、BⅢ、CⅡ鼎，Aa、Ab、Ac、Ba、Bb、C、Da、Db、E、F、G 鼎足，C 小鼎，AⅣ、AV、BV豆（盘），I、Ⅲ豆圈足，AⅢ、AⅣ、BⅣ小罐，C、DⅡ、E 器盖，BⅡ、C 盖纽，AⅢ、AⅣ器耳，AaI、AaⅡ、BⅢ器把，Aa、Ab 网坠，A、B、C、D 纺轮，刻纹白陶片，拍，A 支座和陶球。陶系中夹蚌陶占 89.65%，数量明显减少，其中夹蚌褐陶占 52.85%、夹蚌红陶占 23.17%、夹蚌红衣陶占 7.13%、夹蚌黑衣陶占 4.64%、夹蚌灰陶占 1.61%、夹蚌白陶占 0.26%。泥质陶占 6.61%，夹砂陶占 2.59%，夹炭陶占 1.15%。数量均显著增加。石器有穿孔石斧，A、B 石斧，AaI、AaⅢ、AbⅢ、BⅡ石锛和石凿、石坠、纺轮、石条形器、磨制石片、磨砺石等。

以上各期段典型陶器分期见图一五〇 A～E。

第二节　丧葬类遗存

一　遗迹

马家浜文化丧葬类遗存主要包括墓葬 252 座，婴儿瓮棺葬 16 座，狗骨架 2 处，全部分布于主发掘区（图一五一；彩版四〇、四一；附表七）。从平面分布来看，主发掘区中心部位相对比较密集，四周较为稀疏，可能代表了一片相对完整的氏族公共墓地（被 G1 破坏的墓葬数量不明）。墓葬层位关系均在④层下，打破或叠压于⑤层以及开口于⑤层表的房址 F5 和灰坑，也有少量墓葬被④层下的灰坑打破的现象。

共清理墓葬 252 座，分布非常密集，叠压打破关系复杂，149 座为浅坑或深坑填土掩埋，103 座未发现墓坑。瓮棺葬 16 座，大多分布于墓地的北部、西部、南部的外围，少量散布于墓地的墓葬之间，一般用倒扣的平底陶釜（或平底陶鼎）作为葬具，里面残留有婴儿骨渣，其中 3 座打破⑤层，见有土坑，13 座在⑤层表。墓地的东北和西北边缘各有一具狗的骨架。

需要说明的是，确实有叠压在⑤层表的部分墓葬未发现墓坑，这些墓葬一般保存状况较差，骨骼多有缺失，有的仅有骨渣和骨灰痕迹。从整个墓地看，年代稍早的墓葬一般都有墓坑，有的墓坑还较深，年代较晚的墓葬墓坑一般较浅或未见墓坑。特别是在某一区域反复埋葬后，出于对先人墓葬的崇敬或禁忌（如有的骨骼被其他墓葬随葬），为避免破坏先人的墓葬，当不排除部分墓葬堆土掩埋的可能性。现代民俗学调查发现，当地包括遗址上埋葬的墓葬即为平地堆土和覆土掩埋[①]。而且江南地区地下水位相对较高，绝大多数墓葬墓坑相对较浅，墓葬埋葬比较集中和密集后，叠压打破关系复杂，早晚相互之间的反复破坏和扰动，加之晚期地层活动影响（如有些随葬品进入了地层），部分墓葬一露头可能已近底部，也给墓坑的判断带来了相当的困难。另外，发掘期间多处于冬春季节，受雨雪冰冻的影响较大。所以未发现墓坑的这一部分墓葬还是有一些遗憾，但从墓葬相互关系与随葬品体现出来的演化关系看还是比较一致的。

---

① 遗址上现代坟的埋葬过程为先平整出一块平地，用土堆出长条形高约 5 厘米的土台，其上用一元硬币摆放出北斗七星的形状，上面放置棺材，最后堆土和覆土掩埋，或用水泥、黄沙、石子、砖头等砌出坟包。

下表为「神墩遗址马家浜文化典型生活类遗物类型变化表（1）」，器形分为陶釜（A、B、Ca、Cb、Db、E、F、G）与陶鼎（A、B、C）。

期段 ＼ 器形	陶釜 A	陶釜 B	陶釜 Ca	陶釜 Cb	陶釜 Db	陶釜 E	陶釜 F	陶釜 G	陶鼎 A	陶鼎 B	陶鼎 C
早期·早段（一段）	Ⅰ式 H22：1；Ⅱ式 H26：3；Ⅲ式 G2：13	Ⅰ式 T1032等⑥：7	Ⅰ式 H24：2	Ⅰ式 T1130等⑥：1	Ⅰ式 H52①：5	Ⅰ式 H56：3	Ⅰ式 H66：2	Ⅰ式 H52①：1			
早期·晚段（二段）		Ⅱ式 T0834等⑤：1	Ⅱ式 T1034等⑤：18	Ⅱ式 T0834等⑤：44	Ⅱ式 T1334⑤：1	Ⅱ式 T0834等⑤：3	Ⅱ式 F6D127：1；Ⅲ式（H85：1）	Ⅱ式 F5D59：1；Ⅱ式（H63：5）			
中期（三段）						Ⅲ式 H98②：3		Ⅲ式 H98②：4		Ⅰ式 H98②：5	
晚期·早段（四段）	Ⅳ式 T1232等④：2								Ⅰ式 T1034等④：11	Ⅱ式 F8D37：1	Ⅰ式 南扩方④：11
晚期·晚段（五段）									Ⅱ式 F1D5：1	Ⅱ式 T1235③：2	Ⅱ式 F2D9：1

图一五○ A 神墩遗址马家浜文化典型生活类遗物类型变化表（1）

陶罐

期段		器形 A	B	C	Da	Db	Dc	E	F	G	Ha	Ic
早期	一段（早段）	I式 H101:3					I式 T0832等⑥:9	I式 H56:2				
早期	二段（晚段）	II式 T0834等⑤:5	I式 T0834等⑤:15		I式 F6D67:1	I式 T1034等⑤:19	II式 H48:2	I式 T0834等⑤:40	I式 H58:2	I式 H20:5	I式 H16:2 / I式 T0834等⑤:39	I式 T1232等⑤:5
中期	三段					II式 H41:1		II式 H98②:2				
晚期	四段（早段）		II式 F3Z1:1	I式 T1034等④:19	II式 T1335④:16	III式 T1334④:6			II式 T1235④:1	II式 T0834等④:14	II式 T1230等④:13	II式 T1032等④:10
晚期	五段（晚段）		II式 F1D29:3	II式 T0832等③:15		IV式 F1D10:1						III式 T1334③:13

图一五○ B 神墩遗址马家浜文化典型生活类遗物类型变化表（2）

陶盆・陶豆圈足・陶豆(盘)・小陶罐 类型变化表

期段 / 器形	小陶罐 A	小陶罐 B	陶豆(盘) A	陶豆(盘) B	陶豆(盘) C	陶豆(盘) D	陶豆圈足	陶盆 A	陶盆 B	陶盆 C	陶盆 D
早期 一段 早段			I式 T0834等⑥:6	I式 H23:2			I式 T1130等⑥:6				
早期 二段 晚段	I式 T1032等⑤:1	I式 T1235⑤:2	II式 T1032等⑤:5	II式 T1232等⑤:18	I式 T1232等⑤:12	I式 T0832等⑤:11	I式 H63:10	I式 T1034等⑤:4	I式 T1334⑤:2		
中期 三段	II式 H98①:1	II式 H98②:8	III式 H35:4	III式 H41:14	II式 H41:13	II式 H98②:10	I式 H98②:9				
晚期 四段 早段	III式 T0834等④:8	III式 T1032等④:28	IV式 T0834等③:20	IV式 T0832等④:17	III式 T1034等④:20 ; IV式 H19:2		II式 T0834等④:34	II式 T1335等④:9			I式 T1335④:8
晚期 五段 晚段	IV式 T1232等③:11	IV式 T1032等③:7	V式 T1130等③:9	V式 T1234③:2			III式 F1D25:2	III式 T1234③:1	II式 T1230等③:1	H32:2	II式 H32:9

图一五〇C 神墩遗址马家浜文化典型生活类遗物类型变化表(3)

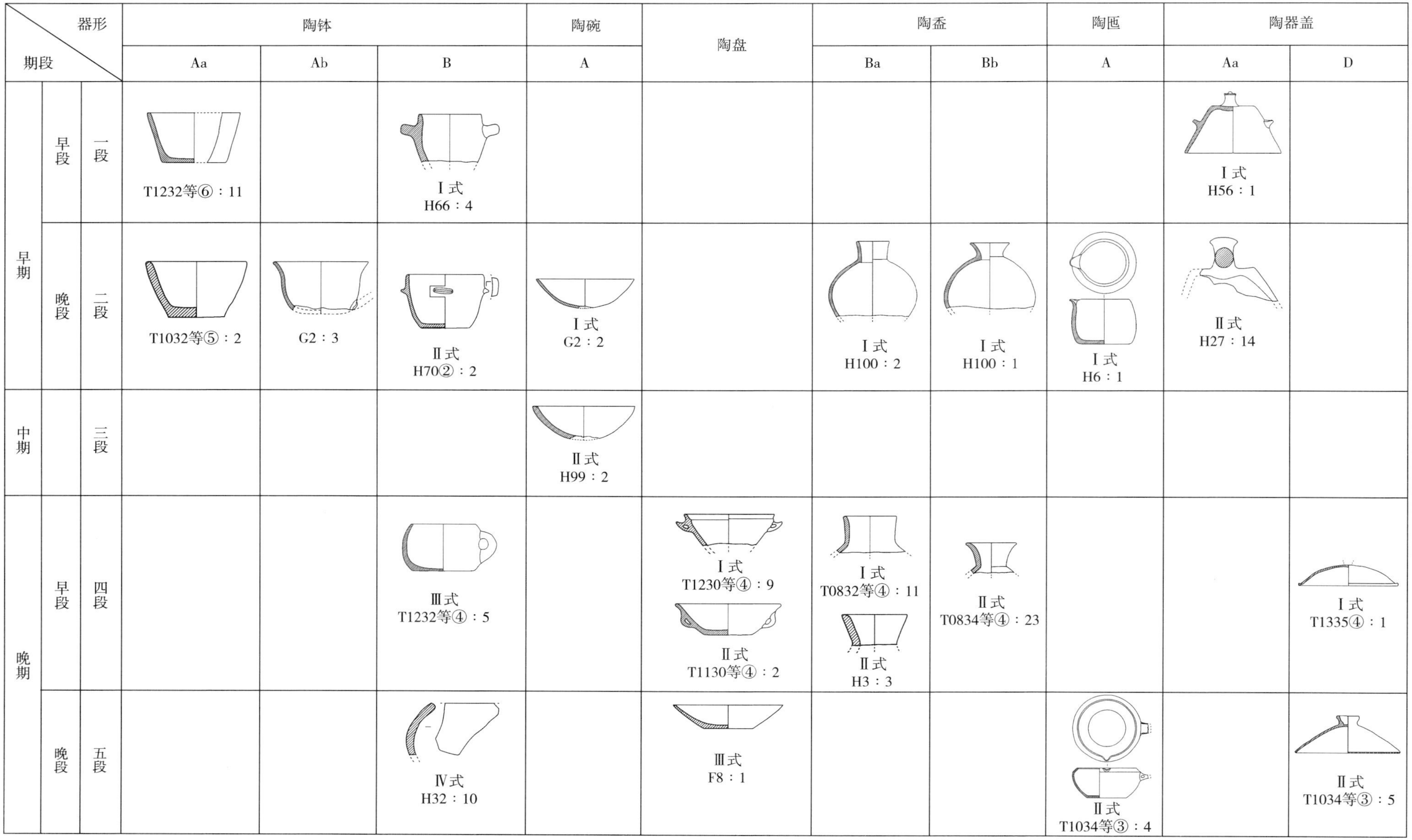

器形 期段			陶器盖 D	陶器盖 Aa	陶甑 A	陶盉 Bb	陶盉 Ba	陶盘	陶碗 A	陶钵 B	陶钵 Ab	陶钵 Aa
早期	早段	一段		I式 H56:1						I式 H66:4		T1232等⑥:11
早期	晚段	二段		II式 H27:14	I式 H6:1	I式 H100:1	I式 H100:2		I式 G2:2	II式 H70②:2	G2:3	T1032等⑤:2
中期		三段							II式 H99:2			
晚期	早段	四段	I式 T1335④:1			II式 T0834等④:23	I式 T0832等④:11 / II式 H3:3	I式 T1230等④:9 / II式 T1130等④:2		III式 T1232等④:5		
晚期	晚段	五段	II式 T1034等③:5		II式 T1034等③:4			III式 F8:1		IV式 H32:10		

图一五〇 D 神墩遗址马家浜文化典型生活类遗物类型变化表(4)

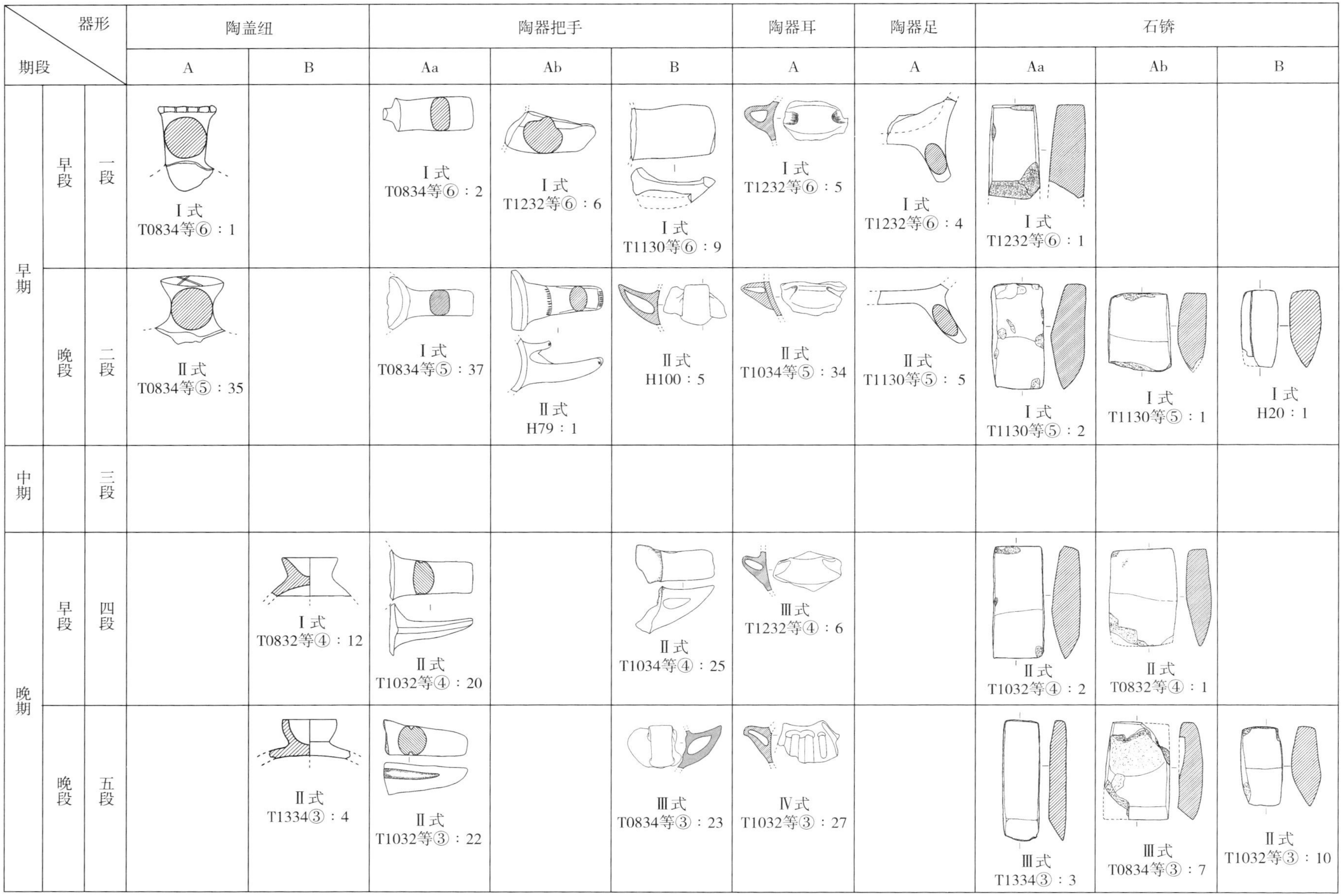

期段	段	陶盖纽 A	陶盖纽 B	陶器把手 Aa	陶器把手 Ab	陶器把手 B	陶器耳 A	陶器足 A	石锛 Aa	石锛 Ab	石锛 B
早期 早段	一段	I式 T0834等⑥:1		I式 T0834等⑥:2	I式 T1232等⑥:6	I式 T1130等⑥:9	I式 T1232等⑥:5	I式 T1232等⑥:4	I式 T1232等⑥:1		
早期 晚段	二段	II式 T0834等⑤:35		I式 T0834等⑤:37	II式 H79:1	II式 H100:5	II式 T1034等⑤:34	II式 T1130等⑤:5	I式 T1130等⑤:2	I式 T1130等⑤:1	I式 H20:1
中期	三段										
晚期 早段	四段		I式 T0832等④:12	II式 T1032等④:20		II式 T1034等④:25	III式 T1232等④:6		II式 T1032等④:2	II式 T0832等④:1	
晚期 晚段	五段		II式 T1334③:4	II式 T1032等③:22		III式 T0834等③:23	IV式 T1032等③:27		III式 T1334③:3	III式 T0834等③:7	II式 T1032等③:10

图一五〇 E 神墩遗址马家浜文化典型生活类遗物类型变化表（5）

（一）墓葬

252 座墓葬中单人葬 221 座，占墓葬总数的 87.7%，其中单人一次葬 199 座，占墓葬总数的 78.97%，单人二次葬 22 座，占墓葬总数的 8.73%，合葬墓（14）和疑似合葬（17）墓①共 31 座，占墓葬总数的 12.3%。所有墓葬头向均向东或东略偏北、偏南，表现出极强的趋同性，绝大多数在 90° 左右，最大偏向在 69°～122° 之间。能够看出面向的多为面向北，次为面向南和面向上，也有面向下，少量的界限比较模糊，如北下、北上、南上等，个别二次葬的面向东、向西（如 M45、M46）。大多数个体的死亡年龄集中在青壮年期（见附表七）。

单人一次葬 199 座，以仰身葬为多，侧身次之，俯身和侧俯身稍少。仰身葬中以仰身直肢为多，有少量屈肢、交肢、弯折肢等；侧身葬中以侧身直肢为多，有少量屈肢、交肢、弯折肢等；俯身和侧俯身中有直肢、交肢、弯折肢等。相当多的墓葬有一定的模糊性和不确定性，如仰身中有一部分仰身微侧，侧身和俯身中也有一些具有中间形态，屈肢中也有程度上的相当变化。同时，相当多的墓葬首身不全，骨骼保存较差，给葬式的精确统计带来了一定的难度。墓主以成年人为主，有少量未成年人。男性数量多于女性。

单人二次葬 22 座，骨骼多少不一，摆放非常凌乱，有的仅有头骨，有的仅有肢骨，个别骨骼稍多，大体摆出人的形态如 M27，成年人为多，也有少量未成年人。

合葬墓（14）和疑似合葬墓（17）共 31 座，其中 2 个个体合葬的 22 座，3 个个体合葬的 7 座，4 个个体合葬的 2 座。合葬个体中有的都为一次葬，有的兼有一次葬和二次葬。绝大多数是成年男性、成年女性的同性合葬，且男性明显多于女性，次为成年人和未成年人合葬，未成年人合葬仅 1 座（M72），不见成年男女合葬墓。

252 座墓葬中无随葬品的 85 座，有随葬品的 167 座。墓葬随葬品共 333 件，其中陶器 244 件，石器 68 件，玉器 21 件，随葬 1～3 件的 151 座，4～8 件的 16 座。单人二次葬随葬品较少或没有，最多不超过 3 件。社会成员之间相对比较平等，少量随葬品数量稍多的墓葬，出现了崇尚玉石器的倾向，如 M88、M188、M55 等。随葬品的位置并不完全固定，头部、上身、下肢、脚部及其周围都有放置，但有些器物的放置也有相对的稳定性，如陶鼎多出于头骨附近，陶纺轮多见于盆骨周围，石器多出土于上身部位，玉器多出土于头、颈、胸部。少量墓葬的随葬品位置比较特殊，如 M20、M88 的玉璜出土于死者口中，M7 的陶豆枕于头骨下，M165 陶盆倒扣于脸部。有的墓葬还用其他人体的尸骨随葬，如 M20、M199、M212、M227 头下枕有人体肢骨，M89 的下肢部有盆骨。随葬品与性别、年龄没有严格绝对的划分。但石器多随葬于男性墓，陶纺轮一般见于女性墓，玉器在男女墓葬中都有发现，但女性比例略高于男性。

墓葬分叙如下。

M1

位于 T1235 东南部。开口④层下，叠压在⑤层表。单人葬，骨骼保存较差，侧身交肢，头向东，面向北。墓向 77°。成年个体。下颌部随葬陶纺轮 1 件。另头骨西北侧的墓地边缘有狗骨架一具（图一五二 A）。

M1:1，陶纺轮（Ca）。夹蚌红衣陶，器表普施红衣，红衣脱落处可见细孔隙。圆饼状，正面凸，背面凹，中央单面管钻成孔。直径 6.4～6.7、孔径 0.9～1、厚 1.35 厘米（图一五二 B）。

---

① 这些墓葬一般未见墓坑，相对位置比较接近，关系可能比较密切，定为疑似合葬墓，归入合葬墓统计。

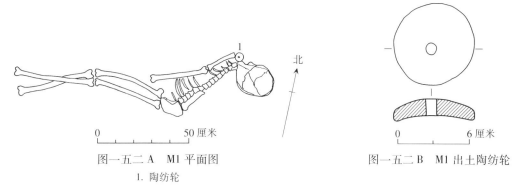

图一五二 A　M1 平面图
1. 陶纺轮

图一五二 B　M1 出土陶纺轮

M2

位于 T1234 北部。开口④层下，打破⑤层，西部被③层下灰坑 H12 打破。长方形竖穴土坑墓，残长 99、宽 50~52、深 21 厘米。填土灰褐色，较为松软。单人葬，侧身直肢，头向东，面向北。墓向 88°。成年男性（图一五三；彩版四二，1）。

M3

位于 T1235 西南部。开口④层下，叠压在⑤层表。单人葬，骨骼保存较差，仅余下肢，交肢，头向东。墓向 87°。成年个体（图一五四）。

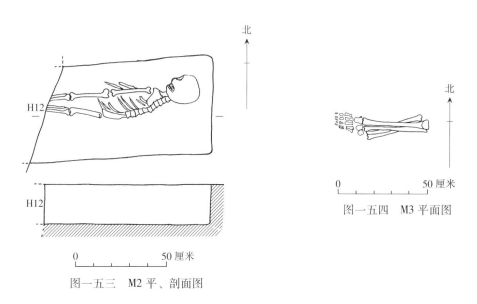

图一五四　M3 平面图

图一五三　M2 平、剖面图

M4

位于 T1235 西南部。开口④层下，打破⑤层，东北角被①层下灰坑 H1 打破。近长方形竖穴土坑墓，长 191、宽 44~52、深 13 厘米。填土灰褐色，较为松软。单人葬，仰身直肢微侧，头向东，面向北。墓向 90°。成年男性。随葬品 4 件，3 件石锛出于胸部，陶罐出于股骨下（图一五五 A；彩版四二，2、3）。

M4：1，石锛（Ac）。硅化凝灰岩，灰绿色。梯形双面刃，刃部崩损较多，经过修整，刃面上有三个研磨面。通体磨光，研磨细致。长 8、宽 4.7~5.8、厚 1.55 厘米（图一五五 B，1；彩版四三，1）。

M4：2，石锛（Bd）。硅化凝灰岩，灰色。条形双面刃，正面上部有一很深的石片疤，背面右上侧和左下部各有一很深的旧疤痕，刃部多次研磨，有多个研磨面。长 5.1、宽 3.45~3.8、厚 1.5 厘米

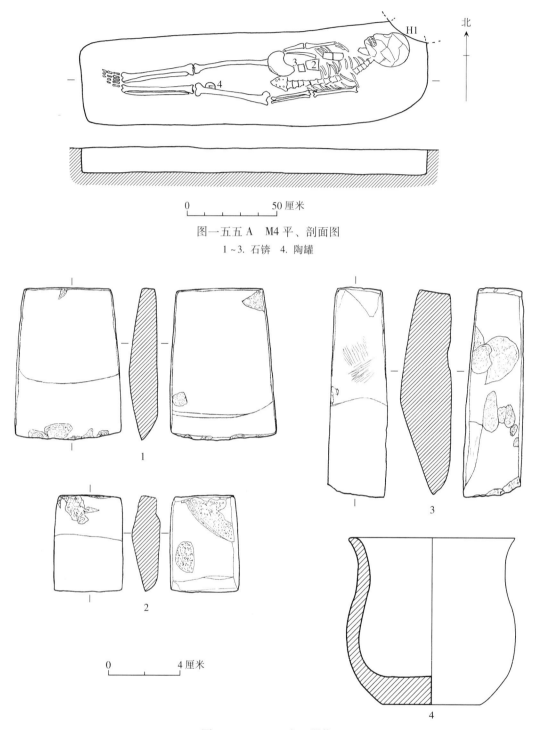

图一五五 A　M4 平、剖面图

1~3. 石锛　4. 陶罐

图一五五 B　M4 出土器物

（图上数字号均与墓葬出土器物编号一致，以下均同）

（图一五五 B，2；彩版四三，2）。

　　M4:3，石锛（Bb）。硅化凝灰岩，灰黑色。长条形双面刃，刃部左侧崩损较严重。器形较厚。正面研磨较充分，石片疤很少，但布满斜向磨痕，左侧面仍留有很浅的旧疤痕。右侧面是原岩石矿物结理的断裂面，只经过简单研磨，背面经研磨，仍留有较深的石片疤。长 11、宽 2.4~3.2、厚 2.75 厘米（图一五五 B，3；彩版四三，3）。

　　M4∶4，陶罐（CⅠ）。夹蚌褐陶。侈口，方圆唇，束颈，微鼓腹，最大腹径在器中部偏下，平底。口径9.2、底径5.5、高9厘米（图一五五B，4；彩版四三，4）。

　　M5

　　位于T1235西部、T1034等四方东北部。开口④层下，打破⑤层。长方形竖穴土坑墓，长192、宽36～45、深15厘米。填土灰褐色，较为松软。单人葬，仰身直肢，头向东，面向上。墓向76°。男性，25岁左右。随葬4件石锛，均出于右胸部（图一五六A；彩版四四，1、2）。

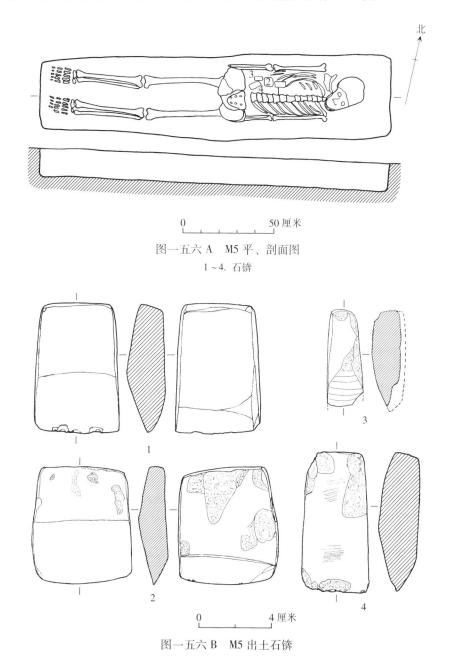

北

0　　　　　50厘米

图一五六A　M5平、剖面图
1～4. 石锛

3

1

2

4

0　　　　4厘米

图一五六B　M5出土石锛

　　M5∶1，石锛（Ac）。硅化凝灰岩，黑灰色。梯形双面刃，刃面有两个研磨面，刃部有很多细小崩损。顶面和背面右下侧有少量石片疤，正面和左侧面有大量土沁。长6.9、宽3.75～4.6、厚2.15厘米（图一五六B，1；彩版四四，3）。

　　M5∶2，石锛（Bc）。硅化凝灰岩，灰绿色。圆角近条形双面刃，刃部锐利，有极小的崩损痕迹，刃面经多次研磨，已形成曲面。背面有较大、较深的石片疤，其余各面均研磨充分，并经抛光，一些旧疤痕研磨后基本无法辨识原本形态，器身上有横向和斜向研磨痕迹。长6.2、宽4.5～5.4、厚1.55厘米（图一五六B，2；彩版四四，4）。

M5:3，残石锛。硅化凝灰岩，灰色。残损严重，现状为圆角长梯形，背面残。残长5.1、残宽1.4～2、残厚1.6厘米（图一五六B，3；彩版四四，5）。

M5:4，石锛（Ac）。硅化凝灰岩，灰黑色。梯形双面刃，刃部崩损较多，中央有一大片石片疤。器物端部左侧破损严重，右部有一大片石片疤。长7.4、宽约2.5～3.7、最厚2.2厘米（图一五六B，4；彩版四四，6）。

M6

位于T1034等四方北部。开口④层下，叠压在⑤层表。单人葬，骨骼保存较差，仅余上身骨渣，下肢残损。侧身，头向东，面向北。墓向90°。成年。另在头骨北部相距30厘米处有一残头骨，关系不明（图一五七）。

M7

位于T0834等四方东南角。开口④层下，叠压在H21和⑤层表。有3个个体，中间个体（Ⅰ）叠压在东（Ⅱ）、西部（Ⅲ）两个个体之上，无法分离，定为合葬墓。骨骼保存

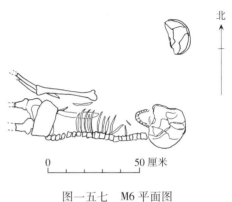

图一五七　M6平面图

较差，部分有扰动和残缺。中间个体头下枕有1件陶豆盘。头均向东，面均向北。墓向90°。个体Ⅱ侧身，成年（25～30岁）。个体Ⅰ侧身，男性，30岁。个体Ⅲ侧身微屈肢，男性，25～30岁（图一五八A；彩版四五，1、2）。

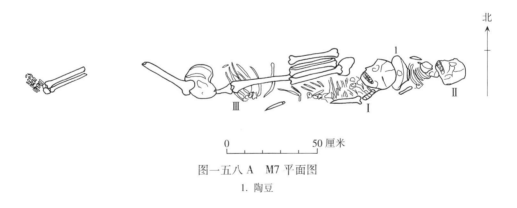

图一五八A　M7平面图

1. 陶豆

M7:1，陶豆（B）。夹蚌红衣陶，外部红，内大部分黑、小部分红，内外可能都施红衣，但大部脱落，未见陶衣处器表多有细孔隙。敞口，圆唇，腹斜弧收至豆柄处，豆柄及圈足缺，似为有意识敲断，茬口圆钝。口径20.4、残高6.4厘米（图一五八B；彩版四五，3）。

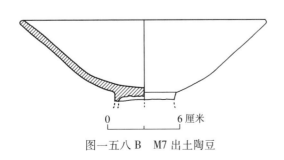

图一五八B　M7出土陶豆

M8

位于T0834等四方东南部。开口④层下，叠压在H21和⑤层表。单人葬，骨骼保存较差，下肢残损。侧身，头向东，面向北。墓向82°。成年，男性（?）。头骨东北外侧有残石片1件（图一五九A；彩

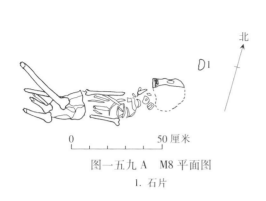

图一五九 A　M8 平面图
1. 石片

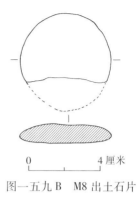

图一五九 B　M8 出土石片

版四五，4）。

M8：1，残石片。砂岩，灰黄色，有砂性。圆饼状，厚薄稍不均。直径约 5、厚 1 厘米（图一五九 B；彩版四五，5）。

M9

位于 T1034 等四方的中部偏南。开口④层下，叠压在 F5D51 和⑤层表。单人葬，骨骼保存较差，仅余下肢，交肢。头向东。墓向 115°。成年男性（图一六○）。

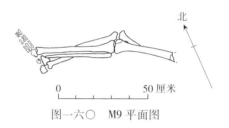

图一六○　M9 平面图

M10

位于 T1234 的西北部，局部进入 T1034 等四方东部。开口④层下，被 H12、H19 和 F1D7 打破，打破 H16 和⑤层。不太规整的长梯形竖穴土坑墓，长约 255、宽 90 ~ 145、深 5 ~ 8 厘米。填黄褐色土，夹大小不等的红烧土块。合葬墓，有 3 个个体。个体Ⅰ头骨位于墓坑边缘，残骨凌乱，可能为二次葬，成年男性，随葬陶鼎 1 件。个体Ⅱ侧身，头向东，面向北，成年。个体Ⅲ仰身直肢，头骨处以石块代替，身体南侧有 1 个残头骨和 2 块骨片，成年（25 岁），性别不明。墓向 90°（图一六一 A；彩版四六，1）。

M10：1，陶鼎（BdⅡ）。夹蚌末红陶。小侈口，微卷沿，圆唇，鼓腹，平底略圜，扁条形足，剖面扁圆形，足根正面有一条纵向泥凸。口径 8.5、高 9.4 厘米（图一六一 B；彩版四七，1）。

M11

位于 T1234 中部偏南。开口④层下，叠压在⑤层表。单人葬，仰身直肢，无头骨，头向可能向东。墓向 80°。成年，性别不明。随葬陶鼎 1 件，位于颈部南侧（图一六二 A；彩版四六，2）。

M11：1，陶鼎（DⅡ）。夹蚌末红陶。敛口，方唇，微鼓腹弧收成圜底近平，腹部有一圈低凸棱，一侧出露一梯状扁条形把手，三扁条状鼎足，基本残损，可能被有意识敲掉。口径 9.5、残高 6.6 厘米（图一六二 B；彩版四七，2）。

M12

位于 T1234 中部偏南。开口④层下，叠压在⑤层表。疑似合葬墓，似有 2 个个体。个体Ⅰ骨骼保存较差，仰身直肢，头向东，头骨略残，面向可能朝南，成年，头骨外侧有 1 件玉玦和 1 块石头，膝盖南侧有 1 件陶器圈足。个体Ⅱ位于个体Ⅰ下肢北侧，仅存留一些肢骨和残头骨，可能为二次葬，未成年。墓向 90°（图一六三 A；彩版四六，3）。

M12：1，玉玦（B）。石英岩，豆青色。扁平璧状，孔径小于肉宽，剖面台梯形，中孔两面对钻，

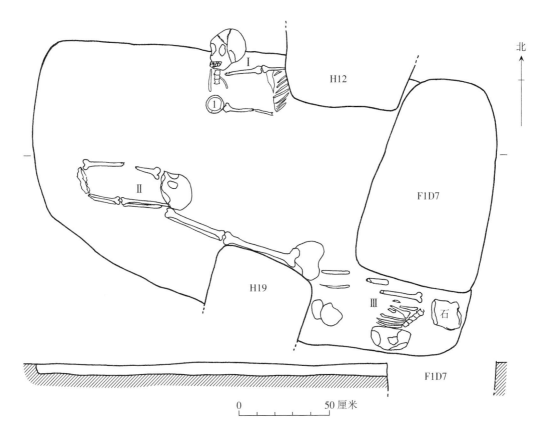

图一六一 A　M10 平、剖面图
1. 陶鼎

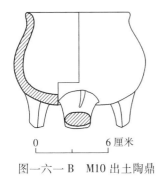

图一六一 B　M10 出土陶鼎

玦口软性线切割，略经修整，打磨并抛光。直径 3.6、孔径 1～1.5、厚 0.85 厘米（图一六三 B，1；彩版四七，3）。

M12：2，陶器圈足。夹蚌褐陶。制作不甚规整。小喇叭形圈足，足边缘圆唇，上部残。足径 5.6、残高 2.6 厘米（图一六三 B，2；彩版四七，4）。

M13

位于 T1234 西南部。开口④层下，叠压在⑤层表。疑似合葬墓，有 2 个个体。个体 Ⅰ 骨骼保存较差，侧身，下肢残，头向东，面向北，成年。个体 Ⅱ 位于个体 Ⅰ 北侧，仅有残头骨和 2 根肢骨，可能为二次葬。墓向 110°（图一六四；彩版四八，1）。

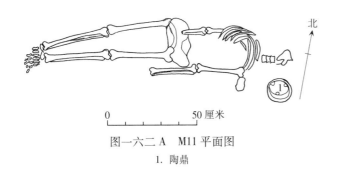

图一六二 A　M11 平面图
1. 陶鼎

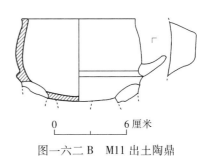

图一六二 B　M11 出土陶鼎

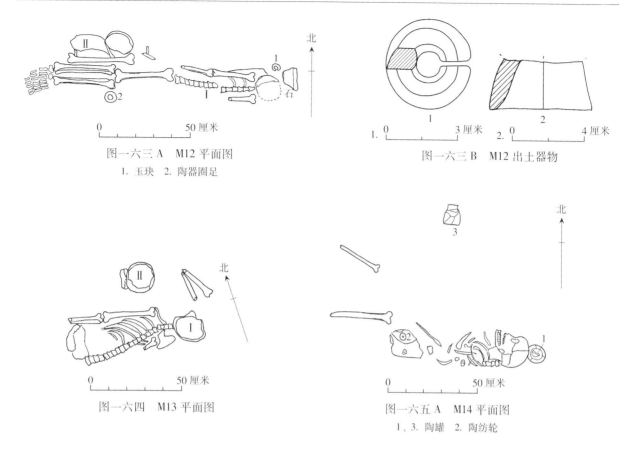

图一六三 A　M12 平面图
1. 玉玦　2. 陶器圈足

图一六三 B　M12 出土器物

图一六四　M13 平面图

图一六五 A　M14 平面图
1、3. 陶罐　2. 陶纺轮

M14

位于 T0834 等四方东南部。开口④层下，叠压 H21 和⑤层表。单人葬，骨骼保存较差，下肢可能被扰动。侧身屈肢，头向东，面向北。成年个体。墓向90°。随葬品3件，头顶1件陶罐，盆骨处1件陶纺轮，身体北侧稍远有1件陶罐（图一六五 A；彩版四八，2）。

M14:1，陶罐（AⅡ）。泥质黑衣陶，黑衣已部分脱落，露出灰色陶胎。侈口，圆唇，溜肩，鼓腹，下腹弧收，平底。口径8.8、底径4.9、高6.5厘米（图一六五 B，1；彩版四八，3）。

M14:2，陶纺轮（A）。泥质黑衣陶。制作粗糙。圆饼状，中央单面成孔。直径5.7、孔径0.8、厚约0.9厘米（图一六五 B，2；彩版四八，4）。

M14:3，陶罐（CⅡ）。夹细砂红褐陶。侈口，尖圆唇，微束颈，鼓腹，下腹弧收，底微凹。口径9.5、底径5.3、高8.6厘米（图一六五 B，3；彩版四八，5）。

M15

位于 T0834 等四方南部。开口④层下，叠压在⑤层表。单人葬，骨骼保存较差，仰身交肢微侧，

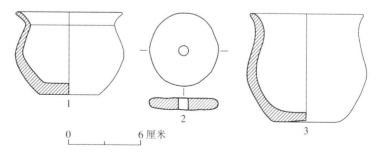

图一六五 B　M14 出土陶器

头向东，头骨被扰动位于上身南侧。成年。墓向 105°。下肢部有一些碎陶片，拼对后为 1 件陶釜的残片（图一六六 A）。

　　M15∶1，陶釜（C）。夹蚌黑衣陶。口沿部分已残，原器较大。鼓腹，腹最大径在器中部，中腹处有梯形錾手，錾手背面有三个指捺窝。残长 32、残高 17.5 厘米（图一六六 B）。

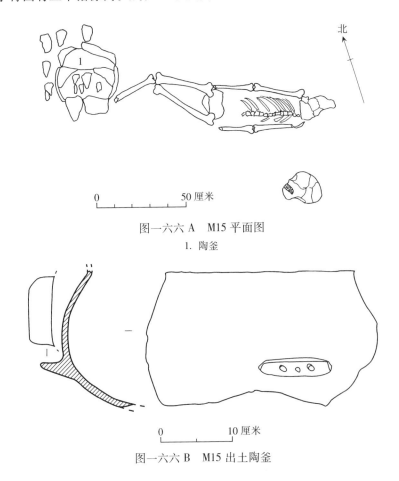

图一六六 A　M15 平面图

1. 陶釜

图一六六 B　M15 出土陶釜

M16

　　位于 T0834 等四方的中部偏南。开口④层下，叠压在⑤层表。疑似合葬墓，有 2 个个体。骨骼保存较差，个体Ⅰ骨骼侧身交肢，头向东，面向北。成年。墓向 105°。其北部有一未成年个体Ⅱ，仅余部分头骨和脊椎骨，可能为二次葬（图一六七；彩版四九，1）。

M17

　　位于 T0834 等四方的东部。开口④层下，叠压 F5D17 和⑤层表。单人葬，侧身反向弯折肢，头向东，面向北。女性（?），成年。墓向 81°（图一六八；彩版四九，2）。

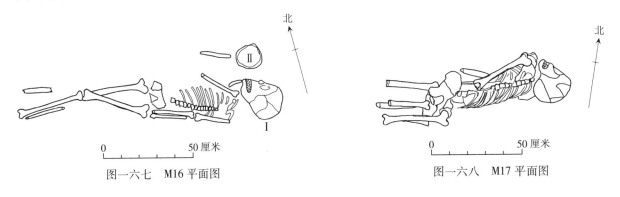

图一六七　M16 平面图　　　　　　　　　　　　　图一六八　M17 平面图

M18

位于 T1034 等四方的南部。开口④层下,叠压在⑤层表。疑似合葬墓,由相对邻近的 4 个个体组成。个体 I 仰身直肢,头向东,面向北,成年男性。个体 II 位于其北侧,局部被压,侧身交肢,头向东,无头骨,成年男性(30~35 岁)。个体 I 和个体 II 间有少量凌乱的肢骨。个体 III 在个体 I 下肢南侧,侧身,头向东,面向东北,骨骼有缺失。个体 IV 在个体 I 脚下和个体 III 上,有肢骨和残头骨,二次葬,成年。墓向约 90°。在个体 II 股骨间随葬 3 件石锛(图一六九 A;彩版四九,3)。

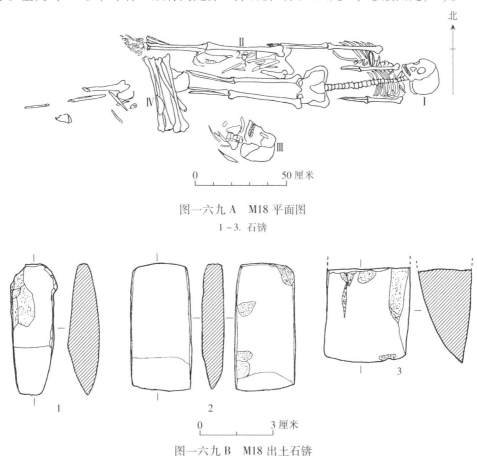

图一六九 A M18 平面图
1~3. 石锛

图一六九 B M18 出土石锛

M18:1,石锛(Bd)。硅化凝灰岩,灰黑色。长条形,略残,双面刃。残留石片疤极多,左侧面有修整或再加工痕迹,刃面经多次研磨。长 5.2、宽 1.8、厚 1.3 厘米(图一六九 B,1;彩版四九,4)。

M18:2,石锛(Bd)。硅化凝灰岩,灰色。长方形,双面刃。正面、两侧面研磨较平整,背面和顶面石片疤较深。长 5、宽 2.5、厚 0.95 厘米(图一六九 B,2;彩版四九,5)。

M18:3,残石锛。凝灰岩,灰黑色。残器,仅余刃部。有斜向磨痕,单面刃。残长 3.7、宽 3.4、厚 2.2 厘米(图一六九 B,3;彩版四九,6)。

M19

位于 T1034 等四方的西南角。开口④层下,叠压 F5D39 和⑤层表。单人葬,仰身,下肢残,头向东,面向上。成年,男性(?)。墓向 115°(图一七○;彩版五○,1)。

M20

位于 T1034 等四方的西南部。开口④层下,叠压在⑤层表。单人葬,仰身交肢微侧,头向东,面向上,头骨下枕有股骨和胫骨、腓骨。成年女性。墓向 90°。随葬品 3 件,1 件玉璜在颈下,1 件玉璜

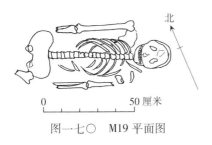

图一七〇　M19 平面图

含于口中，1 件陶鼎位于头骨南部（图一七一 A；彩版五〇，2 ~ 4）。

M20：1，玉璜（C）。迪开石，乳白色略带淡黄色调，夹褐色斑纹。弧折形，剖面呈椭圆形，两侧正面和端面用接近垂直的实心钻孔连接，中部残断，从侧面两面钻孔系连。长 15.1、宽 3.6、厚 0.8 厘米（图一七一 B，1；彩版五一，1）。

M20：2，陶鼎（Bc Ⅲ）。夹蚌红褐陶。微侈口，圆唇，微束颈，鼓腹，腹最大径偏下，平底略圜，近底部一侧有一小鋬。三足已全部断裂，正面两足露出安装套接时的凹窝，背面一足仅余足根，足可能为扁圆条形，正中有一条纵向凸脊。口径 9.15、残高 6.9 厘米（图一七一 B，2；彩版五一，2）。

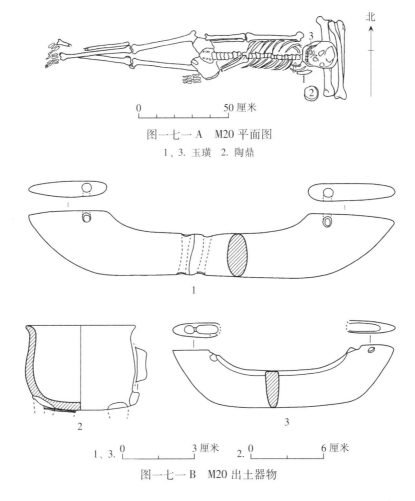

图一七一 A　M20 平面图
1、3. 玉璜　2. 陶鼎

图一七一 B　M20 出土器物

M20：3，玉璜（C）。迪开石，乳白色，夹糖黄斑。弧折形，剖面呈楔形，两侧正面、端面和背面在使用过程中多次钻孔，多次残损。现两侧使用孔分别为端面穿孔以及端面、侧面的对钻孔，打磨并抛光。长 9.1、宽 1.7、厚 0.5 厘米（图一七一 B，3；彩版五一，3）。

M21

位于 T1034 等四方的西南部。开口④层下，叠压 F5D50 和⑤层表。单人葬，骨骼保存较差，仰身微侧，下肢残，头向东偏南，面向北。墓向 116°。成年个体。身体下压有 2 件残陶器（图一七二 A；彩版五二，1）。

M21:1，陶豆盘（B）。夹细蚌末红衣陶。仅存豆盘一部分，盘口及豆柄部分残缺。残高 3.6 厘米（图一七二 B，1；彩版五二，2）。

M21:2，陶釜（C）。夹细蚌末红陶。上部残，斜腹，平底，底心微外凸。底径 13.4、残高 8.2 厘米（图一七二 B，2；彩版五二，3）。

M22

位于 T1034 等四方的西部。开口④层下，叠压 M36 和⑤层表。单人葬，骨骼保存较差，侧身略俯，部分下肢残，头向东，面向北。成年个体。墓向 93°（图一七三；彩版五二，4）。

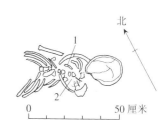

图一七二 A　M21 平面图
1. 陶豆盘　2. 陶釜底

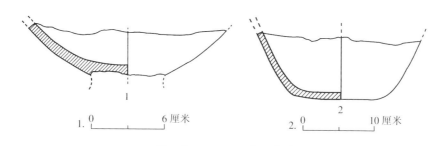

1. 0 —— 6 厘米
2. 0 —— 10 厘米

图一七二 B　M21 出土陶器

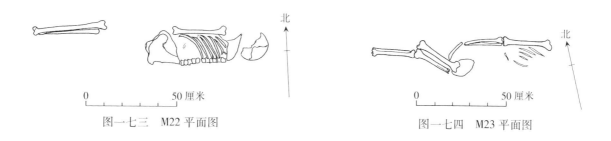

图一七三　M22 平面图　　　　　　　图一七四　M23 平面图

M23

位于 T1034 等四方的北部。开口④层下，叠压 F5D44 和⑤层表。单人葬，骨骼保存较差，侧身屈肢，头向可能向东。成年个体。墓向 102°（图一七四）。

M24

位于 T1034 等四方的中部偏西。开口④层下，叠压⑤层表。疑似合葬墓，有 2 个个体。个体 I 侧身略俯，头向东偏北，面向北。成年个体。方向 80°。个体 II 侧身略俯，头向东偏南，面向东北，上身骨骼有残损。成年个体。方向 105°。个体 I 盆骨直接压在个体 II 的脚上。个体 II 盆骨处随葬陶纺轮 1 件（图一七五 A；彩版五二，5）。

M24:1，陶纺轮（A）。夹蚌红陶。制作粗糙。圆形饼状，中央有单面穿孔。直径 5.4、孔径 0.9 ~ 1、厚 1.3 厘米（图一七五 B；彩版五二，6）。

M25

位于 T1034 等四方的南部。开口④层下，叠压⑤层表。单人葬，仰身微侧，下肢残，头向东，面向北。成年，男性（？）。墓向 81°。胸部随葬陶纺轮 1 件（图一七六 A；彩版五三，1）。

M25:1，陶纺轮（A）。夹蚌黑褐陶。较规整。圆饼状，中央有孔，系单面管穿而成。直径 6.7、孔径 0.9、厚 1.1 厘米（图一七六 B；彩版五三，2）。

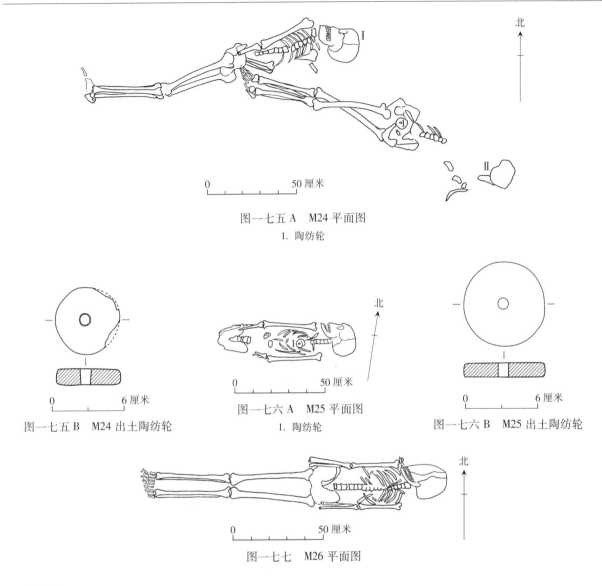

0   50 厘米
图一七五 A   M24 平面图
1. 陶纺轮

0   6 厘米
图一七五 B   M24 出土陶纺轮

0   50 厘米
图一七六 A   M25 平面图
1. 陶纺轮

0   6 厘米
图一七六 B   M25 出土陶纺轮

0   50 厘米
图一七七   M26 平面图

M26

位于 T1034 等四方的东南部。开口④层下，叠压 F5D62 和⑤层表。单人葬，仰身直肢微侧，头向东，面向北。成年男性。墓向 90°（图一七七；彩版五三，3）。

M27

位于 T0834 等四方的中部偏南。开口④层下，叠压 H26 和⑤层表。单人葬，骨骼散乱，可能为二次葬，大体摆放似仰身，头向东，面向北上。成年。墓向 90°（图一七八）。

M28

位于 T0834 等四方的东部。开口④层下，叠压在⑤层表。单人葬，俯身反向弯折肢，头向东，面向南下。成年女性。墓向 90°（图一七九；彩版五三，4）。

0   50 厘米
图一七八   M27 平面图

0   50 厘米
图一七九   M28 平面图

M29

位于 T0834 等四方的东部。开口④层下，叠压于打破
⑤层的 M37 上，间隔有 2～3 厘米的土层。单人葬，仰身反
向弯折肢（胫骨压于股骨之下），头向可能朝东（头骨残
破），成年男性。墓向 100°（图一八〇；彩版五四，1）。

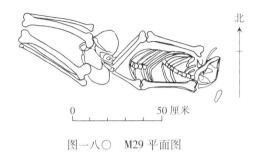

图一八〇　M29 平面图

M30

位于 T1234 的东部。开口④层下，叠压 M256 和⑤层
表。单人葬，骨骼保存较差，仰身直肢，头向东，缺头骨
和下肢骨。成年个体。墓向 90°（图一八一）。

M31

位于 T1234 的东部。开口④层下，叠压 M256、H97 和⑤层表。疑似合葬墓，有 2 个个体。骨骼保
存较差，个体 I 仰身直肢，头向可能朝东，上身残缺。成年个体。方向 90°。个体 II 包含有一些散乱的
骨骼，可能为二次葬（图一八二）。

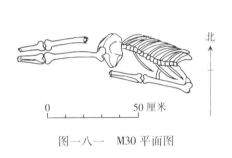

图一八一　M30 平面图

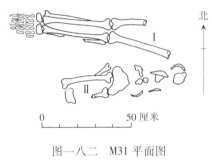

图一八二　M31 平面图

M32

位于 T1234 南部。开口④层下，被③层表的 F1D9 和④层下小坑打破（坑内有残损骨骼），打破 F5D179
和⑤层。长方形竖穴土坑墓，长 180、宽 48～62、深 10～13 厘米。填土灰褐色。单人葬，仰身直肢，头向
东，面向北。成年个体。墓向 82°。随葬陶罐 1 件，位于股骨北侧（图一八三 A；彩版五四，2）。

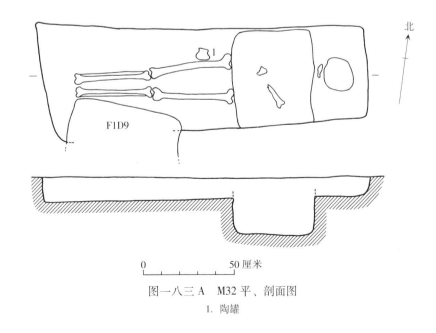

图一八三 A　M32 平、剖面图

1. 陶罐

M32:1，陶罐（Da）。夹砂红褐陶。侈口，尖圆唇，短束颈，腹微鼓，小平底。口径7、底径1.6、高6厘米（图一八三B；彩版五五，1）。

M33

位于T1034等四方的西南角。开口④层下，叠压在⑤层表。单人葬，俯身交肢，头向东，面向南。成年男性，25~30岁。墓向97°。身体南外侧随葬陶纺轮1件（图一八四A；彩版五四，3）。

M33:1，陶纺轮（A）。夹砂红陶。圆饼状，中央单面桯钻成孔，未完全通透。烧造火候过高，烧制变形。直径5.8~6.5、孔径0.2~1、厚1.6厘米（图一八四B；彩版五五，2）。

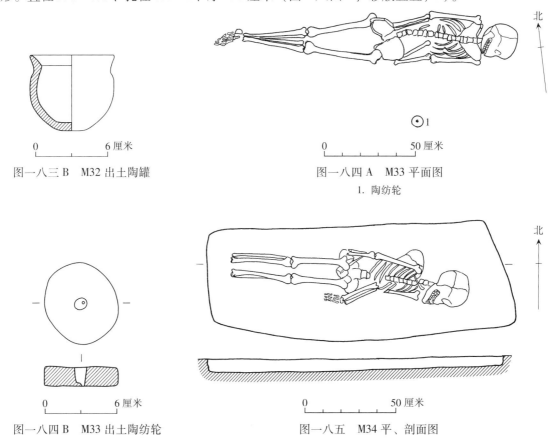

图一八三B M32出土陶罐

图一八四A M33平面图
1. 陶纺轮

图一八四B M33出土陶纺轮

图一八五 M34平、剖面图

M34

位于T1034等四方的南部偏西。开口④层下，打破⑤层。不太规整的长方形竖穴浅土坑墓，长167、宽50~60、深5~7厘米。填黑灰色土。单人葬，仰身直肢，头向东，面向南。16~17岁。墓向90°（图一八五；彩版五六，1）。

M35

位于T1034等四方的中部。开口④层下，打破F5D47和⑤层。长方形竖穴浅土坑墓，长109、宽43~47、深5厘米。填黄褐色土，夹红烧土颗粒。单人葬，骨骼保存较差，下肢残，侧身，头向东偏南，面向南。成年个体。墓向118°（图一八六；彩版五六，2）。

M36

位于T1034等四方的西部。开口④层下，被M22叠

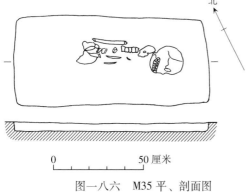

图一八六 M35平、剖面图

压，打破⑤层。长方形竖穴浅土坑墓，长 186、宽 70、深 3 厘米。填灰褐色土。合葬墓，有 2 个个体。个体 I 仰身直肢微侧，头向东偏北，面向北。成年男性，30 岁左右。墓向 70°。在右肩部和股骨间随葬陶纺轮和陶罐各 1 件。盆骨以下的南、北两侧可能为个体 II 的二次葬骨骼，大体摆放出头向东、面向北的姿态。成年男性（图一八七 A；彩版五六，3）。

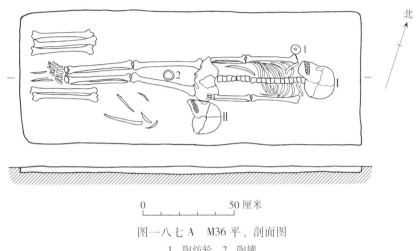

图一八七 A   M36 平、剖面图
1. 陶纺轮 2. 陶罐

M36：1，陶纺轮（A）。夹蚌红陶，局部灰黑色。圆饼形，器形不甚规整，中央单面管穿成孔，一面有切削痕迹。直径 6.4、孔径 0.9、厚 1.6 厘米（图一八七 B，1；彩版五五，3）。

M36：2，陶罐（DbI）。夹蚌褐陶。敞口，圆唇，短束颈，腹略鼓，近底处弧收成平底。口径 6.7、底径 2.4、高5.1 厘米（图一八七 B，2；彩版五五，4）。

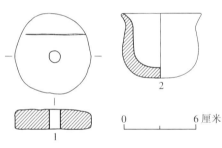

图一八七 B   M36 出土陶器

M37

位于 T0834 等四方的东部。开口④层下，被 M29 叠压，间隔有 2~3 厘米的土层，打破⑤层。有不太规整的长圆形坑，长 162、宽 70、深 7 厘米。填黑褐色土，夹杂少量红烧土粒。身体大部在墓坑内，脚端在坑外，脚部有 1 件残陶器。单人葬，俯身交肢，脚高头低，头向东偏南，面向北。成年男性。墓向 100°（图一八八 A；彩版五七，1）。

M37：1，陶鼎（H）。夹蚌红陶。器残破，无法修复。可见陶片敞口，窄沿稍外翻，下有弧形鋬手，底为平底，还见有扁条形鼎足，为三足平底带鋬手鼎，器形较大。口沿残宽 8.4、残高 9 厘米。鼎足残高 8.2 厘米（图一八八 B）。

M38

位于 T1034 等四方的东部。开口④层下，叠压 F5D59 和⑤层表。单人葬，骨骼保存较差，仰身直肢，头向东，面向北。成年个体。墓向 90°。两膝间随葬陶圈足罐 1 件（图一八九 A；彩版五七，2）。

M38：1，陶圈足罐（CII）。夹蚌红陶。侈口，卷沿，尖圆唇，短束颈，折腹，圈足已残缺（可能被敲）。口径 8.6、残高 5 厘米（图一八九 B；彩版五五，5）。

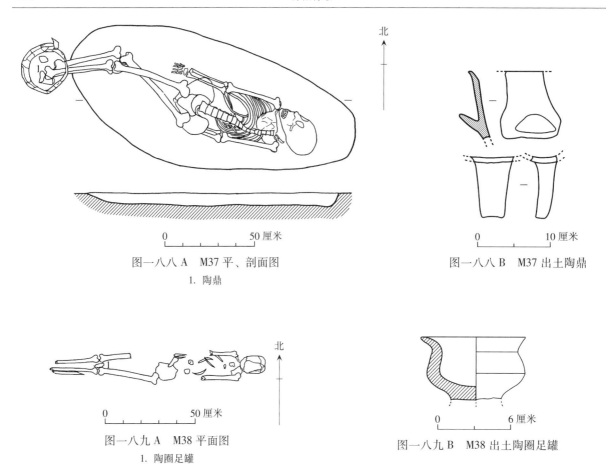

图一八八 A　M37 平、剖面图
1. 陶鼎

图一八八 B　M37 出土陶鼎

图一八九 A　M38 平面图
1. 陶圈足罐

图一八九 B　M38 出土陶圈足罐

M39

位于 T1034 等四方的东部。开口④层下，叠压在⑤层表。单人葬，骨骼保存较差，侧身微俯，下肢残，其北侧多余部分肢骨，头向东，面向南下。成年个体。墓向 90°（图一九〇；彩版五七，3）。

M40

位于 T1034 等四方的东部。开口④层下，叠压在⑤层表。单人葬，骨骼保存较差，侧身交肢，头向东，面向南。成年，男性（?）。墓向 90°（图一九一；彩版五八，1）。

图一九〇　M39 平面图

图一九一　M40 平面图

M41

位于 T1034 等四方的东南部。开口④层下，叠压 F5D60 和⑤层表。单人葬，骨骼保存较差，下肢残，仰身直肢，头向东，面向南。成年，25 岁左右。墓向 96°。胸部随葬陶纺轮 1 件（图一九二 A；彩版五八，2）。

M41∶1，陶纺轮（Cb）。夹砂褐陶。圆饼状，一面平，一面微凹，中央单面管穿成孔。直径 4.3、孔径 0.8、厚 1.3 厘米（图一九二 B；彩版五五，6）。

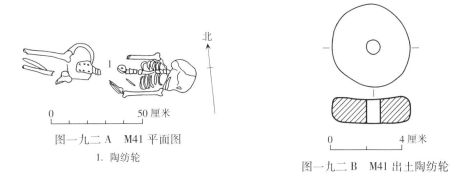

图一九二 A　M41 平面图
1. 陶纺轮

图一九二 B　M41 出土陶纺轮

M42

位于 T1034 等四方的东南部。开口④层下，叠压在⑤层表。单人葬，骨骼保存较差，头骨残，仰身直肢。成年个体。墓向 90°。头顶外侧多余 3 根肢骨（图一九三；彩版五八，3）。

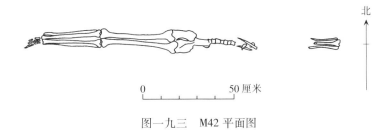

图一九三　M42 平面图

M43

位于 T1034 等四方的东南部。开口④层下，叠压在⑤层表。单人葬，骨骼保存较差，侧身直肢微俯，头向东，面向南。成年女性。墓向 90°。下颌部和股骨南侧分别随葬陶罐和陶圈足罐各 1 件（图一九四 A；彩版五九，1）。

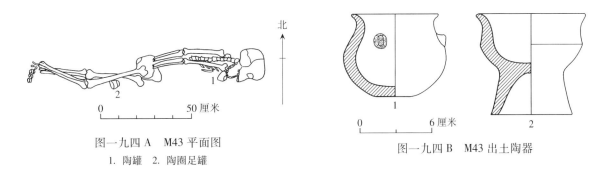

图一九四 A　M43 平面图
1. 陶罐　2. 陶圈足罐

图一九四 B　M43 出土陶器

M43∶1，陶罐（Da）。夹砂红褐陶。侈口，圆唇，鼓腹弧收成小平底，上腹部分布 3 个乳突状装饰。口径 7.2、底 3.2、高 6.5 厘米（图一九四 B，1；彩版五九，2）。

M43∶2，陶圈足罐（CⅠ）。夹蚌红陶。敞口，圆唇，微束颈，折腹，下腹弧收，下接喇叭形圈足。口径 9.1、底径 6.8、高 8 厘米（图一九四 B，2；彩版五九，3）。

M44

位于 T1034 等四方的东南部，开口④层下，叠压在⑤层表。单人葬，骨骼保存较差，侧身屈肢微俯，头向东，面向北下。成年个体。墓向 98°（图一九五；彩版五九，4）。

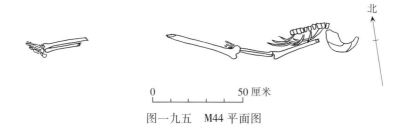

图一九五　M44 平面图

M45

位于 T1034 等四方的东南部，M44 的脚头之下。开口④层下，叠压在⑤层表。单人葬，仅余头骨，面向东。成年男性。为二次葬（图一九六）。

M46

位于 T1034 等四方的东南部，M42 的脚头之下。开口④层下，叠压在⑤层表。单人葬，仅余头骨，面向西。成年。为二次葬。随葬陶罐 1 件（图一九七 A）。

M46：1，陶罐（Da）。夹砂红陶。口残，鼓腹，弧收，小平底。残高 5.4、底径 4 厘米（图一九七 B）。

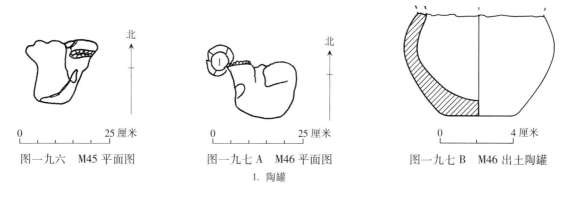

图一九六　M45 平面图　　　　　图一九七 A　M46 平面图　　　　　图一九七 B　M46 出土陶罐
　　　　　　　　　　　　　　　　1. 陶罐

M47

位于 T1034 等四方的东南部。开口④层下，叠压在⑤层表。单人葬，侧俯身交肢，头向东，面向南。成年，女性（？）。墓向 92°。盆骨附近随葬陶纺轮 1 件（图一九八 A；彩版六〇，1）。

M47：1，陶纺轮（A）。夹蚌红胎黑褐陶。圆饼状，中心有孔。器形不规整。直径 6.2、孔径 0.85、厚度 1.7 厘米（图一九八 B；彩版六〇，2）。

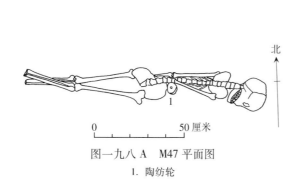

图一九八 A　M47 平面图
1. 陶纺轮

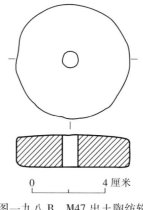

图一九八 B　M47 出土陶纺轮

M48

位于 T1034 等四方的南部、T1032 等四方的北部。开口④层下，叠压在⑤层表。单人葬，仅余部分盆骨和肢骨，为二次葬。成年。墓向 90°（图一九九）。

M49

位于 T1034 等四方的东南角、T1032 等四方的东北角。开口④层下，打破⑤层，西部被③层表 F1D3 打破。长方形竖穴土坑，残长 80、宽 32～35、深 8 厘米。填土灰褐色，较为松软。单人葬，仰身直肢，头向东偏南，面向上。成年男性，30 岁。墓向 99°（图二〇〇；彩版六〇，3）。

M50

位于 T0834 等四方的东北部。开口④层下，叠压在⑤层表。单人葬，侧身，头向东，面向北，下肢残。未成年。墓向 90°（图二〇一；彩版六〇，4）。

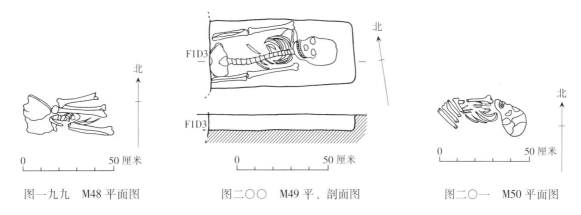

图一九九　M48 平面图　　　图二〇〇　M49 平、剖面图　　　图二〇一　M50 平面图

M51

位于 T1034 等四方、T1234、T1032 等四方和 T1232 等四方交接处。开口④层下，打破 M56 和⑤层。近长方形竖穴土坑墓，长 182、宽 40～58、深 10 厘米。填土灰褐色。单人葬，仰身直肢，头向东，面向南。成年女性。墓向 90°。盆骨处随葬 1 件陶纺轮（图二〇二 A；彩版六〇，5）。

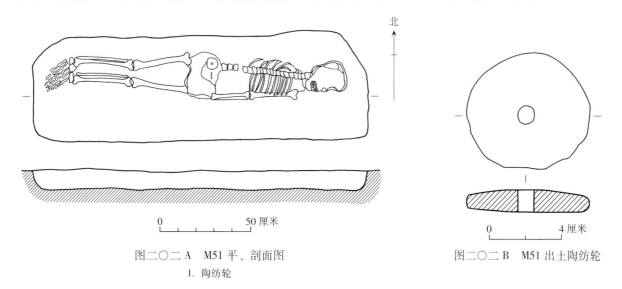

图二〇二 A　M51 平、剖面图　　　图二〇二 B　M51 出土陶纺轮

1. 陶纺轮

M51:1，陶纺轮（A）。泥质红陶。椭圆形饼状，中央有孔。制作较粗糙。直径 6.8、孔径 0.9、厚 1.2 厘米（图二〇二 B；彩版六〇，6）。

M52

位于 T0834 等四方的西南部。开口④层下，打破 H26 和⑤层。长方形浅竖穴土坑墓，斜壁，平底，墓口东略高西略低，长 191、宽 37~44、深 7~14 厘米。填土黑灰色，内夹红烧土块和炭粒。单人葬，侧身屈肢，头向东，面向北。成年男性，25~30 岁。墓向 109°。随葬品 3 件，分别位于头部及上身的北侧（图二〇三 A；彩版六一，1、2）。

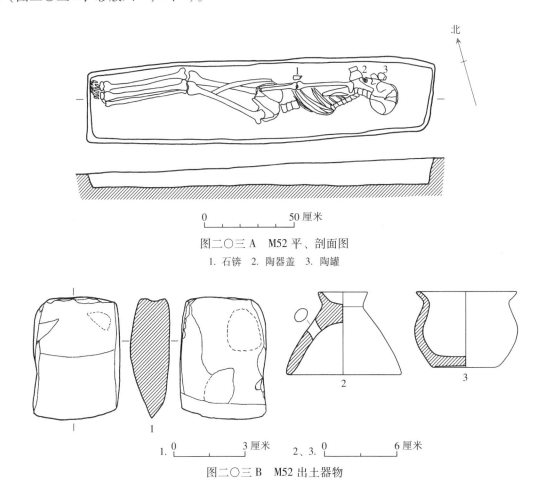

图二〇三 A　M52 平、剖面图
1. 石锛　2. 陶器盖　3. 陶罐

图二〇三 B　M52 出土器物

M52：1，石锛（Bd）。沉凝灰岩，灰色。长方形，双面刃。研磨不甚精细，正面石片疤较少，多为旧疤痕，左侧下半部有深大的旧疤痕，背面也有面积较大的旧疤痕，顶面石片疤密布且较深，刃面较平整，刃部有细小崩损痕迹。长 4.8、宽 3~3.6、厚 1.6 厘米（图二〇三 B，1；彩版六一，3）。

M52：2，陶器盖（Ab）。夹砂红陶，外红内稍黑。圈足形捉手，圆唇，盖面斜直，盖面偏上有一个椭圆形镂孔。盖口径 9.4、捉手径 4、高 6.5 厘米（图二〇三 B，2；彩版六一，4）。

M52：3，陶罐（AⅡ）。夹砂红褐陶。侈口，圆唇，溜肩，鼓腹，平底微内凹。口径 8.2、底径 5.4、高 6 厘米（图二〇三 B，3；彩版六一，5）。

M53

位于 T1034 等四方的东北部。开口④层下，叠压在⑤层表。单人葬，仅余部分下肢骨和零星肩胛骨，可能为二次葬。墓向 78°。身体方向随葬陶罐和陶纺轮各 1 件（图二〇四 A）。

M53：1，陶罐（Da）。夹砂红褐陶，厚胎。上部残，弧腹，平底微圜。底径 4、残高 4.5 厘米（图二〇四 B，1）。

M53：2，陶纺轮（A）。夹蚌红陶。圆饼形，中央有孔。直径5.1、孔径0.9、厚0.9厘米（图二〇四B，2）。

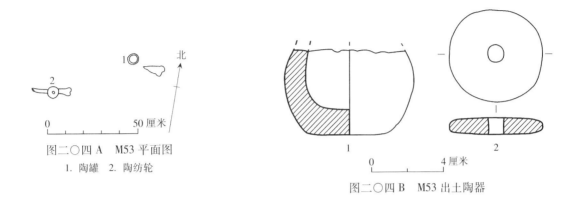

图二〇四A　M53平面图
1. 陶罐　2. 陶纺轮

图二〇四B　M53出土陶器

M54

位于T0834等四方的西南部。开口④层下，打破H26、F5D10和⑤层。不规则形浅竖穴土坑墓，近直壁，平底，墓口与底均东高西低，长170、宽40～80、深7厘米。填土黑灰色，内夹红烧土块和炭粒。单人葬，仰身屈肢微侧，头向东偏南，面向北。成年女性，25～30岁。墓向116°。头骨北侧随葬陶鼎1件（图二〇五A；彩版六二，1）。

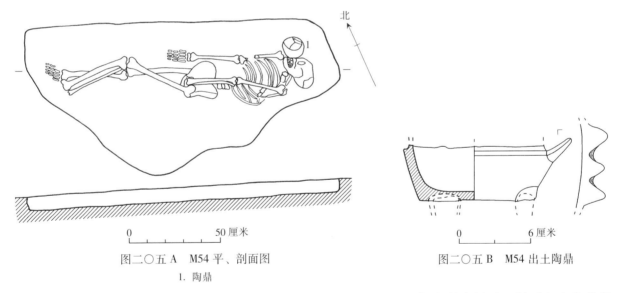

图二〇五A　M54平、剖面图
1. 陶鼎

图二〇五B　M54出土陶鼎

M54：1，陶鼎（AaⅢ）。夹蚌末红衣陶。上部残，腹部成棱，一侧有斜向錾手，錾手上有齿状凹缺，下腹斜收成平底，足残，足根部见有套接鼎足时制作的凹槽。底径9.6、残高4.3厘米（图二〇五B；彩版六二，3）。

M55

位于T0834等四方的南部、T0832等四方的北部。开口④层下，打破H26和⑤层。长方形浅竖穴土坑墓，斜直壁，平底，墓口东高西低，长194、宽50、深8～16厘米。填土黑灰色，内夹红烧土块和炭粒。单人葬，侧身直肢，头向东，面向北。成年男性，30岁左右。墓向90°。随葬玉璜1、玉玦1、石锛2，位于胸前颈下（图二〇六A；彩版六二，2、4）。

M55：1，玉璜（C）。迪开石，土黄色略发灰。整体呈弧折形，弧度较平，两侧从正面和端面斜对

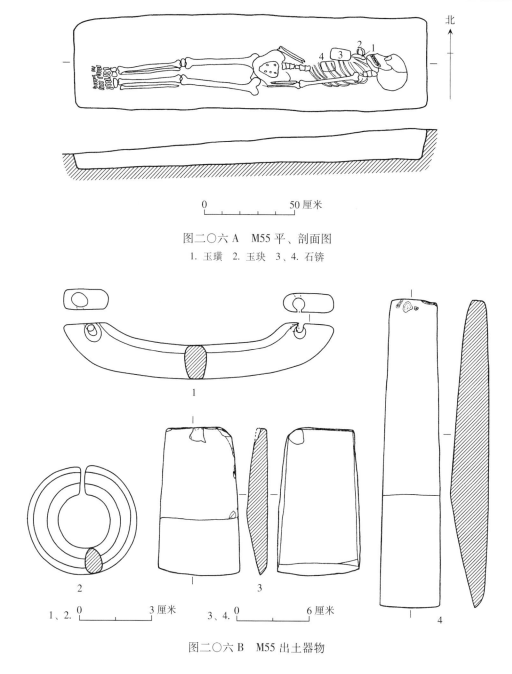

图二〇六 A　M55 平、剖面图
1. 玉璜　2. 玉玦　3、4. 石锛

图二〇六 B　M55 出土器物

1、2. 0　　　　3厘米　　　3、4. 0　　　　6厘米

穿孔，为实心桯钻，其中一侧孔残损后再从背面和端面钻孔连接，打磨并抛光。长11.1、宽1.4、厚0.9厘米（图二〇六 B，1；彩版六三，1）。

M55∶2，玉玦（A）。石英岩，白色稍发灰。扁平环形，孔径大于肉宽，中孔两面对钻。玦口线切割，略经修整，打磨并抛光。直径4.5、孔径2.2、厚0.7厘米（图二〇六 B，2；彩版六三，2）。

M55∶3，石锛（Ab）。凝灰岩，灰色。梯形，双面刃，刃部研磨成两个面。器物顶部有少量旧疤痕，通体研磨较细，个别部位似有抛光迹象。长11.7、宽5.1～6.7、最厚1.75厘米（图二〇六 B，3；彩版六三，3）。

M55∶4，石锛（Aa）。凝灰岩，灰黑色。长梯形，双面刃。通体研磨，石片疤少，且多为旧疤痕，正面上部有较多研磨面，估计是制作时形成。长24.4、宽3.7～4.9、厚3.1厘米（图二〇六 B，4；彩版六三，4）。

M56

位于 T1034 等四方、T1234、T1032 等四方和 T1232 等四方交接处。开口④层下，被 M51 打破，打破⑤层。近长方形竖穴土坑墓，长 171、宽 40 ~ 48、深 25 厘米。填土黄褐色。单人葬，仰身直肢，头向东，面向北下。成年男性。墓向 90°（图二〇七；彩版六四，1）。

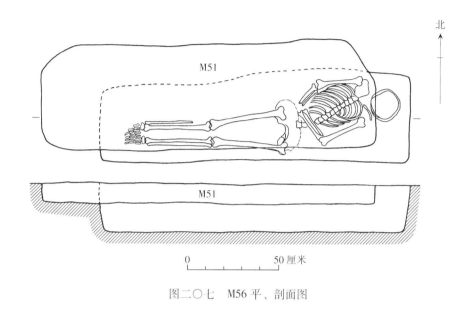

图二〇七　M56 平、剖面图

M57

位于 T0834 等四方的东部、T1034 等四方的西部。开口④层下，打破⑤层。长方形竖穴浅土坑墓，长 116、宽 28 ~ 30、深 2 ~ 5 厘米。填土黑灰色。单人葬，骨骼保存较差，仅余部分肢骨，直肢。成年男性。墓向 90°（图二〇八）。

M67

位于 T0832 等四方的中部偏北。开口④层下，叠压在⑤层表。单人葬，骨骼保存较差，有部分凌乱肢骨，为二次葬。成年个体。墓向 80°。随葬陶鼎 1 件（图二〇九 A）。

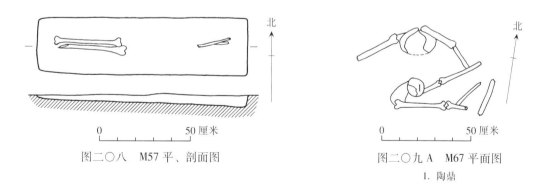

图二〇八　M57 平、剖面图

图二〇九 A　M67 平面图
1. 陶鼎

M67∶1，陶鼎（DⅡ）。夹蚌末红陶。微敛口，小方唇，微鼓腹，下腹形成窄凸棱，一侧出露一个三角弧形錾手，斜收成小平底，三足残。口径 7.8、残高 5.9 厘米（图二〇九 B）。

M68

位于 T0832 等四方的中部偏北。开口④层下，叠压 M155 和⑤层表。单人葬，骨骼保存较差，仅余部分头骨和肢骨，为二次葬。男性，成年个体。墓向 85°（图二一〇）。

图二〇九 B　M67 出土陶鼎　　　　　　图二一〇　M68 平面图

M69

位于 T1232 等四方的西南部。开口④层下，叠压 M178、M186、M227 和⑤层。单人葬，侧身屈肢，头向东，面向北。男性，成年。墓向 101°。在身体北侧有陶圈足罐 1 件和石头 1 块（图二一一 A；彩版六四，2）。

M69：1，陶圈足罐（CⅡ）。粗泥质红陶。侈口，尖圆唇，束颈，鼓腹，圈足残。口径 8.8、残高 5.7 厘米（图二一一 B；彩版六四，3）。

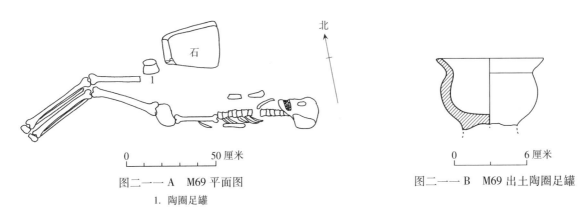

图二一一 A　M69 平面图　　　　　　　图二一一 B　M69 出土陶圈足罐
1. 陶圈足罐

M70

位于 T1032 等四方的西北部。开口④层下，叠压 F5D134 和⑤层表。单人葬，骨骼有残损，头向东，面向北，仰身直肢。成年。墓向 90°（图二一二；彩版六四，4）。

M71

位于 T0832 等四方的东北部和 T1032 等四方的西北部。开口④层下，叠压 M205 和⑤层表。单人葬，骨骼保存较差，仅余盆骨和下肢，直肢，头向可能朝东。成年。墓向 90°（图二一三；彩版六四，4）。

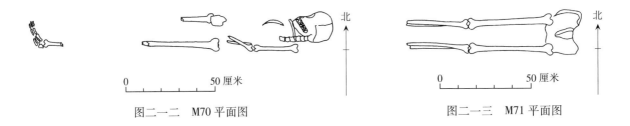

图二一二　M70 平面图　　　　　　　　图二一三　M71 平面图

M72

位于 T1130 等两方的北部。开口④层下，被 H35 打破，叠压 M88、M142 和⑤层。疑似合葬墓，有

2 个个体，下肢均残损。个体Ⅰ头向东，面向南，侧身。个体Ⅱ头向东，面向北，侧身。均未成年。墓向 90°（图二一四）。

M73

位于 T1032 等四方的东部。开口④层下，叠压 M124、F5D175 和⑤层表。单人葬，侧身屈肢，头向东，面向北。男性，30~35 岁左右。墓向 90°。在膝盖南、北两侧共随葬陶器 3 件（图二一五 A；彩版六五，1）。

M73：1，陶罐（AⅡ）。夹砂褐陶。侈口，尖圆唇，短束颈，鼓腹，腹最大径接近器中，平底，底心微凹。口径 10、底径 6.5、高 8.3 厘米（图二一五 B，1；彩版六五，2）。

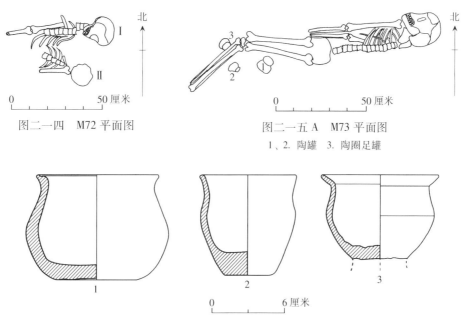

图二一四 M72 平面图

图二一五 A M73 平面图
1、2. 陶罐 3. 陶圈足罐

图二一五 B M73 出土陶罐

M73：2，陶罐（CⅡ）。夹砂红陶。敞口，圆唇，微束颈，微鼓腹，平底。手制，器形不够规整。口径 8、底径 4.2、高 8 厘米（图二一五 B，2；彩版六五，3）。

M73：3，陶圈足罐（CⅡ）。粗泥质红陶。侈口，圆唇，折沿，溜肩，折腹，圈足残。口径 9.8、残高 6.7 厘米（图二一五 B，3；彩版六五，4）。

M74

位于 T1032 等四方的东部。开口④层下，叠压 M123、M124 和⑤层。单人葬，侧身交肢，头向东，面向北，下肢残缺。成年。墓向 90°（图二一六；彩版六六，1）。

M75

位于 T1032 等四方的东部。开口④层下，叠压 M116、M117、M172 和⑤层表。单人葬，骨骼保存较差，侧身屈肢，脚部残，头向东，面向北。成年。墓向 80°。下颌颈部随葬 2 件小石锛，盆骨处随葬 1 件残石锛（图二一七 A；彩版六六，1）。

M75：1，石锛（Ad）。沉凝灰岩，灰褐色。梯形，双面刃，刃面多次研磨，形成曲面，刃缘有崩损。正面和顶面石片疤较多，背面稍少。长 5.15、宽 3.3~3.9、最厚 1.75 厘米（图二一七 B，1；彩版六七，1）。

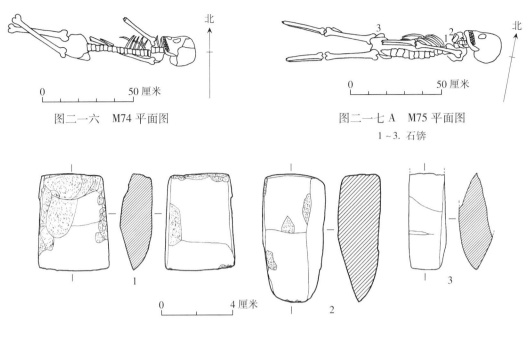

图二一六　M74 平面图　　　　　图二一七 A　M75 平面图
1～3. 石锛

图二一七 B　M75 出土石器

M75：2，石锛（Bc）。凝灰岩，深灰与浅灰条带。短长方形，单面刃。器物右侧略缺失，正面有少量石片疤，左侧面磨光较好，近刃部有一石片疤，背面有一大片旧疤痕，刃缘有崩损。长 6.75、宽 2.55～3.4、厚 2.3 厘米（图二一七 B，2；彩版六七，2）。

M75：3，残石锛。凝灰岩，灰白色。长条形，单面刃。磨制，上部残。残长 5.1、宽 2、残厚 1.75厘米（图二一七 B，3；彩版六七，3）。

M76

位于 T1032 等四方的中部。开口④层下，叠压 M159、F5D153 和⑤层表。有 2 个个体，疑似合葬墓。个体 I 仰身直肢，头向东，面向北，骨骼被扰动，残损。成年。脚部、身体北侧、头南部随葬陶器 3 件。个体 II 仰身直肢，头向东，面向南，头骨处压有 1 块石头。幼年。墓向 90°（图二一八 A；彩版六六，3）。

M76：1，陶罐（A I）。夹砂红衣陶，局部脱落。侈口，圆唇，溜肩，鼓腹，平底微内凹。口径 8、底径 6.6、高 9.4 厘米（图二一八 B，1；彩版六七，4）。

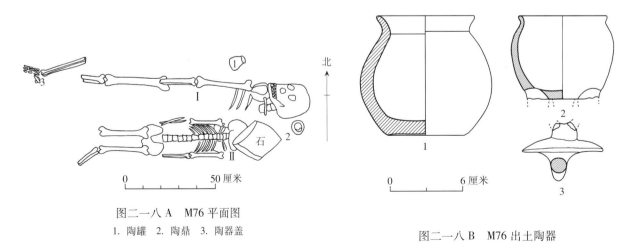

图二一八 A　M76 平面图
1. 陶罐　2. 陶鼎　3. 陶器盖

图二一八 B　M76 出土陶器

　　M76:2，陶鼎（BdⅢ）。粗泥质褐陶。微侈口，圆唇，微束颈，腹微鼓，平底，三足残，残留套接鼎足时留下的凹槽。口径7.3、残高6.6厘米（图二一八B，2；彩版六七，5）。

　　M76:3，陶器盖（C）。夹蚌红陶。陀螺状器盖，中间部分为一圆饼状盖，上有一羊角状盖纽，角端已残，盖下有一柱状突起。残高4.6、轮径6.6厘米（图二一八B，3；彩版六七，6）。

M77

　　位于T1232等四方的东北部。开口④层下，打破M133、M170、H55、F5D205、F5D209、F5D210和⑤层。不太规整的长方形浅竖穴土坑墓，直壁，长190、宽75、深10厘米。填土灰褐色，夹有较多的红烧土颗粒。合葬墓，似有3个个体。个体Ⅰ在中间，头向东，面向不明，仰身直肢，成年，腹部和股骨间随葬石锛和陶纺轮各1件。个体Ⅱ在北部，仅有头骨和部分肢骨，可能为二次葬，成年。个体Ⅲ在南部，骨骼残损，头向可能朝东，面向不明，侧身直肢，成年。墓向100°（图二一九A；彩版六八，1、2）。

　　M77:1，陶纺轮（A）。夹蚌红陶，正面为红色，背面呈红褐色。圆饼状，中央有穿孔。此纺轮可能利用陶器腹片加工而成。直径7.4、孔径1、厚0.65厘米（图二一九B，1；彩版六九，1）。

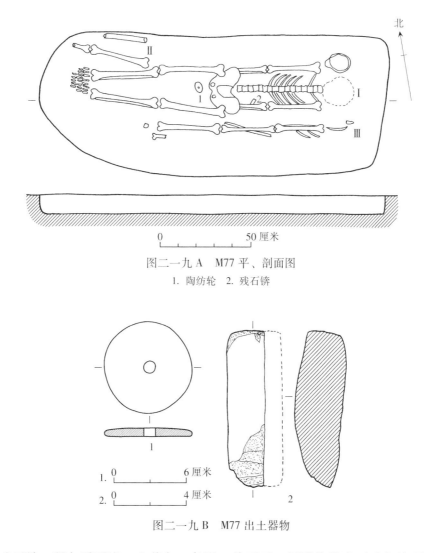

图二一九A　M77平、剖面图
1. 陶纺轮　2. 残石锛

图二一九B　M77出土器物

　　M77:2，残石锛。凝灰质页岩，土黄色。条形，单面刃。原器物沿岩石矿物结理面断开，就残存部分看，研磨程度一般，器物正、背两面有较大石片疤，左侧刃部崩损较严重。长8.2、残宽2、厚

2.7 厘米（图二一九 B，2；彩版六九，2）。

M78

位于 T1232 等四方的北部。开口④层下，被③层表的 F1D25 打破，打破 M133、M179、F5D187、F5D204、F5D205 和⑤层。不太规整的长方形浅竖穴土坑墓，直壁，残长 155、宽 97、深 8 厘米。填土灰褐色。合葬墓，有 2 个个体。个体 I 在南，头向东，面向下，俯身交肢，成年。个体 II 在北，骨骼凌乱，有头骨和肢骨，可能为二次葬。男性，25 岁左右。墓向 100°。骨骼范围内随葬石器 2 件，陶鼎 1 件（图二二〇 A；彩版六八，1、3）。

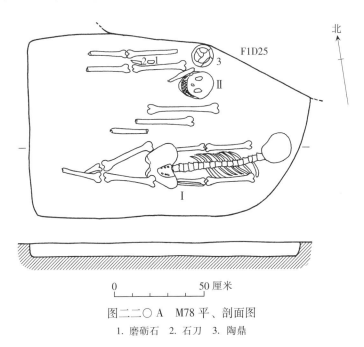

图二二〇 A　M78 平、剖面图
1. 磨砺石　2. 石刀　3. 陶鼎

M78：1，磨砺石。细砂岩，土黄色。为完整器物的一端，完整器应为两端粗、中间细的亚腰形器。正、背、左、右侧面均有一道纵向研磨沟痕，正面的最粗最深，顶面中部有横贯顶面的两道较浅磨痕，磨痕中央部分较模糊。残长 5.1、宽 2.3~3.25、厚 1.6~2.9 厘米（图二二〇 B，1）。

M78：2，石刀。凝灰岩，灰黑色。器形不规则，正面右侧及背面左侧分布有石片疤。残长 8.9、宽 3、厚 1.3 厘米（图二二〇 B，2；彩版六九，3）。

M78：3，陶鼎（DI）。夹细蚌末红陶。敛口微侈，圆唇，微鼓腹，下腹有一周低凸棱，一侧出露一个鋬手，圜底近平，扁圆条形鼎足。口径 12.4、高 12.7 厘米（图二二〇 B，3；彩版六九，4）。

M79

位于 T0832 等四方的东部。开口④层下，叠压 M199、F5D114 和⑤层表。可能为单人葬，骨骼保存较差，仅余部分头骨朽痕，头向东，可能为二次葬。墓向约 99°。随葬品 3 件，大体随身体走向放置（图二二一 A；彩版七〇，1）。

M79：1，石锛（Ac）。凝灰岩，青灰绿色。梯形，双面刃。整体磨光程度高，顶部左侧有较大崩损，右上角有小片石片疤，左侧面背棱处有小但较深的石片疤。背面上部崩损为新疤痕，刃面至少有两个研磨面，但界线不清，刃部锐利。长 9.7、宽 5.5~6.4、厚 2 厘米（图二二一 B，1；彩版七〇，2）。

M79：2，陶釜（Ab）。夹蚌红陶，外表施红衣。敞口，方圆唇，近直腹，近底部形成凸棱，一

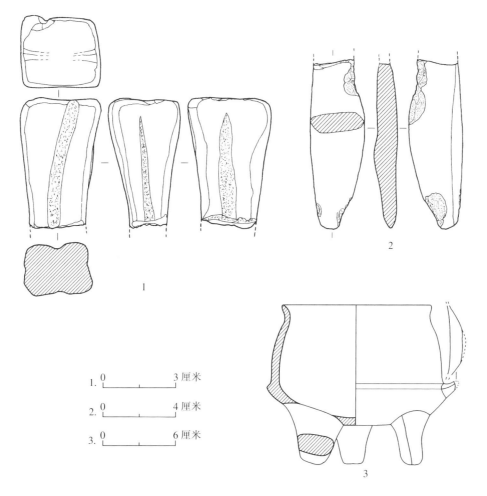

图二二〇 B M78 出土器物

侧有齿形凹缺装饰，圜底略平，可能为釜的模型器。口径 5.5、
底径 6.6、高 4.4 厘米（图二二一 B，2；彩版七〇，3）。

M79:3，陶鼎（Bd Ⅲ）。夹细蚌红陶，器表施红衣。微侈口，
尖圆唇，鼓腹，底残。口径 9、残高 7 厘米（图二二一 B，3；彩版
七〇，4）。

M80

位于 T1232 等四方的西部。开口④层下，叠压 M190 和⑤层表。

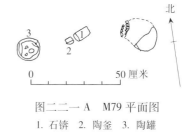

图二二一 A M79 平面图
1. 石锛 2. 陶釜 3. 陶罐

单人葬，头向东，面向北，仰身微侧，下肢残。成年。墓向80°。头部和上身南侧随葬陶鼎3件，陶器
盖1件，陶纺轮1件，头骨下压有花石子5粒（图二二二 A；彩版七〇，5、6）。

M80:1，陶器盖（Bb）。夹蚌红陶。斗笠形器盖，敞口，尖圆唇，盖面斜直，盖顶中央有盖纽
（已残）。盖口径 8.5、残高 2.15 厘米（图二二二 B，1；彩版七一，1）。

M80:2，陶鼎（Aa Ⅲ）。夹细蚌末红陶，表施红衣。微敞口，窄沿稍外卷，方圆唇，腹较直，近底
部有一周凸棱，一侧出露小鋬手，扁条形鼎足，正面有纵向凸脊微凸起，仅余足根。口径 9.5、残高
7.4 厘米（图二二二 B，2；彩版七一，2）。

M80:3，陶鼎。夹蚌红衣陶。残损严重，不可复原。可见部分特征为鼓腹，底部接有扁圆形足，足
根正面有锥形突起，足尖折断，可能系有意为之（图二二二 B，3）。

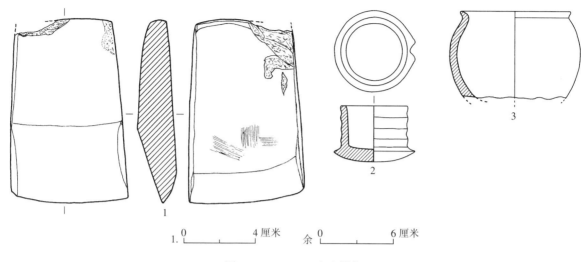

1. |0————4厘米   余 |0————6厘米

图二二一 B　M79 出土器物

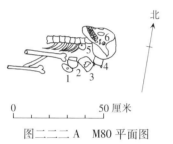

图二二二 A　M80 平面图
1. 陶器盖　2～4. 陶鼎　5. 陶纺轮
6. 花石子

M80：4，陶鼎（G）。粗泥质红褐陶。敛口，圆唇，弧腹，圜底近平，扁锥形足，器形不规整。口径5.7、高5厘米（图二二二 B，4；彩版七一，3）。

M80：5，陶纺轮（A）。夹砂褐陶。圆饼形，中央有穿孔，正面中央穿孔附近有"井"形刻划，纺轮侧面有一圈纵向刻划，约15条。直径6、孔径0.8、厚1.1厘米（图二二二 B，5；彩版七一，4）。

M80：6，花石子。共5枚，2枚白色，1枚黄白色，为石英砾石；2枚红色，为碧玉岩。均为自然形态，未发现加工痕迹（图二二二 B，6；彩版七一，5）。

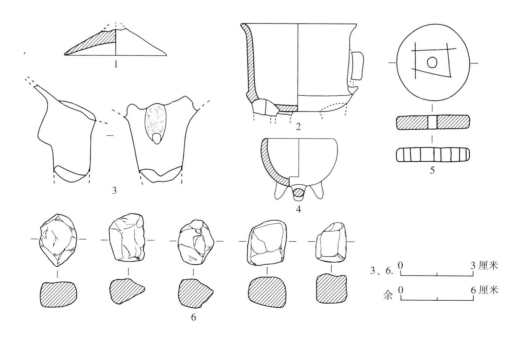

3、6. |0————3厘米   余 |0————6厘米

图二二二 B　M80 出土器物

M81

位于 T1232 等四方的中部偏西。开口④层下，打破 F5D197 和⑤层。长方形竖穴浅土坑墓，直壁，长 134、宽 39~44、深 10 厘米。填土灰褐色。单人葬，头向东，面向北，仰身直肢微侧。成年。墓向 80°。盆骨上随葬陶钵 1 件（图二二三 A；彩版七二，1）。

M81：1，陶钵（Ab）。夹蚌红陶，外施紫红色陶衣，基本脱落。敞口，圆唇，斜收腹。原可能为豆盘，豆把脱落后将底打磨平整成为钵。口径 17、底径 4.6、高 7.2 厘米（图二二三 B；彩版七二，3）。

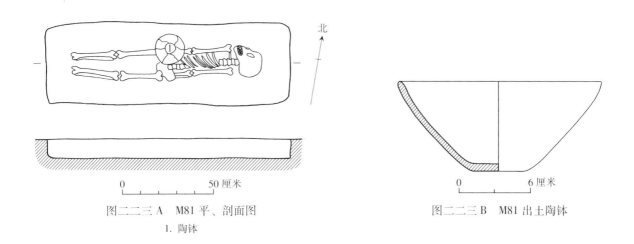

图二二三 A　M81 平、剖面图
1. 陶钵

图二二三 B　M81 出土陶钵

M82

位于 T1232 等四方西南部。开口④层下，打破 M146、F5D206 和⑤层。长方形竖穴土坑墓，直壁，长 202、宽 51~54、深 10 厘米。填土灰褐色。单人葬，头向东，面向上，仰身直肢。成年。墓向 78°。随葬石锛、石凿各 1 件，位于身体右侧的肢骨上（图二二四 A；彩版七二，2）。

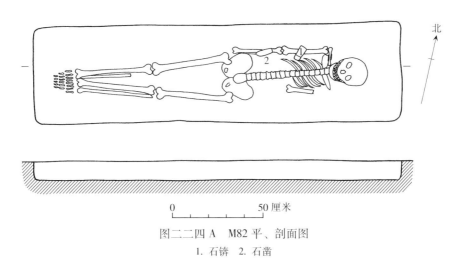

图二二四 A　M82 平、剖面图
1. 石锛　2. 石凿

M82：1，石锛（Bc）。凝灰岩，灰黑色。近条形，单面刃。刃部有少量崩损，经过打磨，正面两侧和背面顶部、左侧有较多石片疤。长 9.4、宽 3.2~3.7、厚 1.70 厘米（图二二四 B，1；彩版七二，4）。

M82：2，石凿（Ab）。凝灰岩，灰色。长方形，双面刃。磨制，刃部左侧破损，正面上部石片疤多而大，左面背棱下部有一些旧疤痕。长 12、宽 2.7~3、厚 3.4 厘米（图二二四 B，2；彩版七二，5）。

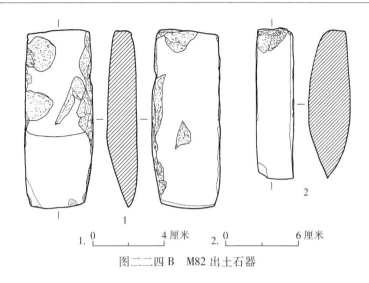

图二二四 B M82 出土石器

M83

位于 T1232 等四方的南部。开口④层下，被 G1 和 H32 打破，打破 M228、F5D206 和⑤层。长方形浅竖穴土坑墓，直壁，残长 252、宽 68、深 10 厘米。填土灰褐色。合葬墓，有 2 个个体。个体 I 头向可能朝东，上身残缺，仰身直肢，成年。盆骨处随葬石锛 2 件和陶纺轮 1 件。个体 II 头向东，侧身微屈肢，上肢骨骼稍凌乱并有部分多余骨骼，成年。腹部随葬陶纺轮 1 件。墓向 87°（图二二五 A；彩版七三，1）。

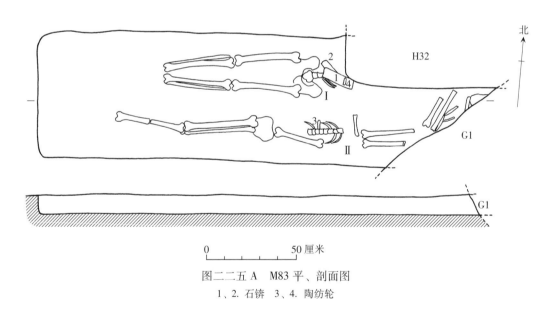

图二二五 A M83 平、剖面图
1、2. 石锛 3、4. 陶纺轮

M83：1，石锛（Aa）。凝灰岩，灰绿色。梯形，单面刃，刃部崩损严重，石片疤密布。石器上部分布有少量旧疤痕，通体研磨，并经过抛光。残长 17.1、宽 5.2～6.9、厚 2.5 厘米（图二二五 B，1；彩版七三，2）。

M83：2，石锛（Ac）。凝灰岩，黑灰色，条带。梯形，单面刃，略斜，刃部有较多细小石片疤，刃部有三、四个研磨面。背面、顶部和两侧面也有部分石片疤。长 8.25、宽 3.15～4.45、厚 1.95 厘米（图二二五 B，2；彩版七三，3）。

M83：3，陶纺轮（A）。夹蚌红陶。圆饼状，中心有穿孔，正面孔周围有一圈六角星形刻划纹饰。

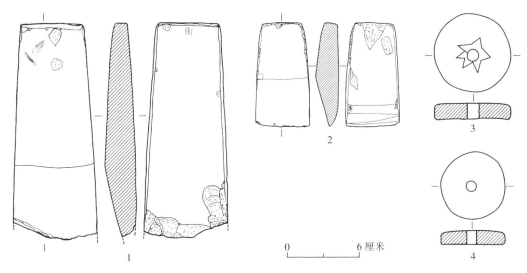

图二二五 B M83 出土器物

直径 6.3、孔径 1、厚 1.3 厘米（图二二五 B，3；彩版七三，4）。

M83：4，陶纺轮（A）。夹蚌红陶。圆饼形，中央有穿孔。直径 5.3、孔径 0.8、厚 1.1 厘米（图二二五 B，4；彩版七三，5）。

M84

位于 T1032 等四方的北部。开口④层下，打破 F5D149 和⑤层。长方形竖穴土坑墓，直壁，长 139、宽 30～37、深 12 厘米。填土黑褐色。单人葬，头向东，面向北，仰身直肢微侧，脚骨残缺。男性，30 岁左右。墓向 90°。头顶随葬石凿 1 件（图二二六 A；彩版七四，1、2）。

M84：1，石凿（Ac）。凝灰岩，黑色。长方形，单面刃。器物磨制不精。正面和端部有石片疤，左下和刃部破损较多，参差不齐，石质风化严重。长 8.6、宽 2～2.7、厚 2.9 厘米（图二二六 B；彩版七五，1）。

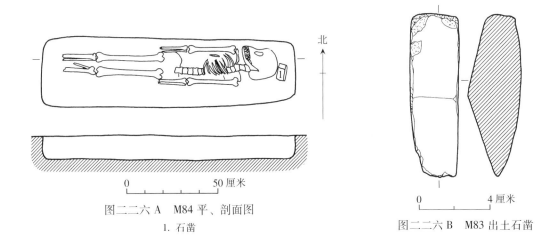

图二二六 A M84 平、剖面图
1. 石凿

图二二六 B M83 出土石凿

M85

位于 T1032 等四方的北部。开口④层下，叠压 F5D149、F5D161 和⑤层表。单人葬，骨骼残缺严重，头向东，面向南，仰身直肢。成年。墓向 90°。盆骨处随葬陶鼎 1 件。脚骨以下有少量多余肢骨（图二二七 A）。

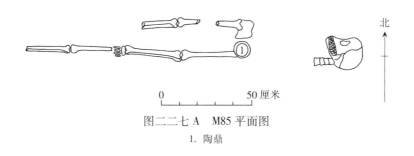

图二二七 A　M85 平面图
1. 陶鼎

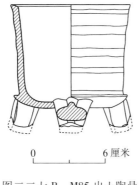

图二二七 B　M85 出土陶鼎

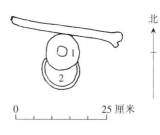

图二二八 A　M86 平面图
1. 陶器盖　2. 陶罐

M85:1，陶鼎（CaⅢ）。夹蚌红衣陶，部分脱落。敞直口，斜方唇，直腹，腹身上有多道宽弦痕，平底，腹底交接处出棱，三扁条形足，正面出一条纵向凸脊，三足下端均已残断。口径 9.9、底径 9.4、残高 9.7 厘米（图二二七 B；彩版七五，2）。

M86

位于 T1032 等四方的北部偏东。开口④层下，叠压 F5D162 和⑤层表。单人葬，仅余部分肢骨，可能为二次葬。墓向 90°。肢骨旁有陶器 2 件（图二二八 A）。

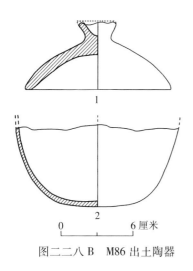

图二二八 B　M86 出土陶器

M86:1，陶器盖（Ba）。夹蚌末红陶。小喇叭形捉手，覆钵弧形盖面，盖口缘圆唇。捉手径约 3.2、高 5.2、盖口径 12.3 厘米（图二二八 B，1；彩版七五，3）。

M86:2，陶罐（E）。夹细砂红褐陶，器表色泽不均。上部残，弧收腹，圜底。残高 6.4 厘米（图二二八 B，2；彩版七五，4）。

M87

位于 T1032 等四方的北部偏东。开口④层下，打破 M162、F5D162 和⑤层。不太规整的长方形浅竖穴土坑墓，直壁，长 160、宽 20～48、深 10 厘米。填土黑褐色，夹红烧土颗粒。单人葬，头向东，面向南，侧俯身直肢。女性（？），成年。墓向 90°。头骨北侧随葬陶鼎 1 件（图二二九 A；彩版七四，3）。

M87:1，陶鼎（CaⅡ）。夹细蚌末红陶，器表施红衣，大部脱落。直口，斜方唇，直腹微内收，圜底近平，底腹交接处低凸棱，三足已残，可见套接时使用的凹窝。口径 9.4、底径 9.5、残高 8.9 厘米（图二二九 B；彩版七五，5）。

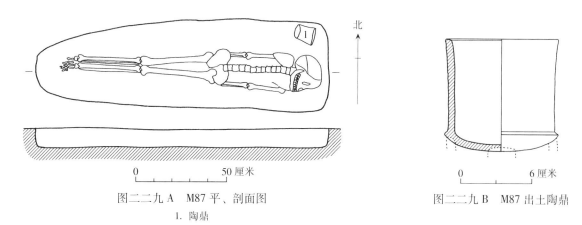

图二二九 A　M87 平、剖面图　　　　　图二二九 B　M87 出土陶鼎
1. 陶鼎

M88

位于 T1130 等两方的东北角。开口④层下，被 M72 叠压，被 H34 打破，打破 M142、M111 和⑤层。不太规整的长方形竖穴土坑墓，直壁。长 193、宽 36～49、深 7 厘米。填土灰褐色。单人葬，头向东，面向北，仰身交肢微侧。男性，30 岁左右。墓向 82°。头骨下有陶罐 1 件，下颌上部有玉管 6 件，与下颌大约有 2 厘米的泥土间隔，口内有口晗玉璜 1 件（图二三〇 A；彩版七六，1、2）。

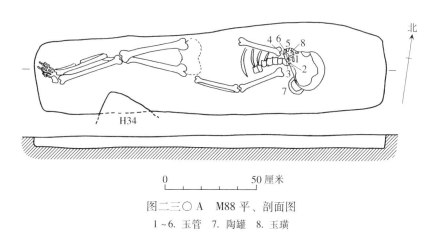

图二三〇 A　M88 平、剖面图
1～6. 玉管　7. 陶罐　8. 玉璜

M88：1，玉管。迪开石，乳白色略带淡黄色调，夹灰色斑纹。长管状，剖面椭圆，中孔两面对钻，略偏于一侧，器表经打磨和抛光。长 4.35、径 1.1～1.4 厘米（图二三〇 B，1；彩版七七，1）。

M88：2，玉管。迪开石，乳白色略带淡黄色调，外表侵染发灰，夹少量花白斑纹。短管状，剖面椭圆，中孔两面对钻，器表经打磨和抛光。长 2.1、径 1.2～1.5 厘米（图二三〇 B，2；彩版七七，2）。

M88：3，玉管。迪开石，乳白色略带淡黄色调，外表侵染发灰褐色，夹少量花白斑纹。短管状，剖面椭圆，中孔两面对钻，器表经打磨和抛光。长 2.1、径 1.2～1.5 厘米（图二三〇 B，3；彩版七七，3）。

M88：4，玉管。迪开石，乳白色略带淡黄色调。长管状，剖面近圆形，中孔两面对钻，器表经打磨和抛光。长 3.5、径 1.45～1.5 厘米（图二三〇 B，4；彩版七七，4）。

M88：5，玉管。迪开石，乳白色略带淡黄色调。短管状，剖面椭圆形，中孔两面对钻，器表经打磨和抛光。长 2.1、径 1～1.15 厘米（图二三〇 B，5；彩版七七，5）。

M88：6，玉管。迪开石，乳白色略带淡黄色调。短管状，剖面圆形，中孔两面对钻，器表经打磨

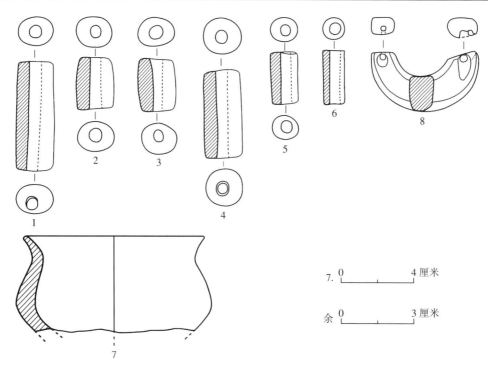

图二三〇 B　M88 出土器物

和抛光。长 2.1、径 0.9 厘米（图二三〇 B，6；彩版七七，6）。

M88：7，陶罐（A Ⅱ）。夹细蚌末褐陶。侈口，圆唇，短束颈，鼓腹，中腹以下缺。口径 10、残高 5.1 厘米（图二三〇 B，7；彩版七六，3）。

M88：8，玉璜（A）。玉髓，白色。整体弧形，剖面近扁条形，两侧正面和端面斜对钻孔，一侧残损，经打磨和抛光。长 4.4、宽 1.4、厚 1 厘米（图二三〇 B，8；彩版七七，7、8）。

M89

位于 T1230 等四方的西北部、T1130 等两方的东北部。开口④层下，打破⑤层。不太规整的长方形竖穴浅土坑墓，直壁，长 157、宽 24 ~ 46、深 10 厘米。填土灰褐色，夹少量红烧土颗粒。单人葬，头向东，面向南上，仰身直肢，下肢上放置一盆骨。女性，成年，25 ~ 30 岁。墓向 93°（图二三一；彩版七八，1）。

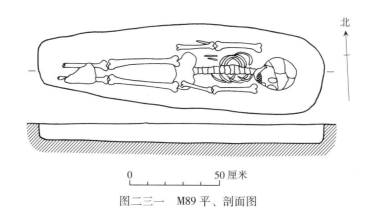

图二三一　M89 平、剖面图

M90

位于 T1230 等四方的西部。开口④层下，被 G1 和 H34 打破，打破⑤层。不太规整的长方形竖穴

浅土坑墓，直壁，墓底西高东低呈斜坡状。残长
114、宽 26~55、深 5~12 厘米。填土灰褐色，夹少
量红烧土颗粒。单人葬，头向东，上身残，仰身直
肢。成年。墓向 80°（图二三二；彩版七八，2）。

M91

位于 T1130 等两方的东北部。开口④层下，被
H34 打破，打破⑤层。不太规整的长方形竖穴浅土坑
墓，直壁，长 207、宽 42~54、深 15 厘米。填土灰
黑色，夹褐斑和少量红烧土颗粒。单人葬，骨骼有
残损，头向东，面向北，侧身直肢。男性，30 岁左
右。墓向 110°。头顶随葬陶釜 1 件，下颌胸前随葬
石锛 3 件（图二三三 A；彩版七八，3）。

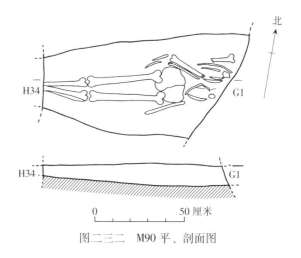

图二三二　M90 平、剖面图

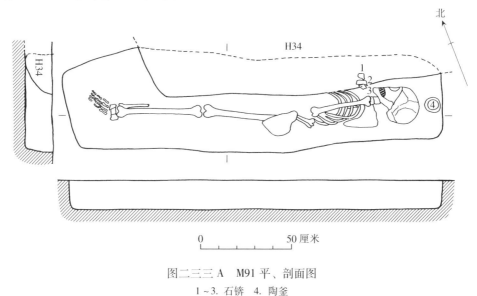

图二三三 A　M91 平、剖面图
1~3. 石锛　4. 陶釜

M91:1，石锛（Ad）。凝灰岩，灰绿色。斜梯形，双面有刃。正面、顶部及侧部有数处小疤痕，
通体磨光。长 3、宽 2.8、厚 0.8 厘米（图二三三 B，1；彩版七九，1）。

M91:2，石锛（Bc）。凝灰岩，灰色。长方形，双面刃。刃面似经多次研磨，上端残损，器物研磨
程度高。残长 5.3、宽 3、厚 1.55 厘米（图二三三 B，2；彩版七九，2）。

M91:3，石锛（Ad）。凝灰岩，灰色。梯形，双面刃。器物整体磨光充分，正面上半部有多次研
磨痕迹，刃面有两个研磨面，顶面研磨程度相对较差。器身上有横向磨痕。长 4.05、端宽 2~2.4、厚
1.3 厘米（图二三三 B，3；彩版七九，3）。

M91:4，陶釜（Aa）。粗泥质红陶，腰檐以上部分外壁施红衣，大部分已脱落，露出红色陶胎。方
唇，直口，直腹，中腹出一圈腰檐，腰檐已残，下腹渐收至平底。口径 7.8、底径 5、高 7 厘米（图二
三三 B，4；彩版七九，4）。

M92

位于 T0832 等四方的东南部。开口④层下，叠压 M99、F5D117、F5D118、H63 和⑤层表。单人葬，
骨骼保存较差，仅余部分胸骨和肢骨，头向可能朝东，侧身直肢。男性，成年。墓向 80°（图二三四）。

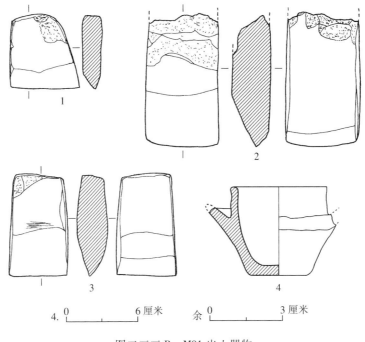

4. 　0　　　　　　6厘米　　　余　0　　　　　　3厘米

图二三三 B　M91 出土器物

M93

位于 T0832 等四方的东北部。开口④层下，叠压 M176、F5D112 和⑤层表。单人葬，骨骼保存较差，头骨和下肢部分残损，头向东，面向上，仰身直肢。未成年，16 岁左右。墓向约 122°（图二三五；彩版八〇，1）。

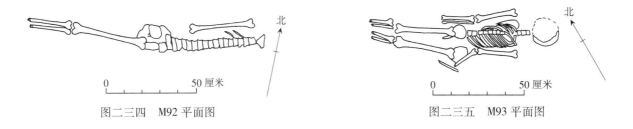

　　0　　　　　50厘米　　　　　　　　　0　　　　　50厘米

　图二三四　M92 平面图　　　　　　　　图二三五　M93 平面图

M94

位于 T1032 等四方的中部偏西。开口④层下，叠压 M154 和⑤层表。单人葬，骨骼风化残损严重，保存较差。头向东，面向北，侧身直肢。男性。墓向 90°。陶鼎 1 件位于头顶，石锛 1 件位于盆骨北侧（图二三六 A）。

M94：1，陶鼎（Bd Ⅱ）。夹细蚌末灰陶。小侈口，圆唇，短束颈，溜肩，腹残，底有三扁圆形足。口径 9 厘米（图二三六 B，1）。

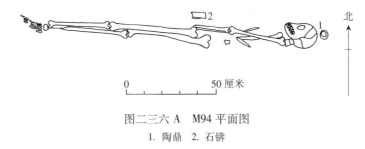

　0　　　　　50厘米

图二三六 A　M94 平面图
1. 陶鼎　2. 石锛

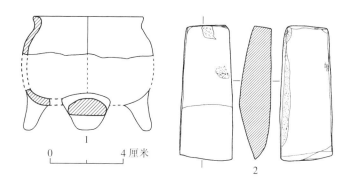

图二三六 B　M94 出土器物

M94：2，石锛（Ab）。凝灰岩，灰色条带。长梯形，双面刃。刃部锐利，刃面有多个研磨面。研磨程度高，正面上部有两片旧疤痕，背面和顶部亦分布有少量旧疤痕。长 10.65、宽 3.5 ~ 4.3、厚 2.6 厘米（图二三六 B，2）。

M95

位于 T1032 等四方的中部。开口④层下，叠压 M159 和⑤层表。单人葬，头向东，面向南，侧身直肢。女性，25 ~ 30 岁。墓向 90°。头顶随葬陶鼎 1 件（图二三七 A）。

M95：1，陶鼎（DⅡ）。夹细蚌末红陶，器身施绛红色衣，大部脱落。敛口，斜方唇，微鼓腹，下腹凸出一周低棱，圜底近平，扁圆条状鼎足。口径 9.6、高 12.2 厘米（图二三七 B）。

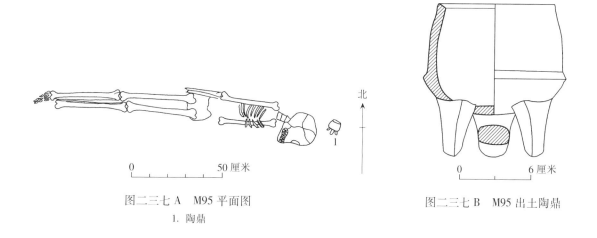

图二三七 A　M95 平面图
1. 陶鼎

图二三七 B　M95 出土陶鼎

M96

位于 T1032 等四方的北部。开口④层下，叠压 F5D151 和⑤层表。单人葬，骨骼保存极差，仅有部分盆骨和肢骨，可能为二次葬。成年。墓向 90°（图二三八）。

M97

位于 T1032 等四方的北部偏东。开口④层下，被 M101 叠压，叠压 F5D165 和⑤层表。单人葬，头向东，面向北，仰身直肢，下肢残缺。女性，成年。墓向 90°。随葬陶器 2 件，纺轮位于腰部，带把钵位于股骨上（图二三九 A；彩版八○，2）。

M97：1，陶纺轮（Ca）。泥质红陶，局部灰黑色。椭圆形泥饼状，正面外凸，背面内凹，中央有孔。直径 5.1、孔径 0.8、厚 0.5 厘米（图二三九 B，1；彩版八○，3）。

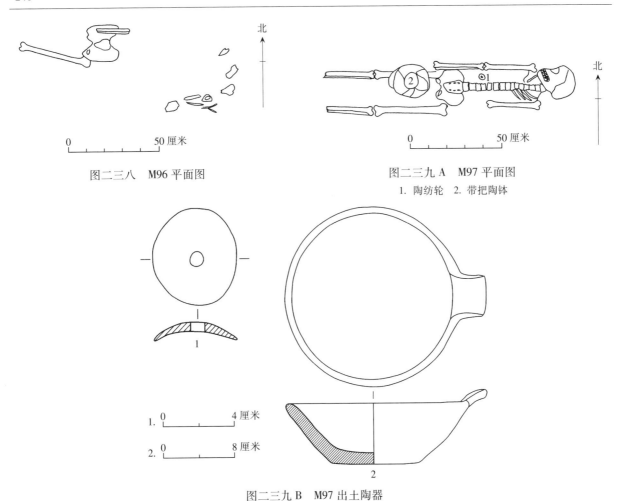

图二三八　M96 平面图

图二三九 A　M97 平面图
1. 陶纺轮　2. 带把陶钵

1. 0 ____ 4 厘米
2. 0 ____ 8 厘米

图二三九 B　M97 出土陶器

M97：2，带把陶钵。夹砂红褐陶。敞口，圆唇，斜腹，平底，一侧口部有一短宽条形把手。口径19、底径9.5、高6.5厘米（图二三九 B，2；彩版八○，4）。

M98

位于 T1130 等两方的中部。开口④层下，打破 H36 和⑤层。不太规整的长方形竖穴浅土坑墓，直壁，长 116、宽 24 ~ 40、深 10 厘米。填土灰黄色。单人葬，头向东，面向北，仰身直肢，骨骼有残损。12 ~ 13 岁左右。墓向 84°。下颌北部随葬陶圈足罐 1 件（图二四○ A；彩版八一，1）。

M98：1，陶圈足罐（B）。夹砂红陶。微侈口，尖圆唇，束颈，微鼓腹，喇叭形矮圈足。口径 9.5、足径 8.1、高 7.6 厘米（图二四○ B；彩版八一，2）。

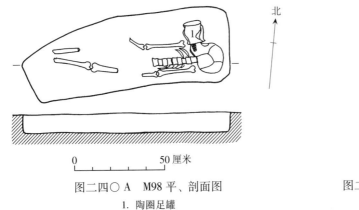

图二四○ A　M98 平、剖面图
1. 陶圈足罐

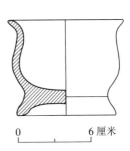

图二四○ B　M98 出土陶圈足罐

M99

位于 T0832 等四方的东部偏南。开口④层下，被 M92 叠压，打破 M177、M180、M200、H63、F5D117、F5D118 和⑤层。不太规整的长方形浅竖穴土坑墓，墓口东高西低，直壁，长 190、宽 30 ～ 64、深 5 ～ 10 厘米。填土灰褐色，夹有红烧土和炭粒。单人葬，头向可能朝东，仰身直肢，上身残缺。男性，成年。墓向 99°（图二四一；彩版八一，3）。

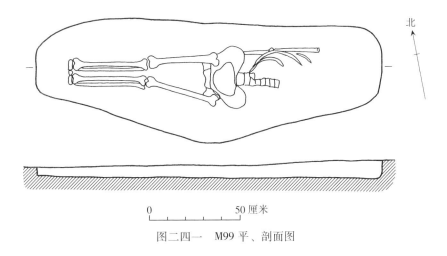

0　　　　　　　　50 厘米

图二四一　M99 平、剖面图

M100

位于 T0832 等四方的东南部。开口④层下，被③层下的 F8D22 打破，打破 M201、H63、F5D119 和⑤层。不规则形竖穴土坑墓，墓口与底东高西低呈斜坡状，直壁，长 191、宽 30 ～ 80、深 8 ～ 13 厘米。填土灰褐色，夹有红烧土块和炭粒。疑似合葬墓，似有 2 个个体。个体Ⅰ头向东，面向北，侧身直肢，背部垫有 2 块红烧土块。男性，30 岁左右。墓向 95°。个体Ⅰ左侧下肢骨被扰动，并多余 1 根腓骨，上身南侧也多余部分骨骼，可能为个体Ⅱ二次葬骨骼。未成年，16 ～ 17 岁。个体Ⅰ头骨南部随葬陶网坠 1 件（图二四二 A；彩版八二，1）。

M100：1，陶网坠（Aa）。泥质红陶。长方形，一面有两条横向凹槽。长 2.25、宽 1.5、厚 0.9 厘

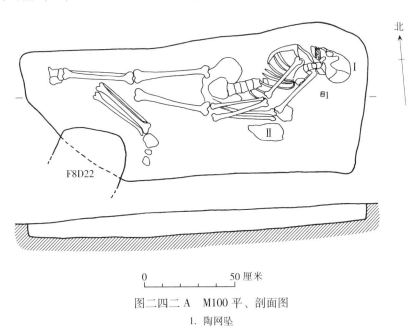

0　　　　　　　　50 厘米

图二四二 A　M100 平、剖面图

1. 陶网坠

米（图二四二 B；彩版八二，2）。

M101

位于 T1032 等四方的东北部。开口④层下，叠压 M97、F5D165 和⑤层表。疑似合葬墓，有 3 个个体。个体 I 头向东，面向北，侧身直肢，未成年。个体 II 头向东，面向北，俯身直肢，男性，25～30 岁，脚压 M97 头。个体 III 有肢骨和部分脊椎骨，二次葬，成年。墓向 90°（图二四三；彩版八二，3）。

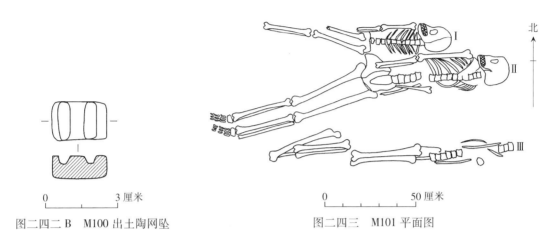

图二四二 B　M100 出土陶网坠

图二四三　M101 平面图

M102

位于 T1232 等四方的西北部、T1032 等四方的东北部。开口④层下，叠压 M152、F5D174 和⑤层表。疑似合葬墓，2 个个体相互上下叠压。个体 I 头向东，面向北，侧身交肢，男性，下颌部随葬陶鼎 1 件。个体 II 压在个体 I 上，有部分头骨和肢骨，骨骼凌乱，可能为二次葬，男性（？），成年，30 岁左右。墓向 94°。骨骼上有陶鼎 1 件（图二四四 A；彩版八三，1、2）。

M102：1，陶鼎（Bd I）。夹细蚌末红陶，施红衣，大部脱落。小侈口，尖圆唇，溜肩，鼓腹，最大径偏下，平底略圜，扁条形鼎足，足根部有纵向凸脊，其中一鼎足纵向凸脊上有横向凸条，足根略残。口径 10.1、残高 11.4 厘米（图二四四 B，1；彩版八三，3）。

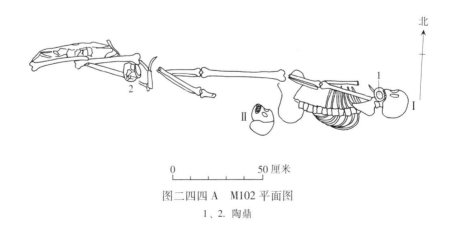

图二四四 A　M102 平面图

1、2. 陶鼎

M102：2，陶鼎（Aa II）。夹细蚌末红陶。微侈口，窄沿微卷，腹较直，中下腹起凸棱，其上突出一舌形錾手，斜收成小平底，扁条形鼎足。口径 10.1、残高 10 厘米（图二四四 B，2；彩版八三，4）。

M103

位于 T1232 等四方的西北部、T1032 等四方的东北部。开口④层下，叠压在 M147、F5D182 和⑤

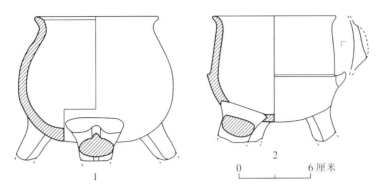

图二四四B　M102出土陶鼎

层表上。疑似合葬墓。个体Ⅰ头向东，面向北，下肢残损，仰身直肢微侧。成年。墓向78°。头顶部随葬陶杯1件。头顶稍远外侧有部分肢骨（个体Ⅱ），可能为二次葬，旁边随葬陶罐1件（图二四五A；彩版八四，1）。

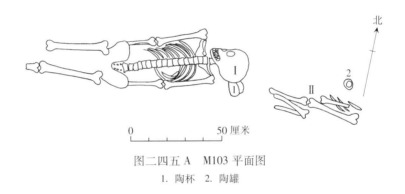

图二四五A　M103平面图
1. 陶杯　2. 陶罐

M103∶1，陶杯（Ⅱ）。夹细蚌末红褐陶。直口，方唇，略斜，筒形直腹，下腹有一圈低凸棱，一侧突出一三角形錾手，腹底缓收，底部残缺。口径8.7、残高8.7厘米（图二四五B，1；彩版八五，1）。

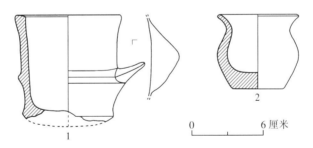

图二四五B　M103出土陶器

M103∶2，陶罐（AⅡ）。夹砂红陶，局部灰黑。侈口，圆唇，溜肩，鼓腹，小平底。手制，不够规整。口径6.8、底径4.3、高5.8厘米（图二四五B，2；彩版八五，2）。

M104

位于T1232等四方的西北角。开口④层下，叠压F5D180和⑤层表。单人葬，骨骼残损，保存较差。头向东，面向北，屈肢。男性，30~35岁。墓向87°（图二四六）。

M105

位于T1032等四方的中部。开口④层下，打破M187和⑤层。长方形浅竖穴土坑墓，直壁，长171、

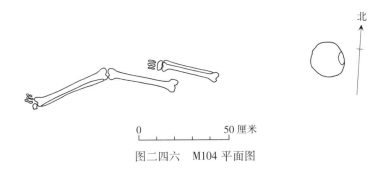

图二四六　M104 平面图

宽 45~50、深 10 厘米。填土为黑褐色。单人葬，头向东，面向上，仰身直肢微侧。女性，成年个体。墓向 90°。头骨北外侧随葬残陶釜底 1 件，盆骨处随葬陶纺轮 1 件（图二四七 A；彩版八四，2）。

M105：1，陶釜（C?）。夹蚌红衣陶。仅见器底残片，斜弧腹，平底。除底外，器内外壁均施红衣。底径 7.6、残高 3.1 厘米（图二四七 B，1）。

M105：2，陶纺轮（Cc）。夹蚌褐陶。椭圆饼形，一面较平，一面微凸，中央有穿孔。直径 8.7、孔径 1.2、厚 1.3 厘米（图二四七 B，2；彩版八五，3）。

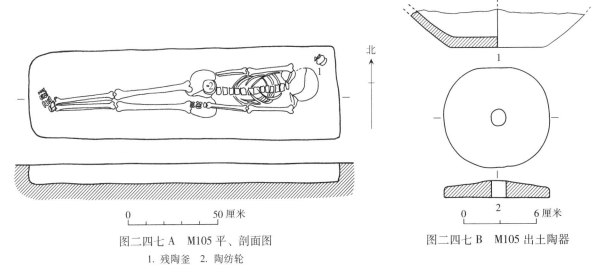

图二四七 A　M105 平、剖面图　　　　　　图二四七 B　M105 出土陶器
1. 残陶釜　2. 陶纺轮

M106

位于 T0832 等四方的东北部。开口④层下，叠压于 F5D92 和⑤层表。单人葬，骨骼保存较差，部分胸骨和肢骨残损，侧俯身直肢，头向东，面向南。成年。墓向 90°（图二四八）。

M107

位于 T0832 等四方的东北部。开口④层下，叠压⑤层表。单人葬，骨骼保存较差，仅余头骨和下肢骨，仰身直肢，头向东，面向上。未成年。墓向 90°（图二四九）。

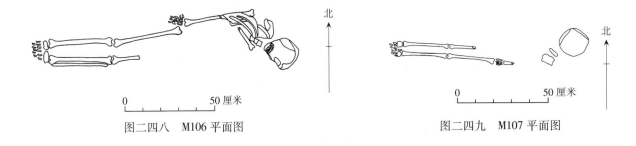

图二四八　M106 平面图　　　　　　　　　图二四九　M107 平面图

M108

位于 T0832 等四方的北部。开口④层下，叠压 H53 和⑤层表。单人葬，仰身直肢，头向东，面向上。未成年。墓向 90°。头骨顶部随葬 1 件陶罐（图二五〇A；彩版八四，3）。

M108：1，陶罐（AⅡ）。夹砂红陶。侈口，圆唇，溜肩，鼓折腹，平底。口径 9、底径 5.5、高 9 厘米（图二五〇 B；彩版八五，4）。

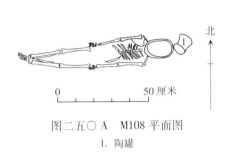

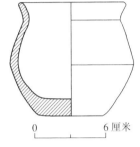

图二五〇 A　M108 平面图
1. 陶罐

图二五〇 B　M108 出土陶罐

M109

位于 T0832 等四方的北部。开口④层下，打破 F5D82 和⑤层。不太规整的长方形竖穴土坑墓，直壁，墓口与底东高西低，略呈斜坡状，长 148、宽 40～51、深 9～10 厘米。填土灰褐色，夹有红烧土颗粒和炭粒，土质较硬。单人葬，头向东，面向北上，侧身直肢微曲。未成年，13～14 岁。墓向 80°。头骨顶部随葬陶罐 1 件（图二五一 A；彩版八六，1）。

M109：1，陶罐（AⅡ）。粗泥质红陶。侈口，圆唇，削肩，鼓腹，平底微内凹。手制。口径 9.1、底径 5.8、高 8 厘米（图二五一 B；彩版八七，1）。

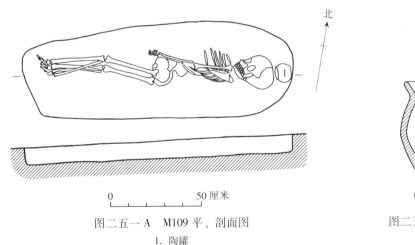

图二五一 A　M109 平、剖面图
1. 陶罐

图二五一 B　M109 出土陶罐

M110

位于 T0832 等四方的东北部。开口④层下，打破 M176 和⑤层。不太规整的长圆形竖穴土坑墓，斜壁，墓口与底东高西低，长 109、宽 24～47、深 8 厘米。填土灰褐色，夹有零星红烧土粒和炭粒。身体大部在墓坑内，头骨在墓坑边缘，骨骼保存较差，下身残。单人葬，头向东，面向北，仰身直肢。13～14 岁。墓向 69°。在头骨南部和盆骨处各随葬 1 件陶鼎（图二五二 A；彩版八六，2）。

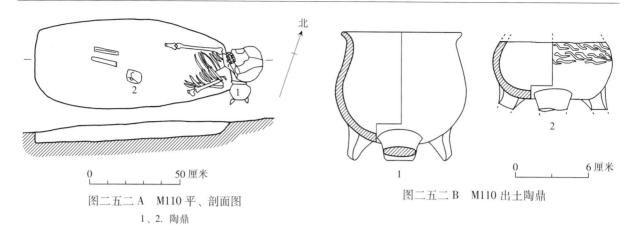

图二五二 A　M110 平、剖面图
1、2. 陶鼎

图二五二 B　M110 出土陶鼎

M110:1，陶鼎（Ba I）。泥质红褐陶。侈口，尖圆唇，溜肩，鼓腹，小平底，三扁条形鼎足。口径 9.8、高 10.2 厘米（图二五二 B，1；彩版八七，2）。

M110:2，陶鼎（Bb I）。夹砂褐陶。口部残，鼓腹，中腹处有一圈之字形刻划纹饰，下腹弧收，平底，三扁圆足，足尖部分折断。残高 5.5 厘米（图二五二 B，2；彩版八七，3）。

M111

位于 T1130 等两方的东北部、T1230 等四方的西北部。开口④层下，被 M88 和 H45 打破，打破 H46 和⑤层。不规整的长方形竖穴土坑墓，直壁，残长 194、残宽 50～75、深 9～12 厘米。填土灰褐色，夹红烧土颗粒。合葬墓，有 2 个个体。个体 I 头向东，面向北，侧身直肢微曲。女性，25～30 岁左右。头顶随葬陶鼎 1 件，股骨北侧随葬陶纺轮 1 件。个体 II 骨骼凌乱，可能为二次葬。成年。墓向 83°（图二五三 A；彩版八八，1）。

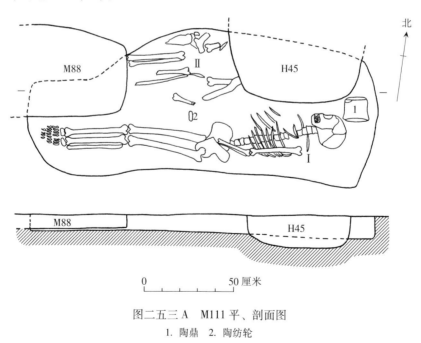

图二五三 A　M111 平、剖面图
1. 陶鼎　2. 陶纺轮

M111:1，陶鼎（Cb I）。夹蚌末红陶，器表施红衣，大部脱落。直口，微敞窄沿，腹部微内收，斜方唇，腹底交接处微凸，其上有较浅的线状刻划，一侧有一牛鼻式环耳，收缩成圜底近平，鼎足全部残损。口径 13.4、残高 11.9 厘米（图二五三 B，1；彩版八七，4）。

M111:2，陶纺轮（A）。泥质褐陶。圆饼形，中间有穿孔。正面有 7 组 2～4 条指甲掐痕，呈放射

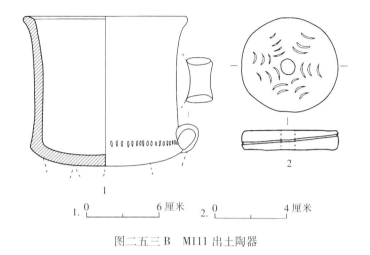

图二五三 B　M111 出土陶器

状朝向中心孔，背面粗糙，凹凸不平。侧面有一条不规则浅凹痕。直径 5.4、孔径 0.8、厚 1 厘米（图二五三 B，2；彩版八七，5）。

M112

位于 T1032 等四方的东北部。开口④层下，叠压 F5D174 和⑤层表。单人葬，头向东，面向北，侧身，下肢残。20～25 岁左右。墓向 90°（图二五四）。

M113

位于 T1032 等四方的东部。开口④层下，叠压 M161、F5D174 和⑤层

图二五四　M112 平面图

表。合葬墓，有 3 个个体。个体Ⅰ骨骸有残损，头向东，面向北，仰身直肢，男性，30～35 岁。个体Ⅱ头向东，面向北，仰身直肢，男性，30～35 岁。个体Ⅲ仅有肢骨和部分盆骨，可能为二次葬，成年。墓向 90°。随葬陶鼎 2 件，位于个体Ⅱ头骨顶部（图二五五 A；彩版八八，2）。

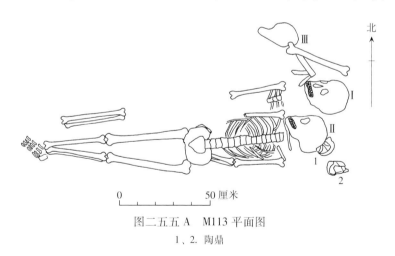

图二五五 A　M113 平面图

1、2. 陶鼎

M113:1，陶鼎（CbⅢ）。夹细蚌末红陶。直口内收，窄沿，斜方唇，斜直腹，底腹交接处形成一周凸棱，逐渐收缩成圜底近平，扁条形鼎足，足根部有一条纵向泥脊。口径 10.2、高 15.5 厘米（图二五五 B，1；彩版九〇，1）。

M113:2，陶鼎（BdⅢ）。夹细蚌末褐陶，器表施绛褐色陶衣。微侈口，方唇，鼓腹，逐渐收缩成平底，三足残。口径 10、残高 9.2 厘米（图二五五 B，2；彩版九〇，2）。

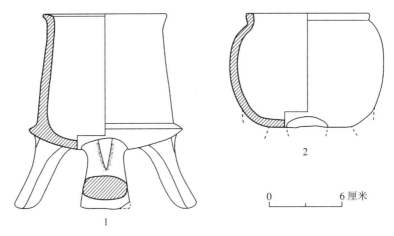

图二五五 B   M113 出土陶鼎

M114

位于 T1032 等四方的东部。开口④层下，叠压 M115、M190、F5D174、F5D176 和⑤层。单人葬，头向东，面向南，仰身直肢。女性，成年。墓向 90°。盆骨处随葬陶纺轮 1 件（图二五六 A）。

M114:1，陶纺轮（Cb）。夹蚌红陶。圆饼形，一面略平，一面稍凹，中央有穿孔。直径 6.1、孔径 0.9、厚 1.2 厘米（图二五六 B）。

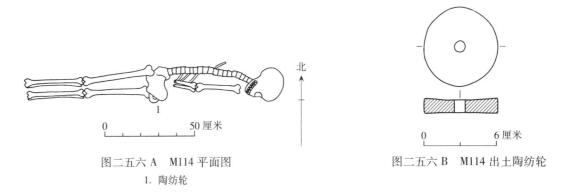

图二五六 A   M114 平面图
1. 陶纺轮

图二五六 B   M114 出土陶纺轮

M115

位于 T1032 等四方的东部。开口④层下，被 M114 叠压，叠压 F5D174 和⑤层表。单人葬，骨骼有残损，头向东，面向北，仰身直肢微曲。成年。墓向 90°。头骨北侧随葬陶鼎 1 件（图二五七 A）。

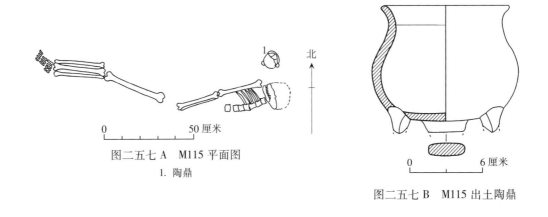

图二五七 A   M115 平面图
1. 陶鼎

图二五七 B   M115 出土陶鼎

M115:1，陶鼎（BaⅠ）。粗泥质褐陶。侈口，圆唇，束颈，鼓腹，收缩成小平底，三扁条状足，略残。口径10.5、残高10厘米（图二五七B）。

M116

位于T1032等四方的东部。开口④层下，被M75、M117叠压，叠压在⑤层表。单人葬，头向东，面向不清，侧俯身直肢。25岁左右。墓向90°（图二五八；彩版八九，1）。

M117

位于T1032等四方的中部。开口④层下，被M75叠压，叠压M116、M172和⑤层表。单人葬，头向东，面向北，侧俯身直肢。30岁左右。墓向90°。头顶随葬陶鼎1件，上肢北侧随葬石锛1件，脚部南侧随葬陶纺轮1件（图二五九A；彩版八九，2）。

M117:1，陶鼎（BdⅢ）。夹砂褐陶。残损严重，仅存下部。弧腹，腹底交接处有一道凹弦纹，底下接有三扁圆形足。残高4.9厘米（图二五九B，1）。

M117:2，残石锛。凝灰岩，灰色条带。残损严重，仅余顶端部分。残长4.4、残宽3.2、残厚1.7厘米（图二五九B，2；彩版九○，3）。

M117:3，陶纺轮（Cd）。夹蚌黑衣陶。圆饼状，两面略鼓，中心有一孔，侧面有一圈纵向刻划，并有一条横向划线与其交叉。直径6.9、孔径0.8、厚1.7厘米（图二五九B，3；彩版九○，4）。

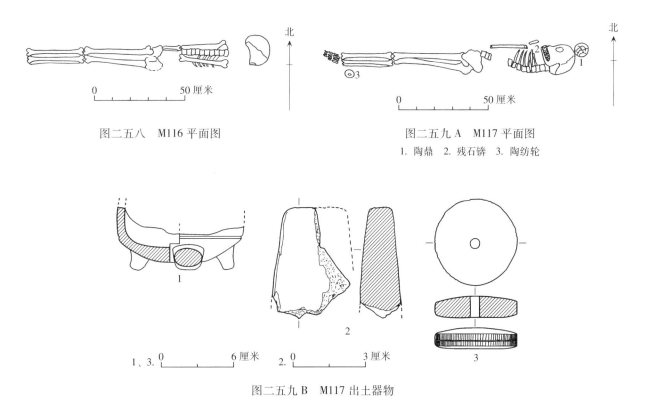

图二五八　M116平面图　　　　　　　图二五九A　M117平面图
　　　　　　　　　　　　　　　　　　1. 陶鼎　2. 残石锛　3. 陶纺轮

图二五九B　M117出土器物

M118

位于T1032等四方的东部。开口④层下，叠压于F5D174和⑤层表。单人葬，仅有部分凌乱头骨和肢骨，为二次葬。6～7岁。墓向90°。骨骼下随葬残陶杯1件（图二六○A）。

M118:1，陶杯（Ⅱ）。夹蚌红衣陶，器表内外均施红衣，大部分已脱落。直口，圆唇，直腹，下部残。口径6.8、残高2.6厘米（图二六○B）。

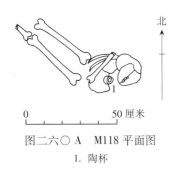

图二六〇 A　M118 平面图
1. 陶杯

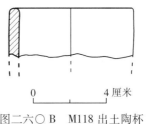

图二六〇 B　M118 出土陶杯

M119

位于 T1032 等四方的中部偏东。开口④层下，叠压在⑤层表。单人葬，骨骼保存极差，头向东，面向不清，侧身直肢。成年。墓向 90°（图二六一）。

M120

位于 T1032 等四方的东部。开口④层下，叠压 M190 和⑤层表。单人葬，头骨残缺，头向东，仰身直肢。成年。墓向 90°。盆骨北侧随葬陶罐 1 件，其南侧有肢骨 1 段（图二六二）。

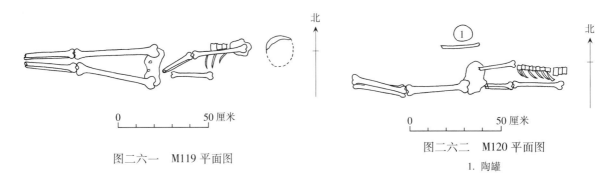

图二六一　M119 平面图

图二六二　M120 平面图
1. 陶罐

M120∶1，陶罐（？）。粗泥质褐陶。残损严重，无法修复。

M121

位于 T1032 等四方的东部。开口④层下，叠压在⑤层表。单人葬，头向东，面向上，仰身直肢。男性，25 岁。墓向 90°。盆骨北侧随葬陶纺轮 2 件、陶豆 1 件（图二六三 A；彩版九一，1）。

M121∶1，陶纺轮（Cc）。夹蚌红陶。圆饼状，一面较平，一面微凸，中央单面穿孔。直径 7.3、孔径 1.2、厚 2 厘米（图二六三 B，1；彩版九一，2）。

M121∶2，陶纺轮（A）。夹蚌褐陶。圆饼状，中央有穿孔。正面以孔为中心，装饰四组同心圆圈和同心圆线。直径 6.4、孔径 0.8、厚 1.4 厘米（图二六三 B，2；彩版九一，3）。

M121∶3，陶豆（B）。夹蚌末红褐陶。敞口，圆唇，浅弧腹，圈足残。口径 17.5、残高 6.8 厘米（图二六三 B，3；彩版九一，4）。

M122

位于 T1032 等四方的东部。开口④层下，叠压 M149、M188 和⑤层。疑似合葬墓，可能有 3 个个体。个体 I 头向东，面向北，侧俯身直肢，

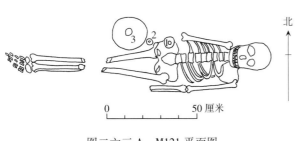

图二六三 A　M121 平面图
1、2. 陶纺轮　3. 陶豆

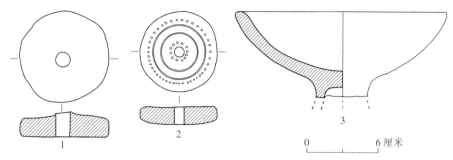

图二六三 B　M121 出土陶器

男性，成年。个体Ⅱ在个体Ⅰ头顶部，有部分头骨和肢骨，面向北，二次葬，男性，30～35 岁，肢骨上压有 1 件陶鼎。个体Ⅲ在个体Ⅰ南部，有部分头骨和肢骨，二次葬，成年，其南部随葬 1 件陶鼎。墓向 90°（图二六四 A；彩版九二，1）。

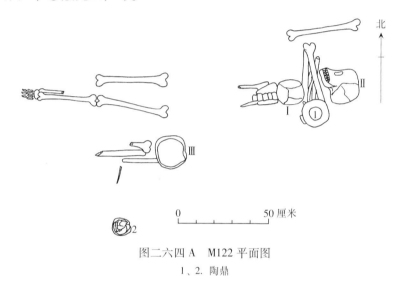

图二六四 A　M122 平面图
1、2. 陶鼎

M122∶1，陶鼎（Cd）。夹蚌末红陶，腰檐以上有绛褐色陶衣，大部脱落。敞口，方唇，斜筒形，腹部有腰檐，上按捺锯齿纹，并出露对称梯形錾手和环状器耳，平底，鼎足残，仅余足根。口径 10.7、底径 7、残高 7.8 厘米（图二六四 B，1；彩版九二，2）。

M122∶2，陶鼎（BcⅢ）。夹蚌末红褐陶，器表施绛褐色陶衣。微敛口，圆唇，微鼓腹，斜收成平底，鼎足残损。口径 12.7、残高 9.8 厘米（图二六四 B，2；彩版九二，3）。

M123

位于 T1032 等四方的东部。开口④层下，被 M74 叠压，叠压 M124 和⑤层。单人葬，头向东，面向北，仰身直肢微侧，下肢有残缺，头骨扰动。成年个体。墓向 90°。胸部随葬残石纺轮 1 件（图二六五 A）。

M123∶1，残石纺轮。板岩，灰色。石质剥离严重，仅余纺轮的 1/4。中孔单面管钻，周缘局部磨光。直径约 7、孔径约 1 厘米（图二六五 B）。

M124

位于 T1032 等四方的东部。开口④层下，被 M73、M74、M123 叠压，打破 F5D175 和⑤层。不太规整的长方形浅竖穴土坑墓，长 132、宽 25～37、深 7 厘米。填土黑褐色，夹红烧土块颗粒。单人葬，头向东，面向北，仰身直肢微侧，13～14 岁。墓向 90°。胸前随葬石凿 1 件（图二六六 A；彩版九二，4）。

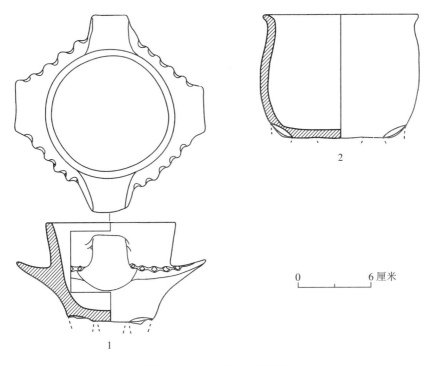

图二六四 B   M122 出土陶鼎

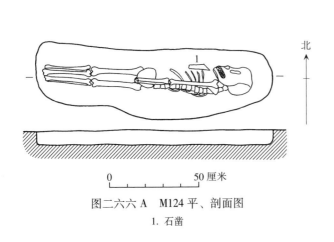

图二六五 A   M123 平面图
1. 残石纺轮

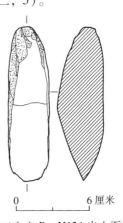

图二六五 B   M123 出土石纺轮

M124：1，石凿（Ab）。凝灰岩，深灰色。长条形，单面刃。刃部和顶端正、背面研磨较好，两侧面层理分化严重。长 12.1、宽 3.35、厚 3.7 厘米（图二六六 B；彩版九二，5）。

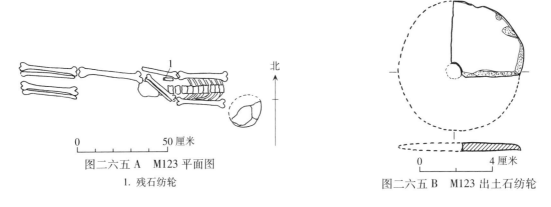

图二六六 A   M124 平、剖面图
1. 石凿

图二六六 B   M124 出土石凿

M125

位于 T0832 等四方的中部。开口④层下，打破 F5D79、F5D80 和⑤层。不太规整的长方形竖穴土坑墓，直壁，墓口与底东高西低略呈斜坡状，长 196、宽 35～48、深 15 厘米。填土灰褐色，夹有红烧土颗粒和炭粒，土质较硬。单人葬，头向东，面向北，俯身直肢。女性，25～30 岁。墓向 103°。头骨顶部随葬陶圈足罐 1 件，腰腹部随葬陶纺轮 2 件（图二六七 A；彩版九三，1、2）。

M125：1，陶圈足罐（B）。粗泥质红褐陶。微侈口，圆唇，鼓腹，矮圈足。口径 8、底径 5.9、高 8.4 厘米（图二六七 B，1；彩版九三，3）。

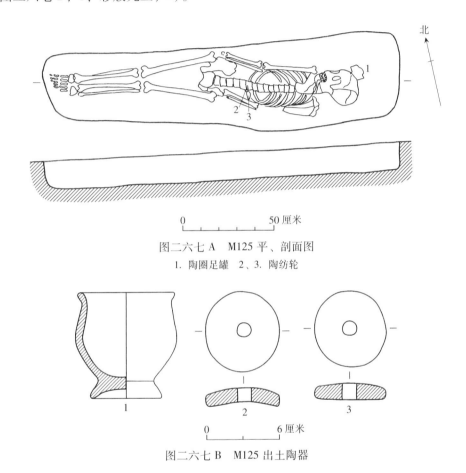

图二六七 A　M125 平、剖面图

1. 陶圈足罐　2、3. 陶纺轮

图二六七 B　M125 出土陶器

M125：2，陶纺轮（Ca）。泥质黑衣陶。圆饼形，正面凸，背面凹，中央有孔。直径 6～6.4、孔径 1.1、厚 1.15 厘米（图二六七 B，2；彩版九三，4）。

M125：3，陶纺轮（A）。夹蚌褐陶。圆饼状，中央有孔。直径 6、孔径 1.2、厚 1.3 厘米（图二六七 B，3 彩版九三，5）。

M126

位于 T1130 等两方的东部、T1230 等四方的西部。开口④层下，打破⑤层。不规整的竖穴浅土坑墓，直壁，长 206、宽 33～66、深 20 厘米。填土浅褐色，夹少量红烧土颗粒。单人葬，头向东，面向上，仰身直肢。12～13 岁左右。墓向 99°。颈部随葬陶罐 1 件（图二六八；彩版九四，1）。

M126：1，陶罐。泥质褐陶。侈口，圆唇。残损严重，无法复原。

M127

位于 T1232 等四方的西南部。开口④层下，打破⑤层。不太规整的长方形竖穴浅土坑墓，直壁，

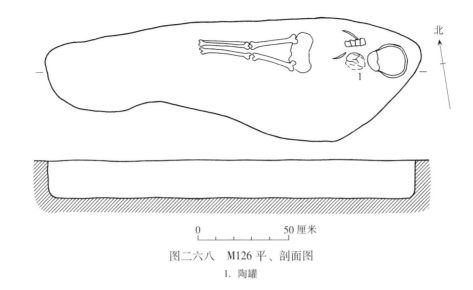

图二六八　M126 平、剖面图
1. 陶罐

长 202、宽 34~46、深 10 厘米。填土灰褐色。单人葬，头向东，面向北，侧俯身直肢。男性，20~25 岁。墓向 88°。头骨南侧随葬陶鼎 1 件（图二六九 A；彩版九四，2）。

　　M127:1，陶鼎（Bc I）。夹蚌褐陶。侈口，尖圆唇，短束颈，微鼓腹，平底，三足已全部残断。口径 9.2、残高 8.8 厘米（图二六九 B；彩版九四，3）。

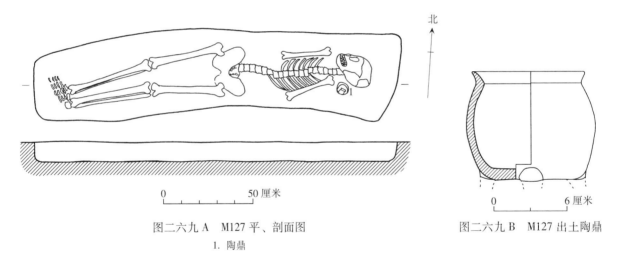

图二六九 A　M127 平、剖面图
1. 陶鼎

图二六九 B　M127 出土陶鼎

M128

位于 T0832 等四方的东部。开口④层下，打破 F5D98 和⑤层。不太规整的长方形竖穴土坑墓，直壁，墓口与底东高西低略呈斜坡状，长 183、宽 27~53、深 13 厘米。填土灰褐色，夹有红烧土块和炭粒，土质较硬。单人葬，骨骼略残缺，头向东，面向北，侧俯身直肢。女性，20~25 岁。墓向 90°。下颌颈部随葬陶鼎 1 件，盆骨处随葬陶纺轮 1 件（图二七〇 A；彩版九五，1、2）。

　　M128:1，陶鼎（Aa Ⅲ）。夹砂红褐陶。直口，窄沿稍外卷，尖圆唇，腹较直，下腹凸出一周低凸棱，一侧出露一鋬手，上有锯齿按捺纹装饰，平底，三扁条形鼎足。口径 10.6、高 10.9 厘米（图二七〇 B，1；彩版九五，3）。

　　M128:2，陶纺轮（Cc）。泥质红褐陶。圆饼形，一面较平，一面微凸，中央有孔。直径 6.5、孔径 1、厚 1.3 厘米（图二七〇 B，2；彩版九五，4）。

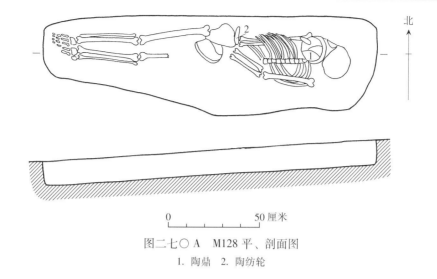

图二七〇 A　M128 平、剖面图

1. 陶鼎　2. 陶纺轮

M129

位于 T0832 等四方的东部。开口④层下，打破 M199、F5D98、F5D114、G2 和⑤层。不太规整的长方形竖穴土坑墓，直壁，墓口与墓底东高西低略呈斜坡状，长 189、宽 25～43、深 7～10 厘米。填土灰褐色，内夹红烧土和炭粒。单人葬，头向东，面向北，侧俯身直肢。成年男性。墓向 86°（图二七一；彩版九六，1）。

M130

位于 T0832 等四方的南部。开口④层下，打破⑤层。长方形竖穴土坑墓，直壁，墓口与底东高西低略呈斜坡状，长 218、宽 30～44、深 20～25 厘米。填土黄灰色，夹有零星红烧

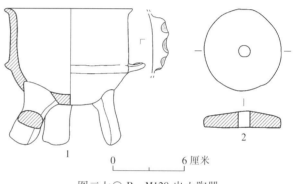

图二七〇 B　M128 出土陶器

土块，土质较硬。单人葬，头向东，面向北下，俯身直肢。男性，30 岁。墓向 117°。头骨北侧随葬陶鼎 1 件（图二七二 A；彩版九六，2）。

M130：1，陶鼎（BaⅡ）。粗泥质红褐陶。侈口，圆唇，卷沿，束颈，鼓腹，平底，扁梯状足外撇。口径 9.5、高 10 厘米（图二七二 B；彩版九六，3）。

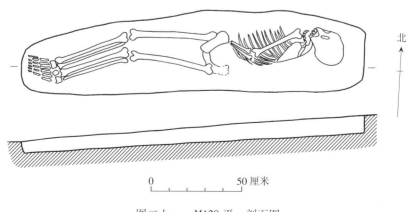

图二七一　M129 平、剖面图

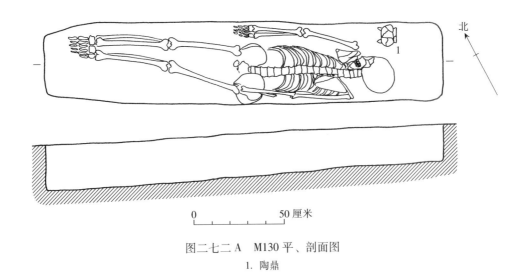

图二七二 A　M130 平、剖面图
1. 陶鼎

M131

位于 T1232 等四方的中部。开口④层下，打破 F5D205 和⑤层。长方形竖穴浅土坑墓，直壁，长 111、宽 27~34、深 8 厘米。填土灰褐色。单人葬，骨骼保存较差，头向东，面向不清，侧身直肢。13~14 岁。墓向 73°。头下颈部随葬玉璜 1 件，下肢南侧随葬陶纺轮 1 件（图二七三 A；彩版九七，1、2）。

M131:1，玉璜（B）。石英岩，白色。整体呈弧形，剖面呈椭圆形，中部稍厚，两侧稍薄。两侧正、背面对钻桯钻小孔，经打磨和抛光。长 9.6、宽 1.3、厚 0.5 厘米（图二七三 B，1；彩版九七，3）。

M131:2，陶纺轮（A）。夹砂褐陶。圆饼形，中心有穿孔。以中心孔为圆心，外围有一圈同心圆装饰。直径 5.7、孔径 0.8、厚 1.7 厘米（图二七三 B，2；彩版九七，4）。

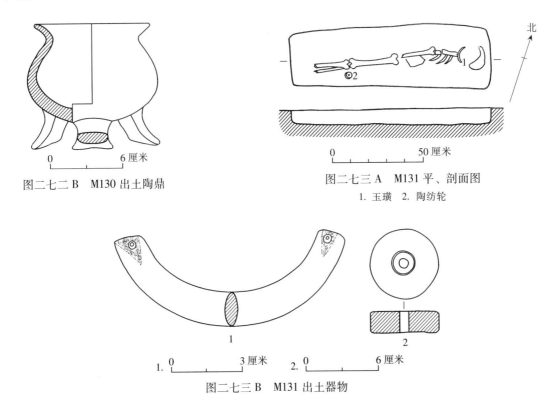

图二七二 B　M130 出土陶鼎

图二七三 A　M131 平、剖面图
1. 玉璜　2. 陶纺轮

图二七三 B　M131 出土器物

M132

位于 T1232 等四方的中部。开口④层下，叠压 F5D206 和⑤层表。单人葬，骨骼残损，保存较差，头向东，面向不清，侧身直肢，下肢残。成年。墓向 90°。头颈部间随葬陶罐 1 件（图二七四 A）。

M132：1，陶罐（DbⅡ）。粗泥质红陶。敞口，圆唇，微束颈，鼓腹，平底。口径 7.8、底径 5.3、高 5.5 厘米（图二七四 B）。

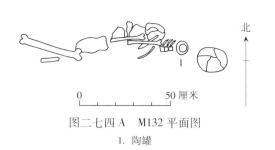 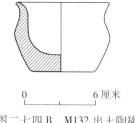

图二七四 A　M132 平面图　　　　　　　　　图二七四 B　M132 出土陶罐
1. 陶罐

M133

位于 T1232 等四方的北部。开口④层下，被 M77、M78 打破，打破 F5D205 和⑤层。不太规整的长方形浅竖穴土坑墓，直壁，长 182、宽 40、深 21 厘米。填土灰褐色，夹有零星陶片和红烧土颗粒。单人葬，头向东，面向南，仰身直肢。女性（？），成年，25 岁左右。墓向 86°。在肩部南侧随葬 1 件陶鼎，脚部北侧随葬 1 件陶圈足罐。另在脚南侧有一头骨（图二七五 A；彩版九八，1）。

M133：1，陶鼎（BaⅡ）。夹砂红陶。侈口，尖圆唇，束颈，扁鼓腹，腹最大径接近中腹，中腹部出一圈浅腰檐，檐上有四短錾，每錾上有两个细镂孔，平底，底部装三扁方形足，足两侧有纵向泥凸。口径 8.2、残高 7.5 厘米（图二七五 B，1；彩版九九，1）。

M133：2，陶圈足罐（CⅠ）。夹砂红褐陶。侈口，圆唇，束颈，鼓腹，圈足残损。口径 8.2、残高 5.2 厘米（图二七五 B，2；彩版九九，2）。

M134

位于 T1232 等四方的北部偏西。开口④层下，打破 M213、F5D188、F5D189 和⑤层。不太规整的长方形竖穴土坑墓，直壁，长 181、宽 37 ~ 43、深 11 厘米。填土灰褐色。单人葬，头向东，面向北，侧身直肢微曲。男性，25 ~ 30 岁左右，墓向 84°。盆骨处随葬 3 件陶器（图二七六 A；彩版九八，2）。

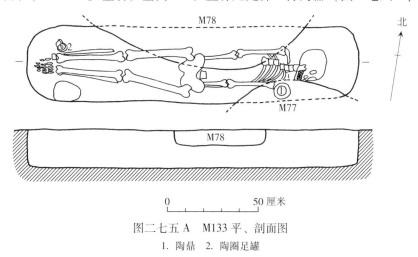

图二七五 A　M133 平、剖面图
1. 陶鼎　2. 陶圈足罐

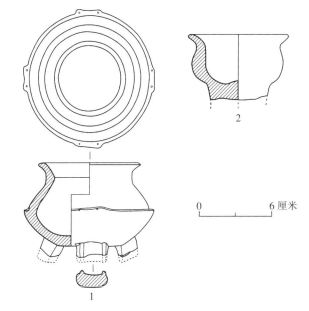

图二七五 B　M133 出土陶器

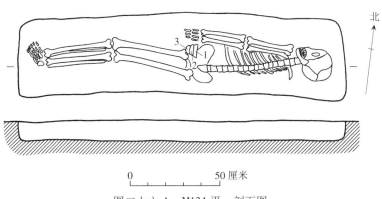

图二七六 A　M134 平、剖面图
1. 陶圈足罐　2、3. 陶器盖

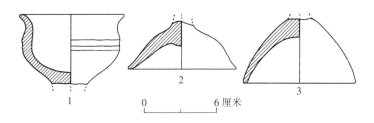

图二七六 B　M134 出土陶器

　　M134∶1，陶圈足罐（CⅠ）。夹砂红褐陶。侈口，尖圆唇，束颈，鼓腹，腹部有两道轮修时形成的隐约凹痕，圈足残损。口径 8.8、残高 5.5 厘米（图二七六 B，1；彩版九九，3）。

　　M134∶2，陶器盖（Bb）。夹砂褐陶。覆钵形，盖纽残，盖面斜直，盖口方圆唇。盖口径 9、残高 3.8 厘米（图二七六 B，2；彩版九九，4）。

　　M134∶3，陶器盖（Aa）。夹砂红褐陶。覆钵形，盖纽残，盖面弧形，盖口缘方圆唇。盖口径 9.2、残高 5.1 厘米（图二七六 B，3；彩版九九，5）。

M135

位于 T1232 等四方的北部偏西。开口④层下，叠压 M213 和⑤层表。单人葬，头向东，面向北，俯身直肢。10 岁左右。墓向 77°（图二七七；彩版一〇〇，1）。

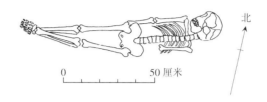

图二七七　M135 平面图

M136

位于 T1232 等四方的北部偏西。开口④层下，叠压在⑤层表。单人葬，头向东，面向北，侧身直肢。男性，30 岁左右。墓向 85°（图二七八；彩版一〇〇，2）。

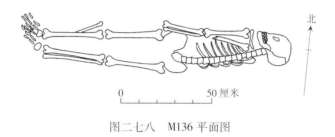

图二七八　M136 平面图

M137

位于 T1232 等四方的西南部。开口④层下，叠压 M228、M215、M232 和⑤层。单人葬，头向东，面向北，仰身直肢微曲。男性，25 岁左右。墓向 88°。头骨东北随葬陶盆 1 件，盆骨南侧随葬陶罐 1 件（图二七九 A；彩版一〇一，1、2）。

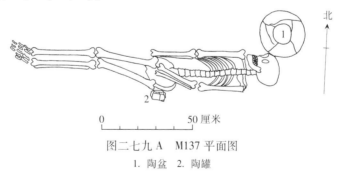

图二七九 A　M137 平面图
1. 陶盆　2. 陶罐

M137:1，陶盆。夹细蚌末红陶，局部灰色。敞口，圆唇，沿较平，浅腹内收成平底。口径 23.3、底径 9、高 8.8 厘米（图二七九 B，1；彩版一〇一，3）。

M137:2，陶罐（A Ⅱ）。夹砂灰陶。侈口，圆唇，束颈，鼓腹微折，腹最大径接近器中部，下腹弧收，底残。口径 11、残高 7 厘米（图二七九 B，2；彩版一〇一，4）。

M138

位于 T1032 等四方的东南角。开口④层下，叠压于 M221 和⑤层。单人葬，头部和下肢残，头向可能朝东，仰身。男性，成年。墓向 90°。上身北部随葬陶罐 1 件（图二八〇A）。

M138:1，陶罐（B Ⅱ），夹砂褐陶。侈口，圆唇，溜肩，鼓腹，平底，腹部有两道弦纹，其间有波

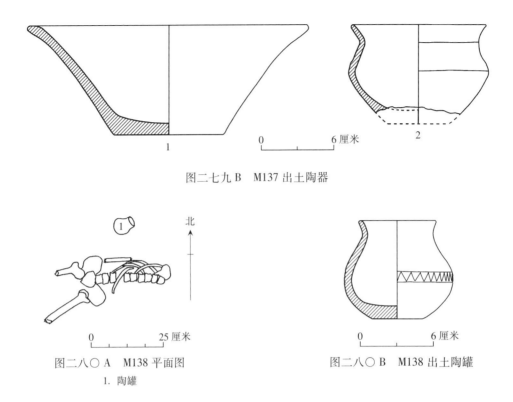

图二七九 B　M137 出土陶器

图二八〇 A　M138 平面图
1. 陶罐

图二八〇 B　M138 出土陶罐

浪纹装饰。口径 6.3、底径 4.3、高 7.8 厘米（图二八〇 B）。

M139

位于 T1032 等四方的南部。开口④层下，叠压 M191 和⑤层。单人葬，头向东，面向南，侧身，下肢残缺。成年。墓向 90°。其东南部有少量凌乱的可能为二次葬的肢骨。头顶随葬陶鼎 1 件（图二八一 A）。

M139：1，陶鼎（CaⅢ）。夹蚌末红陶。口沿残，筒形腹，逐渐收缩成平底，三鼎足残损。残高 8 厘米（图二八一 B）。

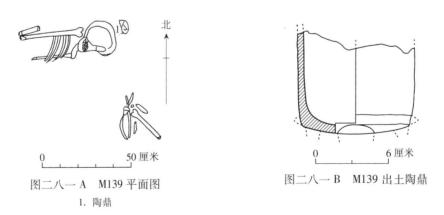

图二八一 A　M139 平面图
1. 陶鼎

图二八一 B　M139 出土陶鼎

M140

位于 T1032 等四方的南部，局部进入南扩方。开口④层下，打破 F5D158 和⑤层。不太规整的长方形浅竖穴土坑墓，直壁，长 195、宽 40～51、深 8 厘米。填土灰黑色。单人葬，头向东，面向北，侧身直肢微曲。30～35 岁。墓向 75°。头顶外侧随葬陶罐 1 件，下颌胸前随葬陶鼎 2 件（图二八二 A；彩版一〇二，1、2）。

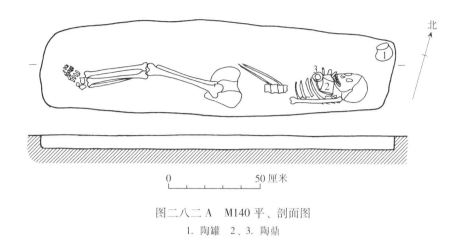

图二八二 A　M140 平、剖面图
1. 陶罐　2、3. 陶鼎

M140：1，陶罐（A Ⅱ）。夹砂黑衣陶。侈口，圆唇，束颈，溜肩，鼓腹，平底，腹最大径在器中部。上腹有五道凹弦纹和两道水波纹。口径 11.1、底径 5.8、高 8.7 厘米（图二八二 B，1；彩版一〇二，3）。

M140：2，陶鼎（Aa Ⅲ）。夹蚌红衣，器表原施红衣已基本脱落。敞口，圆唇，唇缘略外翻，直腹，腹底交接处出棱，一侧置扁梯形錾手一个，下接三扁条形足，足尖外撇。口径 10、高 11.3 厘米（图二八二 B，2；彩版一〇二，4）。

M140：3，陶鼎（Bd Ⅰ）。夹蚌红陶。小侈口，微卷沿，方圆唇，溜肩，鼓腹，腹部有一个残錾手，下部残损。口径 4.6、残高 2.5 厘米（图二八二 B，3）。

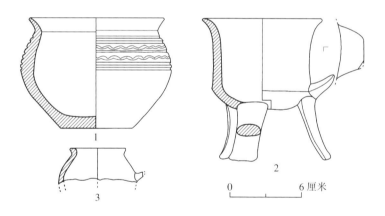

图二八二 B　M140 出土陶器

M141

位于 T1130 等两方的西北部、南扩方的东部。开口④层下，打破 M257、F5D249、F5D252 和⑤层。不太规整的长方形竖穴土坑墓，直壁，长 200、宽 45～55、深 26 厘米。填土灰黑色，夹少量褐斑。单人葬，头向东，面向北，侧俯身直肢。男性，30～35 岁左右。墓向 90°（图二八三；彩版一〇三，1）。

M142

位于 T1130 等两方的北部。开口④层下，被 M72 叠压，被 M88 和 H35 打破，打破⑤层。不太规整的长方形竖穴土坑墓，直壁，残长 110、残宽 44～58、深 15～20 厘米。填土灰褐色，夹少量红烧土颗粒。单人葬，头向东，面向上，仰身直肢。男性，25 岁左右。墓向 90°。腹部北侧随葬陶鼎 1 件（图二八四 A；彩版一〇三，2、3）。

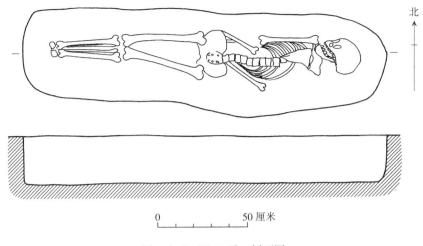

0   50 厘米

图二八三　M141 平、剖面图

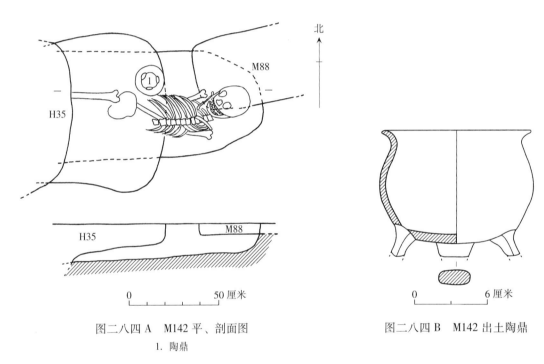

0   50 厘米

图二八四 A　M142 平、剖面图
1. 陶鼎

0   6 厘米

图二八四 B　M142 出土陶鼎

M142：1，陶鼎（Ba Ⅰ）。夹蚌红陶。侈口，圆唇，束颈，鼓腹，逐渐收缩成平底，三扁条形鼎足，略残损。口径 12.2、残高 10 厘米（图二八四 B；彩版一〇三，4）。

M143

位于 T1130 等两方的西部偏北。开口④层下，打破 F5D252 和⑤层。不太规整的长方形浅竖穴土坑墓，直壁，长 181、宽 36～51、深 25 厘米。填土深灰色，夹小块黄褐斑点。单人葬，头向东，面向北，侧俯身交肢。女性，成年。墓向 92°。头骨北侧随葬陶鼎 1 件，股骨南侧随葬陶纺轮 1 件（图二八五 A；彩版一〇四，1）。

M143：1，陶鼎（Ba Ⅱ）。夹砂褐陶。侈口，圆唇，唇缘微翻，溜肩，鼓腹，腹最大径在器中部，下腹渐收至平底微圜，三扁圆形足已全部残断，仅余足根。腹中线以上有一组几何弦线组合纹饰，自上而下依次由三道弦线加三角形折线间隔圆点刻划加三道弦线组合而成，所有几何线条均由不连续刻划点构成，造型美观。口径 12.4、残高 9.9 厘米（图二八五 B，1；彩版一〇四，2）。

M143：2，陶纺轮（A）。夹蚌红褐陶。圆饼形，中央有穿孔。直径 4.8、孔径 0.8、厚 1.2 厘米（图二八五 B，2；彩版一〇四，3）。

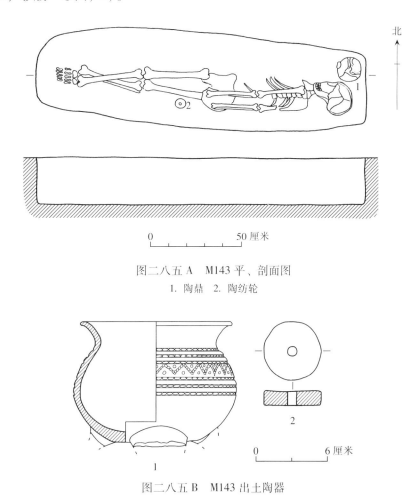

北

0　　　　　　　50 厘米

图二八五 A　M143 平、剖面图
1. 陶鼎　2. 陶纺轮

0　　　　　6 厘米

图二八五 B　M143 出土陶器

M144

位于 T1130 等两方的西北部。开口④层下，叠压在⑤层表。单人葬，头向东，上身残缺，侧俯身直肢。女性，成年。墓向 90°（图二八六）。

M145

位于 T1032 等四方的东南部。开口④层下，打破

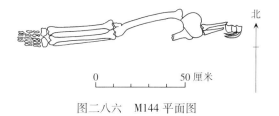

北

0　　　　　　　50 厘米

图二八六　M144 平面图

M202、M189、M231、M215、F5D177 和⑤层。近长方形竖穴土坑墓，直壁，长 196、宽 60、深 10 厘米。填土黑褐色。单人葬，头向东，面向北上，仰身直肢。男性，30 岁左右。墓向 90°。头骨顶部随葬陶鼎 1 件，盆骨北侧随葬陶豆、圈足罐各 1 件（图二八七 A；彩版一〇五，1、2）。

M145：1，陶鼎（F）。粗泥质红褐陶。敞口，圆唇，沿下有一折线，腹微鼓，腹较深逐渐收缩成小平底，三扁圆形鼎足，略残损。口径 8.1、残高 7 厘米（图二八七 B，1；彩版一〇五，3）。

M145：2，陶豆（Ab）。夹细蚌末红陶，器表原施红衣，大部脱落。敛口，圆唇，折沿，斜弧腹，喇叭形圈足，上有两两对称四组小镂孔，分别有 8 个（或 9 个）和 4 个小孔组成，小孔有的穿透，有的穿而未透。口径 8.6、足径 9.5、高 10.3 厘米（图二八七 B，2；彩版一〇五，4）。

M145：3，陶圈足罐（B）。粗泥质红陶。侈口，尖圆唇，束颈，鼓腹，矮圈足。口径8.8、底径6.7、高7.4厘米（图二八七B，3；彩版一〇五，5）。

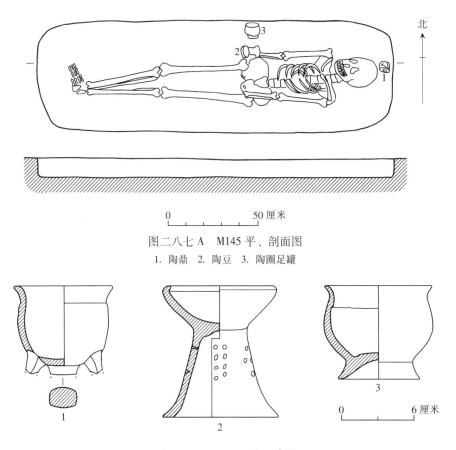

北

0   50厘米

图二八七A　M145平、剖面图
1. 陶鼎　2. 陶豆　3. 陶圈足罐

0   6厘米

图二八七B　M145出土陶器

M146

位于T1232等四方西部。开口④层下，被M82打破，打破M193、F5D197、F5D198和⑤层。长方形竖穴土坑墓，直壁，长169、宽49、深9～12厘米。填土灰褐色，夹有红烧土颗粒。单人葬，头向东，面向上，仰身直肢。女性，25～30岁。墓向76°。随葬陶鼎2件，分别位于头骨和脚的北外侧（图二八八A；彩版一〇六，1）。

M146：1，陶鼎（CbⅡ）。夹细蚌末红陶，器身施绛红色陶衣，基本脱落，器内灰黑色。直口，有窄沿，尖圆唇，直筒形腹，平底，三扁条形足，正面有一条纵向凸脊，足略残损，一侧有一个半月形小鋬手。口径12.5、残高10.8厘米（图二八八B，1；彩版一〇七，1）。

M146：2，陶鼎（BbⅡ）。夹蚌红陶。侈口，圆唇，短束颈，鼓腹，腹最大径在器中部，平底，三扁圆足残损，仅余足根。上腹部有成排尖细刻划。口径9.9、残高10.8厘米（图二八八B，2；彩版一〇七，2）。

M147

位于T1032等四方的东北部、T1232等四方的西北部。开口④层下，被M103叠压，打破F5D181、F5D182和⑤层。长方形竖穴土坑墓，直壁，长192、宽37～47、深10厘米。填土灰褐色。单人葬，头向东，面向北，俯身直肢。男性，25岁左右，墓向90°。随葬陶鼎1件，位于腰部南侧（图二八九A；彩版一〇六，2、3）。

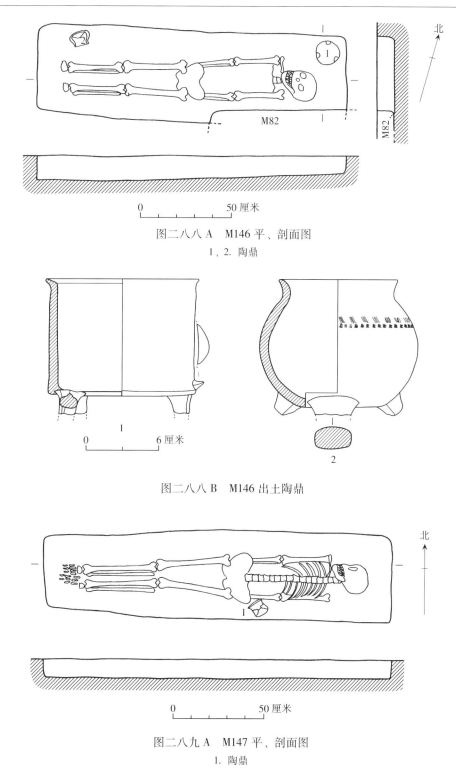

图二八八 A M146 平、剖面图
1、2. 陶鼎

图二八八 B M146 出土陶鼎

图二八九 A M147 平、剖面图
1. 陶鼎

　　M147：1，陶鼎（Cc）。夹蚌红陶。敞口，圆唇，腹部内缩，腹底处出棱，逐渐收缩为平底，三扁圆足，正面突出一条纵向凸脊，三足均残。口径 11.5、残高 8.5 厘米（图二八九 B；彩版一〇七，3）。

　　M148

　　位于 T1232 等四方的西北部。开口④层下，打破 M168、M169、M194、M212、M226、F5D192、F5D193 和⑤层。长方形浅竖穴土坑墓，直壁，长 133、宽 34～39、深 8 厘米。填土灰褐色，夹有红烧土颗粒。单人葬，骨骼保存较差，头向东，面向南，侧身直肢。成年。墓向88°（图二九〇）。

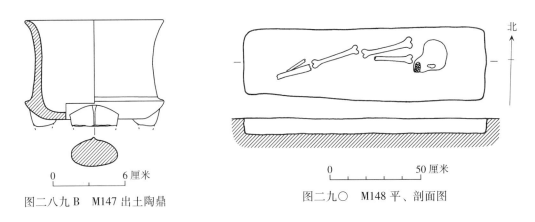

图二八九 B　M147 出土陶鼎　　　　　　　图二九〇　M148 平、剖面图

M149

位于 T1032 等四方的东部、T1232 等四方的西部。开口④层下，被 M122 叠压，被①层下 H31 打破，打破 M188 和⑤层。不太规整的长方形浅竖穴土坑墓，直壁，长 191、残宽 34～54、深 12 厘米。填土灰褐色。单人葬，头向东，面向南，仰身交肢微侧。女性，25～30 岁。墓向87°。腹部和盆骨处随葬陶纺轮各 1 件（图二九一 A；彩版一〇八，1）。

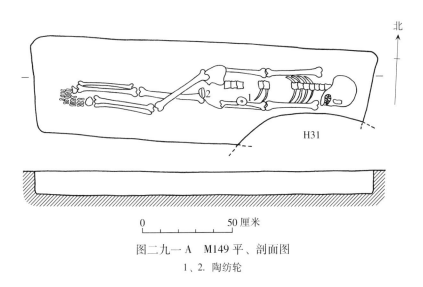

图二九一 A　M149 平、剖面图
1、2. 陶纺轮

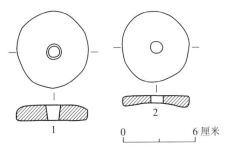

图二九一 B　M149 出土陶纺轮

M149：1，陶纺轮（A）。夹砂红陶。圆饼形，中心有孔，系单面穿孔而成。直径6、孔径0.9～1.2、厚1.2厘米（图二九一 B，1；彩版一〇七，4）。

M149：2，陶纺轮（Cb）。夹砂红陶。圆饼形，一面较平，一面微凹，中央有穿孔。直径5.5、孔径1、厚0.6～0.9厘米（图二九一 B，2；彩版一〇七，5）。

M150

位于 T1032 等四方的东部、T1232 等四方的西部。开口④层下，被①层下 H31 打破，打破 M202 和⑤层。长方形竖穴土坑墓，直壁，长 165、宽 30～

41、深 8 厘米。填土黑褐色。单人葬，墓坑偏西部有一残头骨，可能为二次葬。墓向 76°。东侧随葬陶鼎 1 件（图二九二 A；彩版一〇八，2）。

　　M150:1，陶鼎（AaⅢ）。夹蚌红褐陶。口沿残，筒形腹，腹底交接处有一周低凸棱，一侧出露一鋬手，残损仅留痕迹，逐渐收缩成圜底近平，三扁条形足，正面有一条纵向凸脊，残损，仅余足根和套接时的痕迹。残高 7 厘米（图二九二 B；彩版一〇七，6）。

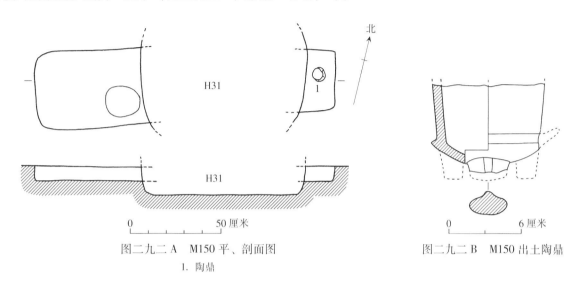

图二九二 A　M150 平、剖面图
1. 陶鼎

图二九二 B　M150 出土陶鼎

M151

　　位于 T1130 等两方的西部。开口④层下，打破⑤层。不太规整的长方形浅竖穴土坑墓，直壁，长 140、宽 37～54、深 26 厘米。填土灰黑色，夹褐斑点。单人葬，头向东，面向北，侧身屈肢。13～14 岁。墓向 90°。头骨处随葬陶鼎 1 件（图二九三 A；彩版一〇九，1、2）。

　　M151:1，陶鼎（AaⅡ），夹蚌红衣陶，腰檐以上普施红衣。侈口，圆唇，窄沿略卷，颈部稍收束，上腹微内斜，下腹微鼓，中腹偏下出一条浅凸棱，一侧有梯形小鋬手一个，平底，三扁圆形足。口径 10.4、高 9.7 厘米（图二九三 B；彩版一一〇，1）。

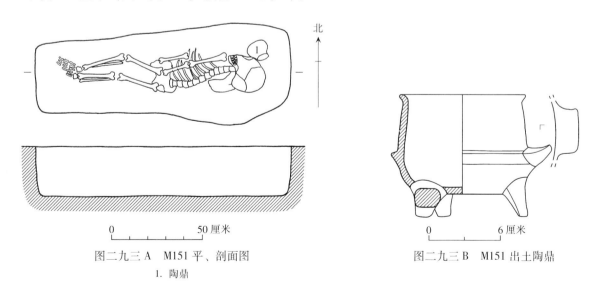

图二九三 A　M151 平、剖面图
1. 陶鼎

图二九三 B　M151 出土陶鼎

M152

　　位于 T1232 等四方的西北部、T1032 等四方的东北部。开口④层下，被 M102 叠压，打破 M212、

F5D183 和⑤层。长方形浅竖穴土坑墓，直壁，长 222、宽 56~60、深 12 厘米。填土灰褐色，夹较多的红烧土颗粒。合葬墓，有 2 个个体。个体 I 头向东，面向北，仰身直肢微侧。女性，成年。胸部随葬陶纺轮 1 件，下肢北侧有陶罐和石斧各 1 件。个体 II 压在个体 I 上，头向东，仰身直肢，头骨和下肢部分残缺。女性，35~40 岁。胸部随葬陶鼎 1 件。墓向 90°（图二九四 A；彩版一○九，3）。

M152:1，陶纺轮（Cd），夹蚌红褐陶。算珠形，两面微凸。中央有孔，系双面对穿形成。直径 4.7、孔径 0.8~1.2、厚 2.2 厘米（图二九四 B，1；彩一一○，2）。

M152:2，陶鼎（AaII），夹蚌红褐陶，器内壁黑色。侈口，圆唇，上直腹微内收，最大腹径接近器下部，出短腰檐一条，小平底，三足已全部缺失，器底仅余套接鼎足时的凹窝。口径 8.8、残高 5.5 厘米（图二九四 B，2；彩版一一○，3）。

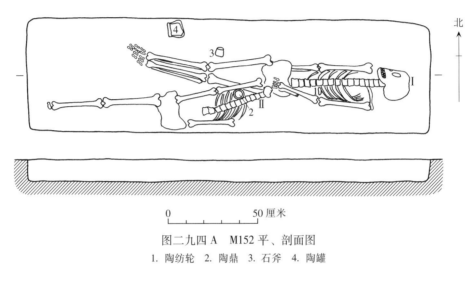

图二九四 A　M152 平、剖面图
1. 陶纺轮　2. 陶鼎　3. 石斧　4. 陶罐

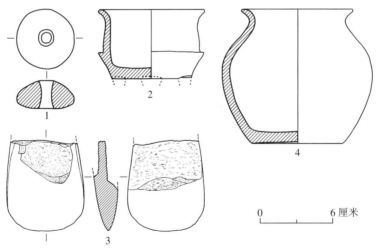

图二九四 B　M152 出土器物

M152:3，石斧。凝灰岩，灰红褐色。上部残失，上窄下宽，两侧边和刃部形成弧刃。双面刃，刃部有一些崩损。残长 7.15、刃宽 6.35、最厚 1.9 厘米（图二九四 B，3；彩版一一○，4）。

M152:4，陶罐（AI），夹细蚌末红陶。侈口，圆唇，溜肩，鼓腹，平底微内凹。口径 9.1、底径 7.4、高 10.6 厘米（图二九四 B，3；彩版一一○，5）。

M153

位于 T0832 等四方的东部和 T1032 等四方的西部。开口④层下，打破 M174 和⑤层。不太规整的长方形竖穴土坑墓，直壁，长 227、宽 47、深 8 厘米，填土灰褐色，夹有大量的红烧土块和颗粒。单人葬，头向东，面向北，侧身直肢微曲。成年男性，25 岁左右。墓向 90°。下肢北部多余少量骨骼（图二九五；彩版一一一，1）。

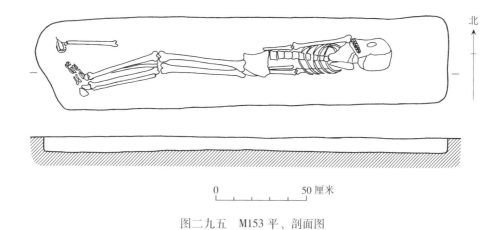

图二九五　M153 平、剖面图

M154

位于 T1032 等四方的西部。开口④层下，被 M94 叠压，打破 M174、F5D133 和⑤层。不太规整的长方形竖穴土坑墓，直壁，长 203、宽 41～55、深 20 厘米。填土灰褐色，夹有大量的红烧土块和颗粒。单人葬，头向东，面向北，俯身直肢，盆骨和股骨残缺。成年男性，30 岁左右。墓向 86°。随葬陶鼎 1 件在头顶、石锛 1 件在胸部（图二九六 A；彩版一一一，2）。

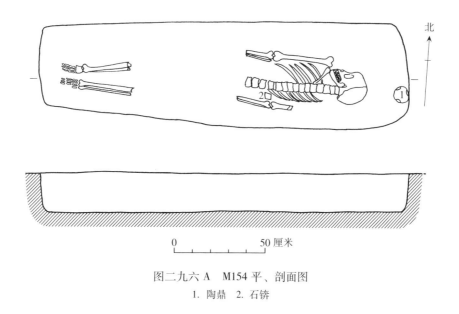

图二九六 A　M154 平、剖面图
1. 陶鼎　2. 石锛

M154：1，陶鼎（Bc Ⅱ）。夹砂红褐陶。侈口，圆唇，束颈，鼓腹，逐渐收缩成圈底近平，三扁圆条形足，仅见足根凹槽。口径 6.8、残高 6.4 厘米（图二九六 B，1；彩版一一一，3）。

M154：2，石锛（Ad）。硅化凝灰岩，青灰色。梯形，双面刃。正、背面上部均有大量旧疤痕，右侧面有不少较深疤痕，刃部有崩损。长 4.9、宽 2.65～4.35、厚 1.35 厘米（图二九六 B，2；彩版一一一，4）。

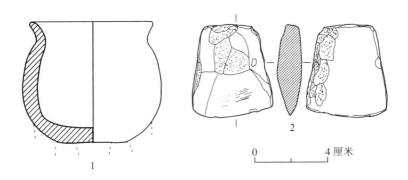

图二九六 B M154 出土器物

M155

位于 T0832 等四方的北部。开口④层下，被 M68 叠压，打破 H53、F5D87 和⑤层。不太规整的长方形竖穴土坑墓，直壁，墓口东高西低，长 177、宽 25～52、深 8～17 厘米。填土灰褐色，内夹红烧土块和炭粒。单人葬，头向东，面向下，俯身直肢。成年男性，25～30 岁。墓向 78°。头顶随葬陶鼎 1 件，右腹随葬陶纺轮 1 件（图二九七 A；彩版一一二，1、2）。

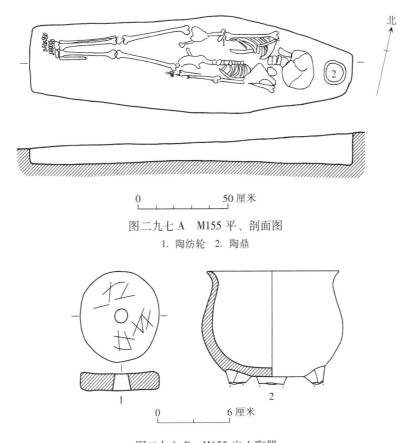

图二九七 A M155 平、剖面图
1. 陶纺轮 2. 陶鼎

图二九七 B M155 出土陶器

M155:1，陶纺轮（Cb）。夹蚌红陶。圆饼形，一面微凹。中央有孔，系单面穿成。凹面有数道直线刻划纹。直径 6.7～7.2、孔径 1.1～1.6、厚 1.4 厘米（图二九七 B，1；彩版一一二，3）。

M155:2，陶鼎（Bb I）。夹蚌红陶。侈口，圆唇，卷沿，短束颈，鼓腹，收缩成平底略圜，三扁圆形足已全部残断。口径 10.8、残高 9 厘米（图二九七 B，2；彩版一一二，4）。

M156

位于 T1032 等四方的西南部。开口④层下，打破 M159、F5D154 和⑤层。不太规整的长方形浅竖穴土坑墓，直壁，长 186、宽 42～52、深 16 厘米。填土灰褐色，夹大量红烧土块和颗粒。单人葬，头向东，面向上，仰身直肢，下肢有残损。女性，20～25，墓向82°。盆骨处随葬陶器 2 件。头骨北部有另一残头骨（图二九八 A；彩版一一三，1）。

M156：1，陶纺轮（Ca）。夹蚌红褐陶。圆饼形，正面略凸，背面微凹。中央有穿孔。直径 6、孔径 1.1、厚 1.1 厘米（图二九八 B，1；彩版一一四，1）。

M156：2，陶豆（AaⅡ）。夹细蚌末红衣陶。敛口，方唇，折腹，下腹弧收，喇叭形豆圈足残损，仅余豆柄。口径 17.8、残高 7.8 厘米（图二九八 B，2；彩版一一四，2）。

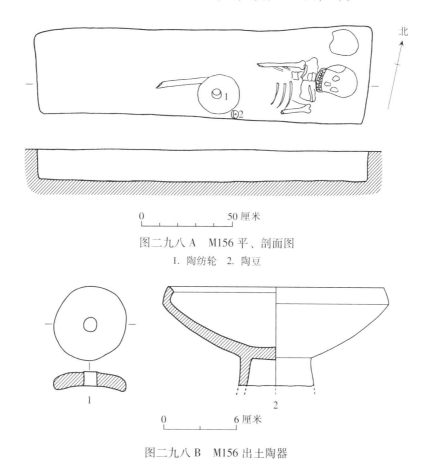

北

图二九八 A　M156 平、剖面图
1. 陶纺轮　2. 陶豆

0　　　　50 厘米

图二九八 B　M156 出土陶器

0　　　6 厘米

M157

位于 T1032 等四方的西南部。开口④层下，被 M158 打破，打破 F5D156、F5D157 和⑤层。不太规整的长方形浅竖穴土坑墓，直壁，长 173、宽 69、深 10 厘米。填土灰褐色，夹大量红烧土块和颗粒。单人葬，头向东，面向北，仰身。男性，30 岁左右。墓向78°。头顶随葬陶鼎 1 件，下颌胸前随葬石锛 1 件（图二九九 A；彩版一一三，2、3）。

M157：1，陶鼎（BcⅡ）。粗泥质红陶。侈口，圆唇，斜折沿，束颈，鼓腹，逐渐收缩成平底，三扁圆形足，部分残断。口径 8.7、残高 7.2 厘米（图二九九 B，1；彩版一一四，3）。

M157：2，石锛（Aa）。硅化凝灰岩，灰色与黑色条带。梯形，单面刃，刃部略有崩损。正、背面和左右侧面靠近边棱处有较大石片疤，这些疤痕多是由横向打击形成，似乎都是旧疤痕。通体研磨，

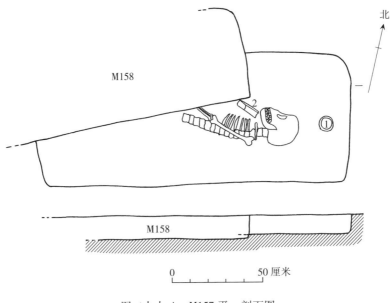

0　　　　　　50 厘米

图二九九 A　M157 平、剖面图
1. 陶鼎　2. 石锛

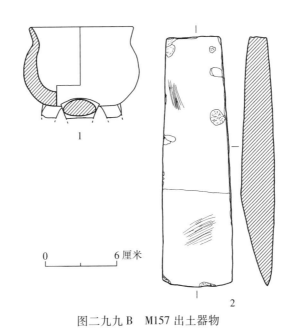

0　　　　　　6 厘米

图二九九 B　M157 出土器物

部分抛光。长 19.8、宽 4.4～5.7、厚 2.8 厘米（图二九九 B，2；彩版一一四，4）。

M158

位于 T1032 等四方的西南部。开口④层下，打破 M157、F5D143、F5D156 和⑤层。不太规整的长方形浅竖穴土坑墓，直壁，长 188、宽 50～62、深 12 厘米。填灰褐色土，夹大量红烧土块和颗粒。单人葬，头向东，面向上，仰身直肢。20～25 岁。墓向 70°。下肢上随葬倒扣的陶三足钵 1 件（图三〇〇A；彩版一一三，2）。

M158:1，陶三足钵。夹细蚌末红陶，外施红衣基本脱落。敛口，圆唇，弧腹，圈底，三扁圆柱足，足面有捺窝。口径 22.2、高 9.1 厘米（图三〇〇 B）。

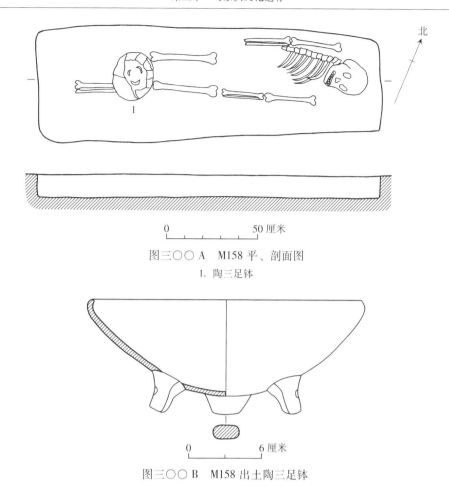

图三〇〇 A　M158 平、剖面图
1. 陶三足钵

图三〇〇 B　M158 出土陶三足钵

M159

位于 T1032 等四方的中部。开口④层下，被 M76 和 M95 叠压，被 M156 打破，打破 F5D153、F5D154 和⑤层。不太规整的长方形浅竖穴土坑墓，直壁，长 226、宽 40～52、深 14 厘米。填土灰褐色，夹大量红烧土块和颗粒。单人葬，头向东，面向北上，仰身直肢，下肢有残损。女性，25～30 岁。墓向 90°。头骨顶部随葬陶鼎 1 件，颈部随葬玉璜 1 件，胸部随葬陶纺轮 1 件（图三〇一 A；彩版一一五，1、2）。

M159：1，陶鼎（Aa Ⅱ）。夹蚌红衣陶，大部脱落。侈口，窄沿，圆唇，颈部微收缩，下腹微鼓，腹部起折棱，一侧有一短条形竖手，弧收成平底，三扁圆形足已全部残损。口径 11.7、底径 9、残高 9 厘米（图三〇一 B，1；彩版一一五，3）。

M159：2，玉璜（A）。高岭石，土黄色。弧形，剖面椭圆形。两侧正面和端面斜对穿孔，其中一侧残损后从背面再次穿孔连接。经打磨和抛光。长 5.15、宽 1、厚 0.55 厘米（图三〇一 B，2；彩版一一五，4）。

M159：3，陶纺轮（A）。泥质褐陶。圆饼形，中央有穿孔。以孔为中心，在纺轮表面上构成同心圆及刺点状纹饰。直径 6.6、孔径 0.9、厚 1.8 厘米（图三〇一 B，3；彩版一一五，5）。

M160

位于 T1032 等四方的北部。开口④层下，打破 M161、M203、F5D152 和⑤层。不太规整的长方形浅竖穴土坑墓，直壁，长 168、宽 64～67、深 10 厘米。填土灰褐色，夹大量红烧土块和颗粒。单人葬，头向东，面向上，仰身直肢。男性，成年。墓向 90°。右胸部随葬石锛 1 件，盆骨处随葬陶纺轮 1

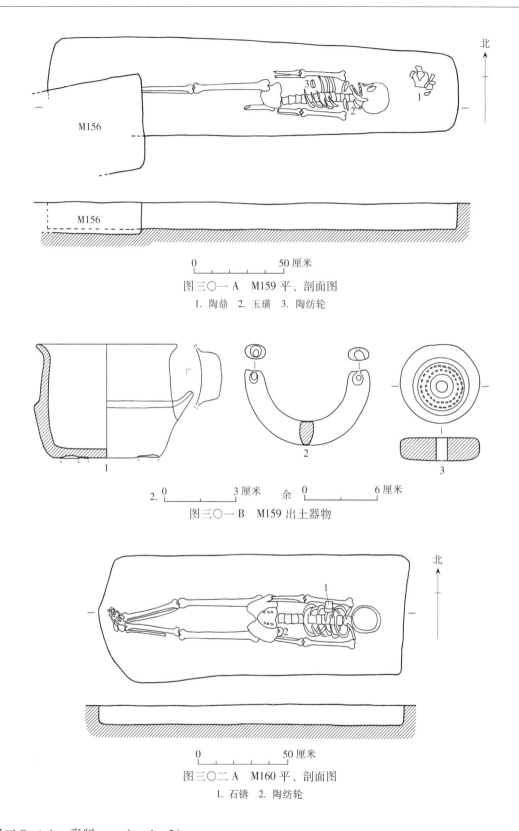

图三〇一 A　M159 平、剖面图

1. 陶鼎　2. 玉璜　3. 陶纺轮

图三〇一 B　M159 出土器物

图三〇二 A　M160 平、剖面图

1. 石锛　2. 陶纺轮

件（图三〇二 A；彩版一一六，1、2）。

　　M160：1，石锛（Ac）。硅化凝灰岩，灰白色与灰色条带。不太规整的梯形，双面刃，刃面斜弧。端部和侧部留有多块石片疤，通体磨光。长 7.9、宽 5.5～6.2、厚 1.75 厘米（图三〇二 B，1；彩版一一六，3）。

M160:2，陶纺轮（A）。夹蚌褐陶。圆饼形，中央有孔，系双面对穿而成。直径6.8、孔径1～1.1、厚1.4厘米（图三〇二B，2；彩版一一六，4）。

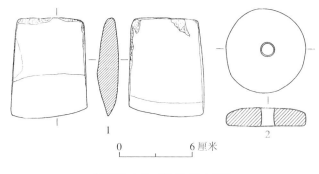

图三〇二 B M160 出土器物

M161

位于 T1032 等四方的东北部。开口④层下，被 M113 叠压，被 M160 打破，打破 M203、F5D166 和⑤层。圆角长方形浅竖穴土坑墓，直壁，残长 188、宽 62、深 5 厘米。填土黄褐色，夹大量红烧土块和颗粒。单人葬，头向东，俯身直肢，头骨残缺。男性（？），成年。墓向 90°（图三〇三；彩版一一七，1）。

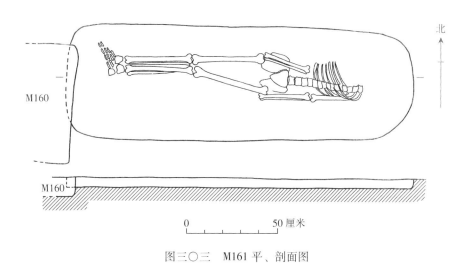

图三〇三 M161 平、剖面图

M162

位于 T1032 等四方的北部。开口④层下，被 M87 打破，打破 F5D150 和⑤层。不太规整的长方形浅竖穴土坑墓，直壁，长 133、宽 37～42、深 11 厘米。填土灰褐色，夹大量红烧土块和颗粒。单人葬，头向东，面向北，侧身直肢，骨骼有残损。男性，30 岁左右。墓向 96°（图三〇四；彩版一一七，2）。

M163

位于 T1032 等四方的北部。开口④层下，打破 F5D128 和⑤层。不太规整的长方形浅竖穴土坑墓，直壁，长 119、宽 35～45、深 10 厘米。填土灰褐色，夹大量红烧土块和颗粒。单人葬，骨骼保存较差，头向东，面向北，侧身直肢。未成年，12～13 岁。墓向 76°（图三〇五；彩版一一七，3）。

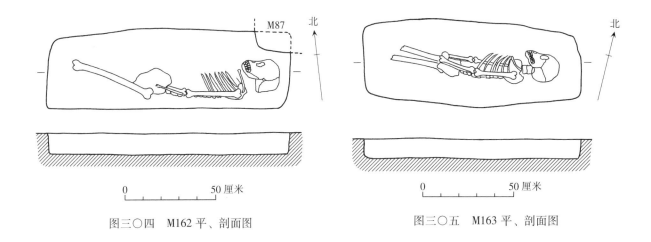

图三〇四　M162 平、剖面图　　　　　　图三〇五　M163 平、剖面图

M164

位于 T1032 等四方的西北部。开口④层下，打破 F5D127、F5D128、F5D129 和⑤层。不太规整的圆角三角形浅竖穴土坑墓，直壁，长 174、宽 40～94、深 5 厘米。填土黑褐色，夹大量红烧土块和颗粒。单人葬，骨骼保存极差，仅余部分盆骨和股骨，可能为二次葬。成年。墓向 90°。随葬石凿 1 件（图三〇六 A）。

M164:1，石凿（Aa）。凝灰岩，深灰色。长条形，单面刃，刃面窄长，微弧刃，弓背。顶端和背面有少量石片疤，器身通体磨光，石材风化剥蚀严重。长 18.3、宽 2.9、厚 4.1 厘米（图三〇六 B）。

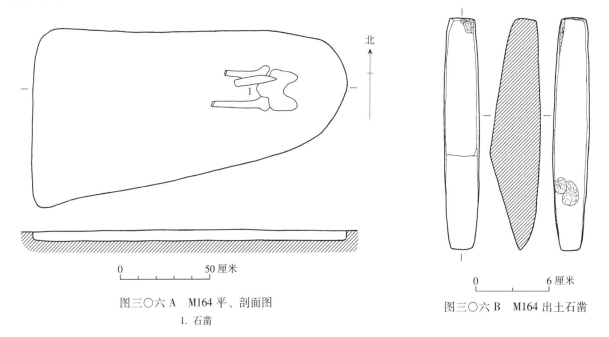

图三〇六 A　M164 平、剖面图　　　　　　图三〇六 B　M164 出土石凿
1. 石凿

M165

位于 T1032 等四方的西北部。开口④层下，打破 F5D128、F5D130 和⑤层。不太规整的长方形浅竖穴土坑墓，直壁，长 190、宽 40～45、深 17 厘米。填土灰褐色，夹大量红烧土块和颗粒。单人葬，头向东，面向北，侧身直肢。男性（？）。墓向 81°。随葬陶盆 1 件，覆盖在头骨上（图三〇七 A；彩版一一八，1、2）。

M165：1，陶钵（AaⅡ）。夹砂红褐陶。敞口，圆唇，浅弧腹，平底。口径 17、底径 9.5、高 5.5 厘米（图三〇七 B；彩版一一八，3）。

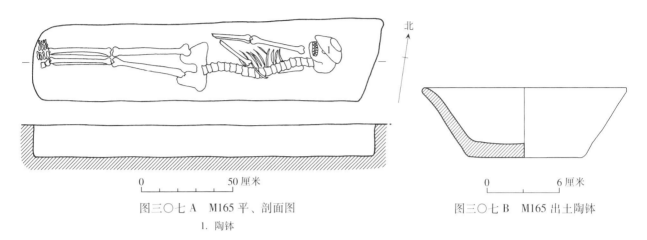

图三〇七 A M165 平、剖面图
1. 陶钵

图三〇七 B M165 出土陶钵

M166

位于 T0832 等四方的东北部和 T1032 等四方的西北部。开口④层下，打破 F5D111、F5D134 和⑤层。不太规整的长方形竖穴土坑墓，直壁，长 210、宽 25～39、深 20 厘米。填土黑褐色，夹杂红烧土颗粒。单人葬，头向东，无头骨，俯身直肢。成年男性，25 岁左右，墓向 90°。随葬品 2 件，陶罐随葬于右肩北部，石凿随葬于胸部（图三〇八 A；彩版一一九，1）。

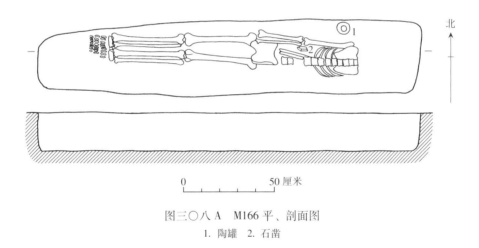

图三〇八 A M166 平、剖面图
1. 陶罐 2. 石凿

M166：1，陶罐（AⅠ）。夹砂褐陶。侈口，圆唇，溜肩，鼓腹，平底。口径 6.6、底径 5、高 7.2 厘米（图三〇八 B，1；彩版一一九，2）。

M166：2，石凿（Ac）。硅化凝灰岩，灰色条带。长条形，单面弧刃。正、背面磨光，侧面稍加磨整，背面留有较多石片疤痕。长 6.6、宽 2.4、厚 2.9 厘米（图三〇八 B，2；彩版一一九，3）。

M167

位于 T1032 等四方的西北部。开口④层下，打破 F5D130、F5D131 和⑤层。不太规整的长条形浅竖穴土坑墓，直壁，长 243、宽 30～52、深 7 厘米。填土灰褐色，夹大量红烧土块和颗粒。单人葬，头向可能朝东，上身残缺，直肢。成年。墓向 103°（图三〇九）。

M168

位于 T1232 等四方的西北部。开口④层下，被 M148 打破，打破 M169、M170、M226 和⑤层。长方形

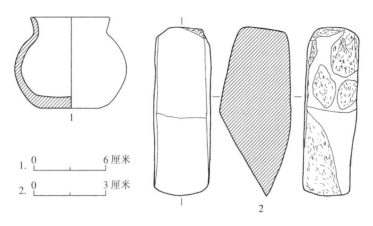

图三○八 B　M166 出土器物

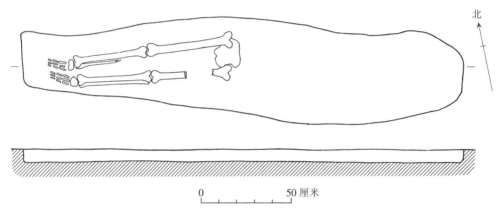

图三○九　M167 平、剖面图

浅竖穴土坑墓，直壁，长 135、宽 50、深 10 厘米。填土灰褐色，夹有较多的红烧土颗粒。单人葬，头向朝东，头骨残缺，侧俯身直肢。女性，成年。墓向 93°。随葬陶罐 1 件，位于上身南侧（图三一○A；彩版一一九，4）。

M168:1，陶罐（Da）。粗泥质红褐陶。微侈口，圆唇，腹微鼓，平底微内凹。手制，器形不够规整。口径 8、底径 6、高 5.8 厘米（图三一○ B；彩版一一九，5）。

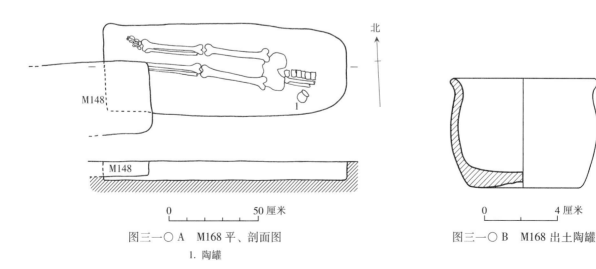

图三一○ A　M168 平、剖面图
1. 陶罐

图三一○ B　M168 出土陶罐

M169

位于 T1232 等四方的西北部。开口④层下，被 M148、M168 打破，打破 M212、M226、F5D191、F5D192 和⑤层。长方形浅竖穴土坑墓，直壁，长 167、残宽 52、深 10 厘米。填土灰褐色，夹零星陶片。单人葬，头向东，面向南，仅有头骨和个别肢骨，可能为二次葬。成年。墓向 76°。头骨处随葬 1 件陶鼎（图三一一 A）。

M169：1，陶鼎（D I），夹细蚌末红陶，器表施红衣，大部已脱落。敛口微侈，方圆唇，微鼓腹，下腹起棱，一侧棱上出露錾手，逐渐收缩成平底，三扁条形鼎足，略残损。口径 11.8、残高 10.5 厘米（图三一一 B）。

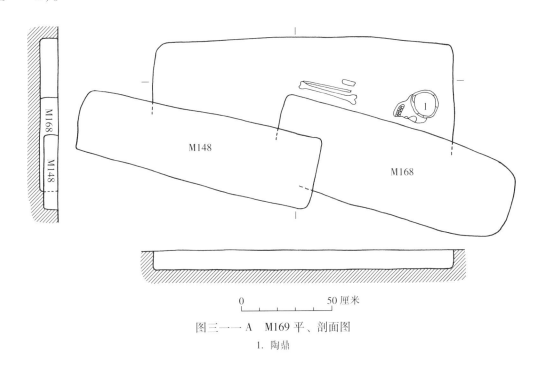

图三一一 A　M169 平、剖面图
1. 陶鼎

M170

位于 T1232 等四方的北部。开口④层下，被 M77、M168 打破，打破 M214、M194、F5D190、F5D205 和⑤层。不太规整的长方形浅竖穴土坑墓，直壁，长 192、宽 125 ~ 137、深 10 厘米。填土灰褐色，夹有较多的红烧土颗粒。合葬墓，有 4 个个体。个体 I 头向东，面向不清，仰身直肢，下肢残损，未成年，左手部随葬陶纺轮 1 件。个体 II 仅有部分肢骨，可能为二次葬，东侧有陶钵 1 件。个体 III 头向东，面向北，侧身直肢，下肢残损，成年。个体 IV 头向东，面向北，侧身直肢，成年。个体 III、个体 IV 间有陶鼎、釜和石锛各 1 件，个体 IV 脚部随葬陶鼎 1 件。墓向 82°（图三一二 A；彩版一二〇，1）。

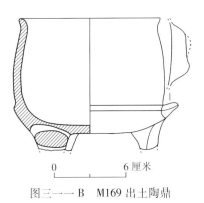

图三一一 B　M169 出土陶鼎

M170：1，陶纺轮（A）。夹蚌褐陶。圆饼形，中央有穿孔。直径 8、孔径 1.2、厚 1.4 厘米（图三一二 B，1；彩版一二一，1）。

M170：2，陶钵（Aa I）。夹细蚌末褐陶。敞口，圆唇，浅腹，平底。口径 16、底径 6、高 4.6 厘米（图三一二 B，2；彩版一二一，2）。

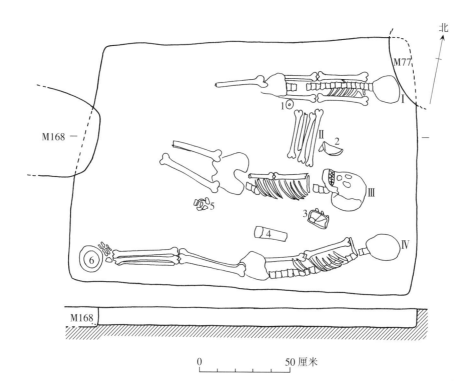

0 ——————————— 50 厘米

图三一二 A　M170 平、剖面图

1. 陶纺轮　2. 陶钵　3、6. 陶鼎　4. 石锛　5. 陶釜

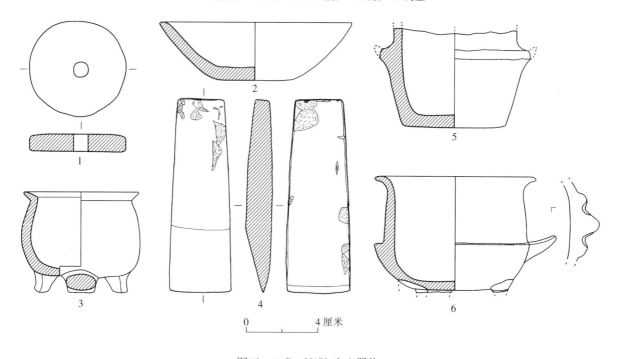

0 ——————— 4 厘米

图三一二 B　M170 出土器物

　　M170:3，陶鼎（BcⅠ）。夹细蚌末红陶，器表施红衣，大部脱落。侈口，圆唇，微鼓腹，逐渐收缩成平底，三扁条形鼎足。口径9.5、高8厘米（图三一二 B，3；彩版一二一，3）。

　　M170:4，石锛（Aa）。硅化凝灰岩，灰白色条带。近长梯形，宽刃面，单面弧刃，背略直。正面、背部和顶端有少量石片疤痕。全器通体磨光，磨制较精。长15.3、宽3.9～5.2、厚2.1厘米（图三一二B，4；彩版一二一，4）。

M170:5，陶釜（Aa）。泥质红陶。腰檐以上缺，口部特征不明，直筒形腹，中部出浅腰檐，平底，底心微凸。底径8.4、残高7.7厘米（图三一二B，5；彩版一二一，5）。

M170:6，陶鼎（AaⅡ）。夹细蚌末红陶，外施绛红色陶衣。侈口，卷沿稍外翻，圆唇，短束颈，上腹微内收，下腹出折棱，一侧有短錾，有齿形凹缺，弧收成平底，三扁圆形足已全部缺失，器底仅存套接时形成的凹坑，可知当时鼎足与器身的装配方式采用了插榫的形式。口径13.2、残高9.2厘米（图三一二B，6；彩版一二一，6）。

M171

位于T1032等四方的南部。开口④层下，被H41打破，打破⑤层。不太规整的长方形浅竖穴土坑墓，直壁，残长163、宽34~37、深10厘米。填土黑褐色，夹红烧土颗粒。单人葬，骨骼保存较差，侧俯身直肢，头向东，面向下。成年，20岁左右。墓向86°（图三一三；彩版一二〇，2）。

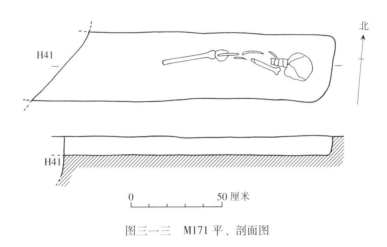

图三一三 M171平、剖面图

M172

位于T1032等四方的中部。开口④层下，被M75、M117叠压，打破F5D152和⑤层。呈一端较宽、一端稍窄的不太规整的长方形浅竖穴土坑墓，直壁，长221、宽52~83、深13厘米。填土灰褐色，夹有大量的红烧土块和颗粒。单人葬，头向东，面向北，俯身直肢，下肢部分残缺。成年。右肩部多余一残头骨。墓向90°。头骨南、北两侧随葬陶器5件，股骨处随葬陶纺轮2件（图三一四A；彩版一二二，1、2）。

M172:1，陶鼎（AaⅡ）。泥质红褐陶，上部施褐色陶衣，部分脱落。微侈口，尖圆唇，微束颈，上腹微内收，下腹有凸棱一周，一侧出露小錾手，上有锯齿状装饰，逐渐收缩成平底，三扁条形足。口径8.4、高11厘米（图三一四B，1；彩版一二三，1）。

M172:2，陶鼎（AaⅡ）。夹蚌红衣陶，器表凸棱以上施红衣，大部脱落。侈口，圆唇，卷沿，上腹微内收，下腹出棱，一侧装有方梯形錾手，弧收成平底，三扁条形足，足尖略外撇。口13.8、高14.6厘米（图三一四B，2；彩版一二三，2）。

M172:3，陶杯（Ⅰ）。夹细蚌末褐陶。微侈口，圆唇，折沿，直腹微鼓，下腹近底部微内收，平底。器形制作较粗。口径7.9、底径7.1、高6.9厘米（图三一四B，3；彩版一二三，3）。

M172:4，陶器盖（Ba）。夹砂红褐陶。覆钵形，喇叭形小捉手，盖面低弧，盖口圆唇。不够规整。捉手径2.6、盖口径8、高3.7厘米（图三一四B，4；彩版一二三，4）。

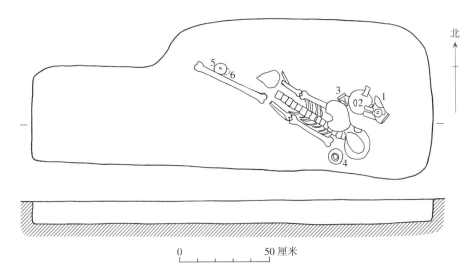

0   50 厘米

图三一四 A　M172 平、剖面图

1、2. 陶鼎　3. 陶杯　4、7. 陶器盖　5、6. 陶纺轮

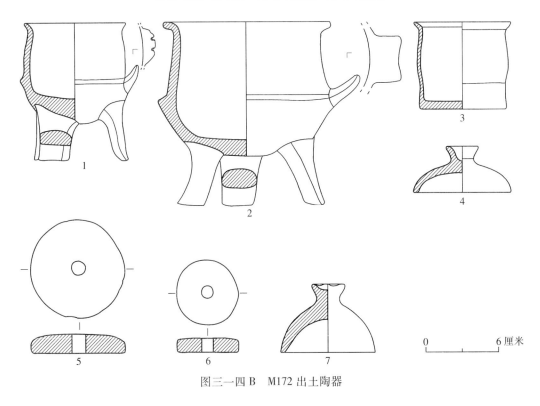

0   6 厘米

图三一四 B　M172 出土陶器

M172：5，陶纺轮（Cc）。夹砂红陶。圆饼形，一面平，一面为凸弧。中央有孔。直径 7.8、孔径 1.15、厚 1.5 厘米（图三一四 B，5；彩版一二二，3）。

M172：6，陶纺轮（A）。夹砂红衣陶。器表一面施红衣，一面灰黑色。圆饼形。中央有孔，单面管穿。直径 5.2、孔径 1、厚 1.1 厘米（图三一四 B，6；彩版一二二，4）。

M172：7，陶器盖（Aa）。夹砂红褐陶。覆钵形，喇叭形小捉手，盖体高弧，盖口圆唇。手制，器形不够规整。捉手径 2.5~2.7、盖口径 7.8、高 5.5 厘米（图三一四 B，7；彩版一二三，5）。

M173

位于 T1032 等四方的东北部。开口④层下，被③层表 F1D2 打破，打破 F5D163、F5D164、

F5D172、F5D173 和⑤层。不太规整的长方形浅竖穴土坑墓，直壁，残长 163、宽 76、深 5 厘米。填土黑褐色。疑似合葬墓，可能有 2 个个体。中间个体交肢，头向可能向东，成年。南、北两侧肢骨散乱，可能为二次葬。墓向 90°（图三一五）。

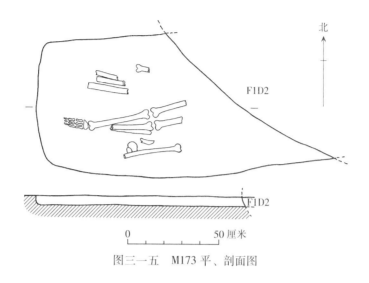

图三一五　M173 平、剖面图

M174

位于 T0832 等四方的东部和 T1032 等四方的西部。开口④层下，被 M153、M154 打破，打破 M199 和⑤层。长方形竖穴土坑墓，直壁，残长 194、残宽 17、深 8 厘米。填土黑褐色，夹有红烧土颗粒。单人葬，头向东，面向不清，侧身直肢，骨骼稍凌乱。成年。墓向 90°（图三一六；彩版一二四，1）。

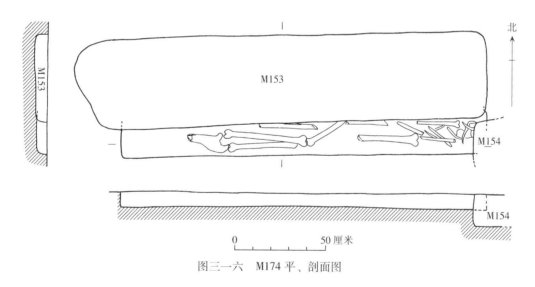

图三一六　M174 平、剖面图

M175

位于 T1232 等四方的北部。开口④层下，打破 F5D203 和⑤层。长方形竖穴土坑墓，直壁，长 172、宽 45～47、深 10 厘米。填土灰褐色，夹碎陶片。单人葬，头向东，面向下，俯身直肢。成年。墓向 90°。胸部随葬陶纺轮、陶罐、石片各 1 件，下肢南侧随葬陶器盖 1 件（图三一七 A；彩版一二四，2）。

M175：1，陶罐（Da）。泥质红褐陶。侈口，圆唇，微束颈，鼓腹，成圈底近平。手制，器形不够规整。口径 9、底径 3.5、高 7 厘米（图三一七 B，1；彩版一二五，1）。

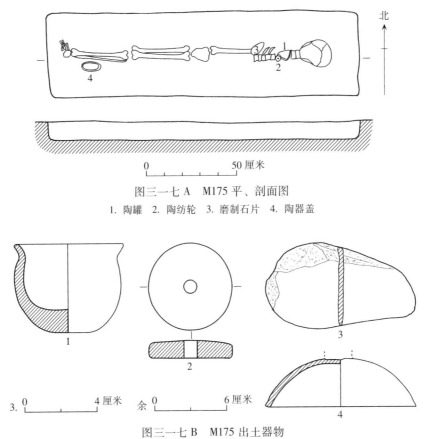

图三一七 A　M175 平、剖面图

1. 陶罐　2. 陶纺轮　3. 磨制石片　4. 陶器盖

图三一七 B　M175 出土器物

　　M175∶2，陶纺轮（Cc）。泥质褐陶。圆饼形，一面平，一面为凸弧。中间有穿孔。直径 6.9、孔径 1.1、厚 1.4 厘米（图三一七 B，2；彩版一二五，2）。

　　M175∶3，石片。板岩，灰黑色。片状。正、背面经研磨。器形不明，因风化作用剥蚀严重。长 8.1、宽 4.6、厚 0.3 厘米（图三一七 B，3；彩版一二五，3）。

　　M175∶4，陶器盖（Ba）。夹蚌红衣陶，原施红衣已大半脱落，露出红色陶胎。盖面弧形较低，敞口，方唇，弧收至顶部，顶心有一圈形捉手，已缺。口径 12.4、残高 3.8 厘米（图三一七 B，4；彩版一二五，4）。

　　M176

　　位于 T0832 等四方的东北部。开口④层下，被 M110 打破，被 M93 叠压，打破 F5D93、F5D94、F5D95 和⑤层。长方形竖穴土坑墓，直壁，墓口与底东高西低，长 200、宽 44～50、深 10～15 厘米。填土灰褐色，夹有红烧土和炭粒。单人葬，头向东，面向南，俯身直肢，上身残缺。成年。墓向 86°。头骨处随葬陶鼎 1 件（图三一八 A；彩版一二四，3）。

　　M176∶1，陶鼎（BbⅠ）。泥质红陶。侈口，卷沿，圆唇，鼓腹，逐渐收缩成圜底近平，扁圆形鼎足。手制，器形不够规整。口径 9.2、高 8.5 厘米（图三一八 B；彩版一二五，5）。

　　M177

　　位于 T0832 等四方的东南部。开口④层下，被 M99 打破，打破 H63、F5D105 和⑤层。不太规整的长方形竖穴土坑墓，直壁，墓口与底东高西低，长 140、宽 27～52、深 8～13 厘米。填土灰褐色，夹有红烧土颗粒和炭粒。单人葬，头向东，面向上，仰身屈肢。女性（?），成年。墓向 87°。右肩部随葬陶鼎 1 件（图三一九 A；彩版一二六，1）。

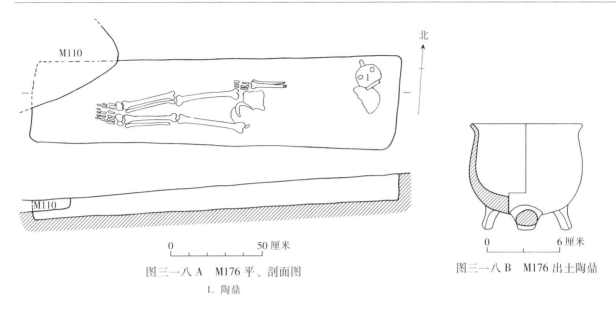

图三一八 A　M176 平、剖面图
1. 陶鼎

图三一八 B　M176 出土陶鼎

M177：1，陶鼎（BaⅠ）。泥质褐陶。侈口，圆唇，束颈，鼓腹，逐渐收缩成圜底近平，三扁条形足，足尖外撇。手制，器形不够规整。口径 8.6、高 8.6 厘米（图三一九 B；彩版一二六，3）。

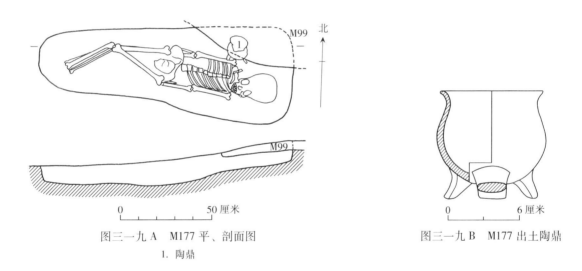

图三一九 A　M177 平、剖面图
1. 陶鼎

图三一九 B　M177 出土陶鼎

M178

位于 T1232 等四方的西南部。开口④层下，被 M69 叠压，打破 M209、M186、M227 和⑤层。长方形浅竖穴土坑墓，直壁，墓底东高西低，长 174、宽 37～42、深 9～15 厘米。填土灰褐色。单人葬，头向东，面向南，仰身直肢微交。女性，成年。墓向 79°。下肢腿骨上随葬 1 件陶鼎（图三二〇A；彩版一二六，2）。

M178：1，陶鼎（BbⅠ）。泥质红陶。侈口，圆唇，卷沿，束颈，鼓腹，逐渐收缩成圜底，三扁条形足略残损。口径 9.8、残高 7.3 厘米（图三二〇 B；彩版一二六，4）。

M179

位于 T1232 等四方的北部。开口④层下，被 M78 和③层表 F1D25 打破，打破 F5D187、F5D188、F5D204 和⑤层。长方形浅竖穴土坑墓，直壁，残长 125、宽 40～42、深 13 厘米。填土灰褐色。单人葬，上身被破坏，下肢为交肢，头向可能朝东，成年。其北侧有个别凌乱肢骨和 3 件石锛。墓向 90°（图三二一 A）。

M179：1，残石锛。凝灰岩，浅灰色与深灰色条带。可能为石锛顶部之局部，有石片疤。残长 3、

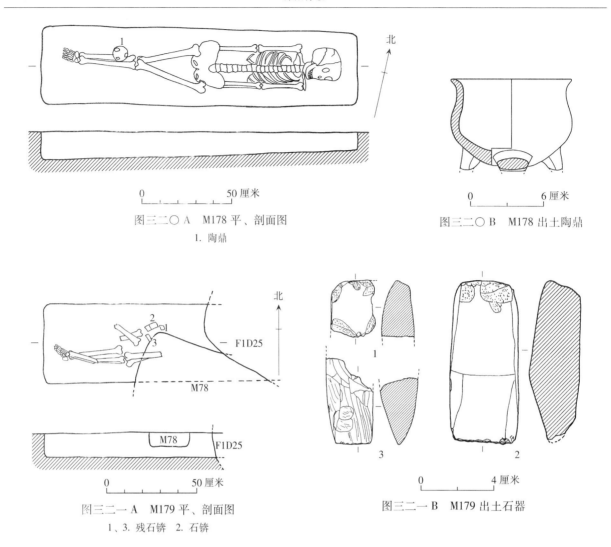

图三二〇 A M178 平、剖面图
1. 陶鼎

图三二〇 B M178 出土陶鼎

图三二一 A M179 平、剖面图
1、3. 残石锛 2. 石锛

图三二一 B M179 出土石器

残宽 2.4、厚 1.8 厘米（图三二一 B，1）。

M179：2，石锛（Bc）。沉凝灰岩，灰褐色条带。长方形，单面刃，宽刃面，背略直。端部及刃部破损严重，表面磨光。长 8.5、宽 3.7、厚 2.8 厘米（图三二一 B，2）。

M179：3，残石锛。沉凝灰岩，灰黑色条带相间。残器，上半部大部缺失，刃部有许多小崩损痕迹。残长 4.5、残宽 2.5、残厚 2 厘米（图三二一 B，3）。

M180

位于 T0832 等四方的东南部和 T1032 等四方的西南部。开口④层下，被 M99 打破，打破 H63、F5D118、F5D119、F5D139、F5D140 和⑤层。不太规整的长方形浅竖穴土坑墓，直壁，墓口与底东高西低，长 140、宽 39~46、深 10~13 厘米。填土灰褐色，夹有红烧土块和炭粒。单人葬，头向东，直肢，仅余下肢骨。成年个体。墓向 87°（图三二二）。

M181

位于 T1232 等四方的西南部。开口④层下，被 G1 打破，叠压于 M208 和⑤层表。单人葬，上身残缺，直肢，骨骼有所扰动，头向东。成年。墓向 90°。下肢处随葬石锛 1 件（图三二三 A）。

M181：1，石凿（Ba）。凝灰岩，灰色。长条形，单面刃。刃部略有破损，厚度大于宽度，各面都有石片疤痕，通体磨光。长 15.9、宽 3.1、厚 3.2 厘米（图三二三 B）。

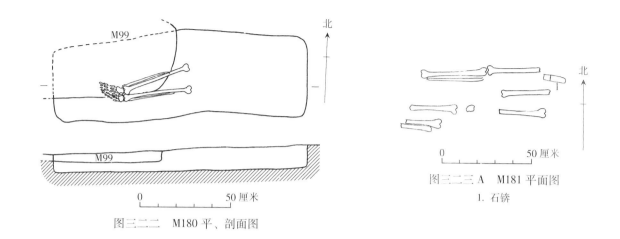

图三二二 M180 平、剖面图

图三二三 A M181 平面图
1. 石锛

M182

位于 T1230 等四方的西北部。开口④层下，被 H45 打破，打破 M260、F5D216、H46 和⑤层。长方形竖穴土坑墓，直壁，残长 102、宽 38~42、深 10 厘米。填土灰褐色，夹有较多的红烧土颗粒。单人葬，头向东，头骨残，俯身微侧。成年。墓向 70°。头顶南部随葬陶鼎 1 件，腹部随葬穿孔石斧和石锛各 1 件（图三二四 A；彩版一二七，1、2）。

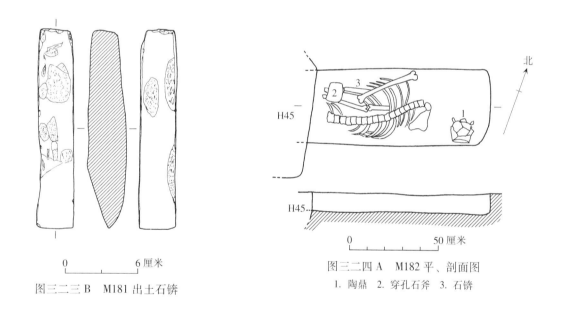

图三二三 B M181 出土石锛

图三二四 A M182 平、剖面图
1. 陶鼎 2. 穿孔石斧 3. 石锛

M182：1，陶鼎（Cc），夹细蚌末红陶，上腹施红衣，大部脱落。敞口，微束颈，鼓腹，下腹部有一圈凸棱（上可能有錾手），逐渐收缩成平底，三扁条形足，足正面有纵向凸起。口径 11.8、残高 12.5 厘米（图三二四 B，1；彩版一二七，3）。

M182：2，穿孔石斧（Ⅱ）。凝灰岩，浅灰褐色。顶端偏斜，上窄下宽的双面弧刃，刃部崩损严重，密布石片疤，两边缘有破损，略经修整。两面管钻对穿成孔，留有台痕。长 15.5、宽 7.2~9.2、厚 1.5 厘米（图三二四 B，2；彩版一二七，4）。

M182：3，石锛（Ba）。凝灰岩，灰黑条带。长条形，单面弧刃。刃部有较明显的使用痕迹，端部有数块疤痕。通体磨光。长 15.3、宽 3.8、厚 2.7 厘米（图三二四 B，3；彩版一二七，5）。

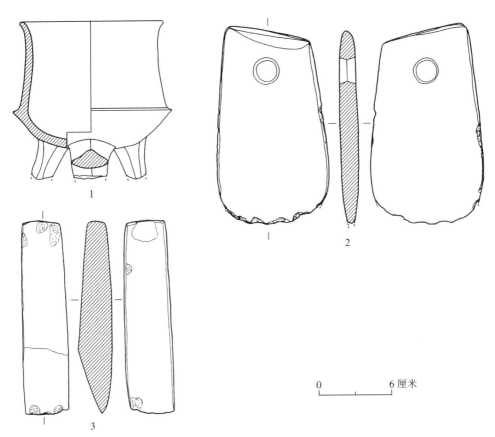

图三二四 B　M182 出土器物

M183

位于 T1230 等四方的西北角。开口④层下，打破 M185 和⑤层。不太规整的长方形竖穴土坑墓，直壁，长 121、宽 44、深 7 厘米。填土灰褐色，夹有较多的红烧土颗粒。单人葬，骨骼保存极差，仅有部分头骨和肢骨的骨渣，可能为二次葬，头向东。墓向 90°。墓坑中部随葬陶纺轮 1 件（图三二五 A）。

M183：1，陶纺轮（A）。夹蚌红褐陶。圆饼形，中部有一穿孔。直径 6.1、孔径 0.9、厚 1.2 厘米（图三二五 B）。

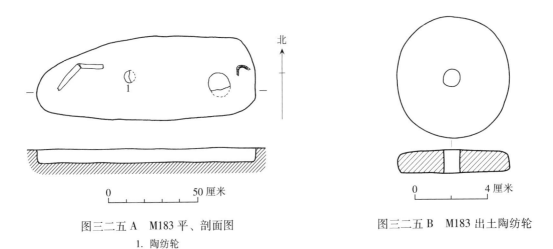

图三二五 A　M183 平、剖面图
1. 陶纺轮

图三二五 B　M183 出土陶纺轮

M184

位于 T1230 等四方的西北部。开口④层下，叠压于 M185、M260 和⑤层。单人葬，头向东，面向上，仰身直肢。女性，成年。墓向 90°。腹部和盆骨上随葬带把陶钵和陶纺轮各 1 件（图三二六 A；彩版一二八，1）。

M184:1，带把陶钵。夹蚌红陶。敞口，圆唇，弧腹，平底，底心微鼓，口沿一侧装有一弧形把手。口径 15、底径 6、高 5.6 厘米（图三二六 B，1；彩版一二八，2）。

M184:2，陶纺轮（A）。泥质红陶。圆饼形，中间有一穿孔。制作不规整，手制。直径 4.8、孔径 0.9、厚 0.9 厘米（图三二六 B，2；彩版一二八，3）。

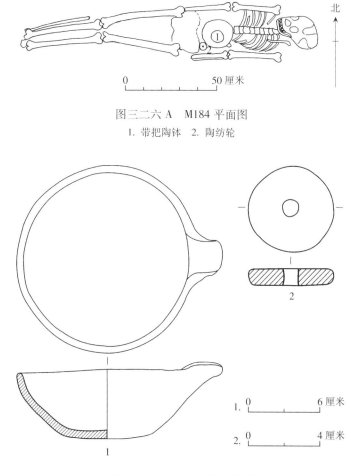

图三二六 A M184 平面图
1. 带把陶钵 2. 陶纺轮

图三二六 B M184 出土陶器

M185

位于 T1230 等四方的西北角。开口④层下，被 M184 叠压，被 M183 打破，打破 M260、F5D216 和⑤层。不太规整的长方形竖穴土坑墓，直壁，长 159、宽 24～47、深 13 厘米。填土灰褐色夹有较多的红烧土颗粒。单人葬，头向东，头骨和部分下肢骨残缺，仰身直肢。成年。墓向 73°（图三二七；彩版一二八，4）。

M186

位于 T1232 等四方的西南部和 T1032 等四方的东南部。开口④层下，被 M69 叠压，被 M178 打破，打破 M227 和⑤层。长方形竖穴土坑墓，直壁，长 158、宽 47～49、深 14 厘米。填土灰褐色。单人葬，

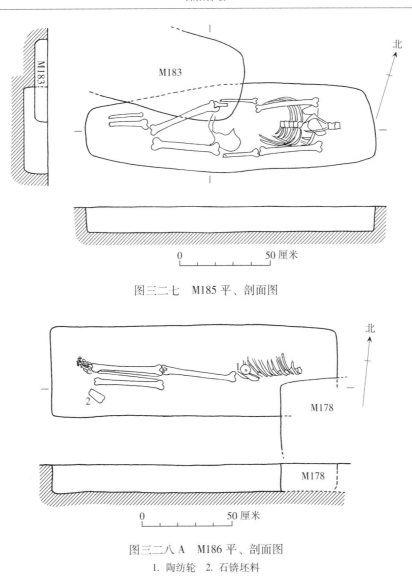

图三二七　M185 平、剖面图

图三二八 A　M186 平、剖面图
1. 陶纺轮　2. 石锛坯料

头向东，头骨残，面向不明，侧身直肢。女性，成年。墓向86°。盆骨处随葬陶纺轮1件，脚端南侧有石锛坯料1件（图三二八 A；彩版一二九，1）。

M186:1，陶纺轮（Ca）。夹蚌红褐陶。圆饼形，正面微凸，背面微凹。中心有一单面桯钻圆孔。直径6.5、孔径0.7~1.15、厚1.3厘米（图三二八 B，1；彩版一三〇，1）。

M186:2，石锛坯料（Ac）。杂砂岩，土黄与红褐色。石制半成品，正侧面保留大量打制片疤，背面呈自然石材形态。长9.6、宽3~5、厚2.67厘米（图三二八 B，2；彩版一三〇，2）。

M187

位于 T1032 等四方的东南部。开口④层下，被 M105 打破，打破 F5D168 和⑤层。长方形浅竖穴土坑墓，直壁，长177、宽52、深35厘米。填土黑褐色，夹少量红烧土颗粒。单人葬，头向东，面向北，侧身交肢。女性，成年个体。墓向98°。下颌、下肢北侧随葬陶鼎、网坠各1件，头骨南侧随葬陶器盖1件（图三二九 A；彩版一二九，2、3）。

M187:1，陶器盖（C）。夹蚌红陶，器表普施红衣。陀螺形器盖，盖顶已残，仅见柱状突起。盖纽径3.3、残高1.5厘米（图三二九 B，1；彩版一三〇，3）。

M187:2，陶鼎（AaⅠ）。夹蚌红衣陶。侈口，宽沿，卷沿，圆唇，颈部收束明显，腹最大径偏下，

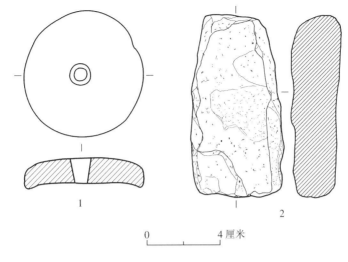

0　　　　4厘米

图三二八 B　M186 出土器物

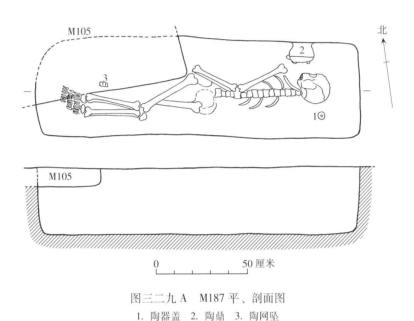

0　　　　50厘米

图三二九 A　M187 平、剖面图
1. 陶器盖　2. 陶鼎　3. 陶网坠

最大腹处出棱，腹棱一侧装有扁环形耳，平底，三扁圆形足已基本残损。口径 13.5、残高 9.3 厘米
（图三二九 B，2；彩版一三〇，4）。

　　M187：3，陶网坠（Aa）。泥质褐陶。长方形，正面有两条纵向凹槽。长 2.4、宽 2.2、厚 1.5 厘米
（图三二九 B，3；彩版一三〇，5）。

　　M188

　　位于 T1032 等四方的东部。开口④层下，被 M122 叠压，被 M149 打破，打破 F5D175 和⑤层。长
方形竖穴土坑墓，直壁，长 200、宽 55、深 30～35 厘米。填土黑褐色，夹少量红烧土颗粒。单人葬，
头向东，面向北上，仰身直肢。女性（？），成年。墓向 90°。上身北侧随葬陶鼎 1 件、纺轮 2 件，颈
下随葬玉璜 1 件、玉管 3 件（图三三〇A；彩版一三一，1）。

　　M188：1，陶鼎（AaⅡ）。夹蚌红衣陶，凸棱以上普施红衣。侈口，微卷沿，圆唇，颈部微收束，
直腹微内斜，中腹偏下处形成凸棱，凸棱一侧突出一舌形短錾，下腹弧收成平底，三扁条形足，足尖
外撇。口径 14.4、高 13.6 厘米（图三三〇 B，1；彩版一三二，1）。

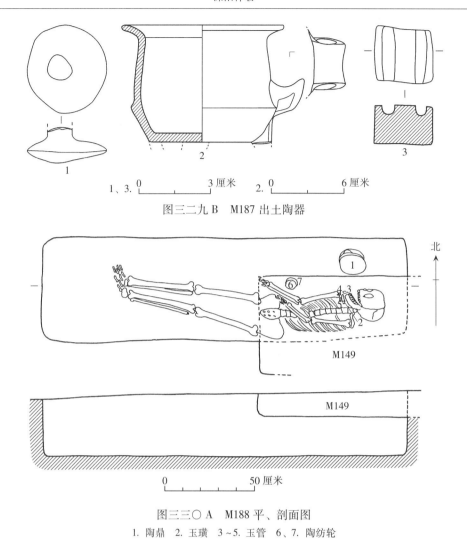

1、3. 0 ┠──────┨ 3厘米　　2. 0 ┠──────┨ 6厘米

图三二九 B　M187 出土陶器

北

M149

M149

0 ┠──────┨ 50厘米

图三三〇 A　M188 平、剖面图
1. 陶鼎　2. 玉璜　3～5. 玉管　6、7. 陶纺轮

　　M188：2，玉璜（A）。伊利石，豆绿色，局部发黄。整体弧形，剖面中部圆形，两端逐渐变薄成椭圆形，两侧正面、端面、背面和内侧面在使用过程中多次钻孔，多次残损，器表经打磨和抛光。长5.2、宽1.1、厚1.05厘米（图三三〇 B，2；彩版一三二，2）。

　　M188：3，玉管。伊利石，豆绿色，局部发黄，夹绛褐色斑纹。圆形管状，中孔两面对钻。两端一侧有使用磨蚀痕迹，器表经打磨抛光。长4.3、宽1.3、孔径0.6～0.8厘米（图三三〇 B，3；彩版一三二，3）。

　　M188：4，玉管。伊利石，黄绿色，局部豆青色，夹绛褐色斑纹。椭圆形管状，中孔两面实心对钻。两端一侧有使用磨蚀痕迹，器表经打磨抛光。长2.15、宽1.4、孔径0.7～0.8厘米（图三三〇 B，4；彩版一三二，4）。

　　M188：5，玉管。岫玉，青灰色，夹绛褐色斑纹。椭圆形短管状，中孔两面对钻。器表经打磨抛光。长1.7、宽1.4、孔径0.55～0.6厘米（图三三〇 B，5；彩版一三二，5）。

　　M188：6，陶纺轮（Cb）。泥质红陶。圆饼形，一面较平，一面微凹。中央有孔，双面对钻而成。手制。直径4.2～4.6、孔径0.9～1.2、厚1厘米（图三三〇 B，6；彩版一三二，6）。

　　M188：7，陶纺轮（Ca）。夹蚌褐陶。圆饼形，正面中央略凸，背面微凹。中央有孔。口径6.1、孔径1、厚1.3厘米（图三三〇 B，7；彩版一三二，7）。

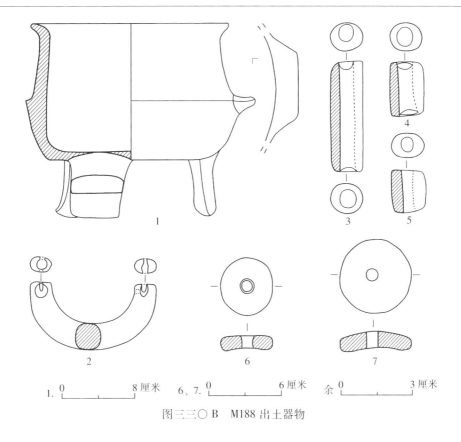

1. 0 ⌞_____⌟ 8 厘米 6、7. 0 ⌞_____⌟ 6 厘米 余 0 ⌞_____⌟ 3 厘米

图三三〇 B M188 出土器物

M189

位于 T1032 等四方的东南部和 T1232 等四方的西南部。开口④层下，被 M145 打破，打破 M215、M219、M220、F5D199、F5D200 和⑤层。不太规整的长方形竖穴土坑墓，直壁，长 191、宽 45～57、深 19 厘米。填土黑褐色，夹少量红烧土颗粒。单人葬，头向东，面向南，俯身直肢。女性，成年。墓向 102°。头骨南部和右肩下部分别随葬陶罐和陶纺轮各 1 件（图三三一 A；彩版一三一，2）。

M189:1，陶罐（Da）。泥质红褐陶。侈口，圆唇，鼓腹，平底。手制，器形不够规整。口径 7.5、底径 5、高 6.4 厘米（图三三一 B，1；彩版一三三，1）。

M189:2，陶纺轮（A）。泥质红陶。圆饼形，中央有穿孔。以中孔为圆心，外围有一圈同心圆圈

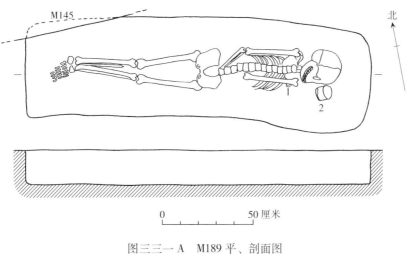

0 ⌞_____⌟ 50 厘米

图三三一 A M189 平、剖面图

1. 陶罐 2. 陶纺轮

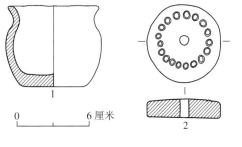

图三三一 B　M189 出土陶器

装饰。直径 6.2、孔径 0.8、厚 1.4 厘米（图三三一 B，2；彩版一三三，2）。

M190

位于 T1032 等四方的东部、T1232 等四方的西部。开口④层下，被 M80、M114、M120 叠压，打破 F5D176 和⑤层。不太规整的长方形浅竖穴土坑墓，直壁，长 196、宽 51、深 10～13 厘米。填土灰褐色，夹零星陶片。单人葬，头向东，面向北，侧身交肢。女性，成年。墓向 90°。头顶北侧随葬陶鼎 1 件，手部随葬陶纺轮 2 件，足南侧随葬小玉管 1 件（图三三二 A；彩版一三一，3）。

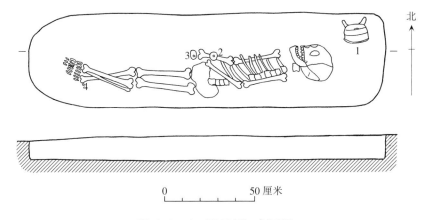

图三三二 A　M190 平、剖面图
1. 陶鼎　2. 陶纺轮　3. 石纺轮　4. 玉管

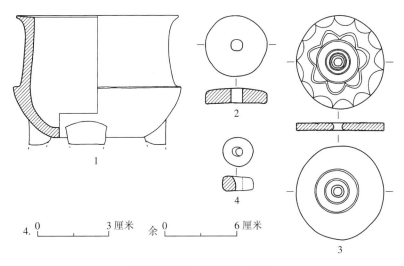

图三三二 B　M190 出土器物

M190：1，陶鼎（AbⅠ）。夹蚌红衣陶，腹部棱线以上普施红衣。敛口，圆唇，斜平沿，直腹微内收，腹部出棱（凸棱上可能有錾手），小平底，扁条形足，三足均已残断，仅余足根。口径 13.4、残高 10.3 厘米（图三三二 B，1；彩版一三三，3）。

M190：2，陶纺轮（Cc）。夹蚌红陶。圆饼形，一面较平，一面微凸。中央有穿孔。直径 5.1、孔径 1、厚 1.2 厘米（图三三二 B，2；彩版一三三，4）。

M190：3，石纺轮。泥页岩，灰色。圆饼形，打磨规整。中央有孔，系双面对穿形成。以中央孔为中心，正、背两面均有多道同心圆圈，正面还有弧线组成的花瓣状装饰。直径 7.2、孔径 0.8～1、厚 0.6 厘米（图三三二 B，3；彩版一三三，5）。

M190：4，玉管。萤石，淡青色。略呈扁管形，中有一钻孔。打磨并抛光。外径 1.2、孔径 0.4、高 0.6 厘米（图三三二 B，4；彩版一三三，6）。

M191

位于 T1032 等四方的南部。开口④层下，被 M139 叠压，打破 M222、M223、M224、M192 和⑤层。长方形浅竖穴土坑墓，直壁，长 206、宽 74、深 20 厘米。填土黑褐色，夹红烧土颗粒。合葬墓，有 2 个个体。个体 I 无头骨，头向东，可能仰身直肢，成年。个体 II 在其南部，有几根肢骨，可能为二次葬，成年。墓向 90°（图三三三）。

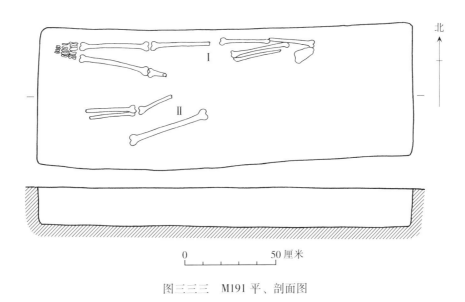

图三三三 M191 平、剖面图

M192

位于 T1032 等四方的东南部。开口④层下，被 M191、M224 打破，打破 M218、F5D168 和⑤层。不太规整的长方形浅竖穴土坑墓，直壁，残长 117、残宽 55、深 13 厘米。填土黑褐色，夹红烧土颗粒。单人葬，头向东，面向上，仰身。男性（?），成年。墓向 86°。头部随葬陶鼎 1 件（图三三四 A；彩版一三四，1、2）。

M192：1，陶鼎（Ca I）。夹细蚌末红陶，上腹施红衣。直口，方唇，中腹收缩，腹底交接处起折棱，底残。口径 10.8、残高 10 厘米（图三三四 B；彩版一三四，3）。

M193

位于 T1232 等四方西部偏南和 T1032 等四方的东部偏南。开口④层下，被 M146 打破，打破 M202、F5D198 和⑤层。长方形竖穴土坑墓，直壁，残长 167、宽 43～45、深 9 厘米。填土灰褐色，夹有少量红烧土颗粒和个别陶片。单人葬，头向东，头骨残，仰身直肢微侧。成年。墓向 83°。盆骨处随葬陶纺轮 1 件（图三三五 A）。

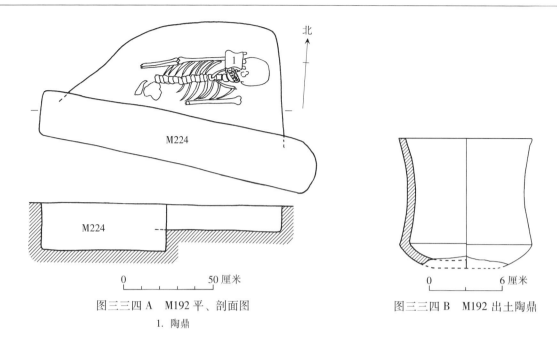

图三三四 A　M192 平、剖面图
1. 陶鼎

图三三四 B　M192 出土陶鼎

M193：1，陶纺轮（Ca）。夹蚌褐陶。圆饼形，中间略厚，正面略鼓，背面略凹。中央有孔，系双面对穿而成。正面有多道刻划痕迹。直径 6.9、孔径 0.7～1、厚 1.4 厘米（图三三五 B）。

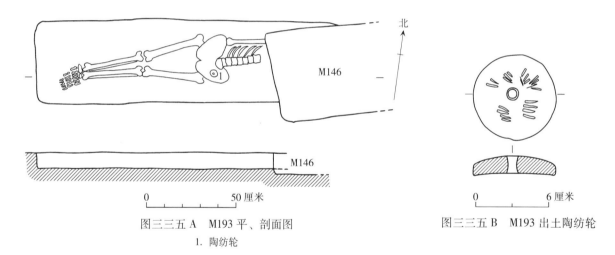

图三三五 A　M193 平、剖面图
1. 陶纺轮

图三三五 B　M193 出土陶纺轮

M194

位于 T1232 等四方的中部偏西。开口④层下，被 M148、M170 打破，打破 F5D193、F5D194 和⑤层。不太规整的长方形浅竖穴土坑墓，直壁，长 189、宽 45～52、深 15～16 厘米。填土灰褐色。单人葬，头向东，面向北，俯身直肢。女性，成年。墓向 100°。盆骨处随葬陶纺轮 1 件，膝盖之间随葬石斧 1 件（图三三六 A；彩版一三四，5）。

M194：1，陶纺轮（A）。夹蚌红褐陶。圆饼形。中央有孔，系双面对穿而成。正面有一道刻划纹饰。直径 7.2、孔径 0.8～1.1、厚 1.8 厘米（图三三六 B，1；彩版一三四，4）。

M194：2，石斧。沉凝灰岩，青黑色条带。近长条形，双面刃，刃部左侧残损。正、背面有较多石片疤，通体经过打磨。长 9.6、宽 4.5、厚 2.7 厘米（图三三六 B，2；彩版一三四，6）。

M195

位于 T1232 等四方的北部。开口④层下，叠压于 F5D190 和⑤层表。单人葬，头向东，上身残缺，

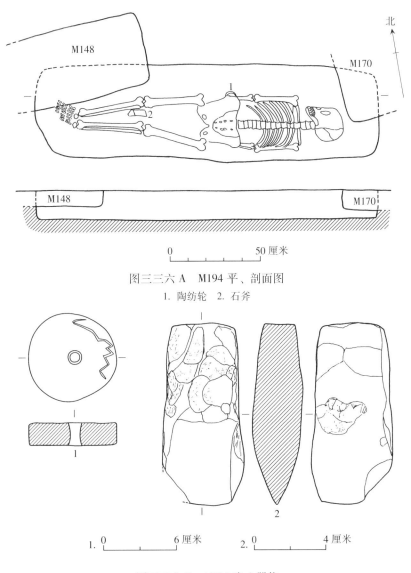

图三三六 A M194 平、剖面图

1. 陶纺轮 2. 石斧

图三三六 B M194 出土器物

俯身直肢。成年。墓向 90°。股骨北侧随葬陶纺轮 2 件（图三三七 A）。

M195：1，陶纺轮（A）。泥质红陶。圆饼形，中央有穿孔。直径 5.8、孔径 0.8、厚 1 厘米（图三三七 B，1）。

M195：2，陶纺轮（Cb）。夹蚌褐陶。圆饼形，一面较平，一面微凹，中央有穿孔。侧面有一周线刻装饰。直径 5.2、孔径 0.8、厚 0.9 厘米（图三三七 B，2）。

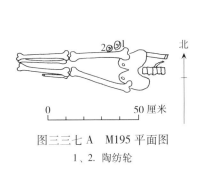

图三三七 A M195 平面图

1、2. 陶纺轮

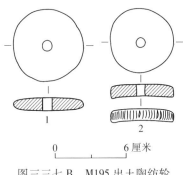

图三三七 B M195 出土陶纺轮

M196

位于 T1230 等四方的西北部。开口④层下，叠压于 M260 和⑤层表。单人葬，头向东，面向北，侧身交肢。女性，成年。墓向 89°。身体南、北两侧分别随葬陶纺轮和陶鼎各 1 件（图三三八 A；彩版一三五，1）。

M196：1，陶鼎（Bd Ⅲ）。泥质红褐陶。小侈口，微卷沿，圆唇，鼓腹，逐渐收缩成平底略圜，足残。口径 10.2、残高 8.2 厘米（图三三八 B，1；彩版一三六，1）。

M196：2，陶纺轮（A）。泥质红褐陶。圆饼形，中心有穿孔。制作不规整。直径 5.6、孔径 1、厚 1.6 厘米（图三三八 B，2；彩版一三六，2）。

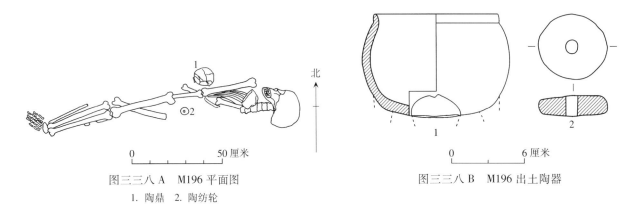

图三三八 A　M196 平面图　　　　　　　图三三八 B　M196 出土陶器
1. 陶鼎　2. 陶纺轮

M197

位于 T1032 等四方的中部偏南。开口④层下，打破 F5D157、F5D168 和⑤层。长方形浅竖穴土坑墓，直壁，残长 152、宽 48、深 7 厘米。填土灰褐色，夹少量红烧土颗粒。单人葬，头向东，面向北，侧身交肢微曲。女性，成年。墓向 80°。头骨北侧随葬有陶罐 1 件，腹部北侧有陶纺轮 1 件（图三三九 A；彩版一三五，2）。

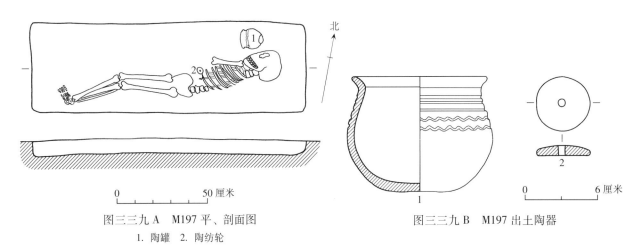

图三三九 A　M197 平、剖面图　　　　　图三三九 B　M197 出土陶器
1. 陶罐　2. 陶纺轮

M197：1，陶罐（A Ⅱ）。夹砂红陶。侈口，圆唇，溜肩，鼓腹，小平底。腹部有 3 道凹弦纹和 2 道水波纹。口径 11、底径 5.5、高 9.1 厘米（图三三九 B，1；彩版一三六，3）。

M197：2，陶纺轮（Cc）。夹蚌红陶。圆饼形，一面平，一面微凸，中央有穿孔。直径 4.4、孔径 0.6、厚 0.8 厘米（图三三九 B，2；彩版一三六，4）。

M198

位于 T0832 等四方的东部和 T1032 等四方的西部。开口④层下，打破 F5D135 和⑤层。不太规整的长方形竖穴土坑墓，直壁，墓口与底东高西低呈斜坡状，长 176、宽 25～45、深 8～18 厘米。填土灰褐色，夹有零星红烧土块和炭粒，土质较硬。单人葬，头向东，面向北，俯身交肢。男性，成年。墓向 87°。随葬陶器 2 件，陶罐在下颌部北侧，陶匜在腹部（图三四〇 A；彩版一三五，3）。

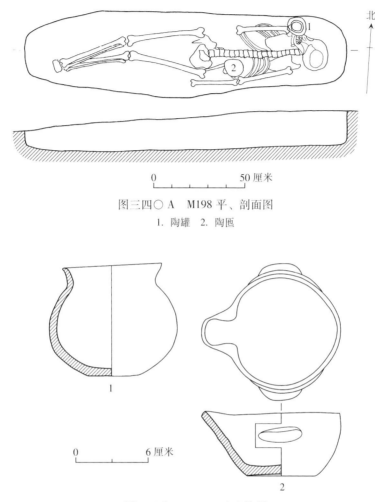

图三四〇 A M198 平、剖面图
1. 陶罐 2. 陶匜

图三四〇 B M198 出土陶器

M198∶1，陶罐（A I）。夹砂褐陶。侈口，圆唇，卷沿，鼓腹，小平底。器形不够规整。口径 8.2、底径 4、高 8.6～9.1 厘米（图三四〇 B，1；彩版一三六，5）。

M198∶2，陶匜（Ab）。夹细蚌末红陶。敛口钵形，一侧有流，有两个对称小錾手，弧腹，平底微凹。口径 11.2、底径 5.6、高 5 厘米（图三四〇 B，2；彩版一三六，6）。

M199

位于 T0832 等四方的东部和 T1032 等四方的西部。开口④层下，被 M129、M174 打破，被 M79 叠压，打破 F5D116 和⑤层。不太规整的长方形竖穴土坑墓，直壁，墓口东高西低，长 181、宽 30～47、深 13～25 厘米。填土灰褐色，内夹红烧土和炭粒。单人葬，头向东，面向上，仰身交肢，头下枕有人体肢骨。女性（?），25～30 岁。墓向 87°。随葬陶器 3 件，均放置于身体北侧（图三四一 A；彩版一三七，1）。

M199∶1，陶鼎（Ba I）。泥质红陶。侈口，卷沿，尖圆唇，束颈，鼓腹，逐渐收缩成平底，三扁条形足，足尖略外撇。手制，泥条盘筑。口径 8.9、高 8.9 厘米（图三四一 B，1；彩版一三七，2）。

M199∶2，陶纺轮（B I）。泥质红陶。台形，剖面梯形，中央有孔。上台面及侧面有刮刻形成的不

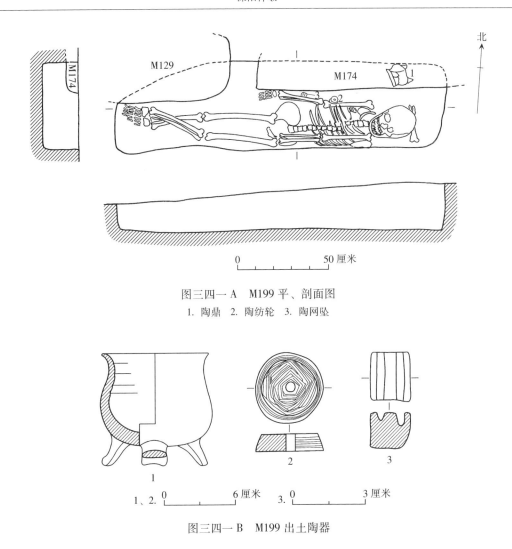

图三四一 A　M199 平、剖面图
1. 陶鼎　2. 陶纺轮　3. 陶网坠

图三四一 B　M199 出土陶器

太规整的同心圆线。上台 4.6、下台 5.6、孔径 0.8、厚 1.4 厘米（图三四一 B，2；彩版一三七，3）。

M199：3，陶网坠（Ab）。泥质灰陶。长方形，正面有两条纵向凹槽。长 2、宽 1.7、厚 1.4 厘米（图三四一 B，3；彩版一三七，4）。

M200

位于 T0832 等四方的东南部。开口④层下，被 M99 打破，打破 H63、F5D104、G2 和⑤层。不太规整的长方形竖穴土坑墓，直壁，墓口东高西低。长 177、宽 28～42、深 13～17 厘米。填土灰褐色，夹有零星红烧土粒和炭粒。单人葬，头向东，面向南上，仰身，下肢残。男性（？），成年。墓向 89°。头顶随葬 1 件陶鼎（图三四二 A；彩版一三八，1）。

M200：1，陶鼎（AaⅢ）。夹细蚌末红陶，器表施红衣，大部脱落。直口，平卷沿，圆唇，直腹，下腹起棱，逐渐收缩成平底，三扁条形足。口径 12.4、高 12.8 厘米（图三四二 B；彩版一三八，3）。

M201

位于 T0832 等四方的东南部。开口④层下，被 M100 和③层下的 F8D22 打破，打破 H63 和⑤层。不太规整的长方形竖穴土坑墓，直壁，墓口东高西低呈斜坡状，长 170、宽 34～44、深 9～16 厘米。填土灰褐色，夹有红烧土块。单人葬，头向东，面向上，仰身直肢。男性（？），成年。墓向 102°。头骨北侧随葬陶罐 1 件（图三四三 A；彩版一三八，2）。

M201：1，陶罐（AⅠ）。夹砂红褐陶。侈口，圆唇，溜肩，鼓腹，平底。腹部有 4 道凹弦纹和 1 道

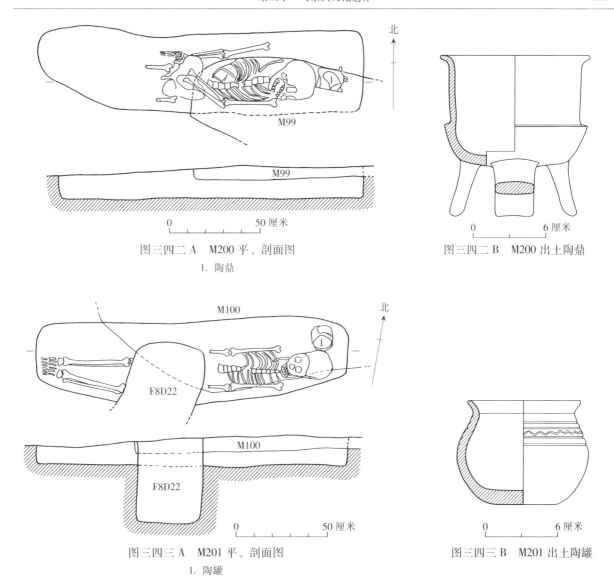

图三四二 A　M200 平、剖面图
1. 陶鼎

图三四二 B　M200 出土陶鼎

图三四三 A　M201 平、剖面图
1. 陶罐

图三四三 B　M201 出土陶罐

水波纹。口径 9.4、底径 5.5、高 8.2 厘米（图三四三 B；彩版一三八，4）。

M202

位于 T1032 等四方的东部。开口④层下，被 M193、M145、M150 打破，打破⑤层。长方形竖穴土坑墓，直壁，长 177、宽 88、深 30 厘米。填土黑褐色，夹有少量红烧土颗粒。合葬墓，有 2 个个体。个体Ⅰ头向东，面向北，侧身直肢，男性，成年。身体北侧随葬陶罐和石凿各 1 件。个体Ⅱ头向东，面向北，侧身直肢，下肢稍残，成年。头骨东北侧随葬陶鼎 1 件。墓向 85°（图三四四 A；彩版一三九，1）。

M202：1，陶罐（AⅠ）。夹砂红褐陶。侈口，圆唇，束颈，溜肩，鼓腹，平底。腹部有 5 道凹弦纹和 3 道水波纹。口径 11、底径 4.8、高 11 厘米（图三四四 B，1；彩版一三九，2）。

M202：2，石凿（Ab）。凝灰岩，深灰色。长条形，单面刃。仅端部和正、背面保留磨刮平面，两侧因风化作用剥蚀严重。长 10.7、宽 2、厚 2.5 厘米（图三四四 B，2；彩版一三九，4）。

M202：3，陶鼎（AaⅡ）。夹细蚌末红陶，上腹施绛色陶衣。微侈口，圆唇，上腹微收缩，下腹起折棱，逐渐收缩成平底，鼎足残，仅可见套接时的凹槽。口径 12.4、底径 10.2、残高 8.7 厘米（图三四四 B，3；彩版一三九，3）。

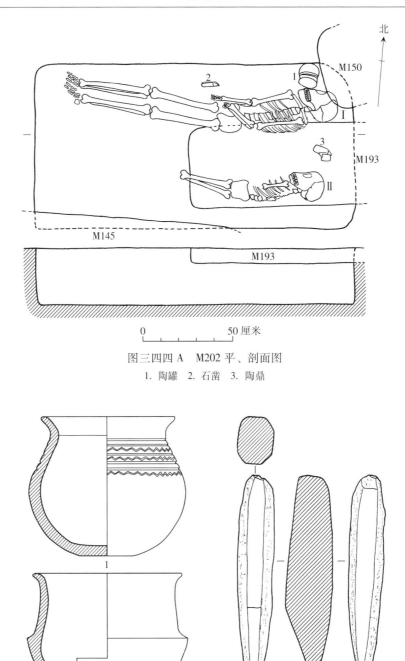

图三四四 A　M202 平、剖面图
1. 陶罐　2. 石凿　3. 陶鼎

图三四四 B　M202 出土器物

M203

　　位于 T1032 等四方的东北部。开口④层下，被 M160、M161 打破，打破 F5D152 和⑤层。长方形浅竖穴土坑墓，直壁，长 90、宽 40、深 12 厘米。填土青灰色，夹红烧土块和颗粒。单人葬，骨骼保存较差，头向可能朝东，仰身直肢，无头骨和下肢。墓向 104°。胸部随葬石斧 1 件（图三四五 A）。

　　M203∶1，石斧。凝灰岩，灰色条带。长方形，双面刃，宽刃面。顶部及侧部有较多的破损疤痕。通体磨光，器体表面土沁严重。长 7.4、宽 4.3、厚 2.1 厘米（图三四五 B）。

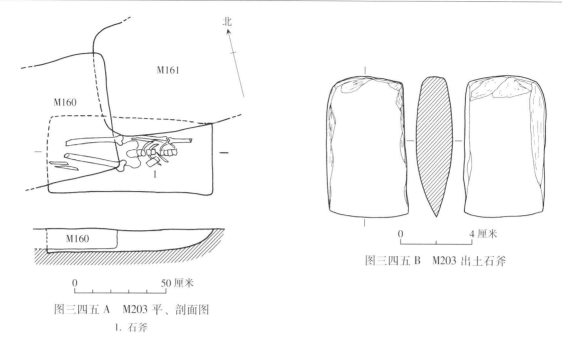

图三四五 A　M203 平、剖面图
1. 石斧

图三四五 B　M203 出土石斧

M204

位于 T0832 等四方的东部和 T1032 等四方的西部。开口④层下，打破 F5D116、F5D139 和⑤层。不太规整的长方形竖穴土坑墓，直壁，墓口东高西低呈斜坡状，长 192、宽 33 ~ 47、深 12 ~ 20 厘米。填土灰褐色，夹有红烧土块和炭粒，土质较硬。单人葬，头向东，面向北上，侧身直肢。男性，成年。墓向 91°。随葬品 4 件，头骨顶部随葬环形石器 1 件，下颌北侧随葬陶鼎 1 件，胸腹部随葬石锛 2 件（图三四六 A；彩版一四〇，1、2）。

M204：1，环形石器。凝灰岩，黑色。圆形环体，穿孔内壁笔直而光滑，穿孔边缘有敲击痕迹，打磨光滑。直径 7.5、孔径 2.8、厚 2.9 厘米（图三四六 B，1；彩版一四〇，3）。

M204：2，陶鼎（D I）。夹细蚌末红陶，外红内黑。敛口微侈，圆唇，微鼓腹，下腹起棱，一侧出露一个小鋬手，上有齿状凹缺，逐渐收缩成平底，三扁条状足，仅余足根和套接时的凹槽。口径 10.4、残高 6.4 厘米（图三四六 B，2；彩版一四〇，4）。

M204：3，石锛（Ac）。凝灰岩，深灰色。梯形，单面刃。背面留有一块自然形态石皮，刃部严重破损，端部有使用留下的疤痕，通体经打磨。残长 9.2、残宽 4.5 ~ 6、厚 1.3 厘米（图三四六 B，3；

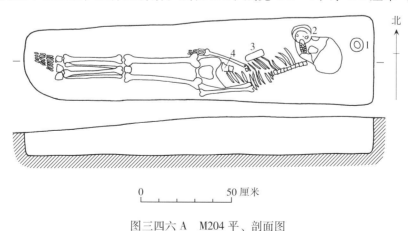

图三四六 A　M204 平、剖面图
1. 环形石器　2. 陶鼎　3、4. 石锛

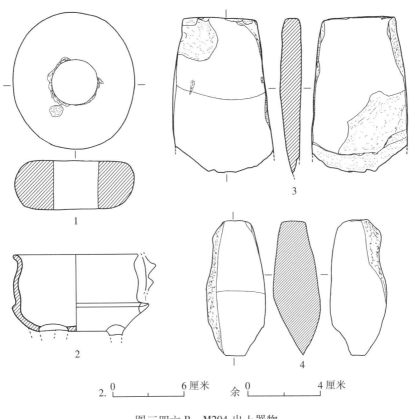

图三四六 B   M204 出土器物

彩版一四〇，5）。

M204：4，石锛（Bc）。凝灰岩，石质外面有一层泥质粉砂岩，深灰色。不太规则的梯形，单面刃。端部略有残损，左侧部因风化作用剥蚀严重，其余各面通体磨光。长 7.1、残宽 3.2、厚 2.6 厘米（图三四六 B，4；彩版一四〇，6）。

M205

位于 T0832 等四方的东北部和 T1032 等四方的西北部。开口④层下，被 M71 叠压，打破⑤层。不太规整的长椭圆形竖穴土坑墓，直壁，墓口东高西低呈斜坡状，长 130、宽 30～52、深 12～16 厘米。填土灰褐色，夹有较多的红烧土块。单人葬，头向东，面向北，侧身交肢。成年。墓向 82°（图三四七；彩版一四一，1）。

M206

位于 T0832 等四方的东南部。开口④层下，被③层下的 F8D22 打破，打破 H63 和⑤层。不太规整的长方形竖穴土坑墓，直壁，墓口东高西低呈斜坡状，残长 194、宽 29～39、深 23～25 厘米。填土灰褐色，夹有零星红烧土粒。单人葬，头向东，面向北，侧身直肢微交。女性（?），成年。墓向 96°。盆骨北侧随葬陶纺轮 1 件（图三四八 A；彩版一四一，2）。

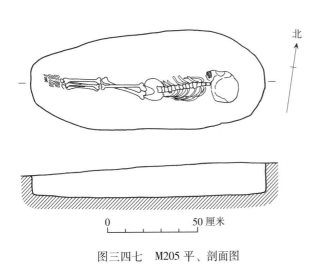

图三四七   M205 平、剖面图

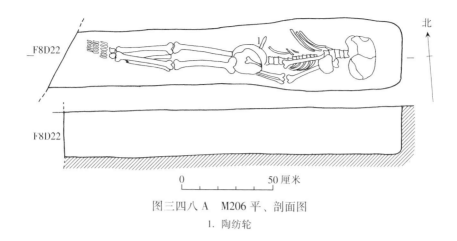

图三四八 A M206 平、剖面图

1. 陶纺轮

M206：1，陶纺轮（A）。夹蚌褐陶。圆饼形，中央单面桯钻穿孔。手制，器形不够规整。直径 7.4 ~ 7.8、孔径 1 ~ 1.2、厚 1.4 厘米（图三四八 B；彩版一四一，3）。

M207

位于 T0832 等四方的东南角。开口④层下，打破 H54、F5D121 和⑤层。不太规整的长方形竖穴土坑墓，直壁，墓口东高西低呈斜坡状，长 180、宽 35 ~ 48、深 20 ~ 25 厘米。填土灰褐色，夹有零星红烧土颗粒和炭粒。单人葬，头向东，面向北，侧身直肢微曲。男性（？），成年。墓向 85°（图三四九；彩版一四一，4）。

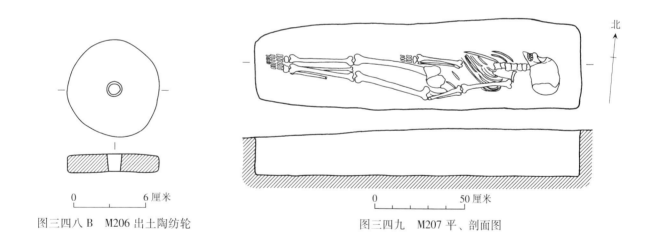

图三四八 B M206 出土陶纺轮

图三四九 M207 平、剖面图

M208

位于 T1232 等四方的南部。开口④层下，被 M181 叠压，被 G1 打破，打破⑤层。长方形竖穴浅土坑墓，直壁，残长 90、宽 40 ~ 42、深 5 厘米。填土灰褐色。单人葬，头向东，上身残缺，直肢。成年。墓向 90°（图三五〇）。

M209

位于 T1232 等四方的南部。开口④层下，被 G1 和 M178 打破，打破 M227、F5D215 和⑤层。长方形浅竖穴土坑墓，直壁，残长 160、宽 49 ~ 52、深 15 厘米。填土灰褐色。单人葬，骨骼保存较差，稍凌乱，头向可能朝东，面向不清，直肢。成年。墓向 86°（图三五一）。

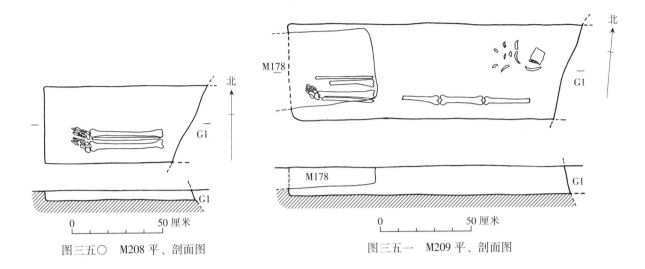

图三五〇　M208 平、剖面图　　　　　　　图三五一　M209 平、剖面图

M210

位于 T1032 等四方、T1232 等四方、T1130 等两方、T1230 等四方的交界处。开口④层下，被 M225 叠压，打破 M221、F5D201 和⑤层。不太规整的长方形竖穴土坑墓，直壁，长 156、宽 40~55、深 10 厘米。填土灰褐色，夹零星陶片。单人葬，头向东，直肢，上身残缺，仅余部分肢骨。成年。墓向 72°。上身部位随葬陶鼎 1 件（图三五二 A）。

M210:1，陶鼎（AaⅢ）。夹蚌红衣陶。敞口，圆唇，折沿，直腹，腹底交接处出棱，平底略圜，三扁条形足，正面有纵向凸脊，足尖全部残断。口径 12.9、残高 9.2 厘米（图三五二 B）。

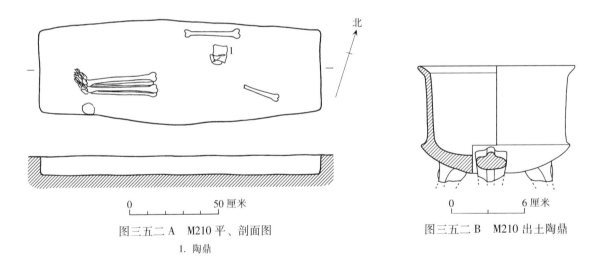

图三五二 A　M210 平、剖面图　　　　　　图三五二 B　M210 出土陶鼎
1. 陶鼎

M211

位于 T1032 等四方的南部和 T1130 等两方的西北部。开口④层下，打破 M217、F5D170 和⑤层。不太规整的长方形浅竖穴土坑墓，直壁，长 182、宽 40~53、深 16 厘米。填土灰黑色，夹少量红烧土颗粒。疑似合葬墓。墓向 90°。个体Ⅰ头向东，面向下，俯身直肢，成年。个体Ⅰ头南部和下肢南、北部有个体Ⅱ的散乱骨骼，个体Ⅱ可能为二次葬。个体Ⅰ上肢北侧和盆骨南侧分别随葬 1 件陶罐和 1 件陶纺轮（图三五三 A；彩版一四二，1）。

M211:1，陶罐（AⅡ）。粗泥质红褐陶。侈口，圆唇，束颈，鼓腹，平底。手制，器形不够规整。口径 7.9、底径 4.4、高 7 厘米（图三五三 B，1；彩版一四二，2）。

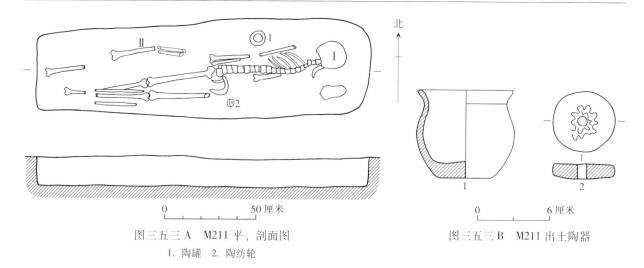

图三五三 A　M211 平、剖面图
1. 陶罐　2. 陶纺轮

图三五三 B　M211 出土陶器

　　M211:2，陶纺轮（A）。夹蚌红陶。圆饼形，中有一穿孔。中孔外围有一圈花瓣状刻划纹饰。直径 5.2、孔径 0.8、厚 1.2 厘米（图三五三 B，2；彩版一四二，3）。

M212

　　位于 T1232 等四方的西北部。开口④层下，被 M148、M169、M152 打破，打破 M226、F5D192 和⑤层。长方形浅竖穴土坑墓，直壁，残长 175、残宽 50、深 20 厘米。填土灰褐色，夹少量红烧土颗粒。单人葬，头向东，面向北，仰身直肢，头骨下枕有肢骨。女性，成年。墓向 101°。随葬陶纺轮 1 件，位于右手臂处（图三五四 A；彩版一四二，4）。

　　M212:1，陶纺轮（Ca）。夹蚌褐陶。圆饼形，一面微凸，一面微凹，中央有穿孔。侧面有刻印的三角形波浪纹饰，背面中心孔外围有一组弧形指甲拍纹。直径 6.7、孔径 1、厚 1.4 厘米（图三五四 B；彩版一四二，5）。

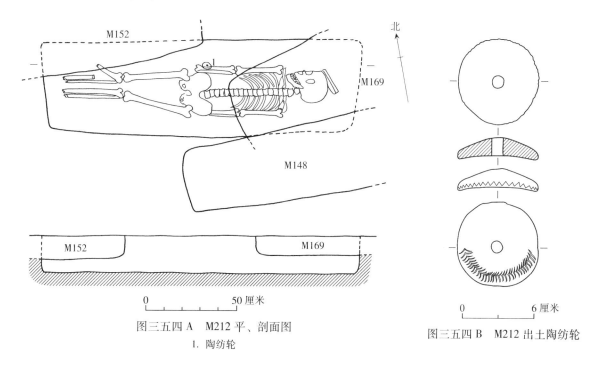

图三五四 A　M212 平、剖面图
1. 陶纺轮

图三五四 B　M212 出土陶纺轮

M213

　　位于 T1232 等四方的北部。开口④层下，被 M135 叠压，被 M134 打破，打破 F5D187、F5D188、

F5D189 和⑤层。长方形竖穴土坑墓，直壁，长 145、宽 50～55、深 10 厘米。填土灰褐色。单人葬，骨骼凌乱，可能为二次葬。男性，成年。墓向 104°。骨骼间随葬陶罐 1 件（图三五五 A；彩版一四三，1）。

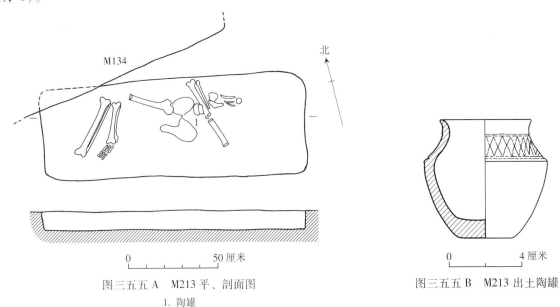

图三五五 A　M213 平、剖面图
1. 陶罐

图三五五 B　M213 出土陶罐

M213：1，陶罐（B I）。夹砂红褐陶。小侈口，尖圆唇，束颈，折腹，下腹弧收成平底。颈腹间有两组 4 道刺刻的弦纹，其间有刺刻的交叉直线纹。口径 4.9、底径 2.8、高 6.3 厘米（图三五五 B；彩版一四四，1）。

M214

位于 T1232 等四方的中北部。开口④层下，被 M170 打破，打破 F5D205 和⑤层。长方形浅竖穴土坑墓，直壁，长 186、宽 39～41、深 20 厘米。填土灰褐色，夹有大量的红烧土块和颗粒。单人葬，头向东，面向北，仰身直肢微侧。女性，成年。墓向 85°。胸部随葬陶鼎 1 件，陶纺轮 1 件位于盆骨下（图三五六 A；彩版一四三，2）。

M214：1，陶鼎（Aa II），夹细蚌末红陶，外表施红衣，部分脱落，内部灰黑色。微侈口，沿略翻卷，圆唇，微束颈，腹部起棱，一侧出露一个鋬手，上有齿状装饰，逐渐收缩成平底，三扁条形鼎足。

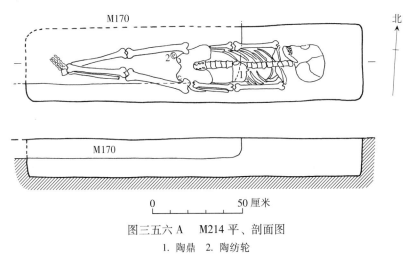

图三五六 A　M214 平、剖面图
1. 陶鼎　2. 陶纺轮

口径 12.2、高 13.2 厘米（图三五六 B，1；彩版一四四，2）。

　　M214:2，陶纺轮（A）。夹蚌褐陶。圆饼形，中间略厚。中央有孔，单面榫钻穿孔。直径 5.5、孔径 0.8~1.2、厚 1.3 厘米（图三五六 B，2；彩版一四四，3）。

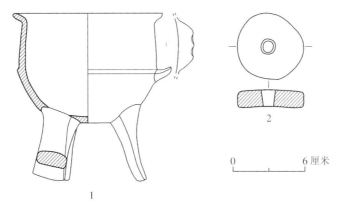

图三五六 B　M214 出土陶器

M215

　　位于 T1032 等四方东南部和 T1232 等四方西南部。开口④层下，被 M137 叠压，被 M189 和 M145 打破，打破 M219、M232、F5D199、F5D200 和⑤层。长方形竖穴土坑墓，直壁，长 145、宽 42~50、深 13 厘米。填土黑褐色。单人葬，头向东，面向北，仰身直肢。未成年。墓向 90°。头顶随葬陶鼎 1 件（图三五七 A；彩版一四三，3）。

　　M215:1，陶鼎（BbⅡ）。泥质红褐陶。侈口，卷沿，圆唇，束颈，鼓腹，逐渐收缩成小平底，三扁条形足略外撇。口径 7.4、高 8.6 厘米（图三五七 B；彩版一四四，4）。

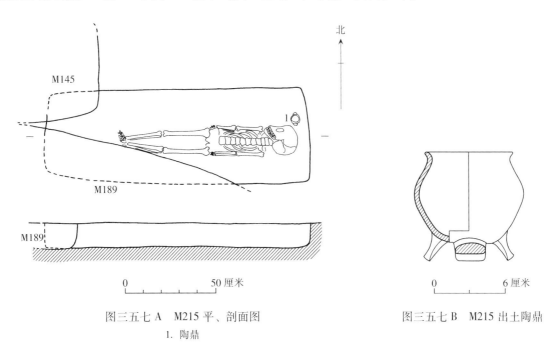

图三五七 A　M215 平、剖面图
1. 陶鼎

图三五七 B　M215 出土陶鼎

M216

　　位于 T1032 等四方东南部。开口④层下，打破 M221 和⑤层。不太规整的长方形竖穴土坑墓，直壁，长 191、宽 35~45、深 19 厘米。填土黑褐色，夹少量红烧土颗粒。单人葬，头向东，面向北，侧身交肢。女性，成年。墓向90°。身体北侧随葬陶罐2件、纺轮1件（图三五八A；彩版一四五，1）。

M216：1，陶罐（AⅡ）。夹砂红褐陶。侈口，圆唇，溜肩，鼓腹，平底。手制，器形不够规整。口径11.4、底径5、高9.8厘米（图三五八B，1；彩版一四四，5）。

M216：2，陶纺轮（A）。夹蚌红褐陶。圆饼形，中央有孔。中心孔外围有一圈刻划而成的同心圆纹饰。直径6.3、孔径0.75、厚1厘米（图三五八B，2；彩版一四四，6）。

M216：3，陶罐。泥质红褐陶。破损严重，不可复原。

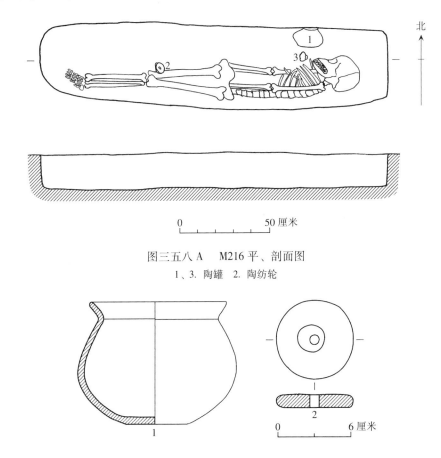

图三五八A　M216平、剖面图
1、3. 陶罐　2. 陶纺轮

图三五八B　M216出土陶器

M217

位于T1032等四方的南部。开口④层下，被M211打破，打破F5D169和⑤层。不太规整的长方形浅竖穴土坑墓，直壁，长165、残宽25～43、深17厘米。填土黑褐色，夹少量红烧土颗粒。单人葬，头向东，面向北，侧身直肢，下肢部分残损。成年。墓向88°。随葬陶豆1件，压于头骨上（图三五九A；彩版一四五，2、3）。

M217：1，陶豆盘（AaⅠ）。夹细蚌末红陶，内外施灰白衣，大部脱落。敛口，方圆唇，折肩，弧腹，喇叭形圈足，残损。上部有刻划的弦纹和几何形装饰。口径16.7、残高6.2厘米（图三五九B；彩版一四五，4）。

M218

位于T1032等四方的东南部。开口④层下，被M192打破，打破F5D168和⑤层。不太规整的长梯形浅竖穴土坑墓，直壁，长226、宽30～65、深19～23厘米。填土黑褐色。单人葬，头向东，面向北，仰身直肢。男性（？），成年。墓向96°。头顶随葬陶鼎1件，右手部随葬石锛1件（图三六〇A；

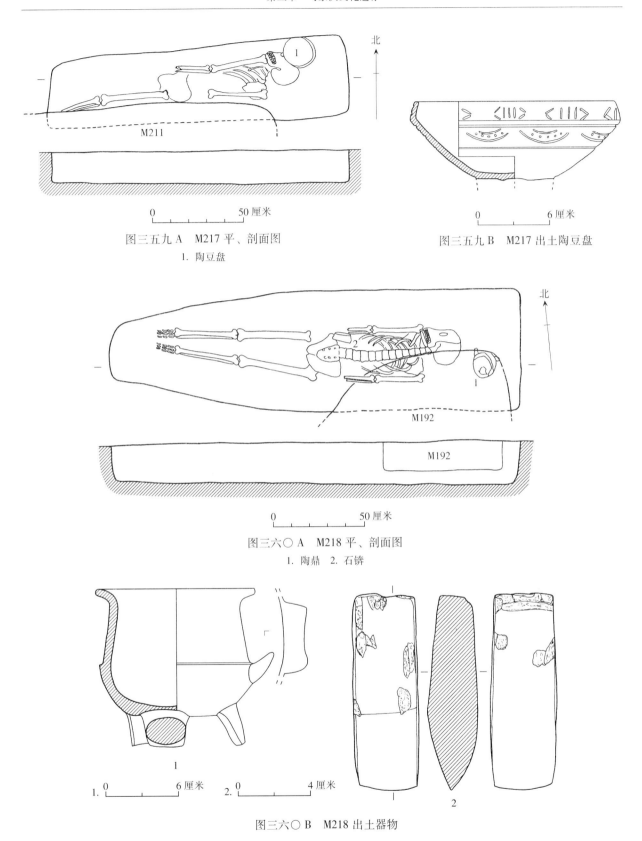

图三五九 A　M217 平、剖面图
1. 陶豆盘

图三五九 B　M217 出土陶豆盘

图三六〇 A　M218 平、剖面图
1. 陶鼎　2. 石锛

图三六〇 B　M218 出土器物

彩版一四六，1）。

　　M218:1，陶鼎（AaⅠ）。夹细蚌末红褐陶。侈口、宽卷沿、圆唇，颈部收缩明显，腹部起棱，一侧出露梯形錾手，逐渐收缩成平底，三扁条形足。口径 13.1、高 12.6 厘米（图三六〇 B，1；彩版一四七，1）。

M218：2，石锛（Bb）。凝灰岩，灰色条带。长方形，单面弧刃。端部和正、背面有打击时留下的石片疤，通体磨光。长 10.3、宽 3.6、厚 2.8 厘米（图三六〇 B，2；彩版一四七，2）。

M219

位于 T1032 等四方的东南部和 T1232 等四方的西南部。开口④层下，被 M189 和 M215 打破，打破 M220、M232 和⑤层。长方形竖穴土坑墓，直壁，长 190、宽 36～45、深 25 厘米。填土灰褐色，夹少量红烧土颗粒。单人葬，头向东，面向北，仰身直肢。男性，成年。墓向 85°。头顶东北侧随葬陶鼎 1 件，右上肢骨北侧随葬陶纺轮 1 件，盆骨左侧随葬穿孔石斧 1 件（图三六一 A；彩版一四六，2～4）。

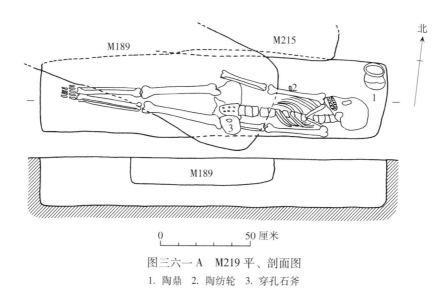

图三六一 A　M219 平、剖面图
1. 陶鼎　2. 陶纺轮　3. 穿孔石斧

M219：1，陶鼎（AaⅡ）。夹细蚌末红陶，器表施红衣。微侈口稍外翻，圆唇，颈部微收缩，中下腹起棱，一侧有一舌形鋬手，舌顶有锯齿纹装饰，逐渐收缩成平底，三扁条形足，残损。口径 13.6、高 11 厘米（图三六一 B，1；彩版一四七，3）。

M219：2，陶纺轮（A）。夹蚌红陶。圆饼形，中央有穿孔。直径 6.5、孔径 1、厚 1 厘米（图三六一 B，2；彩版一四七，4）。

M219：3，穿孔石斧（Ⅰ）。闪长斑岩，黑色针状与青绿色粒状、白色物质相杂。圆角梯形，两侧边和刃部弧形转折形成弧刃，双面管钻对钻形成穿孔。刃部锐利，有少量细小石片疤，正面有磨痕，

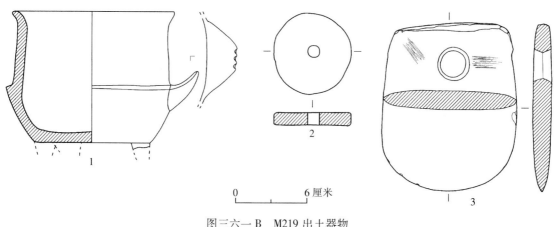

图三六一 B　M219 出土器物

打磨光滑。长 13.5、宽 9.5~11.1、厚 1.55 厘米（图三六一 B，3；彩版一四七，5）。

M220

位于 T1032 等四方的东南角。开口④层下，被 M189 和 M219 打破，打破⑤层。长方形竖穴深土坑墓，直壁，长 223、宽 40~55、深 43 厘米。填土黑褐色，夹少量红烧土颗粒。单人葬，头向东，面向北，俯身交肢。女性（？），成年。墓向 93°。头顶随葬陶鼎 1 件，胸部随葬玉管状坠 1 件（图三六二 A；彩版一四八，1~3）。

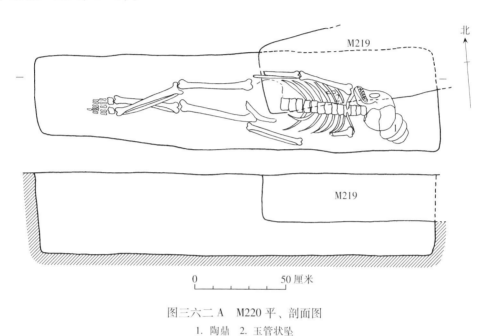

图三六二 A M220 平、剖面图
1. 陶鼎 2. 玉管状坠

M220：1，陶鼎（AaⅡ）。夹细蚌末红陶，内部灰黑色。微侈口外翻，尖圆唇，颈部稍收缩，下腹起棱，逐渐收缩成平底，三扁条形足略残损。口径 13.8、残高 11 厘米（图三六二 B，1；彩版一四八，4）。

M220：2，玉管状坠。伊利石，豆青绿色，上有许多细小的云母片。长圆管状，中间稍粗圆，向两侧略细，两侧端面和侧面斜对穿孔，其中一侧侧面穿两孔，均残损，经打磨和抛光。长 6.4、宽 1.6 厘

1. 0 ———— 6 厘米

2. 0 ———— 3 厘米

图三六二 B M220 出土器物

米（图三六二 B，2；彩版一四八，5）。

M221

位于 T1032 等四方的东南角和 T1232 等四方的西南角。开口④层下，被 M138 叠压，被 M210 和 M216 打破，打破 F5D201 和⑤层。不太规整的长方形竖穴土坑墓，直壁，长 214、宽 45 ~ 62、深 24 厘米。填土灰褐色。单人葬，头向东，面向北，侧身直肢。性别不详，成年。墓向 90°。头顶外侧随葬陶釜 1 件，盆骨处随葬陶纺轮和石凿各 1 件（图三六三 A；彩版一四九，1、2）。

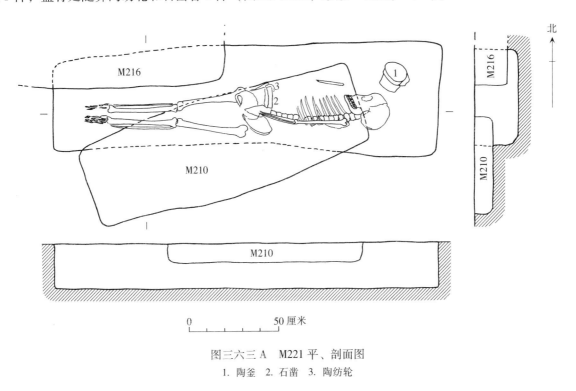

图三六三 A M221 平、剖面图
1. 陶釜 2. 石凿 3. 陶纺轮

M221∶1，陶釜（Aa）。泥质红陶，腰檐以上部分施红衣。敞口，圆唇，斜直腹，中腹有一圈腰檐（略残），平底。口径 11.8、底径 7.4、高 10.6 厘米（图三六三 B，1；彩版一四九，3）。

M221∶2，石凿（Ab）。凝灰岩，土黄色。长条形，单面刃。刃部残损，端部有数块崩疤，通体磨光，器表风化严重。残长 12、宽 3.5、厚 3.9 厘米（图三六三 B，2；彩版一四九，4）。

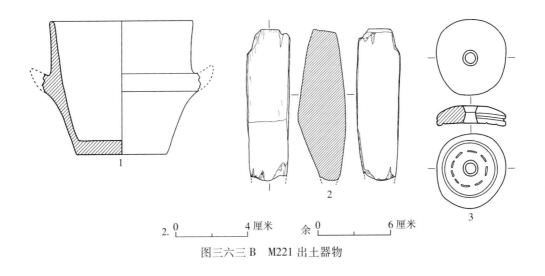

图三六三 B M221 出土器物

M221:3，陶纺轮（Ca）。夹蚌红陶。圆饼形，一面略凸，一面微凹。中央有孔，系双面对穿形成。轮侧有一条横向凹槽。背面以中央孔为圆心，有一圈同心圆圈和一圈短条状刻划形成的同心圈纹饰。直径5.7~6、孔径0.8~1.2、厚1.4厘米（图三六三 B，3；彩版一四九，5）。

M222

位于 T1032 等四方的南部。开口④层下，被 M191 和 H41 打破，打破 M223 和⑤层。长方形浅竖穴土坑墓，直壁，残长 121、宽 32~42、深 30 厘米。填土黑褐色，夹红烧土颗粒。单人葬，头向东，面向北，仰身微侧，下肢残。成年。墓向86°（图三六四）。

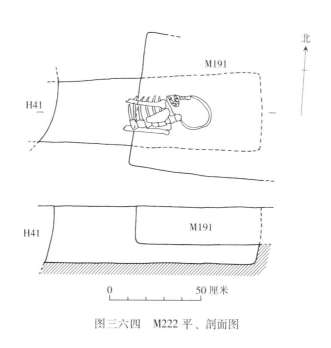

图三六四　M222 平、剖面图

M223

位于 T1032 等四方的南部。开口④层下，被 M191 和 M222 打破，打破⑤层。长方形浅竖穴土坑墓，直壁，残长 139、宽 34~50、深 28 厘米。填土黑褐色，夹红烧土颗粒。单人葬，头向东，面向南，俯身直肢，下肢残。成年。墓向90°。头骨北侧随葬陶鼎 1 件，右手部随葬石锛 1 件（图三六五 A；彩版一五〇，1）。

M223:1，石锛（Bc）。凝灰岩，深灰色。不太规整的长方形，双面刃。正面刃较宽，背面刃系二次加工而成。正、背面打磨光滑，左、右两端保留自然形态，端部有较多石片疤痕。长 7.7、宽 3.5、厚 2.3 厘米（图三六五 B，1；彩版一五一，1）。

M223:2，陶鼎（BdⅠ）。夹细蚌末红陶。小侈口，窄沿微卷，尖圆唇，溜肩，鼓腹，收缩成平底，三扁条形鼎足。口径8.3、高10.8厘米（图三六五 B，2；彩版一五一，2）。

M224

位于 T1032 等四方的南部偏东。开口④层下，被 M191 打破，打破 M192 和⑤层。不太规整的长方形浅竖穴土坑墓，直壁，长 156、宽 24~28、深 25 厘米。填土黑褐色，夹红烧土颗粒。单人葬，直肢，头向东，上身部分骨骼凌乱。成年。墓向105°。头骨附近随葬陶罐 1 件（图三六六 A）。

M224:1，陶圈足罐（AaⅠ）。夹砂红褐陶。微侈口，束颈，圆唇，鼓腹，矮圈足。手制，器形不够规整。口径10.8、足径5.5、高9厘米（图三六六 B）。

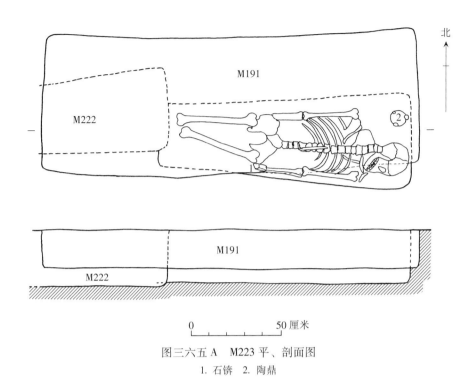

0　　　　　　　　　50厘米

图三六五 A　M223 平、剖面图

1. 石锛　2. 陶鼎

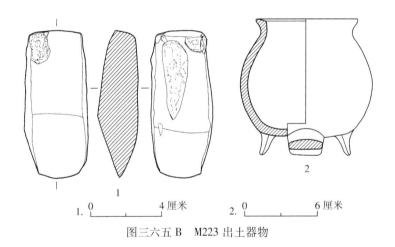

1. 0　　　　4厘米　　　2. 0　　　　6厘米

图三六五 B　M223 出土器物

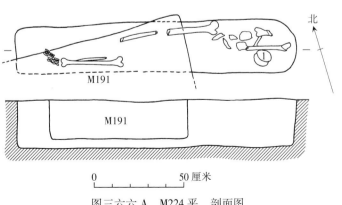

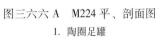

0　　　　　　　50厘米

图三六六 A　M224 平、剖面图

1. 陶圈足罐

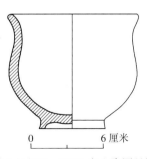

0　　　　6厘米

图三六六 B　M224 出土陶圈足罐

M225

位于 T1130 等两方的东北角。开口④层下，叠压于 M210、F5D201 和⑤层表。单人葬，头向东，骨骼保存极差，可能为二次葬。未成年。墓向 90°（图三六七）。

M226

位于 T1232 等四方的西北部。开口④层下，被 M148、M168、M169、M212 打破，打破 F5D192、F5D193 和⑤层。不太规整的长方形浅竖穴土坑墓，直壁，长 208、宽 34~49、深 28~30 厘米。填土灰褐色。单人葬，头向东，面向北，仰身屈肢微侧。女性，成年。墓向 98°。胸部随葬陶坠 1 件，右手部随葬陶纺轮 2 件（图三六八 A；彩版一五〇，2、3）。

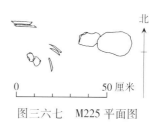

图三六七　M225 平面图

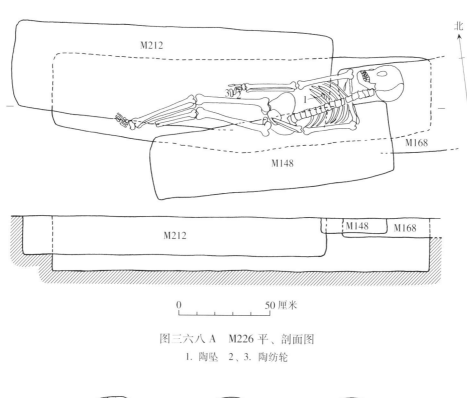

图三六八 A　M226 平、剖面图
1. 陶坠　2、3. 陶纺轮

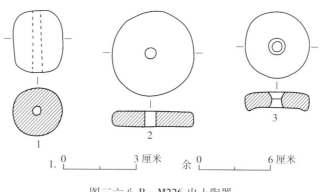

图三六八 B　M226 出土陶器

M226:1，陶坠（B）。泥质红褐陶。圆柱形坠，中有一孔。长 2.5、宽 2、孔径 0.3~0.4 厘米（图三六八 B，1；彩版一五一，3）。

M226:2，陶纺轮（A）。夹蚌红陶。圆饼形，中央有穿孔。直径 6.7、孔径 0.9、厚 1.2 厘米（图三六八 B，2；彩版一五一，4）。

M226：3，陶纺轮（Cb）。夹蚌红陶。圆饼形，一面稍平，一面微凹。中央有孔，系双面对穿成孔。直径 5.3、孔径 0.8～1.3、厚 1.3 厘米（图三六八 B，3；彩版一五一，5）。

M227

位于 T1232 等四方的西南部。开口④层下，被 M69 叠压，被 M209、M178、M186 打破，打破⑤层。长方形竖穴深土坑墓，直壁。长 201、宽 40～52、深 38 厘米。填土灰褐色。单人葬，头向东，面向北，侧身交肢，头下枕有肢骨。女性（?），成年。墓向 90°。头顶东北外侧随葬陶鼎 1 件，颈下随葬玉璜 1 件（图三六九 A；彩版一五二，1、2）。

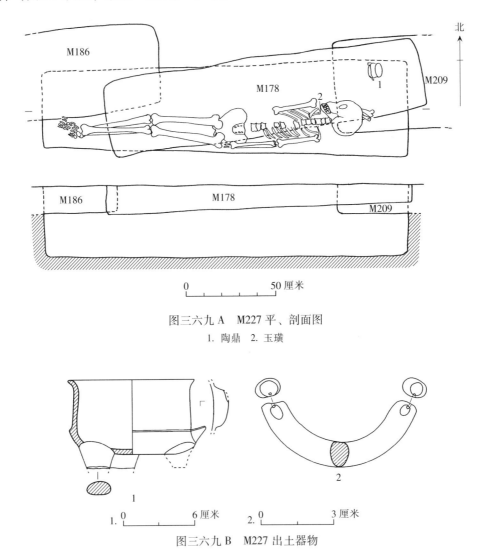

图三六九 A　M227 平、剖面图

1. 陶鼎　2. 玉璜

图三六九 B　M227 出土器物

M227：1，陶鼎（AaⅡ）。泥质红褐陶。微侈口，窄沿，直腹微鼓，下腹起棱，一侧出露錾手，逐渐收缩成平底，三扁条形足，足根残。口径 10.5、残高 7 厘米（图三六九 B，1；彩版一五三，1）。

M227：2，玉璜（B）。玉髓，无色，略带淡黄色。整体呈弧形，在两侧正面和端面斜对穿孔，为实心桯钻，打磨并抛光。长 6.4、宽 1、厚 0.75 厘米（图三六九 B，2；彩版一五三，2）。

M228

位于 T1232 等四方的西南部。开口④层下，被 M137 叠压，被 M83 打破，打破 F5D206 和⑤层。长方形浅竖穴土坑墓，直壁，长202、宽47～51、深28厘米。填土灰褐色。单人葬，头向东，面向北，仰身直肢。女性（？），成年。墓向90°。头顶东北外侧随葬陶鼎1件，盆骨处随葬陶纺轮2件（图三七〇A；彩版一五二，3）。

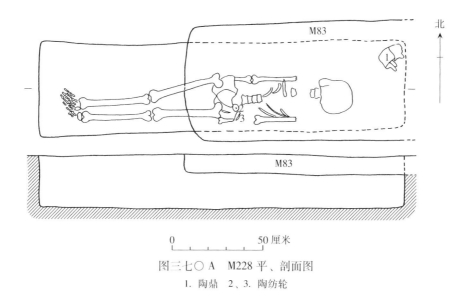

图三七〇 A　M228 平、剖面图
1. 陶鼎　2、3. 陶纺轮

M228∶1，陶鼎（AaⅡ）。夹细蚌末红褐陶，器表施红衣。微侈口，窄沿，圆唇，微束颈，下腹起棱，其上突出一条形錾手，顶端分叉，逐渐收缩成平底，三扁条形足。口径12.6、高14.9厘米（图三七〇B，1；彩版一五三，3）。

M228∶2，陶纺轮（Cb）。夹蚌红褐陶。圆饼形，一面稍平，一面微凹。中央有穿孔。直径4.5、孔径0.7、厚1厘米（图三七〇B，2；彩版一五三，4）。

M228∶3，陶纺轮（A）。夹蚌红陶。圆饼形，中央有穿孔。两面均有"井"字形刻划。直径6.4、孔径0.9、厚1厘米（图三七〇B，3；彩版一五三，5）。

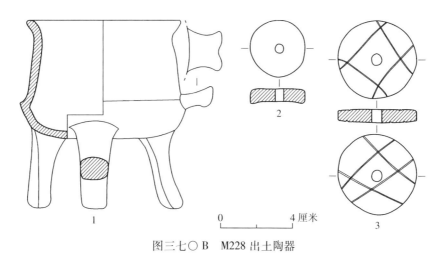

图三七〇 B　M228 出土陶器

M229

位于T1032等四方的西南部。开口④层下，被H41打破，打破F5D147和⑤层。不太规整的长方形浅竖穴土坑墓，直壁，残长98、宽37～47、深18厘米。填土黑褐色。单人葬，头向东，俯身直肢。成年。墓向70°。股骨间随葬1件陶纺轮（图三七一A）。

M229：1，陶纺轮（A）。夹蚌红陶。圆饼形，中央有穿孔。直径6.4、孔径0.8、厚1.5厘米（图三七一B）。

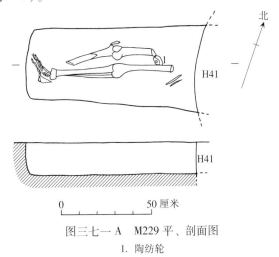

图三七一A　M229平、剖面图
1. 陶纺轮

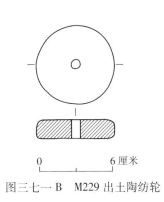

图三七一B　M229出土陶纺轮

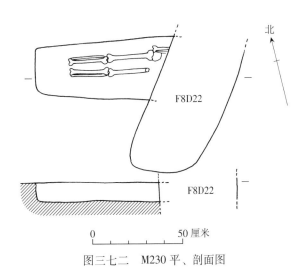

图三七二　M230平、剖面图

M230

位于T0832等四方的东南部。开口④层下，被③层下的F8D22打破，打破F5D106和⑤层。不太规整的长方形竖穴土坑墓，直壁，残长76、宽24～33、深10厘米。填土灰褐色，比较纯净，较硬。单人葬，仅余下肢，头向可能朝东，直肢。成年。墓向103°（图三七二）。

M231

位于T1032等四方东南部和T1232等四方西南部。开口④层下，被M145打破，打破F5D202和⑤层。长方形竖穴土坑墓，直壁，长191、宽36～40、深35厘米。填土黑褐色，夹红烧土颗粒。单人葬，头向东，面向北，俯身直肢。女性，成年。墓向88°。头顶随葬陶鼎1件，左肢骨下随葬陶纺轮1件（图三七三A；彩版一五四，1、2）。

M231：1，陶鼎（E）。夹砂红褐陶。敛口微侈，圆唇，削肩，深鼓腹，逐渐收缩成平底略圜，三扁柱形足，仅余足根痕迹。口径8.4、残高10.2厘米（图三七三B，1；彩版一五四，3）。

M231：2，陶纺轮（A）。夹蚌红陶。圆饼形，中央有穿孔。直径6.9、孔径0.9、厚1.2厘米（图三七三B，1；彩版一五四，4）。

M232

位于T1032等四方的东南部和T1232等四方的西南部。开口④层下，被M137叠压，被M219、M215、M189打破，打破F5D199、F5D200和⑤层。长方形竖穴深土坑墓，直壁，长181、宽36～40、深35厘米。填土灰褐色，夹少量红烧土颗粒。单人葬，头向东，面向北，俯身直肢。男性，成年。墓向87°。头顶上随葬陶鼎和陶匜各1件（图三七四A；彩版一五五，1）。

M232：1，陶鼎（AaⅠ）。夹细蚌末红褐陶，凸棱以上部位施红衣，大部脱落，腹内深灰色。侈口略宽，翻卷沿，圆唇，束颈，内斜直腹，下腹起棱，一侧棱上出露上翘錾手，逐渐收缩成平底，三扁

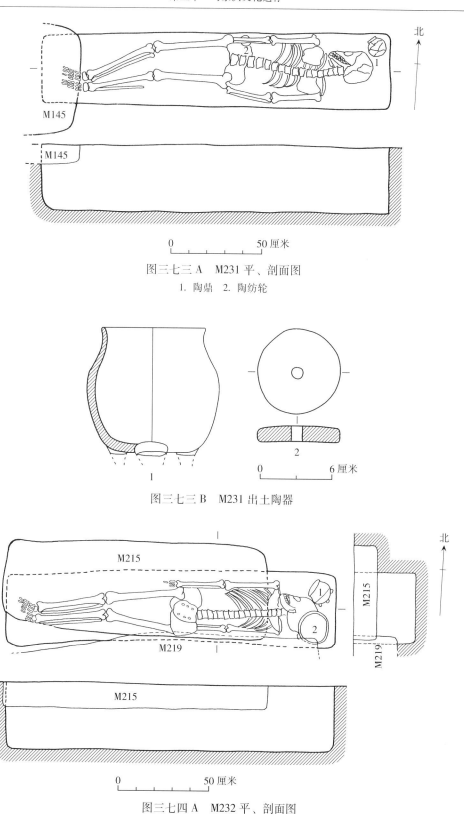

图三七三 A　M231 平、剖面图

1. 陶鼎　2. 陶纺轮

图三七三 B　M231 出土陶器

图三七四 A　M232 平、剖面图

1. 陶鼎　2. 陶匜

条形足，残损仅余足根。口径 14.1、残高 11.6 厘米（图三七四 B，1；彩版一五五，2）。

M232：2，陶匜（AaⅠ）。夹细蚌末红陶，局部灰色，器表施红衣，大部脱落。敛口，圆唇，折肩，斜弧腹，平底，一侧口沿有流口，与之垂直角度带一短条形錾手。口径 17.4、底径 7.4、高 7 厘米

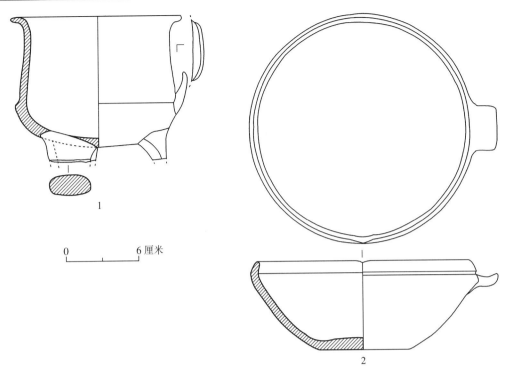

0 　　　　　　6 厘米

图三七四 B　M232 出土陶器

（图三七四 B，2；彩版一五五，3）。

M233

位于 T0832 等四方的北部。开口④层下，打破 H21、H53、F5D90 和⑤层。长方形竖穴土坑墓，直壁，长 130、宽 30～35、深 7 厘米。填土灰褐色，夹有红烧土和炭粒。单人葬，头向东，面向北，侧身直肢。未成年。墓向 90°（图三七五）。

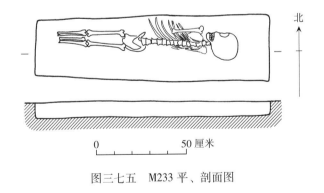

北

0 　　　　　　50 厘米

图三七五　M233 平、剖面图

M234

位于 T0832 等四方的北部。开口④层下，打破 H53 和⑤层。长方形竖穴土坑墓，直壁，墓口东高西低斜坡状，长 211、宽 35、深 10～15 厘米。填土灰褐色，夹有红烧土块，土质较硬。单人葬，头向东，面向北，俯身直肢。女性，成年。墓向 90°。随葬品 5 件，陶鼎位于头骨顶部，2 件陶纺轮和 1 件石锛、1 件石凿位于盆骨上部和盆骨下（图三七六 A；彩版一五六，1、2）。

M234：1，陶鼎（AbⅡ）。夹细蚌末红陶，器表施红衣，大部脱落。直口，平沿，圆唇，直腹，下腹起棱，一侧棱上出露短条形錾手，逐渐收缩成平底，三扁条形鼎足。口径 13.2、高 13.2 厘米（图

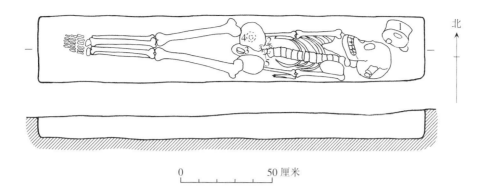

0　　　　　　　　50 厘米

图三七六 A　M234 平、剖面图
1. 陶鼎　2. 石锛　3、4. 陶纺轮　5. 石凿

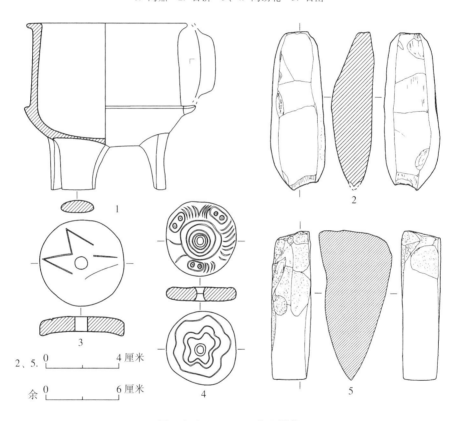

2、5. 0　　　　　　4 厘米

余　0　　　　　6 厘米

图三七六 B　M234 出土器物

三七六 B，1；彩版一五七，1）。

　　M234∶2，石锛（Bc）。凝灰岩，深灰色。长方形，正面宽刃。不够规整，侧面保留自然面，有多次磨平痕迹，背面有较多的石片疤痕，刃端残损，正、背两面经打磨。残长8.3、宽3、厚2.25 厘米（图三七六 B，2；彩版一五七，2）。

　　M234∶3，陶纺轮（Ca）。泥质红褐陶。圆饼形，正面微凸，背面微凹，中央有孔。正面有数道刻划纹饰。直径6.9、孔径1、厚1.2 厘米（图三七六 B，3；彩版一五七，3）。

　　M234∶4，陶纺轮（A）。泥质褐陶。圆饼形，中央有孔，双面对穿成孔。正面以中央孔为中心，有四圈同心圆刻线，最外围为指甲掐印纹饰和三组几何组合纹饰。背面以中央孔为中心，外围有三圈花瓣状弧线刻饰。直径5.7、孔径0.7~0.9、厚1.1 厘米（图三七六 B，4；彩版一五

图三七七　M235 平面图

七，4）。

M234：5，石凿（Ac）。凝灰岩，浅灰色。剖面呈三角形，双面刃。端部有较多破损疤痕，通体磨光。长 7.8、宽 2.2、厚 4 厘米（图三七六 B，5；彩版一五七，5）。

M235

位于 T1232 等四方的西北角和 T1032 等四方的东北角。开口④层下，⑤层表。单人葬，头向东，上身残缺，屈肢。墓向 90°（图三七七）。

M236

位于 T1232 等四方的西北角和 T1032 等四方的东北角。开口④层下，被③层下 F4D5 打破，打破 F5D171、F5D180 和⑤层。长方形竖穴土坑墓，直壁，长 175、宽 39～50、深 10～13 厘米。填土灰褐色。疑似合葬墓。中间个体头向东，面向南，俯身直肢。成年。墓向 78°。中间个体上身南侧、下肢北侧有少量肢骨，可能为二次葬。头顶外侧随葬陶罐 1 件，胸部、下肢北侧分别随葬陶纺轮 1 件（图三七八 A；彩版一五八，1）。

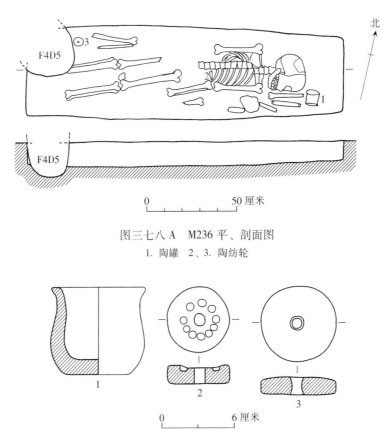

图三七八 A　M236 平、剖面图
1. 陶罐　2、3. 陶纺轮

图三七八 B　M236 出土陶器

M236：1，陶罐（DbⅠ）。夹砂红陶。敞口，微束颈，平沿，尖圆唇，微鼓腹，平底。器形不够规整。口径 7.8、底径 5.3、高 6.9 厘米（图三七八 B，1；彩版一五八，2）。

M236：2，陶纺轮（Cb）。泥质红陶。圆饼形，一面较平，一面微凹，中心有孔。以中心孔为圆心，外围有一圈圆圈组成的同心圆纹饰深入器身部。直径 5.2、孔径 0.9、厚 1.3～1.5 厘米（图三七八 B，2；彩版一五八，3）。

M236：3，陶纺轮（A）。泥质红褐陶。圆饼形，中央有孔，双面对穿成孔。直径6.2、孔径0.8～1、厚1.4厘米（图三七八B，3；彩版一五八，4）。

M237

位于T0832等四方的东北角和T1032等四方的西北角。开口④层下，叠压在⑤层表。单人葬，仰身微侧，下肢残缺，头向东，面向北。男性，成年。墓向90°（图三七九；彩版一五九，1）。

M238

位于T1032等四方的东北角。开口④层下，叠压在⑤层表。疑似合葬墓，有2个个体。个体Ⅰ俯身直肢，头向东，面向南，成年。个体Ⅱ俯身直肢，叠压在个体Ⅰ胸部以下，无下肢，头向东，面向南，成年。个体Ⅰ、个体Ⅱ头骨间有少量乱骨。墓向90°（图三八〇；彩版一五九，2）。

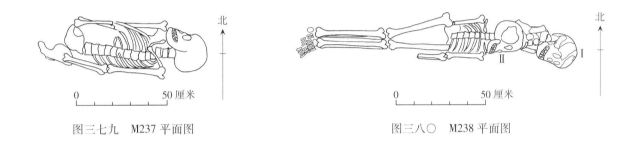

图三七九　M237平面图　　　　　　　　　图三八〇　M238平面图

M239

位于T1032等四方的北部偏东。开口④层下，叠压在⑤层表。单人葬，俯身直肢，部分骨骼残缺，头向东，面向北。成年。墓向90°（图三八一）。

M240

位于T1032等四方的东北角。开口④层下，被③层下F4D4打破，叠压F5D160和⑤层表。单人葬，仰身直肢微侧，头向东，面向北下。成年。墓向90°。右上肢处随葬石锛1件（图三八二A；彩版一五九，3）。

M240：1，石锛（Aa）。凝灰岩，灰黑色条带。长条梯形，单面刃，刃部稍弧。两侧有石片疤，通体研磨，沿岩石结理面生长的土沁几乎布满全身。长22.9、宽4.1～5.5、厚3.5厘米（图三八二B；彩版一五九，4）。

M241

位于T1032等四方的北部。开口④层下，打破F5D52和⑤层。不太规整的长方形竖穴土坑墓，直壁，长210、宽35～40、深12厘米。填土黑褐色，夹杂大量红烧土颗粒。单人葬，头向东，面向北，仰身交肢，盆骨和股骨残缺。成年。墓向90°。随葬陶鼎1件，位于头骨南部（图三八三A）。

M241：1，陶鼎（CaⅡ）。泥质红陶，棱线以上施绛色红衣。直口，方唇，筒形腹略内收，腹底交接处起棱，逐渐收缩成圜底近平，三扁条形足，正面有一条纵向凸脊。口径10.4、高12.8厘米（图三八三B）。

M242

位于T1232等四方的西北角。开口④层下，叠压在⑤层表。单人葬，头向东，面向北，侧身，下肢残缺。成年。墓向90°。盆骨处随葬石锛1件（图三八四A）。

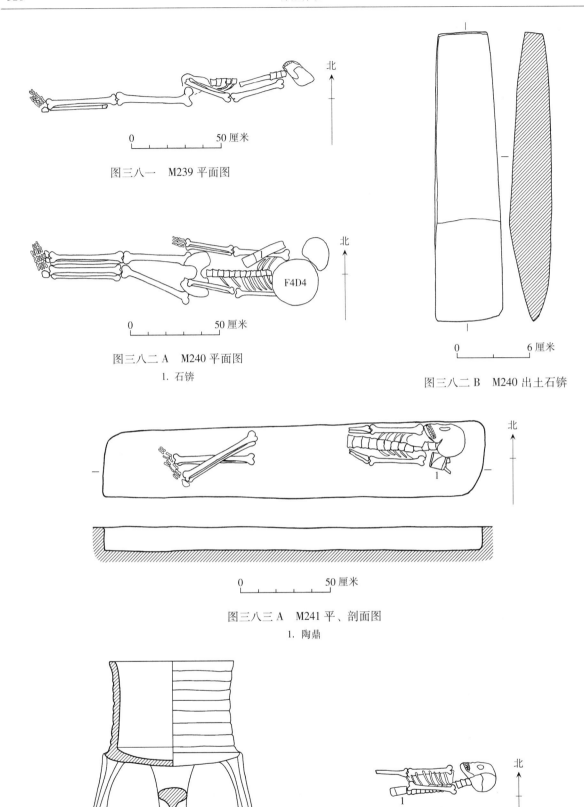

北

0　　　　50 厘米

图三八一　M239 平面图

北

F4D4

0　　　　50 厘米

图三八二 A　M240 平面图
1. 石锛

0　　　　6 厘米

图三八二 B　M240 出土石锛

北

1

0　　　　50 厘米

图三八三 A　M241 平、剖面图
1. 陶鼎

0　　　　6 厘米

图三八三 B　M241 出土陶鼎

北

1

0　　　　50 厘米

图三八四 A　M242 平面图
1. 石锛

M242:1, 石锛 (Ac)。凝灰岩, 灰白色。梯形, 单面刃。刃部略有崩损, 背部及侧面有多处片疤, 通体磨光。长9.7、宽3.5~4.5、厚2.4厘米 (图三八四 B)。

M243

位于T1232等四方的西北角。开口④层下, 被③层表F1D9打破, 打破F5D184和⑤层。长方形竖穴土坑墓, 直壁, 残长87、宽41、深5厘米。填土灰褐色。单人葬, 骨骼保存极差, 仅有一些肢骨和骨片残痕, 且较为凌乱, 可能为二次葬。墓向90° (图三八五)。

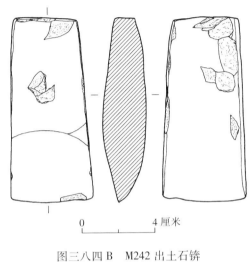

图三八四 B M242 出土石锛

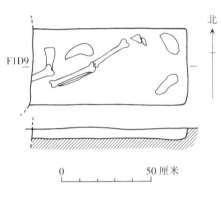

图三八五 M243 平、剖面图

M244

位于T1130等两方的西北角。开口④层下, 打破M245、M246、F5D170和⑤层。不太规整的长方形浅竖穴土坑墓, 直壁, 长160、宽40~47、深6厘米。填土黑褐色。单人葬, 骨骼保存极差, 头向东, 面向下, 侧俯身, 下肢残。成年。墓向90°。胸部随葬石锛1件 (图三八六 A)。

M244:1, 石锛 (Ac)。凝灰岩, 灰白色。短梯形, 双面弧刃。顶端部及侧面有多处使用痕迹和崩疤, 通体磨光。长5.9、宽2.8~3.5、厚1.6厘米 (图三八六 B)。

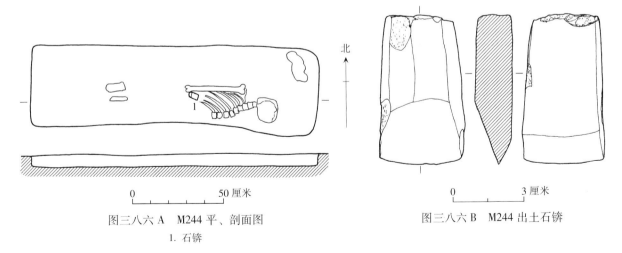

图三八六 A M244 平、剖面图
1. 石锛

图三八六 B M244 出土石锛

M245

位于T1130等两方的北部。开口④层下, 被M244打破, 打破⑤层。长方形浅竖穴土坑墓, 直壁,长 196、宽 58~70、深 15 厘米。填土黑褐色。合葬墓，至少有 3 个个体。个体 I 位于中部，头向东，面向北，侧身直肢，成年，头骨顶部随葬 1 件陶罐。个体 II 在其南，头向东，面向北，侧身屈肢，成年。个体 III 在其北，主要为肢骨，可能为二次葬，成年。墓向 90°（图三八七）。

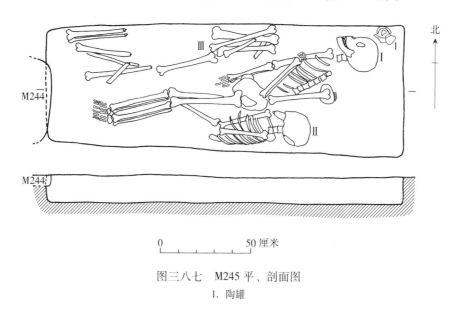

图三八七　M245 平、剖面图
1. 陶罐

M245∶1，陶罐。泥质红陶，疏松，残损严重，无法修复。

M246

位于 T1130 等两方的西北角。开口④层下，被 M244 打破，打破 F5D170 和⑤层。长方形浅竖穴土坑墓，直壁，长 116、宽 28、深 17 厘米。填土黑褐色。单人葬，头向东，面向北，侧身直肢。未成年。墓向 90°。头部随葬陶器 1 件（图三八八 A）。

M246∶1，陶鼎（BbII？）。泥质褐陶。侈口，圆唇，溜肩，腹底残。口径 7.2、残高 2.6 厘米（图三八八 B）。

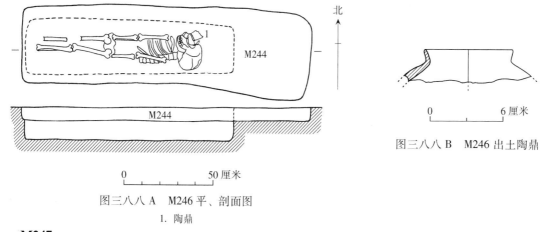

图三八八 B　M246 出土陶鼎

图三八八 A　M246 平、剖面图
1. 陶鼎

M247

位于 T1334 的西南部。开口④层下，叠压于 M253、M255、H97 和⑤层表。单人葬，有部分肢骨，骨骼凌乱，可能为二次葬。成年。墓向 90°（图三八九）。

M248

位于 T1234 的东南部和 T1334 的西南部。开口④层下，叠压于 H97 和⑤层表。单人葬，有头骨和

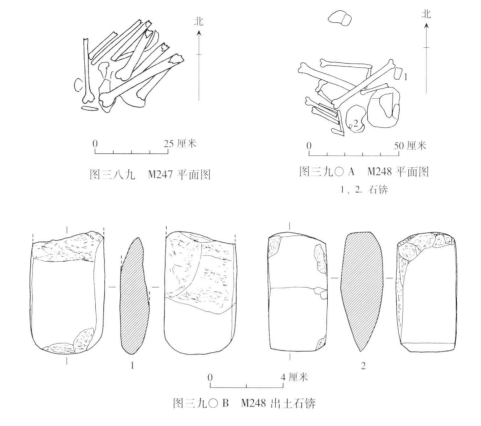

图三八九　M247 平面图

图三九〇 A　M248 平面图
1、2. 石锛

图三九〇 B　M248 出土石锛

肢骨，骨骼凌乱，可能为二次葬。墓向90°。骨骼间随葬石器2件（图三九〇A）。

M248：1，石锛（Bc）。粉砂岩，红褐色。长条形，上部残。侧面和正、背面经磨制，正背面有使用打击时留下的崩疤。长6.5、宽3.9、厚1.6厘米（图三九〇B，1）。

M248：2，石锛（Bc）。凝灰岩，灰色条带。短条形，单面刃。顶端部一侧破损严重，刃部一侧略有缺损，通体磨光。长6.3、宽3.3、厚2.3厘米（图三九〇B，2）。

M249

位于T1334的东南部。开口④层下，被③层下H95打破，叠压于⑤层表。单人葬，头向东，上身和下肢有残损，仰身直肢。成年。墓向101°（图三九一）。

M250

位于T1334的东南部。开口④层下，被③层下H95打破，叠压于⑤层表。单人葬，头向可能朝东，上身残缺，仰身直肢。成年。墓向108°（图三九二）。

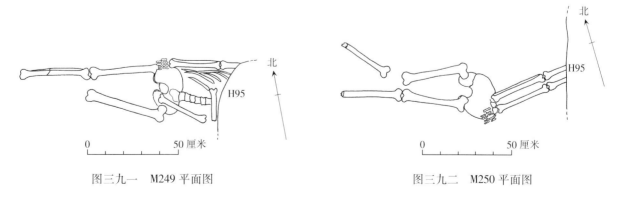

图三九一　M249 平面图　　　　　图三九二　M250 平面图

M251

位于 T1334 的东北部。开口④层下，被③层表 F1D35 打破，打破 M252 和⑤层。长方形竖穴土坑墓，直壁，长 155、宽 41、深 12 厘米。填土灰黑色。单人葬，头向东，面向北，下肢残缺，侧身。男性，成年。墓向 74°（图三九三；彩版一六〇，1）。

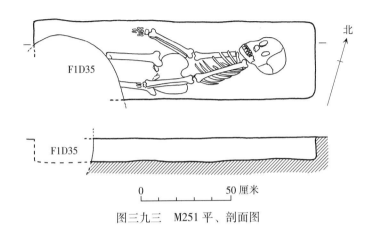

图三九三　M251 平、剖面图

M252

位于 T1334 的东北部。开口④层下，被 M251 打破，打破 F5D218 和⑤层。长方形竖穴土坑墓，直壁，长 96、宽 40～48、深 10～12 厘米。填土灰黑色。单人葬，头向东，面向北，下肢残缺，侧身。成年。墓向 90°（图三九四；彩版一六〇，1）。

M253

位于 T1234 的东南部和 T1334 的西南部。开口④层下，被 M247 叠压，打破 M255、H97 和⑤层。长方形竖穴土坑墓，直壁，长 154、宽 43～48、深 12 厘米。填土灰黑色。单人葬，骨骼保存较差，比较凌乱，可能为二次葬。成年。墓向 70°（图三九五）。

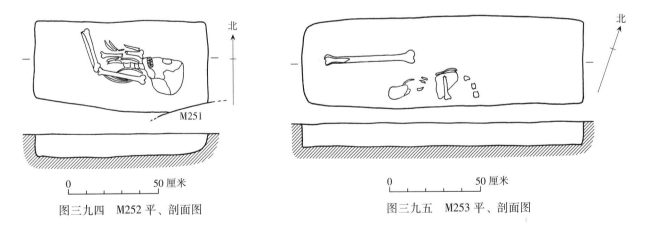

图三九四　M252 平、剖面图　　　　　图三九五　M253 平、剖面图

M254

位于 T1234 的东部和 T1334 的西部。开口④层下，打破 M255、M256、H97 和⑤层。不太规整的长方形竖穴土坑墓，直壁，长 161、宽 41～54、深 10 厘米。填土灰黑色。单人葬，骨骼保存较差，比较凌乱，可能为二次葬。成年。墓向 74°（图三九六）。

M255

位于 T1234 的东部和 T1334 的西部。开口④层下，被 M247 叠压，被 M253、M254 打破，打破

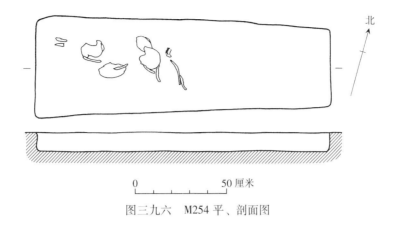

图三九六 M254 平、剖面图

M256、H97 和⑤层。不规则的长梯形竖穴土坑墓，直壁，长 181、宽 60～115、深 21 厘米。填土灰黑色。合葬墓。个体 I 头向东，面向南，侧身曲交肢，男性，成年。脚端有一堆乱骨（个体 II），可能为二次葬，成年。墓向 105°（图三九七；彩版一六〇，2）。

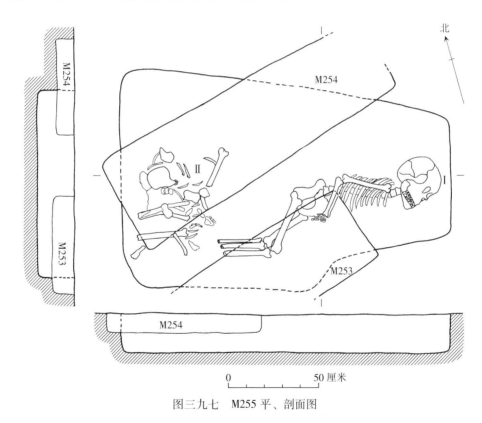

图三九七 M255 平、剖面图

M256

位于 T1234 的东部。开口④层下，被 M30、M31 叠压，被 M254、M255 打破，打破 H97 和⑤层。不太规整的长方形竖穴土坑墓，直壁，长 171、宽 40～61、深 28 厘米。填土灰褐色。单人葬，头向东，面向北，俯身直肢，下肢有残缺。男性，成年。墓向 92°。盆骨上随葬石条形器 1 件（图三九八A；彩版一六一，1）。

M256：1，石条形器。石英岩，灰白色。长方条形。四面略有磨制，用途不明。长 10.5、宽 1.3、厚 1.1 厘米（图三九八 B；彩版一六一，2）。

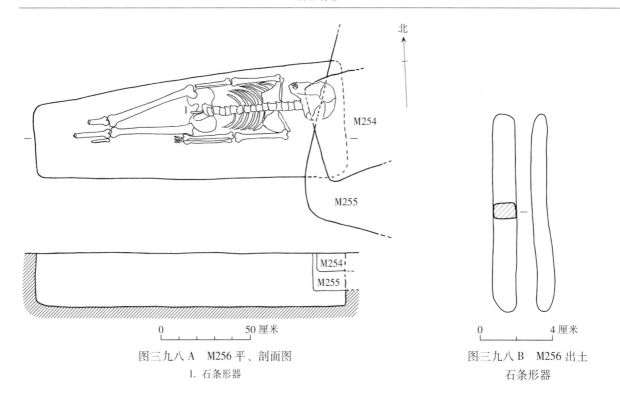

图三九八 A　M256 平、剖面图
1. 石条形器

图三九八 B　M256 出土
石条形器

M257

位于南扩方东部。开口④层下，被 M141 打破，打破 H98、F5D249 和⑤层。不太规整的长方形竖穴土坑墓，直壁，长 210、宽 35～45、深 25 厘米。填土黑褐色，夹零星红烧土颗粒。单人葬，头向东，面向上，仰身直肢。男性，成年。墓向 98°。上臂北侧随葬陶鼎 1 件（图三九九 A；彩版一六一，4）。

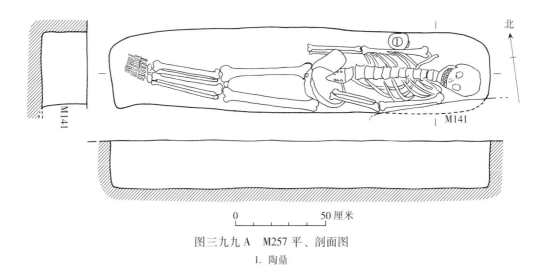

图三九九 A　M257 平、剖面图
1. 陶鼎

M257：1，陶鼎（D I）。夹细蚌末红陶，凸棱以上施绛红色陶衣，大部脱落。敛口微侈，圆唇，溜肩，鼓腹，下腹部有窄凸棱，逐渐收缩成圜底近平，鼎足残，仅余足根痕迹。口径 10.2、残高 9.6 厘米（图三九九 B；彩版一六一，3）。

M258

位于南扩方东北部。开口④层下，叠压于 H98 和⑤层表。单人葬，头向东，直肢，骨骼残损严重。成年。墓向 90°（图四〇〇）。

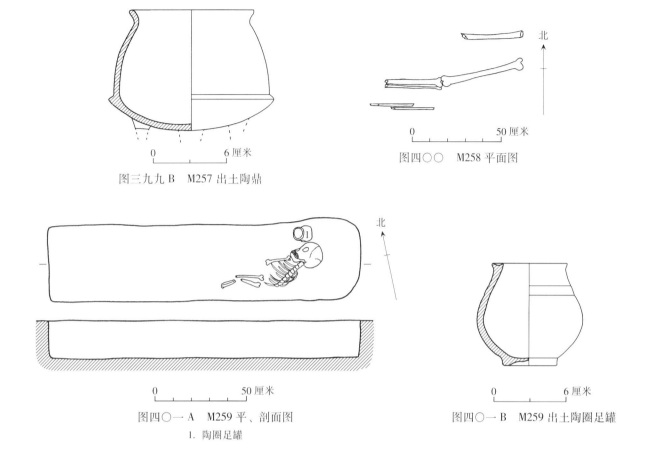

图三九九 B　M257 出土陶鼎

图四〇〇　M258 平面图

图四〇一 A　M259 平、剖面图
1. 陶圈足罐

图四〇一 B　M259 出土陶圈足罐

M259

位于南扩方北部。开口④层下，打破 F5D240、F5D242 和⑤层。不太规整的长方形浅竖穴土坑墓，直壁，长 170、宽 40～44、深 20 厘米。填土黑褐色。单人葬，头向东，面向北，侧身屈肢，下肢有残损。未成年。墓向 100°。头骨北侧随葬陶圈足罐 1 件（图四〇一 A）。

M259：1，陶圈足罐（Ab）。夹砂褐陶。敛口，平沿，沿面内凹，削肩，微鼓腹，矮圈足略残。口径 6.2、圈足径 4.5、高 8 厘米（图四〇一 B）。

M260

位于 T1230 等四方的北部。开口④层下，被 M184、M196 叠压，被 M182、M185 打破，打破 F5D216 和⑤层。不太规整的长方形竖穴土坑墓，直壁，长 195、宽 47～53、深 25～30 厘米。填土黄褐色，夹有红烧土颗粒和陶片。单人葬，头向东，面向北，俯身直肢微侧。女性，成年。墓向 80°。头骨北侧随葬陶匜 1 件，南侧随葬陶鼎 1 件，北侧股骨下随葬陶纺轮 2 件，脚端随葬陶圈足罐 1 件（图四〇二 A；彩版一六二，1、2）。

M260：1，陶匜（AaⅡ）。泥质红陶。敛口，圆唇，弧腹，平底，一侧有流口，与之垂直一侧有一环状耳，高于口沿面。口径 16.6、底径 7、高 6.5 厘米（图四〇二 B，1；彩版一六三，1）。

M260：2，陶鼎（BbⅡ）。夹蚌红陶，腹部施绛红色陶衣，局部脱落，内部灰黑色。侈口，尖圆唇，束颈，鼓腹，一侧有舌形小錾，圜底近平，三扁圆足，足尖略外撇。口径 10.3、高 11 厘米（图四〇二 B，2；彩版一六三，2）。

M260：3，陶纺轮（BⅡ）。夹蚌褐陶。台形，侧面及底部均微凹入，正面微凸。中央有孔，系单面

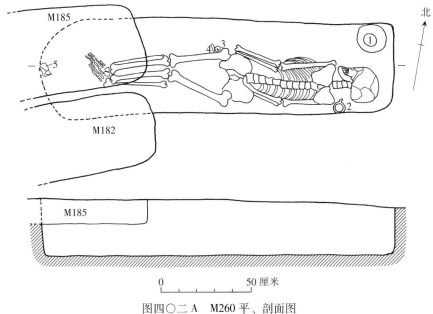

图四〇二 A　M260 平、剖面图
1. 陶匜　2. 陶鼎　3、4. 陶纺轮　5. 陶圈足罐

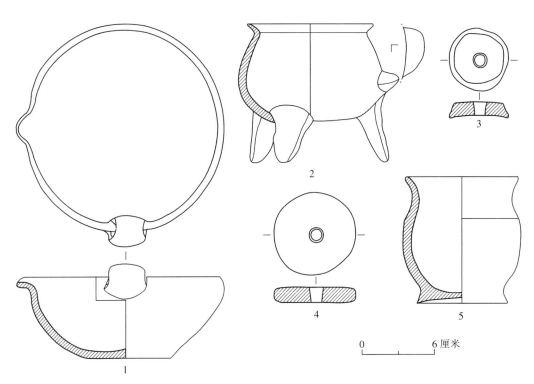

图四〇二 B　M260 出土陶器

穿孔。制作不规整。直径 4.8～5.1、孔径 0.9～1.1、厚 1.1 厘米（图四〇二 B，3；彩版一六三，4）。

　　M260∶4，陶纺轮（A）。夹蚌褐陶。圆饼形，中央有孔，系单面穿孔。直径 6.7、孔径 0.9～1.2、厚 1.2 厘米（图四〇二 B，4；彩版一六三，5）。

　　M260∶5，陶圈足罐（AaⅡ）。泥质褐陶。微侈口，圆唇，束颈，鼓腹，下腹内收，矮圈足。口径 9.2、足径 7.5、高 10 厘米（图四〇二 B，5；彩版一六三，3）。

M261

位于南扩方北部。开口④层下，打破 F5D240 和⑤层。不太规整的长方形浅竖穴土坑墓，直壁，长 175、宽 32~38、深 28 厘米。填土黑褐色。单人葬，头向东，面向北，侧身，下肢弯折。成年，女性。墓向 90°。头顶随葬陶鼎 1 件，腹部随葬陶纺轮 1 件（图四○三 A；彩版一六二，3）。

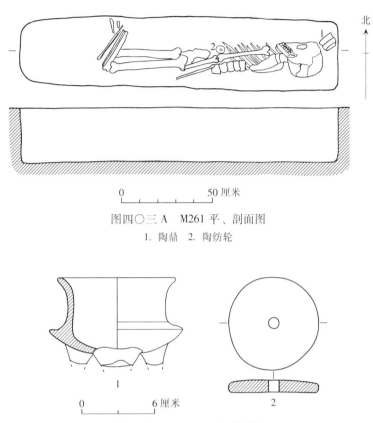

图四○三 A　M261 平、剖面图
1. 陶鼎　2. 陶纺轮

图四○三 B　M261 出土陶器

M261：1，陶鼎（Cc）。夹蚌末红陶。敞口，卷沿，圆唇，束腹，腹部出窄腰檐，逐渐收缩成圜底近平，扁条形鼎足，仅余足根。口径 9.6、残高 7 厘米（图四○三 B，1；彩版一六三，6）。

M261：2，陶纺轮（A）。夹蚌褐陶。圆饼形，中央有穿孔。直径 7.5、孔径 0.85、厚 1 厘米（图四○三 B，2；彩版一六三，7）。

（二）瓮棺葬

瓮棺葬共 16 座，葬具均为倒扣的平底釜或平底鼎，少量瓮棺用豆盘或器盖覆盖。

W1

位于 T0834 等四方的东北部。开口④层下，叠压 H27 和⑤层表。为一倒扣的罐形陶鼎，残破，陶鼎内残留有婴儿骨渣（图四○四 A；彩版一六四，1）。

W1：1，陶鼎（Ⅰ）。夹蚌红褐陶。残破，仅见口沿残片、底片及鼎足。侈口，圆唇，溜肩，鼓腹，平底。鼎足为扁圆形，正面出一条纵向凸脊。口径 19.4 厘米（图四○四 B）。

W2

位于 T0834 等四方的东北部。开口④层下，叠压 H27 和⑤层表。为一倒扣的罐形陶釜和盖在釜口的陶豆盘，陶釜内残留有骨渣（图四○五 A；彩版一六四，1）。

W2：1，陶釜（Ca）。夹细蚌末红褐陶，内部灰黑色。侈口，微束颈，方圆唇，溜肩，下部残。口

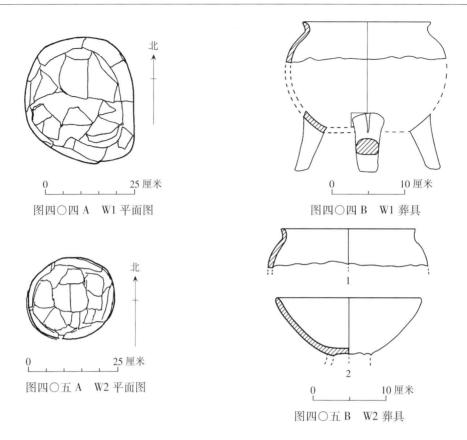

图四〇四 A　W1 平面图

图四〇四 B　W1 葬具

图四〇五 A　W2 平面图

图四〇五 B　W2 葬具

径 18.4、残高 5 厘米（图四〇五 B，1）。

W2：2，陶豆（B）。夹细蚌末红陶，外表施红衣，大部脱落。敞口，圆唇，浅弧腹，露出豆柄和豆盘套接痕迹。与釜同出，覆盖在倒扣的釜上。口径 20、残高 7.8 厘米（图四〇五 B，2；彩版一六五，1）。

W3

位于 T1034 等四方的西南角。开口④层下，叠压 F5D41 和⑤层表。为一倒扣的罐形陶釜，陶釜内残留有骨渣（图四〇六 A）。

W3：1，陶釜（Ca）。夹细蚌末红褐陶。残破，无法修复。侈口，卷沿，圆唇，束颈，鼓腹，腹部有一周凸棱，平底。口径 22 厘米（图四〇六 B）。

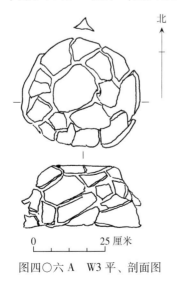

图四〇六 A　W3 平、剖面图

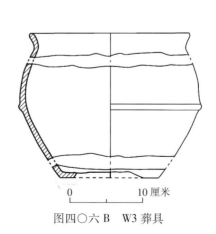

图四〇六 B　W3 葬具

W4

位于 T0834 等四方的北部。开口④层下，叠压 H27 和⑤层表。为一倒扣的筒形陶釜，陶釜内残留有骨渣（图四〇七 A；彩版一六四，2）。

W4：1，陶釜（B）。夹蚌红陶，腰檐以上施红衣，大部脱落。直口，方圆唇，斜腹内收成小平底，下部略残。沿下外侧有等距的四个扁长方形鋬，中腹贴附一周宽腰檐，腰檐上翘。口径 26 厘米（图四〇七 B；彩版一六五，2）。

W5

位于 T0834 等四方的东南部。开口④层下，叠压 H21 和⑤层表。为一倒扣的罐形陶釜，陶釜内残留有骨渣（图四〇八 A）。

W5：1，陶釜（Ca）。夹蚌红陶，上腹施红衣，大部脱落。侈口，圆唇，束颈，卷沿，鼓腹，上腹有两对称舌梯形鋬手。口径 22.4、残高 11.2 厘米（图四〇八 B）。

W6

位于 T1034 等四方的北部偏东。开口④层下，叠压在⑤层表。为一倒扣的罐形陶釜，陶釜内残留有婴儿骨渣（图四〇九 A）。

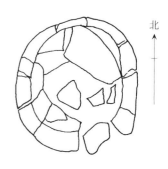

图四〇七 A　W4 平面图

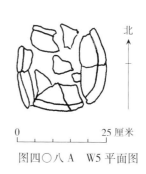

图四〇八 A　W5 平面图

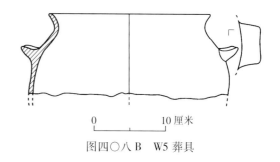

图四〇八 B　W5 葬具

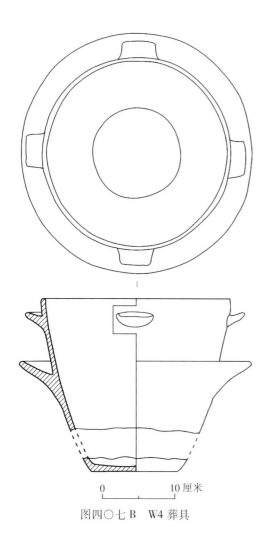

图四〇七 B　W4 葬具

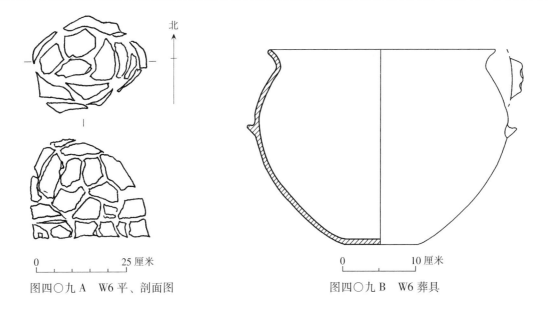

图四〇九 A W6 平、剖面图   图四〇九 B W6 葬具

W6∶1，陶釜（Ca）。夹细蚌末红陶，上腹红色，下腹局部红褐色，上腹和内侧口沿施红衣，大部脱落。侈口，圆唇，卷沿，束颈，溜肩，鼓腹，鼓腹处贴附舌形錾，錾端缘饰指捺纹，下腹弧收成小平底。口径 31.2、底径 10、高 26 厘米（图四〇九 B；彩版一六五，1）。

W7

位于 T1034 等四方的西部。开口④层下，叠压在⑤层表。为一倒扣的罐形陶釜，并有一器盖，陶釜内残留有婴儿骨渣（图四一〇A）。

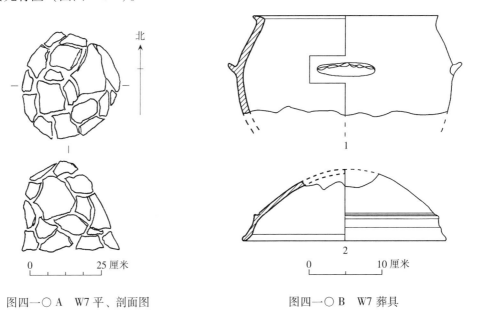

图四一〇 A W7 平、剖面图   图四一〇 B W7 葬具

W7∶1，陶釜（Cb）。夹蚌红陶。微侈口，窄沿，尖圆唇，沿面平，短束颈，鼓腹，上腹对称设置四舌形小錾，下部残。口径 25.2、残高 13.2 厘米（图四一〇 B，1）。

W7∶2，陶器盖。夹蚌红衣陶。盖面敞口，圆唇，弧腹收至顶部，中腹有一条浅凸棱，并有两条窄弦线将器盖分为两部分，上部分保留陶胎红褐色，下部分施红衣。口径 28、残高 8.8 厘米（图四一〇 B，2）。

W8

位于 T1034 等四方的西南角。开口④层下，叠压在⑤层表。为一倒扣的罐形陶釜，陶釜内残留有婴儿骨渣（图四一一 A）。

W8:1，陶釜（Ca）。夹蚌末红陶，器表有红衣。残损，可见特征为侈口，圆唇，腹部錾手呈条状梯形（图四一一 B）。

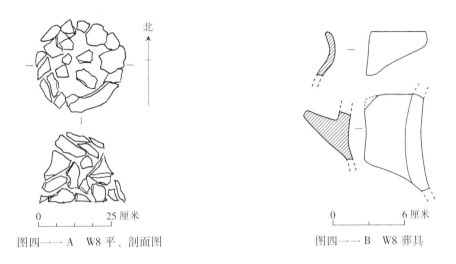

图四一一 A　W8 平、剖面图　　　　　　　　图四一一 B　W8 葬具

W9

位于 T0834 等四方的东北部。开口④层下，叠压在⑤层表。为一倒扣的罐形陶釜。陶釜内残留有婴儿骨渣（图四一二 A）。

W9:1，陶釜（Ca）。夹蚌红褐陶。侈口，圆唇，卷沿，溜肩，鼓腹，小平底。中腹等距四个长条形錾手，上有锯齿装饰。口径 25.6、底径 12.4、通高 23.2 厘米（图四一二 B；彩版一六五，4）。

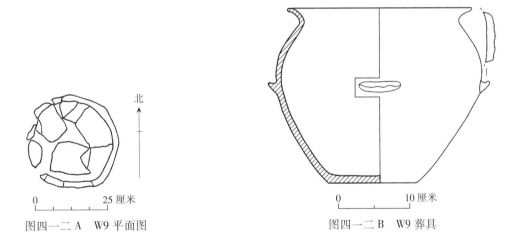

图四一二 A　W9 平面图　　　　　　　　图四一二 B　W9 葬具

W10

位于 T0832 等四方的南部。开口④层下，叠压在⑤层表。为一倒扣的罐形陶鼎，陶鼎内残留有婴儿头骨、肢骨等骨骼（图四一三 A；彩版一六四，3、4）。

W10:1，陶鼎（Ⅰ）。夹蚌末红陶，腹部凸棱以上施红衣。微侈口，尖圆唇，卷沿，沿面内斜，短束颈，口沿下对称出四短台梯形錾，錾上有指窝按捺，鼓腹，腹最大径在器中，下腹弧收，一条凸棱，平底，三扁方形足，足尖外撇，正面足部出一纵向凸脊。口径 21.6、高 22 厘米（图四一三 B；彩版一六六，1）。

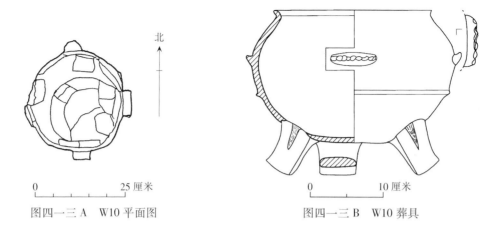

图四一三 A　W10 平面图　　　　　　　图四一三 B　W10 葬具

W11

位于 T1130 等两方的西部。开口④层下，叠压在⑤层表。为一倒扣的罐形陶釜，陶釜内残留有婴儿骨渣（图四一四 A；彩版一六四，5）。

W11:1，陶釜（Ca）。夹细蚌末红陶，腹上部施红衣。侈口，卷沿，圆唇，溜肩，鼓腹，上有一周低凸棱，下腹斜收成平底，底略残。口径 23.8、残高 21.4 厘米（图四一四 B；彩版一六六，2）。

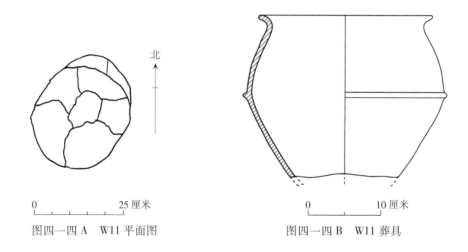

图四一四 A　W11 平面图　　　　　　　图四一四 B　W11 葬具

W12

位于 T0832 等四方的西部。开口④层下，打破⑤层。瓮棺在一近圆形坑中，被 H42 打破。坑直径约 67、深 30 厘米。坑内填土黄褐色，土质较硬，内夹红烧土和炭渣。葬具为一倒扣的罐形陶釜，陶釜内有婴儿骨渣（图四一五 A）。

W12:1，陶釜（Ca）。夹蚌末红陶。侈口，圆唇，卷沿，束颈，溜肩，口沿下对称设置两宽梯形鋬手，鼓腹，下腹弧收，有一条窄凸棱，底部残缺。口径 27.4、残高 20.8 厘米（图四一五 B；彩版一六六，3）。

W13

位于 T0832 等四方的中部偏西。开口④层下，打破 G2 和⑤层。瓮棺在一近圆形坑中。坑口径 49～55、深 30 厘米。坑内填土灰褐色，内夹少量红烧土块，土质较硬。葬具为一倒扣的罐形陶釜，陶釜内残留有婴儿骨渣，部分骨渣在陶釜口外，可能是未全部放入陶釜的骨骼（图四一六 A；彩版一六七，1、2）。

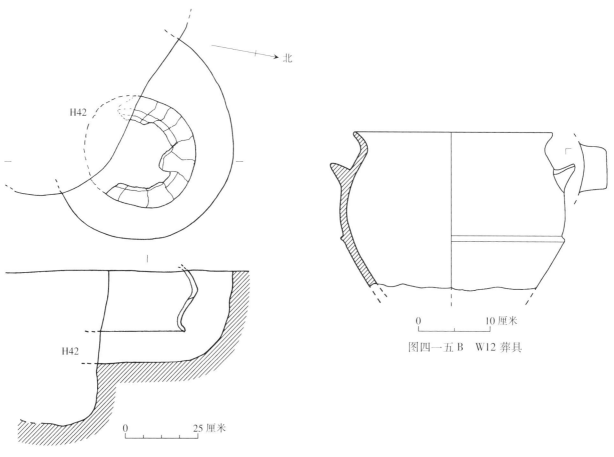

图四一五 A　W12 平、剖面图

图四一五 B　W12 葬具

W13∶1, 陶釜（Cb）。夹蚌黑衣陶, 腹部折线以上普施黑衣。微侈口, 窄沿, 尖圆唇, 沿面微卷, 口沿下两侧置扁方形錾手, 折腹处低凸棱, 上有一圈指捺齿状纹饰, 下腹斜收, 平底, 底面微凸。口径 27.8、底径 10.8、高 25.6 厘米（图四一六 B; 彩版一六七, 3）。

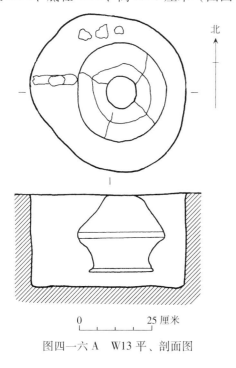

图四一六 A　W13 平、剖面图

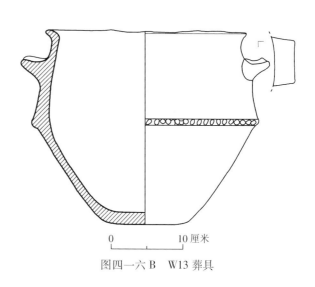

图四一六 B　W13 葬具

W14

位于 T0832 等四方的北部。开口④层下，叠压 H53 和⑤层表。为一倒扣的罐形陶釜，陶釜内残留有婴儿骨渣（图四一七 A）。

W14：1，陶釜（Ca）。夹蚌末红陶，上腹部施红衣，大部脱落。侈口，卷沿，溜肩，鼓腹，腹部有对称錾手，上有锯齿形装饰，平底。口径22、底径12.4、高24.8厘米（图四一七 B；彩版一六七，4）。

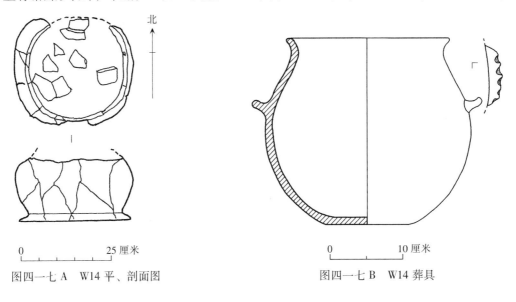

图四一七 A　W14 平、剖面图　　　　　　　　图四一七 B　W14 葬具

W15

位于南扩方中部。开口④层下，打破⑤层。瓮棺在一近圆形坑中。坑口径39～43、深15厘米。坑内填土黄褐色。葬具为一倒扣的陶釜，陶釜内有骨渣和1块石头。还有1件陶圈足，可能作釜盖使用（图四一八 A）。

W15：1，陶釜（B）。夹蚌黑衣陶，腰檐以上施绛黑衣。直口，方唇，斜直腹，口沿下扁梯形錾手，中腹设一圈宽腰檐，小平底。腹与腰檐、腹与底之间有残损。口径24.2、底径10.4厘米（图四一八 B，1）。

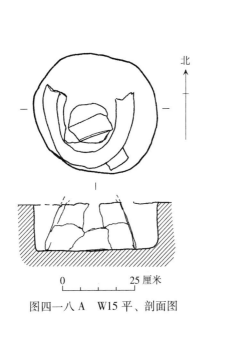
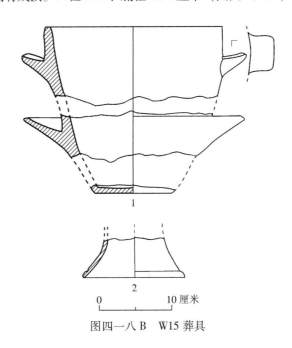

图四一八 A　W15 平、剖面图　　　　　　　　图四一八 B　W15 葬具

W15:2，陶圈足。夹蚌红陶。喇叭形圈足。底敞口，圆唇，上有一条弦线，上部残。足径14、残高5.6厘米（图四一八 B，2）。

W16

位于南扩方东北角。开口④层下，叠压在⑤层表。葬具为一倒扣的筒形陶釜，陶釜内残留有婴儿骨渣（图四一九 A）。

W16:1，陶釜（B）。夹蚌黑衣陶，腰檐以上普施绛黑衣。直口，圆唇，斜直腹，底部缺。口沿下设对称四扁方形錾手，中腹处设一圈环形宽带状腰檐。口径24.4、残高20.8厘米（图四一九 B；彩版一六八，1）。

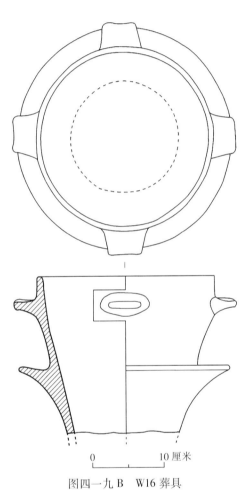

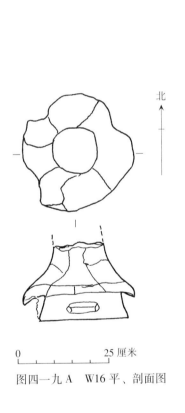

图四一九 A　W16 平、剖面图

图四一九 B　W16 葬具

（三）殉狗遗迹

共两具，位于墓地边缘。

狗骨架 1

位于 T1235 东南部，整个墓地的东北边缘。开口④层下，叠压在⑤层表。有狗骨架两具，呈蜷伏状（图四二〇；彩版一六八，2）。

狗骨架 2

位于 T0834 等四方的东北部，整个墓地的西北边缘。开口④层下，叠压在⑤层表。有狗骨架一具，呈蜷伏状（图四二一；彩版一六八，3）。

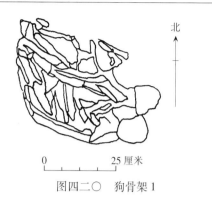

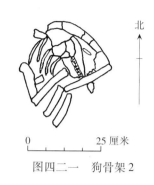

图四二〇　狗骨架1　　　　　　　　　　　图四二一　狗骨架2

二　出土遗物

墓葬（含瓮棺）出土遗物以陶器为主，石器、玉器次之。

（一）陶器

陶器中夹蚌末陶数量较多，泥质陶和夹砂陶的数量稍少。夹蚌末陶中以红陶最多，褐陶、红衣陶、红褐陶次之，黑衣陶、黑褐陶、灰陶较少。泥质陶中红陶、红褐陶、褐陶较多，黑衣陶、灰陶、黑陶较少。夹砂陶中红褐陶、红陶、褐陶较多，红衣陶、灰陶、黑陶较少。器形有鼎、釜、罐、豆、盆、钵、杯、三足钵、带把钵、圈足罐、匜、器盖、纺轮、网坠等。素面为主，纹饰主要有弦纹、刻划纹、水波纹、锯齿纹、附加堆贴、镂孔、凸棱、指捺纹等。陶器采用泥条盘筑和手制成形，腰檐、錾手、把手、器耳、鼎足等一般分别制成，然后采用套接和黏接的方法结合到一起。器物成形后一般经过慢轮修整处理。以三足器、平底器、圈足器为主，三足平底器占有一定数量，圜底器较少。一侧往往有一錾手或器耳。鼎的数量最多，占到31.94%，足多呈扁条状，正面多有一条或长或短的纵向凸脊。相当多的陶鼎不见鼎足，仅剩余足根；豆把或圈足器的圈足也多有残缺，可能是有意识的毁器行为。墓葬陶器的小型化和明器化倾向显著。瓮棺葬陶器器形较大，同生活类中的同类陶器比较接近。墓葬陶器和瓮棺葬陶器形成一定的反差。墓葬陶器中仅 M15：1、M21：2、M37：1、M105：1 四件陶器（釜和鼎）原器形可能较大，但均为残器，可能是有意识的毁器后，用部分陶器代替完整器随葬。

1. 鼎

分九型。标本共84件。

A 型　罐形鼎，下腹部起折棱，折棱上或略偏下往往出露一个舌形或梯形錾手，有的有齿状装饰，个别为錾耳。平底或圜底近平。标本 26 件。

Aa 型　侈口，卷沿。标本 24 件。

Ⅰ式　宽沿较卷，颈部收束明显，上腹内斜较甚。标本 3 件，编号 M187：2、M218：1（图四二二，1；彩版一六九，1）、M232：1。

Ⅱ式　侈沿稍窄略卷，颈部稍收束，上腹稍内斜。标本 14 件，编号 M102：2、M151：1、M152：2、M159：1、M170：6、M172：1、M172：2、M188：1、M202：3、M214：1、M219：1、M220：1、M227：1（图四二二，2；彩版一六九，2）、M228：1。

Ⅲ式　近直口，窄沿稍外卷，颈部不见收束，腹部稍直或稍外敞。标本 7 件，编号 M54：1、M80：2、M128：1（图四二二，3；彩版一六九，3）、M140：2、M150：1、M200：1、M210：1。

Ab 型　侈口不明显，微斜平沿或平沿。标本 2 件。

Ⅰ式　颈部稍收束，上腹稍内斜，斜平沿。标本 1 件，编号 M190：1（图四二二，4；彩版一六九，4）。

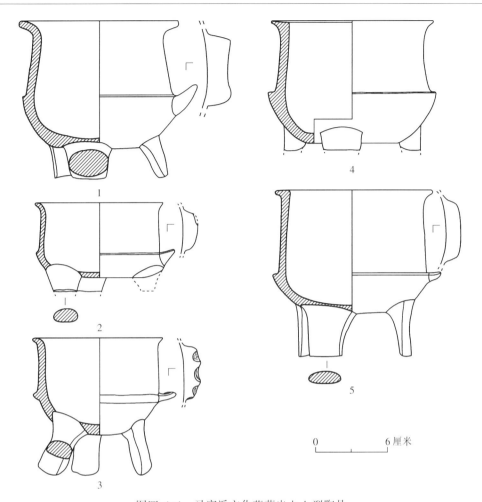

图四二二　马家浜文化墓葬出土 A 型陶鼎
1. Aa 型 I 式（M218：1）　2. Aa 型 II 式（M227：1）　3. Aa 型 III 式（M128：1）　4. Ab 型 I 式
（M190：1）　2. Ab 型 II 式（M234：1）

II 式　基本不见颈部收束，上腹接近直口直腹，平沿。标本 1 件，编号 M234：1（图四二二，5；彩版一六九，5）。

B 型　侈口罐形，弧腹，腹部无腰檐或折棱，平底或圜底近平。标本 32 件。

Ba 型　侈口卷沿，口较大，整体器形略高。标本 8 件。

I 式　稍束颈，口径稍大，最大腹径中部略偏下。标本 5 件，编号 M110：1、M115：1、M142：1、M177：1、M199：1（图四二三，1；彩版一七○，1）。

II 式　束颈明显，口径略小，最大腹径接近中部。标本 3 件，编号 M130：1、M133：1、M143：1（图四二三，2；彩版一七○，2）。

Bb 型　侈口卷沿，口较大，整体器形略矮。标本 8 件。

I 式　稍束颈，口径稍大，最大腹径中略偏下。标本 4 件，编号 M110：2、M155：2（图四二三，3；彩版一七○，3）、M176：1、M178：1。

II 式　口部收缩，口径略小，最大腹径接近中部。标本 4 件，编号 M146：2（图四二三，4；彩版一七○，4）、M215：1、M246：1、M260：2。

Bc 型　侈口折沿，口较大，整体器形略矮。标本 6 件。

I 式　侈口斜折沿，束颈，最大腹径接近中部。标本 2 件，编号 M127：1（图四二三，5；彩版

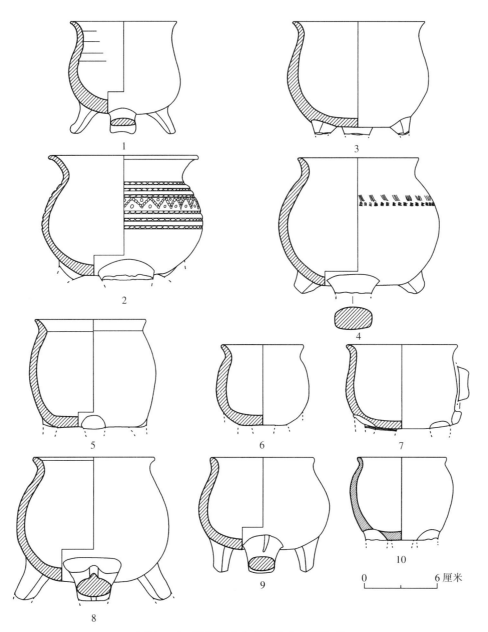

图四二三　马家浜文化墓葬出土 B 型陶鼎

1. Ba 型 I 式（M199∶1）　2. Ba 型 II 式（M143∶1）　3. Bb 型 I 式（M155∶2）　4. Bb 型 II 式（M146∶2）
5. Bc 型 I 式（M127∶1）　6. Bc 型 II 式（M154∶1）　7. Bc 型 III 式（M20∶2）　8. Bd 型 I 式（M102∶1）
9. Bd 型 II 式（M10∶1）　10. Bd 型 III 式（M76∶2）

一七〇，5）、M170∶3。

　　II式　侈口束颈不明显，最大腹径中部略偏下。标本 2 件，编号 M154∶1（图四二三，6；彩版
一七〇，6）、M157∶1。

　　III式　微侈口，微束颈，最大腹径偏下。标本 2 件，编号 M20∶2（图四二三，7；彩版一七一，
1）、M122∶2。

　　Bd 型　小侈口微卷沿，整体器形略高。标本 10 件。

　　I式　束颈稍甚，口径稍小，最大腹径偏下。标本 3 件，编号 M102∶1（图四二三，8；彩版一七
一，2）、M140∶3、M223∶2。

Ⅱ式 稍束颈，口颈稍大，最大腹径略偏下上移。标本2件，编号M10：1（图四二三，9；彩版一七一，3）、M94：1。

Ⅲ式 微束颈，口径更大，最大腹径接近中部或中部偏上。标本5件，编号M76：2（图四二三，10；彩版一七一，4）、M79：3、M113：2、M117：1、M196：1。

C型 筒腹釜形，腹部往往有凸棱、折棱或腰檐，其上有的有錾耳或錾手。平底或圜底近平。标本12件。

Ca型 直口，无沿。标本5件。

Ⅰ式 腹部内收。标本1件，编号M192：1（图四二四，1；彩版一七二，1）。

Ⅱ式 腹部微收较直。标本2件，编号M87：1、M241：1（图四二四，2；彩版一七二，2）。

Ⅲ式 腹部较直稍外敞。标本2件，编号M85：1（图四二四，3；彩版一七二，3）、M139：1。

Cb型 直口，有窄沿。标本共3件。

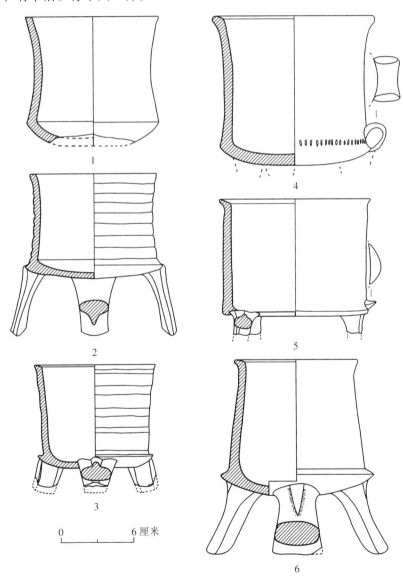

0   6厘米

图四二四 马家浜文化墓葬出土C型陶鼎

1.Ca型Ⅰ式（M192：1）   2.Ca型Ⅱ式（M241：1）   3.Ca型Ⅲ式（M85：1）   4.Cb
型Ⅰ式（M111：1）   5.Cb型Ⅱ式（M146：1）   6.Cb型Ⅲ式（M113：1）

Ⅰ式　腹部收缩，口稍外撇。标本1件，编号M111∶1（图四二四，4；彩版一七二，4）。

Ⅱ式　腹部较直，口腹一致。标本1件，编号M146∶1（图四二四，5；彩版一七二，5）。

Ⅲ式　口部内收，腹径大于口径。标本1件，编号M113∶1（图四二四，6；彩版一七二，6）。

Cc型　敞口，束腹，微卷沿。标本3件，编号M47∶1、M182∶1（图四二五，1）、M261∶1。

Cd型　敞口，斜腹。标本1件，编号M122∶1（图四二五，2）。

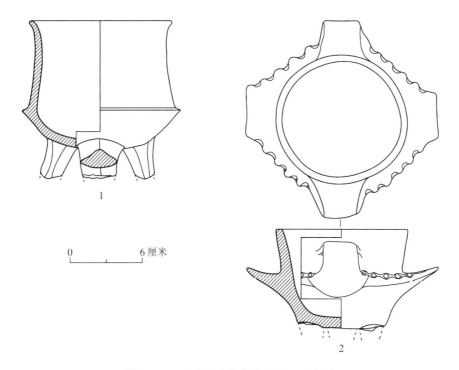

图四二五　马家浜文化墓葬出土 C 型陶鼎
1. Cc 型（M182∶1）　　2. Cd 型（M122∶1）

D 型　敛口或敛口微侈罐形，下腹基本有凸棱或折棱，其上往往出露一个梯形或舌形錾手，有的有锯齿装饰。标本共7件。

Ⅰ式　敛口微侈。标本4件，编号M78∶3、M169∶1（图四二六，1；彩版一七一，5）、M204∶2、M257∶1。

Ⅱ式　敛口。标本3件，编号M11∶1、M67∶1（图四二六，2；彩版一七一，6）、M95∶1。

E 型　敛口深腹罐形。标本1件，编号M231∶1（图四二六，3）。

F 型　敞口深腹罐形。标本1件，编号M145∶1（图四二六，4）。

G 型　敛口钵形。标本1件，编号M80∶4（图四二六，5）。

H 型　器体较大，敞口。标本1件，编号M37∶1（图四二六，6）。

I 型　器体较大，侈口卷沿。标本2件，编号W1∶1、W10∶1（图四二六，7）。出土于瓮棺。

另标本M80∶3仅存一小鼎足。

2. 釜

分三型。标本共21件。

A 型　器体较小。标本4件。

Aa 型　敞口，斜腹，腹部有腰檐，平底。标本3件，编号M91∶4、M170∶5、M221∶1（图四二七，

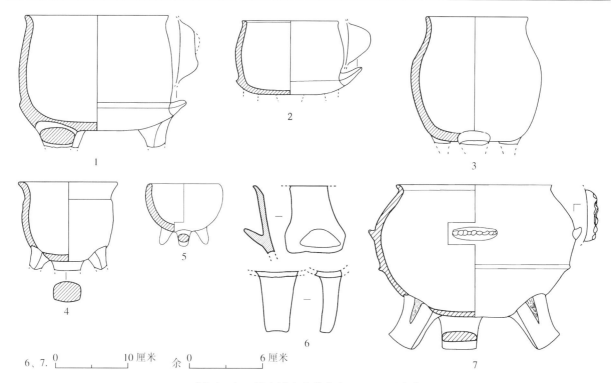

图四二六　马家浜文化墓葬出土 D～I 型陶鼎

1. D 型 I 式（M169:1）　2. D 型 II 式（M67:1）　3. E 型（M231:1）　4. F 型（M145:1）　5. G 型（M80:4）　6. H 型（M37:1）
7. I 型（W10:1）

1）。

Ab 型　敞口，近直腹，腹底处有一道凸棱，圜底近平。标本 1 件，编号 M79:2（图四二七，2）。

B 型　器体较大。敞口、斜腹釜。标本 3 件，编号 W4:1、W15:1、W16:1（图四二七，3）。出土于瓮棺。

C 型　器体较大。侈口、罐形釜。分两个亚型。标本 11 件。出土于瓮棺。

Ca 型　侈口，宽卷沿。标本 9 件，编号 W2:1、W3:1、W5:1、W6:1、W8:1、W9:1（图四二七，4）、W11:1、W12:1、W14:1。

Cb 型　微侈口，窄卷沿。标本 2 件，编号 W7:1、W13:1（图四二七，5）。

另外墓葬中还出土 3 件残件，器体较大，仅余底或部分腹片，和作为瓮棺的 C 型釜比较接近，亚型不明。标本 M15:1、M21:2、M105:1。

3. 罐

分五型。形制、数量较多，绝大多数为平底或平底略圜，个别为圜底或平底微凹。标本共 38 件。

A 型　侈口弧腹罐形罐。标本 18 件。

I 式　口径较小，明显小于腹径。标本 6 件，编号 M76:1、M152:4、M166:1、M198:1、M201:1（图四二八，1）、M202:1（彩版一七三，1）。

II 式　口径大于、等于或略小于腹径。标本 12 件，编号 M14:1、M52:3、M73:1、M88:7、M103:2、M108:1、M109:1、M137:2、M140:1、M197:1（图四二八，2；彩版一七三，2）、M211:1、M216:1。

B 型　小口壶形罐。标本 2 件。

I 式　折腹，最大腹径中部偏上。标本 1 件，编号 M213:1（图四二八，3；彩版一七三，3）。

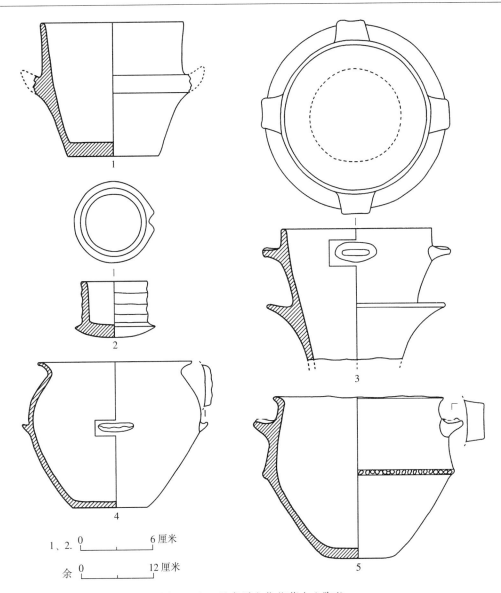

1、2. $\overline{\text{0} \qquad \text{6 厘米}}$

余 $\overline{\text{0} \qquad \text{12 厘米}}$

图四二七　马家浜文化墓葬出土陶釜

1. Aa 型（M221∶1）　2. Ab 型（M79∶2）　3. B 型（W16∶1）　4. Ca 型（W9∶1）　5. Cb 型（W13∶1）

Ⅱ式　垂腹，最大腹径中部偏下。标本 1 件，编号 M138∶1（图四二八，4；彩版一七三，4）。

C 型　杯形罐。标本 3 件。

Ⅰ式　器形稍瘦长，最大腹径中部偏下。标本 1 件，编号 M4∶4（图四二八，5；彩版一七三，5）。

Ⅱ式　器形稍瘦长，最大腹径中部或偏上。标本 2 件，编号 M14∶3（图四二八，6；彩版一七三，6）、M73∶2。

D 型　盂形罐，器形相对较小。标本 10 件。

Da 型　侈口或微侈口。标本 7 件，编号 M32∶1、M43∶1、M46∶1、M53∶1、M168∶1、M175∶1、M189∶1（图四二八，7）。

Db 型　敞口微束颈。标本 3 件。

Ⅰ式　最大腹径稍偏下。标本 2 件，编号 M36∶2（图四二八，8；彩版一七四，1）、M236∶1。

Ⅱ式　最大腹径稍偏上。标本 1 件，编号 M132∶1（图四二八，9；彩版一七四，2）。

E 型　圜底罐。残损，器形不够明确。标本 1 件，编号 M86∶2（图四二八，10）。

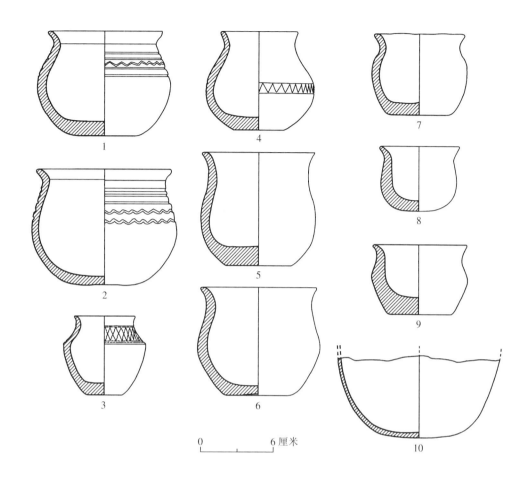

图四二八　马家浜文化墓葬出土陶罐

1. A 型 I 式（M201：1）　2. A 型 II 式（M197：1）　3. B 型 I 式（M213：1）　4. B 型 II 式（M138：1）　5. C 型 I 式（M4：4）
6. C 型 II 式（M14：3）　7. Da 型（M189：1）　8. Db 型 I 式（M36：2）　9. Db 型 II 式（M132：1）　10. E 型（M86：2）

　　另外还有 4 件陶罐残碎严重，基本无法画图，仅能大致分辨出陶质。编号为 M126：1、M120：1、M245：1、M216：3。

4. 圈足罐

分三型。标本共 14 件。

A 型　矮圈足。标本 3 件。

Aa 型　束颈，微侈口，卷沿。

I 式　器身稍矮胖。标本 1 件，编号 M224：1（图四二九，1；彩版一七四，3）。

II 式　器身稍修长。标本 1 件，编号 M260：5（图四二九，2；彩版一七四，4）。

Ab 型　敛口。标本 1 件，编号 M259：1（图四二九，3）。

B 型　中圈足。束颈，微侈口卷沿。标本 3 件，编号 M98：1、M125：1、M145：3（图四二九，4）。

C 型　高圈足。标本 6 件。

I 式　口径稍大于腹径，沿面稍窄。标本 3 件，编号 M43：2、M133：2、M134：1（图四二九，5）。

II 式　口径明显大于腹径，沿面加宽。标本 3 件，编号 M38：1、M69：1、M73：3（图四二九，6）。

另外还有 2 件圈足残件，具体器形不明。标本编号为 M12：2 和 W15：2。

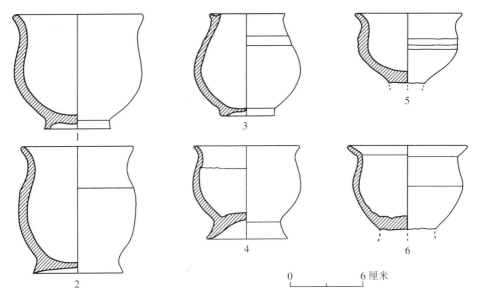

图四二九　马家浜文化墓葬出土陶圈足罐

1. Aa 型Ⅰ式（M224：1）　2. Aa 型Ⅱ式（M260：5）　3. Ab 型（M259：1）　4. B 型（M145：3）

5. C 型Ⅰ式（M134：1）　6. C 型Ⅱ式（M73：3）

5. 豆

分两型。标本 7 件。

A 型　敛口，喇叭形圈足。标本共 3 件。

Aa 型　敛口，折腹。标本 2 件。

Ⅰ式　方圆唇，折腹。标本 1 件，编号 M217：1（图四三〇，1）。

Ⅱ式　斜方唇，折腹。标本 1 件，编号 M156：2（图四三〇，2）。

Ab 型　敛口，微折沿。标本 1 件，编号 M145：2（图四三〇，3）。

B 型　敞口，喇叭形圈足。标本 4 件，编号 M7：1（图四三〇，4）、M21：1、M121：3、W2：2。

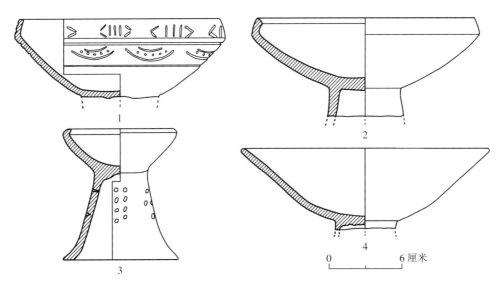

图四三〇　马家浜文化墓葬出土陶豆

1. Aa 型Ⅰ式（M217：1）　2. Aa 型Ⅱ式（M156：2）　3. Ab 型（M145：2）　4. B 型（M7：1）

6. 钵

敞口，平底。标本共3件。

Aa 型 浅腹。

Ⅰ式 腹稍外弧。标本1件，编号 M170∶2（图四三一，1）。

Ⅱ式 腹稍内收。标本1件，编号 M165∶1（图四三一，2）。

Ab 型 深腹。标本1件，编号 M81∶1（图四三一，3）。

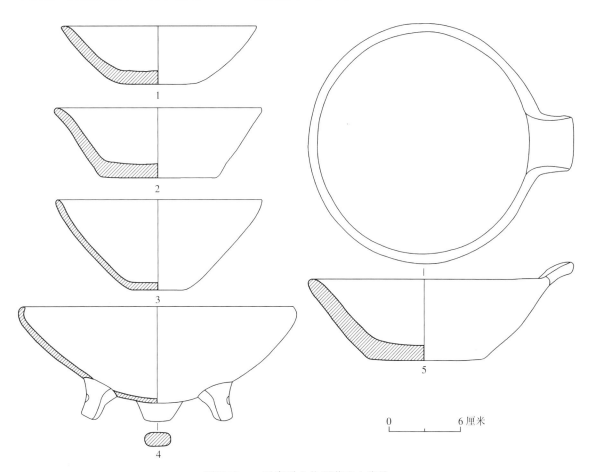

图四三一 马家浜文化墓葬出土陶钵

1. Aa 型Ⅰ式钵（M170∶2） 2. Aa 型Ⅱ式钵（M165∶1） 3. Ab 型钵（M81∶1） 4. 三足钵（M158∶1） 5. 带把钵（M97∶2）

7. 带把钵

敞口，一侧有一宽短把手。标本2件，编号 M97∶2（图四三一，5）、M184∶1。

8. 三足钵

标本1件，编号 M158∶1（图四三一，4）。

9. 匜

标本共3件。

Aa 型 敛口钵形，单錾手或錾耳。

Ⅰ式 流口较小，单錾手。标本1件，编号 M232∶2（图四三二，1；彩版一七四，5）。

Ⅱ式 流口较大，单錾耳。标本1件，编号 M260∶1（图四三二，2；彩版一七四，6）。

Ab 型 敛口钵形，双錾手。标本1件，编号 M198∶2（图四三二，3）。

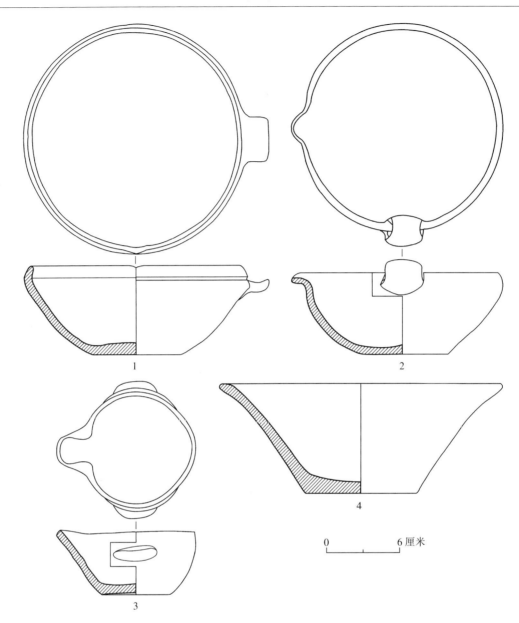

图四三二 马家浜文化墓葬出土陶匜、盆

1. Aa 型 I 式匜（M232：2） 2. Aa 型 II 式匜（M260：1） 3. Ab 型匜（M198：2） 4. 盆（M137：1）

10. 盆

标本 1 件，编号 M137：1（图四三二，4）。

11. 杯

筒形直口，有的有单鋬，平底。标本 3 件。

I 式 直口，有窄沿。标本 1 件，编号 M172：3（图四三三，1）。

II 式 直口。标本 2 件，编号 M103：1（图四三三，2）、M118：1。

12. 器盖

分三型。标本 11 件。

A 型 带捉手，盖面高。标本 3 件。

Aa 型 盖面弧形。标本 2 件，编号 M134：3、M172：7（图四三三，3）。

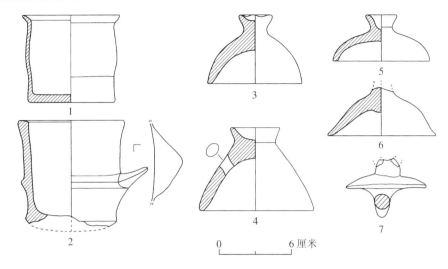

图四三三　马家浜文化墓葬出土陶杯、器盖

1. Ⅰ式杯（M172：3）　2. Ⅱ式杯（M103：1）　3. Aa 型器盖（M172：7）　4. Ab 型器盖
（M52：2）　5. Ba 型器盖（M172：4）　6. Bb 型器盖（M134：2）　7. C 型器盖（M76：3）

Ab 型　盖面斜直。标本 1 件，编号 M52：2（图四三三，4）。

B 型　带捉手，盖面低。标本 5 件。

Ba 型　盖面弧。标本 3 件，编号 M86：1、M172：4（图四三三，5）、M175：4。

Bb 型　盖面斜直。标本 2 件，编号 M80：1、M134：2（图四三三，6）。

C 型　陀螺形。标本 2 件，编号 M76：3（图四三三，7）、M187：1。

另外瓮棺葬出土 1 件和瓮棺配套的残器盖，器体较大。标本编号 W7：2。

13. 纺轮

分三型。标本 71 件。

A 型　圆饼形，两面相对比较平整，有的或一面、或两面、或侧面有装饰。标本 41 件，编号 M14：2、M24：1、M25：1、M33：1、M36：1、M47：1、M51：1、M53：2、M77：1、M80：5、M83：3、M83：4、M111：2、M121：2、M125：3、M131：2、M143：2、M149：1、M159：3、M160：2、M170：1、M172：6、M183：1、M184：2、M189：2、M194：1、M195：1、M196：2、M206：1、M211：2、M214：2、M216：2、M219：2、M226：2、M228：3、M229：1、M231：2、M234：4（图四三四，1）、M236：3、M260：4、M261：2。

B 型　台梯形。标本 2 件。

Ⅰ式　两面较平整。标本 1 件，编号 M199：2（图四三四，2）。

Ⅱ式　一面微凸，一面微凹。标本 1 件，编号 M260：3（图四三四，3）。

C 型　圆饼形，两面有凸凹。有的或一面或侧面有装饰。标本 28 件。

Ca 型　一面微凸，一面微凹。标本 10 件，编号 M1：1、M97：1、M125：2、M156：1、M186：1、M188：7、M193：1（图四三四，4）、M212：1、M221：3、M234：3。

Cb 型　一面较平，一面微凹。标本 9 件，编号 M41：1、M114：1、M149：2、M155：1、M188：6、M195：2、M226：3、M228：2、M236：2（图四三四，5）。

Cc 型　一面较平，一面微凸。标本 7 件，编号 M105：2、M121：1、M128：2、M172：5（图四三四，6）、M175：2、M190：2、M197：2。

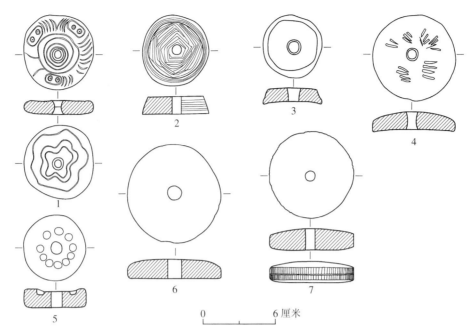

图四三四　马家浜文化墓葬出土陶纺轮

1. A 型（M234∶4）　2. B 型 I 式（M199∶2）　3. B 型 II 式（M260∶3）　4. Ca 型（M193∶1）
5. Cb 型（M236∶2）　6. Cc 型（M172∶5）　7. Cd 型（M117∶3）

Cd 型　两面微凸。标本 2 件，编号 M117∶3（图四三四，7）、M152∶1。

14. 网坠

分两型。标本 4 件。

A 型　长方形或长条形条块状，正面有两道凹槽。标本 3 件。

Aa 型　长度大于宽度。标本 2 件，编号 M100∶1（图四三五，1）、M187∶3。

Ab 型　长度小于宽度。标本 1 件，编号 M199∶3（图四三五，2）。

B 型　圆柱形。标本 1 件，编号 M226∶1（图四三五，3）。

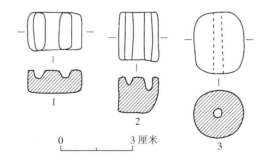

图四三五　马家浜文化墓葬出土陶网坠

1. Aa 型（M100∶1）　2. Ab 型（M199∶3）　3. B 型（M226∶1）

（二）石器

共 68 件。种类有穿孔石斧、斧、锛、凿、纺轮、环形器、条形器、刀、石片、磨砺石、花石子等。一般先打制或琢制成形，再经磨制，部分有穿孔，包括实心桯钻和空心管钻，有两面钻和单面钻，钻孔痕迹常被打磨去除。大多数有制造和使用过程中产生的疤痕或崩损痕迹。部分制作精致，打磨光滑，有的无使用痕迹。质地有凝灰岩、沉凝灰岩、硅化凝灰岩、凝灰质页岩、砂岩、杂砂岩、细砂岩、板岩、石英岩、泥页岩、闪长斑岩、粉砂岩、石英砾石和碧玉岩等。

1. 穿孔石斧

标本 2 件。

Ⅰ式　上略窄，下略宽，整体较胖宽。标本 1 件，编号 M219：3（图四三六，1）。

Ⅱ式　上较窄，下较宽，整体较瘦长。标本 1 件，编号 M182：2（图四三六，2）。

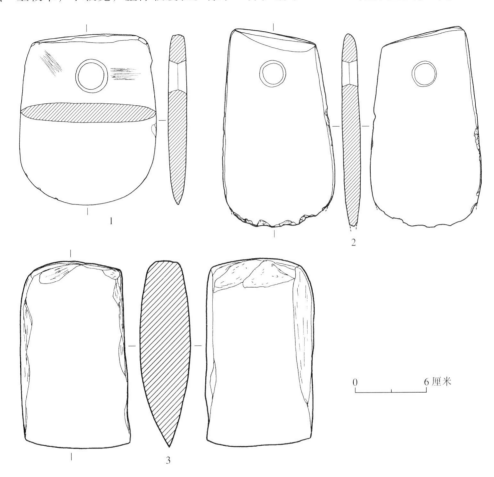

图四三六　马家浜文化墓葬出土石斧
1. Ⅰ式穿孔石斧（M219：3）　2. Ⅱ式穿孔石斧（M182：2）　3. 斧（M203：1）

2. 斧

标本 3 件，编号 M152：3、M194：2、M203：1（图四三六，3）。

3. 锛

正面宽度大于剖面厚度。标本共 39 件。分两型。

A 型　整体呈梯形，根据长度分为四亚型。标本 21 件。

Aa 型　长度大于 15 厘米。发展过程中长度有越来越长的趋势。标本 5 件，编号 M55：4（图四三七，1）、M83：1、M157：2、M170：4、M240：1。

Ab 型　长度在 10～15 厘米间。标本 2 件，编号 M55：3（图四三七，2）、M94：2。

Ac 型　长度在 10～5.5 厘米间。标本 10 件，编号 M4：1（图四三七，3）、M5：1、M5：4、M79：1、M83：2、M160：1、M186：2（半成品）、M204：3、M242：1、M244：1。

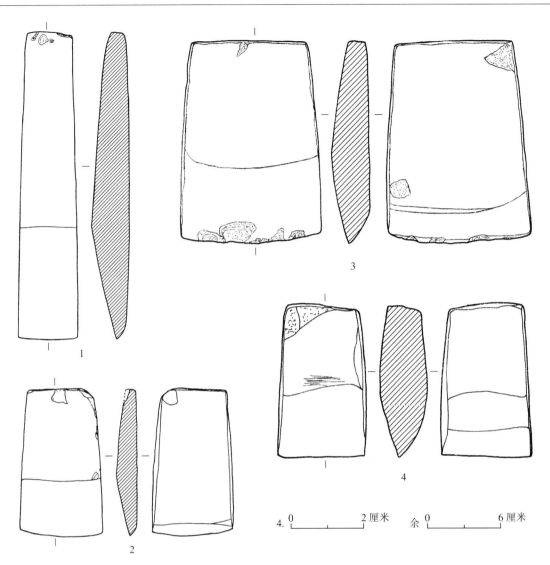

图四三七　马家浜文化墓葬出土 A 型石锛
1. Aa 型（M55：4）　2. Ab 型（M55：3）　3. Ac 型（M4：1）　4. Ad 型（M91：3）

Ad 型　长度在 5.5 厘米下。标本 4 件，编号 M75：1、M91：1、M91：3（图四三七，4）、M154：2。

B 型　整体呈长条形，根据长度分为四个亚型。标本 18 件。

Ba 型　长度大于 15 厘米。标本 2 件，编号 M181：1、M182：3（图四三八，1）。

Bb 型　长度在 10～15 厘米间。标本 2 件，编号 M4：3、M218：2（图四三八，2）。

Bc 型　长度在 10～5.5 厘米间。标本 10 件，编号 M5：2、M75：2、M82：1（图四三八，3）、M91：2、M179：2、M204：4、M223：1、M234：2、M248：1、M248：2。

Bd 型　长度在 5.5 厘米下。标本 4 件，编号 M4：2、M18：1、M18：2（图四三八，4）、M52：1。

4. 凿

长条形，剖面厚度大于正面宽度。标本 8 件。

根据长度分为三型。

A 型　长度大于 15 厘米。标本 1 件，编号 M164：1（图四三九，1）。

B 型　长度在 10～15 厘米间。标本 4 件，编号 M82：2（图四三九，2）、M124：1、M202：2、M221：2。

C 型　长度小于 10 厘米。标本 3 件，编号 M84：1、M166：2（图四三九，3）、M234：5。

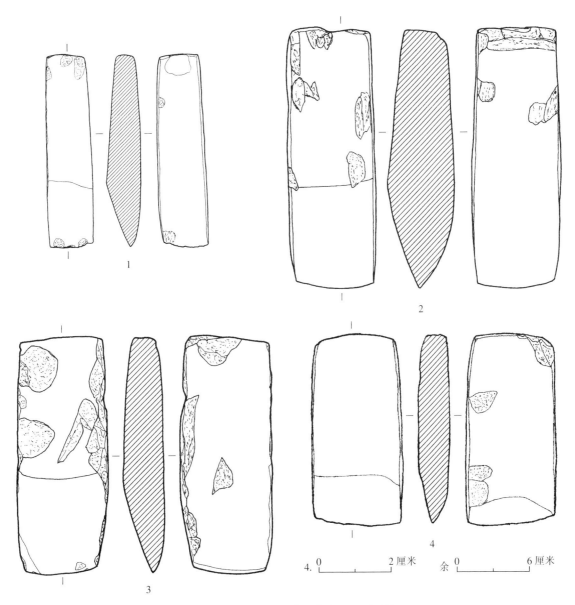

图四三八　马家浜文化墓葬出土 B 型石锛

1. Ba 型（M182∶3）　　2. Bb 型（M218∶2）　　3. Bc 型（M82∶1）　　3. Bd 型（M18∶2）

　　另外还有一些残石锛或残凿锛类等石器。标本共 7 件。编号 M179∶1、M179∶3、M5∶3、M18∶3、M117∶2（以上可能为残石锛）、M77∶2、M75∶3（以上可能为残石锛或石凿）。

5. 环形器

标本 1 件，编号 M204∶1（图四三九，4）。

6. 残石片

标本 1 件，编号 M78∶2（图四四〇，2）。

7. 残石刀

标本 2 件，编号 M8∶1、M175∶3（图四四〇，1）。

8. 条形器

标本 1 件，编号 M256∶1（图四四〇，3）。

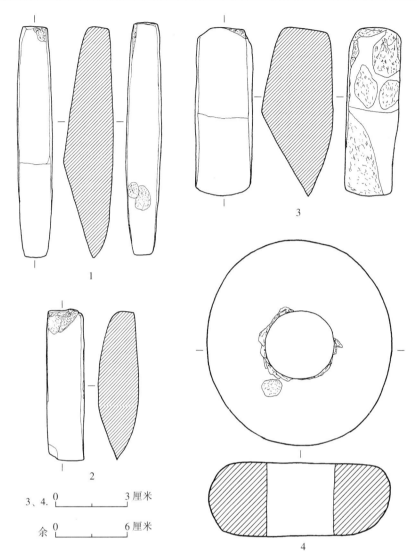

图四三九　马家浜文化墓葬出土石凿、环形器

1. A 型凿（M164:1）　2. B 型凿（M82:2）　3. C 型凿（M166:2）　4. 环形器（M204:1）

9. 纺轮

标本 2 件，编号 M123:1、M190:3（图四四〇，5）。

10. 磨砾石

标本 1 件，编号 M78:1（图四四〇，4）。

11. 花石子

5 枚一组。编号 M80:6。

（三）玉器

共 21 件。种类有璜、玦、管、坠等，质料有石英岩、玉髓、高岭石、迪开石、伊利石、萤石等。基本为美石类玉材，制坯成形，采用了解玉砂为介质的间接加工法，部分有穿孔，包括实心桯钻和空心管钻，有两面钻和单面钻，玦口采用了线切割，钻孔、玦口都经打磨，表面经过抛光。玉器钻孔或穿孔处常有使用过程中留下的痕迹，特别是玉璜穿孔磨损后有再次钻孔使用的现象。

1. 玦

扁平环形。标本 2 件。分两型。

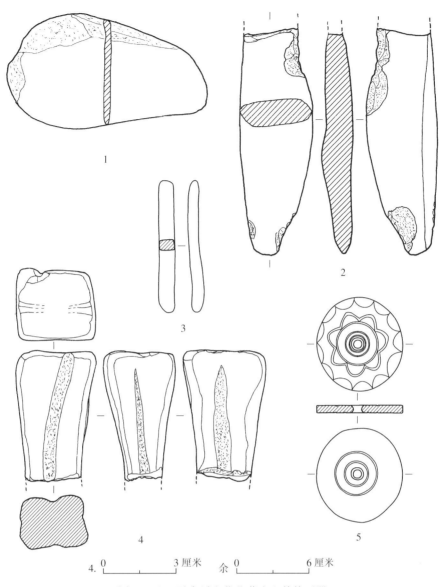

图四四○　马家浜文化墓葬出土其他石器

1. 残石片（M175：3）　2. 残石刀（M78：2）　3. 条形器（M256：1）　4. 磨砺石（M78：1）　5. 纺轮（M190：3）

A 型　孔径大于肉宽。标本 1 件，编号 M55：2（图四四一，1）。

B 型　孔径小于肉宽。标本 1 件，编号 M12：1（图四四一，2）。

2. 璜

标本 8 件，其中 7 件为正面、端面穿孔，1 件为正、背面穿孔。分三型。

A 型　半环形。标本 3 件，编号 M88：8、M159：2（图四四一，3）、M188：2。

B 型　弧形。标本 2 件，编号 M131：1（图四四一，4）、M227：2。

C 型　弧折形。标本 3 件，编号 M20：1、M20：3（图四四一，5）、M55：1。

3. 管

圆柱形，粗细和长短不等。标本 10 件，编号 M88：1（图四四一，7）、M88：2、M88：3、M88：4、M88：5、M88：6、M188：3、M188：4、M188：5、M190：4。

4. 坠

圆柱形，两端有穿孔。标本 1 件，编号 M220：2（图四四一，6）。

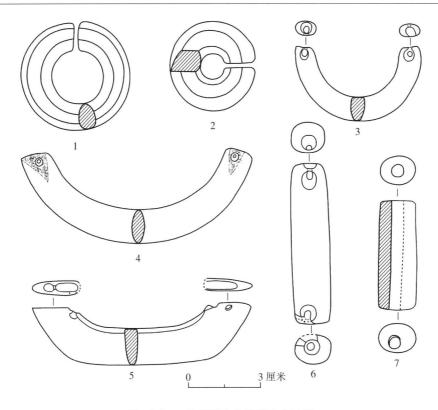

图四四一　马家浜文化墓葬出土玉器

1. A 型玦（M55∶2）　2. B 型玦（M12∶1）　3. A 型璜（M159∶2）　4. B 型璜（M131∶1）
5. C 型璜（M20∶3）　6. 坠（M220∶2）　7. 管（M88∶1）

三　墓葬分期

　　丧葬类遗存中 252 座墓葬，16 座婴儿瓮棺，2 处狗骨架，全部分布于主发掘区，层位关系均为④层下，打破或叠压于⑤层，可见丧葬类遗存的延续时间不是很长。这些墓葬分布密集，叠压打破关系复杂，为我们进行类型学分析、发现器物演化的逻辑序列以及墓葬埋葬的早晚顺序提供了一定的条件。然而，相当多的墓葬中随葬品较少或没有随葬品，即使有随葬品的墓葬其组合也较为简单，有的随葬品如陶纺轮、石器等变化特征不够典型，从而也给我们进行类型学研究带来了一定的困难。

　　现将叠压打破关系较为复杂，出土器物相对较多并有一定组合关系的墓葬确定为典型关系墓葬，其余为一般关系墓葬。

　　典型关系墓葬共 11 组（—叠压，→打破）：

（1）④—M69 ┬ M178→M209 ┬ F5D215 ┐ →⑤
　　　　　　 │　　↓　　　 └ M227 ─┘
　　　　　　 └ M186 ─────────────┘

（2）④ ┬ M225—M210
　　　　├ M138—M221→F5柱洞 →⑤
　　　　└ M216 ──────┘

（3）④—H35→M72—M88 ┬ M111→H46 ┐ →⑤
　　　　　　　　　　　└ M142 ────┘

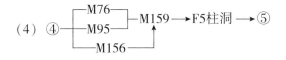

（4）

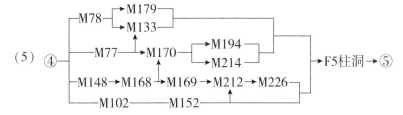

（5）

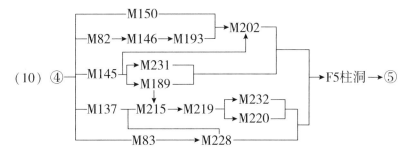

（6）

```
       ┌──────M115──────┐
    ┌─M114            │
（6）④─┤ M120  ─M190→F5柱洞─→⑤
    └─M80──┘
```

（7）　④—M122—M149→M188→F5柱洞—→⑤

```
    ┌──────H41──────┐
（8）④─┤              ↓
    └─M139—M191──→M222──────→M223─┐
              └──→M224──→M192──→M218─┴→F5柱洞—→⑤
```

```
（9）④—M141→M257→H98─┐
              └→F5柱洞─┴→⑤
```

```
      ┌──────M150──────┐
    ┌─M82→M146→M193──→M202─┐
（10）④─┤ M145┌→M231──────┘    │
    │      └→M189          ├→F5柱洞—→⑤
    │ M137─┬→M215→M219┬→M232─┘
    └──────M83────→M228─┘ └→M220─┘
```

```
      ┌──────M196──────┐
    ┌─M184            │
（11）④─┤ M183→M185─┐    │
    └─H45→M182─┴→M260→F5柱洞─┐
              └────────H46────┴→⑤
```

一般关系墓葬共 22 组：

（1）　④—M251→M252→F5柱洞—→⑤

（2）　④—M22—M36—→⑤

（3）　④—M29—M37—→⑤

```
      ┌──────M30──────┐
    ┌─M30            │
（4）④─┤ M254──────┐    ├→M255→M256→H97—→⑤
    └─M247—M253─┴────┘
```

（5）　④—M51→M56—→⑤

（6）④—M68→M155→F5柱洞→H53→⑤

（7）④—M71—M205→⑤

（8）④—┌M73───────┐
　　　　└M74—M123—M124┘→F5柱洞→⑤

（9）④—M75—M117──────M116──┐
　　　　　　　　└M172→F5柱洞→⑤

（10）④—M87→M162→F5柱洞→⑤

（11）④—M92—M99→┌M200┐
　　　　　　　　→M180→F5柱洞→⑤
　　　　　　　　└M177┘

（12）④—┌M93──────┐
　　　　└M110→M176┘→F5柱洞→⑤

（13）④—┌M94—M154─┐
　　　　│　M153　├M174─┐
　　　　│　　　　　　　├M199→F5柱洞→⑤
　　　　├──M129───┘
　　　　└──M79──────┘

（14）④—M100→M201→H63→⑤
　　　　└→F5柱洞──↑

（15）④—M101—M97—F5柱洞→⑤

（16）④—M103—M147→F5柱洞→⑤

（17）④—M105→M187→F5柱洞→⑤

（18）④—┌M113───────┐
　　　　└M160→M161—M203→F5柱洞→⑤

（19）④—┌M135───────┐
　　　　└M134→M213→F5柱洞→⑤

（20）④—M158→M157→F5柱洞→⑤

（21）④—M181—M208→⑤

（22）④—M211→M217→F5柱洞→⑤

根据以上典型关系墓葬并参考一般关系墓葬以及出土器物的种类、组合和型式，可将具有典型分期意义的器物列表如下（表一三）：

表一三　　　　　　　　神墩遗址马家浜文化墓葬出土器物型式变化表

型式\分段	陶鼎																陶釜					陶匜	
	Aa	Ab	Ba	Bb	Bc	Bd	Ca	Cb	Cc	Cd	D	E	F	G	H	I	Aa	Ab	B	Ca	Cb	Aa	Ab
第一段	I																					I	
第二段	II	I	I	I	I	I	I	I									√		√	√	√		√
第三段	III	II	I II	II	II	I	II	II	√		I	√	√		√	√						II	
第四段	III				III	II III	III	III		√		II		√				√					

型式\分段	陶杯	带把陶钵	三足陶钵	陶豆			陶钵		圈足陶罐				陶器盖					陶盆	陶罐					
				Aa	Ab	B	Aa	Ab	Aa	Ab	B	C	Aa	Ab	Ba	Bb	C		A	B	C	Da	Db	E
第一段																								
第二段	I			I			I		I				√		√				I	I				
第三段			√	II	√		II	√	II	√	√	I	√	√	√				I	II	I	√	I	
第四段	II	√				√						I II		√	√	√	√	√	I II	II	II	√	II	√

型式\分段	陶网坠			陶纺轮						玉璜			玉玦		玉管	玉坠	穿孔石斧	石斧
	Aa	Ab	B	A	B	Ca	Cb	Cc	Cd	A	B	C	A	B				
第一段	√		√	√		√	√											
第二段		√		√	I										√	√	I	√
第三段	√			√	II										√		II	
第四段				√		√	√	√	√			√	√	√				

型式\分段	石凿			石锛								石纺轮	磨砺石	花石子	石条形器	石片	石刀	石环形器	残石器（石锛或凿）
	Aa	Ab	Ac	Aa	Ab	Ac	Ad	Ba	Bb	Bc	Bd								
第一段									√										
第二段	√	√	√	√		√	√			√									√
第三段		√	√		√	√	√	√		√			√					√	√
第四段		√	√	√	√	√	√	√		√	√	√	√	√	√		√	√	√

根据表一三所列出的典型器物的种类、组合、型式的变化以及墓葬的叠压打破关系，可将马家浜文化丧葬类遗存分为四个小的时段，四个时段显示的器物演化的早晚序列和墓葬叠压打破的早晚序列是基本一致的。

第一段，器形有 Aa I 鼎，Aa I 匜，Aa、B 网坠，A、Ca、Cb 纺轮，Bb 石锛。相对典型墓葬有 M187、M218、M232 等。墓葬数量相对较少，墓坑相对较深。部分墓葬如 M194、M212、M216 等层位上可能达到这一时段，但未有这一阶段的典型器物，暂归入了下一时段。为整个墓地最初埋葬的墓葬，相对集中于 T1032 等四方东部和 T1232 等四方西部。

第二段，器形有 Aa II、Ab I、Ba I、Bb I、Bc I、Bd I、Ca I、Cb I 鼎，Aa 釜，Ab 匜，I 杯，Aa I 豆，Aa I 钵，Aa I 圈足罐，Aa、Ba 器盖，A I、B I 罐，Ab 网坠，A、B I、Ca、Cb、Cc、Cd 纺轮，A、B 玉璜，玉管，玉坠，I 穿孔石斧，石斧，Aa、Ab、Ac 石凿，Aa、Ac、Ad、Bc 石锛，残石器。墓葬有 M91、M102、M105（?）、M110、M111、M127、M142、M152、M155、M159、M164、M166、M170、M172、M176、M177、M178、M186、M188、M190、M192、M194（?）、M198、M199、

M202、M203（?）、M212（?）、M213、M214、M217、M219、M220、M221、M223、M224、M226（?）、M227、M228。墓葬数量较多，墓坑深浅不一（仅个别墓葬未见墓坑），其中有的墓葬时段比较明确，有的墓葬时段不够典型。墓葬分布区域明显扩大，主要分布于 T0832 等四方东北部、T1032 等四方、T1232 等四方西部、T1130 等两方北部。

第三段，器形有 AaⅢ、AbⅡ、BaⅠ、BaⅡ、BbⅡ、BcⅡ、BdⅠ、CaⅡ、CbⅡ、Cc、DⅠ、E、F 鼎，AaⅡ匜，三足钵，AaⅡ、Ab 豆，AaⅡ、Ab 钵，AaⅡ、Ab、B、CⅠ圈足罐，Aa、Ab、Ba、Bb 器盖，AⅠ、AⅡ、CⅠ、Da、DbⅠ罐，Aa 网坠，A、BⅡ、Ca、Cb、Cc 纺轮，A、B 玉璜，玉管，Ⅱ穿孔石斧，Ab、Ac 石凿，Aa、Ac、Ad、Ba、Bb、Bc、Bd 石锛，磨砺石，石条形器，石片，石刀，石环形器，残石器。相对典型墓葬有 M4、M5、M36、M37（?）、M52、M77、M78、M81、M82、M83（?）、M84（?）、M87、M88、M98、M100、M109、M115（?）、M124、M125、M126、M128、M130、M131、M133、M134、M140、M143、M145、M146、M147、M149（?）、M150、M154、M156、M157、M158、M160（?）、M165、M168、M169、M175、M179（?）、M182、M183、M189、M193（?）、M197、M200、M201、M204、M206（?）、M210、M211、M215、M216、M229、M231、M234、M236、M241、M244、M245（?）、M246、M256、M257、M259、M260、M261。墓葬数量更多，墓坑深浅不一（仅个别墓葬未见墓坑），其中有的墓葬时段比较明确，有的墓葬时段不够典型。墓葬分布区域更加扩大，整个墓地范围都有分布，墓葬向北和向西南扩展的趋势明显。

第四段，器形有 AaⅢ、BcⅢ、BdⅡ、BdⅢ、CaⅢ、CbⅢ、Cd、DⅡ、G 鼎，Ab 釜，Ⅱ杯，带把钵，B 豆，CⅠ、CⅡ圈足罐，Ba、Bb、C 器盖，盆，AⅠ、AⅡ、BⅡ、CⅡ、Da、DbⅡ、E 罐，A、Ca、Cb、Cc、Cd 纺轮，C 玉璜，A、B 玉玦，Aa、Ab、Ac、Ad、Ba、Bc、Bd 石锛，石纺轮，花石子，石片，残石器。相对典型墓葬有 M1、M7、M8、M10、M11、M12、M14、M15（?）、M18、M20、M21（?）、M24、M25、M32、M33、M38、M41、M43、M46、M47、M51、M53、M54、M55、M67、M69、M73、M75、M76、M79、M80、M85、M86、M94、M95、M97、M103、M108、M113、M114、M117、M118、M120、M121、M122、M123、M132、M137、M138、M139、M181、M184、M195、M196、M240、M242、M248。墓葬数量极多，墓坑一般较浅，相当多的墓葬未见墓坑，其中有的墓葬时段比较明确，有的墓葬时段不够典型。墓葬在已有墓地范围内继续埋葬，导致有的区域埋葬集中，叠压打破关系极其复杂。

典型器物演化如图四四二。

当然，以上墓地的时段划分是相对的，一至四段为一个连续的过程，由于相当多的墓葬没有随葬品，部分有随葬品的墓葬随葬器物特征也不够典型。我们只能根据墓葬的叠压打破关系和器物演化的逻辑序列所提供的墓葬相对早晚关系，大体看出整个墓地的埋葬是一个不断扩大范围，逐渐向北扩展的趋势和过程（图四四三）。

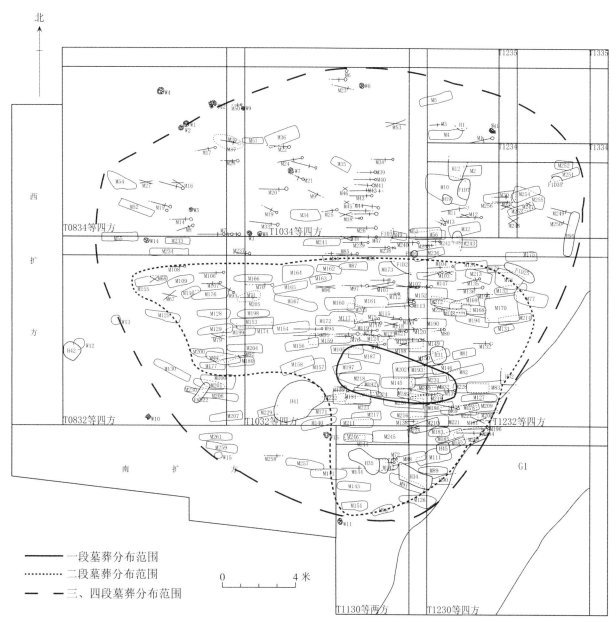

北

西

扩

方

南 扩 方

——— 一段墓葬分布范围

········· 二段墓葬分布范围

— — 三、四段墓葬分布范围

0 _____ 4 米

图四四三 神墩遗址各期段马家浜文化墓葬平面分布图

第四章　崧泽—良渚文化遗存

崧泽—良渚文化遗存主要分布于主发掘区的 T0832 等四方西南部、T1032 等四方西南角以及南扩方西北部、西扩方南部。包括主发掘区的②b 层堆积，M58～M66 等 9 座墓葬以及 2 个圆形小坑 K1、K2（图四四四）。

第一节　地层堆积及出土遗物

一　地层堆积

详见第二章。

二　出土遗物

地层里出土的遗物主要包括陶器和石器两类。

（一）陶器

1. 豆（豆盘）

T1032 等②b:2，泥质褐陶。敞口，圆唇，唇下内凹，浅腹弧收，豆柄为空心，自上而下斜收，圈

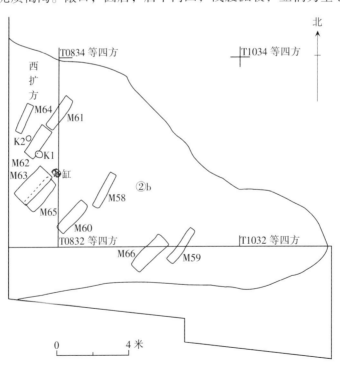

图四四四　神墩遗址崧泽—良渚文化遗存平面分布图

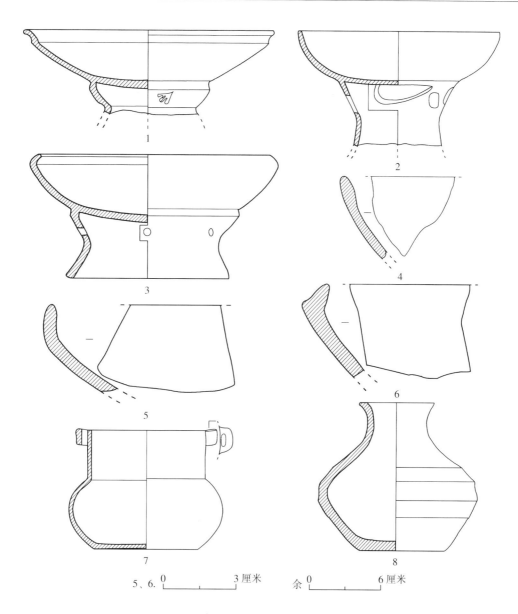

图四四五　崧泽—良渚文化时期地层出土陶器

1~6. 豆（T1032 等②b：2、T0832 等②b：7、T1032 等②b：1、T0832 等②b：21、T0832 等②b：20、T0832 等②b：22）　　7. 双鼻壶
（T0832 等②b：1）　　8. 壶（T1032 等②b：6）

足折出，圈足以下残。豆柄上刻划三组剔刻纹，未穿透。口径 20.6、残高 7 厘米（图四四五，1；彩版一七五，1）。

T0832 等②b：7，泥质红陶。敞口，圆唇，盘腹弧收，接亚腰形筒状圈足。圈足中段饰有一圈三组六个以大方孔和弧形三角形镂孔间隔构成的纹饰组合。口径 16.6、残高 9 厘米（图四四五，2；彩版一七五，2）。

T1032 等②b：1，泥质黑衣陶，器表黑衣部分脱落，露出灰色陶胎。敛口，圆唇，鼓腹，下腹弧收，腹柄交接处内凹，豆柄空心，自上向下内收外折喇叭形矮圈足。豆柄上部有四个圆形镂孔。口径 19、圈足径 13.2、高 9.8 厘米（图四四五，3；彩版一七五，3）。

T0832 等②b：20，泥质黑皮陶。敛口，圆唇，弧腹，下腹残。残长 5.6、残高 3.5 厘米（图四四五，5）。

T0832 等②b:21，泥质灰陶。敞口，圆唇，弧腹，下腹残。残长 6.9、残高 6.3 厘米（图四四五，4）。

T0832 等②b:22，泥质褐陶。敛口，圆唇，勾沿，折腹，下腹残。残长 5、残高 3.7 厘米（图四四五，6）。

2. 双鼻壶

T0832 等②b:1，泥质红陶。直口，方唇，口沿两侧施对称贯通双鼻，短直颈，扁鼓腹，平底，底心微凹。口径 9.7、底径 8.5、高 9.4 厘米（图四四五，7；彩版一七五，4）。

3. 壶

T1032 等②b:6，泥质黑衣陶，器身黑衣基本不存，露出灰色陶胎。侈口，方唇，唇沿平，束颈，鼓折腹，下腹弧收成平底。口径 6.2、底 7、高 11.8 厘米（图四四五，8；彩版一七五，5）。

4. 罐

T0832 等②b:5，泥质灰陶。直口，圆唇，短颈，球形腹，矮圈足。中腹有一组四道弦纹。口径 4.6、底径 5.8、高 8.3 厘米（图四四六，1；彩版一七六，1）。

T0832 等②b:8，泥质灰陶。敛口，方圆唇，唇缘微卷，鼓腹，腹最大径在器中部，平底，底心微凹。口径 7.6、底径 5.6、高 5.2 厘米（图四四六，2；彩版一七六，2）。

5. 鼎（鼎足）

T0832 等②b:18，夹蚌末褐陶。侈口，圆唇，卷沿，溜肩，下部残。口径 18.2、残高 4.3 厘米（图四四六，3）。

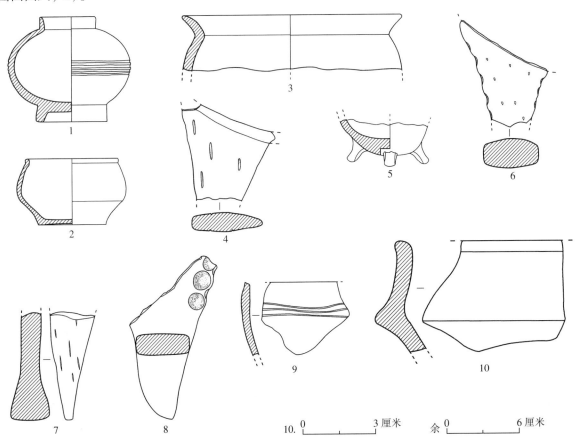

图四四六 崧泽—良渚文化时期地层出土陶器

1、2. 罐（T0832 等②b:5、T0832 等②b:8） 3～8. 鼎（T0832 等②b:18、T1032 等②b:5、T0832 等②b:13、T1032 等②b:3、T0832 等②b:10、T0832 等②b:11） 9、10. 钵（T0832 等②b:16、T0832 等②b:17）

T0832 等②b：13，夹砂红陶。上部残，仅余圈底，三扁条形小足。残高 3.4 厘米（图四四六，5）。

T1032 等②b：3，夹细蚌末红陶。扁侧三角形鼎足。正、背面有指捺纹，两侧面有刺点纹。残高 8.5、残宽 5.6 厘米（图四四六，6）。

T1032 等②b：5，夹细蚌末红陶。扁侧三角形鼎足。两侧有长短不一的直线刻划纹。残高 7.5、残宽 7.4 厘米（图四四六，4）。

T0832 等②b：10，夹砂红陶。扁侧三角形凿形足。两侧有长短不一的直线刻划纹。残高 8.5、残宽 3.7 厘米（图四四六，7）。

T0832 等②b：11，夹砂红陶。扁侧三角形足，足尖外撇。足根两侧有指捺纹。残高 13.2、宽 5.5 厘米（图四四六，8）。

6. 钵口沿

T0832 等②b：16，泥质红陶。沿面内斜，方唇，略鼓腹。口沿下有轮制形成的弦纹。残宽 7.3、残高 5.8 厘米（图四四六，9）。

T0832 等②b：17，泥质灰陶。敛口，圆唇，略外侈，折肩，下腹残。残宽 5.9、残高 4.4 厘米（图四四六，10）。

7. 器足

T0832 等②b：12，夹砂红陶。锥形空心袋足，足尖圆钝。可能为鬶足。残高 4.8 厘米（图四四七，1）。

8. 器盖

T0832 等②b：9，泥质红陶。盖敞口，圆唇，上部残。盖面有一周凹弦纹。口径 12、残高 2.8 厘米（图四四七，2）。

9. 器把

T0832 等②b：14，泥质黑皮陶。环形器把，正面有八个圆形刺点装饰。残长 6.2、残宽 3.1 厘米（图四四七，3）。

10. 其他

T0832 等②b：15，泥质黑皮陶，胎里黑外红，似夹心饼干。残器平底，似双鼻壶底。底径 7、残高 2.8 厘米（图四四七，4）。

T0832 等②b：19，泥质红胎黑皮陶。器底，底心内凹，可能为杯类器。底径 5.9、残高 1.7 厘米（图四四七，5）。

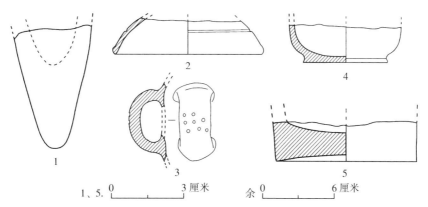

图四四七　崧泽—良渚文化时期地层出土陶器

1. 器足（T0832 等②b：12）　2. 器盖（T0832 等②b：9）　3. 器把（T0832 等②b：14）　4、5. 其他陶器（T0832 等②b：15、T0832 等②b：19）

（二）石器

1. 穿孔石斧

T0832 等②b：2，凝灰岩，黑色。上窄下宽的梯形，两侧边平直，双面弧刃，穿孔两面管钻而成。两刃角有崩损，正、背面和顶部均有少量旧疤痕，正、背两面研磨出三个研磨面，使横剖面呈扁圆角六角形。长 14.3、宽 7.6～8.6、厚 1.3、孔径 1.9～2.6 厘米（图四四八，1；彩版一七六，3）。

T1032 等②b：4，凝灰岩，青与淡红色呈条带状分布。两侧边平直，双面弧刃。中部有穿孔，系双面管钻成孔。通体磨光。刃部因多次使用，残损严重。长 10、宽 5.7～6.4、厚 1.5 厘米，孔径 1～1.7 厘米（图四四八，2；彩版一七六，4）。

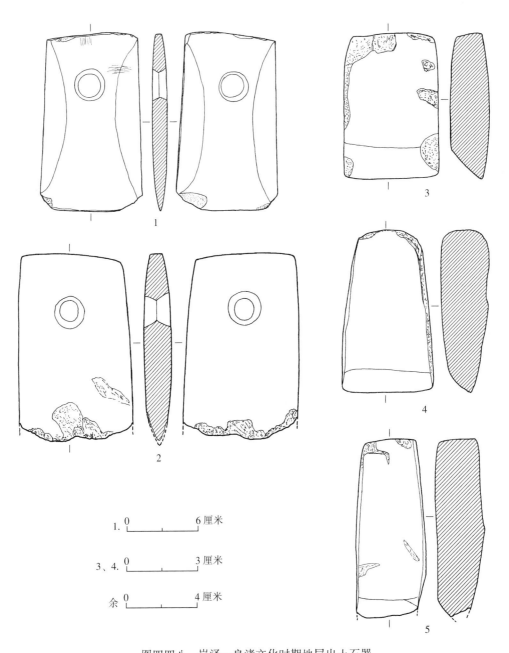

1. 0 6 厘米

3、4. 0 3 厘米

余 0 4 厘米

图四四八　崧泽—良渚文化时期地层出土石器

1、2. 穿孔石斧（T0832 等②b：2、T1032 等②b：4）　3. 石锛（T0832 等②b：4）　4、5. 有段石锛（T0832 等②b：6、T0832 等②b：3）

2. 锛

T0832 等②b:4，凝灰岩，浅灰与深灰条带。长方形，单面刃，刃较直。正面和顶端有少量石片疤。通体磨光。长 5.7、宽 3.5～3.9、厚 1.6 厘米（图四四八，3）。

3. 有段石锛

T0832 等②b:6，凝灰岩，深青色。梯形，单面刃，刃较直，背部有段。通体磨光。长 6.8、宽 2.5～3.8、厚 1.9 厘米（图四四八，4；彩版一七六，5）。

T0832 等②b:3，凝灰岩，灰黑色。不太规整的长条形，单面刃，刃口残损，背部有段。正面、侧面、顶端有少量石片疤。长 9.5、宽 3～3.9、厚 2.7 厘米（图四四八，5；彩版一七六，6）。

第二节　墓葬及出土器物

M58～M66 九座墓葬，除 M58 开口于②a 层下、打破②b 层外，其余 8 座墓葬均开口于②b 层下、打破③层，其中 M63 打破 M65。所有墓葬均为长方形竖穴土坑墓，墓向为西南—东北向，头向从 M60、M63、M65、M66 等 4 座残存骨骼痕迹的墓葬看，都为西南向，葬式可能为仰身直肢（附表八）。从分布排列上看，除 M64 外，其余 8 座墓葬可分为 4 组，每组 2 座墓葬距离比较近，具体内涵尚不明确（彩版一七七）。出土了一批随葬品，石器有穿孔石斧、钺、锛、有段石锛等。陶器有鼎、豆、罐、壶、双鼻壶、杯、高柄杯、匜、大口缸、纺轮等；陶质主要为泥质黑皮陶、灰陶、红陶和夹砂红陶，夹蚌末的红陶、红褐陶、褐陶等；纹饰有弦纹、篮纹、指甲纹、按捺纹、刻划纹、菱形纹和圆形、半月形、弧线三角形镂孔等。地层中少量完整器物可能为墓葬遭破坏扰动后进入地层，还见有器盖、鬶足等残片。常见有把手、器耳、鋬手、双鼻等附件，有的陶器器身有折腹、矮圈足底部有等分切割形成凹缺的风格等。

M58

位于 T0832 等四方的西南部。开口②a 层下，打破②b 层。长方形浅竖穴土坑墓，直壁，平底。长 204、宽 40～45、深 13 厘米。填土浅黄色，夹杂零星红烧土颗粒和炭粒，土质较硬。骨架朽烂，墓向 208°。随葬品 4 件，位于墓坑北端（图四四九 A；彩版一七八，1）。

M58:1，有段石锛。凝灰岩，灰黑色条带。近长方形，单面刃，背部有段。刃部崩损严重，刃面经多次研磨，形成光滑的曲面。背面研磨较细，段部只经随意研磨，密布旧疤痕，近刃部有大片石片

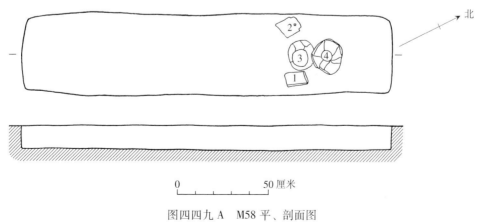

0　　　　　　　　　　50 厘米

图四四九 A　　M58 平、剖面图
1. 有段石锛　2. 穿孔石斧　3. 陶双鼻壶　4. 陶豆

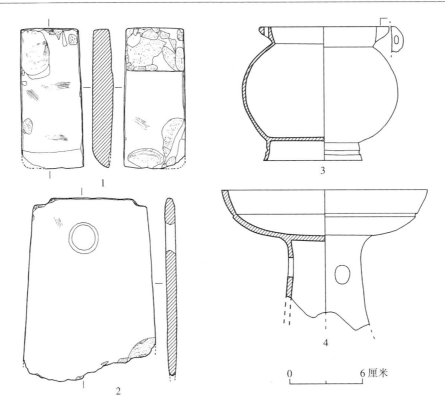

图四四九 B　M58 出土器物

疤，当为使用痕迹，经过研磨和抛光。长 11.2、宽 4.7~5.1、最厚 1.7 厘米（图四九九 B，1；彩版
一七八，2）。

　　M58:2，穿孔石斧。板岩，青灰色。上窄下宽的梯形，两侧边斜直，双面弧刃，与顶边相交形成
肩部缺角，穿孔为两面管钻对穿形成，略有偏斜。刃部残破严重，石质风化较严重。残长 14.6、宽
9.4~10.9、厚 0.85 厘米（图四四九 B，2；彩版一七八，3）。

　　M58:3，陶双鼻壶。泥质灰胎黑皮陶，器表黑衣大半脱落，露出灰色陶胎。斜直口，尖圆唇，口
沿两侧按贴竖向贯通小鼻，短颈，溜肩，鼓腹，矮圈足。圈足上有一道凹弦纹。口径 9、圈足径 8.1、
高 10.6 厘米（图四四九 B，3；彩版一七八，4）。

　　M58:4，陶豆。泥质黑皮陶，局部陶衣脱落，露出灰胎。敞口，方唇，豆盘弧折收，折处有一凹
槽，下接喇叭形高圈足，圈足中段有三个圆形镂孔，下段残。轮制，制作较规整。口径 16.8、残高
11.2 厘米（图四四九 B，4；彩版一七八，5）。

M59

　　位于 T0832 等四方的南部及南扩方北部。开口②b 层下，打破③层。不太规整的长条形浅竖穴土
坑墓，直壁，平底。长 211、宽 34~45、深 15 厘米。填土黄褐色，夹杂零星红烧土和炭粒，土质较
硬。骨架朽烂，墓向 227°。随葬品 5 件，石锛 1 件在南端，其余在墓葬北端，其中陶缸因器形高大，
部分陶片超出墓口以至墓坑之外。墓坑的西部、西北部的③层表有 2 块石块，不知是否与墓葬有关
（图四五〇A；彩版一七九，1）。

　　M59:1，陶双鼻壶。泥质黑衣陶，器表黑衣大部分脱落，露出灰色陶胎。直口，方唇，口沿两侧
按贴竖向贯通小鼻，短颈，垂腹，最大腹径接近底部，饼形平底。口径 9.2、底径 8.4、高 10.2 厘米
（图四五〇B，1；彩版一七九，2）。

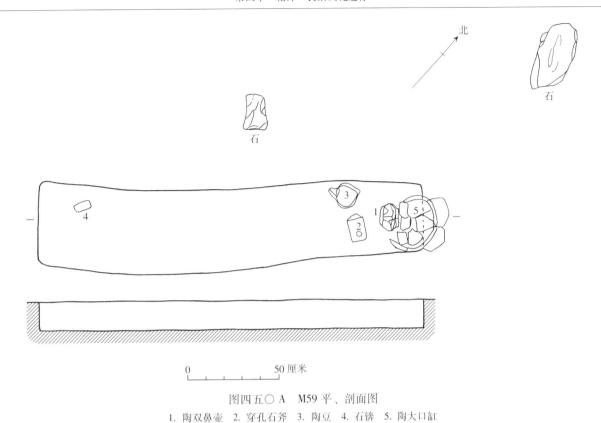

图四五〇 A　M59 平、剖面图
1. 陶双鼻壶　2. 穿孔石斧　3. 陶豆　4. 石锛　5. 陶大口缸

M59∶2，穿孔石斧。凝灰岩，青灰色。梯形，两侧边平直，双面弧刃。器物右上角略残，顶部有部分石片疤。刃部有多处崩损，当是使用时留下，刃部弧度大，并有修整迹象。器身上部有一两面管穿对钻形成的穿孔，留有敲打孔芯留下的茬痕。长 13.6、宽 8.6～10.1、厚度 1.3 厘米（图四五〇B，2；彩版一八〇，1）。

M59∶3，陶豆。泥质黑衣陶，器表黑衣大半脱落，露出灰色陶胎。敛口，方圆唇，鼓腹弧收，圈足内收至近底部外折。圈足中段饰三组几何形镂孔装饰，每组纹饰单元由两个三角形和一个半月形镂孔组成。制作规整。口径 15.8、圈足径 11、高 9 厘米（图四五〇B，3；彩版一七九，3）。

M59∶4，石锛。凝灰岩，青灰色。长方形，单面刃。除左侧面外，皆经研磨抛光，通体石片疤少且多为旧疤痕，背面上部经多次研磨，至少有三个研磨面，并有一道十分浅的凹陷，结合此处抛光度异常，推测此为装柄痕迹。刃部经多次研磨，有五个研磨面，其中靠近刃部的两个研磨面可能是修整时留下的。长 8.9、宽 3.7～4、厚 1.8 厘米（图四五〇B，4；彩版一八〇，2）。

M59∶5，陶大口缸。夹砂红陶，厚胎。大敞口，圆唇，唇外圆鼓，深腹，圜底。上腹饰交叉斜向刻划形成的菱形纹。口径 32.8、高 40.8 厘米（图四五〇B，5；彩版一七九，4）。

M60

位于 T0832 等四方的西南角。开口②b 层下，打破③层。长方形浅竖穴土坑墓，直壁，平底。长 203、宽 56～68、深 16 厘米。填土黄褐色，夹杂少量红烧土颗粒和炭粒，土质较硬。留有少量骨渣，头向可能为西南，葬式可能为仰身直肢，墓向 230°。随葬品 7 件，石器在身体右侧，陶器在下肢和脚部（图四五一 A；彩版一八一，1）。

M60∶1，穿孔石斧。沉凝灰岩，土黄色。长梯形，两侧边平直，双面弧刃。刃部有崩损。双面管钻对穿成孔，留有敲砸孔芯留下的台痕。长 11.9、宽 6.1～6.7、厚 1.3 厘米（图四五一 B，1；彩版

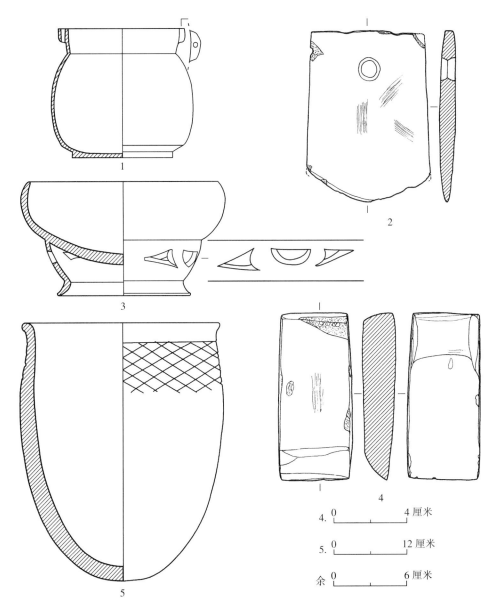

图四五〇 B　M59 出土器物

一八〇，3）。

　　M60：2，石锛。沉凝灰岩，灰黑条带。略呈梯形，单面弧刃。研磨不充分。正面不平整，多有石片疤。刃面似经过修整，有两个研磨面，有斜向研磨痕迹。背面有四个研磨面，右上角、右下角均有石片疤。右侧面经过细致研磨，左侧面仅经过简单研磨。长 4.9、宽 2.6～3.1、厚 1.3 厘米（图四五一 B，2；彩版一八〇，4）。

　　M60：3，穿孔石斧。沉凝灰岩，灰白色，细条带。梯形，两侧边和顶部平直，两面弧刃。刃部崩损严重，石片疤密布。两面管钻对钻形成穿孔，有敲孔芯留下的荏痕。长 11.4、宽 7.5～8、厚 1.2 厘米（图四五一 B，3；彩版一八〇，5）。

　　M60：4，陶豆。泥质黑衣陶，器表黑衣已大部脱落，露出灰胎。敛口，圆唇，鼓腹弧收，喇叭形矮圈足，圈足口微敞。口径 15.8、圈足径 11、高 8.4 厘米（图四五一 B，4；彩版一八一，2）。

　　M60：5，陶匜。泥质红陶。敞口，方唇，唇沿略平，斜腹内收至平底。口沿一侧有流，另一侧有

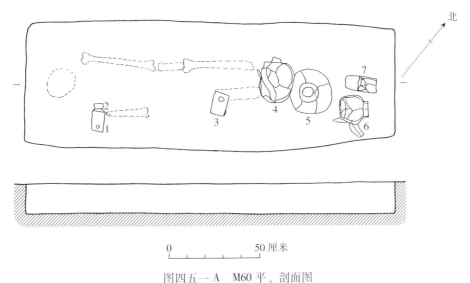

图四五一 A　M60 平、剖面图
1、3. 穿孔石斧　2. 石锛　4. 陶豆　5. 陶匜　6. 带把陶鼎　7. 陶杯

一窄条形錾手，錾手上有指窝捺成的花边纹饰。口径 21、底径 9.4、高 10.6 厘米（图四五一 B，5；彩版一八一，3）。

M60∶6，带把陶鼎。夹蚌红陶。侈口，圆唇，溜肩，腹底残，腹侧有一宽扁把手，底有三个扁侧三角形凿形鼎足。足正面有按捺纹，两侧面有刻划纹。口径 9.4 厘米（图四五一 B，6；彩版一八一，4）。

M60∶7，陶杯。泥质褐陶。微侈口，圆唇，唇缘微卷，短束颈，直腹，近底部微收，底心略凹。底面有轮制拉切留下的弧割线。口径 6.5、底径 5.9、高 15.1 厘米（图四五一 B，7；彩版一八一，5）。

M61

位于 T0832 等四方的西部和西扩方。开口②b 层下，打破③层。不太规整的长方形浅竖穴土坑墓，直壁，平底。长 194、宽 46～56、深 17 厘米。填土黄灰色，夹杂零星红烧土块，土质较硬。骨架朽烂，墓向 217°。随葬品 5 件，主要出土于墓坑北端（图四五二 A；彩版一八二，1）。

M61∶1，带把陶罐。夹蚌末红褐陶。侈口，尖圆唇，微束颈，鼓腹，圜底，腹身一侧贴塑一弧形把手，把手上端残。口径 7.5、高 7.4 厘米（图四五二 B，1；彩版一八二，3）。

M61∶2，陶豆。泥质黑衣陶，器表内外黑衣大半脱落，露出灰色陶胎。敛口，方圆唇，鼓腹弧收，圈足内收至近底部外折。圈足中段有由五组圆形镂孔和"Y"形刻划形成的纹饰。口径 16.1、残高 8.4 厘米（图四五二 B，2；彩版一八二，4）。

M61∶3，陶罐。泥质红陶。侈口，宽沿，方唇，短束颈，鼓腹，腹最大径在器中，平底微内凹。颈部有数道轮制形成的浅弦纹，器身中部两侧各有一小錾手，錾上有指捺卷花边。口径 19.8、底径 9.1、高 12.4 厘米（图四五二 B，3；彩版一八二，5）。

M61∶4，陶杯。泥质黑衣陶，器表黑衣大部分脱落，露出灰色陶胎。敛口，方圆唇，筒形微弧鼓腹，平底。器表饰三组、每组四条的凹弦纹。口径 7.2、底径 7.2、高 17.4 厘米（图四五二 B，4；彩版一八二，6）。

M61∶5，陶纺轮。泥质灰陶。截面梯形，中有一孔，底面上有管钻形成的圆圈纹饰。顶面 3.4、底面 5、厚 1.5、孔径 0.65 厘米（图四五二 B，5；彩版一八二，2）。

M62

位于西扩方南部。开口②b 层下，打破③层。为北端稍宽、南端稍窄的长方形浅竖穴土坑墓，直

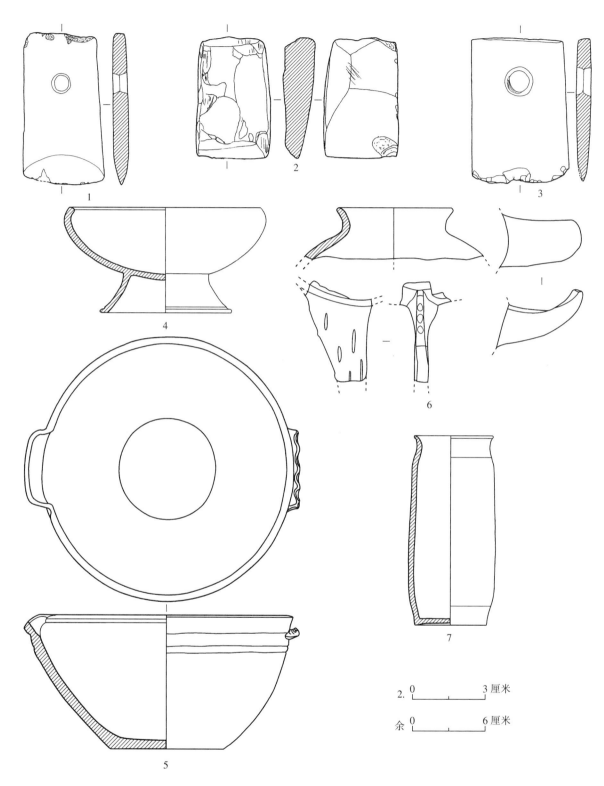

图四五一 B M60 出土器物

2. 0 ————— 3 厘米

余 0 ————— 6 厘米

壁，平底。长 176、宽 60～70、深 18 厘米。填土黄褐色，夹杂零星红烧土颗粒和炭粒，土质较硬。骨架朽烂，墓向 214°。随葬品 2 件，主要出土于墓坑北端。同时在墓葬的东、西两侧分别有一个圆形小坑，各有 1 件残陶器，东侧小坑打破墓葬。东侧小坑（K1）直径 37、深 18 厘米，内填青灰色土，陶

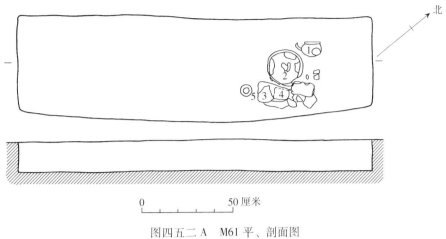

图四五二.A　M61 平、剖面图
1. 带把陶罐　2. 陶豆　3. 陶罐　4. 陶杯　5. 陶纺轮

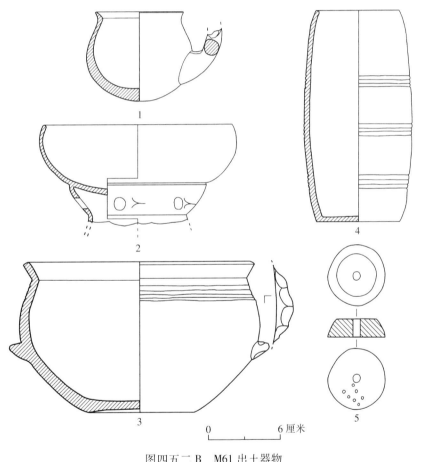

图四五二 B　M61 出土器物

器为器底，夹蚌红陶，底径约3.3厘米。西侧小坑（K2）直径30、深30厘米，内填青灰色土，陶器过于疏松，夹砂红陶质，无法起取。可能与墓葬的祭祀有关（图四五三 A；彩版一八三，1）。

　　M62:1，陶壶。泥质黑衣陶，器表黑衣基本脱落，露出灰色陶胎。直口，方圆唇，唇缘微卷，折肩，垂折腹，下腹弧收，矮圈足。下腹处有两道制作时留下的弦纹。口径7、圈足径6、高10.7厘米（图四五三 B，1；彩版一八三，2）。

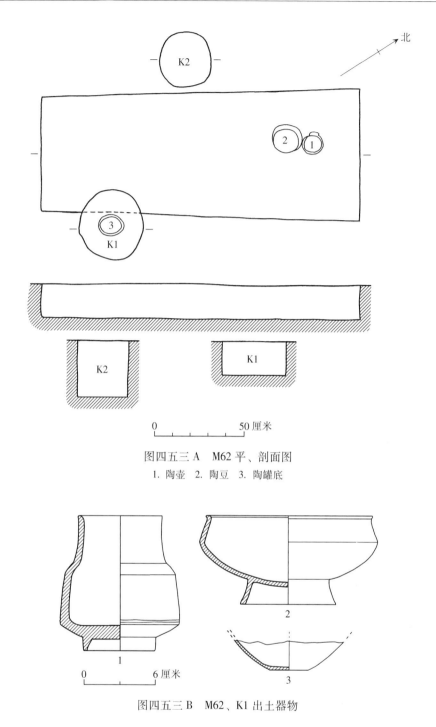

0   50 厘米

图四五三 A M62 平、剖面图
1. 陶壶 2. 陶豆 3. 陶罐底

0   6 厘米

图四五三 B M62、K1 出土器物

　　M62：2，陶豆。泥质黑衣陶，器表黑衣大部分脱落，露出红灰色陶胎。敛口微侈，圆唇，唇缘微卷，折腹，下腹弧收，喇叭形矮圈足。口径 13.7、圈足径 7.8、高 7 厘米（图四五三 B，2；彩版一八三，3）。

　　K1：1，陶罐底。夹蚌红陶。斜腹，平底，上部残。底径 3.3、残高 2.3 厘米（图四五三 B，3）。

M63

　　位于西扩方南部。开口②b 层下，打破 M65 和③层。长方形浅竖穴土坑墓，直壁，平底。长 208、宽 90～97、深 25 厘米。填土黄灰色，土质相对较硬。骨架已朽，残留有少量骨渣，头向西南，葬式可能为仰身直肢，墓向 218°。随葬品 6 件，石器在身体右侧，陶器在脚端附近。另外在墓坑北端有 1 件陶大口缸，应该与 M63 和 M65 的祭祀有关（图四五四 A；彩版一八三，4）。

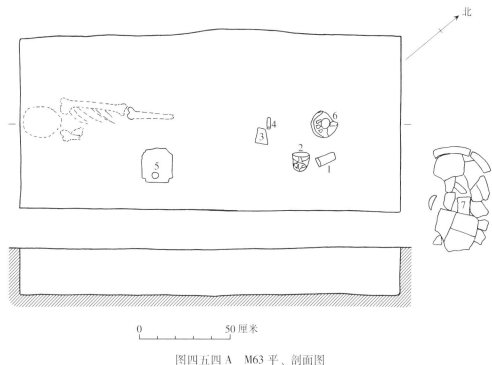

图四五四 A　M63 平、剖面图

1、3、4. 石锛　2. 陶壶　5. 穿孔石钺　6. 陶豆　7. 陶大口缸

M63：1，石锛。沉凝灰岩，青灰色条带。上略窄、下略宽的长梯形，单面刃微弧。正面和左侧面研磨程度差，密布石片疤。右侧面次之。背面上部有喇叭形凹槽，槽内有横向磨痕，研磨程度最好，抛光较好。长 10、宽 3~3.6、厚 2.65 厘米（图四五四 B，1；彩版一八四，1）。

M63：2，陶壶。泥质褐衣陶，器表褐衣大半不存，露出红色陶胎。直口，圆唇，短颈微束，折肩，肩面斜平，折腹，中腹微弧渐凹，下腹斜折收，矮圈足，足底外撇。口径 6.8、圈足径 6.4、高 9.8 厘米（图四五四 B，2；彩版一八四，2）。

M63：3，石锛（残）。沉凝灰岩，青灰色条带。残长方形，两侧边平直，单面刃。刃部略弧，刃缘锐利，极少石片疤，经修整形成两个刃面。正、背面经多次研磨，形成中间高、左右低的曲面，背面研磨平整。残长 6.8、宽 7.2、厚 1.7 厘米（图四五四 B，3；彩版一八四，3）。

M63：4，石锛。沉凝灰岩，灰白色条带。长方形，单面平刃。刃部经修整，有三个研磨面。正面、左侧面和顶面有大片旧疤痕。背面研磨较细致。长 5.4、宽 2.7、厚 1.4 厘米（图四五四 B，4；彩版一八四，4）。

M63：5，穿孔石钺。页岩，灰黑色。扁梯形，两侧有肩，侧边平直，双面弧刃。器身很薄，刃部有大量石片疤，双面管钻成孔，孔内有管钻的弦痕和敲打孔芯留下的台痕。器身上有多个方向的磨痕。残长 17.9、残宽 17.9、厚 0.7 厘米（图四五四 B，5；彩版一八四，5）。

M63：6，陶豆。泥质黑衣陶。仅余圈足残片。喇叭形圈足，足尖外翻，圆唇。圈足中段有镂孔两个，其余部分不可辨识。圈足径 10.1、残高 4 厘米（图四五四 B，6）。

M63：7，陶大口缸。出土于 M63 墓坑外侧。夹砂红陶，厚胎。口部缺，直腹微鼓，下腹弧收成小平底，底心微凸。腹身遍布斜向压印的不太规则的篮纹。底径约 11.8、残高 40 厘米（图四五四 B，7；彩版一八四，6）。

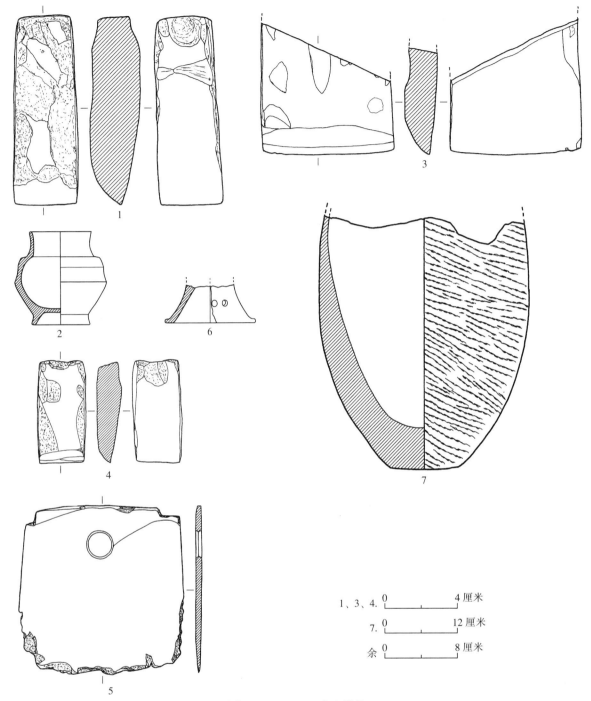

1、3、4. 0＿＿＿＿4 厘米

7. 0＿＿＿＿12 厘米

余 0＿＿＿＿8 厘米

图四五四 B　M63 出土器物

M64

位于西扩方南部。开口②b 层下，打破③层。长方形浅竖穴土坑墓，直壁，平底。长 162、宽 36 ~ 38、深 12 厘米。填土灰褐色，夹杂零星红烧土块和炭粒，土质较硬。骨架朽烂，墓向 203°。随葬品 3 件，出土于墓坑北端（图四五五 A；彩版一八五，1）。

M64：1，陶杯。泥质黑陶。敛口，方圆唇，筒形微鼓腹，下腹弧收，平底，底心微凹。腹身有三组、每组两道凹弦纹。口径 6.2、底径 6.5、高 13.7 厘米（图四五五 B，1；彩版一八五，2）。

M64：2，陶罐。泥质黑衣陶，内外兼施。口微侈，方唇，鼓腹，腹部有两个对称宽舌形短錾，錾

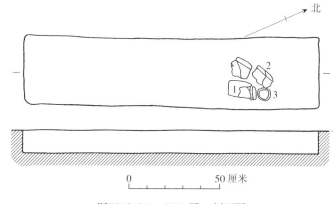

图四五五 A　M64 平、剖面图
1. 陶杯　2. 陶罐　3. 陶器底

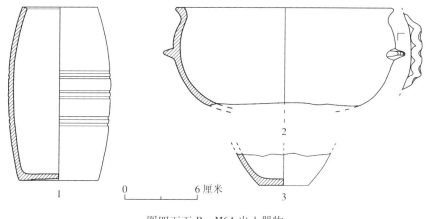

图四五五 B　M64 出土器物

上有指窝按捺形成的齿状纹饰，底残。口径 18.1、残高 8 厘米（图四五五 B，2；彩版一八五，3）。

M64：3，陶器底。夹炭黑衣陶。斜腹，平底，上部残。底径 4、残高 2.5 厘米（图四五五 B，3）。

M65

位于西扩方南部。开口②b 层下，被 M63 打破并打破③层。长方形竖穴土坑墓，直壁，平底。长 192、残宽 44～53、深 30 厘米。填土杂黄色土块及零星红烧土、炭粒。骨架留有少量骨渣，头向西南，葬式可能为仰身直肢，左侧骨架被打破，墓向 221°。随葬品 5 件，在下肢右侧（图四五六 A；彩版一八六，1）。

M65：1，陶杯。泥质灰陶。直口，平沿，尖唇，短束颈，溜肩，微鼓腹，腹部有多组弦纹组合，矮圈足，足心微凹，足底有三等分的方形缺口。口径 7、圈足径 6.8、高 14.9 厘米（图四五六 B，1；彩版一八七，1）。

M65：2，穿孔石斧。凝灰质页岩，青灰色，夹黑色麻点。上窄下宽的梯形，双面弧刃，两侧边平直。因岩性松散，研磨程度差，刃部崩损严重。穿孔可能先两面打琢形成穿孔，然后用管钻技术修整。残长 10.5、宽 7.8～9.1、厚 1.05 厘米（图四五六 B，2；彩版一八六，2）。

M65：3，陶罐。泥质灰陶。敛口，尖圆唇，弧折腹，腹最大径在器中，下腹弧收，平底。口径 7.9、底径 4.4、高 6.1 厘米（图四五六 B，3；彩版一八七，2）。

M65：4，陶豆。泥质红陶。敛口，方圆唇，折腹，下腹弧收，喇叭状矮圈足。圈足上有五个圆形

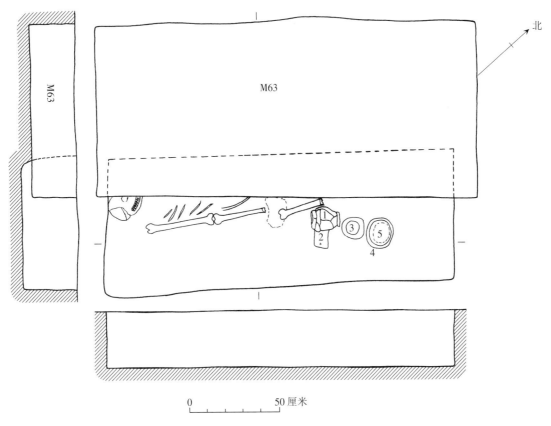

0　　　　　　　50 厘米

图四五六 A　M65 平、剖面图

1. 陶杯　2. 穿孔石斧　3. 陶罐　4、5. 陶豆

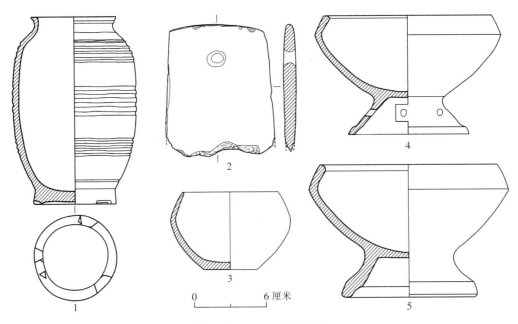

0　　　　　6 厘米

图四五六 B　M65 出土器物

镂孔。口径 13.7、圈足径 9.8、高 9.4 厘米（图四五六 B，4；彩版一八七，3）。

　　M65：5，陶豆。泥质黑衣陶，器表黑衣部分脱落，露出红色陶胎。敛口，方圆唇，折腹，下腹弧收，喇叭形圈足。圈足内底见有轮制旋痕。口径 14.4、圈足径 11.2、高 10.6 厘米（图四五六 B，5；

彩版一八七，4）。

M66

位于 T0832 等四方的南部及南扩方北部。开口②b 层下，打破③层。不太规整的长梯形竖穴土坑墓，直壁，平底。长 226、宽 66~86、深 17 厘米。填土黄褐色，夹杂零星红烧土颗粒和炭粒。骨架留有少量骨渣，头向西南，葬式可能为仰身直肢，墓向 221°。随葬品 9 件，位于墓坑北端下肢附近（图四五七 A；彩版一八八，1）。

M66∶1，穿孔石斧。凝灰岩，褐灰白色。略残损，原器形应为上窄下宽的梯形，两侧边平直，双面弧刃。研磨较细，上部和穿孔附近有很浅的旧疤痕。刃部有很小的石片疤，似有修整迹象。双面管钻形成穿孔，孔内留有弦痕和台痕。残长 14.3、残宽 7.8、厚 1.25 厘米（图四五七 B，1；彩版一八八，2）。

M66∶2，陶杯。泥质黑衣陶，器表黑衣部分脱落，露出灰色陶胎。整器分为浅盘、假腹、圈足三部分。上部为敞口，尖唇，浅盘。中段杯形假腹，装饰有两组各两道浅凹弦纹，弦纹间有三个圆形镂孔。下段为喇叭形圈足，与假腹不贯通，中下端交接处有低凸棱，上有斜向刻划。喇叭形高圈足上有两组各两道凹弦纹，弦纹带之间分别填入三个和六个管钻未透的圆孔，并留有管芯痕迹。口径 7.4、圈足径 9.6、高 12.6 厘米（图四五七 B，2；彩版一八九，1）。

M66∶3，石锛。沉凝灰岩，灰白色条带。近方梯形，单面略弧刃。正面、侧面经打磨，背面、顶面有少量疤痕，刃缘有少量小石片疤。长 4.2、宽 3.4~4、厚 1.15 厘米（图四五七 B，3；彩版一八八，3）。

M66∶4，陶盆。泥质红陶。敞口，方圆唇，弧腹，平底。全器系手工制成，器形不规整。口径 16.4、底径 9、高 9.8 厘米（图四五七 B，4；彩版一八九，2）。

M66∶5，陶鼎。夹细蚌末褐陶。侈口，方唇，沿面稍宽，溜肩，鼓腹，中腹以下残，侧扁三角形鼎足。鼎足两侧有刻划纹。口径 11.6 厘米（图四五七 B，5；彩版一八八，4）。

M66∶6，陶杯。泥质灰陶。整器分为浅盘、假腹、圈足三部分。上部敞口，斜方圆唇，浅盘。中段杯形假腹，装饰有三道浅凹弦纹。下段为喇叭形高圈足，与假腹相通，以低凸棱分为四节。第 1 至 3 节各分布三组通透的圆形镂孔以及指甲掐划纹组合形成的纹饰，两组圆形镂孔前后相对，另一组在垂

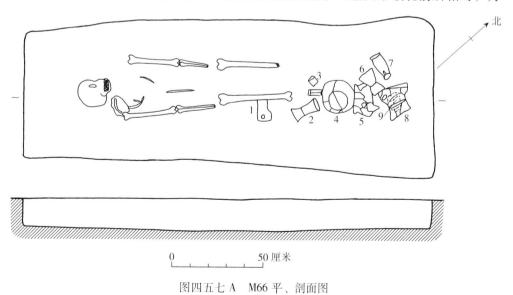

图四五七 A　M66 平、剖面图

1. 穿孔石斧　2、6、7、9. 陶杯　3. 石锛　4. 陶盆　5. 陶鼎　8. 陶豆

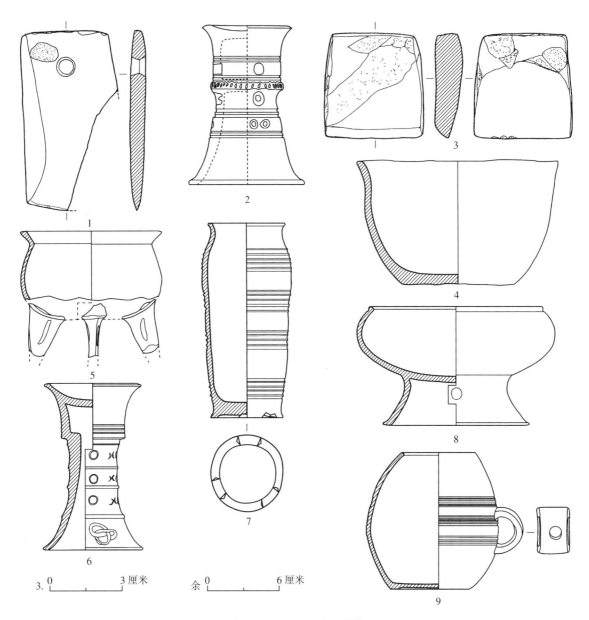

图四五七 B　M66 出土器物

直方向，指甲掐划纹在圆形镂孔之间。第 4 节靠近器底一侧有绞索刻划图案。口径 8、圈足径 8.2、高 13.2 厘米（图四五七 B，6；彩版一八九，3）。

　　M66：7，陶杯。泥质灰陶。微侈口，方唇，短束颈，直腹微弧，矮圈足，足底微撇出，圈足底部有三等分切割的缺口。腹身饰四组弦纹。口径 6.3、圈足径 6、高 15.5 厘米（图四五七 B，7；彩版一八九，4）。

　　M66：8，陶豆。泥质黑衣陶，器表黑衣脱落殆尽，露出灰色陶胎。敛口，方圆唇，鼓腹，下腹弧收，喇叭形矮圈足局部残损，未残缺部分可见一镂孔。口径 14.2、圈足径 12、高 9.4 厘米（图四五七 B，8；彩版一八九，5）。

　　M66：9，陶杯。泥质黑衣陶。敛口，圆唇，鼓腹，矮圈足，中腹一侧有一宽环状耳。环耳上有圆形镂孔一个，器表有三组弦纹带。口径 6、底径 6.5、高 10.8 厘米（图四五七 B，9；彩版一八九，6）。

第三节　墓葬分期

这批墓葬数量较少，除个别墓葬外，缺少相互叠压打破关系，给器物的分期、墓葬的编年分析带来了一定难度。但墓葬普遍随葬多件随葬品，且随葬品类型特征与其他地区的出土器物之间有一定的相似性，使我们对于这九座墓葬的分期又有了可资比较的依据。

一　墓葬随葬器物组合关系

九座墓葬的随葬品分为石器和陶器两类。石器有穿孔石斧、钺、锛、有段石锛等，陶器有鼎、豆、罐、壶、双鼻壶、杯、高柄假腹杯、匜、大口缸、纺轮等。现将各墓主要随葬器物列表如下（表一四）：

表一四　　　　　　　　　　神墩遗址崧泽—良渚文化墓葬主要随葬器物组合表

墓号＼器类	有段石锛	石锛	石钺	穿孔石斧	陶双鼻壶	高柄陶豆	矮柄陶豆	陶大口缸	陶匜	筒形陶杯	假腹陶杯	陶鼎	陶罐	陶纺轮	陶壶	陶盆
M58	1			1	1	1										
M59		1		1	1		1	1								
M60		1		2			1		1	1			1			
M61							1			1			2	1		
M62							1						1		1	
M63		3	1			1		1							1	
M64										1			2			
M65				1			2			1			1			
M66		1		1						2	1					1

根据上表显示出的器物组合关系，可以将这些墓葬分为三组：

A 组：石锛、穿孔石斧、陶双鼻壶的组合。具有这类特征的墓葬为 M58、M59。

B 组：矮柄陶豆、陶杯的组合。具有这类特征的墓葬有 M60、M61、M64、M65、M66。此外，这类墓葬还普遍随葬一件体积较大的平底器，如陶匜、陶盆、大陶罐等。M62 除未随葬陶杯外，其余特征均符合，所以也归入 B 组。

C 组：M63 打破 M65，可知 M63 晚于 B 组。

二　墓葬分期

按照对于良渚文化分期的一般认识，出土有段石锛、穿孔石斧（钺）和陶双鼻壶的墓葬应已进入良渚时期。M58、M59 出土的陶双鼻壶圆腹、短领，双鼻贯通，与赵陵山 M58∶14[①]、M56－2∶7[②]、罗

① 南京博物院：《赵陵山——1990～1995 年度发掘报告》，第 67 页，图九二，文物出版社，2012 年。
② 南京博物院：《赵陵山——1990～1995 年度发掘报告》，第 61 页，图八四，文物出版社，2012 年。

墩 M4：9[1]、福泉山 T35④：3[2]、周家浜 M33[3]、仙坛庙 M79：12[4]、昆山 M29：9[5] 相似。穿孔石斧为铲形或风字形，体形较厚，M59：2 与赵陵山 M58：9[6]、M56－2：1[7] 类似。结合其他遗址的年代特征，A 组墓葬年代应相当于良渚文化早期阶段。

B 组墓葬中矮柄陶豆是崧泽文化中晚期最常见的器形之一。除 M61：2 为假腹豆外，其余各墓均为喇叭形圈足的矮粗柄豆，有的柄部还有相对的圆形镂孔。其中 M60：4 与新岗 M5：15[8]、赵陵山 M79：1[9] 相似，M62：2 与南河浜 M64：4[10] 相似，M65：4 与赵陵山 M61：4[11] 相似。陶杯多为筒形杯，有侈口和敛口两种，其中 M66：7 与昆山 M43：2[12] 筒形杯相似，M65：1 与昆山 M47：5[13]、赵陵山 M41：5[14] 筒形杯相似。M64：1 敛口杯与昆山 M46：2[15]、新岗 M47：8[16] 相似。

M60 出土的带把鼎与新岗 M40：7[17]、M51：5[18] 相似，与昆山 M10：6[19]、M50：9[20] 略有不同的是，昆山出土者口部有流，发掘者因之命名为盉；而神墩和新岗出土者无流，仍属鼎的范畴。

值得注意的是，M66 出土的两件假腹杯与昆山遗址出土的假腹杯比较相似，昆山的发掘者将其定名为"假腹杯形豆"。除昆山遗址外，湖州邱城遗址、长兴台基山遗址、湖州花城遗址、湖州塔地遗址、长兴江家山遗址、安吉芝里遗址也出土了这类假腹杯[21]，基本都位于太湖西南隅，说明这一时段该地区文化面貌的独特性。

结合其他遗址的年代特征，B 组墓葬年代应相当于崧泽文化晚期阶段。

M63 出土的折肩、折腹壶带有较浓郁的崧泽文化的作风，出土的大口缸与 M59 出土的大口缸相比，体形稍窄，底部略平，尚未发展到后者平底微圜的形态，与苏州张陵山下层墓地出土者情况类似，墓葬年代应介于 A 组墓葬与 B 组墓葬之间。

① 苏州博物馆、常熟博物馆：《江苏常熟罗墩遗址发掘简报》图一三：9，《文物》1997 年第 7 期。
② 上海市文物管理委员会：《福泉山——新石器时代遗址发掘报告》第 110 页，图七五：2，文物出版社，2000 年。
③ 浙江省文物考古研究所、海盐县博物馆：《海盐周家浜遗址发掘概况》图五：2、6，见嘉兴市文化局编《崧泽·良渚文化在嘉兴》，第 184 页，浙江摄影出版社，2005 年。
④ 王宁远：《海盐仙坛庙遗址中期聚落试析》图二，见浙江省文物考古研究所编《浙江省文物考古研究所学刊——建所十周年纪念（1980～1990）》，科学出版社，1993 年。
⑤ 浙江省文物考古研究所、湖州市博物馆：《昆山》，第 193 页，文物出版社，2006 年。
⑥ 南京博物院：《赵陵山——1990～1995 年度发掘报告》，第 65 页，图九〇，文物出版社，2012 年。
⑦ 南京博物院：《赵陵山——1990～1995 年度发掘报告》，第 60 页，图八三，文物出版社，2012 年。
⑧ 常州博物馆：《常州新岗——新石器时代文化遗址发掘报告》，第 104 页，文物出版社，2012 年。
⑨ 南京博物院：《赵陵山——1990～1995 年度发掘报告》，第 167 页，图二一五，文物出版社，2012 年。
⑩ 浙江省文物考古研究所：《南河浜——崧泽文化遗址发掘报告》，图一〇二，文物出版社，2005 年。
⑪ 南京博物院：《赵陵山——1990～1995 年度发掘报告》，第 90 页，图一二四，文物出版社，2012 年。
⑫ 浙江省文物考古研究所、湖州市博物馆：《昆山》，第 140 页，文物出版社，2006 年。
⑬ 浙江省文物考古研究所、湖州市博物馆：《昆山》，第 150 页，文物出版社，2006 年。
⑭ 南京博物院：《赵陵山——1990～1995 年度发掘报告》，第 125 页，图一七六，文物出版社，2012 年。
⑮ 浙江省文物考古研究所、湖州市博物馆：《昆山》，第 143 页，文物出版社，2006 年。
⑯ 常州博物馆：《常州新岗——新石器时代文化遗址发掘报告》，第 154 页，图二〇三，文物出版社，2012 年。
⑰ 常州博物馆：《常州新岗——新石器时代文化遗址发掘报告》，第 145 页，图一八八，文物出版社，2012 年。
⑱ 常州博物馆：《常州新岗——新石器时代文化遗址发掘报告》，第 163 页，图二一六，文物出版社，2012 年。
⑲ 浙江省文物考古研究所、湖州市博物馆：《昆山》，第 81 页，图五七 C，文物出版社，2006 年。
⑳ 浙江省文物考古研究所、湖州市博物馆：《昆山》，第 180 页，图一〇八 B，文物出版社，2006 年。
㉑ 浙江省文物考古研究所、湖州市博物馆：《昆山》，第 461 页，文物出版社，2006 年。

第五章　夏商时期遗存

夏商时期遗存主要有灰沟 G1 和灰坑 H1、H13、H28～H31、H33、H37、H91（图四五八；附表九）。

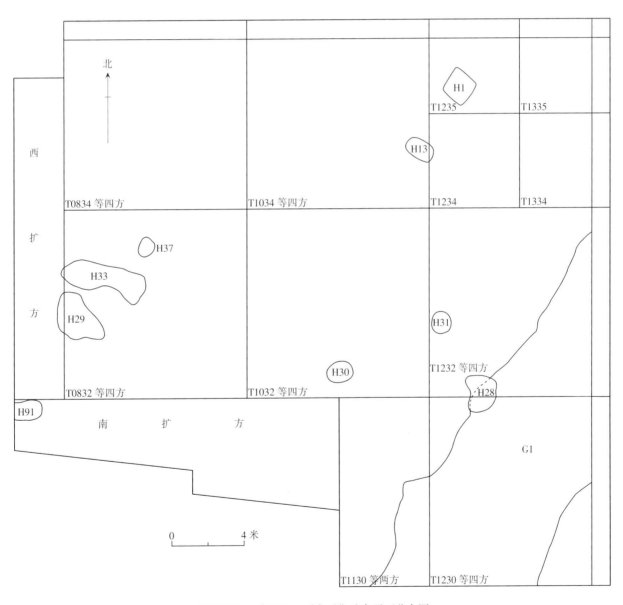

图四五八　神墩遗址夏商时期遗存平面分布图

第一节　灰沟（G1）

一　概述

G1 位于主发掘区的东南部，呈东北—西南方向主要分布于 T1130 等两方的东南部、T1230 等四方的大部和 T1232 等四方的东南部（见图四五八；彩版一九〇，1、2）。经钻探，G1 呈东北—西南方向贯穿整个遗址的偏西部，分别与西南部的溧梅支河和东北部的低洼地相通（图四五九）。发掘部分位

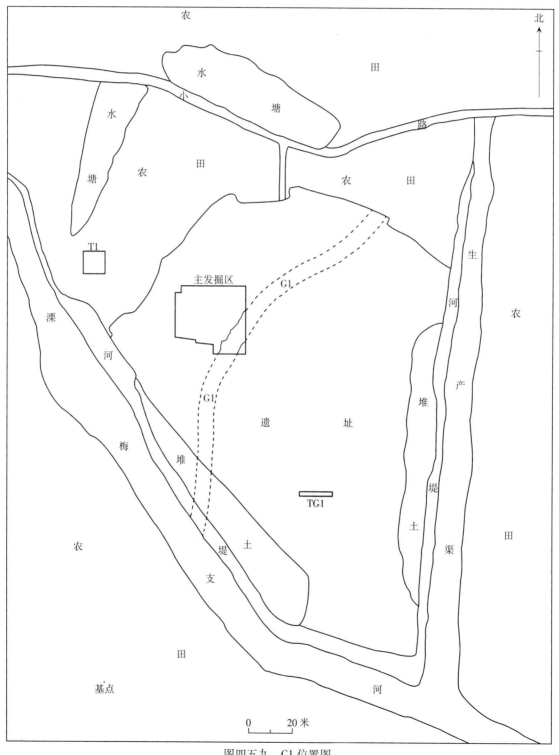

图四五九　G1 位置图

于 G1 的中段。G1 东北部分平均深度 1.2 米，发掘区域平均深 1.5 米，西南部分接近溧梅支河的一段深度一般在 2.0 米左右（表一五）。由此可以看出，G1 的流向是自东北向西南流入溧梅支河。从 G1 的走向、规模和形制看，应该是人工开挖，主要用于泄洪、走水、储水和取水之用。G1 发掘部分底部的小窄沟和与窄沟连通的圆形深坑应是在水位下降、取水困难时另行开挖用来储水和取水的。

表一五　　　　　　　　　　　　　　**G1 发掘部分底部各测量点标高**

测点位置	标高
T1232 等四方东壁北段	－130 厘米
T1232 等四方南壁	－140 厘米
T1230 等四方北壁	－155 厘米
T1230 等四方中部	－155 厘米
T1230 等四方南壁	－170 厘米

　　G1 开口于①层下，被 H28 打破，打破 H32 和③层、④层、⑤层、⑥层和生土，还破坏了④层下的马家浜文化时期墓地。清理部分呈长条状，长边 22.2、短边 6.5、最宽处约 8.5 米，包括 G1 底部的小窄沟和窄沟旁边与窄沟连通的圆形深坑，沟平均深约 1.5 米，窄沟部分深 1.9 米，圆形深坑部分深 2.7 米（图四六〇）。

　　二　地层堆积

　　以 G1 穿越沟底小窄沟和圆形深坑的剖面、T1230 等四方北壁剖面、T1230 等四方南壁剖面为例介

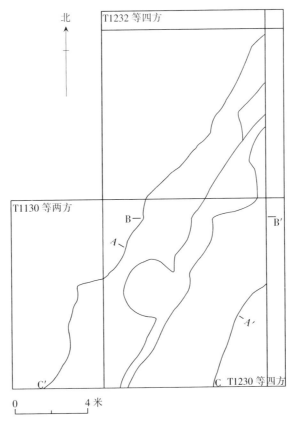

图四六〇　G1 平面图

绍（图四六一）。

第①层，灰黑色土，夹杂大量草木灰和少量红烧土。厚0～50厘米。出土遗物主要有陶片（器）和石器。陶片（器）中泥质陶最多，其次为夹蚌陶、夹砂陶及硬陶，可辨器形有豆、大罐、小罐、刻槽盆、盆、鼎、鼎鬹类足、三足盘、鸭形壶、尊、钵、纺轮、网坠及陶球等，以素面为主，纹饰有绳纹、方格纹、弦纹、叶脉纹、梯格纹、云雷纹、刻划纹、席纹、凸棱纹、间断套菱纹、篮纹、折线纹、紊乱套菱纹、戳印纹、乳丁纹以及弦纹＋方格纹、弦纹＋绳纹、弦纹＋叶脉纹、弦纹＋折线纹、弦纹＋云雷纹、弦纹＋篮纹、弦纹＋镂孔、弦纹＋席纹、方格纹＋菱形填线纹、乳丁纹＋弦纹＋绳纹、附加堆纹＋指窝纹、附加堆纹＋指窝纹＋折线纹、附加堆纹＋叶脉纹、戳印＋绳纹等组合纹饰（图四六二；附表一〇、一一）。石器种类有锛、刀和砺石。

第②层，灰黄色土，夹杂少量红烧土。厚0～32厘米。出土遗物主要有陶片（器）和石器。陶片（器）中泥质陶最多，其次为夹蚌陶、夹砂陶及硬陶，可辨器形有豆、小罐、钵、鬹腰、釜鬹类口沿、陶拍等，以素面为主，纹饰有方格纹、弦纹、绳纹、叶脉纹、梯格纹、刻划纹、云雷纹、折线纹、戳印纹以及弦纹＋方格纹、弦纹＋叶脉纹、弦纹＋镂孔等组合纹饰（附表一二、一三）。石器种类有锛和刀。

第③层，灰黄色土，夹杂较多红烧土。厚0～55厘米。出土遗物主要有陶片（器）、石器及原始瓷片、零星玉器。陶片（器）中泥质陶最多，其次为夹蚌陶、夹砂陶及硬陶，可辨器形有豆、大罐、小罐、刻槽盆、盆、器盖、钵、纺轮等，以素面为主，纹饰有方格纹、弦纹、叶脉纹、绳纹、梯格纹、刻划纹、凸棱纹、篮纹、戳印纹、云雷纹、指窝纹、折线纹、套菱纹以及弦纹＋方格纹、弦纹＋镂孔、弦纹＋叶脉纹、弦纹＋绳纹、弦纹＋云雷纹、附加堆纹＋指窝纹等组合纹饰（图四六三，1；附表一四、一五）。石器种类有锛、凿、刀、镰、镞、矛头、环等。玉器见有璜1件。

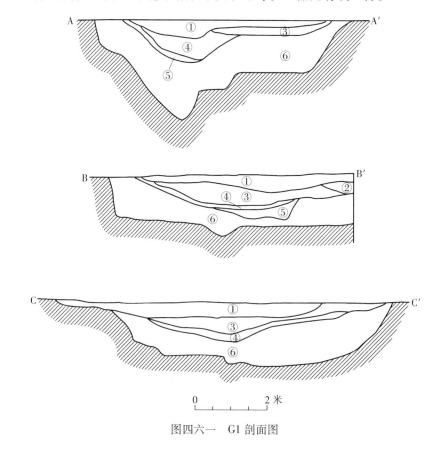

图四六一　G1 剖面图

图四六二　G1 第①层出土陶器纹饰拓片

1～3. 云雷纹（T1230 等 G1①：55、T1230 等 G1①：48、T1230 等 G1①：42）　4. 叶脉纹（T1230 等 G1①：43）　5、6. 梯格纹（T1230 等 G1①：41、T1230 等 G1①：40）　7. 凸棱纹（T1230 等 G1①：47）　8. 绳纹（T1230 等 G1①：39）　9. 间断套菱纹（T1230 等 G1①：31）　10. 紊乱套菱纹（T1230 等 G1①：36 内）　11. 戳印纹（T1230 等 G1①：17）　12. 弦纹＋篮纹（T1230 等 G1①：15）

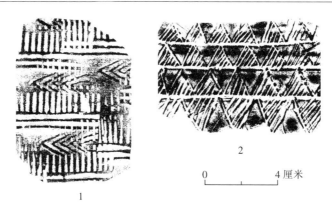

图四六三　G1 第③、⑤层出土陶器纹饰拓片
1. 梯格纹（T1230 等 G1③：22）　2. 三角填线纹（T1230 等 G1⑤：4）

第④层，灰色土，夹杂较多的草木灰和炭化植物根茎。厚 0～56 厘米。出土遗物主要有陶片（器）和石器。陶片（器）中泥质陶最多，其次为夹蚌陶、夹砂陶及硬陶，可辨器形有豆、大罐、小罐、刻槽盆、盆、鼎甗类足、鬲甗类足、釜甗类口沿、鼎、三足盘、尊、碗、杯、纺轮等，以素面为主，纹饰有方格纹、弦纹、绳纹、叶脉纹、梯格纹、篮纹、刻划纹、戳印纹、凸棱纹、指窝纹、云雷纹、三角填线纹、折线纹以及弦纹＋方格纹、弦纹＋叶脉纹、弦纹＋刻划纹、弦纹＋云雷纹、附加堆纹＋指窝纹等组合纹饰（图四六四；附表一六、一七）。石器种类有锛、刀及镞。

第⑤层，深灰色土，近底部呈淤泥状。厚 0～40 厘米。出土遗物主要有陶片（器）和石器。陶片（器）中泥质陶最多，其次为夹蚌陶、夹砂陶及硬陶，可辨器形有豆、大罐、刻槽盆、鼎甗类足、三足盘、尊、器盖、钵等，以素面为主，纹饰有方格纹、弦纹、叶脉纹、绳纹、梯格纹、凸棱、刻划纹、篮纹、折线纹、三角填线纹以及弦纹＋方格纹、弦纹＋叶脉纹、弦纹＋指窝纹等组合纹饰（图四六三，2；附表一八、一九）。石器种类有锛。

第⑥层，黄灰色土，淤泥状。厚 0～152 厘米。出土遗物主要有陶片（器）和石器。陶片（器）中泥质陶最多，其次为夹蚌陶、夹砂陶及硬陶，可辨器形有豆、大罐、小罐、刻槽盆、盆、鼎甗类足、甗腰、鬲甗类足、釜甗类口沿、三足盘、鸭形壶、器盖、碗、钵、杯、纺轮、陶拍、网坠等，以素面为主，纹饰有方格纹、弦纹、叶脉纹、梯格纹、绳纹、凸棱纹、刻划纹、篮纹、云雷纹、折线纹、回纹、戳印纹、错断套菱纹、指窝纹、镂孔纹及弦纹＋方格纹、弦纹＋叶脉纹、弦纹＋云雷纹、弦纹＋绳纹、弦纹＋刻划纹、弦纹＋镂孔＋方格纹、附加堆纹＋指窝纹、附加堆纹＋指窝纹＋叶脉纹等组合纹饰（图四六五；附表二〇、二一）。石器种类有锛、凿、斧、刀、镰、犁、镞及砺石等。

G1 的出土物主要以夏商时期的遗物为主，另外还含有少量的马家浜文化时期的陶釜、玉璜等以及良渚文化时期的鱼鳍形鼎足和"T"形鼎足等，应为被 G1 所打破的早期堆积中的遗留物。

三　堆积情况及成因

第⑥层为 G1 堆积的第一阶段，表现为使用中逐渐淤积的过程。其中位于底部的小窄沟和圆形深坑为 G1 使用初期的堆积，填土为淤泥状。贴附于沟壁上的土层淤泥性状不明显，并且包含有较多的新石器时代的遗物，应该与沟壁在水流作用下的垮塌有关。

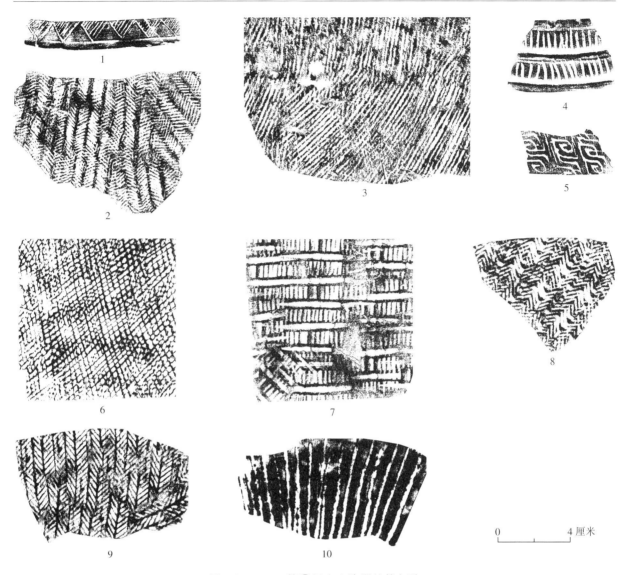

图四六四　G1 第④层出土陶器纹饰拓片

1. 三角填线纹（T1230 等 G1④：1）　2、9. 叶脉纹（T1230 等 G1④：19、T1230 等 G1④：2）　3. 绳纹（T1230 等 G1④：9）
4. 弦纹＋刻划纹（T1230 等 G1④：20）　5. 云雷纹（T1230 等 G1④：13）　6. 小方格纹（T1230 等 G1④：6）　7. 梯格纹
（T1230 等 G1④：8）　8. 折线纹（T1230 等 G1④：5）　10. 刻划纹（T1230 等 G1④：2 内）

　　第⑤层和第④层为 G1 堆积的第二阶段，属于逐渐淤积、废弃的过程。第⑤层和第④层断续分布，并且土质中包含有较多的草木灰和炭化植物根茎，应该属于湿气较重的水域"沼泽"环境。此时的水沟已经废弃，保留下断断续续的小"水坑"。

　　第③层和第②层为 G1 堆积的第三阶段，属于废弃后堆积。填土中含有较多的红烧土粒和块，土质较硬，土色黄灰或灰黄，应是人们有意而为的垫土层。两层中的包含物亦较少，可以证明形成时间的短暂性。

　　第①层为 G1 堆积的第四阶段，亦属于废弃后堆积。填土特征和包含物与周边分布的同时期的灰坑一致。此期，由于水沟水域的消失，在沟的旁边开凿了水井（H1），可作为水沟废弃的旁证。

　　四　出土遗物

　　出土遗物主要有陶器、石器和个别玉器。器物编号中的探方号按照发掘时的编号继续保留。

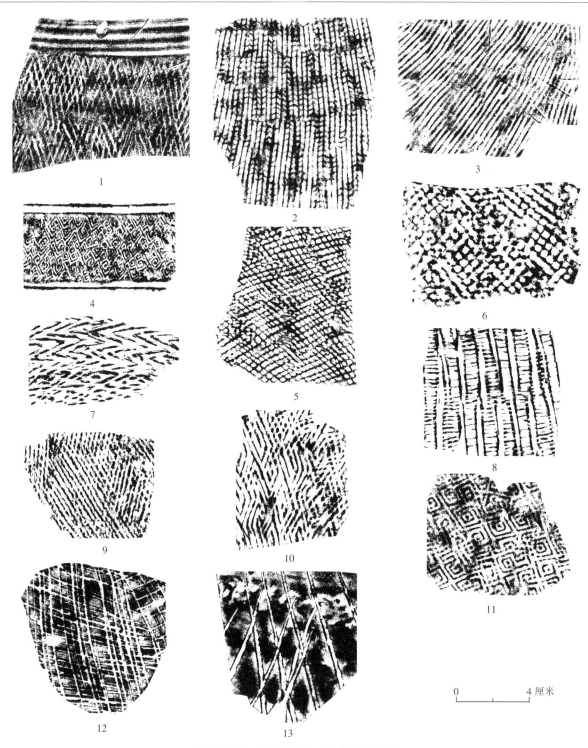

图四六五　G1 第⑥层出土陶器纹饰拓片

1. 弦纹 + 篮纹（T1230 等 G1⑥：25）　2. 叶脉纹（T1230 等 G1⑥：122）　3. 凸棱纹（T1230 等 G1⑥：126）　4. 云雷纹（T1230 等 G1⑥：123）　5、6. 方格纹（T1230 等 G1⑥：80、T1230 等 G1⑥：135）　7. 折线纹（T1230 等 G1⑥：77）　8. 梯格纹（T1230 等 G1⑥：31）　9. 绳纹（T1230 等 G1⑥：84）　10、11. 回纹（T1230 等 G1⑥：83、T1230 等 G1⑥：94）　12. 刻划纹（T1230 等 G1⑥：89 内）　13. 错断套菱纹（T1230 等 G1⑥：97 内）

（一）陶器

1. 豆

根据陶豆整体形态和陶质的不同，可以分为五型。

A 型　细高柄喇叭形圈足，泥质陶。根据豆盘的变化可以分为两个亚型。

Aa 型　豆盘敛口。

Ⅰ式　敛口。

T1230 等 G1⑥：106，泥质灰胎黑衣陶。敛口，圆唇，折弧腹浅盘，细高柄，喇叭形圈足。腹部有弦痕，柄上饰凹弦纹，柄内部有弦痕。轮制。口径 14.5、圈足径 12.6、高 19.6 厘米（图四六六，1；彩版一九一，1）。

T1230 等 G1⑥：105，泥质灰胎黑衣陶。敛口，圆唇，折腹，斜壁，浅盘，细高柄，圈足下部残缺。柄上饰凹弦纹。口径 13.2、残高 13.4 厘米（图四六六，2）。

图四六六　G1 出土 A 型陶豆

1~3. Aa 型Ⅰ式（T1230 等 G1⑥：106、T1230 等 G1⑥：105、T1230 等 G1⑥：123）　4. Aa 型Ⅱ式（T1230 等 G1③：3）　5、6. Ab 型Ⅰ式（T1230 等 G1⑥：103、T1230 等 G1⑥：107）　7. Ab 型Ⅱ式（T1230 等 G1②：3）

T1230 等 G1⑥:123，泥质灰胎黑衣陶。浅盘，口沿残，细高柄，圈足下部残缺。柄中部凸起部分饰云雷纹，其上、下各有三道凸棱，靠近豆盘的两周凸棱之间饰四个等距的圆形镂孔。残高 15 厘米（图四六六，3）。

Ⅱ式　内敛口加甚。

T1230 等 G1③:3，泥质黑陶。敛口甚，圆唇，肩部微折，浅弧腹，圈足残。口径 13、残高 5.4 厘米（图四六六，4）。

Ab 型　豆盘敞口。

Ⅰ式　浅盘。

T1230 等 G1⑥:103，泥质灰陶。敞口，尖圆唇，浅盘，细高柄，喇叭形圈足。圈足外侧略起折内凹。上端有一道凸棱。口径 17.6、圈足径 11.6、高 17.3 厘米（图四六六，5；彩版一九一，2）。

T1230 等 G1⑥:107，泥质灰陶。敞口，方唇，浅盘，细高柄，喇叭形圈足。豆柄底部饰弦纹，表面可见轮旋痕迹。口径 22、圈足径 14.8、高 22.8 厘米（图四六六，6；彩版一九一，3）。

Ⅱ式　盘更浅，沿外撇。

T1230 等 G1②:3，泥质灰陶。敞口，圆唇，沿稍外折，浅盘，圈足残。口径 20.2、残高 3.2 厘米（图四六六，7）。

B 型　中粗喇叭形高柄圈足，泥质陶。根据柄部装饰的变化可以分为四个亚型。

Ba 型　圈足上满布凹弦纹。

T1230 等 G1⑥:119，泥质黑陶。敞口，圆唇，沿面外凸微卷，内微折，浅腹斜收。柄部饰多道凹弦纹。圈足下部残缺。口径 16、残高 13.4 厘米（图四六七，1；彩版一九一，4）。

T1230 等 G1⑥:132，泥质灰陶。敞口，尖圆唇，平折沿，斜弧腹，圈足残。腹外表有数道轮旋痕。口径 16.7、残高 5 厘米（图四六七，2）。

T1232 等 G1④:1，泥质黑陶。敞口，尖圆唇，折沿，沿面略外斜，弧腹，圈足残。沿面上有轮制时遗留的凹弦痕。口径 16.2、残高 5 厘米（图四六七，3）。

Bb 型　圈足上饰若干组凹凸弦纹。

T1230 等 G1⑥:131，泥质黑陶。豆盘残缺，喇叭形圈足，足端外撇近平。柄部饰三组弦纹，足面饰多道弦纹。圈足径 15.2、残高 11.8 厘米（图四六七，4）。

T1232 等 G1⑤:1，泥质黑衣陶。豆盘残缺，喇叭形圈足，足端外撇近平。柄部饰三组弦纹，足面饰多道弦纹。圈足径 13、残高 13.8 厘米（图四六七，5）。

T1232 等 G1④:7，泥质黑皮陶。胎黑色，两侧灰白，外表和内壁黑皮，呈夹心饼干状，表面黑衣大多脱落。豆盘残缺，喇叭形圈足，圈足边缘残损。柄部饰三组弦纹。残高 11.8 厘米（图四六七，6）。

T1230 等 G1③:13，泥质灰陶。喇叭形圈足，足端外撇近平。柄部饰三组弦纹，足面饰多道弦纹。器内外轮制痕迹比较明显。圈足径 13、残高 14 厘米（图四六七，7）。

Bc 型　圈足上饰凸弦纹或竹节状凸棱。

T1230 等 G1⑥:7，泥质灰胎黑皮陶。豆盘残损，喇叭形圈足。圈足上有多道平行的凸弦纹。圈足径 11.2、残高 13 厘米（图四六七，8）。

T1232 等 G1⑤:4，泥质灰陶。口部残缺，浅盘，折腹，圈足残缺。柄部饰多道凸棱。残高 11.6 厘米（图四六七，9）。

T1232 等 G1⑤:5，泥质灰陶。圈足和豆盘部分残缺。柄部饰多道凸棱。残高 12.6 厘米（图四六七，10）。

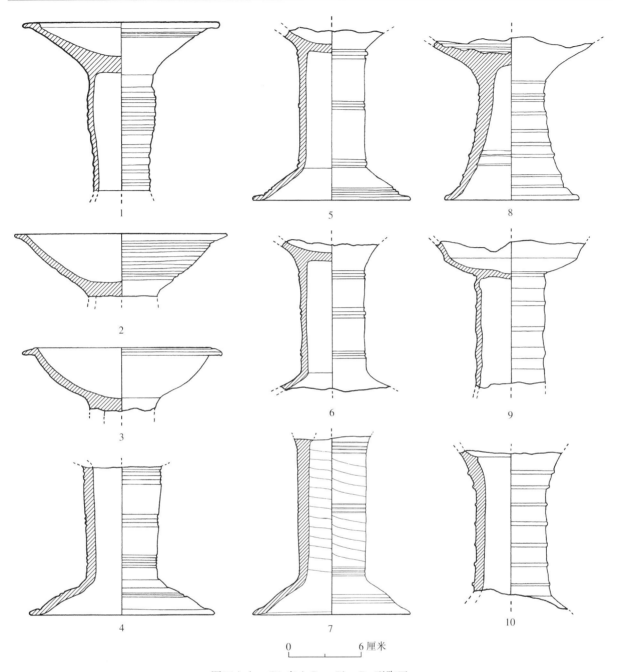

图四六七　G1 出土 Ba、Bb、Bc 型陶豆

1～3. Ba 型（T1230 等 G1⑥：119、T1230 等 G1⑥：132、T1232 等 G1④：1）　　4～7. Bb 型（T1230 等 G1⑥：131、T1232 等 G1⑤：1、
T1232 等 G1④：7、T1230 等 G1③：13）　　8～10. Bc 型（T1230 等 G1⑥：7、T1232 等 G1⑤：4、T1232 等 G1⑤：5）

　　Bd 型　圈足上饰高凸节状凸棱。

　　T1230 等 G1⑥：102，泥质灰陶。敞口，圆唇，微卷沿，沿面平，折腹较深，喇叭形圈足，凸节圆鼓，足端外撇近平。凸节上、下各有一道和两道凸弦纹。口径 18、圈足径 13、高 16 厘米（图四六八，1；彩版一九二，1）。

　　T1230 等 G1⑥：113，泥质黑陶。敞口，圆唇，平折沿，沿面有一周凹槽，浅斜腹，凸节圆鼓，圈足残缺。口径 17、残高 10 厘米（图四六八，2）。

　　T1230 等 G1⑥：120，泥质黑陶。敞口，圆唇，平折沿，浅弧腹，凸节圆鼓，圈足残缺。豆柄上端

图四六八　G1 出土 Bd 型陶豆

1~10. T1230 等 G1⑥:102、T1230 等 G1⑥:113、T1230 等 G1⑥:120、T1230 等 G1⑥:118、T1232 等 G1⑤:27、T1232 等 G1⑤:2、T1230 等 G1③:11、T1230 等 G1⑥:40、T1232 等 G1④:3、T1232 等 G1④:13

有一道凹弦纹。口径 16、残高 11 厘米（图四六八，3）。

T1230 等 G1⑥:118，泥质黑陶。敞口，圆唇，浅弧腹，凸节圆鼓，台座式圈足，圈足边缘残缺。凸节下端有一道凸弦纹。口径 17.8、残高 12.1 厘米（图四六八，4）。

T1232 等 G1⑤:27，泥质灰陶。豆盘敛口，折腹浅盘，凸节圆鼓，喇叭形圈足。凸节上、下各有三道凸弦纹。口径 22.4、圈足径 13.5、高 15.6 厘米（图四六八，5；彩版一九二，2）。

T1232 等 G1⑤:2，泥质黑皮陶。胎色中间黑，两侧灰白色，呈夹心饼干状，表面黑皮大多脱落。豆盘部分残缺，凸节圆鼓。凸节上、下各有两道凸弦纹。残高 15 厘米（图四六八，6）。

T1230 等 G1③:11，泥质黑皮陶。豆盘和圈足残缺。凸节上部饰两个对称的圆形镂孔。豆柄中部饰云雷纹。残高 8.3 厘米（图四六八，7）。

T1230 等 G1⑥:40，泥质黑皮陶。豆盘和圈足残缺。凸节起折棱。凸节上、下各可见三道凸弦纹。残高 13 厘米（图四六八，8）。

T1232 等 G1④:3，泥质灰陶。豆盘和圈足残缺。凸节圆鼓。凸节上、下各可见三道凸弦纹。残高 10.6 厘米（图四六八，9）。

T1232 等 G1④:13，泥质灰胎黑皮陶。圈足和豆盘残缺。凸节起折棱。凸节上、下各可见两道凸弦纹。残高 11.2 厘米（图四六八，10）。

T1230 等 G1①:51，泥质灰陶。豆盘残缺。喇叭形圈足，足端外撇近平。凸节上、下各可见两道凸弦纹，足面有多道弦纹。圈足径 9.8、残高 4.9 厘米（图四六九，1）。

T1230 等 G1③:12，泥质黑陶。豆盘和圈足残缺。凸节起折棱。凸节上侧有一道凸弦纹，下侧有一道凸弦纹和两道凹弦纹。残高 10.2 厘米（图四六九，2）。

T1232 等 G1②:1，泥质灰胎黑皮陶。豆盘和圈足残缺。凸节起折棱。凸节上侧有一道凸弦纹，下侧有三道凸弦纹。残高 8.8 厘米（图四六九，3）。

另外还有一些中粗柄豆，豆盘形态和 Bd 型较为接近，亦归入此型。

T1230 等 G1⑥:130，泥质灰陶，部分胎色橙黄。敞口，平折沿，折腹，圈足残。腹部有弦痕。口径 18.7、残高 5.5 厘米（图四六九，4）。

T1230 等 G1⑥:110，泥质黑皮陶。敞口，圆唇，平折沿，沿面内凹，折腹斜收，圈足残。腹部有弦痕。口径 22.2、残高 6 厘米（图四六九，5）。

T1230 等 G1⑥:115，泥质灰陶。敞口，圆唇，微卷沿，折腹，圈足残。腹部有弦纹。口径 20.4、残高 6 厘米（图四六九，6）。

T1230 等 G1⑥:116，泥质黑陶。敞口，尖圆唇，平折沿，折腹，圈足残。沿面有凸弦纹，腹部有弦纹。口径 20、残高 6 厘米（图四六九，7）。

T1230 等 G1⑥:121，泥质褐陶。侈口，圆唇，平折沿，折腹，圈足残。腹部有凸弦纹和弦痕。口径 22.2、残高 7.8 厘米（图四六九，8）。

T1230 等 G1⑥:111，泥质灰陶。敞口，圆唇，平折沿，浅盘，斜腹，圈足残。口径 21、残高 5 厘米（图四六九，9）。

T1230 等 G1①:9，泥质灰陶。敞口，圆唇，平折沿，浅弧腹，圈足残。口径 20、残高 5.3 厘米（图四六九，10）。

T1232 等 G1⑥:5，泥质黑陶。敞口，圆唇，折沿，沿面略外斜，弧腹，圈足残。口径 23、残高 6.6 厘米（图四六九，11）。

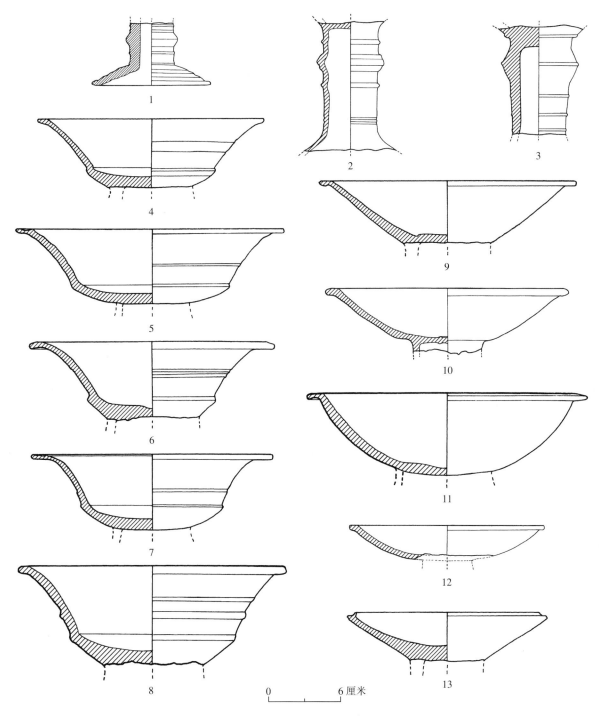

图四六九　G1 出土 Bd 型陶豆

1～13. T1230 等 G1①:51、T1230 等 G1③:12、T1232 等 G1②:1、T1230 等 G1⑥:130、T1230 等 G1⑥:110、T1230 等 G1⑥:115、T1230
等 G1⑥:116、T1230 等 G1⑥:121、T1230 等 G1⑥:111、T1230 等 G1①:9、T1232 等 G1⑥:5、T1232 等 G1③:21、T1232 等 G1④:4

　　T1232 等 G1③:21，泥质灰陶。敞口，平沿，浅弧腹，圈足残。口径 16、残高 2.6 厘米（图四六
九，12）。

　　T1232 等 G1④:4，泥质灰陶。子母口，尖圆唇，浅弧腹，圈足残。口径 16.4、残高 4 厘米（图四
六九，13）。

　　C 型　中粗中高柄圈足。

T1232 等 G1④：16，泥质灰陶。敞口，圆唇，斜腹，喇叭形圈足，足端外撇。制作不甚规整。柄部饰两组弦纹。口径 12.6、圈足径 9.4、高 10.3 厘米（图四七〇，1；彩版一九二，3）。

T1232 等 G1①：5，泥质黑皮陶。敞口，微卷沿，浅腹，喇叭形圈足，足端外撇近平。柄部饰两组弦纹。口径 17.7、圈足径 10.3、高 10.4 厘米（图四七〇，2）。

T1232 等 G1④：10，泥质黄褐陶。敞口，微卷沿，圆唇，斜腹，盘底略平，圈足残。口径 12、残高 4.2 厘米（图四七〇，3）。

T1232 等 G1①：6，泥质灰陶。豆盘残缺。喇叭形圈足。圈足面饰凸棱。圈足径 13、残高 6.2 厘米

图四七〇　G1 出土 C、D 型陶豆

1～6. C 型（T1232 等 G1④：16、T1232 等 G1①：5、T1232 等 G1④：10、T1232 等 G1①：6、T1230 等 G1④：18、T1230 等 G1⑥：140）

7～12. D 型（T1232 等 G1⑥：6、T1230 等 G1⑥：109、T1230 等 G1⑥：20、T1230 等 G1④：16、T1232 等 G1①：7、T1230 等 G1①：21）

（图四七〇，4）。

T1230 等 G1④：18，泥质灰陶。豆盘残缺。足面饰凸棱。圈足径 26.8、残高 8.4 厘米（图四七〇，5）。

T1230 等 G1⑥：140，泥质黑陶。豆盘残缺。喇叭形圈足，足外缘外撇。圈足上饰多道凸棱。圈足径 13.6、残高 8 厘米（图四七〇，6）。

D 型　喇叭形矮圈足。

T1232 等 G1⑥：6，泥质黑皮陶。敞口，翻贴缘，浅弧腹，矮圈足。圈足上有凸弦纹，圈足外缘起折棱。口径 25.6、圈足径 12.6、高 9.8 厘米（图四七〇，7；彩版一九二，4）。

T1230 等 G1⑥：109，泥质黑皮陶。敞口，方唇出缘，唇面有一周凹槽，浅弧腹，矮圈足。圈足上有三道凹弦纹，圈足外缘起折棱。口径 18.6、圈足径 9.6、高 8.6 厘米（图四七〇，8）。

T1230 等 G1⑥：20，泥质灰陶。足面饰三道凸棱。圈足径 20.2、残高 6.4 厘米（图四七〇，9）。

T1230 等 G1④：16，夹砂红陶。豆盘残缺。足面饰多道凸棱。圈足径 11.8、残高 4.4 厘米（图四七〇，10）。

T1232 等 G1①：7，泥质黑皮陶。豆盘部分残缺，矮圈足。圈足上有两道凸弦纹，圈足外缘起折棱。圈足径 10.6、残高 4.4 厘米（图四七〇，11）。

另 T1230 等 G1①：21 豆盘与此型同类器接近，归入该型。泥质黑皮陶。敞口，方唇微外翻，斜腹，圈足残。口径 23、残高 6 厘米（图四七〇，12）。

E 型　柄较粗，喇叭形圈足，硬陶质。根据圈足上有无镂孔装饰，分 2 式。

Ⅰ式　圈足上无镂孔装饰。

T1230 等 G1⑥：12，绛褐色硬陶，器身满布爆汗釉。圈足面饰凸凹弦纹。圈足径 12.4、残高 7 厘米（图四七一，1）。

T1230 等 G1①：57，泥质灰白色硬陶。豆盘残损。矮喇叭形圈足，圈足外缘方唇，唇面有凹槽。圈足端有小方形缺口，圈足内可见旋切修整痕迹。圈足径 9、残高 6.8 厘米（图四七一，2）。

Ⅱ式　圈足上有镂孔装饰。

T1230 等 G1③：5，红褐色硬陶。豆盘残缺。喇叭形圈足，足端外撇近平。圈足上饰多道弦纹和等腰三角形组成的镂孔。圈足径 17.6、残高 8.2 厘米（图四七一，3）。

T1232 等 G1③：9，红褐色硬陶。豆盘残缺。喇叭形圈足，足端外撇较斜。圈足上饰多道弦纹和长方形镂孔。圈足径 18、残高 5.8 厘米（图四七一，6）。

T1230 等 G1②：6，红褐色硬陶。豆盘残缺。喇叭形圈足，足端外撇较斜。圈足上饰多道弦纹和长方形镂孔。圈足径 11.5、残高 6.3 厘米（图四七一，4）。

T1230 等 G1①：23，红褐色硬陶。豆盘残缺。喇叭形高圈足，足端外撇近平。圈足上饰多道弦纹和三组对称的等腰三角形组成的镂孔。圈足径 18.3、残高 11.2 厘米（图四七一，7）。

T1130 等 G1①：4，红褐色硬陶。豆盘残缺。喇叭形圈足，足端外撇近平。圈足上饰多道弦纹和两个对称等腰三角形组成的镂孔。圈足径 10、残高 4.6 厘米（图四七一，5）。

另外有两件豆（盘）归入此型。

T1232 等 G1②：4，灰褐色硬陶。敞口，尖唇，折沿，浅弧腹，圈足残。口沿内外有数周弦痕。口径 20、残高 4.2 厘米（图四七一，8）。

T1230 等 G1①：26，泥质红褐色硬陶，内壁满布爆汗釉。敞口，尖圆唇，内折沿，沿面有凹槽，

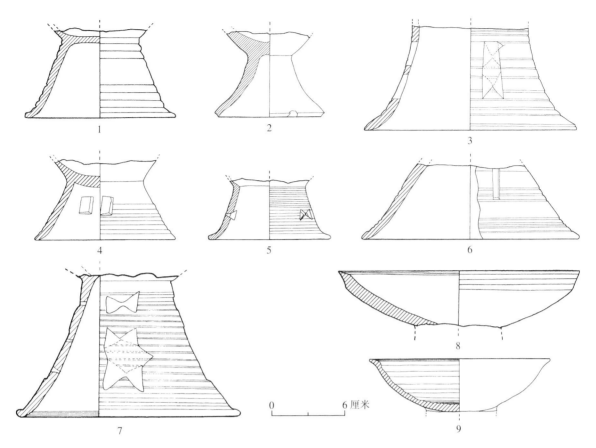

图四七一　G1 出土 E 型陶豆

1、2. I 式（T1230 等 G1⑥∶12、T1230 等 G1①∶57）　　3～9. II 式（T1230 等 G1③∶5、T1230 等 G1②∶6、T1130 等 G1①∶4、T1232 等 G1③∶9、T1230 等 G1①∶23、T1232 等 G1②∶4、T1230 等 G1①∶26）

弧腹，圈足残。腹内部有多道轮制时留下的弦痕。口径 15、残高 4.2 厘米（图四七一，9）。

2. 大罐

完整器较少。大致根据口径的大小对罐进行区分，一般口径大于（或等于）20 厘米的为大罐，小于 20 厘米的为小罐，而体量却不一定与口径成正比。少量个体口径虽然属于"小罐"，但由于其型式与"大罐"同类器完全相同或相似，故在型式的划分上，一并放在大罐中介绍。

根据口沿部分的不同，将大罐分为四型。

A 型　大侈口，宽沿微卷，束颈，多溜肩或削肩。

I 式　沿端往往形成平折面。

T1232 等 G1⑥∶4，泥质灰陶。沿端斜平，溜肩，束颈，鼓腹，下部残。颈部有两道凹弦纹，肩腹部饰小方格纹。口径 35.4、残高 12.2 厘米（图四七二，1）。

T1230 等 G1⑥∶28，泥质灰陶。沿端渐平、渐宽，翻贴缘，削肩，鼓腹，下部残。口颈部有多道凹弦纹，肩腹部饰小方格纹。口径 31.8、残高 14.2 厘米（图四七二，2）。

T1230 等 G1⑥∶137，泥质灰陶。溜肩，下部残。颈部有一道凹弦纹，肩腹部饰叶脉纹。口径 33.4、残高 8.2 厘米（图四七二，3）。

T1230 等 G1⑥∶17，泥质灰陶。沿端较宽平，翻贴缘，圆唇，溜肩，鼓腹，底部残缺。颈和上腹部有弦纹，中腹饰小方格纹。口径 31.2、残高 18.2 厘米（图四七二，4）。

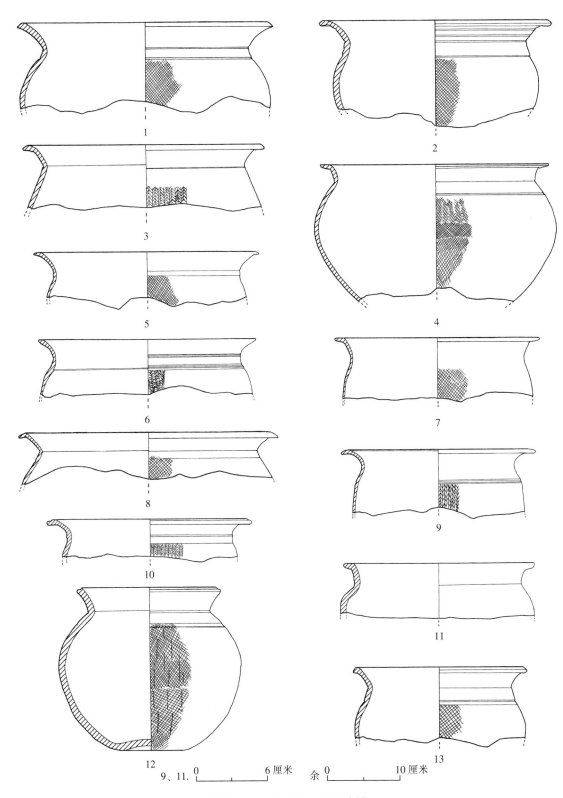

图四七二　G1 出土 A 型大陶罐

1～11. Ⅰ式（T1232 等 G1⑥：4、T1230 等 G1⑥：28、T1230 等 G1⑥：137、T1230 等 G1⑥：17、T1230 等 G1⑥：46、T1230 等 G1⑥：96、T1230 等 G1⑥：91、T1230 等 G1⑤：5、T1232 等 G1④：11、T1232 等 G1④：6、T1230 等 G1④：14）　12、13. Ⅱ式（T1230 等 G1①：20、T1230 等 G1③：6）

T1230 等 G1⑥:46，泥质红陶。尖圆唇，沿面稍外斜，削肩，下部残。颈部有凹弦纹，肩腹部饰小方格纹。口径 31、残高 7.6 厘米（图四七二，5）。

T1230 等 G1⑥:91，泥质灰陶。尖唇，沿面稍平，削肩，下部残。腹部饰小方格纹。口径 28、残高 8.6 厘米（图四七二，7）。

T1230 等 G1⑥:96，泥质灰陶。尖唇，沿面稍内凹，削肩，下部残。肩腹部饰有弦纹和叶脉纹，口径 30、残高 7.4 厘米（图四七二，6）。

T1230 等 G1⑤:5，泥质灰陶。尖唇，沿面外斜，溜肩，下部残。颈部有两道弦纹，肩腹部饰小方格纹，口径 35.8、残高 7 厘米（图四七二，8）。

T1232 等 G1④:11，泥质灰陶。尖唇，沿面外斜，削肩，下部残。上腹有一组弦纹。其下饰叶脉纹。口径 16、残高 5 厘米（图四七二，9）。

T1232 等 G1④:6，泥质灰陶。圆唇，沿面外斜稍凹，削肩，下部残。颈部有凸弦纹，上腹饰叶脉纹。口径 34、残高 7 厘米（图四七二，10）。

T1230 等 G1④:14，泥质灰陶。圆唇，沿面稍平，颈、腹间微折，溜肩，下部残。口径 16、残高 4.3 厘米（图四七二，11 ）。

Ⅱ式　沿端平面不明显，沿面有凹槽。

T1230 等 G1①:20，泥质灰陶。溜肩，鼓腹，凹底。腹身遍饰小方格纹。口径 20、底径 8.6、高 21.6 厘米（图四七二，12；彩版一九三，1）。

T1230 等 G1③:6，泥质灰陶。溜肩，鼓腹，下部残。肩腹部饰小方格纹。口径 23.8、残高 10.8 厘米（图四七二，13）。

B 型　侈口，窄沿，无颈或带短颈。根据沿和颈的变化分为 3 式。

Ⅰ式　无颈，折沿。

T1230 等 G1⑥:24，夹砂红陶。圆唇，溜肩，下部残。肩腹部饰梯格纹。口径 19.2、残高 4.4 厘米（图四七三，1）。

T1230 等 G1⑥:36，泥质红陶，胎黑色。尖圆唇，溜肩，肩腹部饰梯格纹。下部残。口径 25、残高 11.6 厘米（图四七三，2）。

Ⅱ式　无颈，微卷沿。

T1232 等 G1④:5，夹蚌红陶。圆唇，溜肩，下部残。口径 21、残高 3 厘米（图四七三，3）。

T1232 等 G1③:5，泥质黑陶。圆唇，溜肩，下部残。肩部饰横向叶脉纹和少量方格纹，腹身饰梯格纹。口径 24、残高 6.4 厘米（图四七三，4）。

T1232 等 G1③:17，泥质红陶。方唇，溜肩，弧腹，下部残。肩腹部饰梯格纹。口径 16.2、残高 12 厘米（图四七三，5）。

Ⅲ式　短颈，卷沿较甚。

T1230 等 G1①:25，泥质红陶。圆方唇，溜肩，鼓腹，凹底。腹身遍饰梯格纹。口径 18.6、底径 12.6、高 28.2 厘米（图四七三，6；彩版一九三，2）。

T1230 等 G1①:38，泥质黑陶。方圆唇，沿面有凹槽一周，溜肩，下部残。肩腹部有弦纹和叶脉纹。口径 20、残高 9.6 厘米（图四七三，7）。

T1230 等 G1①:32，泥质灰褐色硬陶。圆唇，溜肩，下部残。肩腹部有紊乱的云雷纹。口径 15、残高 6.8 厘米（图四七三，8）。

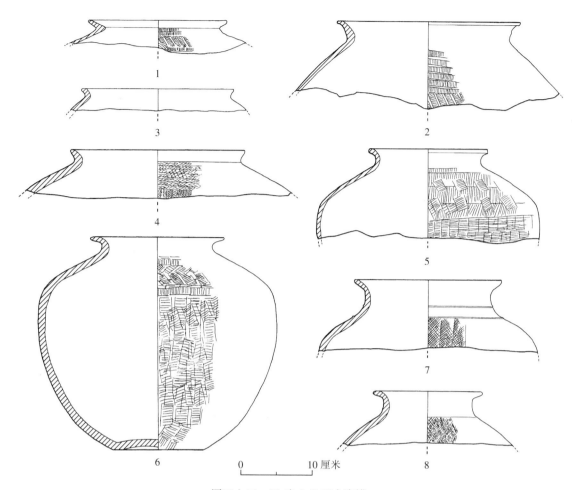

图四七三　G1 出土 B 型大陶罐

1、2.I式（T1230 等 G1⑥：24、T1230 等 G1⑥：36）　3~5.II式（T1232 等 G1④：5、T1232 等 G1③：5、T1232 等 G1③：17）　6~8.III式（T1230 等 G1①：25、T1230 等 G1①：38、T1230 等 G1①：32）

C 型　大口，高领，溜肩。

I 式　唇面圆弧。

T1232 等 G1⑥：8，泥质黑皮陶。颈部有多道凸棱纹，肩腹部饰小方格纹。下部残。口径 22、残高 10.2 高厘米（图四七四，1）。

T1230 等 G1⑥：4，夹蚌红衣陶。方圆唇，下部残。口径 22、残高 6.2 厘米（图四七四，2）。

T1230 等 G1④：15，泥质灰陶。口颈部有多道凸弦纹，肩腹部饰小方格纹。下部残。口径 24、残高 8 厘米（图四七四，3）。

T1230 等 G1①：35，泥质黑陶。颈肩间折，下部残。肩腹部饰斜方格纹。口径 14、残高 7.6 厘米（图四七四，4）。

II 式　唇面较直。

T1230 等 G1①：45，泥质灰陶。溜肩，下部残。颈部有多道弦纹。口径 21.5、残高 7.2 厘米（图四七四，5）。

D 型　敛口，卷沿。

T1230 等 G1⑥：138，泥质红陶。方唇，溜肩，下部残。肩腹部饰梯格纹。口径 49、残高 9 厘米（图四七四，6）。

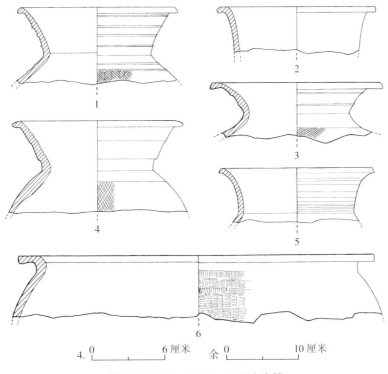

图四七四　G1 出土 C、D 型大陶罐

1～4. C 型 I 式（T1232 等 G1⑥：8、T1230 等 G1⑥：4、T1230 等 G1④：15、T1230 等 G1①：35）　　5. C 型 II 式（T1230 等 G1①：45）
6. D 型（T1230 等 G1⑥：138）

3. 小罐

根据口沿和腹部的不同，分为五型。

A 型　敛口斜直，领较高。

T1230 等 G1⑥：141，泥质灰陶，胎心灰，两侧红，外表和内壁灰色。口下有两对称小圆孔，尖圆唇，溜肩，下部残。腹饰小方格纹。口径 9、残高 7 厘米（图四七五，1）。

B 型　直口。根据口部不同分为两个亚型。

Ba 型　矮直口。

T1230 等 G1⑥：101，泥质灰陶。斜方唇，短颈，溜肩，弧腹，小平底。口径 10.3、底径 5.8、高7.8 厘米（图四七五，2；彩版一九四，1）。

T1230 等 G1⑥：112，泥质灰陶，胎色红。方唇出缘，唇面有一周凹槽，矮颈，溜肩，下部残。肩腹部饰弦纹和小方格纹。口径 15、残高 6.4 厘米（图四七五，3）。

Bb 型　高直口。

I 式　口部较直。

T1230 等 G1⑥：93，泥质灰胎黑皮陶。口下有两对称小圆孔，溜肩，下部残。肩部有凸弦纹，腹部饰小方格纹。口径 12、残高 8 厘米（图四七五，4）。

II 式　口部略外弧。

T1230 等 G1①：33，红褐色硬陶。尖圆唇，唇面有两周凹槽，高领，下部残。领部饰数周弦纹，肩部饰折线纹，纹饰细密，拍印不规整。口径 12.2、残高 5.6 厘米（图四七五，5）。

C 型　微侈口，近直腹。

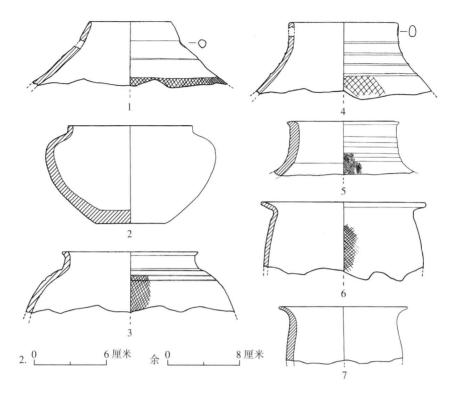

图四七五　G1 出土 A、B、C 型小陶罐

1. A 型（T1230 等 G1⑥：141）　　2、3. Ba 型（T1230 等 G1⑥：101、T1230 等 G1⑥：112）　　4. Bb 型 I 式（T1230 等 G1⑥：93）
5. Bb 型 II 式（T1230 等 G1①：33）　　6、7. C 型（T1230 等 G1⑥：90、T1230 等 G1⑥：136）

T1230 等 G1⑥：90，夹砂红陶。侈口，卷沿，圆唇，下部残。腹部饰小方格纹。口径 18、残高 8.2 厘米（图四七五，6）。

T1230 等 G1⑥：136，夹砂红陶。侈口，卷沿，圆唇，下部残。口径 14、残高 6 厘米（图四七五，7）。

D 型　侈口，鼓腹。根据沿部的不同，分为两个亚型。

Da 型　折沿。根据沿部的变化，分为 2 式。

I 式　沿外撇较甚。

T1230 等 G1⑥：9，绛褐色硬陶。侈口，圆唇，沿面有多道凹槽，溜肩，鼓腹，底部残。腹身饰小方格纹。口径 15、残高 12 厘米（图四七六，1）。

T1230 等 G1⑥：122，泥质灰陶。口部残，溜肩，鼓腹，凹底。肩部饰弦纹，腹身饰叶脉纹。底径 9、残高 21.6 厘米（图四七六，2）。

T1230 等 G1⑥：126，泥质灰陶。口底残，溜肩，鼓腹。颈部有凸弦纹，腹身饰篦纹。残高 14.2 厘米（图四七六，3）。

T1230 等 G1⑥：135，泥质红褐陶。侈口，圆唇，沿面有凹槽一周，溜肩，鼓腹，圜底。腹身饰方格纹。口、腹为分作，结合处可见刮抹痕。口径 18、高 16 厘米（图四七六，4）。

T1230 等 G1④：3，泥质黑陶。口底略残，溜肩，鼓腹。肩部有弦纹，腹部满布小方格纹。残高 13 厘米（图四七六，5）。

II 式　沿外撇较浅。

T1230 等 G1④：2，夹砂红褐陶。侈口，尖圆唇，鼓腹，圜底。器外壁遍饰细绳纹。口径 18.4、高

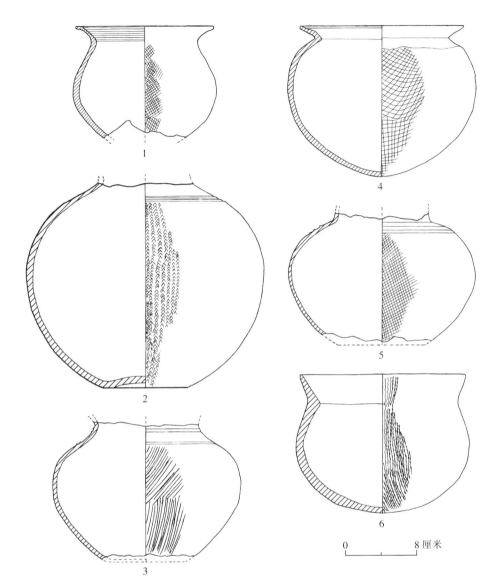

图四七六　G1 出土 Da 型小陶罐

1 ～ 5. Ⅰ式（T1230 等 G1⑥：9、T1230 等 G1⑥：122、T1230 等 G1⑥：126、T1230 等 G1⑥：135、T1230 等 G1④：3）　　6. Ⅱ式（T1230 等 G1④：2）

14.8 厘米（图四七六，6；彩版一九四，2）。

　　Db 型　卷沿。根据沿部的变化，分为 2 式。

　　Ⅰ式　沿稍外卷。

　　T1230 等 G1⑥：86，夹砂红陶。侈口，卷沿，圆唇，鼓腹，下部残。口径 13、残高 6.2 厘米（图四七七，1）。

　　T1230 等 G1⑥：104，泥质黄褐陶。器形不够规整。侈口，尖圆唇，略鼓腹，凹底。腹身饰小方格纹。口径 14、底径 5.3、高 9.1 厘米（图四七七，2；彩版一九四，3）。

　　T1230 等 G1⑥：143，泥质灰陶。侈口，圆唇，溜肩，下部残。口下有凸弦纹，腹部饰小方格纹。口径 19、残高 5 厘米（图四七七，3）。

　　T1230 等 G1⑥：134，泥质黑陶。侈口，圆唇，溜肩，鼓腹，底部略残。腹身饰叶脉纹。口径 16.8、残高 13.2 厘米（图四七七，4）。

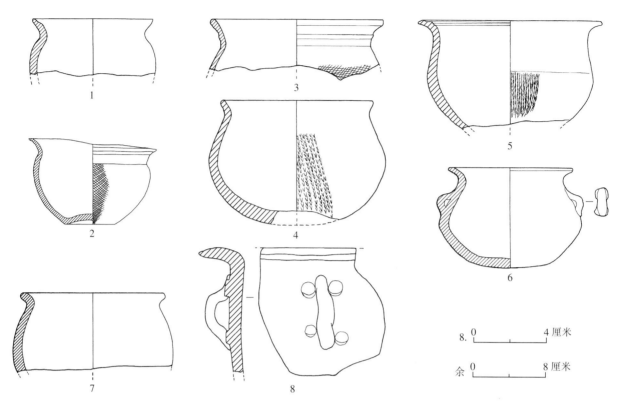

图四七七　G1 出土 Db、E 型小陶罐

1~4. Db 型Ⅰ式（T1230 等 G1⑥:86、T1230 等 G1⑥:104、T1230 等 G1⑥:143、T1230 等 G1⑥:134）　　5~7. Db 型Ⅱ式（T1232 等 G1③:4、T1230 等 G1②:1、T1230 等 G1①:46）　8. E 型（T1230 等 G1①:34）

Ⅱ式　沿外卷较甚。

T1232 等 G1③:4，泥质黑褐陶。侈口，微卷沿，尖圆唇，沿面有两周凹槽，溜肩，弧腹，底部略残缺。腹部饰细绳纹。口径 20、残高 11 厘米（图四七七，5）。

T1230 等 G1②:1，夹砂红衣陶。侈口，圆唇，卷沿，溜肩，扁鼓腹，平底略圜，肩部有对称泥条桥形系。口径 13.5、底径 8、高 10.6 厘米（图四七七，6；彩版一九四，4）。

T1230 等 G1①:46，夹蚌红褐陶。侈口，方圆唇，卷沿，弧腹，下部残。口径 16、残高 8 厘米（图四七七，7）。

E 型　微敛口，卷沿。

T1230 等 G1①:34，夹砂红褐陶。尖圆唇，侈口，卷沿，溜肩，弧腹，下部残。沿下有对称泥条桥形系，上、下两侧各饰圆丁一个。残长 7、残高 6.7 厘米（图四七七，8）。

4. 刻槽盆

根据形状的不同，分为三型。

A 型　罐形刻槽盆。根据口沿外侈程度的不同，分为 3 式。

Ⅰ式　微侈口，翻贴缘，外侈程度较小。

T1232 等 G1⑥:3，泥质灰陶。微侈口，圆唇，短束颈，弧腹，底残缺。颈部有两组四道弦纹，腹饰小方格纹，内部有竖向刻槽。口径 21、残高 12.2 厘米（图四七八，1）。

T1230 等 G1⑥:13，泥质灰陶，厚胎处胎芯灰色，薄胎处胎芯红色。方圆唇，短束颈，弧腹，下部残。颈部饰弦纹，腹部饰小方格纹，内部有刻槽。口径 25、残高 9 厘米（图四七八，2）。

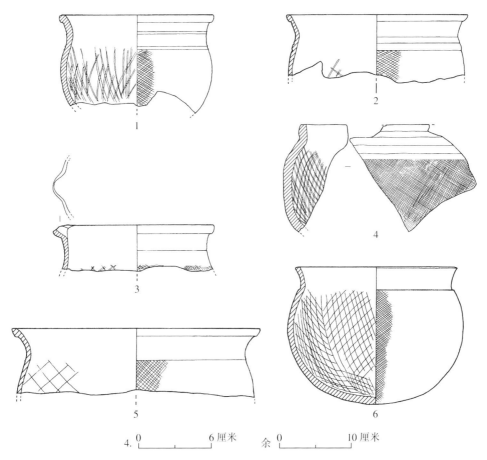

图四七八 G1 出土 A 型陶刻槽盆

1～4. Ⅰ式（T1232 等 G1⑥：3、T1230 等 G1⑥：13、T1230 等 G1⑥：29、T1230 等 G1⑥：92） 5. Ⅱ式（T1232 等 G1③：19） 6. Ⅲ式
（T1230 等 G1①：29）

T1230 等 G1⑥：29，泥质灰陶。微侈口，圆唇，短束颈，一侧有流口，弧腹，下部残。腹部饰小方格纹，内部有刻槽。口径 21、残高 6.2 厘米（图四七八，3）。

T1230 等 G1⑥：92，泥质灰陶。方唇，溜肩，弧腹，下腹及底残缺。肩部饰弦纹，腹部饰小方格纹，内部有竖向交叉刻槽。残宽 10.6、残高 8.6 厘米（图四七八，4）。

Ⅱ式 侈口，翻贴缘，外侈较Ⅰ式为甚。

T1232 等 G1③：19，泥质灰陶。短束颈，弧腹，下部残。腹部饰小方格纹，内部有斜向交叉刻槽。口径 34、残高 8.4 厘米（图四七八，5）。

Ⅲ式 侈口，微卷沿，方唇，不见翻贴缘。

T1230 等 G1①：29，泥质灰陶。短束颈，鼓腹，圜底。腹部饰小方格纹，内部有斜向交叉刻槽。口径 22.4、高 18.2 厘米（图四七八，6；彩版一九五，1）。

B 型 盆形刻槽盆。根据口的不同，分为两个亚型。

Ba 型 近直口。根据直口的变化，分为 2 式。

Ⅰ式 口稍直。

T1230 等 G1⑤：6，泥质黑陶。翻贴缘，尖圆唇，弧腹，下腹及底部残缺。口沿下有弦纹，腹部饰叶脉纹，内部有斜向交叉刻槽。口径 24、残高 8 厘米（图四七九，1）。

T1230 等 G1⑥：22，泥质灰陶。口近直，圆唇，腹微弧，下腹及底部残缺。口沿下有弦纹，腹部

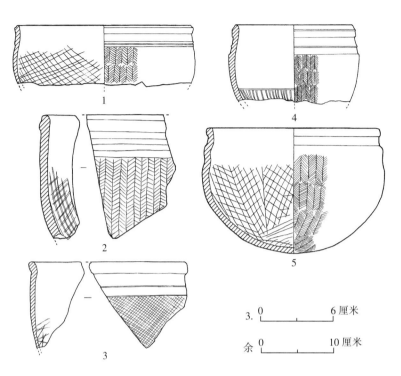

图四七九　G1 出土 Ba 型陶刻槽盆
1~3. Ⅰ式（T1230 等 G1⑤:6、T1230 等 G1⑥:22、T1230 等 G1⑥:11）　4、5. Ⅱ式（T1232 等 G1④:2、T1230 等 G1③:1）

饰叶脉纹，内部有刻槽。残宽 5.5、残高 8.3 厘米（图四七九，2）。

T1230 等 G1⑥:11，泥质灰陶。翻贴缘，圆唇，腹及底部残缺。口沿下有弦纹，弧腹饰小方格纹，内部有交叉刻槽。残宽 8.2、残高 7 厘米（图四七九，3）。

Ⅱ式　直口微敛。

T1232 等 G1④:2，泥质灰陶。翻贴缘，圆唇，矮颈，弧腹，底部残缺。口沿下有弦纹，腹部饰叶脉纹，内部有刻槽。口径 16、残高 10.4 厘米（图四七九，4）。

T1230 等 G1③:1，泥质黑陶。翻贴缘，圆唇，矮颈，弧腹，圜底。口沿下有弦纹，腹部饰叶脉纹。口径 23.8、高 16.7 厘米（图四七九，5）。

Bb 型　敞口。根据口及腹的变化，分为 2 式。

Ⅰ式　敞口，深腹。

T1230 等 G1⑤:1，夹砂红陶，局部灰黑色。直口略敞，圆唇，深直腹，圜底近平。内部有斜向交叉刻槽。连流口径 20.4、底径 6、高 16.3 厘米（图四八〇，1；彩版一九五，2）。

Ⅱ式　敞口变大，腹稍浅。

T1230 等 G1③:2，泥质灰陶。短颈，弧腹，底略残缺。上腹部有两道弦纹，腹部饰小方格纹，内部有竖向刻槽。口径 24.4、残高 14.4 厘米（图四八〇，2；彩版一九五，3）。

C 型　钵形刻槽盆。根据口的不同，分为两个亚型。

Ca 型　敛口。根据腹部的深浅变化，分为 2 式。

Ⅰ式　深腹。

T1230 等 G1⑥:25，泥质红陶。敛口，圆唇，弧肩，弧腹，底略残缺。肩部饰凸棱，腹部饰小方格纹和折线纹，内部有刻槽。口径 20、残高 17 厘米（图四八一，1）。

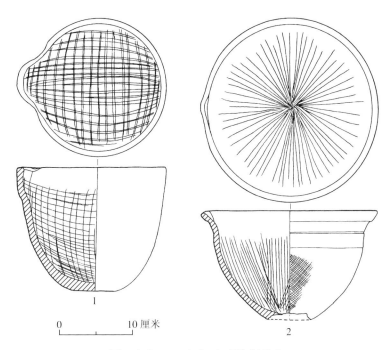

图四八〇 G1 出土 Bb 型陶刻槽盆
1. Ⅰ式（T1230 等 G1⑤：1） 2. Ⅱ式（T1230 等 G1③：2）

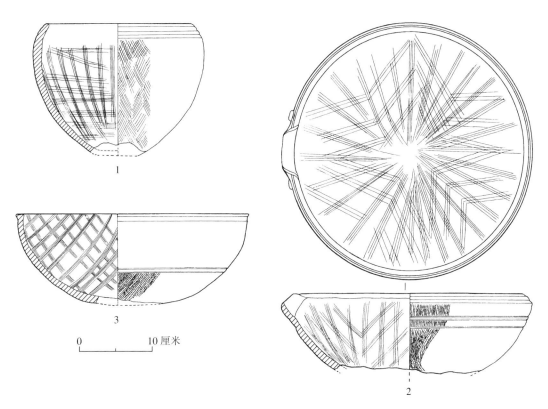

图四八一 G1 出土 C 型陶刻槽盆
1. Ca 型Ⅰ式（T1230 等 G1⑥：25） 2. Ca 型Ⅱ式（T1230 等 G1①：30） 3. Cb 型（T1230 等 G1①：31）

Ⅱ式 浅腹。

T1230 等 G1①：30，泥质灰陶。圆唇，折肩，弧腹，一侧有流，流下两侧贴饰小圆丁，底部残缺。

肩部饰弦纹，腹部饰细绳纹并间断弦纹，内部有斜向和竖向刻槽。口径 32、残高 10.8 厘米（图四八一，2）。

　　Cb 型　敞口稍直。

　　T1230 等 G1①：31，泥质灰陶。方唇微出缘，沿面稍内凹，浅弧腹，底部略残。下腹饰有弦纹和细绳纹，内部有斜向交叉刻槽。口径 32、残高 12 厘米（图四八一，3）。

5. 盆

根据口部特征分两型。

　　A 型　敞口。

　　Ⅰ式　平沿略卷，弧腹。

　　T1230 等 G1⑥：127，泥质黑陶。圆唇，沿略卷平，弧腹，饼形底。器内外表可见轮旋痕。口径 26、底径 10.4、高 10 厘米（图四八二，1）。

　　T1230 等 G1⑥：18，灰褐色硬陶。圆唇，略卷沿，浅弧腹，底残。器内壁可见黑色爆汗釉。口径 16、残高 4 厘米（图四八二，2）。

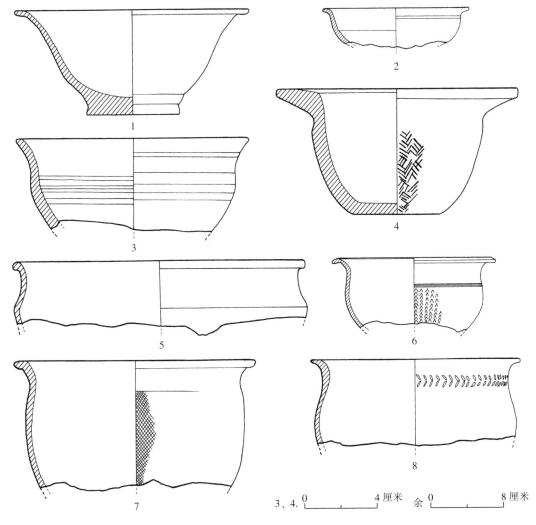

图四八二　G1 出土陶盆

1、2. A 型Ⅰ式（T1230 等 G1⑥：127、T1230 等 G1⑥：18）　　3. A 型Ⅱ式（T1230 等 G1③：9）　　4. A 型Ⅲ式（T1230 等 G1①：27）
5. B 型Ⅰ式（T1232 等 G1⑥：9）　　6~8. B 型Ⅱ式（T1232 等 G1④：12、T1230 等 G1④：10、T1230 等 G1①：44）

Ⅱ式　沿略卷，弧腹，微束颈。

T1230 等 G1③：9，泥质灰陶。圆唇，束颈，弧腹，底残。器壁内外有轮制时留下的弦痕。口径13、残高4.4 厘米（图四八二，3）。

Ⅲ式　沿斜折，弧腹。

T1230 等 G1①：27，泥质灰陶。圆唇，沿面较宽，弧腹，平底。腹部饰折线纹。口径13.2、底径5、高6 厘米（图四八二，4）。

B 型　微侈口，微束颈。

Ⅰ式　束颈较甚，腹部微折。

T1232 等 G1⑥：9，泥质红陶。圆唇，下部残。口径32.4、残高7 厘米（图四八二，5）。

Ⅱ式　微束颈，弧腹。

T1232 等 G1④：12，泥质黑陶。尖圆唇，弧腹，底残。腹饰弦纹和叶脉纹。口径18、残高7.2 厘米（图四八二，6）。

T1230 等 G1④：10，泥质灰陶。圆唇，弧腹，下部残。腹部饰方格纹。口径27、残高12 厘米（图四八二，7）。

T1230 等 G1①：44，夹砂红陶。圆唇，弧腹，下部残缺。颈部饰指甲纹。口径23、残高8 厘米（图四八二，8）。

6. 鼎

A 型　无把。

T1230 等 G1③：10，夹砂红陶。微侈口，尖圆唇，斜折沿，弧腹，底部残缺，似为圜底。圆棱方锥体鼎足，残断，外侧有较深指捺纹。口径16、残高10 厘米（图四八三，1）。

B 型　带把。

T1232 等 G1①：8，夹砂红陶。敛口，圆唇，浅腹，底部可见鼎足脱落痕迹。扁羊角状把手，把手末端残缺。残长9、残高4.7 厘米（图四八三，2）。

T1230 等 G1①：53，夹砂红陶。敛口，方唇，两侧出缘，弧腹，底部可见鼎足脱落痕迹。羊角状把手，端部残缺。残长7.2、残高6.8 厘米（图四八三，3）。

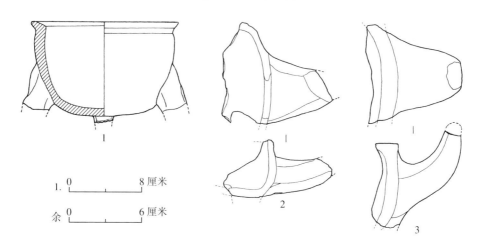

图四八三　G1 出土陶鼎

1. A 型（T1230 等 G1③：10）　　2、3. B 型（T1232 等 G1①：8、T1230 等 G1①：53）

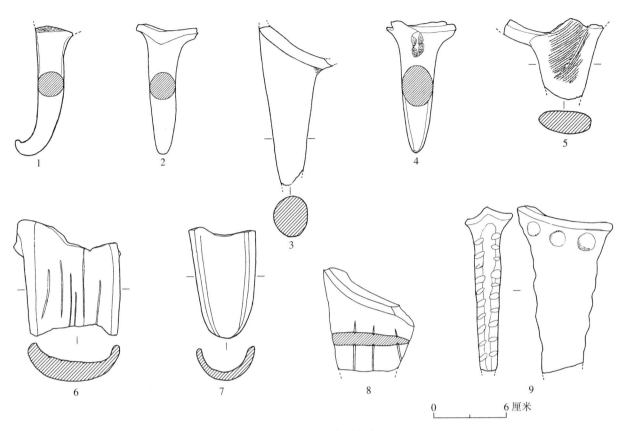

图四八四　G1 出土陶鼎鬻类足

1~3. A 型（T1230 等 G1⑥:139、T1230 等 G1④:11、T1230 等 G1①:49）　4、5. B 型（T1230 等 G1⑥:8、T1232 等 G1④:9）　6、7. C
型（T1230 等 G1⑥:23、T1230 等 G1⑤:7）　8、9. D 型（T1230 等 G1⑥:144、T1230 等 G1⑥:145）

7. 鼎鬻类足

A 型　圆锥状足。

T1230 等 G1⑥:139，夹砂红陶。锥状足，足端翘起，截面呈圆形。残高 10.2 厘米（图四八四，1）。

T1230 等 G1④:11，夹蚌红陶。圆锥状足，截面呈圆形。残高 9.5 厘米（图四八四，2）。

T1230 等 G1①:49，夹砂红陶。圆锥状足，足尖残缺。残高 12.7 厘米（图四八四，3）

B 型　扁圆锥状足。

T1230 等 G1⑥:8，夹蚌红陶。扁圆锥状，截面椭圆形。足根处有一捏塑出脊，脊两侧留有四个指窝纹。残高 10.5 厘米（图四八四，4）。

T1232 等 G1④:9，夹砂红陶。实心扁圆形。正面饰细绳纹。残高 6.5 厘米（图四八四，5）。

C 型　扁凹弧状足。

T1230 等 G1⑥:23，夹蚌红陶。截面呈"C"形。残高 8.3、厚 0.7 厘米（图四八四，6）。

T1230 等 G1⑤:7，夹蚌红陶。截面呈"C"形。凹处饰长短不一的刻划纹。残高 9.2、厚 1.6 厘米（图四八四，7）。

D 型　扁侧三角形足。

T1230 等 G1⑥:144，夹砂红陶。截面扁平。两侧面有刻划纹。残高 8 厘米（图四八四，8）。

T1230 等 G1⑥:145，夹蚌橙黄陶。宽扁形足，截面扁平，两侧均捏成花边状，外侧较宽，中部为纵向指捺槽，槽两侧均指按捏成花边。足根部一侧按捺指窝纹。残高 13.2 厘米（图四八四，9）。

8. 釜甑类口沿

A 型　侈沿，直口，腹较直。

T1230 等 G1⑥：26，夹蚌红陶。圆唇，内折宽沿，直腹。口径 34、残高 14.6 厘米（图四八五，1）。

T1230 等 G1④：9，夹砂红陶。圆唇，内折沿，直腹。腹部饰细绳纹。口径 30、残高 12.8 厘米（图四八五，2）。

T1232 等 G1②：5，夹砂红陶。圆唇，内折沿，直腹。腹部饰细绳纹。口径 29、残高 14.6 厘米（图四八五，3）。

B 型　侈沿，敞口，斜弧腹。

T1230 等 G1④：7，夹砂红陶。圆唇，内折沿，沿面斜，斜腹，下部残。口径 16、残高 4.6 厘米（图四八五，5）。

T1232 等 G1④：15，夹砂红陶。侈口，方圆唇，斜折沿，弧腹。甑腰以下部分残缺。腹部饰纵横篦划纹。口径 30.4、残高 17.8 厘米（图四八五，4；彩版一九六，1）。

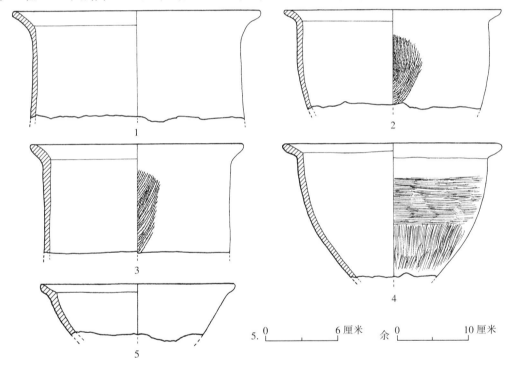

图四八五　G1 出土陶釜甑类口沿

1~3. A 型（T1230 等 G1⑥：26、T1230 等 G1④：9、T1232 等 G1②：5）　　4、5. B 型（T1232 等 G1④：15、T1230 等 G1④：7）

9. 鬲甑类足

A 型　袋足，高实足根。

T1230 等 G1⑥：5，夹砂红陶。锥形足，高实足根，足尖残。截面圆形。残高 10 厘米（图四八六，1）

T1230 等 G1⑥：142，夹砂红褐陶。锥状足，高实足尖。残高 10.4 厘米（图四八六，2）。

B 型　空心袋足。

T1230 等 G1⑥：99，夹砂红陶。炮弹状袋足，实足尖短小。残高 15.3、厚 0.7 厘米（图四八六，3）。

T1230 等 G1⑥：100，夹砂红陶。炮弹状袋足，实足尖短小。足根处有一周指窝纹。残高 14.8 厘米（图四八六，5）。

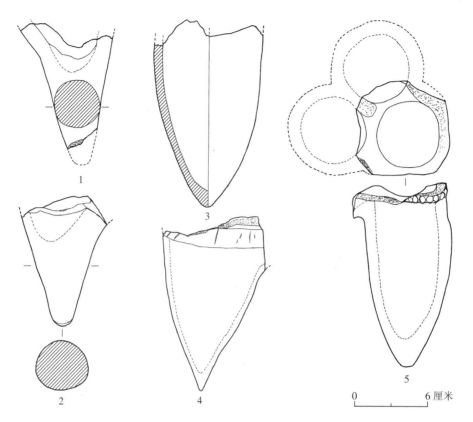

图四八六　G1 出土陶鬲鬶类足

1、2. A 型（T1230 等 G1⑥：5、T1230 等 G1⑥：142）　3～5. B 型（T1230 等 G1⑥：99、T1230 等 G1④：12、T1230 等 G1⑥：100）

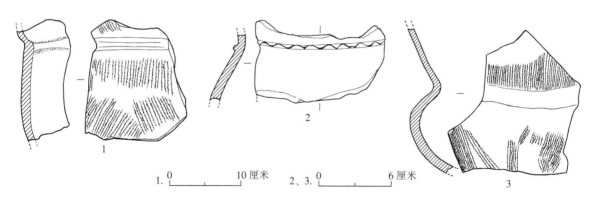

图四八七　G1 出土陶鬶腰

1～3. T1230 等 G1⑥：21、T1230 等 G1⑥：95、T1232 等 G1②：10

　　T1230 等 G1④：12，夹砂红陶。袋足，实足尖较矮，足尖略残。足根处有一圈凹槽，饰箆划纹。此处似为鬶腰部分。残高 13.5 厘米（图四八六，4）。

10. 鬶腰

　　T1230 等 G1⑥：21，夹砂红陶。束腰，有隔。腹身饰细绳纹。残长 7、残高 8 厘米（图四八七，1）。

　　T1230 等 G1⑥：95，夹砂红陶。束腰。腰际饰一周指窝纹附加堆纹。残长 10.5、残高 6 厘米（图四八七，2）。

　　T1232 等 G1②：10，夹蚌黄褐陶。仅余鬶腰及部分腹部。上腹略斜直，下腹鼓。内壁可见大量指窝纹修整痕迹。残长 10、残高 11.6 厘米（图四八七，3）。

11. 三足盘

A 型 敞口，折沿。

I 式 口沿微内弧、微折。

T1230 等 G1⑥:114，泥质黑皮陶。圆唇，弧腹微内折，小平底，三短足圆锥状，足尖残缺。该器分两部分制作，一部分为口沿及腹部，另一部分为依托在圆饼上的三足，两者的结合部位有所重合，重合部分器壁较厚，并有明显的粘接痕。口径 10.2、残高 4.7 厘米（图四八八，1）。

II 式 口沿外折。

T1230 等 G1④:4，夹蚌红陶。圆唇，折沿，沿面斜，弧腹，圜底，锥状足，足根距离较近。口径 18.8、高 15.4 厘米（图四八八，2；彩版一九六，2）。

B 型 敞口，弧腹，浅盘。

T1232 等 G1①:2，泥质灰陶。敞口，方唇，浅弧腹，细长扁锥状足，足尖外撇。口径 21.6、高 13.2 厘米（图四八八，3；彩版一九六，3）

另外还有少量三足盘足。

T1230 等 G1①:50，泥质灰陶。扁圆条形足。残高 9.5 厘米（图四八八，4）。

T1230 等 G1⑤:2，泥质灰陶。三棱扁锥状足，足尖外撇。前后面刻划平行刻槽，侧面有刻划。残长 5.5 厘米（图四八八，5）

T1230 等 G1⑥:19，泥质灰陶。锥状足，足尖外撇，截面圆形。残高 13.5 厘米（图四八八，6）。

T1230 等 G1①:52，泥质灰陶。高扁锥状足，足尖外撇，截面椭圆形。残高 18 厘米（图四八八，7）。

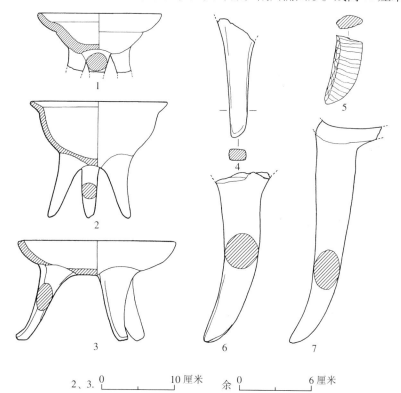

图四八八 G1 出土陶三足盘

1. A 型 I 式（T1230 等 G1⑥:114） 2. A 型 II 式（T1230 等 G1④:4） 3. B 型（T1232 等 G1①:2） 4～7. 盘足（T1230 等 G1①:50、T1230 等 G1⑤:2、T1230 等 G1⑥:19、T1230 等 G1①:52）

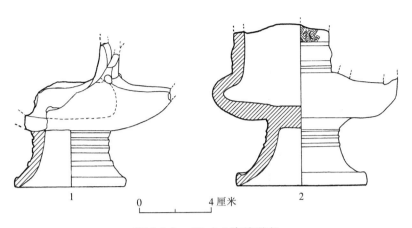

图四八九　G1 出土陶鸭形壶
1、2. T1230 等 G1⑥：124、T1230 等 G1①：3

12. 鸭形壶

T1230 等 G1⑥：124，红褐色硬陶。仅存一半壶腹和鋬及圈足。壶腹一侧附泥片鋬，一端连于鸭尾，一端连于壶颈，扁鋬连于壶颈的一端两侧贴饰小圆泥丁。壶腹扁圆，尾部较粗壮。壶腹和圈足分别制作，壶腹内壁留有清晰的刮抹和指捺痕迹。喇叭形圈足，轮制。圈足径 6、残高 7.6 厘米（图四八九，1）。

T1230 等 G1①：3，灰褐色硬陶。口残，直颈，扁腹，鸭尾部粗壮，喇叭形圈足。颈部饰云雷纹和弦纹，圈足上装饰凸弦纹。圈足径 7.2、残高 8.6 厘米（图四八九，2）。

13. 尊

A 型　纺锤形。根据腹部的变化，可分为 2 式。

Ⅰ 式　鼓腹。

T1230 等 G1⑤：4，泥质灰胎黑皮陶。口沿和圈足残缺。中下部凸起部分饰三角填线纹，以弦纹分割成五组，尊身上下有凸弦纹。残高 14.4 厘米（图四九〇，1）。

Ⅱ 式　扁鼓腹。

T1230 等 G1①：56，泥质灰陶。扁鼓形腹，口及圈足残缺。腹部上下有凸弦纹。残高 9.6 厘米（图四九〇，2）。

B 型　筒状。

T1230 等 G1④：17，泥质灰陶。斜直腹，平底，上部残。腹部饰多道凸棱。底径 8.4、残高 7.4 厘米（图四九〇，3）。

14. 碗

A 型　凹圜底。

T1230 等 G1⑥：108，泥质黑陶。敞口，圆唇，深弧腹。腹部遍饰细绳纹。口径 12、底径 5、高 6.6 厘米（图四九〇，4）。

B 型　圈足底。

T1232 等 G1④：14，泥质黑陶。敞口，圆唇，弧腹，底微内凹。口径 6.5、底径 3.7、高 2.7 厘米（图四九〇，5）。

15. 钵

A 型　泥质陶。根据器腹特征和器表纹饰，可以分为三个亚型。

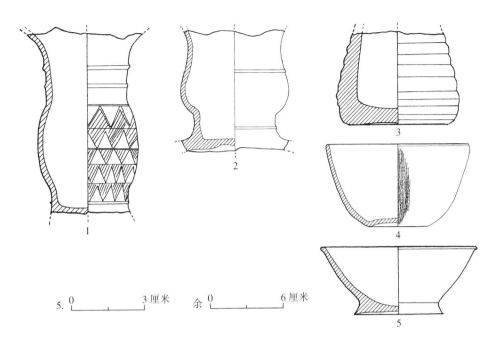

图四九〇 G1 出土陶尊、碗

1. A 型 I 式尊（T1230 等 G1⑤：4） 2. A 型 II 式尊（T1230 等 G1①：56） 3. B 型尊（T1230 等 G1④：17） 4. A 型碗（T1230 等 G1⑥：108） 5. B 型碗（T1232 等 G1④：14）

Aa 型 弧腹，素面。根据腹部变化，可以分为 2 式。

I 式 弧腹。

T1230 等 G1⑥：117，泥质灰陶。敛口，方唇，弧肩，鼓腹，近底处凹陷，平底。口径 10.8、底径 6.4、高 5.4 厘米（图四九一，1；彩版一九七，1）。

T1230 等 G1⑥：133，泥质黑陶。敛口，圆唇，鼓腹，饼形底，底面微凹。口径 6.9、底径 5.4、高 4.2 厘米（图四九一，2）。

II 式 弧腹稍折。

T1230 等 G1③：8，泥质黑皮陶。敛口，圆唇，弧肩，弧腹，下部残。口径 9、残高 3.6 厘米（图四九一，3）。

Ab 型 斜弧腹，素面。

I 式 腹部较深。

T1232 等 G1⑤：28，泥质黑陶。敛口，尖唇，圆肩，弧腹，小平底。底为另作，连接处可见黏结涂抹痕迹。器形不甚规整。口径 7.6、底径 4.6、高 6.4 厘米（图四九一，4；彩版一九七，2）。

II 式 腹部较浅。

T1230 等 G1①：28，泥质灰陶。敛口，圆唇，鼓腹，厚饼形底。口径 11.4、底径 9.2、高 5.9 厘米（图四九一，5；彩版一九七，3）。

Ac 型 弧腹，器表饰多道弦纹。根据腹部变化，可以分为 2 式。

I 式 口部稍内敛。

T1232 等 G1③：8，泥质灰褐陶。敛口，方唇，唇面内凹，弧肩，弧腹，下部残。肩腹部饰多道弦纹。口径 9.2、残高 3.5 厘米（图四九一，6）。

II 式 口部内敛较甚。

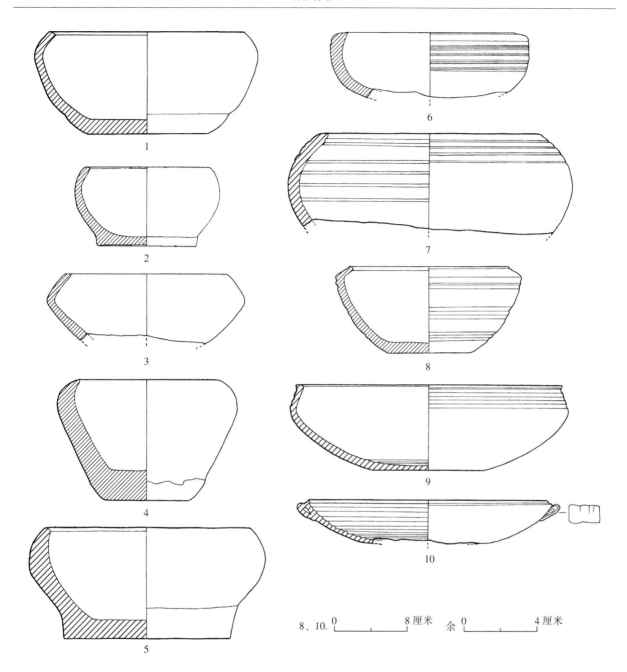

图四九一　G1 出土陶钵

1、2. Aa 型 I 式（T1230 等 G1⑥：117、T1230 等 G1⑥：133）　3. Aa 型 II 式（T1230 等 G1③：8）　4. Ab 型 I 式（T1232 等 G1⑤：28）　5. Ab 型 II 式（T1230 等 G1①：28）　6. Ac 型 I 式（T1232 等 G1③：8）　7. Ac 型 II 式（T1230 等 G1②：2）　8. Ac 型 III 式（T1230 等 G1①：22）　9. Ba 型（T1232 等 G1①：4）　10. Bb 型（T1232 等 G1①：9）

　　T1230 等 G1②：2，泥质灰陶。敛口，圆唇，弧肩，弧腹，下部残。肩部饰弦纹。口径 12、残高 5.1 厘米（图四九一，7）。

　　III 式　口内敛，折肩。

　　T1230 等 G1①：22，夹砂红陶。敛口，圆唇，折肩，弧腹，平底。腹部饰三组六道凹弦纹。口径 17.2、底径 9、高 9.2 厘米（图四九一，8；彩版一九七，4）。

　　B 型　硬陶。

　　Ba 型　无錾。

T1232 等 G1①：4，褐色硬陶。微敛口，方唇，弧肩，弧腹，平底。肩部饰弦纹。口径14.6、底径6.2、高4.5厘米（图四九一，9）。

Bb 型　带环形鋬。

T1232 等 G1①：9，红褐色硬陶。敛口，尖唇，折肩，肩面有一周凹槽，斜弧腹，肩下贴泥片系，底部略残。内壁可见轮制时留下的弦纹。口径26、残高4.8厘米（图四九一，10）。

16. 杯

A 型　斜弧腹。

T1230 等 G1⑥：42，夹蚌红陶。敞口近直，圆唇，深弧腹，平底略圜。器壁厚薄不匀，手制。口径6、底径2.8、高5.2厘米（图四九二，1）。

T1230 等 G1④：28，泥质红陶。敞口，尖圆唇，斜直腹，平底微凹。制作不规整。口径6.2、底径3.6、高4.4~5厘米（图四九二，2）。

B 型　近直腹。

T1230 等 G1④：1，泥质褐陶。直口微敛，圆唇，平底。口径6、底径5.4、高3.7厘米（图四九二，3）。

T1230 等 G1④：30，夹砂褐陶。直口微敛，圆唇，直腹略弧，平底。口径4.6、底径3.5、高3.6厘米（图四九二，4）。

17. 器盖

均为泥质陶。根据捉手形态，可以分为两型。

A 型　饼形捉手。

T1230 等 G1⑥：67，泥质黄褐陶。饼形捉手，盖面弧壁略鼓。盖口部残。捉手径9、残高6.4厘米（图四九三，1）。

B 型　圈足形捉手。可分两亚型。

Ba 型　捉手柄部有凸节或凸棱。

T1230 等 G1⑥：128，泥质黑陶。捉手柄中部有算盘珠形凸节。盖面敞口微侈，翻贴缘，弧壁。口径20.2、捉手径5.6、高8.5厘米（图四九三，2）。

T1230 等 G1⑤：8，泥质黑皮陶。捉手中部内凹，饰凸棱。盖体残缺。捉手径6、残高4厘米（图

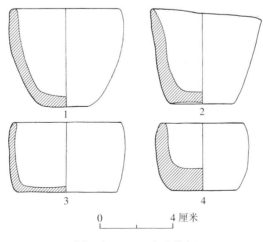

图四九二　G1 出土陶杯

1、2. A 型（T1230 等 G1⑥：42、T1230 等 G1④：28）　　3、4. B 型（T1230 等 G1④：1、T1230 等 G1④：30）

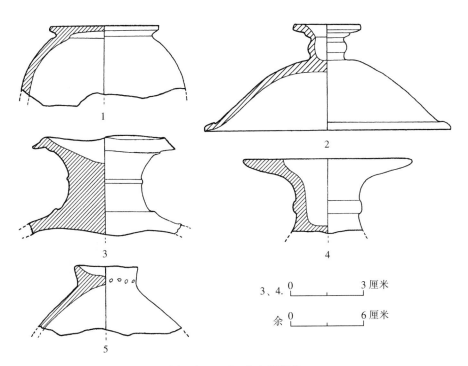

图四九三　G1 出土陶器盖

1. A 型（T1230 等 G1⑥:67）　2 ~ 4. Ba 型（T1230 等 G1⑥:128、T1230 等 G1⑤:8、T1232 等 G1③:18）　5. Bb 型（T1232 等 G1⑥:7）

四九三，3）。

T1232 等 G1③:18，泥质灰陶。捉手柄中部有算盘珠式凸节。盖体残缺。捉手径 7、残高 3 厘米（图四九三，4）。

Bb 型　捉手柄部无凸节。

T1232 等 G1⑥:7，夹砂红陶。盖面弧形，盖口残。捉手与盖面间可见修整指窝纹痕迹。捉手径 5.3、残高 5.4 厘米（图四九三，5）。

18. 纺轮

根据形态，可分四型。

A 型　算盘珠形。

T1230 等 G1⑥:37，泥质黑陶。中孔两面对钻。制作不甚规整。直径 4.6、孔径 0.7 ~ 1、厚 1.8 厘米（图四九四，1）。

T1230 等 G1⑥:65，泥质红褐陶。厚薄不匀。直径 4.5、孔径 0.7、厚 0.6 ~ 0.9 厘米（图四九四，2）。

T1230 等 G1⑥:39，泥质灰陶。厚薄不匀。直径 4.5、孔径 0.5、厚 0.8 ~ 1.1 厘米（图四九四，3）

B 型　上小下大圆台形。

T1230 等 G1⑥:1，泥质褐胎灰黑陶。直径 4 ~ 6.8、孔径 0.8、厚 2.2 厘米（图四九四，4）。

T1230 等 G1⑥:71，泥质红陶。直径 4 ~ 5.9、孔径 0.7、厚 1.7 厘米（图四九四，7）。

T1232 等 G1③:12，泥质红陶。下台面有对称四组八个戳印圆圈纹。直径 4.6 ~ 5.8、孔径 0.7、厚 1.8 厘米（图四九四，6）。

T1232 等 G1③:13，泥质红陶。直径 5.4 ~ 6.8、孔径 0.9、厚 1.9 厘米（图四九四，5）。

T1230 等 G1①:11，泥质红陶，一面红色，另一面灰褐色。直径 3.8 ~ 4.6、孔径 0.7、厚 0.9 厘米（图四九四，8）。

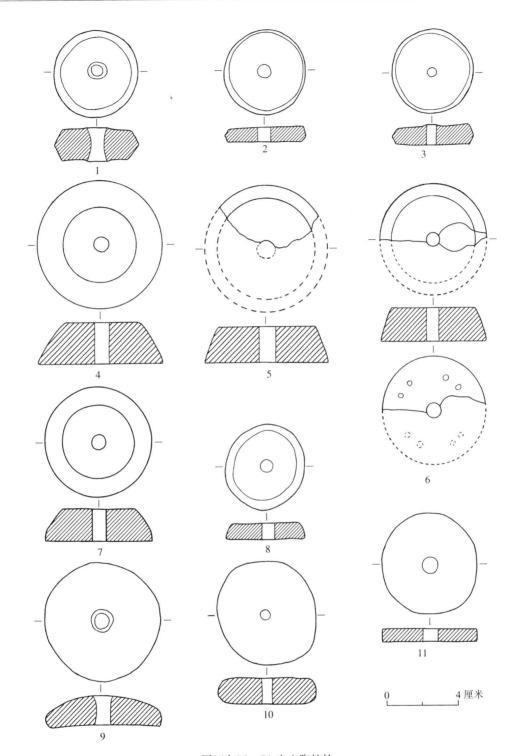

图四九四　G1 出土陶纺轮

1～3. A 型（T1230 等 G1⑥：37、T1230 等 G1⑥：65、T1230 等 G1⑥：39）　4～8. B 型（T1230 等 G1⑥：1、T1232 等 G1③：13、T1232 等 G1③：12、T1230 等 G1⑥：71、T1230 等 G1①：11）　9. C 型（T1230 等 G1⑥：66）　10、11. D 型（T1230 等 G1④：26、T1230 等 G1①：24）

C 型　圆饼形，一面内凹，一面外凸。

T1230 等 G1⑥：66，夹砂红陶。中孔两面对钻。直径 6.3、孔径 0.8～1.2、厚 1.6 厘米（图四九四，9）。

D 型　圆饼形，两面较平。

T1230 等 G1④:26，泥质灰陶。制作不规整。直径5.5、孔径0.6、厚1.4厘米（图四九四，10）。

T1230 等 G1①:24，泥质灰黑陶。直径5.3、孔径0.9、厚0.7厘米（图四九四，11）。

19. 网坠

A 型　带纵向凹槽。

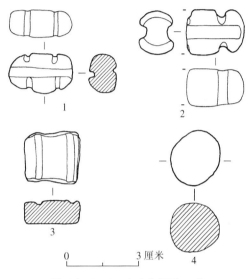

T1230 等 G1⑥:85，泥质红陶。圆角长方形。正、背面中部均有一条纵向凹槽，两端各有两条对称横向凹槽。长2.8、宽1.7、厚1.2厘米（图四九五，1）。

T1230 等 G1①:4，泥质灰陶。长椭圆形，一端残。两端正、反面有对称纵向凹槽，侧面有一条横向凹槽。残长2.6、宽1.9、厚1.4厘米（图四九五，2）。

B 型　无纵向凹槽。

T1230 等 G1①:10，泥质红陶。长方形，两端各有一横向凹槽。长2.5、宽2、厚约1厘米（图四九五，3）。

图四九五　G1 出土陶网坠、球

1、2. A 型网坠（T1230 等 G1⑥:85、T1230 等 G1①:4）　3. B 型网坠（T1230 等 G1①:10）　4. 球（T1230 等 G1①:13）

20. 拍

A 型　柄实心。

T1230 等 G1⑥:33，泥质黑陶。拍面蘑菇形，柱状把手，残缺。拍面径6.2、残高4厘米（图四九六，1）。

T1230 等 G1⑥:129，泥质黑陶。蒜头形，柱状实心把手，拍面圆弧。拍面径5.9、高7.3厘米（图四九六，2）。

T1232 等 G1②:2，泥质红陶。拍面蘑菇形，把手大部残缺。拍面径6.9、残高3.3厘米（图四九六，3）。

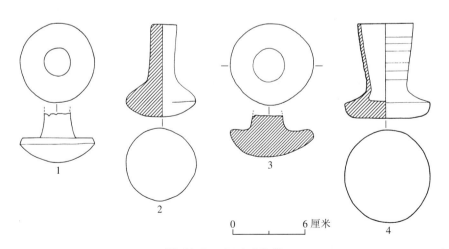

图四九六　G1 出土陶拍

1~3. A 型（T1230 等 G1⑥:33、T1230 等 G1⑥:129、T1232 等 G1②:2）　4. B 型（T1230 等 G1⑥:125）

B 型　柄中空。

T1230 等 G1⑥:125，泥质黑陶。拍面蘑菇状，拍柄空心柱状。表面有多道弦纹。拍面径7、高7.5厘米（图四九六，4）。

21. 球

T1230 等 G1①:13，泥质红陶。圆形实心球体。直径2.1厘米（图四九五，4）。

（二）石器

1. 锛

A 型　长方形石锛。根据有无凹槽，可分为两个亚型。

Aa 型　背部带凹槽，单面刃。

T1232 等 G1⑥:35，凝灰岩，浅灰白色。刃部残缺。残长5.7、宽3.7、厚1.6厘米（图四九七，1）。

T1230 等 G1⑥:44，凝灰岩，灰白色。刃面较窄。弧背。长7.3、宽4.9、厚1.8厘米（图四九七，2）。

T1230 等 G1⑥:75，凝灰岩，灰白色。弧刃，弧背。刃部稍残。残长5.3、宽3.4、厚1.5厘米（图四九七，3）。

T1230 等 G1⑥:82，凝灰岩，灰黑色。弧背，背部微有凹槽。长8.4、宽2.9、厚2.8厘米（图四九七，4）。

T1230 等 G1⑥:87，凝灰岩，白色。弧背。端部残缺。残长7.2、残宽3、厚1.9厘米（图四九七，5）。

T1230 等 G1⑥:47，凝灰岩，灰白色。弧背。刃部略残。长5.3、宽4.3、厚1.5厘米（图四九七，6）。

T1232 等 G1⑤:24，凝灰岩，灰白色。端部略残。残长4.3、宽2.8、厚0.5厘米（图四九七，8）。

T1230 等 G1④:29，凝灰岩，灰白色。弧背。长5.4、宽3.2、厚1.3厘米（图四九七，7）。

T1230 等 G1④:25，凝灰岩，灰色。长3.5、宽2.2、厚0.6厘米（图四九七，9）。

T1232 等 G1④:18，凝灰岩，黑色。器表和端部残缺。残长9.1、宽6.1、厚1.6厘米（图四九八，1）。

T1230 等 G1④:27，凝灰岩，青灰色。刃部和端部均有残缺。残长6.5、宽4.4、厚1.5厘米（图四九八，2）。

T1230 等 G1③:24，凝灰岩，灰褐色石料。弧背。残长3.7、宽2.6、厚0.8厘米（图四九八，3）。

T1230 等 G1③:26，凝灰岩，浅灰色。通体磨光。刃面较窄。长4.2、宽2.9、厚1.1厘米（图四九八，4）。

T1230 等 G1③:20，凝灰岩，青灰色。正、背面磨光，通身布满石片疤。刃部残，背部后端微有凹槽。残长6、宽5.2、厚1.7厘米（图四九八，5）。

T1230 等 G1①:5，凝灰岩，灰白色。通体磨光，刃部有使用痕迹。长5.5、宽4.2、厚1.9厘米（图四九八，6）。

T1232 等 G1①:1，凝灰岩，浅灰色。单面刃略斜。长5.6、宽3、厚1.7厘米（图四九八，7）。

T1230 等 G1①:7，凝灰岩，灰色。通体磨光。刃部略残。长6.2、宽3.7、厚1.4厘米（图四九八，8）。

T1230 等 G1①:58，凝灰岩，灰色。通体磨光，表面有崩疤。长5.5、宽3.5、厚1.2厘米（图四九八，9）。

Ab 型　背部无凹槽，单面刃。

图四九七　G1 出土 Aa 型石锛

1～9. T1232 等 G1⑥：35、T1230 等 G1⑥：44、T1230 等 G1⑥：75、T1230 等 G1⑥：82、T1230 等 G1⑥：87、T1230 等 G1⑥：47、T1230 等 G1④：29、T1232 等 G1⑤：24、T1230 等 G1④：25

T1230 等 G1⑥：2，角岩，黑色。宽刃面，弧背。长 5.2、残宽 3、厚 1.2 厘米（图四九九，1）。

T1230 等 G1⑥：88，凝灰岩，白色。端部残缺。刃面较宽，弧背。长 6.9、残宽 4.1、厚 2.3 厘米（图四九九，8）。

T1232 等 G1④：22，凝灰岩，青灰色。通体磨光。长 4.3、宽 2.4、厚 1.1 厘米（图四九九，2）。

T1232 等 G1②：8，沉凝灰岩，青灰色。弧背。长 3.7、宽 2.5、厚 0.8 厘米（图四九九，3）。

T1232 等 G1②：9，沉凝灰岩，青灰色。弧背。长 7.4、宽 3.1、厚 1.3 厘米（图四九九，4）。

T1232 等 G1⑥：36，凝灰岩，青灰色。短刃面，弧背。端部略残。残长 6.6、宽 4.2、厚 1.5 厘米（图四九九，5）。

T1232 等 G1②：7，板岩，青灰色。端部略残。弧背。长 5.2、宽 3.6、厚 0.5 厘米（图四九九，

图四九八　G1 出土 Aa 型石锛

1～9. T1232 等 G1④:18、T1230 等 G1④:27、T1230 等 G1③:24、T1230 等 G1③:26、T1230 等 G1③:20、T1230 等 G1①:5、T1232 等 G1①:1、T1230 等 G1①:7、T1230 等 G1①:58

7)。

T1230 等 G1①:6，凝灰岩，灰色。通体磨光，刃部有使用痕迹。背面略弧。长6.9、宽4、厚1.2厘米（图四九九，6）。

B 型　宽短形石锛。根据有无凹槽，可分为两个亚型。

Ba 型　背部带凹槽。

T1230 等 G1③:23，凝灰岩，灰白色。近正方形。端部略残。残长3.7、宽3.6、厚0.7厘米（图四九九，9）。

Bb 型　背部无凹槽。

T1230 等 G1①:16，凝灰岩，灰白色。方形锛体。宽刃面，直刃，直背。背部刃端有二次磨制的窄小刃面。通体磨光。长3.9、宽3.6、最厚0.9厘米（图四九九，10）。

2. 凿

A 型　单面刃。

T1230 等 G1⑥:98，凝灰岩，灰色。长方体，弧背。端部残缺。残长7.5、宽2.3、厚2.6厘米

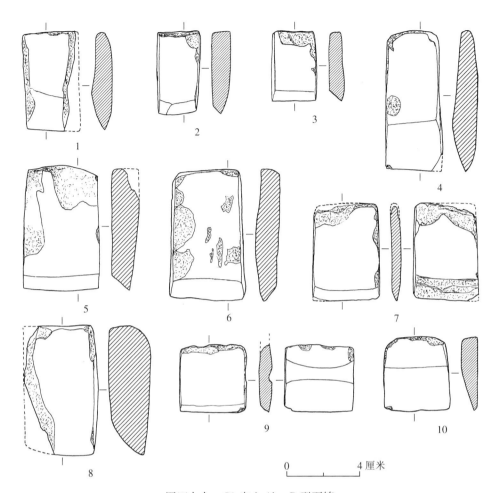

图四九九　G1 出土 Ab、B 型石锛

1~8. Ab 型（T1230 等 G1⑥：2、T1232 等 G1④：22、T1232 等 G1②：8、T1232 等 G1②：9、T1232 等 G1⑥：36、T1230 等 G1①：6、T1232 等 G1②：7、T1230 等 G1⑥：88）　9. Ba 型（T1230 等 G1③：23）　10. Bb 型（T1230 等 G1①：16）

（图五〇〇，1）。

B 型　双面刃。

T1230 等 G1③：21，凝灰岩，灰白色。通体磨光。长6.5、宽2、厚2.6厘米（图五〇〇，2）。

3. 斧

A 型　宽体。

T1230 等 G1⑥：53，角岩，黑色。器体厚重，石质坚硬，仅剩余刃部。刃部打磨较光滑，双面刃。残长9.3、宽8、厚4.5厘米（图五〇〇，3）。

T1230 等 G1⑥：58，角岩，灰黑色。器体厚重，石质坚硬，仅剩余刃部。刃部局部打磨，双面刃。残长7.2、宽8.1、厚4.4厘米（图五〇〇，4）。

B 型　窄体。

T1230 等 G1⑥：79，凝灰岩，青灰色。长方形，端部略窄，双面刃，刃部有疤痕。长8.6、宽4.2、厚2.6厘米（图五〇〇，5）。

4. 刀

A 型　穿孔。根据背与刃的不同，可分为三个亚型。

Aa 型　直刃，直背。

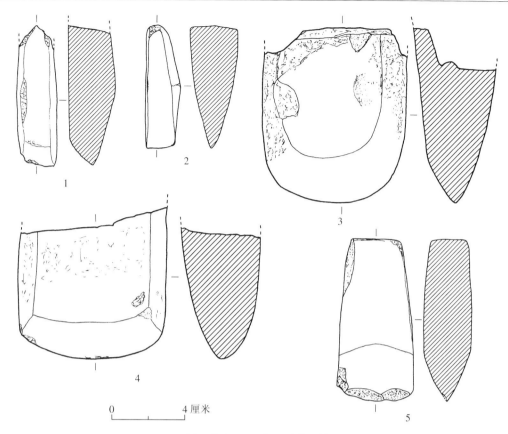

图五〇〇　G1 出土石凿、斧

1. A 型凿（T1230 等 G1⑥∶98）　　2. B 型凿（T1230 等 G1③∶21）　　3、4. A 型斧（T1230 等 G1⑥∶53、T1230 等 G1⑥∶58）　　5. B 型斧（T1230 等 G1⑥∶79）

　　T1230 等 G1⑥∶41，粉砂岩，灰黑色。仅保存整器的二分之一。可见一个双面对钻孔，孔旁有钻头移位形成的半孔。单面刃，直背略凹。残长 7.7、宽 4.5、厚 3 厘米（图五〇一，1）。

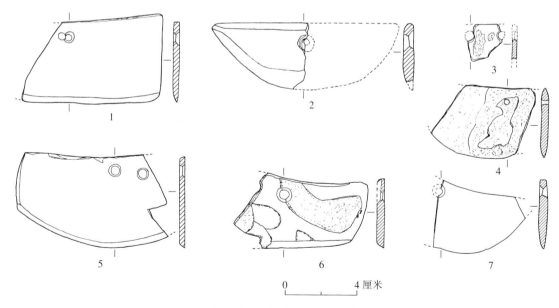

图五〇一　G1 出土 A 型石刀

1. Aa 型（T1230 等 G1⑥∶41）　　2. Ab 型（T1232 等 G1④∶21）　　3 ~ 7. Ac 型（T1232 等 G1⑥∶34、T1232 等 G1①∶3、T1230 等 G1①∶14、T1230 等 G1①∶18、采集∶4）

Ab 型　半月形。

T1232 等 G1④:21,粉砂质凝灰岩,灰黑色。仅保存整器的二分之一。上中部对钻一孔。残长 5.3、宽 3.5、厚 0.5 厘米(图五○一,2)。

Ac 型　直刃、弧背或直背、弧刃。

T1232 等 G1⑥:34,角岩,黑色。残甚,可见对钻两孔。残长 2、残宽 1.9、厚 0.3 厘米(图五○一,3;彩版一九八,1)。

T1232 等 G1①:3,角岩,黑色。残缺一半。右上部钻有一孔。弧刃,直背。残长 5.2、宽 3.8、厚 0.4 厘米(图五○一,4)。

T1230 等 G1①:14,粉砂岩,灰色。残缺三分之一。可见两孔。窄刃面,弧刃,直背。孔为双面对钻。残长 8.3、宽 4.9、厚 0.3 厘米(图五○一,5;彩版一九八,1)。

T1230 等 G1①:18,粉砂岩,黑灰色。残缺三分之一。可见两孔。单面刃,弧背。孔为两面对钻。残长 7.2、宽 4、厚 0.4 厘米(图五○一,6)。

采集:4,灰色石料。残长 4.9、宽 3.4、厚 0.5 厘米(图五○一,7)。

B 型　无孔。根据造型差异,可分为三个亚型。

Ba 型　带柄。

T1230 等 G1⑥:78,斑点状角岩,灰黑色。斜柄。单面刃,刃缘弧。略残。残长 11.2、残宽 9.5、厚 1.2 厘米(图五○二,1)。

T1230 等 G1③:4,角岩,黑色。柄及刃部均残缺。刃部中段可见穿孔。残长 12、残宽 7.5、厚 0.9 厘米(图五○二,2)。

Bb 型　直背,弧刃。

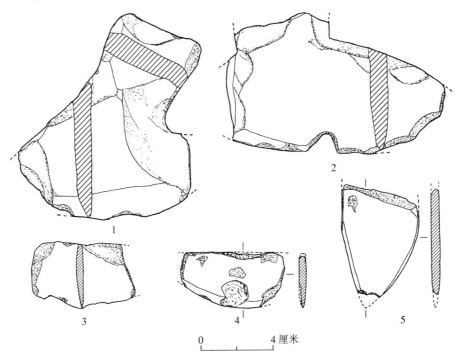

0   4 厘米

图五○二　G1 出土 B 型石刀

1、2. Ba 型(T1230 等 G1⑥:78、T1230 等 G1③:4)　3. Bb 型(T1230 等 G1⑥:51)　4、5. Bc 型(T1232 等 G1②:6、T1232 等 G1③:2)

T1230 等 G1⑥:51，角岩，灰白色。残缺三分之一。凹背，单面弧刃。残长 5.7、宽 3.4、厚 0.4 厘米（图五○二，3）。

Bc 型　半月形。

T1232 等 G1②:6，凝灰岩，深灰色。残缺三分之一。残长 5.6、宽 2.9、厚 0.4 厘米（图五○二，4）。

T1232 等 G1③:2，粉砂质凝灰岩，深灰色。残缺二分之一。背略折，弧刃。残长 5.6、宽 4.2、厚 0.4 厘米（图五○二，5）。

5. 镰

A 型　直背，直内。

T1230 等 G1⑥:45，斑点状角岩，灰黑色。前部残，短直内，背部和刃部均平直，双面刃，剖面略呈橄榄形。残长 12.6、宽 4.3、厚 1.8 厘米（图五○三，1）。

T1230 等 G1⑥:54，斑点状角岩，黑色。前端残，短柄，直背，弧刃。背部圆钝。通体磨光。残长 9.7、宽 5、厚 1 厘米（图五○三，2）。

T1232 等 G1③:10，角岩，灰黑色。前部残，直内，背略直，双面刃。残长 9.7、宽 4.8、厚 1.1 厘米（图五○三，3）。

B 型　弧刃，曲内。

T1230 等 G1⑥:34，凝灰岩，灰黑色。短柄，弧背，略弧刃。背部圆钝，刃部锋利。通体磨光。长 18.2、宽 4.6、厚 1 厘米（图五○三，4；彩版一九八，2）。

6. 犁

T1230 等 G1⑥:3，灰色石料。残。大体呈三角形，两边有刃，器中部有一孔，两面对钻。残长

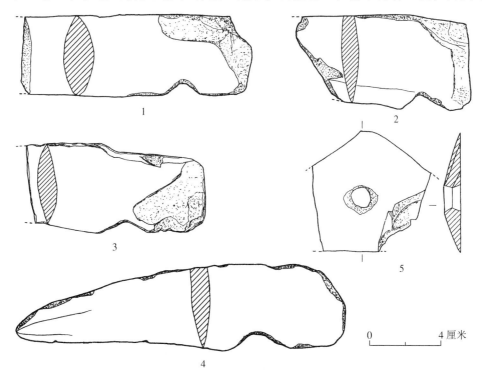

图五○三　G1 出土石镰、犁

1～3. A 型镰（T1230 等 G1⑥:45、T1230 等 G1⑥:54、T1232 等 G1③:10）　4. B 型镰（T1230 等 G1⑥:34）　5. 犁（T1230 等 G1⑥:3）

6.6、宽6.5、厚0.9厘米（图五〇三，5）。

7. 镞

A型 镞体剖面呈菱形。

T1232 等 G1⑥：37，凝灰岩，浅灰色。锋部和铤部残缺。残长6.4、宽2.6、厚1厘米（图五〇四，1）。

T1230 等 G1⑥：32，凝灰岩，灰黑色。柳叶形。铤部截面椭圆形，锋尖略残。残长5.1、宽1.6、厚0.8厘米（图五〇四，2）。

T1230 等 G1⑥：81，凝灰岩，灰黑色。柳叶形。铤部和锋尖残缺。残长6.1、宽2.2、厚0.8厘米（图五〇四，3）。

T1232 等 G1④：20，凝灰岩，深灰色。锋部和铤部残缺。残长5.3、宽1.6、厚0.6厘米（图五〇四，4）。

T1230 等 G1①：37，凝灰岩，青灰色。柳叶形。铤部截面扁圆形。长6、宽2.2、厚0.6厘米（图五〇四，5）。

B型 镞体剖面呈三角形。

T1230 等 G1⑥：57，凝灰质粉砂岩，灰黑色。锋、铤部均残缺。长2.2、宽1.7、最厚0.5厘米（图五〇四，6）。

T1230 等 G1③：25，角岩，青灰色。柳叶形。铤部截面近椭圆形，锋尖残缺。残长6.4、宽2.1、

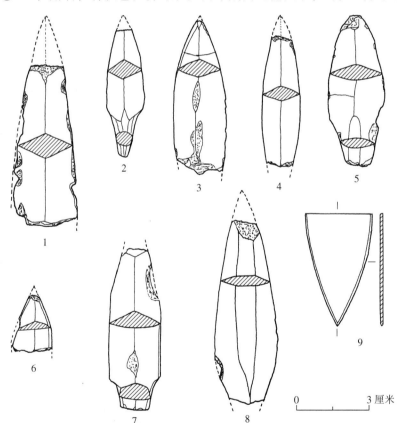

图五〇四 G1 出土石镞、矛头

1~5. A 型镞（T1230 等 G1⑥：37、T1230 等 G1⑥：32、T1230 等 G1⑥：81、T1232 等 G1④：20、T1230 等 G1①：37） 6、7. B 型镞（T1230 等 G1⑥：57、T1230 等 G1③：25） 8. C 型镞（T1232 等 G1④：17） 9. 矛头（T1232 等 G1③：14）

厚0.7厘米（图五〇四，7）。

C型 镞体剖面呈六边形。

T1232等G1④：17，凝灰岩，青灰色。柳叶形。锋部和铤部残缺。残长7.4、宽2.6、厚0.4厘米（图五〇四，8）。

8. 矛头

T1232等G1③：14，深灰色石料。弧三角形，有刃边。长4.5、宽2.8、厚0.1厘米（图五〇四，9）。

9. 环

T1232等G1③：1，灰色石料。残。圆形，中孔两面管钻。直径7.3、孔径2.1~3.2、厚3厘米（图五〇五，1）。

10. 砺石

T1230等G1⑥：48，砂岩，红褐色。正面和背面皆有磨痕。正面凹弧，背面较平直。残长6.2、宽4、最厚2.8厘米（图五〇五，2）。

T1230等G1⑥：50，粉砂岩，紫红色。正面凹弧。残长8.7、残宽5.1、最厚4.5厘米（图五〇五，3）。

T1230等G1⑥：49，砂岩，黄色。正面和背面皆有磨痕。正面凹弧。残长14.2、残宽8.8、最厚1.9厘米（图五〇五，4）。

T1230等G1⑥：56，砂岩，黄色。正、反两面均作为研磨面使用。研磨面中部凹弧。长13.5、宽

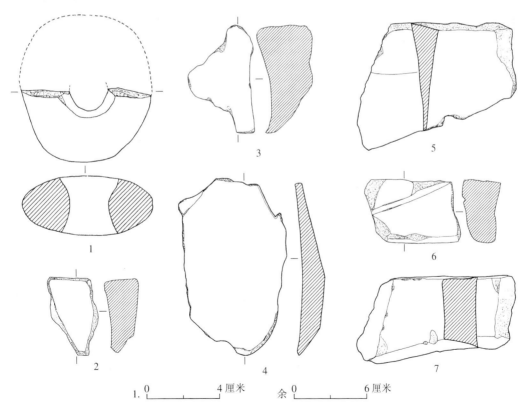

图五〇五 G1出土其他石器

1. 环（T1232等G1③：1） 2~7. 砺石（T1230等G1⑥：48、T1230等G1⑥：50、T1230等G1⑥：49、T1230等G1⑥：56、T1230等G1⑥：60、T1230等G1①：19）

9.9、厚 0.2～2.4 厘米（图五〇五，5）。

T1230 等 G1⑥：60，砂岩，黄色。正、反面均为研磨面。一面在研磨面内另有一条斜向窄凹槽。长 7.5、宽 5、厚 3.2 厘米（图五〇五，6）。

T1230 等 G1①：19，砂岩，黄色。略呈斜长方形。两端为自然面。正面、背面和侧面均有磨制痕迹。长 12.8、宽 6.7、厚 2.8 厘米（图五〇五，7）。

（三）玉器

仅见玉璜 1 件。

T1232 等 G1③：22，玉髓质。整体呈半环形，在两端正面和端面斜对穿孔，为实心钻，打磨并抛光。外径 4.7、宽 1 厘米（图五〇六，1）。

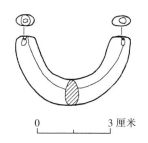

0　　　　　3 厘米

图五〇六　G1 出土玉璜（T1232 等 G1③：22）

第二节　灰坑

一　H1

（一）概述

位于 T1235 西南部。开口于①层下，打破③层至生土层。平面呈圆角方形，口径 1.54×1.6 米。坑壁较直，不见加工痕迹。清理至 3.1 米深，受地下水位和塌方影响，无法继续发掘。经钻探，井深 4.7 米。填土灰黄色，夹有一定数量的红烧土块及颗粒，土质相对较硬。上部较为干燥，下部比较潮湿。应作为水井之用（图五〇七 A；彩版一九九，1）。

（二）遗物

出土遗物较多，有陶器和石器。陶器以夹砂陶占大多数，泥质陶次之，有少量的硬陶和原始瓷。纹饰有弦纹、梯格纹、叶脉纹、折线纹、绳纹、抹断绳纹、方格纹、附加堆纹、刻划纹、凹槽、指窝纹、云雷纹、戳印圆圈纹、镂孔、凸棱等。器形有豆、刻槽盆、盆、三足盘、鬲、甗等。石器主要有穿孔石斧、锛、锥、削等（附表二二、二三）。

1. 陶器①

H1：1，豆（Aa 或 Ab）。泥质灰陶。豆盘缺，喇叭形圈足，细高柄。圈足柄上部和下部有凸凹弦纹，中部可见螺旋式轮旋痕。圈足径 11.5、残高 19.2 厘米（图五〇七 B，1）。

H1：2，三足盘（AⅡ）。泥质黑皮陶，胎心灰，两侧红，外饰黑皮。敞口，方唇，折沿，浅盘，高圆锥状足，足尖外撇。高 12.7 厘米（图五〇七 C，1）。

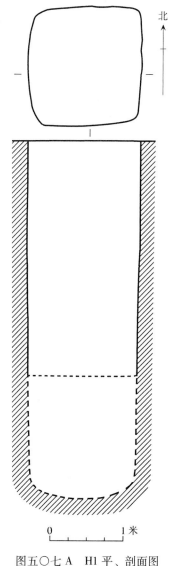

北

0　　　　　1 米

图五〇七 A　H1 平、剖面图

---

① 灰坑中器物相对较少，型式参照 G1 出土器物的型式，下同。

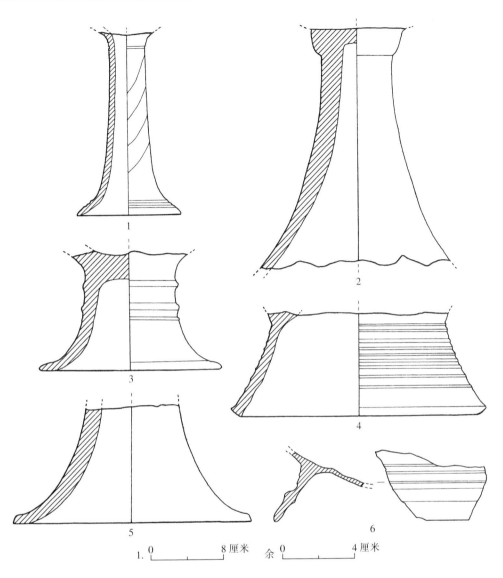

图五〇七 B　H1 出土陶器

1~6. 豆（H1:1、H1:21、H1:17、H1:13、H1:14、H1:22）

　　H1:9，鬲。夹砂红陶。侈口，方唇，卷沿，沿面略凹，束颈，腹微鼓，瘪裆，袋足残，足尖断缺。颈下饰两周凹纹，颈部以下饰绳纹，裆部绳纹被抹平。口径20、残高18.4厘米（图五〇七 C，3；彩版一九九，2）。

　　H1:10，刻槽盆（Ba Ⅱ）。泥质红褐胎黑陶。敛口，方唇，唇两端出缘。肩部饰凹弦纹，上腹饰折线纹，纹饰印痕较深。下部残。器内壁有斜向交叉刻槽。残长8、残高7.4厘米（图五〇七 C，4）。

　　H1:11，盆（B Ⅱ）。泥质红陶。侈口，方唇，卷沿。腹饰云雷纹。下部残。残长10、残高5.6厘米（图五〇七 C，7）。

　　H1:12，刻槽盆（Ca Ⅰ）。泥质橙黄陶，厚胎处胎心灰色。敛口，方唇，弧肩，下部残。肩上饰弦纹，上腹饰竖梯格纹，纹饰拍印较杂乱。残长8.7、残高8厘米（图五〇七 C，5）。

　　H1:13，豆（C）。泥质灰陶。豆盘缺，喇叭形中圈足，足端外撇。外表饰凸棱。圈足径14、残高5.4厘米（图五〇七 B，4）。

　　H1:14，豆（C）。泥质灰陶。豆盘缺，喇叭形中圈足，足端外撇近平。圈足径13、残高6.3厘米

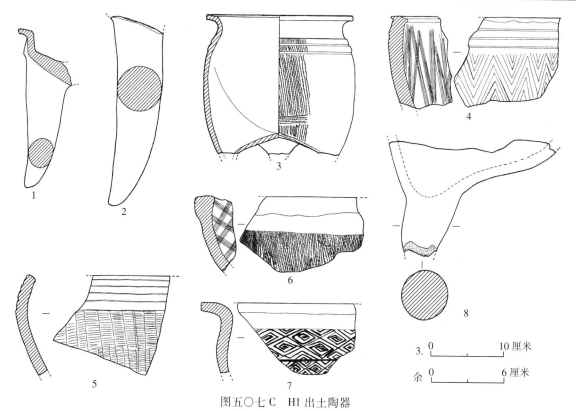

图五〇七 C　H1 出土陶器

1、2. 三足盘（H1：2、H1：16）　3. 鬲（H1：9）　4～6. 刻槽盆（H1：10、H1：12、H1：18）　7. 盆（H1：11）　8. 鬲甗类足（H1：19）

（图五〇七 B，5）。

　　H1：16，三足盘。泥质灰陶。高圆锥状实足，足尖外撇。残高 15.1 厘米（图五〇七 C，2）。

　　H1：17，豆（C）。泥质黑陶。豆盘缺，喇叭形中圈足，足端外撇近平面。圈足饰凸棱。圈足径 10、残高 6.3 厘米（图五〇七 B，3）。

　　H1：18，刻槽盆（BaⅡ）。泥质黑陶。微敛口，方唇，翻贴缘，缘与器体结合不甚紧密和规整，外表沿下一周凹槽，弧腹。腹部饰绳纹，印纹较浅，器内壁有斜向交叉刻槽，每组刻槽由 5 条平行线组成。残长 10.2、残高 6 厘米（图五〇七 C，6）。

　　H1：19，鬲甗类足（A）。夹砂红褐陶。圆锥状高实足尖，肥大袋足。袋足下部可见被抹平的绳纹痕迹。残长 13.6、残高 8.8 厘米（图五〇七 C，8）。

　　H1：21，豆（Aa 或 Ab）。泥质灰陶。豆盘缺，喇叭形圈足，豆盘和圈足之间圆台状外凸，圈足底部残。残高 12.8 厘米（图五〇七 B，2）。

　　H1：22，豆（D）。泥质黑陶。豆盘缺，矮圈足，足端外撇。外表饰凸棱。残长 6、残高 3.6 厘米（图五〇七 B，6）。

2. 石器

　　H1：4，锛（Aa）。凝灰岩，灰黑色。长方形，单面刃，背部有一浅凹槽。长 5.4、宽 2.5、厚 1.2厘米（图五〇七 D，1）。

　　H1：3，削。铜矿化凝灰岩，蓝绿色。背部三棱，尾部向上折起。残长 4.2、宽 1、厚 0.2 厘米（图五〇七 D，3）。

　　H1：5，锥。铜矿化凝灰岩，蓝绿色。细长方体形，截面近方形。残长 4.7、宽 0.5、厚 0.35 厘米（图五〇七 D，4）。

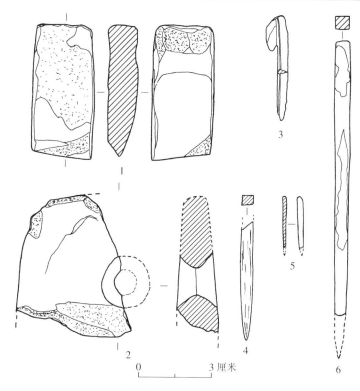

图五○七 D　H1 出土石器

1. 锛（H1:4）　　2. 穿孔石斧（H1:8）　　3. 削（H1:3）　　4~6. 锥（H1:5、H1:6、H1:7）

　　H1:6，锥。铜矿化凝灰岩，蓝绿色。残长 2.1、宽 2.5、厚 1.5 厘米（图五○七 D，5）。

　　H1:7，锥。铜矿化凝灰岩，蓝绿色。器身细长，截面近方形。残长 11、宽 0.6、厚 0.5 厘米（图五○七 D，6；彩版一九九，3）。

　　H1:8，穿孔石斧。石英岩，灰白色。长方形，上部对钻一孔。残甚。残长 5.5、残宽 4.7、厚 1.7 厘米（图五○七 D，2）。

二　H13

（一）概述

　　位于 T1034 等四方东南部、T1234 的西部。开口于①层下，打破 F1D5 和③层。平面近椭圆形，斜壁，坡底，坑底不平。长径 1.66、短径 0.98、深 0.34 米。填土灰黑色，夹有红烧土颗粒和草木灰，土质较硬（图五○八 A；彩版一九九，4）。

（二）遗物

　　出土陶片较多。以泥质陶、夹砂陶和夹蚌陶为主，有个别原始瓷。纹饰有梯格纹、方格纹、叶脉纹、绳纹、弦纹等。器形有豆、大罐等（附表二四、二五）。

　　H13:1，大罐口沿（AⅡ）。泥质红褐陶。侈沿，沿端平斜，短颈。残长 9.1、残高 3.5 厘米（图五○八 B，1）。

　　H13:2，豆（盘）。泥质灰陶。敞口，方唇，弧腹。唇下有一周凹槽。残长 5.1、残高 3.6 厘米（图五○八 B，2）。

　　H13:3，豆（盘）（Ab）。泥质黑皮陶，胎色灰。侈口，圆唇，内折沿，沿面平，斜腹。沿下有一周凹槽。口径 13.1、残高 2.3 厘米（图五○八 B，3）。

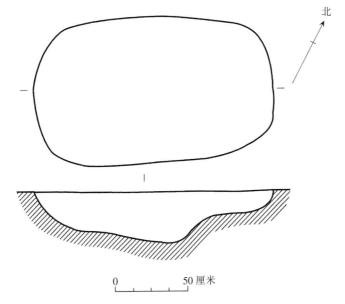

北

0 50 厘米

图五○八 A H13 平、剖面图

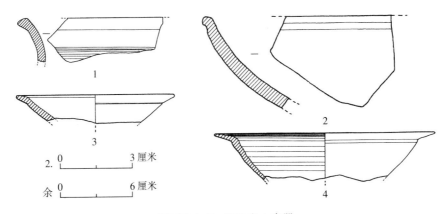

2. 0 3 厘米

余 0 6 厘米

图五○八 B H13 出土陶器

1. 大罐（H13：1） 2～4. 豆（H13：2、H13：3、H13：4）

H13：4，豆（盘）（EⅡ）。紫褐色硬陶。侈口，圆唇，折沿，斜弧腹。沿面有数周弦纹，沿下器表有一周凹槽，腹内壁有数周凸棱。口径18、残高3.9厘米（图五○八 B，4）。

三 H28

（一）概述

位于T1232等四方西南部、T1230等四方的西北部。开口于①层下，打破G1和③层。平面呈不规则形，斜壁，斜底，坑底不平。口径长2、宽1.42、深0.34米。填土深灰色，土质较松（图五○九 A；彩版二○○，1）。

（二）遗物

出土遗物较少。陶片以泥质陶最多，夹砂陶次之，夹蚌陶和硬陶较少。器形有豆、碗、刻槽盆等。纹饰有弦纹、梯格纹、方

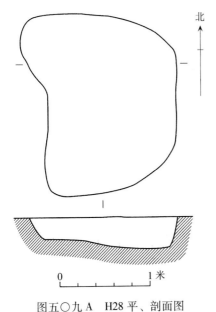

北

0 1 米

图五○九 A H28 平、剖面图

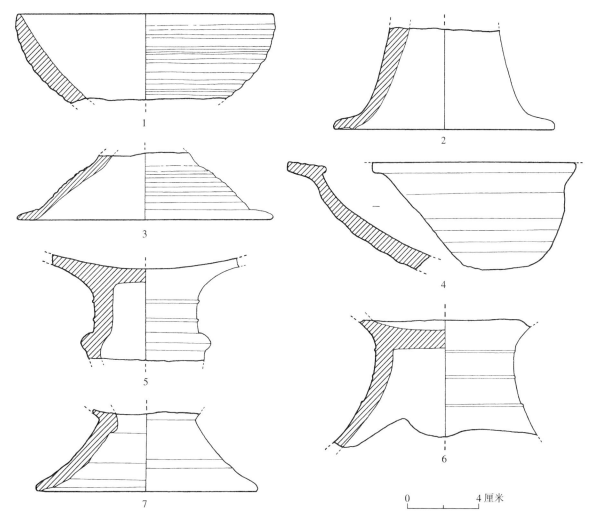

图五〇九 B　H28 出土陶器

1. 碗（H28∶1）　2～7. 豆（H28∶2、H28∶3、H28∶4、H28∶5、H28∶6、H28∶7）

格纹、叶脉纹、绳纹等（附表二六、二七）。

H28∶1，陶碗（A 型）。泥质红衣陶，胎心黑色，两侧灰色，内壁和外表涂红衣。敞口，尖唇，弧腹，底残。口径 14、残高 4.5 厘米（图五〇九 B，1）。

H28∶2，陶豆（圈足）（C 型）。泥质黑皮陶。喇叭形圈足，足端外撇近平。圈足径 12.3、残高 5.4 厘米（图五〇九 B，2）。

H28∶3，陶豆（圈足）（Bd 型）。泥质灰陶，胎心为灰色，两侧为灰白色。喇叭形圈足，足端外撇近平。外表饰凸棱。圈足径 14、残高 3.5 厘米（图五〇九 B，3）。

H28∶4，陶豆（盘）（Bd 型）。泥质黑陶。侈口，卷沿，方唇，斜弧腹。沿面有 3 周凹槽，腹部饰多道凸棱。残长 11.3、残高 5.7 厘米（图五〇九 B，4）。

H28∶5，陶豆（柄）（Bd 型）。泥质黑皮陶。豆柄较粗、直，中部形成算盘珠式凸节，凸节上下饰竹节状凸棱。残高 5 厘米（图五〇九 B，5）。

H28∶6，陶豆（圈足）（C 型）。泥质黑皮陶。喇叭形圈足，足端较斜。残高 7 厘米（图五〇九 B，6）。

H28∶7，陶豆（圈足）（E I 式）。紫红色硬陶，胎色砖红色。喇叭形圈足，足端外撇较斜。外表饰凸棱。圈足径 12.2、残高 4.1 厘米（图五〇九 B，7）。

四 H29

（一）概述

位于 T0832 等四方西南部、西扩方东南部。开口于②a 层下，打破②b 层。平面为不规则形，斜壁，坑内有台坡，坑底不平。长 3.2、宽 1.88、深 0.15～0.72 米。填土灰黑色，土质较硬，夹杂有零星红烧土块和草木灰（图五一〇A；彩版二〇〇，2）。

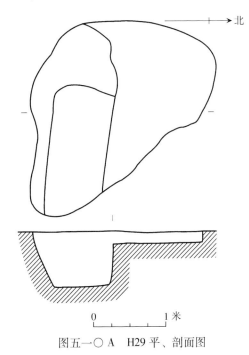

图五一〇 A　H29 平、剖面图

（二）遗物

出土遗物较多，有陶器和石器。陶片以夹蚌陶占绝大多数，有少量硬陶和泥质陶。纹饰有弦纹、梯格纹、方格纹、叶脉纹、绳纹、刻划纹、指窝纹、弦纹＋镂孔等。陶器器形有豆、大罐、器盖等，石器有镰等（附表二八、二九）。

1. 陶器

H29：2，大罐口沿（BⅠ）。灰褐色硬陶。侈口，圆唇，折沿，沿面较宽。沿上饰弦纹，腹部饰平行线纹。口径 21.2、残高 5.2 厘米（图五一〇B，1）。

H29：3，豆圈足（E）。紫褐色硬陶。喇叭形圈足，足端外撇近平。外表饰凸棱。残长 7.6、残高 9.4 厘米（图五一〇B，2）。

H29：4，豆盘（E）。灰褐色硬陶。侈口，圆唇，卷沿，斜腹。沿面及腹内壁均有数周凹弦纹，沿下器表有凹槽一周。残长 8、残高 3.3 厘米（图五一〇B，3）。

H29：6，器盖（Ab）。泥质黑皮陶，胎色灰白，表面黑皮有部分脱落。圈足状捉手较高，捉手顶部残缺，捉手靠近盖顶处有凸棱一周。盖面圆鼓，饰两周条带状叉纹，以弦纹间隔。残高 4.8 厘米（图五一〇B，4）。

H29：7，大罐口沿（BⅢ）。泥质灰陶，胎黑色。侈口，圆唇，卷沿，矮颈，溜肩。腹饰方格纹。残长 6.5、残高 6.7 厘米（图五一〇B，5）。

H29：8，豆盘（Aa）。泥质黑皮陶，胎心黑色，两侧灰色，外表和内壁均黑衣。子母口，方圆唇，细长柱状豆柄，圈足残。口径 14.7、残高 8.4 厘米（图五一〇B，6；彩版二〇一，1）。

H29：9，豆圈足（Aa 或 Ab）。泥质灰陶。柱状豆柄，璧形足。圈足径 6.8、残高 6.9 厘米（图五一〇B，7）。

2. 石器

H29：1，石镰。砂岩，利用天然黄砂岩磨制而成。两侧磨出三角形刃部，前段缺失。残长 4.7、残宽 3.8、厚 1.2 厘米（图五一〇B，8；彩版二〇一，2）。

五 H30

（一）概述

位于 T1032 等四方南部。开口于①层下，打破③层。平面形状近椭圆形，斜坡，圜底较平。长径

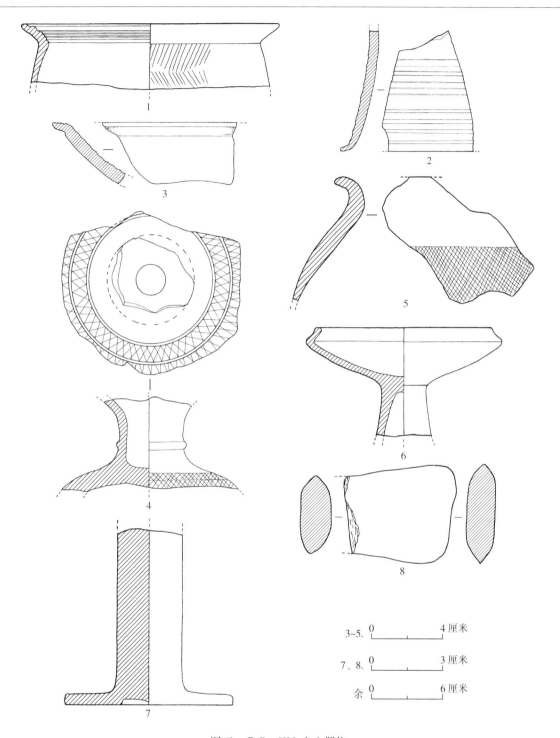

图五一〇 B　H29 出土器物

1、5. 大陶罐（H29∶2、H29∶7）　　2、3、6、7. 陶豆（H29∶3、H29∶4、H29∶8、H29∶9）　　4. 陶器盖（H29∶6）　　8. 石镰（H29∶1）

1.5、短径 1.1、深 0.22 米。填土灰黑色，土质较硬，夹杂有零星红烧土块和草木灰（图五一一 A；彩版二〇〇，3）。

（二）遗物

出土陶片较少。以夹蚌陶占绝大多数，泥质陶次之，硬陶和夹砂陶较少。纹饰有弦纹、方格纹、叶脉纹、戳印圆圈纹等。器形有豆、小罐、钵等（附表三〇、三一）。

H30∶1，陶豆（C）。泥质红衣陶，胎色橙黄，器表红衣大部已脱落。敞口，尖圆唇，腹弧收，豆

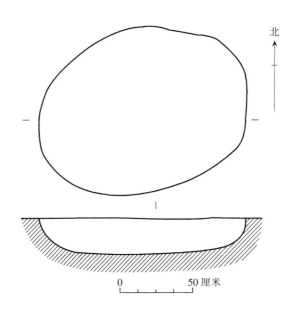

图五一一 A　H30 平、剖面图

柄较粗矮，喇叭形圈足，足端外撇成平面。豆柄上饰弦纹。口径 22、圈足径 11.6、高 11.8 厘米（图五一一 B，1；彩版二○一，3）。

　　H30∶2，陶豆（圈足）（E I）。灰黑色硬陶，胎及内壁砖红色。喇叭形圈足，足端外撇近平。豆柄较粗矮，中部弧曲，饰凸棱。圈足径 11、残高 7.8 厘米（图五一一 B，2）。

　　H30∶3，陶豆（盘）（Aa 或 Ab）。泥质灰陶。敞口，方唇，唇面有一周凹槽，浅盘，斜腹。口径 24、残高 4.5 厘米（图五一一 B，3）。

　　H30∶4，陶钵（Ac Ⅲ）。泥质红褐陶。敛口，圆唇，圆肩，弧腹，底残。肩部有数周凹弦纹。口径 13.6、残高 6.8 厘米（图五一一 B，4）。

　　H30∶5，小陶罐（C）。紫红色硬陶，胎灰色。侈口，卷沿，沿面内凹，尖唇，上腹较直。口径 18、残高 9 厘米（图五一一 B，5）。

六　H31

　　（一）概述

　　位于 T1232 等四方西部。开口于①层下，打破③层。平面近圆形，斜壁，平底。口径 1.1～1.2、深 0.78 米。填土灰褐色，夹杂有红烧土颗粒、炭屑、草木灰，土质较松软（图五一二 A；彩版二○二，1）。

　　（二）遗物

　　出土陶片较少。以夹蚌陶占绝大多数，泥质陶、夹砂陶和硬陶均较少。纹饰有方格纹、叶脉纹、折线纹、弦纹、绳纹、指窝纹、弦纹＋戳印纹等（附表三二、三三）。器形有小罐等。

　　H31∶1，小陶罐（Db Ⅱ）。灰褐色硬陶，胎色红褐。侈口，圆唇，折沿，溜肩。口径 19.2、残高 6.2 厘米（图五一二 B）。

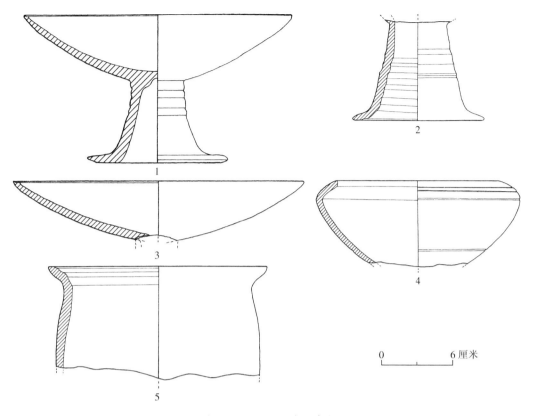

图五——B　H30 出土陶器

1~3. 豆（H30∶1、H30∶2、H30∶3）　4. 钵（H30∶4）　5. 小罐（H30∶5）

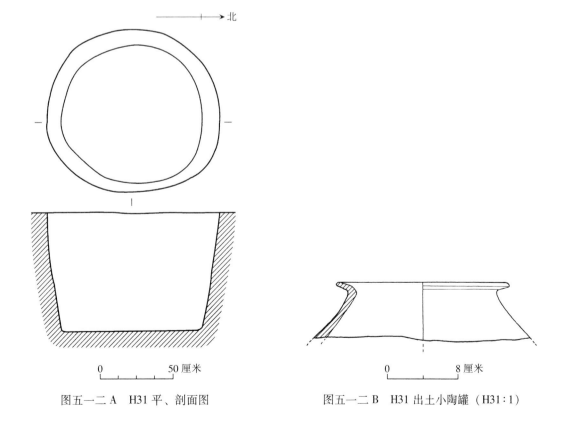

图五一二 A　H31 平、剖面图　　　　图五一二 B　H31 出土小陶罐（H31∶1）

七　H33

（一）概述

位于 T0832 等四方西部、西扩方东部。开口于②a 层下，打破②b 层。平面呈不规则长条形，东高西低，直壁，斜坡底。长 4.73、宽约 1.1~1.64、深 0.2~0.36 米。填土深灰色，夹杂有红烧土块和草木灰，土质较硬（图五一三 A；彩版二○二，2）。

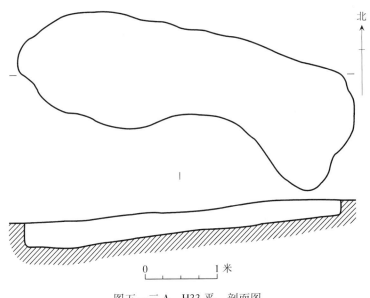

图五一三 A　H33 平、剖面图

（二）遗物

出土遗物较多，有陶器和石器等。陶片以夹蚌陶占绝大多数，泥质陶次之，夹砂陶、硬陶和原始瓷较少。纹饰有方格纹、叶脉纹、弦纹、刻划纹、戳印纹和指窝纹等。器形有大罐、小罐、豆、鸭形壶、器盖、鬲或甗等。石器有穿孔石斧、刀和镞等（附表三四、三五）。

1. 陶器

H33：6，豆（盘）（Bd）。泥质灰陶，胎色黑。侈口，折沿，沿面下垂，圆唇，折腹。口径 20.2、残高 5.5 厘米（图五一三 B，1）。

H33：7，鸭形壶。灰褐色硬陶，胎紫红色，器表局部光亮。口沿和扁錾及圈足缺失。个体较小，尾部粗壮。扁腹，扁錾和腹连接处两侧贴小圆丁。残高 4、残宽 5.5 厘米（图五一三 B，2；彩版二○三，1）。

H33：8，鬲甗类袋足（B）。夹砂红陶。圆锥状袋足，实足尖较矮。残高 4.5 厘米（图五一三 B，3）。

H33：9，小罐（DbⅠ）。紫红色硬陶。侈口，圆唇，折沿，沿面较宽。沿外表有数周弦纹。口径 15、残高 3.5 厘米（图五一三 B，4）。

H33：10，大罐（AⅠ）。泥质灰黑陶。侈沿，翻贴缘，高颈，溜肩。颈、肩部饰凸棱。口径 33.2、残高 5.6 厘米（图五一三 B，8）。

H33：11，小罐（DaⅠ）。灰褐色硬陶，胎紫褐色。侈口，圆唇，折沿，短束颈，溜肩，鼓腹。沿面有多道弦纹，肩腹部饰套回纹，纹饰拍印较杂乱。口径 13.2、残高 4.1 厘米（图五一三 B，5）。

H33：12，豆（圈足）（D）。泥质灰陶，胎色橙黄。矮圈足，足端外撇近平。圈足上饰凸棱。圈足

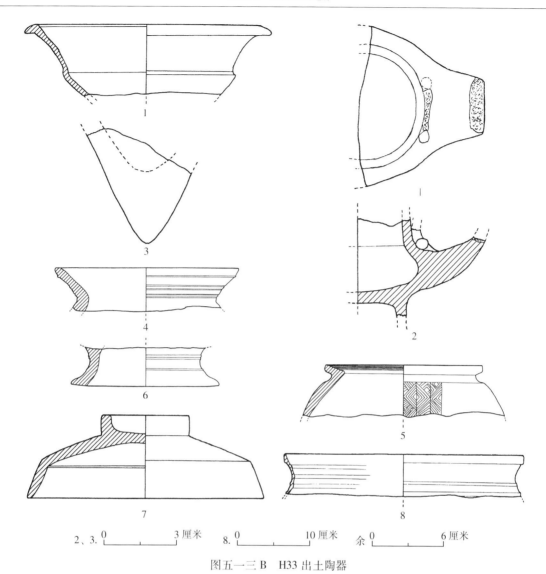

图五一三 B　H33 出土陶器

1、6. 豆（H33：6、H33：12）　2. 鸭形壶（H33：7）　3. 鬲甗类袋足（H33：8）　4、5. 小罐（H33：9、H33：11）　7. 器盖（H33：13）
8. 大罐（H33：10）

径 12、残高 3.1 厘米（图五一三 B，6）。

　　H33：13，器盖（Ac）。泥质黑皮陶，胎色黑，两侧灰白，器表和内壁黑皮。覆碗形器盖，圈形捉
手，弧顶，顶、壁间折。捉手径 7.2、口径 19.4、高 6.6 厘米（图五一三 B，7；彩版二〇三，2）。

　　2. 石器

　　H33：1，镞（A）。凝灰岩，柳叶形，通体磨光。镞体截面菱形，两翼较薄，锋部残损。残长 4.7、
宽 1.9、厚 0.7 厘米（图五一三 C，1；彩版二〇三，3）。

　　H33：2，刀（Aa）。角岩。一侧有双面刃。残长 6.4、宽 4.1、厚 1.2 厘米（图五一三 C，2；彩版
二〇三，4）。

　　H33：3，穿孔石斧（A）。角岩。扁长方形，残。上端中部有对穿孔。残长 7.5、残宽 5.2、厚 1 厘
米（图五一三 C，3；彩版二〇三，5）。

　　H33：4，刀（Ac）。凝灰岩。残损严重。可见两个两面对穿的圆孔。残长 3.7、残宽 2.1、厚 0.3
厘米（图五一三 C，4；彩版二〇三，6）。

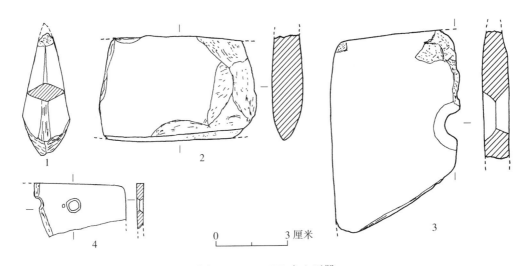

图五一三 C　H33 出土石器
1. 镞（H33∶1）　2、4. 刀（H33∶2、H33∶4）　3. 穿孔石斧（H33∶3）

八　H37

（一）概述

位于 T0832 等四方北部。开口于②a 层下，打破②b 层和③层。平面近椭圆形，直壁，平底。长径 1.04、短径 0.8、深 0.36 米。填土灰褐色，土质较硬，夹杂有零星红烧土粒和草木灰（图五一四 A）。

（二）遗物

出土陶片较少。以夹蚌陶占绝大多数，泥质陶次之，有少量夹砂陶和硬陶。纹饰有方格纹、梯格纹等。器形有豆等（附表三六、三七）。

H37∶1，陶豆（盘）（Ab）。泥质灰陶。敞口，方唇，弧腹，细高柄。口径 15.3、残高 7 厘米（图五一四 B）。

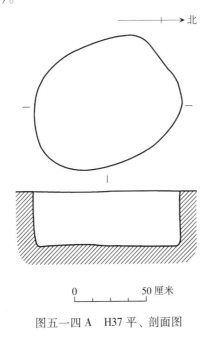

图五一四 A　H37 平、剖面图

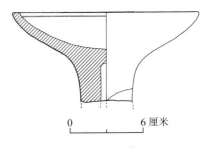

图五一四 B　H37 出土陶豆（H37∶1）

九　H91

（一）概述

位于南扩方西北部，延伸至探方外。开口于②a层下，打破②b层。清理部分平面近圆角长方形，直壁，平底。残长1.48、宽1.04、深0.26米（图五一五A；彩版二〇四，1）。填土灰黑色，夹杂灰白色斑块。

（二）遗物

出土陶片较少。以夹蚌陶占绝大多数，泥质陶次之，有少量夹砂陶和硬陶。纹饰有弦纹、叶脉纹、梯格纹等。器形有豆、纺轮和网坠等（附表三八、三九）。

H91：1，陶纺轮（A）。泥质灰黑陶。算盘珠形，中部起棱，上下面略弧。直径4.5、孔径0.7、厚1.5厘米（图五一五B，1；彩版二〇四，2）。

H91：2，陶网坠（B）。泥质红陶。长方形。正面有两道横向凹槽。长4.2、宽3、厚1.4厘米（图五一五B，2；彩版二〇四，3）。

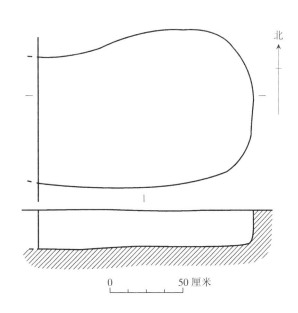

图五一五A　H91平、剖面图

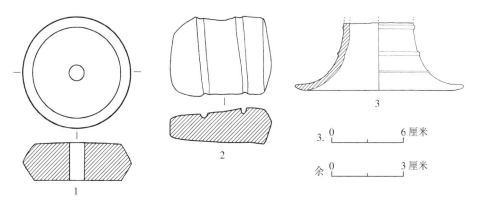

图五一五B　H91出土陶器

1. 纺轮（H91：1）　　2. 网坠（H91：2）　　3. 豆（H91：4）

H91：4，陶豆（圈足）（C）。泥质黑陶。喇叭形圈足，足端外撇近平。圈足径14、残高5.3厘米（图五一五 B，3）。

第三节　分期

本次发掘出土的夏商时期遗物比较丰富，但因同时期的地层没有保存下来，故叠压打破关系相对比较简单，尤其是灰坑基本上是孤立的个体。因此，我们主要根据 G1 的地层叠压关系，将 G1 内的器物进行了分型定式。结果整理如表一六：

表一六　　　　　　　　　　　　　**G1 出土器物形制分析及共存关系表**

型式\地层	陶豆								
	Aa	Ab	Ba	Bb	Bc	Bd	C	D	E
⑥	I	I	√	√	√	√	√	√	I
⑤				√	√				
④			√	√		√	√	√	
③	II			√		√			II
②		II				√			II
①						√			I 、II

型式\地层	大陶罐				小陶罐					
	A	B	C	D	A	Ba	Bb	C	Da	Db
⑥	I	I	I	√	√	√	I	√	I	I
⑤	I									
④	I	II	I						I 、II	
③	II	II								II
②										II
①	II	III	I 、II				II			II

型式\地层	陶刻槽盆					陶鼎甗类足				陶甗腰
	A	Ba	Bb	Ca	Cb	A	B	C	D	
⑥	I	I		I		√	√	√	√	√
⑤		I	I					√		
④			II			√	√			
③	II	II	II							
②										√
①		III		II	√		√			

型式\地层	陶鬲甗类足		陶釜甗类口沿		陶鼎		陶三足盘或足			陶鸭形壶
	A	B	A	B	A	B	A	B	足	
⑥	√	√	√				I		√	√
⑤									√	

型式\地层	陶鬲甗类足		陶釜甗类口沿		陶鼎		陶三足盘或足			陶鸭形壶
	A	B	A	B	A	B	A	B	足	
④		√	√	√	√		Ⅱ			
③										
②			√							
①						√		√	√	√

型式\地层	陶尊		陶器盖			陶碗		陶钵				
	A	B	Aa	Ab	Ac	A	B	Aa	Ab	Ac	Ba	Bb
⑥			√	√	√	√		Ⅰ				
⑤	Ⅰ			√				Ⅰ				
④		√					√					
③				√				Ⅱ	Ⅰ			
②									Ⅱ			
①	Ⅱ								Ⅱ	Ⅲ	√	√

型式\地层	陶盆		陶杯		陶纺轮				陶拍		陶网坠		陶球
	A	B	A	B	A	B	C	D	A	B	A	B	
⑥	Ⅰ	Ⅰ	√		√	√	√		√	√	√		
⑤													
④		Ⅱ	√	√				√					
③	Ⅱ					√							
②									√				
①	Ⅲ	Ⅱ				√					√	√	√

型式\地层	石锛				石镞			石刀					
	Aa	Ab	Ba	Bb	A	B	C	Aa	Ab	Ac	Ba	Bb	Bc
⑥	√	√			√	√		√		√	√	√	
⑤	√												
④	√	√			√		√		√				
③	√		√			√					√		√
②		√										√	
①	√	√		√	√						√		

型式\地层	石镰		石斧		石凿		砺石	玉器	石环	石矛头	石犁
	A	B	A	B	A	B					
⑥	√	√	√	√	√		√				√
⑤											
④											
③	√					√		√		√	
②											
①							√				

以上器类中，数量较多且演化轨迹较清晰的有豆、大罐、小罐、刻槽盆和钵 5 类陶器，它们共可以划分为 30 种不同的类型（以亚型为基础），其中有相当一部分不见式的变化，仅有型的不同，而有的型式的变化比较明显。综合来看，30 种不同的类型共可以分为 49 种型式，其中仅出现于单独一期中的共有 41 种型式，出现在两期中的共有 8 种型式，反映了它们即持续发展又部分共存的逻辑关系。有个别的器物在某层消失后在几层后又重新出现，这种情况或者说明了地层存在扰动现象，另一方面也说明了整个遗址夏商时代遗存所跨时间并不长。

30 种不同的类型中演化轨迹比较明显的共有 22 种，表一七是这 22 种器物在各段中的延续和共存关系的演变示意。

表一七   **G1 中 5 类陶器 22 种型式的共存关系表**

分期 / 地层 / 型式		豆				小罐						
		Aa	Ab	Ba	Bc	A	Ba	Bb	C	Da	Db	E
早期	⑥	I	I	√	√	√	√	I	√	I	I	
	⑤				√							
	④			√						I、II		
晚期	③		II								II	
	②		II								II	
	①								II		II	√

分期 / 地层 / 型式		大罐		刻槽盆				钵				
		A	D	A	Bb	Ca	Cb	Aa	Ab	Ac	Ba	Bb
早期	⑥	I	√	I		I		I				
	⑤	I			I				I			
	④	I										
晚期	③	II		II	II				II	I		
	②									II		
	①	II		III		II	√		II	III	√	√

在以上的 22 种典型器物中，共 12 种有型式的变化，其他 10 种仅能表明其在某层中的存在。无论从前者和后者我们均能看出它们在③、④层间的变化最大，而其他任意两层间的变化都不存在明显的分段或分期的意义。因此，我们将神墩遗址夏商时期的 G1 综合分为两期。即：

⑥层～④层：早期

③层～①层：晚期

依据 G1 所划分出的两期特征，根据其他遗迹的层位关系及出土器物特征，我们可以将神墩遗址夏商时期的各遗迹单位纳入上面的分期系统，其相对年代关系归纳如表一八。

灰坑号	豆	大罐	小罐	刻槽盆	相当于 G1 的分期
表一八		灰坑中的出土器物和与 **G1** 的相对年代关系表			
H1	Aa、Ab、C、D	CⅡ		BaⅡ、CaⅠ、Cb	晚期
H13	Ab、EⅡ	AⅡ			晚期
H28	Bd、C、EⅠ				早期
H29	Aa、Ab、EⅠ	BⅠ、BⅢ			晚期
H30	Aa、Ab、C、EⅠ		C		晚期
H31			DbⅡ		晚期
H33	Bd、D	AⅠ	DaⅠ、DbⅠ		早期
H37	Ab				早期
H91	C				早期

至此，我们把神墩遗址夏商时期的遗存综合分为早、晚两期，两期的特征归纳如下：

（一）早期

以 G1⑥层、G1⑤层、G1④层及 H28、H33、H37 和 H91 等遗迹单位为代表。

1. 陶器

根据质地，陶器分为泥质陶、夹蚌陶、夹砂陶和硬陶四系，泥质陶最多，夹蚌陶次之，夹砂陶再次之，硬陶最少。其中泥质陶中又以泥质红褐陶为主，占 41% 左右，泥质黑皮陶稍次，泥质灰陶较少（图五一六）。夹砂陶以夹砂红褐陶为主，占 95% 以上。夹蚌陶中红褐陶更是占到 97% 以上。

纹饰以方格纹、弦纹、叶脉纹、梯格纹和绳纹以及弦纹与它们的组合纹为主，另有少量的折线纹、云雷纹、套菱纹、篮纹和回纹等，纹饰多饰于泥质陶上，泥质红褐陶上多饰方格纹、弦纹、梯格纹等；泥质黑皮陶和灰陶上多饰叶脉纹、云雷纹、三角填线纹等；绳纹多饰于夹砂陶和夹蚌陶上。

器形以平底器和圈足器为主，有少量的凹底器。豆、罐、鼎、刻槽盆、甗、器盖、盆等为主要的器形组合。豆流行细高柄浅盘、粗柄和无柄三种，前两种柄部装饰较复杂，包括凸棱、扁鼓形凸节和凹弦纹等等。细高柄豆分为浅盘敞口和子母口两种。粗柄豆豆盘均较深，多折腹，制作精致。无柄豆分为矮圈足和中圈足两种，足端均由外撇较甚、近平向外撇不明显、逐渐近直演化。另外也有少量中圈足硬陶豆，装饰弦纹，制作不甚规整。罐多为泥质印纹，流行侈沿、沿面斜平、翻贴

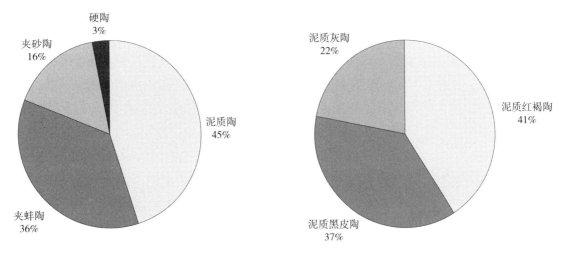

图五一六 神墩遗址夏商时期早期遗存陶系比例

（左：各陶质比例；右：泥质陶中各陶色比例）

缘的灰陶罐和侈口、折沿的红褐陶罐。还可见一种小口、溜肩、口下设对称圆孔系的黑陶或黄褐陶罐，也见侈口、折沿、饰绳纹的夹砂陶罐。另外也发现有极少量的侈口，折沿硬陶小罐。鼎较多地保留新石器时代末期鼎足的作风，流行侧扁形、两面饰刻划纹和在足根部捺窝的作风，另有少量凹弧形鼎足。鬶为大袋足无实足尖，上腹较斜弧内收，分裆。刻槽盆腹均较深。器盖以圈形捉手和饼状捉手为主，捉手边缘无装饰，泥质灰黑陶多见，少量夹砂陶圈形捉手器盖。盆为深腹，流行折腹和凸棱的作风。凸棱的作风也常见于器盖、尊形器和豆类器上。另外也有少量的尊形器和鸭形壶存在。

2. 石器

主要器形有锛、刀、戈、镞、斧、凿和砺石等。锛多为长方形，皆单面刃，背面靠上部多有凹槽。刀可见扁平长方形穿孔和斜柄以及半月形穿孔。戈为短小直内，仅下部窄于援部，双面刃。有一种弧背，弧刃戈形制似镰，单面刃。镞为柳叶形，中有脊，截面呈菱形，圆或椭圆形铤。斧为长方形扁平，双面刃。凿较石锛为窄，长方形，双面刃。砺石为不规则扁平状。

（二）晚期

以 G1③层、G1②层、G1①层及 H1、H13、H29、H30、H31、H33 和 H37 等遗迹单位为代表。

1. 陶器

在器形和纹饰方面和早期相比变化不大。质地方面，硬陶有较大增加，新出现了原始瓷，但数量很少，仅发现一件原始瓷片。泥质陶中仍以泥质红褐陶为主，但相比于早期，数量有所增加，相应地，泥质黑皮陶和泥质灰陶的数量有所减少（图五一七）。另外，夹砂陶和夹蚌陶仍均以红褐陶为主，占95%左右，所占比例有所下降。

纹饰方面，由早期以方格纹和叶脉纹等为主，变为以绳纹为主，且云雷纹的数量有所增加，新出现了少量席纹。饰纹饰的陶片比例较早期有较大增长，由早期的33.32%上升到晚期的39.81%。

最主要的变化是新出现了炊器鬲、圈足镂孔和足端饰缺口的硬陶豆、沿下设扁泥条錾的硬陶豆和钵、原始青瓷器，以及较浅腹刻槽盆等新的器形或形制。早期流行的折腹和凸棱的作风本期少见。盛行口下设耳及錾的作风。豆流行矮圈足和中圈足，早期流行的 A 型侈沿罐个体逐渐变小，从早期的沿

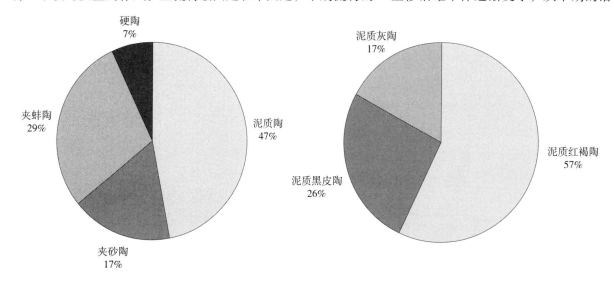

图五一七　神墩遗址夏商时期晚期遗存陶系比例

（左：各陶质比例；右：泥质陶中各陶色比例）

端平面较宽演变为本期沿端平面不明显，退化为方唇，翻贴缘逐渐消失。B 型大罐流行侈口、卷沿、广肩的作风，泥质陶多饰梯格纹，夹砂陶多饰绳纹。新出现高领硬陶罐。早期流行的 A 型刻槽盆到此期侈口外侈较大，卷沿，方唇。Bc 亚型豆由早期的粗柄较高，演化为本期粗柄变矮，中部略弧曲。零星可见鸭形壶和尊形器。

2. 石器

与早期相比，少了石斧。锛除了继续延续早期的长方形外，开始出现了正方形小石锛，磨制更加精制。石刀主要为半月形穿孔。戈仍为短小直内，双面刃，与早期不同的是，内部上下均窄于援部，即具有明显的柄。镞仍为柳叶形，数量大量减少。凿和砺石与早期变化不大，唯数量减少。

各期典型器物分期图见图五一八。

第六章　春秋时期遗存

春秋时期遗存主要包括主发掘区的②a 层和开口于①层下、打破②a 层或③层的灰坑 H88、H89 和 H90（图五一九；参见附表九）。另外，遗址西北部农田中发掘的探方 T1 的第②～⑤层也属于这一时期。

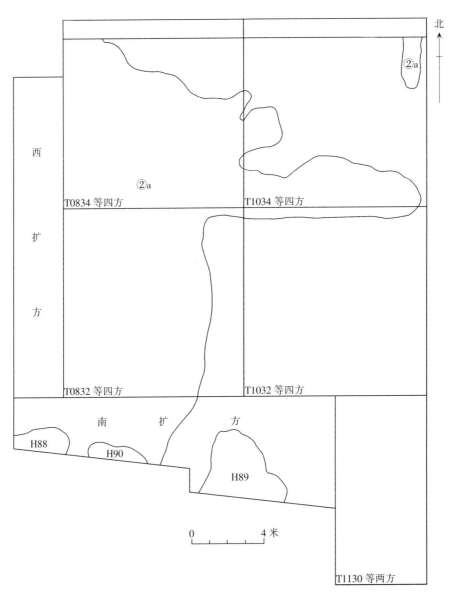

图五一九　神墩遗址春秋时期遗存平面分布图

第一节　地层堆积及出土遗物

一　概述

主发掘区②a层主要分布于发掘区的西部，包括 T0832 等四方和 T0834 等四方的大部、T1032 等四方的北部、T1034 等四方的南部及东北角的一小部分、南扩方的西部。从地层堆积看，东部较浅，只有 10 厘米左右，西部较深，平均深度可达 60 厘米。出土物有陶瓷器、石器、玉器、铜器等。陶瓷器以硬陶、泥质陶、夹蚌陶为多，夹砂陶次之，原始瓷较少。素面为主，纹饰有菱形填线纹、方格纹、席纹、绳纹、弦纹、叶脉纹、米筛纹、梯格纹、竹节纹、回字纹、指窝纹、云雷纹、水波纹、镂孔、附加堆纹、弦纹＋指窝纹等（图五二〇；附表四〇）。器形有罐、瓿、豆、盆、盅、纺轮等。石器有锛、镰、纺轮等。

T1 为遗址外围低地中的局部堆积，地层可分为 5 层，堆积性状较为水平，呈淤泥状，包含物极少并夹有较多的植物根茎，为静水状态中形成，堆积处可能为一片水塘。出土物有陶器和原始瓷器。素面为主，纹饰有弦纹、席纹、方格纹、窗格纹等。陶器器形有罐、瓿、碗等。石器有锛、刀等。

图五二〇　春秋时期堆积出土陶器纹饰拓片

1. 席纹（T0832 等②a：10）　2. 席纹＋菱形填线纹（南扩方②a：4）　3. 菱形填线纹（T0832 等②a：11）　4. 绳纹（T1⑤：7）

5. 水波纹（T1⑤：6）　6. 回字纹（H88：13）　7. 方格纹（T1③：6）

二　出土遗物

（一）陶器

1. 罐

根据质地的不同，分为三型。

A 型　泥质印纹软陶，敛口或矮直口。

T0834 等②a：5，泥质灰陶。敛口，方唇，广弧肩，弧腹。肩腹部饰弦纹和席纹。口径 16.5、残高 3.5 厘米（图五二一，1）。

T0832 等②a：13，泥质红陶。敛口，方圆唇，弧肩，弧腹。腹部饰横向梯格纹。口径 20、残高 3.5 厘米（图五二一，2）。

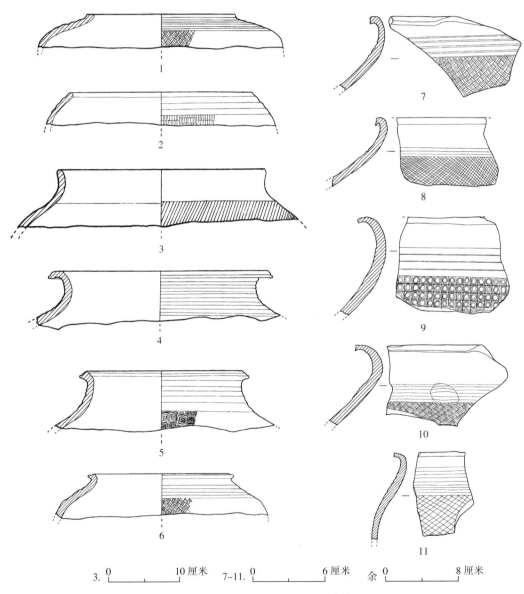

图五二一　春秋时期地层出土陶罐

1、2. A 型（T0834 等②a：5、T0832 等②a：13）　3. B 型（T1034 等②a：2）　4～8. Ca 型（T0832 等②a：16、T0832 等②a：17、T0832 等②a：18、T1⑤：2、T1⑤：5）　9～11. Cb 型（T1③：3、T1③：4、T1③：5）

B 型　夹砂陶。

T1034 等②a：2，夹砂红陶。直口微侈，短颈，溜肩。肩腹部饰细密竖平行线纹。口径28.8、残高7.4厘米（图五二一，3）。

C 型　印纹硬陶。根据口部的变化，分为两个亚型。

Ca 型　侈口，卷沿，翻唇，唇面有一周凹槽。

T0832 等②a：16，灰黑色硬陶，胎色紫红。束颈，溜肩。口径25、残高5.4厘米（图五二一，4）。

T0832 等②a：17，黑色硬陶，胎色灰，内壁紫红色。束颈，溜肩。颈部饰弦纹，肩部饰云雷纹，口和肩内壁可见粘贴泥片。口径19、残高6.4厘米（图五二一，5）。

T0832 等②a：18，灰褐色硬陶，胎紫红色。束颈，溜肩。颈肩部饰弦纹，腹部饰席纹。口径16.2、残高4.4厘米（图五二一，6）。

T1⑤：2，褐色硬陶。束颈，溜肩。颈、肩部饰弦纹，腹部饰席纹。残长11、残高6.4厘米（图五二一，7）。

T1⑤：5，灰褐色硬陶。束颈，溜肩。肩腹部饰弦纹和方格纹。残长8、残高5.4厘米（图五二一，8）。

Cb 型　侈口，卷沿。

T1③：3，红褐色硬陶。方唇，束颈，溜肩。肩部饰弦纹，腹部饰窗格纹。残长9.2、残高7.8厘米（图五二一，9）。

T1③：4，红褐色硬陶，肩部过烧起泡。方唇出缘，束颈，溜肩。肩腹部饰弦纹和席纹。残长9.7、残高6.5厘米（图五二一，10）。

T1③：5，灰色硬陶。方唇，唇面有一周凹槽，溜肩。肩腹部饰弦纹和方格纹。残长4.7、残高6.6厘米（图五二一，11）。

2. 豆

T0832 等②a：19，泥质灰陶。柱状豆柄，喇叭形圈足，足面起凸节。柄部和足面均饰弦纹。圈足径17、残高10厘米（图五二二，1）。

T0834 等②a：7，红褐色硬陶，灰色胎。喇叭形圈足。内壁可见刮抹痕，外壁有多道弦纹。圈足径15.2、残高9厘米（图五二二，2）。

3. 瓿

侈口，卷沿，翻唇，束颈，唇面有凹槽。

T0832 等②a：10，紫红色硬陶，内壁灰黑色。弧腹，大平底。颈部饰弦纹，腹部饰席纹。口径12.4、底径14.8、高12.5厘米（图五二二，3）。

T0832 等②a：15，紫红色硬陶。溜肩，下部残。口径19.2、残高3.5厘米（图五二二，4）。

T0832 等②a：20，灰黑色硬陶，胎及内壁砖红色。溜肩。肩腹部饰席纹。口径13.4、残高5.1厘米（图五二二，5）。

T0832 等②a：21，紫红色硬陶，内壁黑色。颈肩部饰弦纹，腹部饰席纹。内壁肩腹间可见粘接痕迹。口径14、残高4.8厘米（图五二二，6）。

T0834 等②a：6，泥质灰陶。折肩。肩部饰弦纹，腹部饰席纹。残长11、残高8.2厘米（图五二二，7）。

T1⑤：6，红褐色硬陶。溜肩，弧腹。腹部饰席纹。口径14.4、残高8厘米（图五二二，8）。

图五二二　春秋时期地层出土陶豆、瓿

1、2. 豆（T0832 等②a∶19、T0834 等②a∶7）　3～8. 瓿（T0832 等②a∶10、T0832 等②a∶15、T0832 等②a∶20、T0832 等②a∶21、
T0834 等②a∶6、T1⑤∶6）

4. 盆

分两型。

A 型　敛口。

T0832 等②a∶14，泥质黑皮陶，胎色灰，两侧红，外表和内壁黑皮。圆唇出缘，折腹，下腹弧收，
底残。残长 10.2、残高 6.4 厘米（图五二三，1）。

B 型　敞口。

南扩方②a∶7，泥质灰陶。方唇出缘，折腹，下部残。唇面有两周凹弦纹。口径 31、残高 6 厘米
（图五二三，2）。

5. 纺轮

均为算盘珠形。

T0832 等②a∶1，泥质红陶。直径 4、孔径 0.7、厚 1.5 厘米（图五二三，3）。

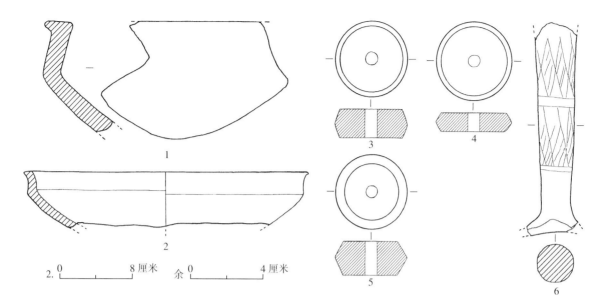

图五二三 春秋时期地层出土陶盆、纺轮、把手

1. A 型盆（T0834 等②a:14） 2. B 型盆（南扩方②a:7） 3~5. 纺轮（T0832 等②a:1、T0832 等②a:3、T0832 等②a:9） 6. 把手（T0834 等②a:9）

T0832 等②a:3，泥质灰陶。直径 4.2、孔径 0.7、厚 1 厘米（图五二三，4）。

T0832 等②a:9，泥质灰陶。直径 4.1、孔径 0.6、厚 1.8 厘米（图五二三，5）。

6. 把手

T0834 等②a:9，泥质灰陶。圆柱形，末端粗，已残缺。器表有刻划纹。残长 11.1 厘米（图五二三，6）。

（二）原始瓷器

1. 碗

敞口微敛，厚平底。

T1③:1，灰色硬陶胎，外表施青灰色釉，不及底，已大部脱落。敞口微敛，尖唇，弧腹，平底。口径 13.8、底径 7.8、高 5.5 厘米（图五二四，1）。

T1③:2，灰白色硬陶胎，外表施青黄色釉，已大部脱落。敞口，尖圆唇，弧腹，平底。口径 18、底径 11.2、高 6.6 厘米（图五二四，2）。

T1⑤:4，施黄绿色釉。上部残，斜腹，矮饼形底。腹内可见多道轮旋痕。底径 5.4、残高 2.7 厘米（图五二四，3）。

2. 盅

南扩方②a:6，施灰绿色釉。仅余底部，平底微内凹。底内可见数周轮弦纹。底径 6.4、残高 2 厘米（图五二四，4）。

T0834 等②a:13，外表施酱黄色釉，内壁灰绿釉。口残，曲腹，饼形底。器底有线割痕。底径 4.3、残高 3 厘米（图五二四，5）。

（三）石器

1. 锛

分为两型。

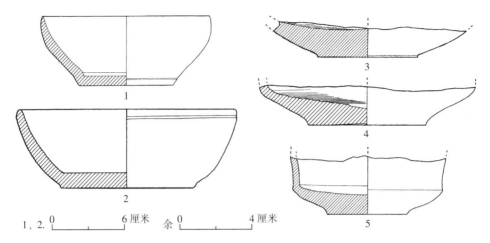

1、2. 0————————6厘米　　余 0————————4厘米

图五二四　春秋时期地层出土原始瓷碗、盅

1～3. 碗（T1③:1、T1③:2、T1⑤:4）　　4、5. 盅（南扩方②a:6、T0834 等②a:13）

A 型　长方形，有的背部有段。

T0832 等②a:7，凝灰岩，白色。窄刃面，单面刃，弧背，背部靠上有段。长6.1、宽2.9、厚1.1厘米（图五二五，1）。

南扩方②a:1，凝灰岩，青灰色。窄刃面，单面刃，弧背。长7.8、宽3.2、厚2.7厘米（图五二五，2）。

T1032 等②a:1，凝灰岩，青灰色。单面刃，弧背。长9.8、宽3.9、厚2.9厘米（图五二五，3）。

B 型　宽短形，有的背部有凹槽。

南扩方②a:2，凝灰岩，浅灰色。近方形，弧背，单面刃，上端及刃部残。长4.8、宽3.9、厚1.4厘米（图五二五，4）。

T1②:1，凝灰岩，灰白色。近方形，单面刃，背部略弧，有一道凹槽。长4.6、宽3.2、厚1.2厘米（图五二五，5）。

2. 镰

均为扁平斜长三角形。

T0832 等②a:2，凝灰岩，黑灰色。通体磨光，刃部可见多次使用所遗留的崩损痕迹。弧刃，宽刃面，直背。长9.8、宽3.6、厚0.8厘米（图五二五，6；彩版二〇五，1）。

南扩方②a:3，凝灰岩，灰黑色。背部略弧，直刃，尖部残损。残长12.6、宽6.1、厚1厘米（图五二五，2；彩版二〇五，2）。

T1032 等②a:2，凝灰岩，赭色砂岩。边缘经打磨，刃部前端略有破损。双面直刃，弧背。通长11.5、宽3.8、厚0.7厘米（图五二五，8）。

3. 刀

T1⑤:1，板岩，灰色。通体磨光，刃部有使用痕迹。长方形，双面直刃，直背，顶部中央残留一圆形穿孔，孔为单面钻，残存二分之一，从孔处断裂。残长13.1、宽7.2、厚0.5厘米（图五二五，10）。

4. 纺轮

南扩方②a:5，青灰色。算盘珠形，中央有孔。直径3.9、孔径0.4、厚1.3厘米（图五二五，9）。

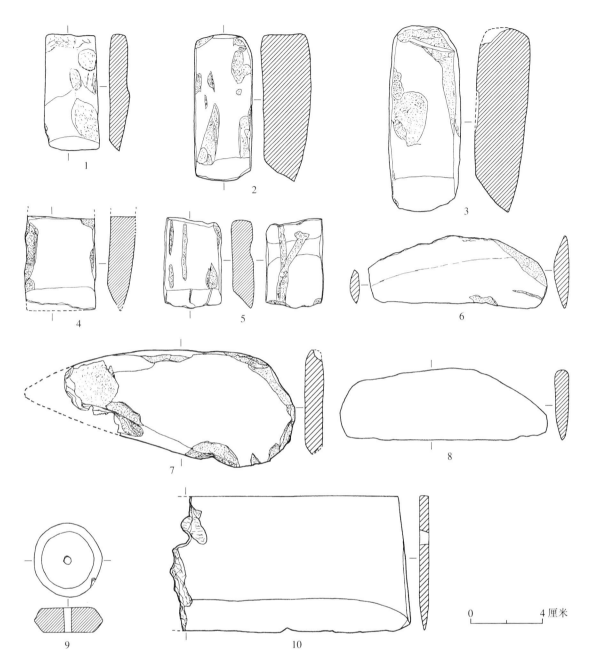

图五二五　春秋时期地层出土石器

1~3. A 型锛（T0832 等②a：7、南扩方②a：1、T1032 等②a：1）　4、5. B 型锛（南扩方②a：2、T1②：1）　6~8. 镰（T0832 等②a：2、南扩方②a：3、T1032 等②a：2）　9. 纺轮（南扩方②a：5）　10. 刀（T1⑤：1）

（四）铜器

1. 镞

T0832 等②a：5，镞体菱形。有铤，有翼，两翼较直，前锋和后锋均残缺，脊较粗壮。残长 5、宽 2 厘米（图五二六，1；彩版二〇五，3）。

2. 铜块

T0832 等②a：6，为两件带刃口的铜器锈蚀在一起，可能与农具有关。残长 7.2、残宽 4.8 厘米（图五二六，2）。

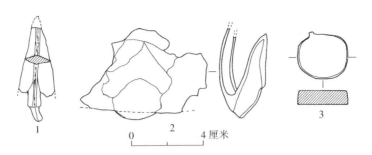

图五二六　春秋时期地层出土铜、玉器

1. 铜镞（T0832 等②a：5）　　2. 铜块（T0832 等②a：6）　　3. 玉片（T0834 等②a：1）

（五）玉器

仅见玉片 1 件。

T0834 等②a：1，玉髓质，白色。椭圆形，剖面略呈扁平梯形。正、背两面较为平整，四周较为光滑，其中一侧有一凸纽，已残。长径 2.8、短径 2.4、厚 0.75 厘米（图五二六，3）。

第二节　灰坑

一　H88

（一）概述

位于南扩方的西南角，进入探方外。开口于①层下，打破②a 层。清理部分呈不规则形，斜壁，平底。残长 3.1、残宽 1.4、深 0.6 米。填土灰白色，土质较硬（图五二七 A；彩版二〇六，1）。

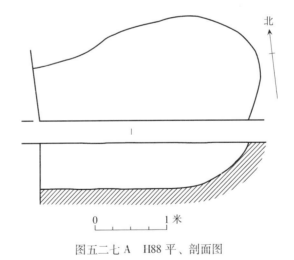

图五二七 A　H88 平、剖面图

（二）遗物

出土陶片较多，以硬陶最多，泥质陶次之，夹砂陶和夹蚌陶较少，有少量原始瓷。纹饰以菱形填线纹、席纹、方格纹最多，有一定数量的叶脉纹、绳纹、小方格纹、米筛纹、梯格纹、回纹、刻划纹、"S"形纹、窗格纹、水波纹等，纹饰普遍较细密、规整。器形有鼎、罐、鬲或甗、碗等（附表四一、四二）。

1. 陶器

H88：1，盆形鼎。夹蚌褐陶。侈口，尖圆唇，内折沿，沿面斜，弧腹，三足残缺。腹部有两道凸棱。口径24.4、残高7厘米（图五二七B，1；彩版二〇六，2）。

H88：4，盆形鼎。夹砂红陶。侈口，尖圆唇，平折沿，弧腹，圜底近平，三个等距铲形短足，足尖外撇。口径20.8、高9.2厘米（图五二七B，2；彩版二〇六，3）。

H88：5，罐（A）。泥质灰陶。敛口，圆唇，略折肩。腹饰锥刺网格纹，内壁肩、腹间可见指按修整痕。口径19、残高7.4厘米（图五二七B，3）。

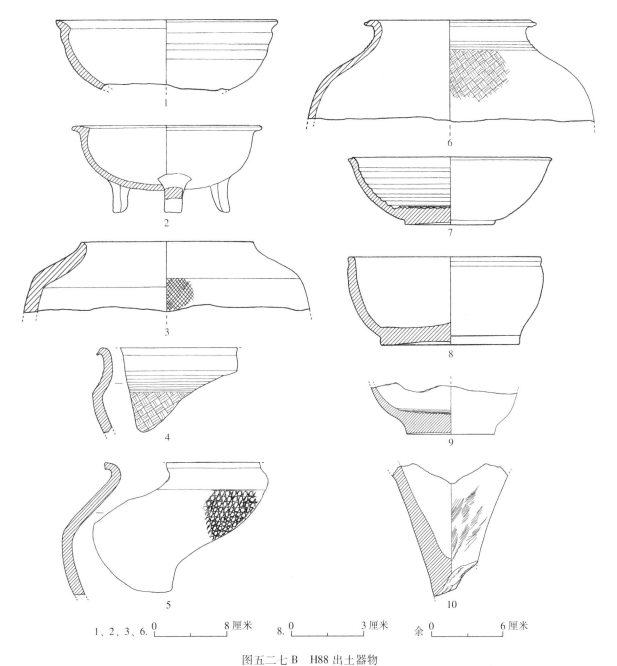

1、2、3、6. ├────0────8厘米────┤   8. ├─0────3厘米─┤   余 ├─0────6厘米─┤

图五二七B H88 出土器物

1、2. 陶鼎（H88：1、H88：4）　　3～6. 陶罐（H88：5、H88：7、H88：6、H88：11）　　7～9. 原始瓷碗（H88：2、H88：3、H88：9）

10. 陶鬲甗类足（H88：10）

H88：6，罐（Cb）。红褐色硬陶，胎色灰褐。侈口，卷沿，斜方唇，唇面有凹槽一周，溜肩。肩及腹饰米筛纹，内壁可见泥条盘筑痕。残长 12.1、残高 10.3 厘米（图五二七 B，5）。

H88：7，罐（Ca）。泥质灰皮陶，胎色灰，两侧橙黄，最外侧灰皮。侈口，翻唇，唇缘尖圆，唇面有一周凹槽，束颈，折肩。肩、腹部饰弦纹和席纹。残长 9.5、残高 6.8 厘米（图五二七 B，4）。

H88：10，高甗类足。夹砂红陶。高实足尖。外侧遍饰细绳纹，纹饰印痕浅。残高 10.7 厘米（图五二七 B，10）。

H88：11，罐（Ca）。灰褐色硬陶，胎色暗红。侈口，翻唇，尖唇缘，唇面有凹槽一周，短颈，溜肩。颈、肩间有数周弦纹，上腹部饰席纹，纹饰印痕较浅。口径 19、残高 10.8 厘米（图五二七 B，6）。

2. 原始瓷器

H88：2，碗。青绿色釉。敞口，方唇，出缘，唇面有一周凹槽，弧腹，饼形底，底面内凹。内壁可见多道轮旋痕，碗底可见拉切痕迹。口径 17、底径 7.4、高 5.4 厘米（图五二七 B，7；彩版二〇六，4）。

H88：3，碗。器内外均饰黄绿色釉，已大部脱落。敞口，圆唇，外表唇下有一周凹槽，弧腹，饼形底。口径 8.1、底径 5.8、高 3.5 厘米（图五二七 B，8；彩版二〇六，5）。

H88：9，碗。施青黄色釉。上部残，弧腹，饼形底微内凹。腹内可见多道轮旋痕，外底面可见拉切痕迹。底径 7.4、残高 3.8 厘米（图五二七 B，9）。

二 H89

（一）概述

位于南扩方的东南部，进入探方外。开口于①层下，打破 F10 和③层。清理部分为不规则形，斜壁，坡形底，底面凹凸不平。长 4.8、残宽 3.48、深 0.5 米。填土灰黑色，土质较硬（图五二八 A）。

（二）遗物

出土陶器极少，仅见个别罐、瓿、釜等。

H89：1，陶罐（Ca）。红褐色硬陶。侈口，翻唇，唇缘有一周凹槽，矮颈，溜肩。颈部饰弦纹，肩、腹部饰方格纹。残长 8.8、残高 6.2 厘米（图五二八 B，1）。

H89：2，陶瓿。灰褐色硬陶。口残缺，折沿，弧腹。腹部饰细密小方格纹。残长 10.4、残高 7.2 厘米（图五二八 B，4）。

H89：3，陶釜。夹砂红陶。侈口，圆唇，内折沿，沿面宽，直腹，下部残。口径 32、残高 8.8 厘米（图五二八 B，3）。

H89：4，陶罐（Ca）。灰褐色硬陶，胎色红。侈口，卷沿，翻唇，唇面有凹槽一周，溜肩。肩、腹部饰席纹。残长 7.2、残高 4.2 厘米（图五二八 B，2）。

三 H90

（一）概述

位于南扩方的西南部，进入探方外。开口于①层下，打破②a 层。清理部分为不规则形，近直壁，底面略平。长 3.44、残宽 0.98、深 0.34 米。填土灰黑色，土质较硬（图五二九 A）。

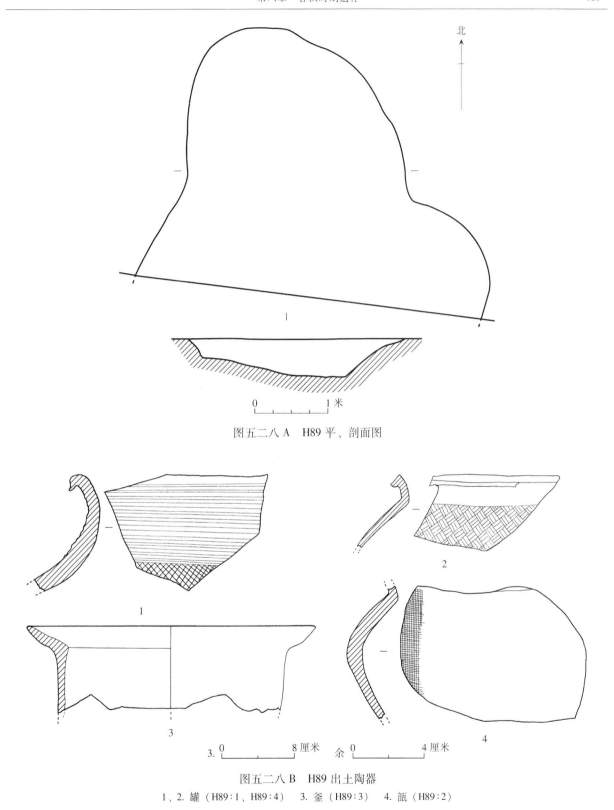

图五二八 A　H89 平、剖面图

3. 0　　　　　8 厘米　　余 0　　　　4 厘米

图五二八 B　H89 出土陶器

1、2. 罐（H89∶1、H89∶4）　3. 釜（H89∶3）　4. 瓿（H89∶2）

（二）遗物

出土物甚少。陶器以泥质陶最多，夹砂陶次之，有一定数量的夹蚌陶、硬陶和原始瓷。纹饰以梯格纹较多，有一定数量的绳纹、方格纹、叶脉纹、弦纹等。器形仅见豆等（附表四三、四四）。石器有穿孔石刀。

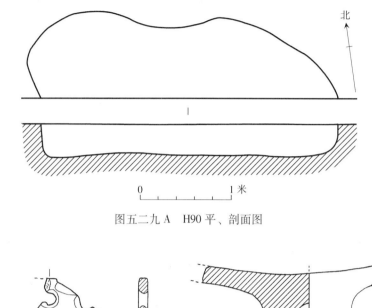

图五二九 A　H90 平、剖面图

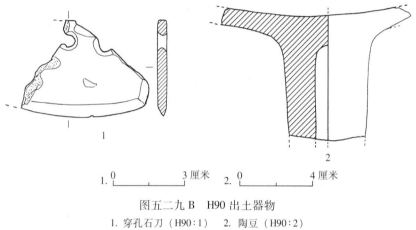

图五二九 B　H90 出土器物
1. 穿孔石刀（H90∶1）　2. 陶豆（H90∶2）

　　H90∶1，穿孔石刀。板岩，灰黑色。可能为半月形。弧刃，背部有两个穿孔，系双面对穿。残长
5.3、宽 3.9、厚 0.5 厘米（图五二九 B，1）。

　　H90∶2，陶豆（柄）。泥质黑皮陶，胎色灰。豆柄中空，厚壁。残高 6.7 厘米（图五二九 B，2）。

第七章　人类和人类活动相关遗存及信息

考古学的研究对象是古代人类活动遗留下的实物资料。实物资料的范围不但包括人类制造、加工、废弃的各种文化遗物和文化遗迹，还包括古人类本身的研究、人类当时所处的生态环境的各种自然遗存。通过分析自然遗物，有助于对古代自然环境的重建以及深入了解人类活动与周边环境的相互作用关系。我们在实际的考古发掘工作中，不但要尽可能全面细致地收集各种信息内容，还需要积极开展多学科合作，广泛利用人类学、古生物学、地质学、植物学等多学科先进研究技术成果，进而丰富考古遗址的研究深度和内涵。

墓葬中的人骨属于一种特殊的自然遗物，对其进行体质人类学和种族人类学的测量、分析、研究，有助于考古学研究的深入，尤其是动态的研究创造考古学的人群的迁徙和人地关系的探讨，也可与其他地区新石器时代人群进行横向的体质人类学的比较与研究。本章第一节，由吉林大学边疆考古研究中心张全超、朱泓先生，对遗址出土的人骨进行了测量和鉴定，并据此进行了细致的分析研究。

土壤是地理环境信息最主要的载体。遗址中不同层位的土壤形成了不同时期的文化层，植物的孢粉颗粒伴随风、沙尘和河流运动并最终沉积形成地层的一部分，复杂而鲜明的孢粉形态特征有助于确立精确的植物种属和分类单元，孢粉的广泛分布为重新认识遗址周边植被种类提供了可靠依据，利用孢粉资料可以建立植被——气候关系，为古环境、古生态的重建增添了新的内容。本章第二节，由南京大学地理与海洋科学学院马春梅博士对主要地层进行了孢粉采集和实验分析，获取了较为精确的地表植被和古环境信息。

考古遗址中出土的植物和动物遗存，不仅反映了古人类的主要食物来源和食物结构，还反映了古代农业的发展水平、古代社会的经济生活水平、生计方式等，以及不同经济活动在其经济生活中所占比重及不同时期的消长。本章第三节，由江苏省农业科学院的汤陵华先生对神墩遗址浮选的炭化米标本进行了测量分析研究，并对土壤样本中水稻植物蛋白石形态、数量进行分析研究。本章第四节，由山东大学东方考古研究中心宋艳波博士对发掘出土的动物骨骼进行了测量分析。

玉石器是古人类利用自然矿物加工制作而成的人工工具或装饰品，考古学对玉石器的考察侧重于器形、功能、工艺特征、制作和使用痕迹等方面，地质学着重对玉石器的岩性、结构特征、硬度、光泽等方面进行研究，通过对矿石特征的分析，有助于判别玉石器功能和矿石来源等问题。本章第五节，由北京大学考古文博学院赵朝洪教授对神墩遗址出土的玉器进行了鉴定和分析。本章第六节，由中国地质大学地质学史研究所员雪梅博士对神墩遗址出土的石器进行了鉴定和分析。

第一节　人骨鉴定报告

神墩遗址位于江苏省溧阳市社渚镇孔村，2004～2006 年，对神墩遗址进行了三次主动性科学发掘，累计发掘面积 1002.5 平方米。发现了距今 7000～6000 年的新石器时代马家浜文化时期相对完整的氏族公共墓地，共清理墓葬 252 座，婴幼儿瓮棺葬 16 座，房址 10 座，灰坑 90 个，沟 1 条。同时还发现了崧泽—良渚文化墓葬 9 座和夏商时期灰沟遗存 1 条、灰坑 10 个以及春秋时期的灰坑 2 个。出土了大量的陶器、石器、玉器、铜器等文物和动物标本，填补了太湖西部地区的考古学文化空白，对深入研究长江下游地区新石器时代考古学文化的分布范围、面貌特征、交流传播和变迁过程等具有重要意义。

笔者于 2006 年先后两次赴神墩遗址考察，并对该遗址出土人骨标本进行了现场的人类学鉴定。遗址出土人骨的保存情况较差，多数标本已与坚硬的黏土胶结在一起，剥离时已成粉末状，无法正常修复。但是由于该工地负责人的高度重视和细心保护，这批人类学标本还是得以保存下来。尽管本文搜集到的可供观察的材料并不多，但在目前长江下游地区特别是环太湖地区先民的体质人类学资料十分稀缺的情况下，这批材料就显得弥足珍贵了。

一 关于性别和死亡年龄的统计分析

骨骼的性别和年龄鉴定是进一步深入研究古代人群的基础和前提条件，通过对墓地和遗址中出土人骨死亡年龄分布、性别比例等方面的分析比较，我们可以为当时人群的健康状况、劳动分工、丧葬习俗、婚姻形态、宗教信仰、文化内涵等诸多问题的研究提供重要的信息，达到最大程度恢复古代社会的研究目的。

神墩遗址共清理发掘马家浜文化时期墓葬 252 座，本人对全部 252 座墓葬中出土的人骨进行了性别和年龄的鉴定，除保存状况较差无法做出判断的以外，共鉴定了 243 座墓葬中出土的个体，占发掘墓葬总数的 96.4%。性别和年龄的鉴定方法主要依据吴汝康等[1]、邵象清[2]以及冯恩学[3]等在其有关论著中提出的各项标准。现将研究的结果报告如下。

由于多数个体的骨骼保存情况较差，无法对所有个体的观察项目进行全面的考察，我们只能根据现有材料尽可能地多做一些具有性别、年龄鉴定意义的项目，以便提高鉴定的准确性。我们主要通过观察这批人骨标本颅骨、下颌骨、骨盆的性别差异，并结合四肢长骨和肩胛骨等部位的性别特征做出性别的鉴定。在年龄的鉴定时则主要观察了牙齿的萌出和磨耗、四肢长骨骨骺的愈合以及骨骼上所表现出的老年性变化等几个方面。对于那些只能依靠牙齿磨耗情况判断年龄的个体，一般采取从牙齿磨耗等级得出的判断结果减去 5 岁的方法来推算年龄。

共鉴定神墩遗址马家浜文化时期居民人体骨骼标本 276 例，其中，未成年者 25 例，成年者 247 例，不详者 4 例（图五三〇）。由于出土人骨保存状况较差，在年龄鉴定过程中多数个体仅能做出成年或未成年人的判断，很难给出准确的年龄鉴定，但根据骨骼的发育所表现出的综合年龄信息特征来看，大多数个体的死亡年龄段应集中在青壮年期，这一结论也基本符合我国新石器时代古代居民的死亡年龄分布规律。

性别明确者 130 例，不详者 146 例，在性别明确的个体中男性标本 80 例，女性标本 50 例，男女性别比为 1.6∶1（图五三一）。从生物学角度来看，因受到生物自身繁殖能力属性的控制，同一人群中男、女两性的构成比例应该是平衡的，即男女比例接近 1∶1。而神墩居民人口的性别比率为 1.6∶1，表现出一定程度的不平衡性。人口性别比例失调这种现象在中国古代人群中，特别是在新石器时代各人群中是普遍存在的。导致这种现象的原因可能是多方面的，其自然因素和社会因素均不容忽视。有

① 吴汝康、吴新智、张振标：《人体测量方法》，科学出版社，1984 年。
② 邵象清：《人体测量手册》，上海辞书出版社，1985 年。
③ 冯恩学、张全超、林雪川：《田野考古学（第三版）》，吉林大学出版社，2008 年。

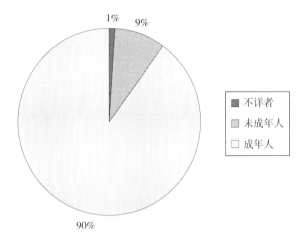

图五三〇　神墩遗址居民死亡年龄分布图

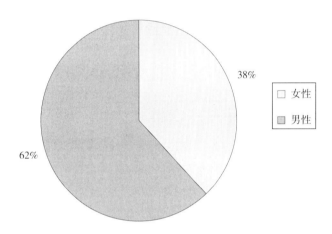

图五三一　神墩遗址居民性别构成图

学者认为此现象可能与其中的男性成活率高于女性，和氏族埋葬制度等因素有关，女性可能受到较多的限制①。由于受到种种因素的制约，关于神墩遗址新石器时代居民中所存在的男、女两性性别比例失调的现象，我们一时也无法给出一个十分合理的解释，但可以作为一种现象在以后该时期的古代人口学研究中加以留意。

二　关于体质特征的讨论

　　神墩遗址人类骨骼标本的保存情况欠佳，使得我们无法开展测量工作，但从这些残破的颅骨中仍可观察到该遗址居民的一些基本人类学特征。总的来看，这批颅骨应属高颅类型，上面部较高，面宽中等，偏低的眶型和中等偏阔的鼻型。由于无法取得准确的人体测量数据，我们只好结合长江下游地区其他相关的体质人类学研究成果对神墩遗址马家浜文化时期居民的体质特征进行分析和讨论。

　　就目前长江下游地区发表的体质人类学研究成果来看，长江下游地区共发表六批人骨研究报告，即里下河地区的龙虬庄组，宁镇地区的三星村组，太湖地区的圩墩组、福泉山组和广富林组，宁绍平原的河姆渡组。

①　尚虹：《山东广饶新石器时代人骨及其与中国早期全新世人类之间关系的研究》，中国科学院研究生院博士学位论文，2002 年。

龙虬庄组：采集自江苏省高邮市龙虬镇新石器时代遗址，遗址年代为距今约 7000～5000 年，相当于马家浜—良渚文化时期。龙虬庄遗址居民颅面测量性状显示为：稍短化的中颅型、高颅型和狭颅型相结合，稍阔化的中上面型、中额型、中颌型和中等的垂直颅面比例，矢状方向面突中颌型、上齿槽突颌型、水平方向面突度很弱，中眶型，趋阔化的中鼻型，较短化的中腭型。龙虬庄组形态差异量化及聚类分析的比较表明：龙虬庄新石器时代组群与黄河中、下游新石器时代组群之间具有明显的同种系性质，而且与仰韶文化组群之间可能有某种较为趋近的现象，与大汶口文化组群的偏离也不强烈。相反，与华南新石器族群之间有明显的偏离[1]。

三星村组：出土于江苏金坛三星村新石器时代墓地，墓地地层关系和 ^{14}C 测定该墓地年代为距今约 5500 年。三星村墓地居民的颅面测量形态值显示其特征为：稍偏长的中颅型结合不特别高的高颅和典型的狭颅型，中上面型结合中额型和平额型，低的颅面高比例，矢状方向面部突度平颌结合上齿槽突颌和水平方向面部突度很弱，偏低的中眶型、弱的阔鼻型结合浅平的鼻根突度，阔额型。颅面测量特征比较显示三星村组居民介于长江以北和华南地区组群之间的位置而各保持着某种可以感觉到的距离，只是相对与华南的组群与华北的组群略更大一些[2]。

圩墩组：采集自江苏省常州市戚墅镇西南的圩墩村遗址，该遗址文化遗存主要包括马家浜文化和崧泽文化两个文化期。日本九州大学的中桥孝博先生对马家浜文化时期的 7 例男性个体标本进行了整理，该组居民的颅骨形态特征为：中颅、高颅、中颅、阔鼻、眶型偏高，中等面宽及面部扁平度[3]，在聚类分析中与东南新石器时代的甑皮岩组、昙石山组及长江下游地区的福泉山组聚为一类，在体质特征上接近"古华南类型"[4]。

福泉山组：出土于上海市青浦区福泉山遗址，该遗址属于太湖地区重要的崧泽文化考古遗址之一，距今 5500 年左右。福泉山崧泽文化居民的颅面测量性状分析显示为：长而不宽的颅型、高度偏低的颅高，较低且宽的面型，齿槽较为突颌，明显的阔鼻，这些特征基本上接近东南新石器时代的昙石山组、河姆渡组、河宕组及甑皮岩组，应该说是属于南方类型的种族特征[5]。

广富林组：上海市西南的松江区佘山镇广富林村[6]，广富林遗址良渚时期居民的体质特征具有中颅、高颅、狭颅、较小的上面高、中等偏大的面宽、中等上面型、中等面高和颅高比例、中眶、略微的阔鼻、短颌型、阔腭型、突颌等体质特征，这些特征与现代南亚及低纬度海岛居民最为接近，在聚类分析中与东南新石器时代的甑皮岩组、昙石山组及长江下游地区的福泉山组聚为一类，在体质特征上接近"古华南类型"[7]。

河姆渡组：出土于浙江省余姚县河姆渡新石器时代遗址，绝对年代约为距今 6000 年左右。从该颅骨组的形态观察和测量结果分析，河姆渡新石器时代居民一方面存在着一系列明显的蒙古人种性状，可基本上归入南亚蒙古人种范畴，另一方面又具有一些接近尼格罗—澳大利亚人种的性状。在古代对比组中，河姆渡居民与我国华南地区先秦时期的河宕、甑皮岩等组颇为相似[8]。

---

① 韩康信：《自然遗物——人骨》，见《龙虬庄：江淮东部新石器时代遗址发掘报告》，科学出版社，1999 年。
② 韩康信：《金坛三星村新石器时代人骨研究》，《东南文化》，2003 年第 9 期，页 15～21。
③ Takahiro NAKAHASHI and Li Minchang. *Ancient People in the Jianghan Region*, *China*. Kyushu University Press, 2002：106－175.
④ 汪洋：《广富林良渚先民体质及文化适应研究》，复旦大学博士学位论文，2008 年。
⑤ 黄象洪：《青浦福泉山遗址出土的人类遗骸研究》，《福泉山——新石器时代遗址发掘报告》，文物出版社，2000 年。
⑥ 黄象洪：《青浦福泉山遗址出土的人类遗骸研究》，《福泉山——新石器时代遗址发掘报告》，文物出版社，2000 年。
⑦ 汪洋：《广富林良渚先民体质及文化适应研究》，复旦大学博士学位论文，2008 年。
⑧ 韩康信、潘其风：《河姆渡新石器时代居民的人种学研究》，《文物春秋》2000 年第 5 期，页 11～17。

根据朱泓先生关于我国古代居民体质类型空间地理分布的区系类型理论[①]，长江下游地区正处于"古中原类型"居民与"古华南类型"居民的交错过渡地带，通过上述对长江下游地区目前已发表的各个古代组体质特征的介绍我们不难发现，长江下游地区的古代居民大体存在两种体质类型，即古中原类型和古华南类型。从小的地理单元上看，位于西北部的里下河地区（以龙虬庄组为代表）和宁镇地区（以三星村组为代表）的新石器时代居民"古中原类型"居民的体质特征较为明显；而东南部的太湖地区（以广富林组、圩墩组和福泉山组为代表）和宁绍平原（以河姆渡组为代表）的新石器时代居民在体质特征上则更接近"古华南类型"。由于长江下游地区环境及考古学文化的错综复杂，伴随着人群间频繁的迁徙和基因交流、沉淀现象的高频度发生，该地区的古代人群普遍存在体质特征上"你中有我，我中有你"的形态混杂现象，同时这一现象也形成了该地区新石器时代居民在体质特征上一个显著的特点。从神墩遗址出土人骨的体质特征上来看，与典型"古华南类型"居民的长颅型、低面、阔鼻性状相比，还存在一定程度上的形态学偏离，似乎与"古中原类型"居民的体质特征更为接近。神墩遗址地处宁镇低山丘陵和宜溧山地向太湖平原的过渡地带，是太湖文化区和宁镇文化区的文化分界地带，恰恰处于"古中原类型"居民和"古华南类型"居民的交错地带，因此，我们也不能排除该类型居民的体质特征中会有两大古代人种类型混合性状的存在。由于神墩遗址出土的人骨材料保存较差，目前我们只能得出一些粗浅的认识，系统的比较研究需要在更多该时期人骨资料积累的前提下进行。但是，对神墩遗址马家浜文化居民体质特征的认识，填补了太湖西部地区体质人类学研究的空白，对深入探讨长江下游地区新石器时代人群的体质类型、分布特点、交流与融合等课题都具有重要意义，也为该地区新石器时代体质人类学的研究积累了一份极其珍贵的资料。

[附记]

本文的研究得到了吉林大学哲学社会科学研究项目——博士科研启动基金项目（2006BS33）、中国博士后科学基金资助项目（资助号20060390520）的资助。在标本的现场鉴定和论文的写作过程中，南京博物院田名利先生、南京大学赵东升先生、常州博物馆彭辉先生、溧阳市文化局曹昕运先生以及上海大学汪洋女士都给予了大力的支持和热心的帮助，在此谨致谢忱。

第二节　地层孢粉记录研究[②]

对新石器时代遗址地层进行孢粉记录分析是研究古人类生存环境的重要手段之一[③]。本文通过对神墩遗址孢粉样品的分析，对研究区域的古环境尤其是马家浜文化期和良渚文化期古环境演变与人类活动进行探讨。

---

① 朱泓：《建立具有自身特点的中国古人种学研究体系》，《我的学术思想——吉林大学建校50周年纪念》，吉林大学出版社，1996年。

② 此项目得到国家自然科学基金（批准号：40701190）与教育部博士点新教师基金（批准号：20070284067）项目共同资助。

③ 朱诚、张芸、张强：《江苏江阴祁头山新石器时代遗址考古地层研究》，《地层学杂志》2003年27（4）卷，页314~323。张芸、朱诚、戴东升等：《全新世气候变化与长江三角洲史前文化兴衰》，《地质评论》2001年47（5）卷，页556-560。萧家仪、吕海波、丁金龙等：《江苏绰墩遗址马家浜文化期的孢粉组合和环境意义》，《微体古生物学报》2006年23（3）卷，页303~308。张瑞虎：《江苏苏州绰墩遗址孢粉记录与太湖地区的古环境》，《古生物学报》2005年44（2）卷，页314~321。李春海、陈杰、王伟铭：《上海松江广富林遗址的孢粉记录》，《微体古生物学报》2006年23（2）卷，页175~181。

一 材料与方法

（一）遗址地层剖面特征和采样情况

溧阳市位于江苏省南部、苏浙皖三省交界处，东邻宜兴，北与金坛、句容毗邻，西与溧水、高淳接壤，南与安徽郎溪、广德交界。溧阳南部为低山区，属天目山脉延伸，山势较为陡峭；西北部为丘陵区，属茅山余脉，冈峦起伏连绵；腹部自西向东地势平坦，为平原圩区。神墩遗址现为平原地带高出四周地面 1~2 米的不规则形土墩，东西约 150 多米，南北约 200 米，总面积近 3 万平方米，是古代居民密集的活动区。南部和西南部被溧梅支河环绕，东为引水渠，北为农田，西为孔村。溧梅支河向东 200 米后注入发源于宜溧山地由南向北流淌的梅渚河，并在三尖嘴附近汇入南河，向东经宜兴南溪河可入太湖，向西经高淳胥河、固城湖、石臼湖可达长江，既构成了太湖水系的有机组合部分，也成为古代先民对外交流联系的便利通道。

溧阳市现代气候属亚热带季风气候，温和湿润，四季分明，雨量丰沛，日照充足，夏、冬季历时长，春、秋季短。全市年平均气温 15℃，年平均降水量 1136 毫米。北亚热带典型地带性植被类型为落叶、常绿阔叶混交林。

根据野外调查，选择遗址 T0832 地层堆积剖面作为研究对象（图五三二）。

剖面特点自上而下分别为：

第①层，耕土层，厚 15~35 厘米。土褐色，质地松软，内夹杂大量植物根茎、红烧土块、近现代砖瓦片、瓷片及陶片等。

第②层，分为②a、②b 两个亚层。

第②a 层，灰褐色土，距地表深 15~30、厚 0~40 厘米。土质较硬，内夹杂较多红烧土块和草木灰。出土物以夹蚌陶为主，其次为泥质陶及印纹硬陶，夹砂陶及原始瓷较少。素面为主，纹饰有席纹、回纹、菱形填线纹、方格纹、绳纹、梯格纹、叶脉纹、弦纹、水波纹、刻划纹、附加堆纹、圆圈纹及指窝纹等。出土器物有陶罐、瓿、盆、豆、碗、纺轮，石纺轮、锛、镰以及铜镞、残铜工具等。本层主要分布在主发掘区的西部，堆积东薄西厚呈斜坡状。时代为春秋，距今约 2500 年。

第②b 层，浅灰色土，距地表深 40~65、厚 0~20 厘米。土质较硬，内夹杂较多红烧土块和草木灰。出土物有陶片、石器、石块等。陶片以泥质黑皮陶、红陶、灰陶和夹砂红陶为多，有少量泥质褐

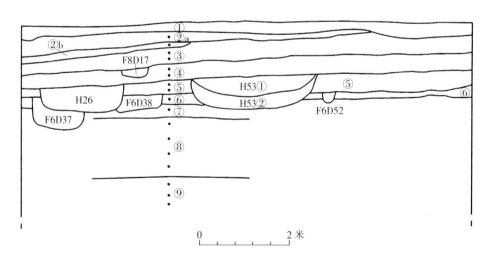

图五三二　神墩遗址 T0832 地层堆积剖面图和孢粉采样位置

陶、夹蚌末红陶和褐陶等。素面为主，纹饰有弦纹、镂孔、刻划纹、指捺纹、刺点纹等。出土物有陶鼎、豆、罐、双鼻壶、壶、钵、杯、器盖和穿孔石钺、有段石锛、石锛等。为良渚文化时期，距今约5500～5300年。

第③层，黑褐色土，距地表深20～80、厚25～50厘米。土质较硬，内夹杂有较多的红烧土块和红烧土颗粒。出土物有陶片、石器等。陶片以夹蚌褐、红陶为主，其次为泥质陶和夹砂陶，有少量夹炭陶。以素面为主，纹饰有弦纹、指捺纹、弦纹加指窝组合纹、镂孔、戳印纹、刻划纹等。可辨器形有陶鼎、罐、盉、盆、豆、钵、器盖、纺轮、网坠和石斧、凿、锛、钻头、条形器、磨制石片、磨砺石等。该层遍布主发掘区，地势东部略高且平，西部稍低。该层面有F1、F7等房址柱洞和灰坑等。为马家浜文化晚期，距今约6100～5900年。

第④层，灰褐色土，距地表深60～105、厚20～40厘米。土质较硬，内夹杂有红烧土块、颗粒和草木灰等。出土物有陶器、石器、动物骨骼等。陶片以夹蚌褐、红陶为主，其次为夹蚌红衣及黑衣陶，泥质陶、夹砂陶、夹炭陶较少。以素面为主，纹饰有少量弦纹、戳印纹、指捺纹、弦纹加指窝组合纹、刻划纹等。可辨器形有陶鼎、罐、盆、豆、盉、钵、釜、器盖、支座、纺轮、陶拍、网坠和石锛、凿、钻头等。该层遍布主发掘区，地势东部略高西边稍低。为马家浜文化晚期，距今约6500～6200年。

第⑤层，黄灰色土，距地表深75～135、厚20～50厘米。土质较硬，内夹杂有红烧土块、颗粒和草木灰等。出土陶片以夹蚌褐、红陶为主，其次为夹蚌红衣及黑衣陶，夹炭陶、泥质陶、夹砂陶极少。以素面为主，纹饰有镂孔、指窝、戳印纹、刻划纹等。出土器物有陶釜、罐、盆、豆、钵、盉、甑、匜、器盖、纺轮和石斧、锛等。该层遍布主发掘区，地势东部略高西边稍低。为马家浜文化早期，距今约6700～6500年。

第⑥层，黄褐色土，距地表深110～155、厚10～35厘米。土质较硬，内夹杂有红烧土块和草木灰。出土物有陶片、石器、动物骨骼等。陶片以夹蚌褐、红陶为主，其次为夹蚌红衣、黑衣陶等，有零星夹炭陶等。以素面为主，纹饰有少量指窝、戳印纹等。出土器物有陶釜、罐、盆、钵、蒸算、器盖、网坠和石锛等。为马家浜文化早期，距今约7000～6800年。

第⑦层为青黄色生土，土质纯净致密坚硬，无包含物。年代早于距今7000年。

第⑧层为黄褐色生土，土质纯净致密坚硬，无包含物。年代早于距今7000年。

第⑨层为黄绿色生土，土质纯净致密坚硬，无包含物。年代早于距今7000年。

笔者于2006年7月对神墩遗址探方进行了孢粉采样。野外现场按照5～10厘米采样间距，从下至上依次采样，共得到神墩遗址T0832探方地层样品17个用于孢粉分析（表一九）。

表一九　　　　　　　　　神墩遗址 T0832 探方地层孢粉样品清单

序号	样品编号	土样性质	质量（克）	考古断代
1	06LST0832 等四方②a－1	灰褐色土	30	春秋，约2.5kaBP
2	06LST0832 等四方②b－1	浅灰色土	30	良渚文化，约5.5～5.3 kaBP
3	06LST0832 等四方③－1	黑褐色土	30	马家浜文化晚期，约5.9～6.1 kaBP
4	06LST0832 等四方③－2	黑褐色土	30	马家浜文化晚期，距今约5.9～6.1 kaBP
5	06LST0832 等四方④－1	灰褐色土	30	马家浜文化晚期，距今约6.2～6.5 kaBP
6	06LST0832 等四方④－2	灰褐色土	30	马家浜文化晚期，距今约6.2～6.5 kaBP

序号	样品编号	土样性质	质量（克）	考古断代
7	06LST0832 等四方⑤-1	黄灰色土	30	马家浜文化早期，距今约 6.5~6.7 年
8	06LST0832 等四方⑤-2	黄灰色土	30	马家浜文化早期，距今约 6.5~6.7 kaBP
9	06LST0832 等四方⑥-1	黄褐色土	30	马家浜文化早期，距今约 6.8~7.0 kaBP
10	06LST0832 等四方⑦-1	青黄色生土	30	早于 7.0 kaBP
11	06LST0832 等四方⑧-1	黄褐色生土	30	早于 7.0 kaBP
12	06LST0832 等四方⑧-2	黄褐色生土	30	早于 7.0 kaBP
13	06LST0832 等四方⑧-3	黄褐色生土	30	早于 7.0 kaBP
14	06LST0832 等四方⑧-4	黄褐色生土	30	早于 7.0 kaBP
15	06LST0832 等四方⑨-1	黄绿色生土	40	早于 7.0 kaBP
16	06LST0832 等四方⑨-2	黄绿色生土	40	早于 7.0 kaBP
17	06LST0832 等四方⑨-3	黄绿色生土	40	早于 7.0 kaBP

（二）孢粉分析方法

样品前处理采用的是 HF 处理法，步骤为：根据样品特点，每块样品取 30~40 克，外加石松孢子 12540 粒，分别加 HCl（10%）和 KOH（10%）进行酸碱处理，分离洗水、离心集中，再进行冰醋酸和 9:1（醋酸酐和硫酸）混合液处理，进行超声波震荡，再过筛，加入分散剂，集中于试管中，最后制活动玻片，在显微镜下用高倍镜头进行观察、鉴定、统计，样品一般鉴定到 300 粒以上。

二　结果与分析

结果显示，本剖面不仅孢粉含量及浓度较高，其所含植物种属也较丰富，主要的孢粉类型绝大多数是现今生长在亚热带的植物。所鉴定孢粉分属于 40（科）属。

裸子植物有：Taxodiaceae（杉科）、Cupressaceae（柏科）、Ginkgoaceae（银杏）、Tsuga（铁杉属）、Pinus（松属）。

被子乔木和灌木有：Cyclobananopsis（青冈属）、Quercus（栎属）、Fagus（水青冈属）、Ulmus（榆属）、Alnus（桤木属）、Betula（桦属）、Pterocarya（枫杨属）、Juglans（胡桃属）、Ilex（冬青属）、Liquidambar（枫香属）、Morus（桑属）、Salix（柳属）、Platanaceae（悬铃木科）、Rhamnus（鼠李属）。

草本植物有：Gramineae（禾本科）、Compositae（菊科）、Artemisia（蒿属）、Cruciferae（十字花科）、Umbelliferae（伞形科）、Chenopodiaceae（藜科）、Euphobiaceae（大戟科）、Labiatae（唇形科）、Campanulaceae（桔梗科）、Humulus（葎草属）、Ranunculaceae（毛茛科）、Typha（香蒲属）、Cyperaceae（莎草科）、Alisma（泽泻属）。

蕨类植物比较少，有：Hymeniphyllaceae（膜蕨科）、Pteris（凤尾蕨属）、Hicriopteris（里白属）、Lycopodium（石松属）、Polypodiaceae（水龙骨科）、Pyrrosia（石苇属）、Microleoia（麟盖蕨属）等。

另外还发现了大量的 Concentricytes（环纹藻属）。

根据各科属百分含量的变化，应用 C2 软件建立了孢粉百分含量图谱（图五三三、五三四）。由于我们侧重于考古遗址的植被研究，所有孢粉百分含量建立在所有的种属含量之上，包括水生植物和蕨类植物。环纹藻属百分比值由其含量比上孢粉总量求得。由孢粉百分比图谱可以看出以下特点：

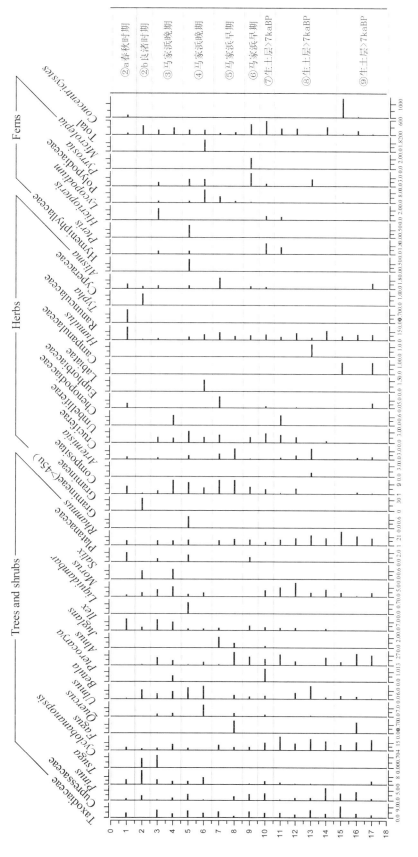

图五三三　神墩遗址T0832探方地层孢粉百分含量图谱

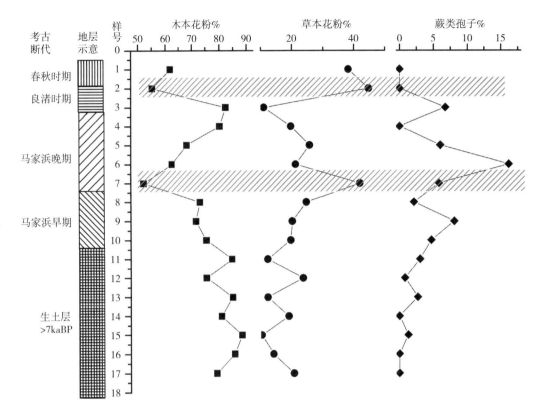

图五三四　神墩遗址 T0832 探方地层孢粉百分含量曲线图

生土层⑨（样品号 15～17）：木本花粉占优势（79.2%～88.5%），蕨类孢子很少，只有 15 号样品中占 1.3%。木本花粉中主要有枫杨属（27.8%～32.3%）、悬铃木科（20.8%～38.5%）、青冈属（12.8%～19.6%）、杉科（2.4%～10.3%）、柏科（1.2%～4.7%）、榆属（1.2%～2.6%）、枫香属（0.9%～2.6%）。另外，在 17 号样品中发现 3.7% 的松，而 16 号和 15 号样品中未见。草本花粉（10.3%～20.8%）中最多的为葎草属（7.7%～10.0%），直径小于 45 μ 的禾本科次之（1.3%～2.8%），未见大于 45 μ 的禾本科。此外，还有一些蒿属（1% 左右）和唇形科（1% 左右）等，在 17 号样品中还见 3.7% 的藜科。本层三个样品中均含环纹藻，其中 15 号样品中最多，相对于孢粉总量的百分数达 1443.6%，16 号样品中为 84.9%，17 号样品最少，为 3.7%。

生土层⑧（样品号 11～14）：木本花粉占到 75.5%～85.1%，有枫杨属（14.5%～28.4%）、悬铃木科（16.8%～27.1%）、青冈属（14.2%～23.6%）、杉科（3.2%～6.8%）、柏科（0.8%～6.4%）、松属（0～2.3%）、榆属（0～9.5%）、枫香属（2.7%～7.9%）等。草本花粉（12.2%～23.7%）中最多的依然为葎草属（5.4%～17.0%），直径小于 45 μ 的禾本科次之（1.4%～6.3%），其他有十字花科（0～3.3%）、蒿属（0～4.1%）等。本层出现少许蕨类，有石松属、水龙骨科、里白属和膜蕨科等。环纹藻含量较第⑨层剧减，为 0.7%～21.7%。

生土层⑦（样品号 10）：本层仍然以木本花粉为主，较第⑧层稍少，达 75.5%，有枫杨属（22.6%）、悬铃木科（10.8%）、青冈属（16.0%）、杉科（4.2%）、柏科（3.78%）、松属（4.2%）、榆属（2.8%）、胡桃属（3.3%）、枫香属（3.8%）、栎属（1.9%）等。草本花粉占 19.8%，主要是葎草属（9.9%）、直径小于 45 μ 的禾本科（5.2%）、藜科（1.4%）和少许莎草科（0.5%）。该层蕨类植物比第⑧层稍多，占 4.7%，主要是膜蕨科（2.4%）和少许的里白属、水龙骨科等。环纹藻含量不多，占7.1%。

第⑥层，马家浜文化早期，距今约7000~6800年（样品号9）：木本花粉占到71.7%，主要有枫杨属（25.4%）、悬铃木科（16.8%）、青冈属（9.2%）、杉科（5.8%）、柏科（3.5%）、胡桃属（4.6%）、榆属（2.3%）、松属（1.7%）和柳属（1.2%），还有少许的栎属（0.6%）和枫香（0.6%）。草本花粉占20.2%，主要是葎草属（9.8%）、直径小于45 μ的禾本科（7.5%）、十字花科（1.73%）、藜科（1.4%）及少许蒿属（0.6%）和莎草科（0.5%）。本层蕨类植物稍增多，占8.1%，有水龙骨科（4.6%）、石苇属（2.3%）和石松属（1.2%）。环纹藻含量很少，仅占1.2%。

第⑤层，马家浜文化早期，距今约6700~6500年（样品号7和8）：本层木本花粉有减少趋势，其中8号样品中木本花粉占到73.1%，7号样品中木本花粉仅有52.1%。8号样品中枫杨属最多，达32.1%，以下为悬铃木科（18.3%）、青冈属（9.7%）、栎属（3.2%）、榆属（3.2%）、杉科（2.2%）和柏科（2.2%）；7号样品中枫杨属较少，占14.8%，其次为悬铃木科（14.0%）、青冈属（12.8%）、杉科（5.8%）、桤木属（2.3%）和胡桃属（2.3%）。该层草本花粉增多，其中8号样品占24.7%，主要为直径小于45 μ的禾本科（12.9%）、葎草属（7.5%）和蒿属（4.3%）；7号样品占42.0%，主要为直径小于45 μ的禾本科（12.8%）、葎草属（14.0%）、藜科（8.2%）、蒿属（2.3%）、十字花科（2.3%）和莎草科（2.3%）。本层蕨类植物较少，分别占2.2%和5.8%，主要为石松属。环纹藻含量很少，只有8号样品中占2.2%。

第④层，马家浜文化晚期，距今约6500~6200年（样品号5和6）：木本花粉较第⑤层的7号样品稍增多，占62.5%~68.2%，类型丰富，主要有枫杨属（14.9%~18.2%）、悬铃木科（3.4%~15.5%）、青冈属（4.3%~7.7%）、栎属（0.9%~10.2%）、榆属（8.6%~9.4%）、杉科（4.3%~6.0%）和柏科（0.9%~3.4%）、胡桃属（1.7%）、松属（4.3%~7.7%）、枫香属（1.7%~2.6%）等，此外还有少量的冬青属、柳属、鼠李属等。草本植物占21.3%~25.8%，主要为直径小于45 μ的禾本科（6.8%~11.2%）、葎草属（6.0%~11.1%）和十字花科（1.7%~3.4%），其他还有少量蒿属、大戟科、莎草科和泽泻属，其中5号样品中发现1.72%的直径大于45 μ的禾本科花粉。环纹藻含量很少，占3.4%~2.6%。

第③层，马家浜文化晚期，距今约6100~5900年（样品号3和4）：木本花粉含量很高，达80.2%~82.3%，植被类型丰富，依次为枫杨属（20.0%~24.2%）、悬铃木科（13.9%~14.3%）、青冈属（8.4%~13.9%）、胡桃属（7.3%~9.3%）、枫香属（4.2%~5.9%）、榆属（4.2%~5.9%）、松属（3.7%~5.9%）、杉科（3.7%~6.8%）、栎属（2.5%~2.9%）等，还见少量的铁杉属、桦属、桑属、柳属等。草本花粉较少，占11.0%~19.8%，主要为直径小于45 μ的禾本科（4.2%~13.2%）、葎草属（0.7%~3.4%）和十字花科（1.5%~1.7%），其他还有少量蒿属、藜科、伞形科和莎草科，其中4号样品中发现2.9%的直径大于45 μ的禾本科花粉。4号样品中没有蕨类，3号样品有6.7%的蕨类，为里白属（2.5%）、石松属（1.7%）、水龙骨科（1.7%）和膜蕨科（0.8%）。环纹藻含量很少，占8.8%~13.5%。

第②b层，良渚文化时期，距今约5500~5300年（样品号2）：木本花粉剧减，占到55.2%，主要有枫杨属（14.9%）、悬铃木科（1.3%）、青冈属（7.0%）、柏科（2.6%）、胡桃属（3.2%）、榆属（7.0%）、松属（14.7%）、枫香（2.6%）及少许的杉科（0.6%）、桑属（0.6%）和铁杉属（0.6%）。草本花粉占44.8%，主要是直径大于45 μ的禾本科（37.1%）、葎草属（3.2%）、直径小于45 μ的禾本科（2.6%）与水生的香蒲属（1.3%）和莎草科（0.6%）。本层未见蕨类孢子。环纹藻含量很少，仅占 1.3%。

第②a 层，春秋时期，距今约 2500 年（样品号 1）：木本花粉占 61.8%，主要有枫杨属（13.5%）、悬铃木科（13.5%）、胡桃属（10.1%）、青冈属（9.0%）、松属（5.6%）、杉科（4.5%）、柳属（2.2%）、柏科（1.1%）、榆属（1.1%）和枫香（1.1%）。草本花粉占 38.2%，主要是莎草属（23.4%）、直径小于 45 μ 的禾本科（7.9%）、藜科（3.4%）、蒿属（1.1%）、毛茛科（1.1%）和莎草科（0.6%）。本层未见蕨类孢子。环纹藻含量较多，占 196.6%。

三　神墩遗址孢粉反映的古气候、古环境和人类活动

生土层孢粉记录很好地显示了研究区在人类进驻之前的自然植被状况。萧家仪等在绰墩遗址的花粉研究时，论证了在长三角考古遗址的文化层中，只要栗/栲和青冈两类花粉总和达到 10% 以上，即可能有阔叶林存在[①]。神墩遗址生土层⑦、⑧、⑨层（样品号 10~17）的青冈均在 10% 以上，所以周围景观应为森林。结果显示，距今 7000 年以前，本区无人类活动的痕迹，遗址点周围主要生长常绿和落叶阔叶混交林，如枫杨、悬铃木、青冈、枫香、胡桃、栎、榆、松等，反映出比较温暖湿润的气候条件。少量水生植物花粉的出现，说明遗址附近有湖沼存在。花粉谱揭示出三层生土层记录的古植被和古气候变化有一定的波动，但不很强烈。⑨层的 15 号样品中含大量淡水生的环纹藻，说明至少经历过一次较大的水泛沉积。朱诚等[②]认为长江三角洲和宁绍平原全新世在距今 7000 年以前为高海面，此遗址却显示该时期曾经过淡水，可能表明该时期为早全新世的适宜期，雨量充沛，地面曾积过大量洪水，或者为淡水湖沼环境，还需要做进一步详细研究。由于无具体的测年数据，本文无法讨论其变化的具体年代。

马家浜文化早期（⑥和⑤层），9 号和 8 号样品中，木本花粉含量高，延续了生土层常绿和落叶阔叶混交林景观，枫杨、悬铃木、青冈、枫香、胡桃、栎、榆、松等，喜湿的水龙骨科等较多，气候温暖湿润，体现出良好的生存环境。但 7 号样品显示，木本花粉含量锐减，喜干的草本含量增加，说明马家浜早期向晚期过渡时，气候环境发生变化，温凉稍干。黄翡等对苏州草鞋山遗址的植硅石进行分析后认为，马家浜文化时期气候发展经历了三个阶段。第一阶段（距今约 6275 年以前）气候温暖湿润，第二阶段（距今约 6275~6200 年间）气候温凉略干，第三阶段（距今约 6200~5985 年间）气温回升[③]。另一方面，木本花粉锐减也可能和人类过度砍伐森林有关。

马家浜文化晚期，木本含量很高，尤其是样品号 3 和 4，植被类型丰富，有枫杨、悬铃木、青冈、栎、榆、胡桃、枫香、松、杉等，还有少量的铁杉属、桦属、桑属、柳属等，为典型的亚热带常绿阔叶林，森林繁茂，气候温暖湿润，自然环境比较适宜人类活动与居住。太湖流域的石器时代考古遗址分布表明，马家浜文化时期的考古遗址主要分布在太湖南侧和太湖北部地区，崧泽和良渚文化时期的遗址逐渐移至太湖以东地区出现。有研究者认为，这样的先民遗址分布规律与中全新世东海的海面波动和上海的几个较大的沙冈形成有关[④]。在太湖平原地区，马家浜晚期的气候自然环境是相对稳定的，是适宜新石器时期古代先民生存和文化发展的。

---

① 萧家仪、丁金龙、郭平等：《绰墩遗址古植物群、古环境与古文化》，《东南文化》2003 年增刊 1，页 87~93。
② 朱诚、郑朝贵、马春梅等：《对长江三角洲和宁绍平原一万年来高海面问题的新认识》，《科学通报》2003 年 48（23）卷，页 2428~2438。
③ 黄翡、王伟铭、李民昌：《苏州草鞋山遗址新石器时代以来的植硅石研究》，《微体古生物学报》1998 年 15（1）卷，页 79~84。
④ 陈中原、洪雪晴、李山等：《太湖地区环境考古》，《地理学报》1997 年 52（2）卷，页 131~137。

良渚文化时期，木本花粉巨减，草本花粉百分比占近半，遗址周围有枫杨、悬铃木、青冈属、柏科、胡桃属、榆属、松属、枫香及少许的杉科、桑属和铁杉属，说明该时期气候环境为温凉。草本花粉中直径大于45μ的禾本科含量很大，达37.1%，可能是由两种因素导致而成：（1）由于水域面积扩大，大量的芦苇等植物出现；（2）人类进驻而导致的水稻等农作物的大量种植。本层未见蕨类孢子，环纹藻含量很少，说明遗址区域整体较干燥，但发现有少量水生的香蒲属，推测可能附近有规模小的水洼地或湖沼。刘会平等对杭苏地区若干文化遗址的孢粉—气候对应分析表明，良渚文化期（属全新世亚北方期）相对凉爽，年平均温度比现今低1.5℃左右[1]；史威等也认为，良渚文化时期气候变为温凉[2]；史威等通过太湖地区多剖面地层学分析认为良渚期为全新世大暖期中气候逐渐向干凉转变的时期，但大部分时间里仍略比现今暖湿。而良渚期侵蚀面上的铁锰结核聚集现象及现没于水下的众多良渚期开挖的古井等遗迹还反映出这一时期也曾发生过气候干燥事件[3]。徐国昌认为良渚文化时期是全新世中期，气候相对比较温凉干燥，海平面相对比较低的时期，为良渚文化的发展提供了良好的环境[4]。于世永等研究表明太湖东岸平原距今5160年以后，气候转为暖干，经历了一次干旱事件后，良渚文化发展起来[5]。由于本层只有一个样品，无法通过本研究对该区域良渚文化的衰落原因进行科学探讨。

孢粉记录显示，春秋时期，遗址周围是常绿和落叶阔叶混交林景观，有枫杨、悬铃木、青冈、胡桃、栎、榆、松、枫香等，气候条件比良渚时期较好，较温湿。环纹藻含量较多，喜阴耐湿的莎草属较多，说明遗址区可能曾被淡水淹没成湖沼环境。

四 结论

神墩遗址T0832地层孢粉记录表明，在距今约7000年以前，本区尚无人类活动的痕迹，遗址点周围主要生长常绿和落叶阔叶混交林，如枫杨、悬铃木、青冈、枫香、胡桃、栎、榆、松等，反映比较温暖湿润的气候条件。马家浜文化早期，气候温暖湿润，体现出良好的生存环境，但向晚期过渡时，气候环境发生变化，温凉稍干。马家浜文化晚期，遗址周围为亚热带常绿阔叶林，森林繁茂，气候温暖湿润，自然环境比较适宜人类活动与居住。良渚文化时期，木本花粉巨减，草本花粉百分比占近半，气候环境为温凉。春秋时期，气候条件比良渚时期较好，较温湿。环纹藻和喜阴耐湿的莎草属较多，说明遗址区可能曾被淡水淹没成湖沼环境。

需要指出的是，由于条件不允许，本文采样密度过疏和缺乏精确的测年数据，达不到高分辨率要求，限制了科学问题的分析。

第三节 炭化稻米分析

神墩遗址位于太湖西部的溧阳市社渚镇孔村，地处宁镇低山丘陵和宜溧山地向太湖平原的过渡地带，该遗址出土的炭化米为进一步研究太湖西部马家浜文化的稻作文化提供了宝贵的素材，尤其是为

① 刘会平、王开发：《沪杭苏地区若干文化遗址的孢粉—气候对应分析》，《地理科学》1998年18（4）卷，页368~373。
② 史威、王富葆、韩辉友：《句容宝华山麓距今5700年前后的地层与古气候》，《地层学杂志》2008年32（2）卷，页1~8。
③ 史威、马春梅、朱诚等：《太湖地区多剖面地层学分析与良渚期环境事件》，《地理研究》2008年27（5）卷，页1129~1138。
④ 徐国昌：《气候变化对良渚文化发展和消失的影响》，《干旱气象》2008年26（1）卷，页13~16。
⑤ 于世永、朱诚、曲维正：《太湖东岸平原中全新世气候转型事件与新石器文化中断》，《地理科学》1999年19（16）卷，页549~554。

以平底釜为中心的新文化类型——骆驼墩—吴家埠文化类型的稻作发展提供了坚实的基础，对重新全面认识马家浜时期稻作文化的进展和稻种类型提供了丰富的材料。

本项工作试从炭化米本身所携带的信息，分析当时稻种的类型与进化进程以及稻作农业的实况。

一　材料与方法

（一）植物蛋白石分析

对 T0832 的②、③、④、⑤、⑥层土样中的水稻植物蛋白石进行了检测，并对水稻植物蛋白石的形状进行了分析。性状的测定方法如图五三五所示。在显微镜下计量长、宽、厚和 b 值。用下列公式计算判别值：

判别值 $= 0.497 \times 长 - 0.2994 \times 宽 + 0.1357 \times 厚 - 3.8154 \times (b/a) - 8.9567$

（判别值 < 0：籼稻，判别值 > 0：粳稻）

（二）炭化米形态分析

采用神墩遗址中灰坑 H40、H43、H53 和 H63 中出土的炭化米作为观察材料。在数码成像实体显微镜下测量炭化米的长、宽、厚。用江苏省水稻地方品种的粒形数据和高邮龙虬庄遗址的炭化米与神墩遗址的炭化米粒的形状进行比对。

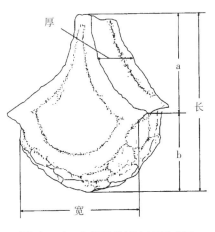

图五三五　水稻植物蛋白石示意图

二　结果

（一）籼粳类型的区分

在各地层中均看到有水稻植物蛋白石的存在（图五三六），由此可以说明水稻在这一地区有较为长期的栽培历史，是在这里生活的先民们主要的粮食作物之一。

对各土层土样中禾本科植物蛋白石进行检测的结果如表二〇所示。从各地层中的植物蛋白石来源植物可以认定，稻的生长贯穿于整个新石器时代。旱生植物——竹（*Bambusaceae*）也是当时的植被中的一员。芦苇（*Phragmites communis*）和芒（*Miscanthus sinensis*）在地层⑥和地层②a 中看到，可以推

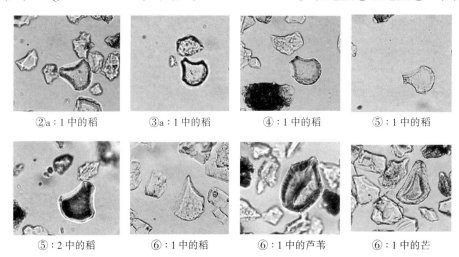

②a：1 中的稻　　　③a：1 中的稻　　　④：1 中的稻　　　⑤：1 中的稻

⑤：2 中的稻　　　⑥：1 中的稻　　　⑥：1 中的芦苇　　　⑥：1 中的芒

图五三六　各地层中的植物蛋白石

测在地层⑥时期稻的种植刚刚开始，种植区域内存在有大量杂草，在地层②a 时期可能有洪水侵袭，一度使水稻的种植受到干扰。在地层④：1 和地层⑤：1 中伴生的水田杂草较少，可以推测这两个时期是水田稻作的兴旺时期。稻作技术比较精细，因而稻田的杂草亦较少。

　　测量 50 个水稻植物蛋白石的长、宽、厚和 b 值，将平均值代入判别值计算公式后，得到的判别值皆大于零，可以判定各个历史时期的水稻皆属粳（Oryza sativa L. ssp. japonica）亚种。

表二〇　　　　　　　　　　　　　　神墩遗址地层中的植物蛋白石

层位	稻	芒	芦苇	竹	年代	判别值	亚种类型
②a：1	○	○	○	○	2500	4.012558	粳
②b：1	○	○	—	○	5300	0.955388	粳
③：1	○	○	—	○	6000	3.541161	粳
③：2	○	○	—	○	↓	0.106523	粳
④：1	○	—	—	○	↓	2.016152	粳
④：2	○	○	—	○	6500	1.517539	粳
⑤：1	○	—	—	○	6500	1.28737	粳
⑤：2	○	○	—	○	↓	0.87661	粳
⑥：1	○	○	○	○	7000	1.802601	粳
⑦：1	—	—	—	—	生土		

（二）炭化米粒型分析

　　各个灰坑中炭化米的形态调查结果如表二一所示（图五三七），形态变异略有差别，但经统计分析没有显著性差异，基本可以认定是处于相同进化水平。

　　神墩遗址炭化米的形状较太湖流域水稻地方品种米粒要小。从进化的角度来看，神墩遗址炭化米尚处于由栽培的稻向栽培稻进化的过程之中。

表二一　　　　　　　　　　　　　　神墩遗址灰坑中炭化米检测数据

灰坑号	检测数		平均	变异系数	最大值	最小值
H40	70	长	4.35	0.36	5.20	3.69
		宽	2.10	0.20	2.70	1.69
		厚	1.58	0.16	2.00	1.24
H43	37	长	4.46	0.42	6.04	3.85
		宽	2.06	0.14	2.30	1.79
		厚	1.56	0.12	1.88	1.33
H53	70	长	4.56	0.43	5.86	3.64
		宽	2.10	0.19	2.65	1.45
		厚	1.53	0.14	1.97	1.21
H63	25	长	4.45	0.51	5.42	3.75
		宽	2.06	0.31	3.18	1.72
		厚	1.59	0.20	2.07	1.24

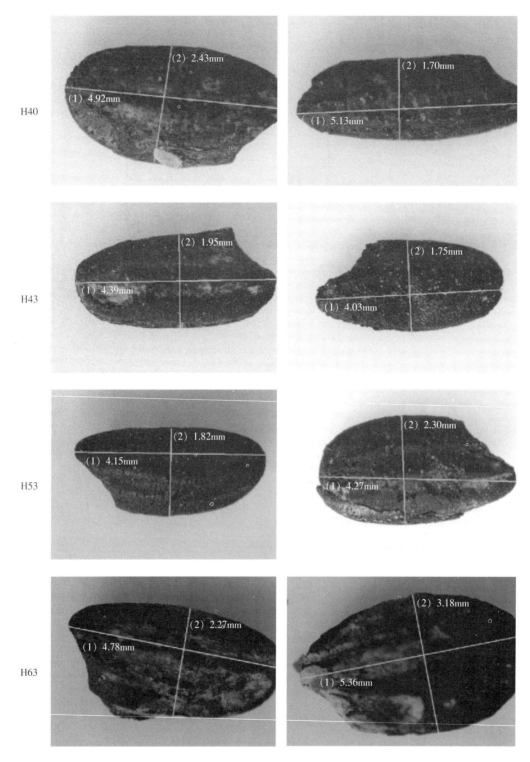

图五三七 灰坑中的炭化米

　　将已经明确了进化地位的高邮龙虬庄遗址炭化米与神墩遗址炭化米进行比较，各个灰坑中炭化米的粒型与高邮龙虬庄遗址第⑥、⑦、⑧层的炭化米粒型相似（图五三八）。它们在进化途中与高邮虬庄遗址第⑥、⑦、⑧层的炭化米应当处于相同的位置。

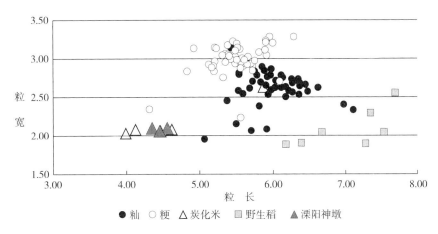

图五三八　神墩遗址炭化米与水稻地方品种的粒型比较

三　结论

通过植物蛋白石分析结果，神墩遗址炭化米的稻种类型属粳亚种（*Oryza sativa* L. ssp. japonica）。该结果与江苏省乃至中国全境范围内新石器时代的稻种类型相吻合。

神墩遗址的炭化米是由人工栽培种植的稻所遗留，由于人工的长期栽培和选择，稻米的形状已经趋向现代栽培稻，但形状仍然较小，可以初步判断神墩遗址已经有较长的稻作历史，有了较为发达的稻作技术，稻作处于接近完成向栽培稻进化的阶段。

特别需要指出的是，神墩遗址炭化米的粒型与野生稻的粒型具有完全不同的形状，可能与现代野生稻具有不同的祖先。

第四节　动物遗存分析

神墩遗址共进行了三次考古发掘。考古队员在发掘过程中，认真仔细地收集了每一块动物标本，并标以明确的层位，保证了资料的完整性和科学性，使之能够比较准确地反映出遗址动物群的特征和史前人类与动物的关系。

发掘区主要集中在遗址西北部，文化层平均厚度为 1.5～2 米之间，主要遗存的年代跨度为距今 7000～6000 年左右，分为早、中、晚三大阶段，早期阶段遗存约为距今 7000～6500 年，相当于马家浜文化早期。中、晚阶段遗存约为距今 6400～6000 年，相当于马家浜文化晚期。

动物遗存全部来自早期，涉及单位包括 H10、H26、H52、H66、H67、H71、H84、H85、H96 以及主发掘区的第⑤、⑥层等，分为早期一段和早期二段。中、晚期阶段保存极差，无法提取标本进行鉴定。我们在整理的过程中就是按照这两个小的阶段分期进行统计的。

工作中，我们按照遗迹单位进行了分类整理，同时结合出土动物遗骸的堆积单位性质和形成过程，采取了相应的统计方法和分析。

本次整理的动物遗存有 48 件，大多比较破碎，可鉴定标本数为 41 件，从分类情况来看包括哺乳动物、爬行动物和鱼类标本。哺乳动物数量最多，除了可以鉴定种属的鹿角、下颌骨、保留有明显特征的四肢骨外，还包括有少数肋骨残片和肢骨残片，我们只能粗略的将其分为大、中、小型哺乳动物。

可鉴定的 41 件动物遗存中，属于早期一段的有 6 件，代表了至少 5 个个体；属于早期二段的有 35

件，代表了至少 8 个个体。全部标本代表了 13 个个体（表二二；图五三九、五四○）。

表二二 神墩遗址动物遗存可鉴定标本数和最小个体数统计表

种属	时代 / 数量		早期一段		早期二段	
		NISP	MNI	NISP	MNI
牛		1	1	9	1
斑鹿		1	1	12	1
小型鹿		1	1	2	1
猪		1	1	3	1
龟				3	2
鳖		2	1	4	1
爬行动物				1	
青鱼				1	1

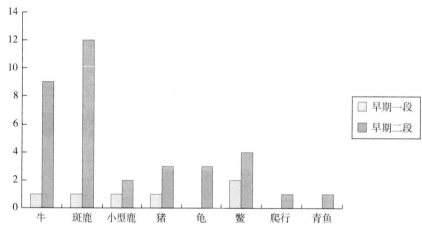

图五三九　神墩遗址动物遗存可鉴定标本数分布示意图

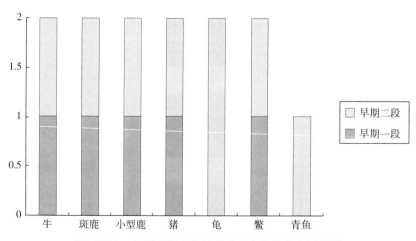

图五四○　神墩遗址动物遗存最小个体数分布示意图

一　种属鉴定

（一）哺乳动物纲（Mammalia）

偶蹄目（Artiodactyla）

偶蹄目的材料共 30 件，其中早期一段 4 件，早期二段 26 件。主要种属包括有牛科、鹿科和猪科。

（1）牛科（Bovidae）

可鉴定标本共 10 件，主要为残破的下颌骨、游离的牙齿和肢骨残块，至少代表了 2 个个体。大部分材料保存状况不好。

左侧下颌带 DM_3 – M_2 残块，1 件，出自早期一段。M_2 未完全萌出。M_1 长 32.58 毫米，宽 16.93 毫米。

右侧肱骨近端残块，1 件，出自早期二段。近端长 125.65 毫米，宽 119.65 毫米。

左侧肱骨远端残块，1 件，出自早期二段。重 242 克。

右侧髂骨残块，1 件，出自早期二段。重 125.4 克。

左侧跖骨近端残块，1 件，出自早期二段。重 30.2 克。

左侧下 M_3，1 枚，出自早期二段。重 56.1 克。M_3 长 42.73 毫米，宽 17.49 毫米。

下臼齿残块，2 枚，出自早期二段。重量分别为 35.1 克和 17.4 克。

炮骨远端残块，2 件，出自早期二段。重量分别为 65.4 克和 37.2 克。

（2）鹿科（Cervidae）

可鉴定的标本有 16 件，两个时期均有分布。主要材料为残破的鹿角和四肢骨。我们通过鹿角的特征和完整肢骨端的测量数据可以判断有斑鹿和另外一种小型鹿的存在[①]。

①斑鹿（Cervus nippon）

材料全部为残破的鹿角，共 13 件，其中早期一段 1 件，早期二段 12 件，至少代表了 2 个个体。

斑鹿角残块，1 件，出自早期一段。重 121 克。

斑鹿左角残块，1 件，出自早期二段。重 135.1 克。保存角环部分，为自然脱落的标本。在角环部位有烧过的痕迹。

斑鹿角残段，1 件，出自早期二段。重 87.9 克。两端断裂处有烧烤过的痕迹。

斑鹿角残段，1 件，出自早期二段。重 105.6 克。一端断裂处有明显的人工砍痕。

由于没有相应的骨骼发现，所以我们无法判断这些斑鹿的角是先民们狩猎所得还是偶然间拾获的脱落的角。

②小型鹿

只发现 3 件肢骨残块，至少代表了 2 个个体。由于没有相应的角或犬齿发现，无法明确种属，只能记作小型鹿。

右侧胫骨残块，1 件，出自早期一段。重 19.4 克。

左侧掌骨远端残块，1 件，出自早期二段。重 6.5 克。远端长 12.84 毫米，宽 19.87 毫米。

中间趾骨残块，1 件，出自早期二段。重 4.9 克。

（3）猪科（Suidae）

共发现 4 件标本，为残破的下颌、牙齿和四肢骨，至少代表了 2 个个体。数量太少，且保存状况

[①]　盛和林：《中国鹿类动物》，华东师范大学出版社，1992 年。

不好，无法判断是否为家猪。

右侧下颌残块，1件，出自早期一段。重23.1克。残存部分可见M_3未萌出。

右侧第三掌骨近端残块，1件，出自早期二段。重4克。

左侧桡骨远端残块，1件，出自早期二段。重17.3克。

臼齿残块，1件，出自早期二段。重8.4克。

（二）爬行动物纲（Reptilia）

龟鳖目（Testudoformes）

发现的材料包括残破的背腹甲和四肢骨等，以背腹甲材料为主。根据背腹甲和肢骨的特征我们判断出有龟、鳖两个种属[1]。

（1）龟科（Emydidae）

乌龟（Chinemys）

发现的材料有3件，全部出自早期二段，至少代表了2个个体。

其中H43出有1件基本完整的龟背甲，其花纹特征与宜兴西溪遗址出土的龟相似，长约90毫米，宽约70毫米，与西溪遗址基本完整者尺寸接近。

另外H84出有2件背甲残块，重3.4克。

（2）鳖科（Trionychidae）

鳖（pelodicus）

发现的材料共6件，主要是背腹甲残块，至少代表了2个个体。

腹甲残块，2件，出自早期一段。重25克。

背甲残块，1件，出自早期二段。重14.2克。肋最大宽为20.94毫米。

背甲残块，1件，出自早期二段。重8.1克。通体被火烧黑。

右侧股骨远端残块，1件，出自早期二段。重18.6克。远端宽28.16毫米。

（三）硬骨鱼纲（Osteichthyes）

鲤形目（Cypriniformes）

鲤科（Cyprinidae）

青鱼属（Mylopharyngodon）

青鱼（Mylopharyngodon piceus）

发现咽齿1枚，出自早期二段。重0.1克。

二　讨论

神墩遗址发掘面积超过一千平方米，发现的动物遗存却只有几十件，而且多数保存状况非常差。我们有理由相信，七千年前神墩先民们留下来的动物遗存由于某种原因没有完全保存下来，我们今天看到的只是其中很小的一部分。这一部分自然不能反映当时先民们生活的全貌，可是我们仍然可以通过这一小部分遗存管窥一下先民们的生产和生活情况。

（一）自然环境

遗址出土动物遗存材料不多，种属也相对比较简单，计有牛、斑鹿、小型鹿、龟、鳖、猪、青鱼

---

① 张孟闻等：《中国动物志——爬行纲第一卷总论·龟鳖目·鳄形目》，科学出版社，1998年。

等动物存在。

虽然我们不能确定斑鹿是否为人类狩猎的对象，但是至少可以说明遗址附近有斑鹿生存。斑鹿喜栖于混交林、山地草原和森林边缘，说明当时遗址附近应该有一定面积的混交林和草原。

龟、鳖和青鱼的存在，说明遗址附近有着比较广阔的水域。

我们推测遗址当时的自然环境应该与西溪遗址相似①，附近有着比较广阔的水域，水域周围分布有一定面积的混交林、草地和灌木丛等，动物资源应当比较丰富。

（二）人类行为

本次整理的动物遗存多数保存状态较差，直接影响了对骨骼表面痕迹的观察，所以无法判断是否有人类利用动物骨骼的现象。遗址发现的动物遗存多数比较破碎，也许可以看做是人类利用过的佐证。

（三）人类经济生活方式

遗址中猪的材料数量较少，无法判断是否已经驯化。但是根据同时期、环境相似的西溪遗址的情况来看，神墩先民们应该已经驯养家猪了。在驯养家猪的同时，先民们还较好地利用了遗址周围的自然环境，狩猎小型鹿类，捕捞龟鳖等爬行动物和鱼类。

总的来说，我们推测，七千年前的神墩先民们依靠饲养家猪、狩猎野生动物、捕捞水生爬行动物和鱼类来获取肉食资源。

第五节 玉器鉴定报告

神墩遗址共出土玉器 23 件，其中在马家浜文化时期的墓葬中发现玉器 21 件，夏商时期灰沟中发现玉器 1 件（应为破坏马家浜文化墓葬后扰动进入的前期遗留物），春秋时期地层中发现 1 件，全部为装饰品。

2008 年 4 月 19 日，我们在北京大学对该遗址出土的 23 件玉器材质进行了肉眼观察、比重测定，并对其中的 10 件做了无损的红外测试与鉴定。8 月 12 日至 16 日，我们又到溧阳神墩遗址工地进行了实地考察。其鉴定结果为石英岩 3 件、高岭石 1 件、迪开石 9 件、伊利石 5 件、玉髓 4 件、萤石 1 件（表二三）。现将鉴定结果报告如下：

一 马家浜文化时期

（一）石英岩 3 件。

1. 玉玦，M12:1，豆青色，细腻。表面受沁，玦口附近较新鲜。玻璃光泽，断口呈油脂光泽。贝壳状断口。硬度高。重 16.13 克。密度 2.59 g/cm^3。红外测试为石英。

2. 玉玦，M55:2，白色稍发灰，细腻。玻璃光泽，断口呈油脂光泽。贝壳状断口。硬度高。重 17.30 克。密度 2.62 g/cm^3。

3. 玉璜，M131:1，白色，颗粒粗，不均匀，半透明，硬度高。重 14.08 克。密度 2.62 g/cm^3。

（二）高岭石 1 件。

1. 玉璜，M159:2，土黄色，细腻。隐晶质致密块状或土状集合体。干燥时粘舌。光泽暗淡，土状光泽。解理发育。断口平坦状。硬度低，有划痕。重 7.70 克。密度 2.66 g/cm^3。红外测试为高岭石。

---

① 《江苏宜兴西溪新石器时代遗址动物遗存分析》，待刊。

（三）迪开石 9件。

1. 玉管，M88：1，乳白色略带淡黄色调。可见一组解理。硬度低。有许多小划痕。重13.55克。密度2.61 g/cm³。

2. 玉管，M88：2，乳白色略带淡黄色调，外表侵染发灰。不透明。解理发育，硬度低。重7.00克。密度2.62 g/cm³。

3. 玉管，M88：3，乳白色略带淡黄色调，外表侵染发灰褐色，分布不均匀。不透明。解理发育，硬度低。重6.64克。密度2.61 g/cm³。

4. 玉管，M88：4，乳白色略带淡黄色调。不透明。解理发育，硬度低。重15.10克。密度2.61g/cm³。红外测试为迪开石。

5. 玉管，M88：5，乳白色略带淡黄色调。不透明。解理发育，硬度低。重3.48克。密度2.62g/cm³。

6. 玉管，M88：6，乳白色略带淡黄色调。不透明。其上有绺裂。解理发育，硬度低。重2.60g。密度2.65g/cm³。

7. 玉璜，M20：1，残（2件）。乳白色略带淡黄褐色调。不透明。解理发育，硬度低。重11.00克。密度2.61g/cm³。红外测试为迪开石。

8. 玉璜，M20：3，乳白色。不透明。解理发育，硬度低，上有擦痕。重15.14克。密度2.61g/cm³。红外测试为迪开石。

9. 玉璜，M55：1，土黄色略发灰。不透明。解理发育，硬度低。重26.01克。密度2.62g/cm³。

（四）伊利石 5件。

1. 玉璜，M188：2，豆绿色，局部发黄。其上有裂缝。硬度低。重12.45克。密度2.87g/cm³。红外测试为伊利石。

2. 玉管，M188：3，豆绿色，局部发黄。其上有裂缝。硬度低。重10.915克。密度2.87g/cm³。

3. 玉管，M188：4，豆绿色，局部发黄。其上有裂缝。硬度低。重5.15克。密度2.91g/cm³。红外测试为伊利石。

4. 玉管，M188：5，黄绿色，局部豆青色。其上有裂缝。硬度低。重4.15克。密度2.84g/cm³。

5. 玉管状坠，M220：2，豆青绿色，上有许多细小的云母片，颗粒稍大。硬度低。重29.92克。密度2.84g/cm³。红外测试为伊利石。

（五）玉髓 2件。

1. 玉璜，M88：8，白色，不透明。纯净光洁。隐晶质集合体，质地致密，细腻，坚韧。玻璃光泽强。硬度高。重13.58克。表面受沁，密度变小。密度2.56g/cm³。红外测试为玉髓。

2. 玉璜，M227：2，无色略带淡黄色，半透明。硬度高。重11.03克。密度2.63 g/cm³。

（六）萤石 1件。

玉管，M190：4，淡青色，半透明。外观似水晶，硬度低。性脆，玻璃光泽，有裂缝，解理发育。重1.32克。密度3.14g/cm³。

二 夏商时期

玉髓 1件。

玉璜，T1232等G1③：22，无色，半透明，细腻。重6.60克。密度2.64 g/cm³。

三 春秋时期

玉髓 1件。

玉片，T0834 等②a：1，无色，侧面有许多纹理，不透明。纯净光洁。隐晶质集合体，质地致密，细腻，坚韧。玻璃光泽强。硬度高。重 9.82 克。密度 2.63g/cm³。

表二三 神墩遗址出土玉器鉴定表

原始编号	器物名称	时代	器物照片	岩石学或宝石学特征	岩性
M12：1	玉玦	马家浜文化晚期		豆青色，细腻。表面受沁，玦口附近较新鲜。玻璃光泽，断口呈油脂光泽。贝壳状断口。硬度高。重16.13克。密度2.59 g/cm³	石英
M20：1	玉璜（残）2 件	马家浜文化晚期		乳白色略带淡黄褐色调。不透明。解理发育，硬度低。重11.00 克。密度2.61g/cm³	迪开石
M20：3	玉璜	马家浜文化晚期		乳白色。不透明。解理发育，硬度低，上有擦痕。重15.14 克。密度2.61g/cm³	迪开石
M55：1	玉璜	马家浜文化晚期		土黄色略发灰。不透明。解理发育，硬度低。重26.01 克。密度2.62g/cm³	迪开石
M55：2	玉玦	马家浜文化晚期		白色稍发灰，细腻。玻璃光泽，断口呈油脂光泽。贝壳状断口。硬度高。重17.30 克。密度2.62 g/cm3	石英
M88：1	玉管	马家浜文化晚期		乳白色略带淡黄色调。可见一组解理。硬度低。有许多小划痕。重13.55 克。密度2.61 g/cm³	迪开石
M88：2	玉管	马家浜文化晚期		乳白色略带淡黄色调，外表侵染发灰。不透明。解理发育，硬度低。重 7.00 克。密度 2.62 g/cm³	迪开石
M88：3	玉管	马家浜文化晚期		乳白色略带淡黄色调，外表侵染发灰褐色，分布不均匀。不透明。解理发育，硬度低。重6.64 克。密度2.61 g/cm³	迪开石

原始编号	器物名称	时代	器物照片	岩石学或宝石学特征	岩性
M88:4	玉管	马家浜文化晚期		乳白色略带淡黄色调。不透明。解理发育，硬度低。重 15.10 克。密度 2.61 g/cm³	迪开石
M88:5	玉管	马家浜文化晚期		乳白色略带淡黄色调。不透明。解理发育，硬度低。重 3.48 克。密度 2.62g/cm³	迪开石
M88:6	玉管	马家浜文化晚期		乳白色略带淡黄色调。不透明。其上有绺裂。解理发育，硬度低。重 2.60 克。密度 2.65g/cm³	迪开石
M88:8	玉璜	马家浜文化晚期		白色，不透明。纯净光洁。隐晶质集合体，质地致密，细腻，坚韧。玻璃光泽强。硬度高。重 13.58 克。密度 2.56g/cm³。表面受沁密度变小	玉髓
M131:1	玉璜	马家浜文化晚期		白色，颗粒粗，不均匀，半透明，硬度高。重 14.08 克。密度 2.62 g/cm³	石英
M159:2	玉璜	马家浜文化晚期		土黄色，细腻。隐晶质致密块状或土状集合体。干燥时粘舌。光泽暗淡，土状光泽。解理发育。断口平坦状。硬度低，有划痕。重 7.70 克。密度 2.66 g/cm³	高岭石
M188:2	玉璜	马家浜文化晚期		豆绿色，局部发黄，其上有裂缝。硬度低。重 12.45 克。密度 2.87g/cm³	伊利石
M188:3	玉管	马家浜文化晚期		豆绿色，局部发黄，其上有裂缝。硬度低。重 10.915 克。密度 2.87g/cm³	伊利石
M188:4	玉管	马家浜文化晚期		豆绿色，局部发黄，其上有裂缝。硬度低。重 5.15 克。密度 2.91g/cm³	伊利石

原始编号	器物名称	时代	器物照片	岩石学或宝石学特征	岩性
M188：5	玉管	马家浜文化晚期		黄绿色，局部豆青色。其上有裂缝。硬度低。重 4.15 克。密度 2.84g/cm³	伊利石
M190：4	玉管	马家浜文化晚期		淡青色。半透明，外观似水晶，硬度低。性脆，玻璃光泽，有裂缝，解理发育。重 1.32 克。密度 3.14g/cm³。	萤石
M220：2	玉管状坠	马家浜文化晚期		豆青绿色，上有许多细小的云母片，颗粒稍大。硬度低。重 29.92 克。密度 2.84g/cm³	伊利石
M227：2	玉璜	马家浜文化晚期		无色略带淡黄色。半透明，硬度高。重 11.03 克。密度 2.63 g/cm³	玉髓
T1232 等 G1③：22	玉璜	夏商时期		无色，半透明，细腻。重 6.60 克。密度 2.64 g/cm³	玉髓
T0834 等②a：1	玉片	春秋时期		无色，侧面有许多纹理，不透明。纯净光洁。隐晶质集合体，质地致密，细腻，坚韧。玻璃光泽强。硬度高。重 9.82 克。密度 2.63g/cm³	玉髓

第六节　石器鉴定报告

表二四　　　　　　　　　　　　　神墩遗址出土石器鉴定表

原始编号	器物名称	时代	器物照片	岩性特征	岩石名称	备注
H16：1	圈形石器	马家浜文化早期		青灰色	石英砂岩	
H20：1	石锛（残）	马家浜文化早期		灰白色，硬度稍低	凝灰岩	
H20：2	石刀	马家浜文化早期		黄褐色	石英砂岩	

原始编号	器物名称	时代	器物照片	岩性特征	岩石名称	备注
H26∶5	残器	马家浜文化早期		灰色与灰白色条带相间，硬度稍高	凝灰岩	
H26∶6（切片号33）	残器	马家浜文化早期		灰绿色，内有点状物质，硬度稍高	凝灰岩	
H27∶2	石斧（残）	马家浜文化早期		灰绿色，硬度稍高，致密	硅化凝灰岩	
H63∶1	石斧（残）	马家浜文化早期		深灰色，条带状，硬度高，细腻	硅化凝灰岩	
H70∶1	石锛（残）	马家浜文化早期		浅灰色与深灰色条带，硬度高	沉凝灰岩	
H71∶1	石锛（残）	马家浜文化早期		深灰色，硬度稍高，致密，细腻	沉凝灰岩	
TG1③∶1	石锛	马家浜文化早期		外表灰色条带，内深灰色，硬度稍低	凝灰岩	
G2∶1	穿孔石斧	马家浜文化早期		灰褐色，内含有黑色物质，硬度高	硅化凝灰岩	
T0834等⑤∶8	石斧（残）	马家浜文化早期		灰褐色，致密，块状	凝灰岩	

原始编号	器物名称	时代	器物照片	岩性特征	岩石名称	备注
T0834 等⑤：9	残石器	马家浜文化早期		红褐色	细砂岩	
T0834 等⑤：10	石凿	马家浜文化早期		灰黑色，硬度低	凝灰岩	
T1034 等⑤：3	石块	马家浜文化早期		表层风化似黄褐色黏土，硬度低	板岩	
T1034 等⑤：6	砂砺石	马家浜文化早期		红色，颗粒较细	砂岩	
T1034 等⑤：7	石斧	马家浜文化早期		灰色，硬度高，粒度大小不一，分选性差，石英颗粒较大，表面风化留有小坑	杂砂岩	
T1034 等⑤：8	石块	马家浜文化早期		黄褐色	杂砂岩	
T1034 等⑤：10	石块	马家浜文化早期		黄褐色—红色	细砂岩	
T1034 等⑤：11	石块	马家浜文化早期		黄褐色	杂砂岩	
T1130 等⑤：1	石锛（残）	马家浜文化早期		灰白色与青色相间条带，表层受沁硬度降低	凝灰岩	

原始编号	器物名称	时代	器物照片	岩性特征	岩石名称	备注
T1130 等⑤：2	石锛	马家浜文化早期		灰白与深灰条带，硬度高，细腻	硅化凝灰岩	
T1232 等⑤：1	石锛（残）	马家浜文化早期		青灰色，硬度高，细腻，致密	凝灰岩	
T1232 等⑤：2	石斧（残）	马家浜文化早期		浅灰与深灰相间条带，硬度高	沉凝灰岩	
T1232 等⑥：1	石锛	马家浜文化早期		外表红色，里面深灰色，硬度大，比重高	赤铁矿石	
M4：1	石锛	马家浜文化晚期早段		灰绿色，含白色易风化物质条带。细腻，硬度高，块状构造，凝灰结构。主要由灰绿色火山灰和部分晶屑、岩屑组成。岩屑中黑色可能为燧石；晶屑由石英组成，呈不规则的棱角状	硅化凝灰岩	
M4：2	石锛	马家浜文化晚期早段		灰色，含灰黑色物质条带。硬度高，局部风化处硬度稍低。块状构造，凝灰结构。主要由灰色的火山灰和部分晶屑、岩屑组成。岩屑中黑色可能为燧石，灰色可能为灰岩，含量较少。晶屑由石英组成，大小为 1 毫米左右	硅化凝灰岩	
M4：3	石锛	马家浜文化晚期早段		灰黑色，含黑色物质条带。硬度高。块状构造，凝灰结构	硅化凝灰岩	
M5：1	石锛	马家浜文化晚期早段		黑灰色，含黑色物质条带。硬度高。块状构造，凝灰结构，疏松	硅化凝灰岩	

原始编号	器物名称	时代	器物照片	岩性特征	岩石名称	备注
M5：2	石锛	马家浜文化晚期早段		灰绿色，含较宽的灰白色物质条带。细腻，硬度高。块状构造，凝灰结构。主要由灰绿色火山灰和部分晶屑、岩屑组成。岩屑中黑色可能为燧石；晶屑由石英组成，呈不规则的棱角状	硅化凝灰岩	
M5：3	石锛	马家浜文化晚期早段		灰色。新鲜面硬度高，风化面硬度稍低。块状构造，凝灰结构	硅化凝灰岩	
M5：4	石锛	马家浜文化晚期早段		灰黑色，条带，致密块状，细腻，硬度高，密度低	硅化凝灰岩	
M8：1	残石片	马家浜文化晚期早段		灰黄色，石英颗粒感强，较粗	砂岩	
M18：1	石锛	马家浜文化晚期早段		灰黑色，条带，致密块状，硬度低，新鲜面稍高	硅化凝灰岩	
M18：2	石锛	马家浜文化晚期早段		灰色，风化后留有坑洼，凹凸不平，有颗粒感，砂质含量高	硅化凝灰岩	
M18：3	石锛（残）	马家浜文化晚期早段		灰黑色，致密块状，细腻，硬度高	凝灰岩	
M52：1	石锛（残）	马家浜文化晚期早段		灰色，纹理明显，致密块状，硬度高，硅质含量高	沉凝灰岩	
M55：3	石锛	马家浜文化晚期早段		灰色，块状构造，细腻，硬度高	凝灰岩	

原始编号	器物名称	时代	器物照片	岩性特征	岩石名称	备注
M55∶4	石锛	马家浜文化晚期早段		灰黑色，块状构造，细腻，新鲜面硬度高	凝灰岩	
M75∶1	石锛	马家浜文化晚期早段		灰褐色，灰色与褐色条带分布，细腻，硬度高	沉凝灰岩	
M75∶2	石锛	马家浜文化晚期早段		深灰色与浅灰条带，块状硬度高	凝灰岩	
M75∶3	残石器	马家浜文化晚期早段		灰白色，块状构造，抛光面硬度高，风化面硬度低	凝灰岩	
M77∶2	石锛（残）	马家浜文化晚期早段		土黄色，表层土黄色，有层理。质地细腻，风化面处硬度稍低	凝灰质页岩	
M78∶1	磨砺石	马家浜文化晚期早段		土黄色，颗粒感较强	细砂岩	
M78∶2	石刀	马家浜文化晚期早段		灰黑色，致密块状，硬度低	凝灰岩	
M79∶1	石锛	马家浜文化晚期早段		青灰绿色，致密块状，细腻，硬度高	凝灰岩	
M80∶6	花石子（5件）	马家浜文化晚期早段		6-1，红色，隐晶质结构，致密，具贝壳状断口，细腻，硬度高；6-2，同6-1；6-3，黄色，细腻，硬度高；6-4，白色，细腻，硬度高；6-5，同6-4	白色、黄白色为石英砾石；红色为碧玉岩	

原始编号	器物名称	时代	器物照片	岩性特征	岩石名称	备注
M82：1	石锛	马家浜文化晚期早段		灰黑色，致密块状，硬度高	凝灰岩	
M82：2	石凿	马家浜文化晚期早段		灰色，有纹理，致密块状，硬度高	凝灰岩	
M83：1	石锛	马家浜文化晚期早段		灰绿色，致密块状，细腻，硬度高	凝灰岩	
M83：2	石锛	马家浜文化晚期早段		黑灰色，条带，致密块状，砂粒含量高，硬度高	凝灰岩	
M84：1	石凿	马家浜文化晚期早段		黑色，风化较甚，黑色颗粒较多，呈麻点状分布，变质成分明显	凝灰岩	
M91：1	石锛	马家浜文化晚期早段		灰绿色，细腻，硬度高	凝灰岩	
M91：2	石锛	马家浜文化晚期早段		灰色，条带，致密块状，细腻，硬度高	凝灰岩	
M91：3	石锛	马家浜文化晚期早段		灰色，条带，致密块状，细腻，硬度高	凝灰岩	
M94：2	石锛	马家浜文化晚期早段		灰色，条带，致密块状，细腻，硬度高	凝灰岩	

原始编号	器物名称	时代	器物照片	岩性特征	岩石名称	备注
M117：2	石锛（残）	马家浜文化晚期早段		灰色，条带，致密块状，细腻，硬度高	凝灰岩	与M91：2、M91：3、M94：2相似
M123：1	残石纺轮	马家浜文化晚期早段		灰色，硬度低	板岩	
M124：1	石凿	马家浜文化晚期早段		深灰色，侧面风化较甚，硬度低	凝灰岩	
M152：3	石斧残片	马家浜文化晚期早段		灰红褐色，颗粒感强，粗细不均，硬度低	凝灰岩	
M154：2	石锛	马家浜文化晚期早段		青灰色，硬度高，致密细腻	硅化凝灰岩	与M83：1、M91：1相似
M157：2	石锛	马家浜文化晚期早段		灰色与黑色条带，致密块状，细腻，硬度高	硅化凝灰岩	
M160：1	石锛	马家浜文化晚期早段		灰白色与灰色条带，致密，细腻，硬度高	硅化凝灰岩	与M94：2相似
M164：1	石凿	马家浜文化晚期早段		深灰色，侧面风化较甚，硬度低	凝灰岩	与M124：1、M84：1相似
M166：2	石凿	马家浜文化晚期早段		灰色，条带，细腻，硬度高	硅化凝灰岩	

原始编号	器物名称	时代	器物照片	岩性特征	岩石名称	备注
M170：4	石锛	马家浜文化晚期早段		灰白色，条带，细腻，硬度高	硅化凝灰岩	
M175：3	石片	马家浜文化晚期早段		灰黑色，片状，疏松，硬度低	板岩	
M179：1	石锛（残）	马家浜文化晚期早段		浅灰与深灰条带，致密块状，硬度高	凝灰岩	
M179：2	石锛	马家浜文化晚期早段		灰褐色，条带，风化较甚，硬度低	沉凝灰岩	
M179：3	石锛（残）	马家浜文化晚期早段		灰黑色条带相间，致密块状，细腻，硬度高	沉凝灰岩	
M181：1	石锛	马家浜文化晚期早段		灰色，硬度高	凝灰岩	
M182：2	穿孔石斧	马家浜文化晚期早段		浅灰褐色，抛光面硬度高，风化面硬度低	凝灰岩	
M182：3	石锛	马家浜文化晚期早段		灰黑条带，致密块状，细腻，硬度高	凝灰岩	
M186：2	石锛	马家浜文化晚期早段		土黄与红褐色，石英颗粒明显	杂砂岩	

原始编号	器物名称	时代	器物照片	岩性特征	岩石名称	备注
M190：3	石纺轮	马家浜文化晚期早段		灰色，硬度低	泥页岩	
M194：2	石斧	马家浜文化晚期早段		青黑色条带，致密块状，细腻，硬度高	沉凝灰岩	
M202：2	石凿	马家浜文化晚期早段		深灰色，硬度稍低	凝灰岩	与M124：1相似
M203：1	石斧	马家浜文化晚期早段		灰色条带，硬度高	凝灰岩	
M204：1	环形石器	马家浜文化晚期早段		黑色，硬度低，似煤，断口呈青灰色痕	凝灰岩	
M204：3	石锛	马家浜文化晚期早段		深灰色，细腻，硬度稍高	凝灰岩	
M204：4	石锛	马家浜文化晚期早段		深灰色，外面有一层黄色的泥质粉砂岩，硬度稍低	凝灰岩	与M124：1相似
M218：2	石锛	马家浜文化晚期早段		灰色条带，细腻，硬度高	凝灰岩	
M219：3	穿孔石斧	马家浜文化晚期早段		黑色针状与青绿色粒状、白色物质相杂	闪长斑岩	

原始编号	器物名称	时代	器物照片	岩性特征	岩石名称	备注
M221：2	石凿	马家浜文化晚期早段		土黄色，风化较甚，硬度稍大，风化面硬度低	凝灰岩	
M223：1	石锛	马家浜文化晚期早段		深灰色，硬度低	凝灰岩	
M234：2	石锛	马家浜文化晚期早段		深灰色，硬度低	凝灰岩	与M223：1相似
M234：5	石凿	马家浜文化晚期早段		浅灰色，硬度高	凝灰岩	
M240：1	石锛	马家浜文化晚期早段		灰黑色条带，硬度高	凝灰岩	
M242：1	石锛	马家浜文化晚期早段		灰白色，受沁，硬度高	凝灰岩	
M244：1	石锛	马家浜文化晚期早段		灰白色，受沁，硬度高	凝灰岩	与M242：1相似
M248：1	石锛	马家浜文化晚期早段		红褐色，颗粒感较明显	粉砂岩	
M248：2	石锛	马家浜文化晚期早段		灰色条带，硬度高	凝灰岩	

原始编号	器物名称	时代	器物照片	岩性特征	岩石名称	备注
M256：1	石条形器	马家浜文化晚期早段		灰白色，硬度高	石英岩	
H2：1	石纺轮	马家浜文化晚期晚段		一部分红色，一部分白色，硬度低，为凝灰岩风化的产物	黏土岩（凝灰色红色）	
H2：2（切片号31）	石锛（残器）	马家浜文化晚期晚段		灰白色，条带，表面风化硬度稍低，里面硬度高	硅化凝灰岩	
H14：1（切片号32）	石锛（残）	马家浜文化晚期晚段		灰白色，风化面硬度稍低，里面硬度高	硅化凝灰岩	
H15：1	石锛	马家浜文化晚期晚段		灰白色，条纹，局部受沁，硬度降低	沉凝灰岩	
F1：1	石锛	马家浜文化晚期晚段		深灰色—黑色，硬度低	凝灰质页岩	
F1：3	磨制石片	马家浜文化晚期晚段		黄褐色	砂岩	
F1D35：1	石锛	马家浜文化晚期晚段		表面红色，里面深灰色	凝灰岩	
F4：1	石块（残器）	马家浜文化晚期晚段		红色，颗粒较细	细砂岩	

原始编号	器物名称	时代	器物照片	岩性特征	岩石名称	备注
F8:3	石锛	马家浜文化晚期晚段		灰白色，条带，细腻，硬度高	沉凝灰岩	
TG1②:1	石斧	马家浜文化晚期晚段		灰褐色，硬度稍低，粗	凝灰质砂岩	
T0832等③:1	石钻头	马家浜文化晚期晚段		灰黑与黑色呈斑点状分布，硬度低	凝灰质泥岩	
T0832等③:2	石锛（残器）	马家浜文化晚期晚段		灰绿色，致密块状，硬度高	凝灰岩	
T0832等③:3	石块	马家浜文化晚期晚段		红色，颗粒较细	细砂岩	
T0832等③:4	石斧	马家浜文化晚期晚段		灰褐色，硬度低	凝灰质砂岩	
T0832等③:5	石锛（残器）	马家浜文化晚期晚段		淡灰紫色，硬度低	凝灰岩	
T0832等③:6	石锛	马家浜文化晚期晚段		浅灰与深灰条带相间，硬度高，细腻，致密	沉凝灰岩	
T0832等③:7	残石片	马家浜文化晚期晚段		青灰色，质细，硬度低	凝灰岩	

原始编号	器物名称	时代	器物照片	岩性特征	岩石名称	备注
T0832 等③：8	石锛（残）	马家浜文化晚期晚段		灰绿色，致密块状，细腻，硬度高	凝灰岩	
T0832 等③：9	砂砺石	马家浜文化晚期晚段		灰黄色，较细	砂岩	
T0832 等④：1	石锛	马家浜文化晚期晚段		灰色，致密块状，致密，硬度稍高	凝灰岩	
T0832 等④：2（切片号35）	残器	马家浜文化晚期晚段		灰绿色，硬度高	凝灰岩	
南扩方③：1	石锛（残）	马家浜文化晚期晚段		灰白色，受沁白化，硬度降低，粒度感明显，表面泥化强烈	凝灰岩	
南扩方④：3	石斧	马家浜文化晚期晚段		灰褐色，硬度低，颗粒较粗	凝灰岩	
T0834 等③：1	石锛	马家浜文化晚期晚段		灰色，硬度稍高	含角砾凝灰岩（硅质岩）	
T0834 等③：4	石块	马家浜文化晚期晚段		红褐色，表层粘有许多黏土物质，里面为青色	石英砂岩	

原始编号	器物名称	时代	器物照片	岩性特征	岩石名称	备注
T0834 等③：5	石凿	马家浜文化晚期晚段		深灰色，空隙较大	粗凝灰岩	
T0834 等③：6（切片号36）	残石器	马家浜文化晚期晚段		灰白与灰绿色条带，硬度高	凝灰岩	
T0834 等③：7	石锛（残）	马家浜文化晚期晚段		灰白色条带，硬度稍低	凝灰岩	
T0834 等③：8	石锛（残器）	马家浜文化晚期晚段		正面青灰色，背面深灰色，硬度低	凝灰岩	
T0834 等③：9	石镞	马家浜文化晚期晚段		黄褐色—灰色，硬度稍低	凝灰岩	
T0834 等③：10	残石块	马家浜文化晚期晚段		黄褐色，内浅灰色，硬度高，表面泥化比较强烈	凝灰岩	
T0834 等④：1	残石块	马家浜文化晚期晚段		青色与灰色条带	细凝灰岩	
T0834 等④：4（切片号37）	残石块	马家浜文化晚期晚段		红褐色，质细，硬度高	硅化凝灰岩	
T0834 等④：6	残石块	马家浜文化晚期晚段		灰白与灰黑色相杂，硬度高	沉凝灰岩	

原始编号	器物名称	时代	器物照片	岩性特征	岩石名称	备注
T1032 等③：1	石块	马家浜文化晚期晚段		深灰色，硬度大	凝灰岩	
T1032 等③：2	石锛	马家浜文化晚期晚段		灰绿色—灰白色，致密块状，细腻	凝灰岩	
T1032 等③：5	石条形器	马家浜文化晚期晚段		深灰色，不甚细，硬度低	凝灰质砂岩	
T1032 等③：6	石条形器	马家浜文化晚期晚段		灰色，细腻，硬度大	硅质岩	
T1032 等③：9	石锛（残）	马家浜文化晚期晚段		浅灰与土黄色条带，硬度低，断口锋利	凝灰岩	
T1032 等③：10	石锛	马家浜文化晚期晚段		灰白、黑相间条带，致密块状，细腻，硬度稍高	沉凝灰岩	
T1032 等③：11	石锛	马家浜文化晚期晚段		灰与灰黑色相杂，硬度高	凝灰岩	
T1032 等③：12	石锛	马家浜文化晚期晚段		灰绿与白色相杂条带，细腻，硬度高	沉凝灰岩	

原始编号	器物名称	时代	器物照片	岩性特征	岩石名称	备注
T1032 等③：13	石条形器	马家浜文化晚期晚段		深灰色，不甚细，硬度稍大	凝灰质砂岩	
T1032 等③：15	石锤	马家浜文化晚期晚段		灰黑色条带，硬度稍低	凝灰岩	
T1032 等③：16	石锛	马家浜文化晚期晚段		灰黑色，硬度低	凝灰岩	
T1032 等③：17	石条	马家浜文化晚期晚段		深灰色，硬度低	凝灰岩	
T1032 等③：18	石斧（残）	马家浜文化晚期晚段		赭红色，细腻，硬度稍高	铁沁凝灰岩	
T1032 等④：1	石锛	马家浜文化晚期晚段		灰色，条带，细腻，硬度高	沉凝灰岩	
T1032 等④：2	石锛	马家浜文化晚期晚段		灰黑条带，致密块状，细腻，硬度高	沉凝灰岩	
T1032 等④：6	石锛（残器）	马家浜文化晚期晚段		浅灰与土黄色条带，硬度稍低	凝灰岩	
T1032 等④：7	石凿	马家浜文化晚期晚段		红色，硬度稍低	凝灰岩	

原始编号	器物名称	时代	器物照片	岩性特征	岩石名称	备注
T1032 等④:8	石钻头	马家浜文化晚期晚段		灰褐色，局部受沁白化（小端），上有许多黑色斑点，硬度很低	凝灰岩	
T1034 等③:2	石块	马家浜文化晚期晚段		红色，颗粒粗细不一	杂砂岩	
T1034 等③:7	石块	马家浜文化晚期晚段		黄褐色	杂砂岩	
T1034 等④:3	石铲	马家浜文化晚期晚段		灰褐色杂许多黑色斑点矿物，似麻点，硬度稍低	熔岩（表面气孔比较多）	
T1034 等④:4	石块	马家浜文化晚期晚段		黄褐色	砂岩	
T1034 等④:6	石钻头	马家浜文化晚期晚段		褐红色，硬度高，比重大，铁含量高	铁矿石	
T1034 等④:7	石刀	马家浜文化晚期晚段		红色	砂岩	
T1034 等④:9	石块	马家浜文化晚期晚段		黄褐色	砂岩	
T1034 等④:10	圈形石器	马家浜文化晚期晚段		黄红色	石英砂岩	

原始编号	器物名称	时代	器物照片	岩性特征	岩石名称	备注
T1034 等④:1	石锛（残器）	马家浜文化晚期晚段		外面赭红色，里面深灰色，硬度稍低	凝灰岩	
T1034 等④:12	石凿	马家浜文化晚期晚段		灰色，硬度高，颗粒大	凝灰岩	
T1034 等④:15（切片号38）	石块	马家浜文化晚期晚段		灰褐色，内含有许多黑点	凝灰岩	
T1034 等④:16	砂砺石	马家浜文化晚期晚段		红色，颗粒较细	砂岩	
T1130 等③:1	石锛	马家浜文化晚期晚段		灰白色，表层风化硬度降低	凝灰岩	
T1130 等③:2	石块	马家浜文化晚期晚段		黄褐色	砂岩	
T1130 等③:4	石钻头	马家浜文化晚期晚段		深灰色，硬度低，细腻	凝灰岩	
T1130 等③:5	石刀（残）	马家浜文化晚期晚段		灰紫色，硬度大	凝灰岩	
T1130 等③:6	石块	马家浜文化晚期晚段		黄褐色	砂岩	

原始编号	器物名称	时代	器物照片	岩性特征	岩石名称	备注
T1130 等⑤∶1	石锛	马家浜文化晚期晚段		灰白色，风化，硬度降低，细腻	凝灰岩	
T1230 等④∶2（切片号39）	残器	马家浜文化晚期晚段		风化面黄褐色，硬度低，里灰色，硬度高，质细	硅化凝灰岩	
T1232 等③∶3	石锛	马家浜文化晚期晚段		土黄与灰色相杂，硬度稍高	沉凝灰岩	
T1232 等③∶9	石凿	马家浜文化晚期晚段		表层红色，里面灰色，风化硬度低	凝灰岩	
T1232 等③∶12	石锛	马家浜文化晚期晚段		表层黄褐色，里浅灰色	凝灰岩	
T1234③∶6	石凿（残器）	马家浜文化晚期晚段		青色与灰色条带	沉凝灰岩	
T1334 等③∶1	石锛（残器）	马家浜文化晚期晚段		灰褐色，硬度高	硅化凝灰岩	
T1334 等③∶3	石锛	马家浜文化晚期晚段		深灰色，硬度低，细腻	凝灰岩	
T1334 等④∶2	石刀形器	马家浜文化晚期晚段		土灰色，致密	凝灰岩	

续表二四

原始编号	器物名称	时代	器物照片	岩性特征	岩石名称	备注
T1335③：1	穿孔石斧	马家浜文化晚期晚段		黄红色，局部受沁硬度降低	凝灰岩	
采：1	石锛（残器）	马家浜文化		青灰色，硬度低	凝灰岩	
采：2（切片号45）	石凿（切片）	马家浜文化		灰色，硬度低	凝灰质板岩	
采：3	石锛	马家浜文化		浅灰与深灰色条带，硬度高	沉凝灰岩	
采：7	石锛	马家浜文化		青灰色，条带，硬度高，质细	沉凝灰岩	
M58：1	有段石锛	良渚文化		灰黑色条带，细腻，硬度高	凝灰岩	
M58：2	穿孔石斧	良渚文化		青灰色，黑点密集，硬度低	板岩	
M59：2	穿孔石斧	良渚文化		青灰色，硬度高	凝灰岩	
M59：4	石锛	良渚文化		青灰色，致密，细腻，硬度高	凝灰岩	

原始编号	器物名称	时代	器物照片	岩性特征	岩石名称	备注
M60：1	穿孔石斧	良渚文化		土黄色，致密细腻，风化较甚，硬度降低	沉凝灰岩	
M60：2	石锛	良渚文化		灰黑条带，致密块状，细腻	沉凝灰岩	
M60：3	穿孔石斧	良渚文化		灰白色，细条带，致密，细腻，硬度低	沉凝灰岩	
M63：1	石锛	良渚文化		青灰色，条带，致密，硬度高	沉凝灰岩	
M63：3	石锛（残）	良渚文化		青灰色，条带，致密，硬度高	沉凝灰岩	
M63：4	石锛	良渚文化		灰白色条带，白化较甚，硬度高	沉凝灰岩	
M63：5	穿孔石钺	良渚文化		灰黑色，硬度低，薄片状	页岩	
M65：2	穿孔石斧	良渚文化		青灰色，黑色麻点，硬度低	凝灰质页岩	
M66：1	穿孔石斧	良渚文化		褐灰白色，硬度稍低，细腻	凝灰岩	

原始编号	器物名称	时代	器物照片	岩性特征	岩石名称	备注
M66∶3	石锛	良渚文化		灰白色，条带分布，硬度稍低	沉凝灰岩	
T0832 等②b∶2	穿孔石斧	良渚文化		黑色，硬度低	凝灰岩	
T0832 等②b∶3	有段石锛	良渚文化		灰黑色，颗粒感清楚，硬度低	凝灰岩	
T0832 等②b∶4	石锛	良渚文化		浅灰、深灰条带，致密、细腻，硬度低	凝灰岩	
T0832 等②b∶6	有段石锛	良渚文化		深青色，麻点状，颗粒感强，硬度低	凝灰岩	
T1032 等②b∶4	穿孔石斧	良渚文化		青与淡红色呈条带状分布，细腻，硬度高	凝灰岩	
H1∶3	石削	商代		青蓝色，硬度低，疏松	铈磷灰石	与H1∶5、H1∶6、H1∶7相似
H1∶4	石锛	商代		深灰色，硬度低，抛光不好	凝灰岩	
H1∶5	石锥	商代		灰蓝色，不太致密，有空隙，硬度稍低	凝灰岩	

原始编号	器物名称	时代（注明）	器物照片	岩性特征	岩石名称	备注
H1：6	石锥	商代		蓝色，硬度小	钸磷灰石	
H1：7	石锥	商代		蓝色，硬度小	红外光谱分析：钸磷灰石（铜矿化凝灰岩）	
H1：8	穿孔石斧	商代		土黄色，硬度高	石英岩	
H29：1	石镰	商代		灰褐色，硬度大	砂岩	
H33：1	石镞（残）	商代		灰褐色，硬度低	凝灰质泥岩	
H33：2	石刀（残）	商代		土黄色，硬度低	板岩	
H33：3	穿孔石斧（残）	商代		土灰色，黑色斑点，硬度低	凝灰岩	
H33：4	石刀	商代		深灰色，薄片状，硬度低	板岩	
H90：1	穿孔石刀	商代		灰褐色，片状，硬度低	板岩	

原始编号	器物名称	时代	器物照片	岩性特征	岩石名称	备注
TG1①b：1	石镞	商代		灰褐色，硬度低	凝灰岩	
T1130 等 G1①：1	石锛（残器）	商代		青灰色，表层风化硬度降低	凝灰岩	
T1130 等 G1①：2	石锛（残器）	商代		表层风化青灰色，里灰色或青色，硬度高	凝灰岩	
T1130 等 G1①：5	石锛（残）	商代		表层风化灰白色，内深灰绿色与青色条带，硬度高	沉凝灰岩	
T1230 等 G1①：1（切片号 19）	石锛（残器）	商代		表层青灰色，硬度高	凝灰岩	
T1230 等 G1①：5	石锛（残）	商代		土黄色，条带分布，受沁，硬度高	沉凝灰岩	
T1230 等 G1①：6	石锛	商代		土黄色，条带分布，受沁，硬度高	凝灰岩	
T1230 等 G1①：7	石锛	商代		表层灰白色，里深灰色，表面风化硬度降低	凝灰岩	
T1230 等 G1①：8	石刀	商代		灰绿色，有许多黑点物质，硬度低	凝灰岩	

原始编号	器物名称	时代	器物照片	岩性特征	岩石名称	备注
T1230 等 G1①：12	石刀	商代		灰褐色、深灰色，硬度低	凝灰岩	
T1230 等 G1①：14	石刀	商代		灰绿色，片状，硬度低	凝灰岩	
T1230 等 G1①：15	石条	商代		灰红色，硬度低	凝灰岩	
T1230 等 G1①：16	石锛	商代		土黄色，硬度高—低	凝灰岩	
T1230 等 G1①：17	石锛（残器）	商代		灰白色条带，硬度稍低，表面风化造成	凝灰岩	
T1230 等 G1①：18	石刀	商代		灰褐色，片状，硬度低	凝灰质粉砂岩	
T1230 等 G1①：19	砺石	商代		黄褐色	砂岩	
T1230 等 G1①：36	石锥	商代		黄褐色，硬度低	泥岩	
T1230 等 G1①：37	石镞	商代		青灰色，硬度低	凝灰岩	

原始编号	器物名称	时代	器物照片	岩性特征	岩石名称	备注
T1230 等 G1③：4	石刀	商代		灰褐色，硬度稍低	凝灰岩	
T1230 等 G1③：20	石锛	商代		灰色与黑色条带，上有许多黑色斑点，硬度稍低	凝灰岩	
T1230 等 G1③：21	石凿	商代		灰白色，条带分布，硬度高	凝灰岩	
T1230 等 G1③：22	石锛（残）	商代		青色与土黄色条带相杂，硬度稍低	凝灰岩	
T1230 等 G1③：23	石锛	商代		灰白色，硬度稍高	凝灰岩	
T1230 等 G1③：24	石锛	商代		深灰色，硬度稍低	凝灰岩	
T1230 等 G1③：25	石镞	商代		黑色，硬度低	凝灰岩	
T1230 等 G1③：26	石锛	商代		灰白色，风化硬度稍降低	凝灰岩	
T1230 等 G1④：5	石块	商代		灰黑色，表面风化有许多黑色斑点，硬度低	凝灰岩	

原始编号	器物名称	时代	器物照片	岩性特征	岩石名称	备注
T1230 等 G1④：20	石锛（残器）	商代		表层灰白色，内深灰色，由于风化硬度稍降低	凝灰岩	
T1230 等 G1④：25	石锛	商代		表层灰白色，硬度稍高	凝灰岩	
T1230 等 G1④：27	石锛	商代		灰色与土黄色条带，硬度稍高	凝灰岩	
T1230 等 G1④：29	石锛	商代		灰白色，风化硬度稍降低	凝灰岩	
T1230 等 G1⑥：2	石锛	商代		灰褐色，上有许多白色小点物质，硬度稍低	凝灰岩	
T1230 等 G1⑥：3	石犁	商代		青灰色，硬度低	凝灰岩	
T1230 等 G1⑥：31	石锛（残器）	商代		灰色，横向条带，硬度高	凝灰岩	
T1230 等 G1⑥：32	石镞	商代		灰褐色，硬度低	凝灰岩	
T1230 等 G1⑥：34	石镰	商代		灰褐色，上有许多白色小点物质，硬度稍低	凝灰岩	

原始编号	器物名称	时代	器物照片	岩性特征	岩石名称	备注
T1230 等 G1⑥：38（切片号42）	残石条	商代		灰褐色，硬度稍低	凝灰岩	
T1230 等 G1⑥：41	石刀	商代		灰褐色，硬度低，薄片状	凝灰质粉砂岩	
T1230 等 G1⑥：43	石凿（残器）	商代		灰色，硬度高，不均匀	凝灰岩	
T1230 等 G1⑥：44	石锛	商代		表面呈灰白色，硬度高	凝灰岩	
T1230 等 G1⑥：45	石镰	商代		灰褐色，板状	凝灰岩	
T1230 等 G1⑥：47	石锛	商代		灰白色，硬度稍高	凝灰岩	
T1230 等 G1⑥：48	砺石	商代		红色	砂岩	
T1230 等 G1⑥：49	砺石	商代		黄褐色	砂岩	
T1230 等 G1⑥：50	砺石	商代		红色，硬度高	粉砂岩	

原始编号	器物名称	时代	器物照片	岩性特征	岩石名称	备注
T1230G1⑥:51	石刀	商代		灰褐色，上有许多白色小点物质，硬度稍低	凝灰岩	
T1230 等 G1⑥:52	石块	商代		黄褐色	砂岩	
T1230 等 G1⑥:53	石斧	商代		灰黑色，含有白色物质，致密块状，硬度稍低	凝灰岩	
T1230 等 G1⑥:54	石镰	商代		灰褐色，上有许多白色小点物质，硬度稍低	凝灰岩	
T1230 等 G1⑥:55	砺石	商代		表层黄褐色，里面红色，粗细不一	砂岩	
T1230 等 G1⑥:56	砺石	商代		黄褐色	砂岩	
T1230 等 G1⑥:57	石镞	商代		灰褐色，硬度低	凝灰质粉砂岩	
T1230 等 G1⑥:58	石斧（残）	商代		灰褐色，致密块状，硬度稍低	凝灰岩	
T1230 等 G1⑥:59	砺石	商代		青褐色	砂岩	

原始编号	器物名称	时代	器物照片	岩性特征	岩石名称	备注
T1230 等 G1⑥:60	砺石	商代		黄褐色	砂岩	
T1230 等 G1⑥:62 （切片号43）	石钻（残器）	商代		深青灰色，硬度低	凝灰质板岩	
T1230 等 G1⑥:63 （切片号44）	石锛（残器）	商代		表层灰白色，内青灰色，硬度高，质细	硅化凝灰岩	
T1230 等 G1⑥:68	石锛（残器）	商代		表层灰白色，内深灰与青色条带，硬度高	凝灰岩	
T1230 等 G1⑥:69	石锛（残器）	商代		灰绿色，硬度稍高，致密块状，细腻	凝灰岩	
T1230 等 G1⑥:70	残器	商代		青灰色，条带，表面风化，硬度降低	凝灰岩	
T1230 等 G1⑥:72	石锛（残）	商代		青灰色，硬度高	凝灰岩	
T1230 等 G1⑥:73	石锛（残器）	商代		青灰色，表层风化硬度降低	凝灰岩	
T1230 等 G1⑥:74	石块	商代		红色	杂砂岩	

原始编号	器物名称	时代	器物照片	岩性特征	岩石名称	备注
T1230 等 G1⑥:75	石锛（残器）	商代		表面灰白色，里深灰色，硬度高	凝灰岩	
T1230 等 G1⑥:76	砺石	商代		黄褐色	砂岩	
T1230 等 G1⑥:77	残器	商代		灰绿色，质疏松，硬度低	凝灰岩	
T1230 等 G1⑥:78	石刀	商代		灰褐色，硬度低	凝灰岩	
T1230 等 G1⑥:79	石斧	商代		灰色，硬度高	凝灰岩	
T1230 等 G1⑥:80	石锛（残器）	商代		灰白色，表面风化，内浅灰色	凝灰岩	
T1230 等 G1⑥:81	石镞	商代		灰色，硬度低	凝灰岩	
T1230 等 G1⑥:82	石锛	商代		青灰色，条带，硬度稍高	凝灰岩	
T1230 等 G1⑥:83	石刀	商代		灰褐色，上有许多白色小点物质，硬度低	凝灰岩	

原始编号	器物名称	时代	器物照片	岩性特征	岩石名称	备注
T1230 等 G1⑥:84	砺石（石锤）	商代		灰褐色	砂岩	
T1230 等 G1⑥:87	石锛	商代		表层灰白色，硬度高	凝灰岩	
T1230 等 G1⑥:88	石锛	商代		表面风化呈灰白色，硬度高	凝灰岩	
T1230 等 G1⑥:89	石锛（残器）	商代		灰褐色与深灰色条带，硬度低	凝灰岩	
T1230 等 G1⑥:97	石锛	商代		灰色，条带分布	凝灰岩	
T1230 等 G1⑥:98	石凿	商代		灰色，黑色小点，硬度稍低	凝灰岩	
T1232 等 G1①:1	石锛	商代		灰白色，硬度高	凝灰岩	
T1232 等 G1①:3	石刀（残）	商代		灰白色，上有许多白色小斑点，硬度稍低	凝灰岩	
T1232 等 G1②:6	石刀	商代		黑色，薄片状，硬度稍低	凝灰岩	

原始编号	器物名称	时代	器物照片	岩性特征	岩石名称	备注
T1232 等 G1②：7	石锛（残）	商代		灰白色，条带，表面风化硬度降低	凝灰岩	
T1232 等 G1②：8	石锛	商代		灰白色，横向条带，硬度降低	沉凝灰岩	
T1232 等 G1②：9	石锛	商代		浅灰与深灰相杂，条带分布	沉凝灰岩	
T1232 等 G1③：1	石环	商代		灰褐色	砂岩	
T1232 等 G1③：2	石刀	商代		灰褐色，薄片状，硬度低	粉砂质凝灰岩	
T1232 等 G1③：10	石镰	商代		灰褐色，上有许多白色小点	凝灰岩	
T1232 等 G1③：11	石锛（残器）	商代		灰色，表层红色，质较粗，硬度低	凝灰岩	
T1232 等 G1③：14	石矛头	商代		深灰色，片状，硬度低	凝灰质页岩	
T1232 等 G1③：15	残器	商代		灰色，硬度低	凝灰岩	

原始编号	器物名称	时代	器物照片	岩性特征	岩石名称	备注
T1232 等 G1④：17	石镞	商代		灰白与灰色条带，硬度低	凝灰岩	
T1232 等 G1④：18	石锛	商代		深灰色，硬度稍低	凝灰岩	
T1232 等 G1④：20	石镞	商代		深灰色，硬度低	凝灰质页岩	
T1232 等 G1④：21	石刀	商代		灰褐色，质细，硬度低	粉砂质凝灰岩	
T1232 等 G1④：22	石锛	商代		灰色，硬度高，硅化明显	硅化凝灰岩	
T1232 等 G1⑤：24	石锛	商代		灰白色，表面风化，硬度稍降低	凝灰岩	
T1232 等 G1⑤：25	石块	商代		深灰色，硬度低	凝灰岩	
T1232 等 G1⑤：26	残器	商代		灰色，条带，硬度高	凝灰岩	
T1232 等 G1⑤：30	残器	商代		灰白色，表面风化，硬度降低	凝灰岩	

原始编号	器物名称	时代	器物照片	岩性特征	岩石名称	备注
T1232 等 G1⑤:31	石凿	商代		灰色，致密块状，硬度降低	凝灰岩	
T1232 等 G1⑥:32	石刀	商代		深灰褐色，内含许多小黑点物质，硬度低	凝灰岩	
T1232 等 G1⑥:34	石刀	商代		灰黑色，薄片状，硬度低	凝灰质页岩	
T1232 等 G1⑥:35	石锛	商代		灰白色，上有许多白色小点物质，硬度高	凝灰岩	
T1232 等 G1⑥:36	石锛	商代		青灰色，表面受沁，硬度降低	凝灰岩	
T1232 等 G1⑥:37	石镞	商代		黄褐色，硬度低	凝灰岩	
采集:4	石刀	商代		灰褐色，片状，硬度高	凝灰岩	
T1②:1	石锛	春秋时期		灰白色，表面风化硬度降低	凝灰岩	
T1④:1	石锛（残器）	春秋时期		灰白与青色相间条带，表层受沁硬度降低	凝灰岩	

原始编号	器物名称	时代	器物照片	岩性特征	岩石名称	备注
T1⑤：1	石刀	春秋时期		灰色，薄片状，硬度低	板岩	
T1⑤：3	石块	春秋时期		灰绿色，局部分布红色附着物	砂岩	
南扩方②a：1	石锛	春秋时期		灰白色，侧面深灰色，表面风化硬度降低	凝灰岩	
南扩方②a：2	石锛（残器）	春秋时期		灰白色，质细，表面风化硬度低	凝灰岩	
南扩方②a：3	石镰	春秋时期		灰褐色，硬度低	凝灰岩	
南扩方②a：4	石锛	春秋时期		黑褐色，含许多角砾块状，硬度高	硅化凝灰岩	
T0832 等②a：2	石镰	春秋时期		深灰色，硬度低	凝灰岩	
T0832 等②a：4（切片号 34）	石锛（残器）	春秋时期		外层浅青色，内深灰色，硬度稍高	凝灰岩	
T0832 等②a：7	石锛	春秋时期		灰白色，表面风化，质细，硬度稍低	凝灰岩	

原始编号	器物名称	时代	器物照片	岩性特征	岩石名称	备注
T0832 等②a:8	石刀	春秋时期		黄褐色，表层风化呈土状，内灰色，砂性大，硬度低	板岩	
T0834 等②a:3	残器	春秋时期		风化面灰白色，新鲜面绿色，块状，硬度由于表面风化降低	凝灰岩	
T0834 等②a:4	石块	春秋时期		黄褐色，内浅灰色，硬度高	砂岩	
T1032 等②a:1	石锛	春秋时期		深灰色，硬度低	凝灰岩	
T1032 等②a:2	石镰	春秋时期		灰褐色，硬度低	凝灰岩	

第八章　文化遗存的认识

第一节　马家浜文化遗存的认识

一　神墩遗址马家浜文化遗存的年代

神墩遗址发掘过程中，为了获得较为准确的年代数据，采集了一批木炭标本用于科学测试。北京大学加速器质谱实验室、第四纪年代测定实验室对 2006 年发掘中 H32、H35、H39、H41 四个灰坑中提取的木炭样本进行了加速器质谱（AMS）碳－14 测定，获得了一组数据（见附录一）。

在四个样品数据中，H39 开口于⑤层下，测年数据最老，为 3960BC ～ 3770BC，距今 6000 ～ 5800 年左右；H35 与 H41 开口于④层下，打破同层的马家浜文化墓葬，年代应略晚于墓葬，可以作为墓葬年代的参考数据，两个测年数据十分接近，为 3660BC ～ 3500BC 之间，距今 5600 ～ 5500 年左右；H32 开口于②b 层下，是最晚的一个数据，为 3370BC ～ 3090BC，距今 5400 ～ 5100 左右。

由于样本均为炭化树木样本，树木具有存活年代长短不一的特点，容易出现数值偏差，本次年代测量数据与其他遗址的马家浜文化测年数据相比都偏晚，最晚的数据已跌出目前认识的马家浜文化年代下限，故其测年数据不宜作为溧阳神墩遗址绝对年代的标尺，但其数据所显示的各层次之间的相对年代差距仍有一定价值。根据与同时期骆驼墩等遗址的横向比较推算，神墩遗址最早年代应不会晚于距今 7000 年，最晚年代在距今 6000 ～ 5900 年左右，早晚年代跨度差约为 1000 年左右。

二　神墩遗址马家浜文化遗存的分期

神墩遗址马家浜文化遗存分为生活类和丧葬类两类，生活类遗存延续时间长，跨度大，丧葬类遗存则延续时间短。生活类遗存中的出土遗物和丧葬类遗存中的遗物既有相同之处，也有相当的差异，呈现出各自鲜明的特点，在前面的章节中已对两类遗存分别进行分期，而从神墩遗址聚落整体发展变化角度，结合地层的叠压、打破关系和形成序列综合考察，可将遗址的马家浜文化遗存分为早期发展阶段和晚期发展阶段。

神墩遗址早期发展阶段主要为早期生活类遗存（一、二段），以⑤层、⑥层地层堆积和⑥层下灰坑以及⑤层表的房址、⑤层下的灰坑为代表，构成了最早的生活居住区。晚期发展阶段包括早晚两个阶段，早段由中期生活类遗存（三段）和丧葬类遗存（一、二、三、四段）构成，中期生活类遗存数量较少，主要是若干灰坑，丧葬类遗存是在早期生活居住区功能废弃后，在⑤层表形成的以 252 座墓葬和 16 个瓮棺为代表的死亡丧葬区；晚段主要为晚期生活类遗存（四、五段），是在丧葬区功能消失后，形成的④层、③层地层堆积以及④层、③层表房址和④层、③层下灰坑为代表的生活居住区（表二五）。

表二五   神墩遗址马家浜文化遗存发展阶段对照表

发展阶段		生活类遗存	丧葬类遗存		地层及主要遗迹单位	相对年代	绝对年代
早期发展阶段		早期	一段		主发掘区第⑥层及 H22～H25、H51、H52、H56、H57、H59、H62、H66、H101	马家浜文化早期	距今约 7000～6500 年
			二段		主发掘区第⑤层及 F5、F6、G2、H5～H11、H16、H20、H21、H26、H27、H36、H38、H39、H40、H42、H47～'H50、H53～H55、H58、H60、H63～H65、H67～H87、H96、H97、H100、H102		
晚期发展阶段	早段	中期	三段	一段	M1～M57、M67～M261、W1～W16、H35、H41、H43、H46、H98、H99	马家浜文化晚期	距今约 6500～5900 年
				二段			
				三段			
				四段			
	晚段	晚期	四段		主发掘区第④层及 F3、F4、F9、H12、H17～H19、H34、H45		
			五段		主发掘区第③层及 F1、F2、F7、F8、F10、H2～H4、H14、H15、H32、H44、H61、H92～H95		

神墩遗址早期发展阶段出土遗物以陶器为主,少见石器和骨角器。器形有釜、豆、罐、小罐、盆、钵、碗、匜、盉、甗、蒸箅、器盖、器座、器圈足、支座、拍、网坠、纺轮、坠、璜形器等。陶胎相对较为一致,细蚌屑的含量较高,胎质较为疏松,火候相对较低,相当多的陶器呈现外红内黑的状态。平底器占绝大多数,也有极少量圈足器和三足器,不见圜底器。纹饰简单,仅有少量锯齿纹、刻划纹、按捺纹、镂孔、凸棱等。鋬手、把手、器耳的使用比较普遍。平底釜是最为重要的炊器,数量最多,形制多种多样,主要有直口斜腹筒形釜、直口宽沿斜腹筒形釜、罐形釜、盆形釜、敛口釜、尊形釜等,口沿下常有四个或两个舌梯形对称鋬手,因器形不同而腰檐宽窄不等或无腰檐,有的腰檐外缘有凸纽、锯齿纹装饰或形成多角状。腰檐以上多施红衣,少量施黑衣。

神墩遗址晚期发展阶段出土遗物仍以陶器为主,石器数量增多。陶器中夹蚌陶数量有所减少,蚌粒比前阶段略粗,泥质陶、夹砂陶、夹炭陶有所增加。器形有鼎、釜、豆、罐、小罐、盆、钵、盉、匜、盘、盂、甗、缸、器盖、圈足小杯、器圈足、炉箅、支座、网坠、纺轮、拍、球、坠等。纹饰主要有指捺窝、锯齿纹、附加堆贴、镂孔、凸棱、条形凹槽、弦纹、刻划纹、压印纹等。鼎的数量大量增加,鼎足形态多种多样,釜的数量大量减少,新见夹砂厚胎大口深腹小平底缸、沿面内凹的罐、炉箅等。

早、晚两期典型器物分期演变见图五四一 A～C。

三 太湖流域马家浜文化遗存的分期

1959 年,浙江省考古工作者第一次对嘉兴马家浜遗址进行考古发掘,此后四十年里,浙江、江苏、上海三地的考古工作者先后发掘了吴江梅堰、苏州越城、青浦崧泽、吴县草鞋山、常州圩墩、武进潘家塘、上海福泉山、嘉兴罗家角、余杭吴家埠、湖州邱城、张家港许庄、海宁坟桥港、张家港东山村、金坛三星村、吴江广福村、昆山绰墩等遗址,确立了太湖流域马家浜文化的基本特征和分布格

器形 / 时代		釜								
		A	B	Ca	Cb	Da	Db	E	F	G
早期发展阶段	一段	I式H22：1	I式 T1032⑥：7	I式 H24：2	I式 T1130⑥：1	T1130⑥：4	I式 T1032⑥：2	I式 H98②：3	I式H52①：1	I式F5D59：1
	二段	II式H26：3 III式G2：13	II式 T0834⑤：1	II式 T1034 ⑤：18	II式 T0834⑤：44	H26：2	II式 T1334⑤：1	II式 T0834⑤：4	I式 H66：2 II式F6D127：1	III式H85：1 II式H63：5
晚期发展阶段	早段 三段	IV式T1232⑤：2						II式 H98②：3		III式W13：1
	晚段 四段									
	五段									

图五四—A　神墩遗址马家浜文化遗存典型陶器分期图（1）

时代	器形/段	釜 H	I	Ja	Jb	Je	K	鼎 A	B	C	D
早期发展阶段	一段	T1130⑥：5	T1130⑥：2								
	二段	T1130⑤：6		H26：22	H96①：1	T1034⑤：17					
晚期发展阶段	早段 三段	T1032④：16							I式H98②：5		
	晚段 四段	T1334③：14					H3：1	I式 T1034④：11	II式F8D37：1	I式 南扩方④：11	T1032④：11
	五段	T1130③表D5：1						II式 F1D5：1	III式T1235③：2	II式 F2D9：1	

图五四—B　神墩遗址马家浜文化遗存典型陶器分期图（2）

图五四—C 神墩遗址马家浜文化遗存典型陶器分期图（3）

局。2000 年以来，在"环太湖西部马家浜文化研究"课题指导下，南京博物院又在太湖北部、西部地区先后发掘了江阴祁头山、锡山彭祖墩、宜兴骆驼墩、宜兴西溪、溧阳神墩等遗址，浙江省文物考古研究所也在太湖西部、南部地区的长兴江家山、湖州塔地开展了一定的工作，取得了卓有成效的发现成果，对太湖流域马家浜文化遗存的重新认识和分期提供了新的研究资料。

嘉兴马家浜遗址位于浙江省嘉兴市西南，太湖西南部。1959 年发掘，发掘面积 213 平方米。遗址堆积包括上、下两层。下层包含物有大量兽骨、骨镞、锥、凿、针、管、砺石和陶片，上层包含物有兽骨、石锛、砺石、骨镞、陶片等。在上文化层还发现了 30 座墓葬和一座长方形红烧土硬面建筑。陶器多牛鼻式横耳，以夹砂红陶和泥质陶为主。墓葬多为平底掩埋，墓向多为南北向，以俯身直肢葬为多[①]。

吴县草鞋山遗址位于江苏省苏州市吴县（今苏州吴中区）唯亭镇东北，太湖东部。1972～1973 年两次发掘，发掘总面积 1050 平方米。遗址堆积包括马家浜、崧泽、良渚、吴越等多个时期的文化遗存。其中第 8 至第 10 层为马家浜文化遗存堆积。共发现马家浜文化墓葬 106 座，灰坑 11 座，还有反映居住遗迹的柱洞、木桩、木板、芦席等。墓葬多为单人葬，少量为同姓合葬墓。普遍盛行俯身葬。墓葬均为平地掩埋，墓向多为北向。有些头骨用釜、钵、豆、盆等陶器覆盖，或将头骨放在陶器中。出土器物包括陶釜、鼎、豆、钵、罐、盆、盉、壶等，石器、骨器和玉器数量较少，包括穿孔石斧、石斧、砺石、鹿角靴形器、玉玦、玉环、玉镯等[②]。

常州圩墩遗址位于江苏省常州市戚墅堰圩墩村，太湖西北部，遗址总面积约 20 万平方米。1972、1974、1978、1985、1992 年共进行 5 次发掘，发掘面积 1900.25 平方米。遗址堆积包括马家浜文化和崧泽文化时期遗存。共发掘清理出马家浜时期墓葬 181 座，水井 2 口，灰坑 3 个，灰沟 3 条。墓葬多为平地掩埋，未见墓坑。单人葬居多，有少数双人合葬墓。葬式以俯身直肢葬为主，也有仰身直肢葬、俯身屈肢葬、侧身屈肢葬等。墓葬头向均朝北，略偏东或西。部分墓葬可见拔牙的习俗。出土陶器以泥质灰黑陶、泥质红陶、夹砂红陶及泥质灰陶为主，其次是夹蚌灰陶和夹砂褐陶。器物多为素面，少量器物表面有附加堆纹、弦纹、镂孔和捺窝。制法多为手制，再经慢轮修整。主要器形有陶釜、罐、豆、鼎、盆、钵、碗、杯、勺、三足盘、蒸箅、炉箅、盉流、器盖、鋬手、支座、网坠、纺轮、响球、人面等。玉石器包括斧、锛、杵、锤、纺轮、璜、玦、管等。圩墩遗址马家浜文化遗存分为四期[③]（图五四二 A、B）。

湖州邱城遗址位于浙江省湖州市北部，太湖南部。1957、1973、1986、1992 年共进行 4 次发掘，发掘总面积 416 平方米。遗址堆积包括马桥文化时期遗存和马家浜文化时期遗存。其中第三、四次发掘清理出马家浜文化时期灰坑 20 座，灰沟 1 条[④]。出土器物有陶釜、罐、钵、盆、豆、器盖、盉、蒸箅、支座等。陶系以粗泥红陶为主，釜形器以平底和多角腰沿为主要特色。纹饰以素面为主，还有刻划、弦纹、镂空、按捺等。晚期建筑形式主要为第一次发掘时揭示的红烧土硬面建筑[⑤]。邱城遗址马

① 浙江省文物管理委员会：《浙江嘉兴马家浜新石器时代遗址的发掘》，《考古》1961 年第 7 期。

② 南京博物院：《江苏吴县草鞋山遗址》，《文物资料丛刊》（三），文物出版社，1980 年。

③ 常州博物馆：《江苏常州圩墩村新石器时代遗址的调查和试掘》，《考古》1974 年第 2 期。吴苏：《圩墩新石器时代遗址发掘简报》，《考古》1978 年第 4 期。常州市博物馆：《常州圩墩新石器时代遗址第三次发掘简报》，《史前研究》1984 年第 2 期。常州市博物馆：《1985 年江苏常州圩墩遗址的发掘》，《考古学报》2001 年第 1 期。江苏省圩墩遗址考古发掘队：《常州圩墩遗址第五次发掘简报》，《东南文化》1995 年第 1 期。

④ 浙江省文物考古研究所：《浙江省湖州市邱城遗址第三、四次的发掘报告》，《浙江省文物考古研究所学刊》（第七辑），杭州出版社，2005 年。

⑤ 浙江省文物管理委员会：《浙江省吴兴县邱城遗址 1957 年发掘报告初稿》，《浙江省文物考古研究所学刊》（第七辑），杭州出版社，2005 年。

器形＼分期	鼎	鼎足 D型	鼎足 C型	鼎足 B型	鼎足 A型	其他	釜 Cc	釜 Cb	釜 Ca	釜 B型	釜 A型
第一期				T110④:27				I式 T1004⑮:61	I式 T1011⑥:41	I式 T1408⑥c:89	I式 T806⑫:53
第二期			T604⑧:14	T209③e:35	T605⑨:8		I式 T706⑥:19	II式 T605⑩:10	II式 T705⑨:28	II式 T706⑩:4	II式 T1004⑨:46
第三期			T512⑪:28	T513⑧:36	T604⑤:10	T110③b:15	II式 T805④b:16	III式 M160:3	III式 T805⑥:11	III式 T705②:16	III式 M160:2
第四期	M173:1	T1408③:28				T804③:2	III式 T503⑦:7			IV式 T604②b:6	IV式 T806②:8

图五四二A　圩墩遗址典型器物分期图（1）

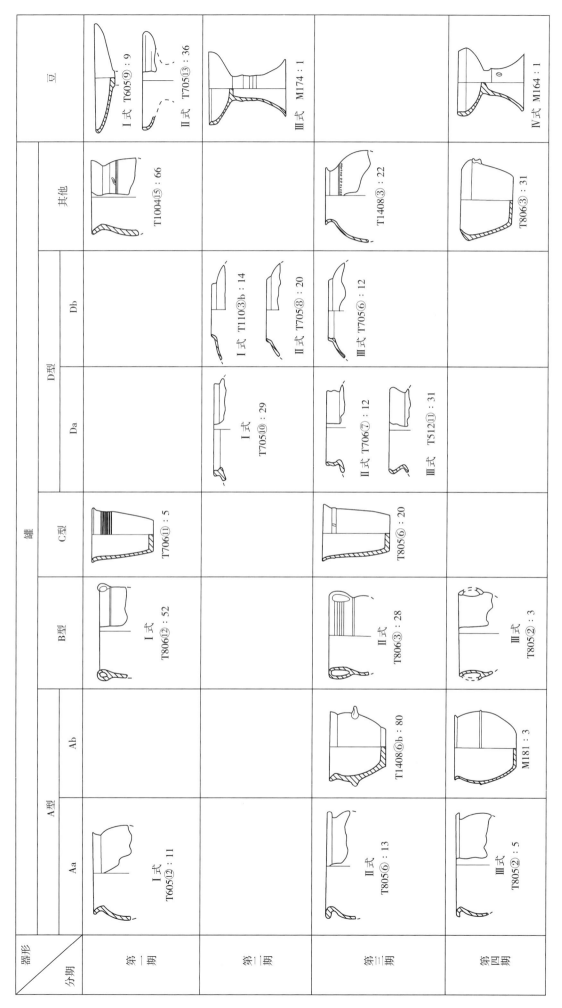

图五四二 B 圩墩遗址典型器物分期图（2）

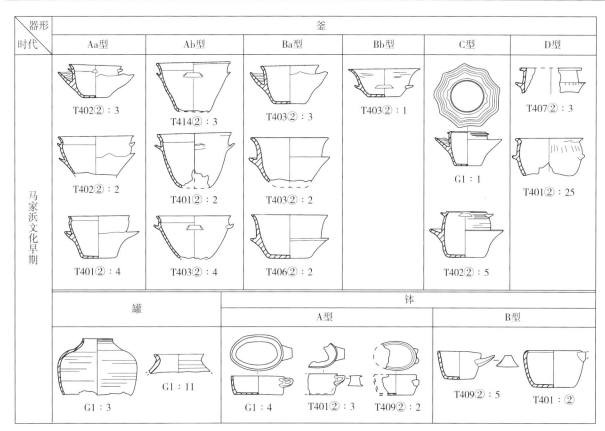

器形 时代	釜					
	Aa型	Ab型	Ba型	Bb型	C型	D型
马家浜文化早期	T402②：3 T402②：2 T401②：4	T414②：3 T401②：2 T403②：4	T403②：3 T403②：2 T406②：2	T403②：1	G1：1 T402②：5	T407②：3 T401②：25

罐	钵	
	A型	B型
G1：3	G1：4　　T401②：3　　T409②：2	T409②：5　　T401：②
G1：11		

图五四三　邱城遗址典型器物分期图

家浜遗存年代相当于马家浜文化早期阶段。部分器物特征进入晚期阶段（图五四三）。

桐乡罗家角遗址位于桐乡县罗家角石门镇，遗址总面积约 12 万平方米。1979～1980 年发掘，发掘面积为 1338 平方米。主要为马家浜文化时期堆积。发掘清理马家浜时期灰坑 53 个，各类器物 794 件。罗家角遗址四个文化层可划分为早、晚两个发展阶段。第三、四层为罗家角遗址早期阶段，黑灰色陶系数量众多，刻划纹流行，主要器形为圜底釜、盉、罐、豆、盆、盘、钵等。第一、二层为罗家角遗址晚期阶段。灰白色陶系剧增，纹饰出现了镂空、捺窝等新的装饰手法，主要器形有釜、鼎、盆、钵、盘、豆、罐、盉、匜、盖、支座、纺轮、网坠等[1]（图五四四）。

余杭吴家埠遗址位于原余杭县北湖公社外窑大队，遗址面积约 2 万平方米。1981 年进行两次发掘，发掘总面积 1222 平方米。遗址第三、第四文化层为马家浜文化堆积。共发掘清理马家浜文化时期墓葬 8 座，灰坑 17 座，房址 1 座。吴家埠遗址马家浜文化遗存分早、晚两期。早期陶器以夹砂或夹蚌末陶为主，陶色多红褐色，炊煮器为多种样式的平底腰沿釜，没有发现鼎。其他器形包括喇叭形圈足豆、侧把盉和球腹环耳罐。晚期黑灰色陶数量大减，出现夹细砂灰陶、外红里黑陶和少量泥质陶。炊器除腰沿釜外，新出现了相当数量的以双目圆锥形足为主要特征的鼎。罐多为牛鼻形耳。吴家埠遗址早期建筑柱洞密布，似为多次改建的建筑遗迹[2]（图五四五）。

丹阳凤凰山遗址位于丹阳市西南西附村，太湖西部偏北，面积 6 万平方米。1989 年发掘面积 679 平方米。主要堆积为青铜时代文化遗存，最下层为马家浜文化遗存。共清理马家浜文化时期灰坑 6 个，出

①　罗家角考古队：《桐乡县罗家角遗址发掘报告》，《浙江省文物考古研究所学刊》（1981），文物出版社，1981 年。

②　浙江省文物考古研究所：《余杭吴家埠新石器时代遗址》，《浙江省文物考古研究所学刊》（建所十周年纪念 1980～1990），科学出版社，1993 年。

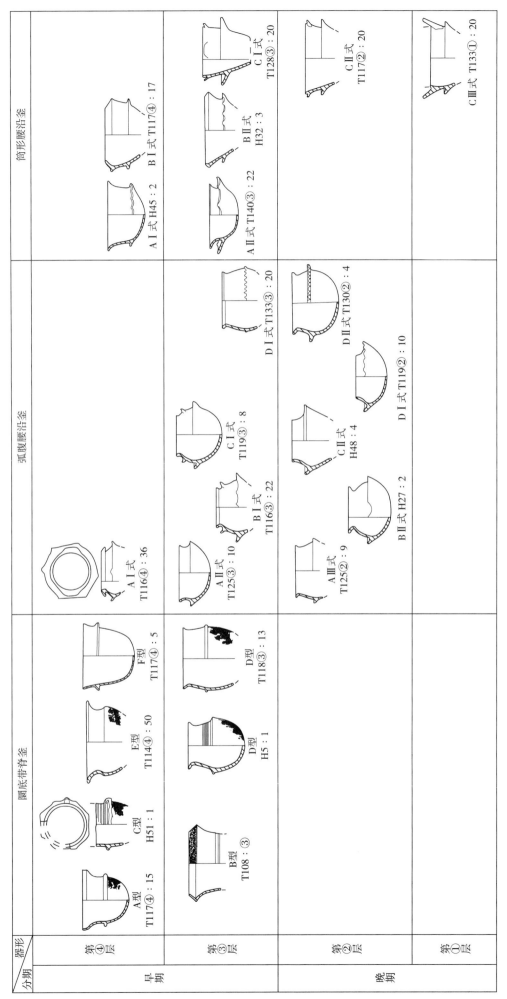

图五四四A　罗家角遗址典型器物分期图（1）

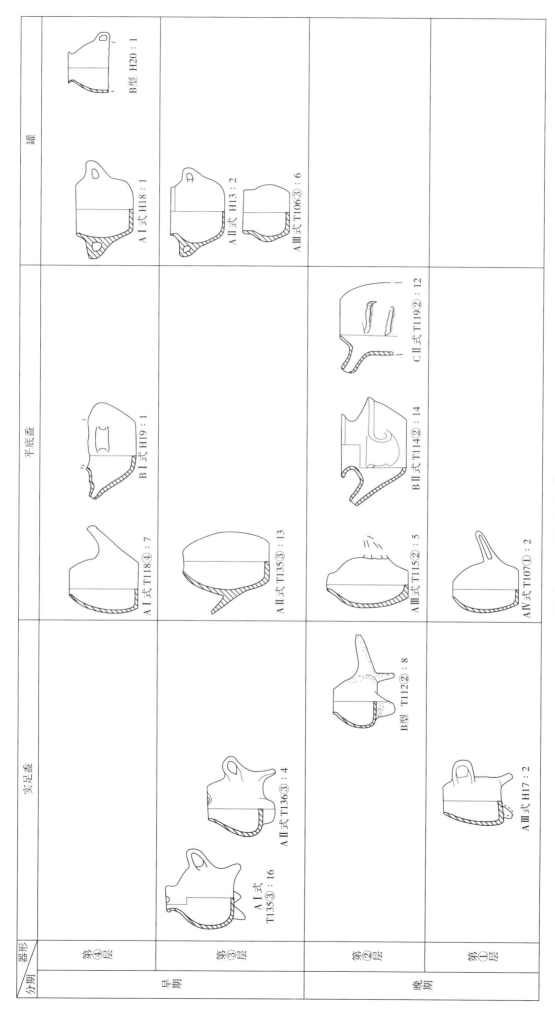

图五四四B　罗家角遗址典型器物器型分期图（2）

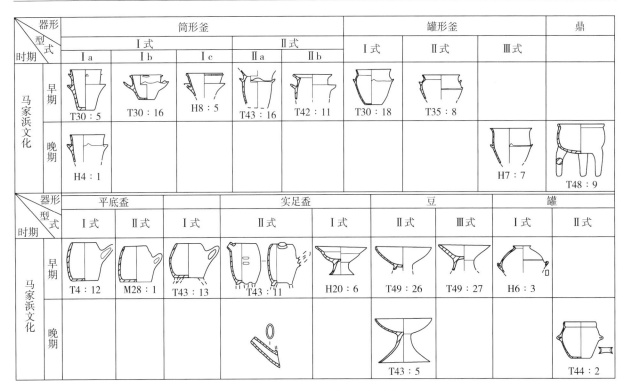

图五四五　吴家埠遗址典型器物分期图

土器物绝少有完整器，可辨器形包括釜、鼎、盘、豆、钵、器底及少量石器，其中以各类釜占绝大多数[①]。

　　江阴祁头山遗址位于太湖北部略偏西，江阴市要塞镇，面积约 19 万平方米。主要为马家浜文化时期的遗存。2000～2001 年发掘面积约 500 平方米，共清理马家浜文化时期的墓葬 132 座、灰坑 39 个、房址 1 处。墓葬均为长方形竖穴土坑墓，大部分为东西向或东偏北向。葬式为俯身侧肢、仰身直肢、侧身直肢等，头骨常置于豆盘、钵、盆等陶器中，毁器葬俗比较盛行。器形有陶釜、豆、罐、钵、三足钵、盆、匜、杯、支座、器座、纺轮及石斧、石锛、玉玦、玉璜等。出土陶釜 75 件，其中平底釜数量最多，在陶釜中所占的比例高达 92%，以带四个宽鋬手的筒形深腹平底釜为大宗，也有少量敛口和侈口平底釜，圜底釜数量较少[②]。祁头山遗址马家浜文化时期的文化堆积可分为四期（图五四六）。

　　锡山彭祖墩遗址位于无锡市锡山区鸿声镇，遗址地处太湖北部微偏东，面积约 7 万平方米。2000～2002 年发掘面积 1175 平方米。主要为马家浜文化时期和马桥文化时期遗存。共清理了马家浜文化时期的墓葬 33 座、灰坑 12 个、房址 1 座。墓葬分为平地无坑墓和长方形浅坑墓，墓向北，略偏东或西。出土物有陶釜、鼎、豆、盆、罐、盉、钵、三足钵、碗、杯、支座、网坠、球及石斧、石锛、石凿、玉玦、玉璜等。陶釜在器类组合中占重要地位，既有筒形平底釜，也有深腹圜底釜，数量大致相当，且发展过程中有平底釜逐渐减少、圜底釜逐渐增加的现象[③]。彭祖墩遗址马家浜文化时期的文化堆积可分为三期（图五四七）。

　　宜兴骆驼墩遗址位于宜兴市新街镇，地处太湖正西部，面积约 25 万平方米。2001～2002 年发掘面

　　①　凤凰山考古队：《江苏丹阳凤凰山遗址发掘报告》，《东南文化》1990 年总 1 期。
　　②　南京博物院、无锡市博物馆、江阴博物馆：《祁头山》，文物出版社，2007 年。
　　③　南京博物院、无锡市博物馆、锡山区文物管理委员会：《江苏无锡锡山彭祖墩遗址发掘报告》，《考古学报》2006 年第 4 期。

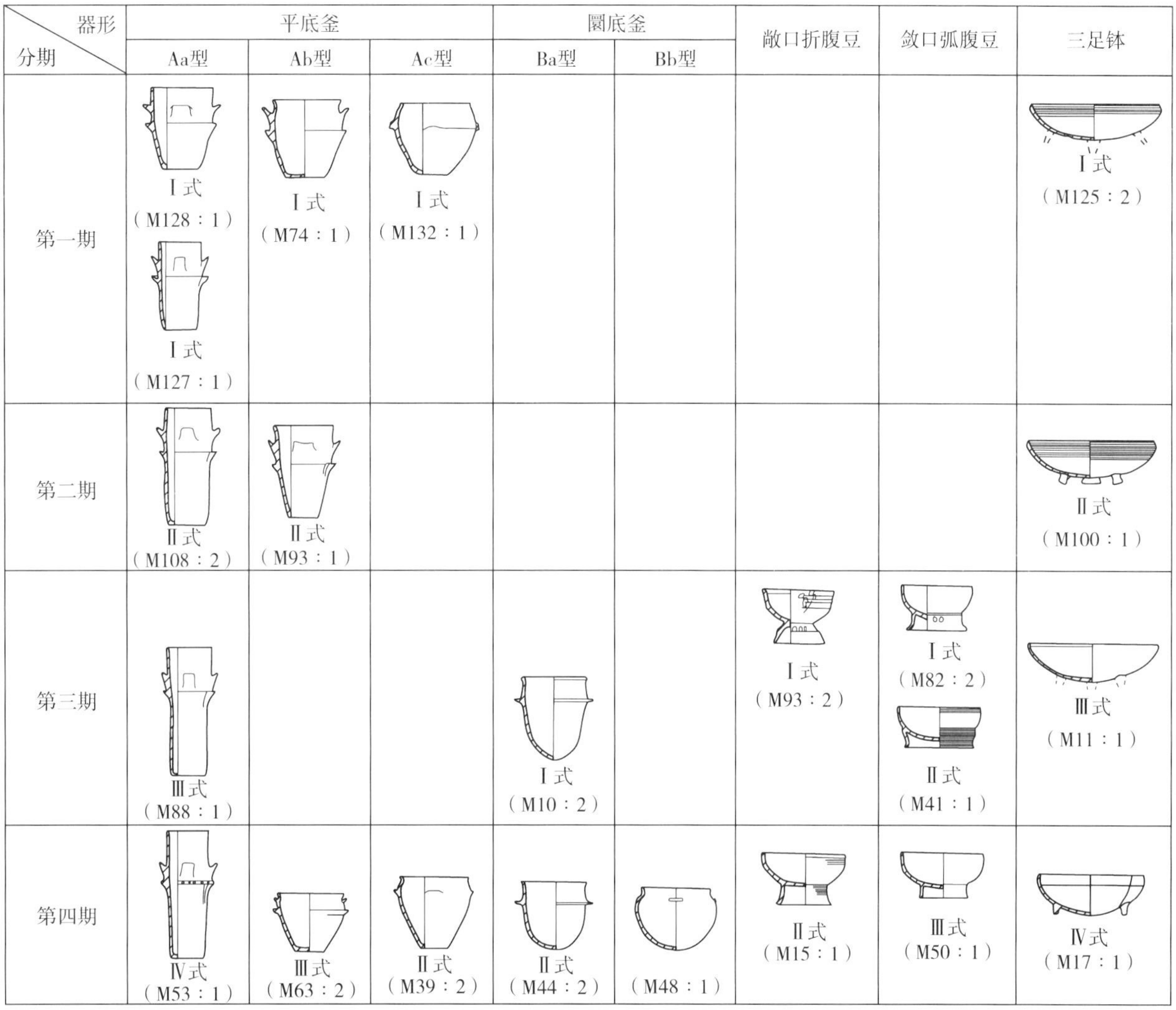

器形 分期	平底釜			圜底釜		敞口折腹豆	敛口弧腹豆	三足钵
	Aa型	Ab型	Ac型	Ba型	Bb型			
第一期	I式 （M128：1） I式 （M127：1）	I式 （M74：1）	I式 （M132：1）					I式 （M125：2）
第二期	II式 （M108：2）	II式 （M93：1）						II式 （M100：1）
第三期	III式 （M88：1）			I式 （M10：2）		I式 （M93：2）	I式 （M82：2） II式 （M41：1）	III式 （M11：1）
第四期	IV式 （M53：1）	III式 （M63：2）	II式 （M39：2）	II式 （M44：2）	（M48：1）	II式 （M15：1）	III式 （M50：1）	IV式 （M17：1）

图五四六　祁头山遗址典型器物分期图

积 1309 平方米，分为北区和南区。主要为马家浜文化时期的堆积，另有少量崧泽文化、良渚文化、商周时期的遗存。共清理发掘了马家浜文化时期的房址 3 处，灰坑 5 个，大型蚬蚌螺丝类堆积 1 处，墓葬 52 座，瓮棺 39 座，祭祀遗迹 4 处。成人墓葬头向多为东略偏南，基本无随葬品。瓮棺为婴儿葬，以各类倒扣的平底釜为葬具。出土物以多种平底釜为大宗，另有盉、豆、罐、钵、盆、匜、器盖、纺轮等[1]。骆驼墩遗址马家浜遗存可以分为连续发展的三期五段（图五四八）。

　　宜兴西溪遗址位于宜兴市芳庄镇，太湖正西部，面积 5 万多平方米。2003 年发掘面积 1039.5 平方米，主要为马家浜文化遗存，另有零星良渚文化和商周及宋代遗存。共清理马家浜文化时期地面建筑遗迹 16 座和大片多层次的干栏式房屋建筑遗存，灰坑 122 个，灰沟 3 条，祭祀遗迹 1 处和墓葬 4 座等。分为早、晚两期。早期出土物有陶釜、豆、罐、盆、钵、甑、匜、盉、蒸箅、器盖、器座、支座、拍等。平底器占绝大多数，也有少量三足器和圈足器，不见圜底器。建筑形式可能为干栏式建筑。晚期堆积中发现了大面积堆积深厚的蚬蚌螺蛳类遗存，器形有鼎、釜、豆、罐、盆、钵、壶、盉、匜、

① 南京博物院考古研究所：《江苏宜兴市骆驼墩新石器时代遗址的发掘》，《考古》2003 年第 7 期。宜兴市文物管理委员会：《江苏宜兴骆驼墩遗址发掘报告》，《东南文化》2009 年第 5 期。

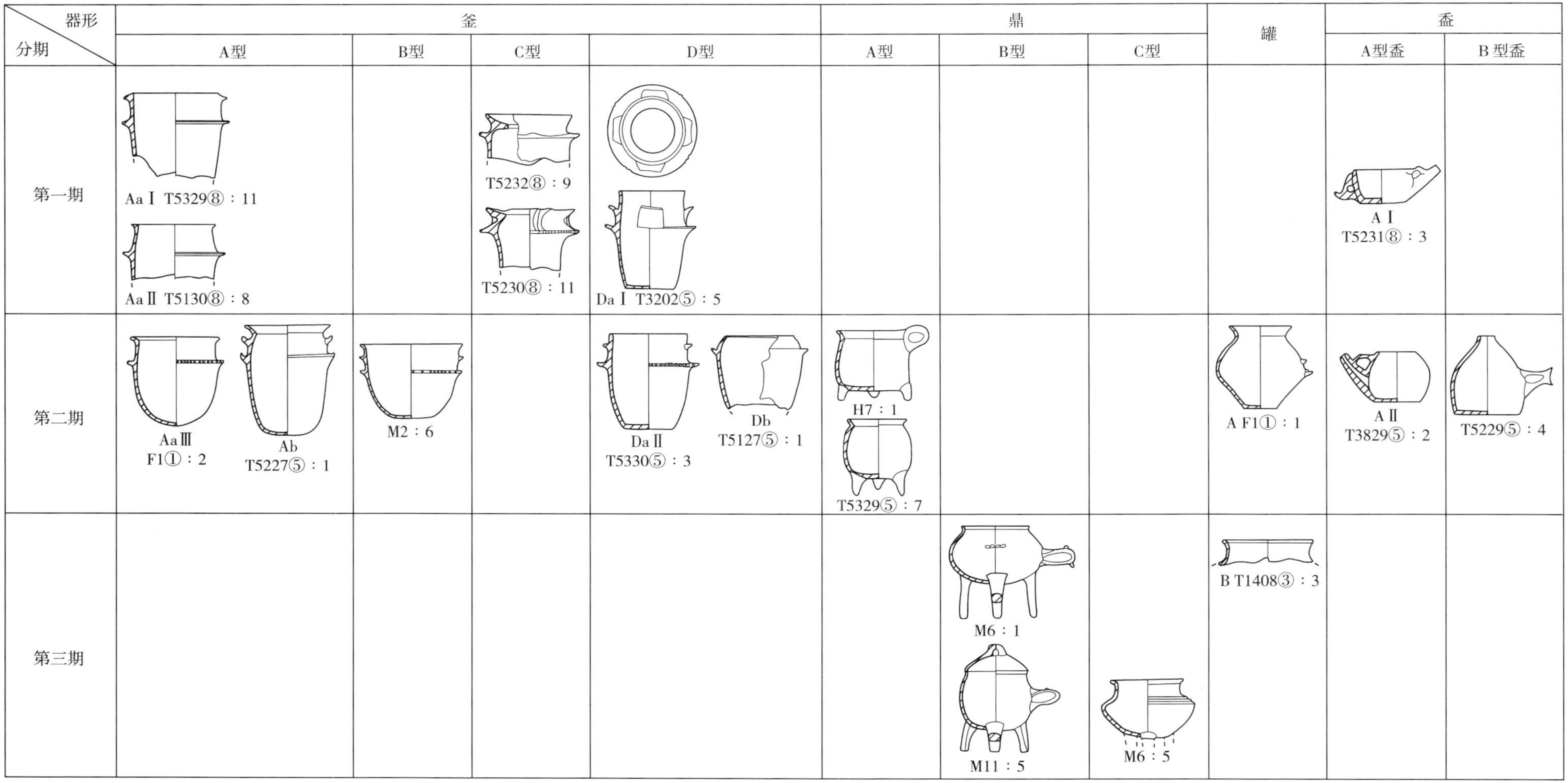

分期 / 器形	釜 A型	釜 B型	釜 C型	釜 D型	鼎 A型	鼎 B型	鼎 C型	罐	盃 A型盃	盃 B型盃
第一期	Aa I T5329⑧:11 Aa II T5130⑧:8		T5232⑧:9 T5230⑧:11	Da I T3202⑤:5					A I T5231⑧:3	
第二期	Aa III F1①:2 Ab T5227⑤:1	M2:6		Db T5127⑤:1 Da II T5330⑤:3	H7:1 T5329⑤:7			A F1①:1	A II T3829⑤:2	T5229⑤:4
第三期						M6:1 M11:5	M6:5	B T1408③:3		

图五四七　彭祖墩遗址典型器物分期图

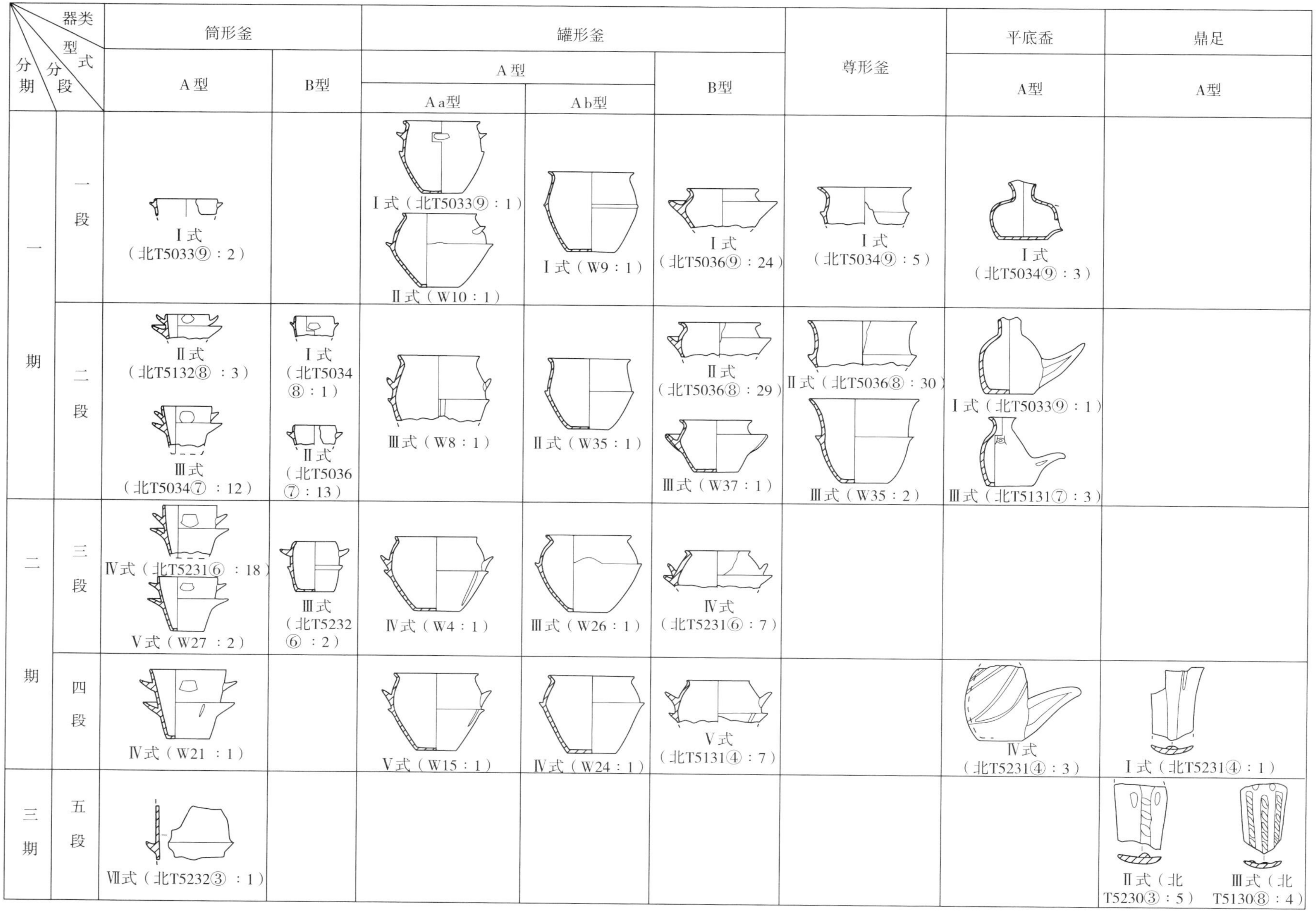

図五四八 骆驼墩遗址典型器物分期图

器类 型式 分段 分期	筒形釜 A型	筒形釜 B型	罐形釜 A型 Aa型	罐形釜 A型 Ab型	罐形釜 B型	尊形釜	平底盉 A型	鼎足 A型
一段（一期）	I式（北T5033⑨：2）		I式（北T5033⑨：1）　II式（W10：1）	I式（W9：1）	I式（北T5036⑨：24）	I式（北T5034⑨：5）	I式（北T5034⑨：3）	
二段（一期）	II式（北T5132⑧：3）　III式（北T5034⑦：12）	I式（北T5034⑧：1）　II式（北T5036⑦：13）		II式（W35：1）	II式（北T5036⑧：29）　III式（W37：1）	II式（北T5036⑧：30）　III式（W35：2）	I式（北T5033⑨：1）　III式（北T5131⑦：3）	
三段（二期）	IV式（北T5231⑥：18）　V式（W27：2）	III式（北T5232⑥：2）	III式（W8：1）	III式（W26：1）	IV式（北T5231⑥：7）			
四段（二期）	VI式（W21：1）		IV式（W4：1）	IV式（W24：1）			IV式（北T5231④：3）	
五段（三期）	VII式（北T5232③：1）		V式（W15：1）		V式（北T5131④：7）			I式（北T5231④：1）　II式（北T5230③：5）　III式（北T5130⑧：4）

甑、缸、器盖、炉箅、蒸箅、支座等。建筑形式逐渐演化为地面建筑①。西溪遗址可分为早、晚两期，早期分为两段，晚期分为四段（图五四九）。

长兴江家山遗址位于浙江省长兴县林城镇，太湖西南部，面积约 2.5 万平方米。2005～2006 年发掘，发掘面积近 4000 平方米。清理了马家浜文化墓葬 46 座、灰沟 2 条。墓葬均为长方形竖穴土坑墓，头向南，葬式有略侧身直肢葬、侧身直肢葬、俯身直肢葬、仰身直肢葬和二次葬等多种形式。常将随葬品毁器打碎后随葬。出土物有陶鼎、釜、罐、豆、盆、盉、壶、纺轮，石锛、环形器、纺轮、砺石和玉璜、玦等②。

湖州塔地遗址位于浙江省湖州市千金镇，太湖正南部。2005～2006 年发掘，发掘面积近 3500 平方米。发掘清理了马家浜文化墓葬 22 座和灰坑若干。灰坑平面多呈不规则形，出土有腰沿釜、鼎、牛鼻耳罐、甑、豆、侧把盉等遗物。墓葬均为长方形竖穴土坑墓，分为早、晚两个时期。墓向均朝北，葬式有俯身直肢、侧身直肢、仰身直肢和侧身屈肢等多种，面向多数朝西。多数墓葬无随葬品，6 座墓葬出土了包括玉玦、玉管、象牙椎发器、骨管串、骨匕、纺轮等在内的随葬品③。

根据以上已发掘材料，结合以往的调查资料，可以初步建立起太湖东、西部遗址年代分期对照表（表二六、二七）。

根据多年的工作认识，马家浜文化遗存从时间上来看基本上可以分成早、晚两个大的发展阶段，早期阶段主要是以各种釜类器为中心的器物系统，晚期阶段以鼎形器的出现为标志，逐步形成以鼎为主、以釜相辅的格局。早、晚两阶段分界的绝对年代约在距今 6500～6400 年前后。

表二六　　　　　　　　　　环太湖西部地区马家浜文化时期主要遗址分期简表

马家浜文化 \ 遗址	西溪	神墩	邱城	江家山	三星村	吴家埠	塔地	凤凰山	骆驼墩	祁头山	彭祖墩	圩墩	绝对年代
早期	早期一段	早期一段											约7000年
	早期二段	早期二段											约6500年
晚期	晚期一段	晚期早段											约6400年
	晚期二段												
	晚期三段	晚期晚一段											
	晚期四段	晚期晚二段											约5900年

注：▆▆三星村遗址晚期文化性质倾向于宁镇地区的北阴阳营文化。

① 南京博物院、宜兴市文物管理委员会：《宜兴西溪遗址试掘简报》，《东南文化》2002 年第 11 期。南京博物院、宜兴市文物管理委员会：《江苏宜兴西溪遗址发掘纪要》，《东南文化》2009 年第 5 期。另为南京博物院发掘资料，待刊。
② 楼航、梁奕建、华山、童善平：《浙江长兴江家山遗址抢救性发掘获重要收获》，《中国文物报》2006 年 4 月 21 日第 1 版。
③ 塔地考古队：《浙江湖州塔地遗址发掘获丰硕成果》，《中国文物报》2005 年 2 月 9 日第 1 版。

表二七　　　　　　　　　　环太湖东部地区马家浜文化时期主要遗址分期简表

遗址＼马家浜文化		罗家角	谭家湾	马家浜	吴家浜	广福村	梅堰	崧泽	福泉山	绰墩	草鞋山	东山村	许庄	绝对年代
早期	第四层		■											约7000年～约6500年
	第三层		■											
晚期	第二层			下层	■	第一期				■	■	■		约6400年～约5900年
	第一层			上层		第二期	■	下层	■				■	

四　太湖流域马家浜文化的分区与类型

关于马家浜文化的分区与类型，学界主要有几种观点：划分草鞋山—圩墩类型和罗家角类型的意见[1]，划分草鞋山—圩墩类型、罗家角类型、吴家埠类型的意见[2]，划分东山村类型、草鞋山类型和罗家角类型的意见[3]。在三星村、骆驼墩、祁头山、神墩等遗址相继发现之后，一些学者逐渐意识到太湖西部所存在的与以往马家浜文化认识不尽相同的特征，又相继提出了骆驼墩文化类型[4]、三星村文化类型[5]和祁头山文化类型[6]的观点。我们综合上述几种认识，结合各遗址出土陶器的地域性分布，特别是将各遗址置于马家浜文化前后两个大的时间框架内，在认真考虑各遗址的动态历时性变化基础上，将马家浜文化分为早、晚两个发展阶段，早期阶段分为以平底釜为中心的太湖西区和以圜底釜为中心的太湖东区，包含骆驼墩—吴家埠类型和罗家角类型；晚期阶段分为北、东、南、西四大区域，包括太湖西部的西溪—神墩晚期类型、太湖北部和东部的圩墩—草鞋山类型、太湖南部的庙前类型和太湖东南部的罗家角晚期类型，以及祁头山类特殊环境下形成的地域文化遗存。

1. 马家浜文化早期的骆驼墩—吴家埠类型和罗家角早期类型

根据前述环太湖流域马家浜文化时期相关遗址的分期编年并结合以往的调查和发掘材料，我们认为在距今七千至六千四五百年左右，环太湖西部的茅山山脉、宜溧山地、天目山脉等低山丘陵向太湖平原逐渐过渡的地区普遍存在着以各类平底腰檐釜（敞口斜直腹筒形釜、宽沿敞口斜直腹筒形釜、侈口罐形釜、敞口束颈尊形釜、盆形釜、钵形釜等）为中心的马家浜文化早期文化类型，可称为骆驼墩—吴家埠类型。

骆驼墩—吴家埠类型的地理范围在太湖西部大致呈半月形分布，以宜兴、溧阳一带为中心，向东北和东南延伸，向东南抵达余杭。主要遗址包括江苏宜兴骆驼墩、宜兴西溪、溧阳神墩遗址的早期遗存、金坛三星村（打破生土遗存）、丹阳凤凰山和浙江余杭吴家埠、湖州邱城等。基本处于低山丘陵向平原的过渡地带。

①　陈晶：《马家浜文化两个类型的分析》，《中国考古学会第三次年会论文集》，文物出版社，1981年。
②　浙江省文物考古研究所：《余杭吴家埠新石器时代遗址》，《浙江省文物考古研究所学刊》（建所十周年纪念1980～1990），科学出版社，1993年。
③　张照根：《关于马家浜文化的类型问题》，《农业考古》1999年第3期。
④　林留根：《骆驼墩文化初论》，《东南文化》2009年第5期。
⑤　江苏省三星村联合考古队：《江苏金坛三星村新石器时代遗址》，《文物》2004年第2期。
⑥　张童心、王斌：《论祁头山文化》，《东南文化》2009年第5期。

期段	段	釜 A型 Aa型	釜 A型 Ab型	釜 B型	釜 C型 Ca型	釜 C型 Cb型	釜 C型 Cc型	釜 C型 Cd型	釜 D型 Da型	釜 D型 Db型	釜 E型	盃 A型	盃 B型
早期	一段	I式 H88：2	I式 T3220⑥：7	H26：2	I式 G3：2	I式 T2419⑧：11	I式 T3220⑥：11						
早期	二段	II式 H23：1	II式 H16：26		II式 T2217⑦：8	II式 T2419⑦：3	II式 H20：5	H16：1	H88：3			H20：6	
晚期	一段	III式 H100：37	III式 H14：2				III式 H14：3						I T3220④：4
晚期	二段	IV式 H16：26	IV式 T2919④：5				IV式 H100：32						II H102：8
晚期	三段												
晚期	四段									F1：40	T2217②b：3		

图五四九A　西溪遗址典型器型器物分期图（1）

鼎

期段	A型	B型	Ca型	Cb型	D型	E型	F型	Ga型	Gb型	Gc型	Ha型	Hb型
早期 一段												
早期 二段												
晚期 一段	I式 H100:14	I式 T2219⑦D15:1	H50:1	F11:2	H15:1							
晚期 二段	II式 H102:7	II式 T2221⑤b:9				T2819⑤:1			I式 T2217⑥a:9			
晚期 三段							T2221④a:8	I式 T2419⑤a:2	II式 T2419⑤a:4	I式 T2419⑥a:8		
晚期 四段								II式 F14:16	III式 F1②:20	II式 F1:16	F15②:6	T2919③:3

图五四九B　西溪遗址典型器物分期图（2）

骆驼墩—吴家埠类型建筑形态基本为立柱架梁铺板盖屋的干栏式建筑，地面常留有多而密集的柱洞。成人和未成年人墓葬头向多向东，葬式多样，婴幼儿用瓮棺葬，并以倒扣的平底釜作为葬具。生产工具以石器为主，形制单调，主要有斧、锛、凿等。有一定数量的骨角器，基本没有发现木器。陶器以平底器为主，有少量三足器和圈足器，不见圜底器。陶系以夹细蚌末陶为主，胎质较为疏松，火候相对较低，相当多陶器呈现外红内黑状态，錾手、把手、器耳的使用比较普遍。口沿和腰檐常见多角和多边形态。器形有釜、豆、罐、盆、钵、盉（三足和平底）、匜、碗、杯、灶类器、甗、蒸箅、器盖、器座、支座、拍、网坠、纺轮等。制法为手制，采用泥条盘筑法和套接法成型后磨光，流行在陶器上施加红衣或黑衣。纹饰有捺窝、附加堆纹、锯齿纹、镂孔、刻划纹等。经济形态以农业为主，兼有渔猎和采集[①]。各个遗址具体文化面貌还表现出一定的个性和差异性，如吴家埠遗址的墓葬头向向北，邱城遗址敞口盆形釜数量较多等。

与骆驼墩—吴家埠类型同时期的太湖东南部平原地区，主要是罗家角早期类型（以罗家角第③、④层为代表）的分布存在，典型遗址包括桐乡罗家角、谭家湾、新桥[②]等地。建筑为带榫卯结构的干栏式建筑。陶器以圜底器为主，陶系以夹砂夹蚌陶为主，有少量夹炭陶。陶色以黑灰陶和灰红陶为主，陶器烧成温度不高，陶色不匀。纹饰有绳纹、米点纹、斜线纹、弦纹、三叶纹、绹纹和戳印圆圈纹。器形包括釜、盉（三足和平底）、罐、盆、多角沿盘、匜、钵、豆、器盖、支座、拍、纺轮、网坠、陶塑等，圜底釜数量较多，有带脊釜、筒形腰沿釜、弧腹腰沿釜等不同类型，少见或不见平底釜。骨角器使用较多。罗家角早期类型环绕太湖东南部平原构成的板块，与太湖西部骆驼墩—吴家埠类型形成了稳定对立的东西两大板块集团（表二八）。

表二八 太湖流域马家浜文化早期主要类型对照表

类型名称		骆驼墩—吴家埠类型	罗家角早期类型
分布		太湖西部低山丘陵向平原的过渡地带	太湖东南部平原地区
主要遗址		江苏宜兴骆驼墩、宜兴西溪、溧阳神墩、丹阳凤凰山和浙江余杭吴家埠、湖州邱城等	桐乡罗家角、谭家湾、新桥等
主要特点	建筑	干栏式建筑	带有榫卯结构的干栏式建筑
	墓葬	成人墓葬头向多向东，葬式多样，以仰身葬为主，婴幼儿用瓮棺葬，以倒扣的平底釜作为葬具	成人墓葬头向多向北，葬式多样，以俯身葬为主，不见瓮棺葬
	陶器	以平底釜为主，陶系多为夹细蚌末，器形有釜、豆、罐、盆、钵、盉、匜、碗、杯、灶类器、甗、蒸箅、器盖、器座、支座、拍、网坠、纺轮等	陶器以圜底器为主，陶系以夹砂夹蚌陶为主，器形包括釜、盉、罐、盆、多角沿盘、匜、钵、豆、器盖、支座、拍、纺轮、网坠、陶塑等
	骨器	少见或不见	多见

马家浜文化早期阶段两个区域类型，东西并列，相互区别（图五五〇），同时，两大文化板块之间的交流影响从未停止，突出体现在一些处于交界区域的遗址，如邱城、吴家埠等，都出现了与罗家角遗址相似或相同的文化因素（图五五一），这种文化板块间的频繁互动，带动了各文化内部的差异性和发展不平衡性，为后阶段多种文化类型的分蘖和发育提供了条件。

① 林留根：《骆驼墩文化初论》，《东南文化》2009 年第 5 期。
② 张梅坤：《桐乡新桥遗址试掘报告》，《农业考古》1999 年第 3 期。

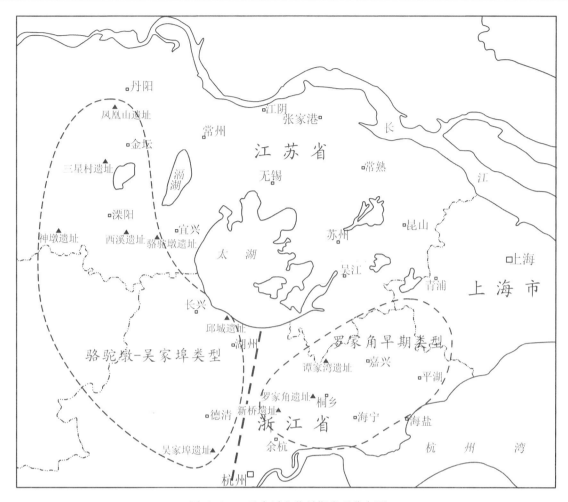

图五五〇　马家浜文化早期类型分布图

（根据嘉兴市文化局编《马家浜文化》页 14 "马家浜文化遗址分布图" 改绘，浙江摄影出版社，2004 年）

2. 马家浜文化晚期的诸文化类型

进入马家浜文化晚期发展阶段，整个太湖流域进入剧烈变动的复杂态势之中。随着宁镇地区古文化的异军突起，在中国新石器时代同时期考古学文化中独树一帜，形成了崇尚玉石器并用于墓葬随葬和初步社会分层的现象，并成为一个大量生产、制作、消费和输出玉石器的中心。[1] 对环太湖西部的冲击、影响和渗透显著加强，并呈现出波浪式推进的趋势，太湖流域东西并立的稳定格局开始遭到破坏。同时，自然环境的巨大改变和内部文化生长机制的变化也加剧了这次变迁过程，太湖西部地区由此形成了新的马家浜文化晚期文化类型，可称为西溪—神墩晚期类型和庙前类型。

西溪—神墩晚期类型以宜兴西溪、溧阳神墩遗址晚期遗存为代表，包括宜兴骆驼墩遗址的晚期遗存和浙江长兴江家山、长兴狮子山[2]、德清刘家山、湖州塔地[3]等，在太湖西部分布面积较广。以敛口钵形鼎、侈口罐形鼎、束颈折腹鼎和多种平底鼎为中心，釜退居于辅助地位，体现了既保持当地传统、又因受到外来强烈作用而迅速突破创新的鲜明文化特征，其绝对年代约在距今六千四五百年至五千九百年左右。主要文化面貌表现为：建筑形态逐渐演化为带有红烧土的地面建筑。成人墓葬头向继续保

---

① 田名利：《凌家滩墓地玉器渊源探寻》，《东南文化》1999 年第 5 期。

② 长兴县博物馆：《浙江长兴狮子山遗址》，嘉兴市文化局编《马家浜文化》，第 120 页，浙江摄影出版社，2004 年。

③ 塔地考古队：《浙江湖州塔地遗址发掘获丰硕成果》，《中国文物报》2005 年 2 月 9 日第 1 版。

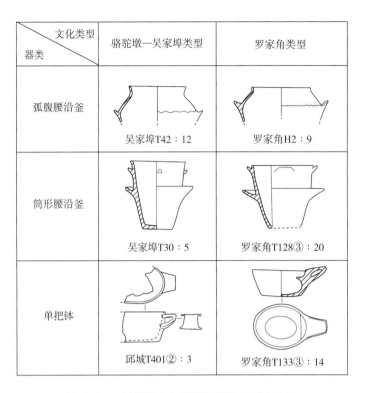

文化类型 器类	骆驼墩—吴家埠类型	罗家角类型
弧腹腰沿釜	吴家埠T42：12	罗家角H2：9
筒形腰沿釜	吴家埠T30：5	罗家角T128③：20
单把钵	邱城T401②：3	罗家角T133③：14

图五五一 马家浜文化早期类型相似因素比较

持东向，婴幼儿瓮棺以倒扣的平底釜和平底鼎作为葬具。骨器稍多。玉石器数量显著增加，形制增多，玉器主要有璜、玦、管、坠等，石器有穿孔石钺、斧、锛、凿、铲、纺轮、圈形器、靴状器等。玉石器数量分布自太湖西部往东部逐渐减少。陶器中大量出现三足器，与平底器、圈足器、圜底器共存。夹蚌陶数量减少，夹砂陶和泥质陶逐渐增加，并出现零星源于长江中游的刻纹白陶。烧制火候普遍升高，胎质相对较硬。纹饰有所增加，多錾手、把手、泥贴、器耳等附件，錾背下多有指捺装饰。器形有鼎、釜、豆、罐、三足罐、盆、钵、三足钵、盉、匜、盘、杯、缸、袋足鬶形器、灶类器、甑、蒸算、炉算、器盖、支座、器座、网坠、纺轮等，各遗址间还表现出一定的地域差异和个性特点。如长兴江家山墓葬头向以朝南为主等。

庙前类型以庙前遗址马家浜文化遗存、吴家埠遗址第三文化层为代表，包括余杭潘板、南湖、长命、荀山东坡、吴家埠、德清瓦窑等，主要分布于环太湖西部南缘的余杭地区，在海宁坟桥港、长兴狮子山、长兴江家山、宜兴西溪等遗址中也有部分文化因素涉及[1]。石器有斧、锛、凿、刀、砺石等。玉器有环、玦两种，加工粗糙。陶系按数量多少依次为夹砂灰陶、夹砂红陶、夹砂灰黑陶、泥质红陶等。陶器上流行錾、耳装饰。器形有圆锥足或双目式圆锥足鼎、细长屈膝状扁锥足葫芦腹鬶、底部出缘的异形深腹筒形釜、异形袋足鬶（侧把盉）、双耳罐、牛鼻耳罐、外红内黑喇叭足豆、扁平片状或锯齿边腰沿釜、平底敛口钵、盆、器盖、支座等。其中腰沿、支座少见，炊器中鬶、鼎取代釜占据主导地位[2]（图五五二）。

① 田名利：《略论环太湖西部马家浜文化的变迁——兼谈马家浜文化的分期、分区和类型》，《东南文化》2010年第6期。

② 浙江省文物考古研究所：《庙前》，文物出版社，2005年。

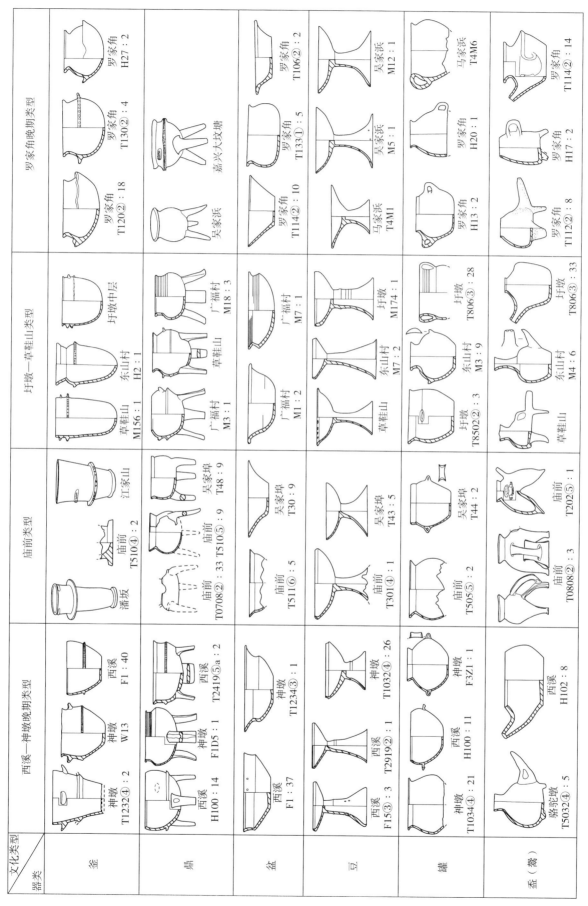

图五五二 马家浜文化晚期类型器物对照图

　　同时环太湖东部地区则形成了圩墩—草鞋山类型和罗家角晚期类型。圩墩—草鞋山类型以江苏常州圩墩③~④层、苏州草鞋山遗址⑦~⑩层遗存为代表，包括江苏武进潘家塘、张家港东山村、张家港许庄①、常熟钱底巷②、吴江梅堰、吴江袁家埭、吴江广福村③、昆山绰墩④、苏州越城、苏州少卿山和上海崧泽遗址下层、福泉山等，遗址主要分布在太湖以北至东北部地区。墓葬多流行俯身葬，墓向基本向北，不见瓮棺葬。石器有斧、锛、凿、锤等，玉器有璜、管、玦等。陶器主要以泥质灰黑陶、泥质红陶为主，其次是夹蚌灰陶和夹砂褐陶。器物多为素面，少量器物表面饰附加堆纹、弦纹、镂孔和捺窝。制法多为手制，再经慢轮修整。主要器形包括釜、罐、豆、鼎、盆、钵、碗、杯、勺、三足盘、蒸箅、炉箅、盉流、器盖、錾手、支座、网坠、纺轮、球等。陶釜以深腹圜底为主要特征⑤。

　　罗家角晚期类型以桐乡罗家角晚期遗存为代表，包括嘉兴马家浜、海宁郭家石桥、嘉兴吴家浜⑥、嘉兴大坟塘等遗址。陶系以夹砂夹蚌陶为主，有少量泥质陶。陶色包括灰红色、红色、黑灰色和灰白色陶。制法采用泥条圈筑法，大器常分段接成。以圜底器、平底器为主，有少量圈足器和三足器。有腰沿、耳、錾手、把手等附件。器表以素面为主，红衣，小镂孔和捺窝纹亦较多见。主要器形有釜、罐、盆、盘、钵、盉、豆、鼎、匜、壶、碗、箅圈架、器盖、支座、网坠、纺轮、拍、弹丸等。

　　太湖北部至东北部地区形成的"圩墩—草鞋山类型"，太湖东南部形成的"罗家角晚期类型"，太湖西部形成的"西溪—神墩晚期类型"、太湖南部形成的"庙前类型"，共同构成了覆盖太湖全流域的马家浜文化晚期的区域文化面貌（图五五三）。四种类型相互支撑、鼎足而立的格局最终形成，彼此间文化流动性和联系也显著加深，在一些区域类型的过渡地带的文化遗址常呈现出多文化因素交互影响的特点。典型者如祁头山、彭祖墩、江家山、狮子山、广福村等。这种流动性不仅表现在马家浜文化区域类型之间，也表现在马家浜文化圈与周边文化区域的交流互动中。最为明显的例子就是金坛三星村遗址。金坛三星村墓葬遗存时代正处于马家浜文化晚期，在此时受到宁镇地区外来文化因素影响严重，虽然在部分器物上仍体现着部分太湖西部文化传统，但多数器物形态呈现出与北阴阳营文化的明显共通之处，显示其已逐渐被纳入了宁镇地区的北阴阳营文化系统。

3. 马家浜文化晚期的祁头山类文化遗存

　　太湖北部地区是太湖东、西两大文化板块的交流碰撞区域，文化廊道特征明显。在马家浜文化晚期文化区域性变迁的大背景下，太湖北部还出现了一类特殊的文化遗存，在时代上已经进入马家浜文化晚期，地域上位于平原地带圜底釜分布区域之中，在主要文化面貌上却与太湖西部马家浜文化早期平底釜类型相近或相似。目前发现的这类遗存包括江阴祁头山、无锡彭祖墩和常州新岗马家浜阶段墓葬⑦。

① 王德庆：《张家港市许庄新石器遗址》，《东南文化》1990 年第 5 期。
② 南京大学历史系考古专业、常熟博物馆：《江苏常熟钱底巷遗址发掘简报》，《考古学报》1996 年第 4 期。
③ 苏州博物馆、吴江市文物陈列室：《江苏吴江广福村遗址发掘简报》，《文物》2001 年第 3 期。
④ 苏州市考古研究所：《昆山绰墩遗址》，文物出版社，2011 年。
⑤ 陈晶：《马家浜文化两个类型的分析》，《中国考古学会第三次年会论文集1981》，文物出版社，1984 年。
⑥ 浙江省文物考古研究所、嘉兴市博物馆：《浙江嘉兴吴家浜遗址发掘简报》，《文物》2005 年第 3 期。
⑦ 常州博物馆：《常州新岗——新石器时代遗址发掘报告》，文物出版社，2012 年。

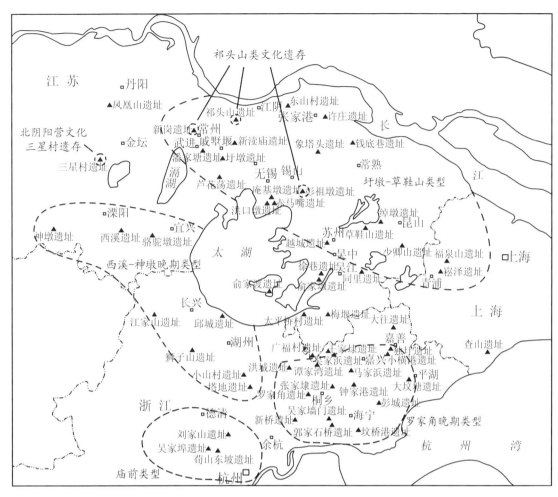

图五五三 马家浜文化晚期类型分布图

（根据嘉兴市文化局编《马家浜文化》页14 "马家滨文化遗址分布图" 改绘，浙江摄影出版社，2004 年）

表二九　　　　　　　　　　太湖西部、北部地区马家浜文化晚期阶段主要遗址墓葬形制对照表

		神墩遗址	新岗遗址	圩墩遗址	祁头山遗址	彭祖墩遗址	三星村遗址
墓向		东	北	北、东北	东	北	北
葬式		仰身、侧身	仰身	俯身、仰身	仰身	仰身	仰身
葬制		平地掩埋竖穴土坑	竖穴土坑	平地掩埋	竖穴土坑	平地掩埋竖穴土坑	平地掩埋
随葬品	陶器	鼎、釜、豆、罐、三足罐、盆、三足钵	釜、豆、盆、盘、三足钵	釜、鼎、豆、钵、壶、罐	釜、豆、钵、盆	釜、鼎、豆、罐、钵	鼎
	石器	斧、锛、凿	纺轮、斧	斧、锛、凿	纺轮、锛	锛、斧	斧、锛
	骨器		鹿角靴形器、角锥	骨针、骨管、骨笄、鹿角靴形器	骨笄		针、笄、版、鹿角靴形器
	玉器	璜、玦、管	玦	璜、玦、管	玦、管	玦、璜	玦、管
随葬方式		陶鼎鼎足被敲掉，剩余足根，豆把或圈足器的圈足也多见残损，也见用残破的陶器残片代替完整器随葬	陶釜敲碎铺在死者身上，豆盘以下敲掉，将豆盘或陶盆覆盖于死者面部，墓内摆放花石子	纺轮放在腰部旁边	陶釜被打碎后放在头部或身上，豆和三足钵的脚部被敲断，把豆盘放在头部旁边	以小罐或罐和钵的组合为主	把脚部被敲断的鼎放在头部旁边

从太湖西部和北部马家浜文化晚期主要墓葬形制对照表（表二九）中可以看出，祁头山、彭祖墩、新岗三个遗址中，以祁头山遗址与溧阳神墩遗址相近程度最高，在墓向、葬式、葬俗等方面均与后者相近。祁头山墓地墓葬大部分为东西向或东偏北向，与骆驼墩和神墩墓地墓葬东西向、略偏南或北基本一致，可以判断的葬式为俯身侧肢、仰身直肢、侧身直肢等均见于骆驼墩和神墩。祁头山遗址分为四期，年代越早与环太湖西部关系越是密切。祁头山第一期墓葬随葬陶器以平底器为主（平底釜、平底盆、平底钵等），有少量三足器（三足钵）和圈足器（豆），不见圜底器。与骆驼墩—吴家埠类型传统完全一致，器形以平底釜为中心，筒形深腹平底釜数量最多，还有侈口罐形釜、敛口钵形釜。三类陶釜均与骆驼墩—吴家埠类型关系密切，并在它们发展演化的轨迹上继续演进（图五五四）。另外，在祁头山早期遗存中还可见到大量的来源于环太湖西部，或与太湖西部相同或相似的文化因素。如玉器的穿孔方式、多角沿豆、窄侈口平底釜、束颈陶釜、三足平底钵、橄榄形陶罐、陀螺形器盖、工形支座、陶片修整的纺轮等以及背部有捺窝的器耳和鋬手等。

值得注意的是，在祁头山、彭祖墩、新岗遗址中，都出现了普遍的毁器随葬现象。这种随葬方式在太湖西部非常盛行，通常是将釜类器打碎后抛洒于墓内各处，或用部分陶釜片代替完整陶釜放置；将豆的豆柄敲去，只随葬豆盘；陶鼎鼎足或三足钵的足敲去后用来随葬。在太湖西部的神墩遗址、江家山遗址、三星村遗址中都体现得非常明显。各个遗址具体表现方式虽略有差异，但反映的观念意识是完全一致的，说明祁头山等遗址与太湖西部的原始文化间存在着较多的内在联系。

我们认为，祁头山文化遗存的性质是宁镇地区考古学文化向东扩展过程中环太湖西部平底釜为传统的骆驼墩—吴家埠文化类型的人群向太湖北部圜底釜为中心的草鞋山—圩墩类型分布区域的一种跨地区、跳跃性的移动，是同一考古学文化内部不同类型之间的文化迁徙。这种文化迁徙的发生时间约为环太湖西部骆驼墩—吴家埠类型解体，西溪—神墩晚期类型形成之初的马家浜文化晚期早段，绝对年代距今约六千四五百年左右。

在新的地区，祁头山文化遗存由于存在于相对封闭、独立的地理小单元，可以顽强的保持着传统，头向继续向东，采用毁器葬，并改变了平底釜一般作为婴幼儿瓮棺葬具的方式，用太湖西部应用最广、最为典型的筒形平底釜作为成人墓葬最为重要的随葬品随葬，并在大型化、夸张化、明器化、特殊化的趋势中发展，固有传统形成的各类文化因素也长久地保持，墓葬遗存中强烈排斥鼎的使用。另一方面，祁头山文化遗存在圜底釜文化类型的夹击区域内生存，发展过程中也不可避免地与圜底釜文化因素产生相互影响，在祁头山文化遗存晚期开始出现了多种圜底釜。而在距离不远的圩墩遗址中，也出现了多例与祁头山平底釜相一致的文化因素[①]。

彭祖墩遗址和新岗遗址则更好地说明了处于马家浜文化晚期平底釜和圜底釜两大文化区边缘的复杂面貌。彭祖墩遗址和新岗遗址马家浜时期墓葬所显示的特点与江阴祁头山出土墓葬高度相似。普遍采用以豆盘或盆钵覆盖面部的特殊葬俗，"人为敲去豆盘下部的豆柄及豆座的随葬形式，以及将陶釜毁器后，碎片覆盖于死者身体"的特点都与祁头山遗址完全符合。两地普遍采用的竖穴土坑的葬法和仰身直肢的葬式，也与太湖东部、南部、东南部所流行的俯身葬、平地掩埋的葬法相异。可见彭祖墩和新岗遗址的性质同祁头山类似，也属于骆驼墩—吴家埠文化类型的人群向草鞋山—圩墩类型分布区域内的跃迁影响。但由于两地地处平原，缺乏祁头山那样封闭独立的地理小环境，与本地文化交流更加广泛，受太湖北部圜底釜系统的影响更为深刻，彭祖墩的釜出现了包含平底釜和圜底釜因素的折中形

① 陈丽华、彭辉：《圩墩遗址发掘四十年的回顾与思索》，《东南文化》2012 年第 5 期。

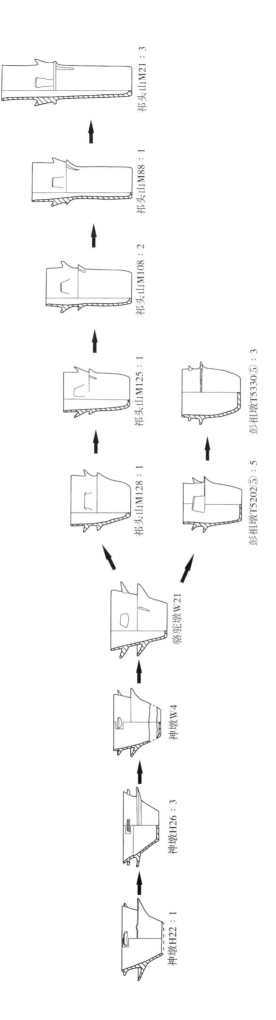

图五五四 太湖西部平底腰沿釜演化序列

态，在新岗遗址中，还出现了与圩墩遗址造型完全一致的圜底釜。两地墓葬的头向，也与圩墩—草鞋山类型北向的习俗保持一致。说明这种影响不仅出现在器物层面，更发展到了墓葬习俗、心理趋同等深层次方面，这些因素都使两地走上了与祁头山相关又相异的文化发展道路。

五 小结

综观环太湖地区距今7000～6000年间长达千余年的史前文化变迁历程，由于生计方式和生存条件的差异，太湖地区的先民们在相同的地域空间和略有差异的地理环境中发展形成了同一考古学文化下既相互对立、又相互依存的两大板块，之后通过长期的接触交流和影响渗透并在外在因素、自然因素的强烈作用过程中，既保持传统，又全面创新，相互促动，逐渐融合，为太湖流域统一性日益增强的崧泽文化和良渚文化的形成奠定了坚实的基础，在中国新石器时代的文明化进程中扮演了非常重要和独特的角色。

第二节　崧泽—良渚文化时期遗存的认识

神墩遗址崧泽—良渚文化时期遗存分布较少，仅包括主发掘区的②b层堆积，M58～M66等9座墓葬以及2个圆形小坑K1、K2。地层堆积较薄，出土器物不丰富。

关于9座墓葬，第四章已做过初步的年代判断，基本上将这些墓葬列入崧泽晚期至良渚早期之间，各墓时代稍有交错。从墓葬反映的情况来看，神墩遗址崧泽—良渚墓葬有如下特点：

1）墓葬均为竖穴土坑墓，具有长方形墓坑。

2）墓向均为东北—西南向。墓葬有两座一组的现象。

3）除了残损墓葬外，一般墓葬随葬品数量在4～6件左右。

可以与神墩遗址进行比较的，主要有浙江昆山遗址、吴家埠遗址、庙前遗址，江苏张陵山遗址、赵陵山遗址、龙南遗址、罗墩遗址和上海汤庙村遗址、福泉山遗址、姚家圈遗址等，这些遗址都包含崧泽文化最晚期阶段或良渚文化早期阶段文化因素，器物上体现了崧泽文化向良渚文化过渡的特征，有学者称其为崧泽文化末期或崧泽—良渚过渡段遗存。

根据神墩遗址和太湖流域同时期主要遗址出土器物的比对来看（图五五五），神墩遗址总体面貌趋向于太湖西南以昆山遗址为代表的文化类型，尤其是在一些特征器物方面，如筒形杯、假腹杯等，表现出与后者密切的文化联系。目前发现存在假腹杯（浙江学者称为"假腹杯形豆"）的遗址包括湖州邱城遗址、长兴台基山遗址、湖州花城遗址、湖州塔地遗址、长兴江家山遗址、安吉芝里遗址等，基本分布在东、西苕溪流域，而神墩遗址发现的假腹杯，是目前所发现的此类器物分布的最北端遗址。实际上，神墩遗址无论是从地理位置还是水系沟通方面，都与此区域有着天然的联系。从上一节我们对马家浜文化晚期太湖流域的文化类型的总结来看，至少在马家浜文化晚期，神墩遗址与太湖流域西南诸遗址的文化联系就已经形成，这其中最关键的因素，得益于古中江水道的存在。这一地区的文化可以经由浙江的东、西苕溪和江苏的胥溪河、南溪河等通过安徽的南漪湖、青弋江流域，进入长江中游地区，直接与长江中游史前文化发生交流，所以在这一地区长期以来形成了一个相对独立封闭的发展区域，并且延续发展出具有自身文物特色的文化类型。溧阳神墩附近的溧梅支河属于古中江的支流，所以受到浙西北文化类型的直接影响是完全有可能的。

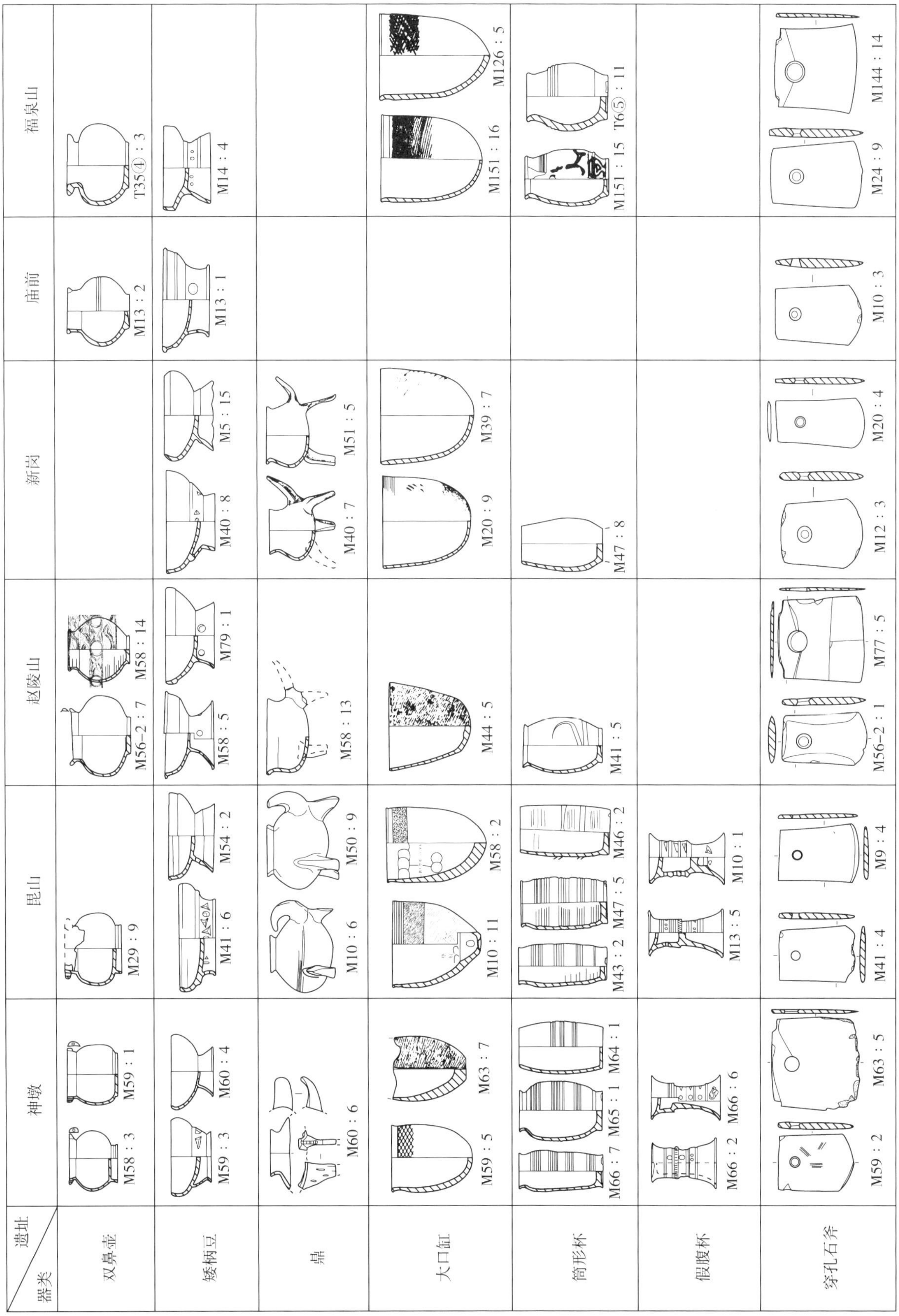

器类\遗址	神墩		昆山		赵陵山		新冈		庙前	福泉山	
双鼻壶	M58:3	M59:1	M29:9		M56-2:7	M58:14			M13:2	T35④:3	M14:4
矮柄豆	M59:3	M60:4	M41:6	M54:2	M58:5	M79:1	M40:8	M5:15	M13:1		
鼎	M60:6		M10:6	M50:9	M58:13		M40:7	M51:5			
大口缸	M59:5	M63:7	M10:11	M58:2	M44:5		M20:9	M39:7		M151:16	M126:5
筒形杯	M66:7	M65:1 M64:1	M43:2	M47:5 M46:2	M41:5		M47:8			M151:15	T6⑤:11
假腹杯	M66:2	M66:6	M13:5	M10:1		M77:5					
穿孔石斧	M59:2	M63:5	M41:4	M9:4	M56-2:1		M12:3	M20:4	M10:3	M24:9	M144:14

图五五五 神墩遗址与太湖流域崧泽—良渚文化时期各主要遗址墓葬器物对照图

　　从神墩遗址出土的器物类型来看，神墩遗址除受到以昆山遗址为代表的浙西北崧泽文化的影响外，还表现出了与太湖西部、北部崧泽晚期文化的联系，如矮柄豆、带把鼎、蛋形杯等器物形态，都与新岗遗址和赵陵山遗址崧泽晚期的同类器物有相似或承接之处。以带把鼎为例，浙江的此类器物因口部有流而多称之为盉，而神墩、新岗等地的器物并未在口部发现流口，所以仍应视作一类特殊的鼎。这类带把鼎在新岗遗址发现很多，并且有明确的早晚变化，可以视作太湖西部一类比较有代表性的器物。神墩遗址出土的带把鼎反映出了此类器物较晚的形态，可以看作是对太湖西部带把鼎系统的延续和补充。

　　从目前太湖西部史前遗址的发现情况来看，太湖西北部地区普遍缺乏崧泽文化末期至良渚文化早期阶段的遗址，而神墩遗址的9座墓葬恰好形成于这一空白时期，且带有太湖西北部崧泽晚期文化的某些特征。造成这一现象的原因耐人寻味。在崧泽文化晚期阶段，太湖西北部地区是否发生了某些自然的或人为的事件，原有的文化发展节奏遭到破坏，先民大量外迁，从而形成了太湖西北部崧泽文化的断裂和空洞。而在这个文化区域之外，崧泽文化因素得以延续发展，并且与太湖东南部新生的文化因素交流重组，促成了早期良渚文化的发展。神墩遗址可能就是这次文化运动的结果之一。当然，这种推论所牵涉的自然环境变迁、文化变革机制、文化崩溃原因、运动路线等内容非常复杂，在目前太湖西部以少数遗址点为支撑的认识背景下讨论这个问题还非常困难，有待今后进一步工作和新的发现材料来解决。

第三节　夏商时期遗存的认识

一　夏商遗存的年代与文化性质

　　根据对典型器物的分析，我们将神墩遗址夏商遗存分为早、晚两期。通过与周边同时期遗存的对比，早期的年代大约相当于夏代晚期，晚期年代大约相当于夏商之际。

　　神墩遗址处于宁镇地区和太湖地区的中间地带。神墩遗址的夏商时期遗存无疑打上了周边文化的烙印。夏商时期，在宁镇地区分布的是点将台文化和湖熟文化，在太湖周边分布的是马桥文化。

　　据以往研究，点将台文化分布在水阳江以东、以北的姑孰溪流域、石臼湖和固城湖周围、秦淮河流域以及宁镇山脉一带。神墩遗址西距高淳的固城湖仅30余千米，显然属于点将台文化分布的边缘地带。马桥文化分布在杭州湾以北的环太湖地区，以前的调查发掘认为在太湖西北部没有该文化遗存分布，马桥文化的北界约在太湖北的无锡一带，西界抵达太湖西岸至杭州一线[①]。此次从神墩遗址中我们可以见到较多的马桥文化因素，虽然不能就此认为此地属于马桥文化的分布区，但可肯定神墩夏商遗存与马桥文化之间存在着较密切的交流。

　　点将台文化的年代大约相当于中原的二里头文化时期。它的主要特征是：遗址皆为台形遗址。文化遗物中，生产工具以石器为主，生活用具以陶器为主，未发现青铜器。玉器、骨角器、蚌器等少见。石器多为磨制，一般通体磨光，有的有钻孔，主要器形有锛、斧、刀、凿、戈、镞等。斧多为长方形扁平，两面刃，上有钻孔。刀多横长方形，平背弧刃，上有钻孔。锛多长条形，有的有段。凿亦长条形，形体较石锛为小，有的有段或上部有凹槽。锛、凿皆单面刃。戈两面刃，中有宽凹槽。镞为柳叶

---

① 中国社会科学院考古研究所编著：《中国考古学·夏商卷》，第463页，中国社会科学出版社，2003年。

形，中有脊，截面呈菱形，圆铤。陶器多为夹砂红褐陶，泥质红褐陶、黑陶、灰陶也占有一定比例，出现薄胎磨光泥质黑陶，其中泥质黑陶的比例明显高于其前的宁镇地区新石器时代晚期文化和其后的湖熟文化，而泥质红褐陶和夹砂红陶的比例则相应低于前后文化阶段，后者在整个陶系中则一直占有绝对多数的地位。纹饰以素面为主，常见的纹饰有凸弦纹、成组的细弦纹、划纹、戳点圆圈纹、指捺纹、附加堆纹、刻划梯格纹和拍印的绳纹、篮纹、方格纹、叶脉纹等。陶器器形以鼎、甗、罐、豆、瓮为多，此外还有盆、盘、匜、尊、尊形器、簋、杯、碗等。点将台文化的文化构成比较复杂，是由几组不同文化来源的陶器所构成，主要有本地新石器时代晚期文化传统、王油坊类型龙山文化传统和岳石文化传统等。

宁镇地区继点将台文化之后的是湖熟文化。湖熟文化的发展过程可以分为三期，时代分别相当于夏商之际、二里岗下文化层到殷墟一期、殷墟二期至西周初期。早期湖熟文化的主要特征是：夹砂红陶和泥质红陶的比例比点将台文化明显上升，而夹砂灰陶、泥质灰陶和泥质黑陶的比例比点将台文化明显下降，新出现的有几何印纹硬陶和原始青瓷。纹饰以素面为主，约占70%以上。常见纹饰除弦纹、捺窝纹、刻划纹、戳点纹和附加堆纹之外，较有特色的是各种拍印纹饰，主要拍印纹饰有细绳纹、各种梯格纹、方格纹、篮纹、云雷纹、折线纹、叶脉纹、小穗纹、贝纹、饕餮纹等，组合纹饰占一定的比例。陶器主要有鬲、甗、鼎、豆、罐、瓮、盘、盆、簋、钵、杯、釜等。炊器以陶鬲为主，鼎、甗比例下降。此外，还有几何印纹硬陶罐、豆、钵以及极少量的原始青瓷罐等。最具特征性的器物有侈口、口沿内侧有一凸棱、束颈、鼓腹、分裆的细绳纹鬲，圈足饰方形或三角形镂孔的硬陶豆，大袋足甗，深腹、圜底、锥足鼎，高领硬陶罐和口沿下饰泥片錾的硬陶钵等。石器有磨制的锛、斧、刀、凿、镰、镞、矛等。以半月形石刀和宽体石锛最具特色[①]。

马桥文化可以分为早、中、晚三个阶段，时代分别相当于二里头文化二期到四期、商代前期、殷墟文化早期。马桥文化早中期的主要特征是：文化遗物包括陶瓷器、石器、骨角器和铜器。陶器中泥质红褐陶数量最多，夹砂陶次之，泥质灰陶比较少，泥质黑陶最少。最常见的纹饰有条纹、条格纹（笔者注：类似于梯格纹）、叶脉纹、折线纹、方格纹、席纹、绳纹、云雷纹、菱格纹、篮纹以及两种或两种以上的复合纹样，如方格纹和席纹、方格纹和条纹、折线纹和条纹、叶脉纹和条格纹、叶脉纹和条纹、叶脉纹和席纹等。陶器制作采用泥条盘筑，再辅以慢轮修整的方法。泥质灰陶中，有的是胎表一致的灰色，也有的是器表内外皆灰，中间夹黑色，称之为"三夹层"。从成型方法、陶器种类和装饰技法、纹饰类别看，泥质灰陶还可以细分。一类以泥条盘筑法成型为主，器类主要是盆，还有刻槽盆和钵，饰拍印或滚印纹饰，如方格纹、绳纹和篮纹等；另一类以轮制方法成型为主，器类主要是簋、豆、瓠、觯、尊、器盖等，也有一部分盆，饰戳印、压印、剔划和轮旋纹饰，如菱形云雷纹、斜云雷纹、蝶形云雷纹、之字形折线纹和各类弦纹等。泥质黑陶绝大部分是器表黑，俗称"黑皮陶"，内夹灰白色或灰黄色，称之为"三夹层"；也有的内夹黑，外层为灰色，器表又有黑衣，内外一共有五层，称之为"五夹层"。黑衣保存很差，大部分都已经剥落。泥质黑陶的制法、器类和纹饰同普通泥质灰陶几乎完全一样。也有极少数泥质黑陶的制法与印纹泥质灰陶相同，器形主要是一些小盆。夹砂陶呈橘红色、灰黄色或灰褐色，大部分含沙粒多且粗，少量含细沙。制作采用泥条盘筑再辅以慢轮修整的方法。器类主要是鼎、甗和配套的器盖。绳纹是最流行的纹样，附加堆纹少见。马桥文

---

① 张敏：《宁镇地区青铜文化研究》，《长江流域青铜文化研究》，科学出版社，2000年。刘建国、戴宁汝、张敏：《江苏丹徒赵家窑团山遗址》，《东南文化》1989年第1期。张敏：《试论点将台文化》，《东南文化》1989年第3期。

化的陶器按其功能可分为炊器、饮食器、盛储器三大类，炊器有鼎、甗、釜、器盖等；饮食器有簋、豆、碗、盘、杯、壶、觚、觯、盉；盛储器有罐、盆等。石器以磨制石器占绝大多数，种类有斧、钺、锛、凿、锄、刀、镰、戈、矛、镞、砺石等。石锛有普通、有段和背部有槽等几种。石刀可分为直背弧刃、弧背直刃、斜柄直刃等。石镞形制亦多样，有体近柳叶形、短铤三角形、无铤三角形等数种①。

1. 神墩夏商遗存的早期阶段有很多因素与点将台文化和马桥文化早期后段相似

陶系方面，均以红褐陶系为主，除夹蚌陶这种地域特色之外，泥质红褐陶和夹砂红褐陶占有较大比例，泥质黑皮陶较多。

纹饰方面，均以素面为主，常见的纹饰有凸弦纹、成组的细弦纹、划纹、戳点圆圈纹、指捺纹、附加堆纹、刻划梯格纹和拍印的绳纹、篮纹、方格纹、叶脉纹等。

器形方面，分为器体作风和器物形制两方面。作风方面，豆类、盆类和尊类器等流行凸棱的作风，盆亦流行折腹的作风；鼎足流行侧扁形、花边和足上部有多个捺窝的作风；无鬲，多甗和鼎等。形制方面，T1230 等 G1⑥：144，夹砂红陶鼎足，宽扁形，截面扁平，两面有刻划纹；T1230 等 G1⑥：145，夹蚌橙黄陶鼎足，宽扁形，截面扁平，两侧均捏成花边状，外侧较宽，中部为纵向指捺槽，槽两侧均指按捏成花边，足根部一侧按捺指窝纹。以上的两种鼎足也同点将台文化一样，具有继承宁镇地区新石器时代第三阶段同类器形的风格。而卷边舌形鼎足又同于马桥文化的同类器。T1232 等 G1④：15 的甗为夹砂红陶，侈口，方唇，斜折沿，弧腹饰纵横篦划纹，自甗腰部分断裂。从这些残存的风格看，除饰篦划纹外其与团山遗址⑪层所出几乎完全一致，时代大约也应相当，从甗足看，与马桥文化的实足风格截然不同，而与宁镇地区的肥大袋足相似。T1230 等 G1⑥：99，夹砂红陶，炮弹状袋足，实足尖短小。T1230 等 G1⑥：100，夹砂红陶，炮弹状袋足，实足尖短小，足根处有一周指窝纹。以上的甗足均同于点将台文化的乙组器。T1230 等 G1⑥：18，泥质灰褐色硬陶盆，侈口，圆唇，卷沿，浅弧腹。T1230 等 G1⑥：127，泥质黑陶盆，侈口，圆唇，平折沿，弧腹，饼形底。以上两种盆与点将台文化的丙组器相似。T1230 等 G1⑥：102，泥质灰陶豆，豆盘侈口，卷沿，沿面平，圆唇，折腹，喇叭口形圈足，足端外撇近平，此形制同于马桥遗址 Ab 型陶豆。T1230 等 G1⑤：4 和 T1230 等④：17 陶尊分别与马桥遗址 Ⅱ T1133③D：6 和 Ⅱ T1121③D：6 相同（图五五六）。

石器方面，主要器形有锛、刀、戈、镞、斧、凿和砺石等。与点将台文化一样，均不见石镰。石镞为柳叶形。石锛分为长方形和方形两种，多为单面刃。石刀多横长方形，直背弧刃，有的为半月形，多有穿孔。另有斜柄石刀与马桥文化近似。

此外，同点将台文化一样，均不见骨角器和青铜器。

从以上对比可以看出，神墩夏商时期早期遗存的年代大约与点将台文化晚期和马桥文化早期晚段相当，大约相当于中原地区二里头文化四期。

2. 神墩夏商遗存的晚期阶段与湖熟文化第一段和马桥文化中期前段具有较多的共同特征

陶系方面，红褐陶系的比例较之早期阶段明显上升，而泥质黑陶、泥质灰陶的比例明显下降，硬陶的数量大量增加，新出现了原始青瓷。

纹饰方面，以拍印纹饰为主。除少量划纹、篦纹、附加堆纹和戳印圆圈纹之外，主要拍印纹饰有细绳纹、篮纹、方格纹、各种梯格纹、云雷纹、折线纹、叶脉纹等，组合纹饰占有较大的比例。

①　上海市文物管理委员会编著：《马桥——1993～1997 年发掘报告》，上海书画出版社，2002 年。

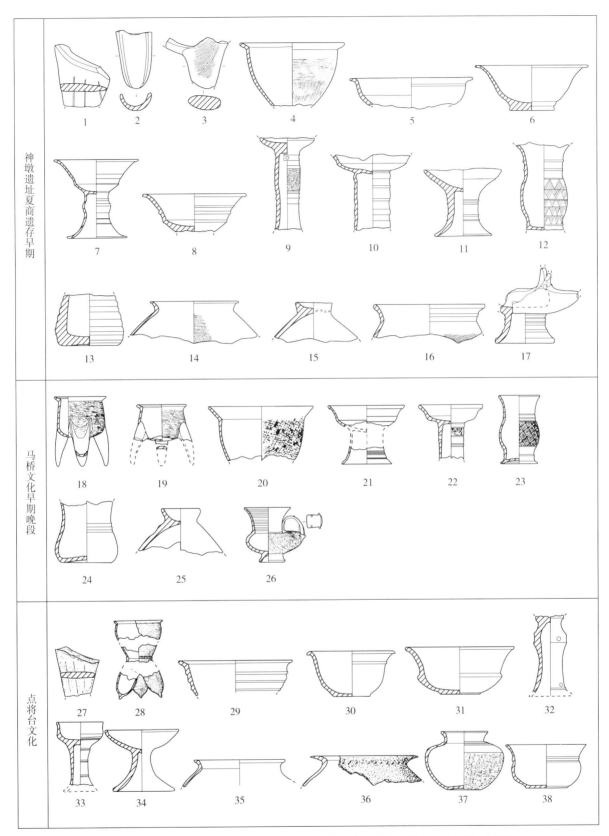

图五五六　神墩遗址夏商遗存早期与马桥文化早期晚段和点将台文化陶器对比图

1. T1230 等 G1⑥:144 鼎足　2. T1230 等 G1⑥:23 鼎足　3. T1232 等 G1④:9 鼎足　4. T1232 等 G1④:15 甗　5. T1230 等 G1⑥:18 盆　6. T1230 等 G1⑥:127 盆　7. T1230 等 G1⑥:102 豆　8. T1230 等 G1⑥:121 豆　9. T1230 等 G1⑥:123 豆　10. T1232 等 G1⑤:4 豆　11. T1232 等 G1④:16 豆　12. T1230 等 G1⑤:4 尊　13. T1230 等④:17 尊　14. T1230 等 G1⑥:36 大罐　15. T1232 等 G1⑥:7 器盖　16. T1230 等 G1⑥:143 小罐　17. T1230 等 G1⑥:124 鸭形壶　18. ⅡTD101:11 凹弧足鼎　19. ⅠTD4:22 舌形足鼎　20. ⅡH212:7 甗　21. ⅡH114:7 豆　22. ⅡH148:2 豆　23. ⅠT1121③D:6 尊　24. ⅠT1133③D:6 尊　25. ⅢH212:17 器盖　26. ⅢH252:1 鸭形壶　27. 团山 T305⑪:32 鼎足　28. 团山 T404⑪:11 甗　29. 1981 城头山 H4:5　30. 城头山 T18⑥:25 盆　31. 马迹山 H2:25 盆　32. 城头山 T6⑥:27 豆　33. 城头山 T6⑥:28 豆　34. 点将台 T208④:12 豆　35. 点将台 T605④:21 罐　36. 团山 T404⑪:12 罐　37. 城头山 M33:1　38. 点将台 T208④:10 盆

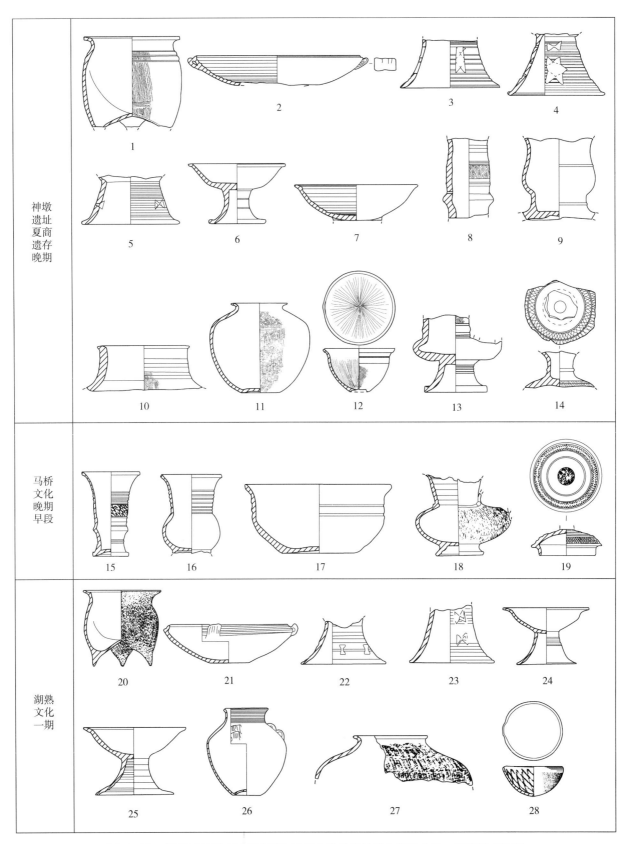

图五五七　神墩遗址夏商遗存晚期与马桥文化晚期早段和湖熟文化一期陶器对比图

1. H1：9 鬲　2. T1232 等 G1①：9 钵　3. T1230 等 G1③：5 豆　4. T1230 等 G1①：23 豆圈足　5. T1130 等 G1①：4 豆圈足　6. T1232 等 G1①：5 豆　7. 和 T1230 等 G1①：26 豆　8. T1230 等 G1③：11 豆　9. T1230 等 G1①：56 尊　10. T1230 等 G1①：33 罐　11. T1230 等 G1①：25 罐　12. T1230 等 G1③：2 刻槽盆　13. T1230 等 G1①：3 鸭形壶　14. H29：6 器盖　15. Ⅱ T920③E：1 尊　16. Ⅰ T1208③B：6 尊　17. Ⅱ T921③E：13 盆　18. Ⅱ T625③B：8 鸭形壶　19. Ⅱ T624③C：4 钵　20. 团 H13：1 鬲　21. 团 H13：2 钵　22. 团 T406⑩：22 豆　23. 团 T506⑩：11 豆　24. 北 T363③：31 豆　25. 团 T405⑩：26 豆　26. 团 H9：1 硬陶罐　27. 团 H13：14 罐　28. 北 H45：62 刻槽盆

器形方面，作风上与早期不同的是，晚期炊器以鬲为主，鼎、甗的比例下降。陶器上多见装饰宽扁耳或泥条环形耳和镂孔的作风，镂孔多见于豆柄上。在器物形制上，圈足镂孔或圈足带缺口的 E 型硬陶豆与湖熟文化第一期完全相同。H1：9，夹砂红陶鬲，方唇，唇面内凹，窄折沿，沿面内凹，短颈，颈、腹间转折不明显，鼓腹，分裆，大袋足，颈部绳纹被抹平。这些特征除了方唇不同于尖圆唇、颈稍短之外，其他均同于团山遗址以 H13 和 H9 为代表的湖熟文化第一期中出土的同类器，而与湖熟文化第二期以及以后所出的弧裆或无颈、素面的作风完全不同。另外，大袋足甗、深腹圜底锥足鼎、高领硬陶罐、梯格纹广肩罐、口沿下饰泥片錾的硬陶钵、盆形刻槽盆、宽沿盆、宽沿盘形豆等，都与湖熟文化第一期中的同类器相同。T1230 等 G1③：9，泥质灰陶盆，侈口，弧腹，腹上部有数道凸棱。此形制与马桥遗址ⅡT921③E：13 相同，也同于点将台文化的丙组尊形器。T1230 等 G1①：33，泥质红褐色硬陶罐，尖圆唇，唇面有凹槽两周，高领，领部饰数周弦纹，肩部饰折线纹，纹饰细密，拍印不规整；与团山遗址 H9：1 硬陶罐基本相同（图五五七）。

神墩遗址出土的三足盘可分为两种形制，一为敞口，方唇，浅斜弧腹，平底；一为平折沿，略直腹，圜底。结合昆山遗址①、邱城遗址②、北阴阳营遗址③和钱底巷遗址④所出土的同类器以及豆类器的对比，大致可以把三足盘的演变趋势分为以下四个阶段（图五五八）。

第一阶段：二里头文化晚期。以敞口、浅斜腹为主要特征。

第二阶段：夏商之际。以侈口、平沿、斜腹为主要特征。

第三阶段：商代早中期。以侈口、平沿、折腹为主要特征。

第四阶段：商代中晚期。以侈口、斜折沿、折腹为主要特征。

神墩遗址的两类三足盘分别处于二里头文化四期和商代早中期。

石器继续延续早期的形制，变化不大。

从以上对比可以看出，神墩夏商时期晚期遗存的年代大约与湖熟文化第一期和马桥文化中期前段相当。大约相当于中原夏末商初。

至此，神墩夏商遗存与周边文化的时代关系可以列表如表三〇。

二　地域文化特征及启示

通过对比，我们发现神墩夏商遗存具有不同于周边同时期文化的地域特征，具体表现在以下几个方面：

1. 陶系中存在较多的夹蚌陶器是环太湖西部新石器时代文化的一个共同特征，最近几年发掘的彭祖墩遗址、骆驼墩遗址和西溪遗址等都表现出这种现象。这与当地河网密布、蚌壳较易获得有关。而神墩夏商时期遗存中仍然存在大量的夹蚌陶，正是延续本地新石器时代文化的传统特征。

2. 整个陶系的发展过程中，泥质陶一直占有绝对的数量优势，其中又以泥质红褐陶的数量最多，约占总数的 1/3 强，低于马桥文化 1/2 的比例，但又远远高于点将台文化和湖熟文化。如果说夹砂红陶和泥质红陶分别是宁镇地区和太湖周边地区的传统文化因素，那么从出土物的陶系情况分析，神墩遗址明显偏向于环太湖地区，尤其是神墩夏商遗存的早期更是如此。但是到晚期却表现出与宁镇地区

①　浙江省文物考古研究所、湖州市博物馆编：《昆山》，文物出版社，2006 年。

②　梅福根：《江苏吴兴邱城遗址发掘简介》，《考古》1959 年第 9 期。另转引自《昆山》第 466 页。

③　南京博物院编：《北阴阳营》，文物出版社，1993 年。

④　南京大学历史系考古专业、常熟博物馆：《江苏常熟钱底巷遗址发掘报告》，《考古学报》1996 年第 4 期。

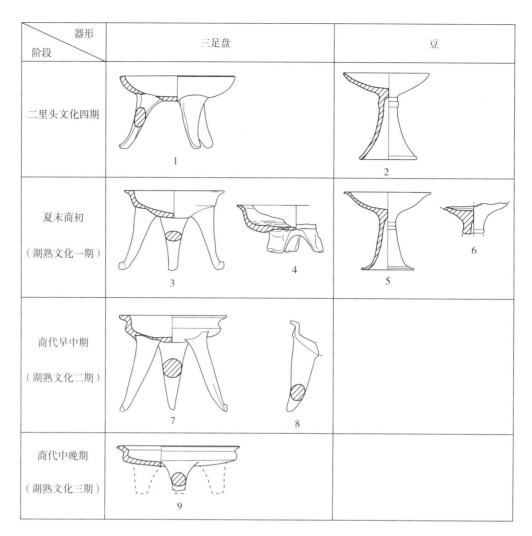

器形 阶段	三足盘	豆
二里头文化四期	1	2
夏末商初 （湖熟文化一期）	3　　4	5　　6
商代早中期 （湖熟文化二期）	7　　8	
商代中晚期 （湖熟文化三期）	9	

图五五八　神墩遗址夏商遗存陶三足盘、豆与其他遗址的对比图

1. 神墩 T1232 等 G1①：2　2. 神墩 T1230 等 G1⑥：103　3. 邱城遗址 H23　4. 昆山遗址高祭台类型早期阶段 G1③：89　5. 邱城遗址 H23　6. 昆山遗址高祭台类型早期阶段 G1③：29　7. 湖熟 T364③：33　8. 神墩 H1：2　9. 湖熟 T492③：27

表三〇　　　　　　　　　　**神墩遗址夏商遗存与周边文化的相对年代表**

时　代	中原地区	太湖周边		宁镇地区	神墩遗存
夏　代	二里头文化一期				
	二里头文化二期	马桥文化早期	一段	点将台文化	
	二里头文化三期				
			二段		
	二里头文化四期				早期
商　代		马桥文化中期	三段	湖熟文化一期	晚期
	二里岗文化时期				
			四段	湖熟文化二期	
	殷墟文化早期	马桥文化晚期	中商		
	殷墟文化晚期	后马桥文化	晚商～周初	湖熟文化三期	
西　周	西周文化早期			吴文化一期	

趋同的趋势：夹砂红褐陶和泥质红褐陶以及硬陶的比例上升，而泥质黑皮陶和泥质灰陶的比例下降，同时开始出现了原始青瓷。说明宁镇地区的湖熟文化势力逐渐超过马桥文化。这一点在遗物的型式对比上也比较明显。

3. 在宁镇地区，硬陶是在湖熟文化第一期出现的，而神墩遗存中硬陶的出现略早，又略晚于马桥文化，说明了硬陶自产生而由南向北传播的过程，也说明了神墩遗址确实曾经作为连接两地的桥梁而存在。

4. 正是神墩遗址所处位置的中间性，使其具有了南北两个文化区共同的文化因素，同时也具有独特的文化特征。相对来说，在地理环境上，神墩遗址处于宁镇地区向环太湖地区的过渡地带，考虑到"古中江"的存在（见本书新石器时代部分）和本地属马家浜文化和良渚文化的分布范围，环太湖地区的文化势力曾给予神墩夏商遗存强烈的影响，以至于在神墩夏商遗存的早期，表现出强烈的太湖地区传统。但是在神墩夏商时期遗存的晚期，湖熟文化因素大量增加，说明了宁镇地区文化势力逐渐增强。

5. 考虑到神墩西部地区，包括合巢地区的含山大城墩遗址、肥东吴大墩遗址，乃至更北的斗鸡台文化和神墩以东以南地区的马桥文化中含有较多的二里头文化因素的现象，我们似乎可以得出中原二里头文化对马桥文化的影响似乎是通过神墩遗址一片地域作为中介地区的。这一片地区二里头文化时期文化的研究对于解决二里头文化的南传路线和东南地区夏商时期文化与中原文化的互动关系，无疑具有重要的意义。

第四节 春秋时期遗存的认识

一 文化面貌

文化遗物包括陶瓷器、石器、铜器和玉器。

1. 陶系

陶瓷器主要分为夹砂红褐陶、夹蚌红褐陶、泥质红褐陶、泥质灰陶、泥质黑陶、硬陶、釉陶和原始瓷8系。考虑到出土物文化性质的一致性，把所有陶瓷器合在一起进行统计（图五五九）。

可以看到，本地文化传统中的夹蚌陶仍有相当的数量，红褐陶仍然是所有陶器中最主要的陶色。说明相比于此地夏商时期遗存来说，本地的文化传统并没有发生改变。而泥质黑陶和灰陶的数量显然少于湖熟文化，更少于点将台文化，相应的，硬陶和原始瓷的数量则明显增多，尤其是硬陶的数量，大大高于同时期周边其他遗址的比例，而低于同期墓葬随葬品的比例（在同期的遗址中，硬陶的比例一般为5%左右，而土墩墓葬中这一比例可以达到56%）。说明在遗存性质上可能存在某些不同。

2. 纹饰

陶器纹饰多为拍印纹饰，以硬陶器为多，其次为泥质陶器，夹砂陶器多为素面。陶片中有纹饰的陶器约占40%。纹饰中流行席纹和菱形填线纹，并常与方格纹、回纹、弦纹等构成组合纹饰，出现米筛纹、水波纹、"S"形纹和近似麻布纹的细密方格纹等。

3. 器形

陶器的器形主要有罐、豆、瓶、盆、盆形鼎、釜和纺轮等。釜和盆形鼎是太湖地区的传统炊器，

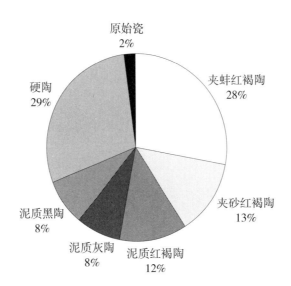

图五五九　神墩遗址春秋时期遗存陶系统计

浅盆形鼎甚至被称为"越式鼎"，而宁镇地区的传统炊器很少见。除泥质陶豆外，不见原始瓷豆，而见釉陶碗和原始瓷碗。流行印纹硬陶近折肩的罐与瓿、原始瓷或釉陶弧腹或浅腹近直壁的平底碗、敞口深腹釜等。

二　年代推断

我们依据杨楠对宁镇地区土墩墓的分期成果[1]和张敏对吴文化的分期研究成果[2]，对神墩遗址所出土的此时期的陶器进行对比分析。分析后认为，神墩遗址此时期的遗存与土墩墓遗存分期的第四期和吴文化分期的第三期后段相当，大约相当于春秋中晚期（图五六〇）。

---

①　杨楠：《商周时期江南地区土墩遗存的分区研究》，《考古学报》1999年第1期。
②　张敏：《宁镇地区青铜文化研究》，《长江流域青铜文化研究》，科学出版社，2002年。

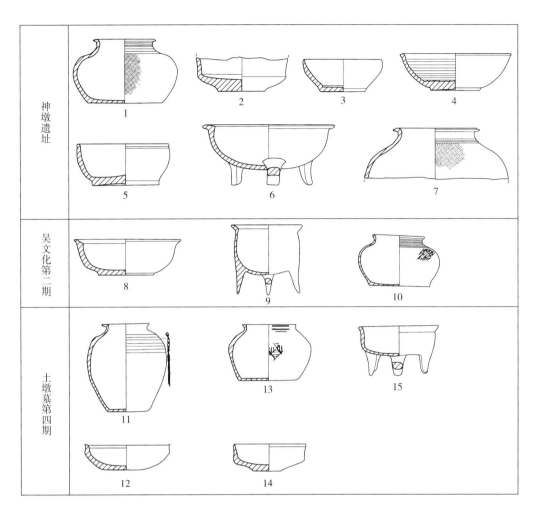

图五六○ 神墩遗址春秋时期遗存与其他遗址陶器对比图

1. T0832 等②a∶10 瓿 2. T0834 等②a∶13 盅 3. T1③∶1 碗 4. H88∶2 碗 5. H88∶3 碗 6. H88∶4 盆形鼎 7. H88∶11 罐 8. 团山 T704②∶1 碗 9. 团山 T806②∶1 鼎 10. 团山 T605②∶11 瓿 11. 高淳顾陇ⅡM2∶8 罐 12. 南岗山 D14M1∶2 碗 13. 溧水徐母塘瓿 14. 浮山果园ⅠM10∶23 盅 15. 高淳顾陇ⅡM4∶6 鼎

附　录

北京大学加速器质谱（AMS）碳－14测试报告

送样单位：南京博物院考古研究所
送 样 人：田名利
测量日期：2008 年 10 月 25 日

Lad 编号	样品	样品原编号	碳十四年代（BP）	树轮校正后年代（BC）	
				1σ（68.2%）	2σ（95.4%）
BA08460	木炭	2006LSH32	4525 ± 40	3360BC（14.4%）3320BC 3380BC（2.0%）3260BC 3340BC（51.8%）3110BC	3370BC（95.4%）3090BC
BA08461	木炭	2006LSH35	4810 ± 35	3650BC（17.1%）3620BC 3680BC（51.1%）3530BC	3660BC（95.4%）3510BC
BA08462	木炭	2006LSH39	5055 ± 35	3950BC（54.9%）3830BC 3820BC（13.3%）3790BC	3960BC（95.4%）3770BC
BA08463	木炭	2006LSH41	4765 ± 35	3640BC（8.7%）3620BC 3610BC（59.5%）3520BC	3640BC（86.0%）3500BC 3430BC（9.4%）3380BC

注：所用碳十四半衰期为 5568 平，BP 为距 1950 年的年代

树轮校正所用曲线为 IntCal04（1），所用程序为 OxCal v3.10（2）。

1. Reimer PJ，MGL Baillie，E Bard，A Bayliss，JW Beck，C Bertrand. PG Blackwell，CE Buck，G Burr，KB Cutler，PE Damon，RL Edwards RG Fairbanks M Friedrich TP Guilderson，KA Hughen，B Kromer，FG McCormac. S Manning，C Bronk Ramsey，RW Reimer，S Remmele，JR Southon，M Stuiver，S Talamo，FW Taylor，J van der Plicht，and CE Weyhenmeyer. 2004 *Radiocarbon* 46：1029 – 1058.

2. Christopher Bronk Ramsey 2005，www. rlaha. ox. ac. uk/orau/oxcal. html

北京大学　加速器质谱实验室
第四纪年代测定实验室
2008 年 10 月 25 日

Shendun Site in Liyang

(Abstract)

The Shendun Site is located to the east of Xia Wentou Village, Shezhu Town, Liyang City, Jiangsu Province. It was discovered in the 1970s and listed into the Historical and Cultural Sites Protected at the Municipal Level by the Liyang Municipal Government in 2003. The present situation of the site is an irregular rectangular earthen mound 1 – 2 m above the surrounding ground; the length of the mound is about 200 m from north to south and the width is about 150 m from east to west, covering an area of about 3 ha.

In 2004 through 2006, permitted by the State Administration of Cultural Heritage, Nanjing Museum, Changzhou Museum and Liyang Municipal Culture and sports Bureau jointly organized the Shendun Archaeological Team and conducted comprehensive coring test and three terms of excavation, uncovering 1002. 5 sq m in total. The excavations discovered a relatively complete large – scale clan cemetery of the Majiabang Culture, recovered 252 adult burials, 16 infant urn burials, 10 house foundations, 90 ash pits and one ditch of Majiabang Culture. Meanwhile, the excavations recovered nine burials of Liangzhu Culture, one ash ditch and 10 ash pits of the early Shang Dynasty and two ash pits of the Spring – and – Autumn Period, and unearthed large amounts of potteries, stone implements, jades, bronzes and other artifacts and animal remains.

The main remains of the Shandun Site are that of Majiabang Culture, which could be divided into the early, middle and late phases. Referring to the remains of the nearby sites and the 14C data, the date of the early phase of Shendun Site is defined as corresponding to the early phase of Majiabang Culture, the absolute date of which is around 7000 – 6500 BP; the cultural features is similar to that of the early phase of the Luotuodun and Xixi Sites in Yixing, Jiangsu, Wujiabu Site in Yuhang and Qiucheng Site in Huzhou, Zhejiang, which belonged to the early type of Majiabang Culture with the flat – bottomed fu – cauldron with a ridge around the waist as the typical vessel, and may be named as Luotuodun Type or Luotuodun – Wujiabu Type. The middle and late phases of Shendun Site corresponded to the late phase of Majiabang Culture, the absolute date of which is about 6500 – 5900 BP. Along with the flourishing of the Beiyinyangying Culture in Nanjing – Zhenjiang area and the Xuecheng Culture in the ancient Danyang Lake Basin, their impacting, influencing and penetrating to the western circum – Lake Tai zone were getting stronger and stronger, because of which the cultural features of Shendun Site had obvious and fundamental changes. In the early stage of the late phase of Majiabang Culture (i. e. the middle phase of Shendun Site), the cultural features showed the trend of keeping local tradition and having breakthrough and innovation. In the pottery assemblage, the flat – bottomed fu – cauldrons sharply reduced in both types and numbers, and were gradually replaced by the ding – tripods of various types with flat or round bottoms. The jades of Shendun Site have close relationship with that of the Beiyinyangying Culture system, but also had some local features. On the cultural features and regional characteristics, Shendun Site showed strong transition state; however, its basic nature of belonging to the western Lake Tai cultural zone has never changed. Together with the remains of the late phase of the Xixi Site in Yixing, which is located in the core area of the due western Lake Tai cultural zone, the remains of the late phase of the Shendun Site formed the representative remains of the late phase of Majiabang Culture in the western circum – Lake Tai zone, or the Late Xixi – Shendun Type.

In the upper layers of the Shendun Site, cultural deposits of different periods were also scattered in some parts. In the west of the main excavated area, nine burials of the time of Songze – Liangzhu Culture were distributed, the cultural features of which were similar to the burials of the same time at Pishan Site in Huzhou, Zhejiang. The ash ditch (numbered as G1) and other 10 ash pits scattered in the main excavated area belonged to the Xia and Shang Dynasties, the G1 of which crossed through the entire site from the northeast to the southwest.

Following the Luotuodun and Xixi Sites in Yixing, the discovery of the Shendun Site in Liyang is another confirmation of the existence of the early type of Majiabang Culture with the flat – bottomed fu – cauldron as the typical vessel and the late type of Majiabang Culture with the flat – bottomed ding – tripod as the typical vessel in the western circum – Lake Tai zone, and demonstrated the dynamic evolution process of the Majiabang Culture in the western Lake Tai zone during the time of more than one thousand years. The unearthing of the important artifacts from the Shendun Site established the chronological standards for the Majiabang Culture in the western Lake Tai zone, defined the border between the Lake Tai cultural zone and the Nanjing – Zhenjiang cultural zone, and provided firm basis for the comprehensive understanding of the periodization, zoning and types of Majiabang Culture. The discovery of the ash ditch of the Bronze Age in the upper layers of the site and the appearance of the large amounts of the artifacts of the Xia and Shang Dynasties further perfected the developing sequence of the Neolithic and Bronze Ages in this area and filled out the gaps of the ancient cultures in this area.

溧陽神墩

　　神墩遺跡は溧陽市社渚鎮下文頭村の東に位置する。当遺跡は1970年代に発見され、2003年に溧陽市人民政府によって市級文物保護単位に指定されている。当遺跡は周辺より1~2m高く、長方形マウンドで、東西約150m、南北約200mで、総面積3万㎡。

　　2004~2006年にわたって、国家文物局の許可を得て、南京博物院考古研究所は常州博物館と溧陽市文化局と溧陽神墩遺跡考古隊を組んで、全面的にボウリング調査を実施して、三回にわたって発掘調査を行った。発掘した総面積は1002.5m2。大型氏族墓地が一ヶ所発見され、馬家浜文化時期にあたり、馬家浜文化に当たる墓が252基、嬰幼児の甕棺墓が16基、住居址が10箇所、灰坑が90個、溝が1本検出された。また、良渚文化の墓は9基、商代早期の溝が1本、商代早期の灰坑が10個、春秋時期の灰坑が2個検出された。土器、石器、玉器と銅器そして動物遺骸が大量出土した。

　　神墩遺址において、主な包含物は馬家浜文化時期にあたる。それは早期、中期と晩期にわけられる。付近の関連遺跡とC14年代測定を参考して、当遺跡の早期は馬家浜文化早期にあたり、絶対年代は約7000bp~6500bpで、文化様相は宜興の駱駝墩遺跡と西渓遺跡早期、浙江省余杭呉家埠遺跡、湖州邱城遺跡と似ており、平底腰檐釜が中心とする馬家浜文化早期に属し、駱駝墩類型または駱駝墩一呉家埠式と称すべきだ。当遺跡の中晩期は馬家浜文化晩期にあたり、絶対年代は約6500bp~5900bp。寧鎮地区の北陰陽営文化と古丹陽湖流域の薛城遺跡の急成長によってこの二つの文化は太湖西部への衝撃そして影響が益々強くなった。それによって神墩遺跡は文化様相が明らかに変わりつつある。特に馬家浜文化晩期早段（当遺跡の中期）において文化様相は現地伝統が出来上がりながら、新しい要素も生まれつつある。土器において、平底釜の種類と数が大量減り、平底鼎と丸底鼎に入れ替えれつつある。玉石器は北陰陽営文化と密接な関係を持っているが、独特なものもある。文化様相と分布地域をみると、当遺跡は太湖と寧鎮との中間地域の特色を持っているが、やはり太湖西部文化区に属することは変わっていない。当遺跡は太湖西部中心地にある宜興西渓遺跡晩期と共同で太湖西部馬家浜文化晩期の典型的なものを構成しており、西渓一神墩晩期式と称すべきだ。

　　神墩遺跡の上層には幾つかの異なる時期の文化堆積がある。主な発掘区の西部に良渚文化時期の墓は9基検出され、浙江省湖州毘山遺跡の同時期の墓と似ている。商代早期にあたる溝G1が一本、灰坑が10個、主な発掘区に散在している。

　　神墩遺跡の発見によって、駱駝墩遺跡と西渓遺跡に続いて太湖西部に平底釜が中心する馬家浜文化早期文化層、三足平底鼎が中心とする馬家浜文化晩期文化層が分布していることが再確認できた。これは太湖西部地区に分布する馬家浜文化は千年間にわたって変遷していたことを示した。神墩遺跡から出土した遺物は太湖西部に分布する馬家浜文化編年の指標で、太湖文化区と寧鎮文化区を区分する指標になり、馬家浜文化の編年と地域区分そして文化類型区分を全面的に再考する基礎になる。当遺跡上層の青銅時代の灰坑と商周時期の遺構の検出は本地区における新石器時代と青銅時期の発展序列を完成させることができ、本地区の古文化の空白をも埋めた。

溧阳神墩

（下）

南 京 博 物 院
常 州 博 物 馆 编著
溧阳市文化广电体育局

主　编

田名利

副主编

彭　辉　赵东升　徐建中　曹昕运

文物出版社

北京·2016

Shendun Site in Liyang

(II)

(with Abstracts in English and Japanese)

by

Nanjing Museum

Changzhou Museum

Liyang Municipal Culture and Sports Bureau

Cultural Relics Press

Beijing · 2016

附表目录

彩版目录

附表一

神墩遗址马家浜文化灰坑登记表

编号	位置	层位关系	现状	坑口形状	结构	填土	包含物（未注明者皆陶质）	期段
H2	T1335 东北角	③层下，打破④层	残，进入探方外	清理部分为不规则形	斜壁，圆底。残长3.4，残宽2.26，深0.7米	大小不等的红烧土块	出土物有石纺轮1、石斧1（AaⅢ）、鼎足2（DaⅠ，G1）、罐1（CⅡ）、大口缸1、豆盘1（BV）、盖钮1（C）、鼎1（AⅡ）等	晚期晚段
H3	TG1 东北角	②层下，打破③层。附近有两个柱洞	残，进入探沟外	不规则形	斜壁，平底略圆。残长2.1，残宽1.34，深0.86米	黑褐土夹杂草木灰和少量红烧土	出土物有圆底釜1（K）、罐1（Ib）、盂1（BaⅡ）等	晚期晚段
H4	TG1 西端	②层下，打破③层	残，进入探沟外	不规则形	斜壁，阶梯状底。残长4，残宽2，深1米	黑褐土夹杂少量红烧土颗粒	出土物有钵1（BⅣ）、鼎足1（E）、罐2（Ib）、豆盘1（BV）等	晚期晚段
H5	TG1 中北部	②层下，打破③层	残，进入探沟外	不规则形	斜壁，平底略斜。残长2.1，残宽1.22，深0.34米	灰黑土	出土物有釜2（BⅡ）等	早期晚段
H6	T1335 南部	⑤层下，打破H8和生土	完整	不规则形	斜壁，坡底。残长2.52，宽0.56，深0.14米	灰褐土夹杂红烧土颗粒，土质较硬	出土物有钵形匜1（AⅠ）等	早期晚段
H7	T1235 东北角、T1335 西北角	⑤层下，打破生土	残，进入探方外	不规则形	微斜壁，平底。残长2.6，宽1.02，深0.9米	灰黑土夹有大量草木灰，土质松软	另有釜、器盖等	早期晚段
H8	T1335 西部	⑤层下，被H6打破，打破生土	完整	近椭圆形	斜壁，平底。长径1.02，短径0.78，深0.36米	土色灰黑	另有釜等	早期晚段
H9	TG1 中部偏西	③层下，打破生土	完整	近圆形	斜壁，圆底。直径0.9，深0.46米	灰黑土，土质松软	另有釜、盖等	早期晚段
H10	TG1 中北部	③层下，打破生土	残，进入探沟外	不规则形	斜壁，平底。残长2.32，残宽0.76，深0.45米	灰黑土	出土物有动物骨骼，另有釜、罐等	早期晚段
H11	TG1 西南部	③层下，打破生土	残，进入探沟外	不规则形	斜壁，底部有台阶坑，并有两个较深坑。残长3，宽1.4，深0.5米	灰黑土	出土物有罐2（Ib1，J1）、豆盘1（BⅡ）、釜1（H）等	早期晚段

续附表一

编号	位置	层位关系	现状	坑口形状	结构	填土	包含物（未注明者皆陶质）	期段
H12	T1234西北部	③层下，打破④层	完整	近长方形	直壁，平底。长1.86，宽1.08，深0.94米	灰褐土夹杂红烧土颗粒	出土物有刻纹白陶片1（Ab），网坠1（C1，Da1），鼎足2（C1，Da1）等	晚期早段
H14	T1034等四方中部	②a层下，打破③层	完整	椭圆形	斜壁，圆底。长径1.28，短径0.94，深0.48米	灰土夹大量红烧土块和木炭屑，土质较硬	出土物有石锛1（AaⅢ）等，另有豆、罐、盉等	晚期晚段
H15	T0834等四方西北部	②b层下，打破③层	残，进入探方外	清理部分为近长方形	近直壁，平底。残长2.6，宽1.1~1.45，深0.95~1米	大小不一的红烧土块，有的一面较平，一面有植物茎秆痕迹，夹杂草灰及骨渣，土质较硬	出土物有石锛1（AaⅢ），豆盘1（B V），豆圈足1（I）等	晚期晚段
H16	T1234西部、T1034西方东部	④层下，被M10打破，打破⑤层。被H19及H12打破，还被③层表F1D7打破	完整	不规则形	斜壁，坡底，底部有两个深坑。长2.7，宽1.1，深1.13米	大小不等的红烧土块及草木灰，土质较硬	出土物有圆形石器1，罐2（HaI），釜2（EⅡ1，Da1），豆盘1（CI）等	早期晚段
H17	T1234西南角、T1034西方东南角、T1032等四方东北角、T1232等四方西北角	③层下，被F4D2、F4D3打破，打破H18和H15层	完整	椭圆形	斜壁，斜坡底。长径2.16，短径1.42，深0.1~0.12米	灰黑色土夹零星烧土颗粒，土质较硬	出土物有罐1（Ib），鼎足1（Ba）等	晚期早段
H18	T1234西南角	③层下，被H17打破，打破④层	完整	不规则形	斜壁，平底。长1.02，宽0.64，深0.4米	红烧土块，土质较硬	出土物有豆盘1（CⅢ）等	晚期早段
H19	T1234中部偏西	③层下，打破④层	完整	椭圆形	斜壁，平底。长径0.72，短径0.58，深0.42米	灰白色土，夹草木灰，土质较硬	出土物有鼎足1（Db），豆盘1（CIV），小罐1（AⅢ），盖钮1（D），罐1（B Ⅱ），鼎1（Ib），豆1（Ib）等	晚期晚段
H20	T0834等四方西南角、T0832等四方西北角	④层下，打破H26及⑤层	残，进入探方外	清理部分为不规则形	坑壁一边较直，一边呈阶状，底较平。残长2.3，宽1.6，深0.2~0.5米	黑灰色土夹杂红烧土及炭屑，土质较硬	出土物有石锛1（BI），残石器片1，支座1（B），豆圈足1（I），罐3（G I2，Ib1），器足2（AⅡ2）等	早期晚段

续附表一

编号	位置	层位关系	现状	坑口形状	结构	填土	包含物（未注明者皆陶质）	期段
H21	T0834等方东南部、T0832等方东北部	④层下，被M7、M8、M14、W5、M233以及F5D20、D88、D89、D90打破，打破⑤层	完整	不规则形	坑壁一边较直，一边稍斜，平底。长2.4，宽1.8，深0.4米	黄褐色土，夹杂大量红烧土颗粒及草木灰，土质较硬	出土物有釜1(CbⅠ)，另有罐等	早期晚段
H22	T1034等方中部偏东	⑤层下，被F6D29、D30打破打破⑥层	完整	不规则形	斜壁，浅平底。长3.4，宽3.1，深0.14米	灰土夹红烧土块及草木灰，土质较硬	出土物有釜1(AⅠ)等，另有豆、盖等残片	早期早段
H23	T1034等方西部	⑤层下，打破⑥层	完整	近椭圆形	斜壁，近平底。长径2.短径1.49，深0.12米	灰黄土，夹大量红烧土和草木灰，土质较硬	出土物有釜1(AⅠ)、豆(盘)1(BⅠ)等	早期早段
H24	T1034等方东北部	⑤层下，被F6D26、D27打破，打破⑥层	完整	不规则形	斜壁，近平底。残长2.32，宽1.7，深0.2米	灰土夹红烧土块和草木灰，土质较硬	出土物有釜2(CaⅠ、DaⅠ)等	早期早段
H25	T0834等方东北部伸入北隔梁内	⑤层下，打破⑥层	残，进入隔梁	近圆形	斜壁，平底。直径1.24，深0.86米	灰黄色土，内夹零星红烧土颗粒及草木灰，土质较硬	出土物有纺轮1(A)，另有釜、盖等残片	早期早段
H26	T0834等方西南部、T0832等方西北角	④层下，被H20、H43、M52、M54、M55及F5D9、D64打破，被M27叠压，打破⑤层	残，进入方外	清理部分为不规则形	直壁，平底，残长7.8，宽2.5，深0.6米	黄褐色土，夹杂大量红烧土块及草木灰、动物骨骼、蚌壳朽痕，土质较硬	出土物有器盖1(B)、带把罐形匜1(B)、釜11(AⅡ1、BⅡ2、EⅡ5、Ja2)、纺轮1(A)、器足2(AⅡ1、B1)、匜口1、罐1(Ib)、盉1(C)、石凿1、残石器片1等	早期晚段
H27	T0834等方东北角、T1034等方西北角	④层下，被F5D6、D11、D12打破，被W1、W2、W4和狗骨架2叠压，打破⑤层	残，进入方外	清理部分为不规则形	直壁，平底。长3.3，宽2.5，深0.66米	黄褐色土，夹杂大量红烧土块及草木灰、动物骨渣、蚌壳朽痕，土质较硬	出土物有蒸箅1(Ba)、钵1(Aa)、支座1(A)、釜8(BⅡ1、CaⅡ2、CbⅡ1、DaⅠ、EⅡ1、Ja2)、豆盘1(BⅡ)、豆圈足1(Ⅰ)、器盖1(A)、甑1、网坠1(Aa)等	早期晚段
H32	T1232等方中部偏南	②b层下，打破③层，东南部被G1打破	略残	长方形	直壁，底不够平整。长2，宽1.62，深0.7~0.93米	大小不一的红烧土块夹草木灰，土质较硬	出土物有鼎足4(Aa1、Da1、Db1、E1)、盆2(C1、DⅡ1)、器耳1(AⅢ)、罐1(I)、豆圈足1(CⅡ)、钵1(BⅣ)、豆盘1(BⅤ)、器盖1(E)等	晚期晚段

续附表一

编号	位置	层位关系	现状	坑口形状	结构	填土	包含物（未注明者皆陶质）	期段
H34	T1130等两方东北部，T1230等四方西北部	④层下，打破M88，M90，M91和⑤层	完整	近长方形	斜壁，圆底。长1.86，宽0.85，深0.25米	褐色土夹有烧土颗粒，土质较硬	另有零星碎陶片	晚期早段
H35	T1130等两方西北部	④层，打破M72，M142和⑤层	完整	不规则形	斜壁，圆底。东端较浅。长2.3，宽0.9，深0.39米	灰褐色土，土质较硬	出土物有小罐1（BⅡ），鏊手1，豆盘1（AⅢ），豆圈足2（Ⅰ），釜1（GⅢ）等	中期
H36	T1130等两方中部	④层下，打破⑤层	完整	不规则形	直壁，斜底。长1.88，宽0.78，深0.28米	黄色土夹少量褐斑，土质松软	另有釜等残片	早期晚段
H38	T1230等四方东部	④层下，打破F5D274和⑤层	完整	圆角长方形	微斜壁，底有一浅坑。长1.05，宽0.75，深0.4~0.5米	灰褐色土	另有釜等残片	早期晚段
H39	T1230等四方东南部	④层下，打破⑤层	完整	近圆角长方形	斜壁，平底。长2.22，宽1.05，深0.62米	黑灰色土，夹杂大量红烧土颗粒	另有个别釜等残片	早期晚段
H40	T1130等两方南部	④层下，打破⑤层	完整	近圆形	东侧壁较直，西侧略斜，底部斜坡约1.48~1.62米，直径约0.5米	可分两层。①层褐色土，夹杂较多红烧土颗粒，有陶片，厚约0.2米，土质较硬。②层灰黑色土夹杂零星红烧土。经筛选有炭化稻米出土，厚约0.3米	①层出土物有罐1（EⅠ），釜1（Da）等	早期晚段
H41	T1032等四方西南部	④层下，打破M171，M222，M229以及F5D145，D147，D157和⑤层	完整	不规则形	斜壁，底部不够平整。长3.1，宽2.1，深1米	灰褐色土，夹杂零星红烧土及草木灰，土质松软	出土物有罐1（DbⅡ），纺轮1（B），小罐2（BⅠ1，BⅡ1），器盖4（C），鼎足2（Aa2），盉手1，豆盏2（CⅡ1，BⅢ1）等	中期
H42	T0832等四方西部	④层下，打破瓮棺W12和⑤层	完整	近圆角方形	坑壁一边较直，一边稍斜，平底。长1，宽0.85，深0.58米	黑灰色土夹杂红烧土块及炭屑，土质较硬	淘洗出炭化稻米，另有釜、罐等残片	早期晚段

编号	位　置	层位关系	现　状	坑口形状	结　构	填　土	包含物（未注明者皆陶质）	期段
H43	T0832 等四方西部	④层下，打破 G2、H26 和⑤层	残。进入方外	清理部分近半圆形	直壁，下部略斜，平底。直径2，深0.86米	分为两层。①层黑色土，夹杂红烧土块及草木灰，土质较硬，厚0.54~0.6米。出土有较多炭化稻米。②层黄褐色土夹零星红烧土颗粒及木灰星，土质较硬，陶片较少，厚0.2~0.35米	①层出土物有陶球1、釜3（H1、GⅢ2）、三足带把匜1（C）、盖钮2（E2）、罐1（Ib）、器把1（BⅡ）；②层出土三足带把匜1（C）等	中期
H44	T0832 等四方东南部、南扩方北部	③层下，被F8D22、D48打破，打破④层	完整	不规则形	直壁，平底。长2.44，宽1.68，深0.52米	青灰色土夹黄色土块及零星红烧土颗粒，草木灰，土质较硬	另有釜、鼎、豆、罐等残片	晚期晚段
H45	T1230 等四方西北部	③层下，被T1230等四方③层表D6打破，打破④层	完整	近圆角方形	直壁，斜坡底。长0.95，宽0.75，深0.95米	灰褐色土含少量烧土颗粒	出土刻纹白陶残片1片	晚期早段
H46	T1230 等四方西北部	④层下，被M111、M182打破，打破⑤层。还被G1打破	完整	不规则形	斜直壁，平底。底部有一深1.42，宽0.74，深0.65~1米	灰褐色土	出土物有白陶残片1片，另有个别釜、鼎残片	中期
H47	T1130 等两方中部	⑤层下，打破⑥层	完整	不规则形	斜壁，平底。长1.54，宽1.35，深0.2米	浅灰色土，土质松软	出土物有钵1（Aa）、罐1（Ib）等	早期晚段
H48	T1130 等两方西南部、南扩方南部	⑤层下，打破⑥层	完整	不规则形	斜壁，平底。长1.9，宽1.5，深0.3米	黑灰色土，土质较松软	出土物有盉1（C）、罐1（DcⅡ）等	早期晚段
H49	T1130 等两方东北部	⑤层下，被F6D110、D111、D112打破，打破⑥层	完整	近长方形	直壁，有台阶，一侧有深坑。长2.6，宽1.3，深0.22~1.2米	灰褐色土含少量烧土颗粒，土质较硬	出土物有罐1（Ib）等	早期晚段
H50	T1130 等两方西部、南扩方东部	⑤层下，打破⑥层	完整	不规则形	微斜壁，有台坡。长2.64，宽0.6~1.9，深0.4~0.98米	黑灰色土，土质较松软	出土物有器盖1（C）、网坠1（B）等	早期晚段

续附表一

编号	位置	层位关系	现状	坑口形状	结构	填土	包含物（未注明者皆陶质）	期段
H51	T1230 等四方东部	⑥层下，打破生土	完整	不规则形	斜壁，近平底。长1.9，宽1.45，深0.68米	浅黄色土，土质较软	出土物有釜1（Da）等	早期早段
H52	T1230 等四方东南部	⑥层下，打破生土	完整	近椭圆形	斜壁，圆底。长1.86，短径1.3，深0.94米	可分三层，①层浅灰色土，夹杂较多红烧土颗粒，土质较硬，厚0.4米。②层灰土夹大量草木灰，土质松软，厚0.22米。③层，浅灰色土夹烧土颗粒，厚0.32米	出土物有釜6（BⅠ2、Da2、Db Ⅰ1、G Ⅰ1）、钵1（B Ⅰ）和个别兽骨等	早期早段
H53	T0832 等四方北部	④层下，被 M155、M233、M234、F5D84 打破，被 W14、M108 叠压，打破⑤层	完整	椭圆形	斜壁，平底。长2.8，短径1.9，深0.7米	可分两层，①层灰褐色土，夹杂红烧土块及草木灰。②层黄褐色土夹零星红烧土颗粒及草木灰，土质较硬，厚0.3米	①层出土物有罐1（Ib）等，另有釜等残片	早期晚段
H54	T0832 等四方东南角、T1032 等四方西南角和南四方内扩方内	④层下，被 M207、M229 打破，打破 F5D122、F5D243 和⑤层	完整	不规则形	微斜壁，圆底。长2.58，宽1.2，深0.6米	黑褐色土夹草木灰，土质较硬	出土物有器盖1（C），另有釜、罐、豆等残片	早期晚段
H55	T1232 等四方东北部	④层下，打破 F5D209 和⑤层	完整	近长方形	直壁，斜平底。长1.4，宽0.58米	灰黑色土夹红烧土颗粒和炭渣，土质较硬	出土物有陶拍1、器座1等，另有盆、罐等	早期晚段
H56	T1130 等四方南部	⑥层下，打破生土	残，进入方外	清理部分为不规则形	台阶状斜壁，平底。长6.05，宽3.5，深0.55~1.8米	浅黄色土夹褐斑，含烧土颗粒，土质疏松	出土物有器盖1（Aa Ⅰ）、罐1（E Ⅰ）、釜1（E Ⅰ）等	早期早段
H57	T1130 等两方南部	⑥层下，打破生土	残，进入探方外	清理部分为不规则形	直壁，平底。长0.85，残宽1.3，深1.2米	浅黄色土夹褐斑土，土质松软	出土物有器耳1（AI）、器把1（AaI）、釜1（FI）等	早期早段

续附表一

编号	位　置	层位关系	现　状	坑口形状	结　构	填　土	包含物（未注明者皆陶质）	期段
H58	T1130 等两方西南部	⑤层下，打破⑥层	残，进入探方外	清理部分为不规则形	斜壁，圜底。长1.8，残宽1.1，深0.6米	土色较黑，含大量红烧土块，土质较硬	出土物有罐2（Ib1，FⅡ1）、器座1等	早期晚段
H59	T1130 等两方西部、南扩方东部	⑥层下，打破生土	残，进入南扩方，未发掘	清理部分为不规则形	直壁，平底。长2.95，宽1.3，深0.6米	花白色土夹褐斑，含有少量烧土颗粒，土质较软	未有出土物	早期早段
H60	T1130 等两方西南部	④层下，打破⑤层	残，进入探方外	清理部分为半圆形	斜壁，浅圜底。直径2.6，深0.4米	灰褐色含大量烧土颗粒，土质较硬	另有个别残金片等	早期晚段
H61	位于T1130 等两方西北角、南扩方东北角	②b层下，打破③层	完整	圆角长方形	斜壁，圜底。长1.65，宽1.1，深0.44米	灰黑色夹杂大量大块烧土和颗粒，土质较硬	基本未见出土物	晚期晚段
H62	T1130 等两方北部	⑥层下，打破生土	完整	近圆形	斜壁，平底。直径1.14~1.26，深0.3米	浅黄色夹褐斑，含少量红烧土颗粒，土质松软	未有出土物	早期早段
H63	T0832 等四方东南部、T1032 等四方西南部	④层下，被M92叠压，M99、M100、M177、M180、M200、M201、M206 和 F5D104、D105、D117、D118、D119、D120 打破，打破⑤层	完整	不规则形	斜壁，有台坡，底部有两深坑。长3.5，宽1.48，深0.52~0.82米	黑灰色土夹杂红土块、颗粒、草木灰、骨渣等，土质较硬	出土物有碗1（B）、网坠6（Aa3，Ab3）、釜5（AⅡ2，DaI，EⅡ1，GⅡ1）、豆盘1（CI）、豆圈足1（I）、石斧1（A）、骨匕1等	早期晚段
H64	T0832 等四方西南部及南扩方西北部	④层下，被F5D70、D71、D72 打破，打破⑤层	完整	近椭圆形	微斜壁，平底。长径2.9，短径1.58，深0.62米	青灰色土夹杂呈零星红烧土块、炭屑，土质较硬	另有釜、罐等残片	早期晚段
H65	T1232 等四方西南部	⑤层下，打破⑥层	完整	近圆形	斜壁，平底。直径0.96~1.02，深0.9米	灰褐色土，土质松软	出土物有釜1（H）等	早期晚段
H66	T1032 等四方西北部	⑤层下，被F6D89、D90 打破，打破⑥层	完整	不规则形	斜壁，底不够平整。长5.13，宽2.4，深0.78米	黑灰色土夹杂红烧土块及炭屑，土质较软	出土物有网坠1（B）、釜4（CbⅠ1，Da2、FⅡ1）、钵1（BⅠ）及动物骨骼等	早期早段

续附表一

编号	位 置	层位关系	现 状	坑口形状	结 构	填 土	包含物（未注明者皆陶质）	期段
H67	T0832 等四方西部	⑤层下，被④层下H43 打破，打破⑥层	残，进人分外	清理部分近椭圆形	直壁微斜，平底。长径大于2.1，短径2.2，深0.5米	青灰色土夹杂零星红烧土块及木炭屑，土质较硬	出土物有动物骨骼、器圈足1等，另有釜等	早期晚段
H68	T1032 等四方西南部	⑤层下，打破⑥层	完整	不规则形	斜壁，局部直壁，平底。长1.54、宽1.24、深0.82米	黄褐色土夹杂零星红烧土颗粒、炭屑，土质较硬	另有个别釜残片	早期晚段
H69	T1032 等四方中部偏西	⑤层下，打破⑥层	完整	不规则形	斜壁，平底。长1.5、宽1.12、深1.16米	黄褐色土夹杂零星红烧土颗粒，土质较硬	出土物有罐1（Hb）、钵（Aa）等	早期晚段
H70	T1032 等四方西南部	⑤层下，打破H71和⑥层	完整	近圆形	斜壁，平底。直径1.1~1.38米	分为两层，①层褐色土，夹杂少量红烧土块，厚0.45~0.65米。基本未见出土物。②层黑褐色土夹杂大量红烧土颗粒及草木灰、骨渣等，土质松软，厚0.55~0.75米	②层出土物有钵2（AaⅠ、BⅡ1）、纺轮1（A）、釜1（Ja）、石锛1（AaⅠ）等	早期晚段
H71	T1032 等四方东南部	⑤层下，被H70、H72 以及 F6D84、D85、D86、D87、D91、D92、D93、D98 打破，打破⑥层	完整	不规则形	斜壁，平底。长6、宽4.3、深0.42米	黑灰色土，土质较硬	出土物有纺轮1（A）、釜2（EⅡ1、Ja1）、石锛1（BⅠ）及动物骨骼等	早期晚段
H72	T1032 等四方东南部	⑤层下，打破H71和⑥层	完整	近圆形	斜壁，平底。直径0.9~0.98、深1.38米	黑褐色土，土质松软	另有个别釜残片等	早期晚段
H73	T1232 等四方西部偏北	⑤层下，打破H82和⑥层	完整	近椭圆形	斜壁，平底。长径0.9、短径0.8、深0.3米	大小不一红烧土块，土质较硬	另有个别釜残片等	早期晚段

续附表一

编号	位置	层位关系	现状	坑口形状	结构	填土	包含物（未注明者皆陶质）	期段
H74	T1232 等四方西南角、T1032 等四方东南角	⑤层下，打破⑥层	完整	不规则形	斜直壁，有台坡，底部有两个深坑。长3.1，宽1.6，深0.3~1.1米	灰褐色土夹杂少量烧土颗粒，土质较软	出土物有磺形器1，匜口1，钵1（Ab）等	早期晚段
H75	T1232 等四方西部	⑤层下，打破⑥层	完整	不规则形	斜直壁，有台坡，底部有两个深坑。长2.66，宽2，深0.6~1.18米	黄褐色土夹有烧土颗粒，土质较软	出土物有网坠2（Ab），另有釜、罐等残片	早期晚段
H76	T1232 等四方南部	⑤层下，打破⑥层	完整	不规则形	斜直壁，底部有五个深坑。长4.3、宽1.65，深0.3~1.3米	灰褐色土，含较多红烧土颗粒。	另有釜、罐等残片	早期晚段
H77	T1232 等四方中部	⑤层下，打破⑥层	完整	不规则形	斜直壁，并有三个深坑。长2.6、宽1.1，深0.2~0.9米	黄褐色土含有较多烧土颗粒，土质较硬	另有个别釜等残片	早期晚段
H78	T1232 等四方北部	⑤层下，打破⑥层	完整	近椭圆形	坑一边壁直一边斜，斜坡坡底。长径1.66、短径1.3，深0.6~0.8米	灰褐色土，土质较软	另有釜、罐、盆等	早期晚段
H79	T1232 等四方中部偏北	⑤层下，打破⑥层和⑥层	完整	不规则形	斜直壁，有三个深坑。长4.25、宽1.4，深0.22~1.1米	灰褐色土夹红烧土颗粒，土质较软	出土物有器把1（AbⅡ）等	早期晚段
H80	T1232 等四方东部偏南	⑤层下，打破⑥层和⑥层	完整	不规则形	微斜壁，底部有两端有两个直壁深坑。长1.92、宽0.75，深0.3~0.8米	黄褐色土含有烧土颗粒，土质较硬	另有个别釜等残片	早期晚段

续附表一

编号	位置	层位关系	现状	坑口形状	结构	填土	包含物（未注明者皆陶质）	期段
H81	T1232等四方南部、T1230等四方东北部	⑤层下，打破⑥层。局部被G1打破	完整	不规则形	斜壁，底部有台坡，并有两个深坑。长2.32，宽0.7，深0.28~0.8米	灰褐色土含有较多烧土颗粒，土质较硬	另有个别釜、盆等残片	早期晚段
H82	T1232等四方西北部、T1032等四方东北部	⑤层下，被H73打破，打破⑥层	完整	不规则形	斜直壁，底部有台坡，有一块大石头，并有三个深坑。长4.48，宽1.72，深0.28~0.95米	褐色土夹杂烧土颗粒，土质较硬	另有个别罐等残片	早期晚段
H83	T1232等四方西北部	⑤层下，打破⑥层	完整	不规则形	斜直壁，底部有台坡，并有两个深坑。长3.56，宽2.04，深0.44~1.25米	褐色土夹杂烧土颗粒，土质较硬	另有个别釜、豆等残片	早期晚段
H84	T0832等四方东南部、T1032等四方西南部	⑤层下，被F6D71打破，打破⑥层	完整	近圆形	斜壁，平底。直径1.3，深0.78米	填灰黑色土夹杂红烧土颗粒及草木灰，土质较硬	出土物有龟甲等动物骨骼，另有釜、罐、盖等	早期晚段
H85	T1032等四方东北部	⑤层下，被F6D88打破，打破⑥层	完整	椭圆形	斜壁，平底。长径2，短径1.1，深0.94米	灰褐色土，夹杂石块和兽骨，土质较硬	出土物有釜1（FⅢ）等	早期晚段
H86	T1232等四方东部	⑤层下，南部被H80打破，打破⑥层	完整	近椭圆形	壁一边较直，一边较斜，平底。长径约1.2，短径0.88，深0.98米	灰褐色土夹较多红烧土颗粒，土质较硬	另有个别瓶、盆等残片	早期晚段
H87	T1232等四方东北部、T1334南部	⑤层下，被H79打破，打破⑥层，并被④层下H97局部打破	完整	不规则形	近直壁，平底。长2.8，宽2.2，深0.25米	红褐色土夹大量红烧土颗粒，土质较硬	出土物有器盖1（E）、釜1（Da）等	早期晚段

续附表一

编号	位置	层位关系	现状	坑口形状	结构	填土	包含物（未注明者皆皆陶质）	期段
H92	位于南扩方西北角,局部在T0832等四方西南角	②b层下,打破③层	完整	近椭圆形	斜壁,平底。长径1.3、短径1.2、深0.72米	灰黑色土,土质松软	另有个别鼎、豆等	晚期晚段
H93	南扩方西部	②b层下,打破③层	完整	近椭圆形	斜壁,平底。长径2.32、短径1.18、深0.44米	灰黑色土夹杂白斑点,土质松软	另有个别平底器残片等	晚期晚段
H94	南扩方南部	②b层下,打破③层	残,进入探方外	不规则形	直壁,平底。长2.5、宽1.6,深0.2米	灰黑色土夹杂白斑点,土质较硬	出土物有豆圈足1（Ⅲ）等	晚期晚段
H95	位于T1334东南部、T1232等四方西北部	③层下,打破④层	完整	近长方形	直壁,底略平。长2.48、宽0.54,深0.58~0.68米	灰黑色土夹杂大量白斑点和草木灰,土质松软	出土物有圈足1（B）、鼎足2（Aa1、Da1）等	晚期晚段
H96	T1032等四方西部、T0832等四方东部	⑤层下,打破⑥层	完整	不规则形	直壁,底部有平台,并有两深坑。长2.5、宽0.94,深0.32~0.75米	可分两层,①层黑色土与红烧土的混合物。土质松软,厚0.35米。出土物为陶片和兽骨。②层黄褐色土,土质较硬,厚0.42米。基本不见出土物	①层出土有釜6（BⅡ3、Da1、Ja1、Jb1）等	早期晚段
H97	T1334西南部、T1234东南部	④层下,被M30、M31、M247、M248叠压,被M253、M254、M255、M256、F5D185打破,打破⑤层	完整	不规则形	微斜壁,平底。长3.62、宽2.25,深0.5米	灰黑色土夹杂大量草木灰,土质松软	另有釜等残片	早期晚段
H98	位于南扩方东北部、T1032等四方西南部	④层下,被M258叠压,被M257打破,打破⑤层	完整	不规则形	斜壁,平底,底部有一深坑。长2.7、宽1.9,深0.4~1.35米	可分两层,①层红烧土,土质松软,夹少量褐色土,厚0.15米。②层红烧土夹杂零星红烧土。土质较硬,厚0.25~1.2米,陶片较多	②层出土物有小罐2（AⅡ1、BⅡ1）、罐1（EⅡ1、GⅢ2）、鼎1（EⅡ1、AⅣ1、EⅡ1、GⅢ2）、豆圈足1（BⅠ）、豆盘1（DⅡ）等	中期

续附表一

编号	位　置	层位关系	现　状	坑口形状	结　构	填　土	包含物（未注明者皆陶质）	期段期段
H99	南扩方西部	④层下，打破⑤层	完整	近圆形	直壁，平底。直径0.92～1.04,深0.58米	黑褐色土夹杂少量红烧土颗粒,土质松软	出土物有碗1（AⅡ），鼎足1（Aa），残石锛1等	中期
H100	南扩方南部	④层下，打破⑤层	残，进入方外	清理部分为不规则形	直壁，平底,底部有两深坑,并有一大石块。长4.残宽2.94，深0.84～1.65米	黑褐色土夹杂大量红烧土颗粒,土质较硬	出土物有盉2（BaⅠ1，BbⅠ1），器盖1（C），支座1（B），器把1（BⅡ）等	早期晚段
H101	位于T1334东南角,T1232等四方东北角	⑤层下，打破⑥层	略残,进入隔梁	近圆形	斜壁,圜底。直径0.98～1.16,深0.36米	灰黑色土夹杂草木灰,土质松软	出土物有拍1,匜口1,罐1（AⅠ）等,另有釜、盖等	早期早段
H102	南扩方中部	⑤层下，打破⑥层	完整	近圆角方形	直壁，平底。长1.16,宽1.08,深0.5米	黑褐色土夹杂大量红烧土颗粒,土质较松	出土物有豆圈足1（Ⅰ）等,另有其他器物残片	早期晚段

附表二

神墩遗址马家浜文化灰坑出土陶片陶系统计表

陶系＼单位	夹蚌				泥质				夹砂		灰陶	夹炭	总计
	红陶	褐陶	红衣陶	黑衣陶	红陶	红衣陶	灰陶	白陶	红陶	褐陶	灰陶	褐陶	总计
H35	26	20	28	4	1	1	1				1		82
H41	204	306	138	121	1		1		1			1	773
H43	168	184	87	38					3	5			485
H46	3	4						1					8
H98	49	57	62	26						20			214
H99	4	7	4										15
总计	454	578	319	189	2	1	2	1	4	25	1	1	1577
百分比%	28.79	36.65	20.23	11.98	0.13	0.06	0.13	0.06	0.25	1.59	0.06	0.06	
总计	1540				5				31			1	
百分比%	97.65				0.32				1.97		0.06	0.06	100.00

附表三　　神墩遗址主发掘区第③层出土陶片陶系统计表

探方＼陶系	夹蚌 黑衣陶	夹蚌 红陶	夹蚌 褐陶	夹蚌 灰陶	夹蚌 红衣陶	夹蚌 黑衣陶	夹炭 白陶	夹炭 红陶	夹炭 褐陶	夹炭 灰陶	夹炭 红衣陶	夹砂 黑衣陶	夹砂 红陶	夹砂 褐陶	夹砂 红衣陶	泥质 灰陶	泥质 红陶	泥质 褐陶	泥质 灰陶	泥质 红衣陶	总计
T0832等南扩方	85	170		34	16	7							4	2		13	14	1	7	4	357
T1130等两方	182	512	9	77	40	5						9	4	2		8			23		871
T1230等四方	48	306	4	14	7	3						1	6			14	13	22	4	4	433
T0832等四方	385	813	22	95	53	10						8	11	4		13			4	2	1433
T1032等四方	560	1466		207	98	10	4	6		10	4	20	35	5		38	109		23	21	2616
T1232等四方	453	837		192	106		11	15		11		10	37	6							1667
T0834等四方	432	1079	53	85	99			36		18		20	66	2		64	161	58	9	49	2242
T1034等四方	316	946	8	73	60		3					9	23	3		33	31		14	21	1537
T1234	91	998	16	37	30	3		5	1			8			5	16		10	6		1229
T1334	392	517	11	187	180							20	17	8		21	16		5	4	1378
T1235	295	151	49	43				2	5	4		23		1		30	20		1		617
T1335	200	51	67	15			11			24		13			3	40	6		18	11	466
总计	3439	7846	239	1059	689	38	29	64	6	67	4	141	203	33	8	290	370	91	114	116	14846
百分比%	23.17	52.85	1.61	7.13	4.64	0.26	0.20	0.43	0.04	0.45	0.03	0.95	1.37	0.22	0.05	1.95	2.49	0.61	0.77	0.78	
总计	13310						170					385				981					
百分比%	89.65						1.15					2.59				6.61					

附表四　神墩遗址主发掘区第④层出土陶片陶系统计表

陶系　探方	夹蚌 黑衣陶	红陶	褐陶	灰陶	红衣陶	黑衣陶	夹炭 白陶	红陶	褐陶	灰陶	红衣陶	夹砂 黑衣陶	红陶	褐陶	红衣陶	灰陶	泥质 红陶	褐陶	灰陶	红衣陶	总计
T0832 等南扩方	150	270		81	41							4	13	1		2	2		2	2	568
T1130 等两方	236	340	8	59	47								2	2					4		698
T1230 等四方	79	345		41	18	3							2			1	7	12	3	2	513
T0832 等四方	1433	1458	16	544	291			4		2		12	16	6		7	3		4	2	3798
T1032 等四方	381	839		273	135	8				5	11	10	15				3		2	2	1684
T1232 等四方	346	403		256	123							9	12			4	4				1157
T0834 等四方	694	5257	76	705	175	26						39	58			13	17		8	8	7050
T1034 等四方	540	3557	62	365	238					1	4	15	46			11	29				4902
T1234	206	784	18	57	57		1			7		5	4							1	1125
T1334	64	121		108	47					1						3					354
T1235	665	222	69	78								23			21	65	13	13	12	5	1176
T1335	478	223	47	113			22	3				33				28		5			972
总计	5272	13819	296	2680	1172	37	26	7		16	15	150	168	9	21	134	78	30	45	22	23997
百分比%	21.97	57.59	1.23	11.17	4.88	0.15	0.11	0.03		0.07	0.06	0.63	0.7	0.04	0.09	0.56	0.33	0.13	0.19	0.09	
总计	23276						64					348					309				
百分比%	97						0.27					1.45					1.29				

附表五

神墩遗址主发掘区第⑤层出土陶片陶系统计表

陶系 / 探方	夹蚌					夹炭						夹砂			泥质				总计
	红陶	褐陶	灰陶	红衣陶	黑衣陶	白陶	红陶	褐陶	灰陶	红衣陶	黑衣陶	红陶	褐陶	灰陶	红陶	灰陶	红衣陶	黑衣陶	
T0832 等南扩方	101	380		85	27		2					2							597
T1130 等两方	170	334		59	22							6	1						592
T1230 等四方	29	56	3	3															91
T0832 等四方	168	141		15	11	3									1				338
T1032 等四方	154	532		81	16														783
T1232 等四方	267	402		111	20			5		1				2	1	1			806
T0834 等四方	653	1890	16	124	15					1		6							2705
T1034 等四方	232	2552		215	21			4					1				2	2	3029
T1234	46	201		16	2		4												265
T1334	115	127		34	9							6							289
T1235	369	80	20	15				18	4										470
T1335	318	127		6															493
总计	2622	6822	39	764	143	3	6	29	4	1		14	2	2	2	1	2	2	10458
百分比%	25.07	65.23	0.37	7.31	1.37	0.03	0.06	0.28	0.04	0.01		0.13	0.02	0.02	0.02	0.01	0.02	0.02	
总计	10393					40						18			7				
百分比%	99.38					0.38						0.17			0.07				

附表六

神墩遗址主发掘区第⑥层出土陶片陶系统计表

陶系＼探方	夹蚌						夹炭			总计
	红陶	褐陶	灰陶	红衣陶	黑衣陶	白陶	红陶	褐陶	灰陶	
T0832 等南扩方										
T1130 等两方	57	103		23	9					192
T1230 等四方	25	57		2						84
T0832 等四方	110	114		28	13		3			268
T1032 等四方	37	131		12	2					182
T1232 等四方	106	166		46	7			3		328
T0834 等四方	46	502	4	13	1		1	1		568
T1034 等四方	7	34								41
T1234	4	19								23
T1334										
T1235										
T1335										
总计	392	1126	4	124	32		4	4		1686
百分比%	23.25	66.79	0.24	7.35	1.9		0.24	0.24		
总计	1678						8			
百分比%	99.53						0.47			

附表七

神墩遗址马家浜文化墓葬登记表

墓号	位置	层位关系	形状	墓向	填土	葬式	单人一次葬或合葬	头向	面向	性别年龄	陶器	石器	玉器	特殊现象	时段
M1	T1235东南部	④层下，⑤层表		77°		侧身交肢	单人一次葬	头向东	面向北	成年	纺轮1（Ca）				四段
M2	T1234北部	④层下，打破⑤层。西部被③层下H12打破	长方形竖穴土坑	88°	灰褐色土，较为松软	侧身直肢	单人一次葬	头向东	面向北	成年男性					
M3	T1235西南部	④层下，⑤层表		87°		交肢	单人一次葬	头向东		成年					
M4	T1235西南部	④层下，打破⑤层，东北角被①层下H1打破	近长方形竖穴土坑	90°	灰褐色土，较为松软	仰身直肢微侧	单人一次葬	头向东	面向北	成年男性	罐1（CI）	锛3（Ac1, Bb1, Bd1）			三段
M5	T1235西部、T1034等四方东北部	④层下，打破⑤层	长方形竖穴土坑	76°	灰褐色土，较为松软	仰身直肢	单人一次葬	头向东	面向上	男性，25岁左右		锛4（Ac2, Bc1, 残1）			三段
M6	T1034等四方北部	④层下，⑤层表		90°		侧身	单人一次葬	头向东	面向北	成年				在头骨北部相距30厘米处有一残头骨	
M7	T0834等四方东南角	④层下，叠压H21和⑤层表		90°		个体I、II侧身，个体III侧身微屈肢	合葬墓	头向均向东	面向均向北	个体I男性（30岁），个体II成年（25～30岁，个体III男性（25～30岁）	豆1（B）			个体I头下枕有1伴豆盘	四段
M8	T0834等四方东南部	④层下，叠压H21和⑤层表		82°		侧身	单人一次葬	头向东	面向北	成年男性（?）		石片1			四段

续附表七

墓号	位置	层位关系	形状	墓向	填土	葬式	单人一次葬或合葬	头向	面向	性别年龄	随葬品			特殊现象	时段
											陶器	石器	玉器		
M9	T1034 等四方的中部偏南	④层下，叠压 F5D51 和⑤层表		115°		下肢交腿	单人一次葬	头向东		成年男性					
M10	T1234 的西北部，局部进入 T1034 等四方东部	④层下，被 H12、H19 和 F1D7 打破，打破 H16 和⑤层	不太规整的长梯形的竖穴土坑	90°	黄褐色土，夹大小不等的红烧土块	个体Ⅰ可能二次葬，个体Ⅱ侧身，个体Ⅲ仰身直肢	合葬墓	个体Ⅱ头向东	个体Ⅱ可能向北	个体Ⅰ成年男性，个体Ⅱ成年，个体Ⅲ成年（25岁）	鼎1（BⅢ）			个体Ⅲ头骨处以石块代替，个体Ⅲ身体南侧有1个残头骨和2块骨片	四段
M11	T1234 中部偏南	④层下，⑤层表		80°		仰身直肢	单人一次葬	头向可能向东		成年	鼎1（DⅢ）				四段
M12	T1234 中部偏南	④层下，⑤层表		90°		个体Ⅰ仰身直肢，个体Ⅱ可能为二次葬	疑似合葬墓	个体Ⅰ头向东	个体Ⅱ可能朝南	个体Ⅰ成年，个体Ⅱ未成年	圈足1		块1（B）		四段
M13	T1234 西南部	④层下，⑤层表		110°		个体Ⅰ侧身，个体Ⅱ可能为二次葬	疑似合葬墓	个体Ⅰ头向东	个体Ⅰ面向北	个体Ⅰ成年					
M14	T0834 等四方东南部	④层下，叠压 H21		90°		侧身屈肢	单人一次葬	头向东	面向北	成年					
M15	T0834 等四方南部	④层下，⑤层表		105°		仰身交肢微侧	单人一次葬	头向东		成年	釜1（C）				四段
M16	T0834 等四方的中部偏南	④层下，⑤层表		105°		个体Ⅰ侧身交肢，个体Ⅱ可能为二次葬	疑似合葬墓	个体Ⅰ头向东	个体Ⅰ面向北	个体Ⅰ成年，个体Ⅱ未成年	罐2（AⅡ1、CⅢ），纺轮1（A）				四段
M17	T0834 等四方的东南部	④层下，叠压 F5D17 和⑤层表		81°		侧身反向弯折肢	单人一次葬	头向东	面向北	成年女性（?）				反向弯折肢	

续附表七

墓号	位置	层位关系	形状	墓向	填土	葬式	单人一次葬或合葬	头向	面向	性别年龄	随葬品			特殊现象	时段
											陶器	石器	玉器		
M18	T1034 等四方的南部	④层下，⑤层表		约90°		个体I仰身直肢，个体II侧身交肢，个体III侧身，个体IV二次葬	疑似合葬墓	个体I、II、III头向均向东	个体I面向北，个体II无头骨，个体III面向东北，个体IV不明	个体I成年男性，个体II成年男性（30~35），个体IV成年		锛3（Bd2，残1）			四段
M19	T1034 等四方的西南角	④层下，叠压 F5D39 和⑤层表		115°		仰身	单人一次葬	头向东	面向上	成年男性（?）					
M20	T1034 等四方的西南部	④层下，⑤层表		90°		仰身交肢微侧	单人一次葬	头向东	面向上	成年女性	鼎1（BcⅢ）		璜2（C2）	头下枕有股骨和胫骨、腓骨	四段
M21	T1034 等四方的西南部	④层下，叠压 F5D50 和⑤层表		116°		仰身微侧	单人一次葬	头向东偏南	面向北	成年	豆1（B），釜底1				四段
M22	T1034 等四方的西部	④层下，叠压 M36 和⑤层表		93°		侧身略俯	单人一次葬	头向东	面向北	成年					
M23	T1034 等四方的北部	④层下，叠压 F5D44 和⑤层表		102°		侧身屈肢	单人一次葬	头向可能向东		成年					
M24	T1034 等四方的中部偏西	④层下，⑤层表		个体I方向80°，个体II方向105°		均侧身略俯	疑似合葬墓	个体I头向东偏北，个体II头向东偏南	个体I面向北，个体II面向东北	均为成年	纺轮1（A）				四段
M25	T1034 等四方的南部	④层下，⑤层表		81°		仰身微侧	单人一次葬	头向东	面向北	成年男性（?）	纺轮1（A）				四段

续附表七

墓号	位置	层位关系	形状	墓向	填土	葬式	单人一次葬或合葬	头向	面向	性别年龄	陶器	石器	玉器	特殊现象	时段
M26	T1034等四方的东南部	④层下，叠压F5D62和⑤层表		90°		仰身直肢微侧	单人一次葬	头向东	面向北	成年男性					
M27	T0834等四方的中部偏南	④层下，叠压H26和⑤层表		90°		可能为二次葬，骨骼散乱，大体摆放似仰身	单人二次葬	头向东	面向北上	成年					
M28	位于T0834等四方的东部	④层下，⑤层表		90°		俯身反向弯折肢	单人一次葬	头向东	面向南下	成年女性					
M29	T0834等四方的东部	④层下，叠压打破⑤层的M37上		100°		仰身反向弯折肢	单人一次葬	头向可能朝东		成年男性				胫骨压于股骨之下	
M30	T1234的东部	④层下，叠压M256和⑤层表		90°		仰身直肢	单人一次葬	头向东		成年					
M31	T1234的东部	④层下，叠压M256、H97和⑤层表		90°		个体I仰身直肢，个体II可能为二次葬	疑似合葬	个体头向可能朝东		个体I成年					
M32	T1234的南部	④层下，破③层表F1D9和④层下小坑打破，打破F5D179	长方形竖穴土坑	82°	灰褐色土	仰身直肢	单人一次葬	头向东	面向北	成年	罐1（Da）				四段
M33	T1034等四方的西南角	④层下，⑤层表		97°		俯身交颈	单人一次葬	头向东	面向南	成年男性（25~30岁）	纺轮1（A）				四段
M34	T1034等四方的南部偏西	④层下，打破⑤层	不太规整的长方形竖穴浅土坑	90°	黑灰色土	仰身直肢	单人一次葬	头向东	面向南	16~17岁					

续附表七

墓号	位置	层位关系	形状	墓向	填土	葬式	单人一次葬或合葬	头向	面向	性别年龄	随葬品 陶器	随葬品 石器	随葬品 玉器	特殊现象	时段
M35	T1034 等四方的中部	④层下，打破F5D47 和⑤层	长方形竖穴浅土坑	118°	黄褐色土，夹红烧土颗粒	侧身	单人一次葬	头向东偏南	面向南	成年					
M36	T1034 等四方的西部	④层下，被 M22 叠压，打破⑤层	长方形竖穴浅土坑	70°	灰褐色土	个体I仰身直肢，个体II侧身微屈次葬	合葬墓	个体I头向东偏北，个体II头向东	均面向北	个体I成年男性（30岁左右），个体II成年男性	纺轮 1（A），罐 1（DbI）				三段
M37	T0834 等四方的东部	④层下，被 M29 叠压，打破⑤层	不太规整的长圆形坑	100°	黑褐色土，夹杂少量红烧土粒	俯身交肢	单人一次葬	头向东偏南	面向北	成年男性	鼎 1（H）				三段
M38	T1034 等四方的东部	④层下，叠压F5D59		90°		仰身直肢	单人一次葬	头向东	面向北	成年	圈足罐 1（CII）				四段
M39	T1034 等四方的东部	④层下，⑤层表		90°		侧身微俯	单人一次葬	头向东	面向南下	成年				北侧多余部分肢骨	
M40	T1034 等四方的东部	④层下，⑤层表		90°		侧身交肢	单人一次葬	头向东	面向南	成年男性（？）					
M41	T1034 等四方的东南部	④层下，叠压F5D60 和⑤层表		96°		仰身直肢	单人一次葬	头向东	面向南	成年，25岁左右	纺轮 1（Cb）				
M42	T1034 等四方的东南部	④层下，⑤层表		90°		仰身直肢	单人一次葬	头向可能向东	面向南	成年					
M43	T1034 等四方的东南部	④层下，⑤层表		90°		侧身直肢微俯	单人一次葬	头向东	面向南	成年女性	罐 1（Da），圈足罐 1（CI）			头顶外侧多余 3 根肢骨	四段
M44	T1034 等四方的东南部	④层下，⑤层表		98°		侧身屈肢微俯	单人一次葬	头向东	面向北下	成年					四段

续附表七

墓号	位置	层位关系	形状	墓向	填土	葬式	单人一次葬或合葬	头向	面向	性别年龄	随葬品			特殊现象	时段
											陶器	石器	玉器		
M45	T1034 等四方的东南部	④层下，⑤层表				二次葬	单人二次葬		面向东		成年男性				仅余头骨	
M46	T1034 等四方的东南部	④层下，⑤层表				二次葬	单人二次葬		面向西		成年	罐1（Da）				四段
M47	T1034 等四方的东南部	④层下，⑤层表		92°		侧俯身交肢	单人一次葬	头向东	面向南		成年女性（?）	纺轮1（A）			仅余头骨	四段
M48	T1034 等四方的南部的北部 T1032 等四方的东北角	④层下，⑤层表		90°		二次葬	单人二次葬				成年					
M49	T1034 等四方的东南角，T1032 等四方的东北角	④层下，打破⑤层，西部被③层表 F1D3 打破	长方形竖穴土坑	99°	灰褐色土，较为松软	仰身直肢	单人一次葬	头向东偏南	面向上	成年男性，30岁					
M50	T0834 等四方的东北部	④层下，⑤层表		90°		侧身	单人一次葬	头向东	面向北	未成年					
M51	T1034 等四方、T1234、T1032 等四方和T1232 等四方的交接处	④层下，打破 M56 和⑤层	近长方形竖穴土坑	90°	灰褐色土	仰身直肢	单人一次葬	头向东	面向南	成年女性	纺轮1（A）				四段

续附表七

墓号	位置	层位关系	形状	墓向	填土	葬式	单人一次葬或合葬	头向	面向	性别年龄	随葬品			特殊现象	时段
											陶器	石器	玉器		
M52	T0834 等四方的西南部	④层下，打破 H26 和⑤层	长方形浅竖穴斜壁平底土坑	109°	黑灰色土，内夹红烧土块和炭粒	侧身屈肢	单人一次葬	头向东	面向北	成年男性（25~30岁）	器盖 1（Ab），罐 1（AⅡ）	锛 1（Bd）			三段
M53	T1034 等四方的东北部	④层下，⑤层表		78°		可能为二次葬	单人一次葬				罐 1（Da），纺轮 1（A）				四段
M54	T0834 等四方的西南部	④层下，打破 H26、F5D10 和⑤层	不规则形浅竖穴直壁平底土坑	116°	黑灰色土，内夹红烧土块和炭粒	仰身屈肢微侧	单人一次葬	头向东偏南	面向北	成年女性（25~30岁）					四段
M55	T0834 等四方的南部、T0832 等四方的北部	④层下，打破 H26 和⑤层	长方形浅竖穴斜直壁平底土坑	90°	黑灰色土，内夹红烧土块和炭粒	侧身直肢	单人一次葬	头向东	面向北	成年男性，30岁左右	鼎 1（AaⅢ）	锛 2（Aa1、Ab1）	璜 1（C），块 1（A）		四段
M56	T1034 等四方、T1234、T1032 等四方和 T1232 等四方交接处	④层下，被 M51 打破，打破⑤层	长方形竖穴坑	90°	黄褐色土	仰身直肢	单人一次葬	头向东	面向北下	成年男性					
M57	T0834 等四方的东部、T1034 等四方的西部	④层下，打破⑤层	长方形浅竖穴浅坑	90°	黑灰色土	直肢	单人一次葬			成年男性					
M67	T0832 等四方的中部偏北	④层下，⑤层表	长方形竖土坑	80°		二次葬	单人二次葬			成年	鼎 1（DⅡ）				四段

续附表七

墓号	位置	层位关系	形状	墓向	填土	葬式	单人一次葬或合葬	头向	面向	性别年龄	随葬品			特殊现象	时段
											陶器	石器	玉器		
M68	T0832 等四方 的中部偏北	④层下，叠压 M155 和⑤层表		85°		二次葬	单人二次葬			成年男性					
M69	T1232 等四方 的西南部	④层下，叠压 M178、M186、M227 和⑤层		101°		侧身屈肢	单人一次葬	头向东	面向北	成年男性	圈足罐1（CⅡ）				四段
M70	T1032 等四方 的西北部	④层下，叠压 F5D134 和⑤层层表		90°		仰身直肢	单人一次葬	头向东	面向北	成年					
M71	T0832 等四方 的东北部和 T1032 等四方 的西北部	④层下，叠压 M205 和⑤层表		90°		直肢	单人一次葬	头向可能朝东		成年					
M72	T1130 等两方 的北部	④层下，被 H35 打破，叠压 M88、M142 和⑤层		90°		个体Ⅰ、Ⅱ均侧身	疑似合葬墓	头向均向东	个体Ⅰ面向南，个体Ⅱ面向北	均未成年					
M73	T1032 等四方 的东部	④层下，叠压 M124、F5D175 和⑤层表		90°		侧身屈肢	单人一次葬	头向东	面向北	男性，30~35 岁左右	罐 2（AⅡ1、CⅢ）、圈足罐 1（CⅡ）				四段
M74	T1032 等四方 的东部	④层下，叠压 M123、M124 和⑤层		90°		侧身交肢	单人一次葬	头向东	面向北	成年					
M75	T1032 等四方 的东部	④层下，叠压 M116、M117、M172 和⑤层层表		80°		侧身屈肢	单人一次葬	头向东	面向北	成年		锛 3（Ad1、Bc1，残 1）			四段

续附表七

墓号	位置	层位关系	形状	墓向	填土	葬式	单人一次葬或合葬	头向	面向	性别年龄	随葬品 陶器	随葬品 石器	随葬品 玉器	特殊现象	时段
M76	T1032 等四方的中部	④层 下，叠 压 M159，和 ⑤层表		90°		个体I、II均为仰身直肢	疑似合葬墓	均头向东	个体I面向北、个体II面向南	个体I成年、个体II幼年	罐 1（AI），鼎 1（Bd Ⅲ），器盖 1（C）			个体II头骨处有1块石头	四段
M77	T1232 等四方的东北部	④层下，打破 M133，M170，H55，F5D205，F5D209，F5D210 和⑤层	不太规整的长方形直壁浅竖穴土坑	100°	灰褐色土，夹有较多的红烧土颗粒	个体I仰身直肢、个体II可能为二次葬、个体III侧身直肢	合葬墓	个体I头向东、个体III头可能朝东	面向不明	均为成年	纺轮 1（A）	锛 1 残			三段
M78	T1232 等四方的北部	④层，被③层表打破 M133，打破 M179，F5D187，F5D204，F5D205和⑤层	不太规整的长方形直壁浅竖穴土坑	100°	灰褐色土	个体I俯身直肢、个体II可能为二次葬	合葬墓	个体I头向东	个体I面向下	个体I成年、个体II男性 25 岁左右	鼎 1（DI）	刀 1，磨砺石 1			三段
M79	T0832 等四方的东部	④层下，叠压 M199，F5D114 和⑤层表		约99°		可能为二次葬	单人二次葬	头向东			釜 1（Ab），鼎 1（Bd Ⅲ）	锛 1（Ac）			四段
M80	T1232 等四方的西部	④层下，打破 M190 和⑤层表		80°		仰身微侧	单人一次葬	头向东	面向北	成年	鼎 3（Aa Ⅲ 1，G1，残 1），纺轮 1（A），器盖 1（Bb）	花石子 5			四段
M81	T1232 等四方的中部偏西	④层下，打破 F5D197 和⑤层	长方形直壁竖浅土坑	80°	灰褐色土	仰身直肢微侧	单人一次葬	头向东	面向北	成年	钵 1（Ab）				三段
M82	T1232 等四方西南部	④层下，打破 M146，F5D206 和⑤层	长方形直壁竖穴土坑	78°	灰褐色土	仰身直肢	单人一次葬	头向东	面向上	成年		锛 1（Bc），凿 1（Ab）			三段

续附表七

墓号	位置	层位关系	形状	墓向	填土	葬式	单人一次葬或合葬	头向	面向	性别年龄	陶器	石器	玉器	特殊现象	时段
											随葬品				
M83	T1232等四方的南部	④层下，被G1和H32打破，打破M228、F5D206和⑤层	长方形直壁浅竖土坑	87°	灰褐色土	个体I仰身直肢，个体II侧身微屈肢	合葬墓	个体I头向可能朝东、个体II头向东		个体I、II均成年	纺轮2 (A2)	铲2（Aa1、Ac1）			三段
M84	T1032等四方的北部	④层下，打破F5D149和⑤层	长方形直壁竖穴土坑	90°	黑褐色土	仰身直肢微侧	单人一次葬	头向东	面向北	男性，30岁左右		凿1 (Ac)			三段
M85	T1032等四方的北部	④层下，叠压F5D149、F5D161和⑤层表		90°		仰身直肢	单人一次葬	头向东	面向南	成年	鼎1 (CaⅢ)				四段
M86	T1032等四方的北部偏东	④层下，叠压F5D162和⑤层表		90°		可能为二次葬	单人二次葬				器盖1 (Ba)、罐1 (E)				四段
M87	T1032等四方的北部偏东	④层下，打破M162、F5D162和⑤层	不太规整的长方形直壁竖穴土坑	90°	黑褐色土夹红烧土颗粒	侧附身直肢	单人一次葬	头向东	面向南	成年女性（?）	鼎1 (CaⅡ)				三段
M88	T1130等两方的东北角	④层下，叠压被H34打破，打破M142、M111和⑤层	不太规整的长方形直壁竖穴土坑	82°	灰褐色土	仰身交肢微侧	单人一次葬	头向东	面向北	男性，30岁左右	罐1 (AⅡ)		管6、璜1 (A)		三段
M89	T1230等四方的西北部、T1130等两方的东北部	④层下，打破⑤层	不太规整的长方形直壁竖穴浅土坑	93°	灰褐色土夹少量红烧土颗粒	仰身直肢	单人一次葬	头向东	面向南上	成年女性，25~30岁左右				下肢上放置盆骨	
M90	T1230等四方的西部	④层下，被G1和H34打破，打破⑤层	不太规整的长方形直壁竖穴浅土坑	80°	灰褐色土夹少量红烧土颗粒	仰身直肢	单人一次葬	头向东		成年					

续附表七

墓号	位置	层位关系	形状	墓向	填土	葬式	单人一次葬或二次合葬	头向	面向	性别年龄	随葬品			特殊现象	时段
											陶器	石器	玉器		
M91	T1130 等两方的东北部	④层下，被H34打破，打破⑤层	不太规整的长方形直壁竖穴浅土坑	110°	灰黑色土，夹褐斑和少量红烧土颗粒	侧身直肢	单人一次葬	头向东	面向北	男性，30岁左右	釜1（Aa）	锛3（Ad2、Bc1）			二段
M92	T0832 等四方的东南部	④层下，叠压M99和F5D117、F5D118、H63和⑤层表		80°		侧身直肢	单人一次葬	头向可能朝东		成年男性					
M93	T0832 等四方的东北部	④层下，叠压M176、F5D112和⑤层表		约122°		仰身直肢	单人一次葬	头向东	面向上	未成年，16岁左右					
M94	T1032 等四方的中部偏西	④层下，叠压M154和⑤层表		90°		侧身直肢	单人一次葬	头向东	面向北	男性	鼎1（BdⅡ）				四段
M95	T1032 等四方的中部	④层下，叠压M159和⑤层表		90°		侧身直肢	单人一次葬	头向东	面向南	女性，25~30岁	鼎1（DⅡ）				四段
M96	T1032 等四方的北部	④层下，叠压F5D151和⑤层表		90°		可能为二次葬	单人二次葬			成年					
M97	T1032 等四方的北部偏东	④层下，被M101叠压，叠压F5D165和⑤层表		90°		仰身直肢	单人一次葬	头向东	面向北	成年女性	纺轮1（Ca）、带把钵1				四段
M98	T1130 等两方的中部	④层下，打破H36和⑤层	不太规整的长方形直壁竖穴浅土坑	84°	灰黄色土	仰身直肢	单人一次葬	头向东	面向北	12~13岁左右	圈足罐1（B）				三段

续附表七

墓号	位置	层位关系	形状	墓向	填土	葬式	单人一次葬或合葬	头向	面向	性别年龄	随葬品 陶器	随葬品 石器	随葬品 玉器	特殊现象	时段
M99	T0832 等方部偏南 的东部偏南	④层下，被M92叠压，打破M177、M180、M200、H63、F5D117、F5D118和⑤层	不太规整的长方形直壁浅竖穴土坑	99°	灰褐色土，夹有红烧土和炭粒	仰身直肢	单人一次葬	头向可能朝东		成年男性					
M100	T0832 等方的东南部	④层下，被③层的F8D22打破，打破 M201、H63、F5D119和⑤层	不规则形直壁竖穴土坑	95°	灰褐色土，夹有红烧土和炭粒	个体I侧身直肢，个体II二次葬	疑似合葬墓	个体I头向东	个体I面向北	个体I男性，30岁左右，个体II未成年，16~17岁	网坠1（Aa）			背部垫有2块红烧土块	三段
M101	T1032 等方的东北部	④层下，叠压M97、F5D165和⑤层表		90°		个体I侧身直肢，个体II俯身直肢，个体III二次葬	疑似合葬墓	个体I、II头向均向东	个体I、II均面向北	个体I未成年，个体II男性，25~30岁，个体III成年					
M102	T1232 等方的西北部，T1032 等方的东北部	④层下，叠压M152、F5D174和⑤层		94°		个体I侧身直肢，个体II可能为二次葬	疑似合葬墓	个体I头向东	个体I面向北	个体I男性，个体II成年男性（?），30岁左右	鼎2（AaII、BdI1）				二段
M103	T1232 等方的西北部，T1032 等方的东北部	④层下，叠压M147、F5D182和⑤层表		78°		个体I仰身直肢微侧，个体II可能为二次葬	疑似合葬墓	个体I头向东	个体I面向北	个体I成年	杯I（A II），罐I（A II）				四段

续附表七

墓号	位置	层位关系	形状	墓向	填土	葬式	单人一次葬或合葬	头向	面向	性别年龄	随葬品			特殊现象	时段
											陶器	石器	玉器		
M104	T1232 等四方的西北角	④层下，叠压 F5D180 和⑤层角		87°		屈肢	单人一次葬	头向东	面向北	男性，30~35 岁					
M105	T1032 等四方的中部	④层下，打破 M187 和⑤层	长方形直壁浅竖穴土坑	90°	黑褐色土	仰身直肢微侧	单人一次葬	头向东	面向上	成年女性	纺轮 1（Cc）、釜底 1（C?）				二段
M106	T0832 等四方的东北部	④层下，叠压 F5D92 和⑤层表		90°		侧俯身直肢	单人一次葬	头向东	面向南	成年					
M107	T0832 等四方的东北部	④层下，⑤层表		90°		仰身直肢	单人一次葬	头向东	面向上	未成年					
M108	T0832 等四方的北部	④层下，叠压 H53 和⑤层表		90°		仰身直肢	单人一次葬	头向东	面向上	未成年	罐 1（AⅡ）				四段
M109	T0832 等四方的北部	④层下，打破 F5D82 和⑤层	不太规整的长方形直壁竖穴土坑	80°	灰褐色土，夹有红烧土颗粒和炭渣	侧身直肢微曲	单人一次葬	头向东	面向北上	未成年，13~14 岁	罐 1（AⅡ）				三段
M110	T0832 等四方的东北部	④层下，打破 M176 和⑤层	不太规整的长圆形斜壁竖穴土坑	69°	灰褐色土，夹星星红烧土粒和炭粒	仰身直肢	单人一次葬	头向东	面向北	13~14 岁	鼎 2（BaⅠ、BbⅠ各 1）				二段
M111	T1130 等两方的东北部，T1230 等四方的西北部	④层下，被 M88 和 H45 打破，打破 H46 和⑤层	不规整的长方形直壁竖穴土坑	83°	灰褐色土，夹红烧土颗粒	个体Ⅰ侧身直肢微曲，个体Ⅱ可能为二次葬	合葬墓	个体Ⅰ头向东	个体Ⅰ面向北	个体Ⅰ女性，25~30 岁左右，个体Ⅱ成年	鼎 1（Cb Ⅰ），纺轮 1（A）				二段

墓号	位置	层位关系	形状	墓向	填土	葬式	单人一次葬或合葬	头向	面向	性别年龄	随葬品			特殊现象	时段
											陶器	石器	玉器		
M112	T1032 等四方的东北部	④层下, 叠压 F5D174 和⑤层表		90°		侧身	单人一次葬	头向东	面向北	20~25岁左右					
M113	T1032 等四方的东部	④层下, 叠压 M161, F5D174 和⑤层表		90°		个体I、II均仰身直肢, 个体III可能为二次葬	合葬墓	个体I、II个体I、II均头向东	个体I、II均面向北	个体I、II均男性, 30~35岁, 个体III成年	鼎2 (Bd III, Cb III)				四段
M114	T1032 等四方的东部	④层下, 叠压 M115, M190, F5D174, F5D176 和⑤层		90°		仰身直肢	单人一次葬	头向东	面向南	成年女性	纺轮1 (Cb)				四段
M115	T1032 等四方的东部	④层下, 被 M114 叠压, 叠压 F5D174 和⑤层表		90°		仰身直肢微曲	单人一次葬	头向东	面向北	成年	鼎1 (BaI)				三段
M116	T1032 等四方的东部	④层下, 被 M75, M117 叠压, 叠压⑤层表		90°		侧俯身直肢	单人一次葬	头向东	面向北	25岁左右					
M117	T1032 等四方的中部	④层压, 被 M75 叠压, 叠压 M116, M172 和⑤层表		90°		侧俯身直肢	单人一次葬	头向东	面向北	30岁左右	鼎 1 (Bd III), 纺轮1 残 (Cd)	锛1残			四段
M118	T1032 等四方的东部	④层下, 叠压 F5D174 和⑤层表		90°		二次葬	单人二次葬	头向东		6~7岁	杯1 (II)				四段
M119	T1032 等四方的中部偏东	④层下, ⑤层表		90°		侧身直肢	单人一次葬	头向东		成年					

续附表七

墓号	位置	层位关系	形状	墓向	填土	葬式	单人一次葬或合葬	头向	面向	性别年龄	随葬品			特殊现象	时段
											陶器	石器	玉器		
M120	T1032 等四方的东部	④层下，叠压 M190 和⑤层表		90°		仰身直肢	单人一次葬	头向东		成年	罐1残				四段
M121	T1032 等四方的东部	④层下，⑤层表		90°		仰身直肢	单人一次葬	头向东	面向上	男性，25岁	纺轮2（A1、Cc1）、豆1（B）				四段
M122	T1032 等四方的东部	④层下，叠压 M149、M188 和⑤层		90°		个体I侧附身直肢、个体II、III二次葬	疑似合葬墓	个体I头向东	个体I、II均面向北	个体I成年 男性，个体II男性30~35岁，个体III成年	鼎2（BcIII1、Cd1）				四段
M123	T1032 等四方的东部	④层下，被 M74 叠压，叠压 M124 和④⑤层		90°		仰身直肢微侧	单人一次葬	头向东	面向北	成年		纺轮1残			
M124	T1032 等四方的东部	④层下，被 M73、M74、M123 叠压，打破 F5D175 和⑤层	不太规整的长方形浅竖穴土坑	90°	黑褐色土，夹有红烧土块颗粒	仰身直肢微侧	单人一次葬	头向北	面向北	13~14岁		凿1（Ab）			三段
M125	T0832 等四方的中部	④层下，打破 F5D79、F5D80 和⑤层	不太规整的长方形直壁竖穴土坑	103°	灰褐色土，夹有红烧土颗粒和炭粒，土质较硬	俯身直肢	单人一次葬	头向东	面向北	女性，25~30岁	圈足罐1（B）、纺轮2（A1、Ca1）				三段
M126	T1130 等两方的东、T1230 等四方的西部	④层下，打破⑤层	不规整竖穴浅土坑	99°	浅褐色土，夹少量红烧土颗粒	仰身直肢	单人一次葬	头向东	面向上	12~13岁左右	罐1残				三段
M127	T1232 等四方的西南部	④层下，打破⑤层	不太规整的长方形直壁竖穴浅土坑	88°	灰褐色土	侧身直肢	单人一次葬	头向东	面向北	男性，20~25岁	鼎1（BcI）				三段

墓号	位置	层位关系	形状	墓向	填土	葬式	单人一次葬或合葬	头向	面向	性别年龄	随葬品 陶器	随葬品 石器	随葬品 玉器	特殊现象	时段
M128	T0832等四方的东部	④层下，打破F5D98和⑤层	不太规整的长方形竖穴直壁土坑	90°	灰褐色土，夹有红烧土块和炭粒，土质较硬	侧俯身直肢	单人一次葬	头向东	面向北	女性，20~25岁	鼎1（Aa Ⅲ），纺轮1（Cc）				三段
M129	T0832等四方的东部	④层下，打破M199，F5D98，G2和⑤层	不太规整的长方形竖穴直壁土坑	86°	灰褐色土，内夹红烧土和炭粒	侧俯身直肢	单人一次葬	头向东	面向北	成年男性					
M130	T0832等四方的南部	④层下，打破⑤层	长方形直壁竖穴土坑	117°	黄灰色土，夹有零星红烧土块，土质较硬	俯身直肢	单人一次葬	头向东	面向北下	男性，30岁	鼎1（Ba Ⅱ）				三段
M131	T1232等四方的中部	④层下，打破F5D205和⑤层	长方形直壁竖浅穴土坑	73°	灰褐色土	侧身直肢	单人一次葬	头向东	面向南	13~14岁	纺轮1（A）		璜1（B）		三段
M132	T1232等四方的中部	④层下，叠压F5D206和⑤层表		90°		侧身直肢	单人一次葬	头向东		成年	罐1（Db Ⅱ）				四段
M133	T1232等四方的北部	④层下，被M77，M78打破，打破F5D205和⑤层	不太规整的长方形直壁竖穴土坑	86°	灰褐色土，夹有零星陶片和红烧土颗粒	仰身直肢	单人一次葬	头向东	面向南	成年女性（?），25岁左右	鼎1（Ba Ⅱ），圈足罐1（C Ⅰ）				三段
M134	T1232等四方的北部偏西	④层下，打破M213，F5D188，F5D189和⑤层	不太规整的长方形竖穴直壁土坑	84°	灰褐色土	侧身直肢微曲	单人一次葬	头向东	面向北	男性，25~30岁左右	圈足罐1（C Ⅰ），器盖2（Aa1，Bb1）				三段
M135	T1232等四方的北部偏西	④层下，叠压M213和⑤层表	不太规整的长方形竖穴直壁土坑	77°	灰褐色土	俯身直肢	单人一次葬	头向东	面向北	10岁左右					

续附表七

墓号	位置	层位关系	形状	墓向	填土	葬式	单人一次葬或合葬	头向	面向	性别年龄	随葬品			特殊现象	时段
											陶器	石器	玉器		
M136	T1232等四方的北部偏西	④层下，⑤层表		85°		侧身直肢	单人一次葬	头向东	面向北	男性，30岁左右					
M137	T1232等四方的西南部	④层下，叠压M28、M215、M232和⑤层		88°		仰身直肢微曲	单人一次葬	头向东	面向北	男性，25岁左右	盆1，罐1（AII）				四段
M138	T1032等四方的东南角	④层下，叠压M221和⑤层		90°		仰身	单人一次葬	头向可能朝东	面向南	成年男性	罐1（BII）				四段
M139	T1032等四方的南部	④层下，叠压M191和⑤层		90°		侧身	单人一次葬	头向东	面向南	成年	鼎1（CaIII）			其东南部有少量凌乱的肢骨可能为二次葬的肢骨	四段
M140	T1130等四方的南部，局部进入南扩方	④层下，打破F5D158和⑤层	不太规整的长方形直壁浅竖穴土坑	75°	灰黑色土	侧身直肢微曲	单人一次葬	头向东	面向北	30~35岁	罐1（AII），鼎2（AaIII 1，BdII）				三段
M141	T1130等两方的西北部、南扩方的东部	④层下，打破M257、F5D249、F5D252和⑤层	不太规整的长方形直壁竖穴土坑	90°	灰黑色土，夹少量褐斑	侧俯身直肢	单人一次葬	头向东	面向北	男性，30~35岁左右					
M142	T1130等两方的北部	④层下，叠压M72、被M88和H35打破⑤层	不太规整的长方形直壁竖穴土坑	90°	灰褐色土，夹少量红烧土颗粒	仰身直肢	单人一次葬	头向东	面向上	男性，25岁左右	鼎1（BaI）				三段
M143	T1130等两方的西部偏北	④层下，打破F5D252和⑤层	不太规整的长方形直壁浅竖穴土坑	92°	深灰色土，夹小块黄褐斑点	侧俯身交肢	单人一次葬	头向东	面向北	成年女性	鼎1（BaII），纺轮1（A）				三段

续附表七

墓号	位置	层位关系	形状	墓向	填土	葬式	单人一次葬或合葬	头向	面向	性别年龄	随葬品			特殊现象	时段
											陶器	石器	玉器		
M144	T1130等两方的西北部	④层下，⑤层表		90°		侧俯身直肢	单人一次葬	头向东		成年女性					
M145	T1032等四方的东南部	④层下，打破M202、M189、M231、M215、F5D177和⑤层	近长方形竖穴直壁土坑	90°	黑褐色土	仰身直肢	单人一次葬	头向东	面向北上	男性，30岁左右	鼎1（F）、豆1（Ab）、圈足罐1（B）				三段
M146	T1232等四方的西部	④层下，打破M82压，打破M193、F5D197、F5D198和⑤层	长方形直壁竖穴土坑	76°	灰褐色土，夹有红烧土颗粒	仰身直肢	单人一次葬	头向东	面向土	女性，25~30岁	鼎2（BbⅢ、CbⅢ）				三段
M147	T1032等方的东北部，T1232等四方的西北部	④层下，被M103叠压，打破F5D181、F5D182和⑤层	长方形直壁竖穴土坑	90°	灰褐色土	俯身直肢	单人一次葬	头向东	面向北	男性，25岁左右	鼎1（Cc）				三段
M148	T1232等四方的西北部	④层下，打破M168、M169、M194、M226、M212、F5D192、F5D193和⑤层	长方形直壁浅竖穴土坑	88°	灰褐色土，夹有红烧土颗粒	侧身直肢	单人一次葬	头向东	面向南	成年					三段
M149	T1032等四方的东部，T1232等四方的西部	④层下，被M122叠压，被H31打破，打破M188和⑤层	不太规整的长方形直壁浅竖穴土坑	87°	灰褐色土	仰身交肢微侧	单人一次葬	头向东	面向南	女性，25~30岁	纺轮2（A1、Cb1）				三段
M150	T1032等四方的东部，T1232等四方的西部	④层下，被①层打破，下H31打破，打破M202和⑤层	长方形直壁竖穴土坑	76°	黑褐色土	可能为二次葬	单人二次葬				鼎1（Aa Ⅲ）				三段

续附表七

墓号	位置	层位关系	形状	墓向	填土	葬式	单人一次葬或合葬	头向	面向	性别年龄	随葬品			特殊现象	时段
											陶器	石器	玉器		
M151	T1130 等方两部的西部	④层下，打破⑤层	不太规整的长方形直壁浅竖穴土坑	90°	灰黑色土夹褐斑点	侧身屈肢	单人一次葬	头向东	面向北	13~14 岁	鼎 1（AaII）				
M152	T1232 等方的西北部、T1032 等方的东北部	④层下，被 M102 叠压，打破 M212、F5D183 和⑤层	长方形直壁浅竖穴土坑	90°	灰褐色土夹较多的红烧土颗粒	个体I仰身直肢、个体II仰身直肢	合葬墓	头向均向东	个体I面向北	个体I成年女性、个体II女性，35~40 岁	纺轮 1（Cd）、鼎 1（AaII）、罐 1（AI）	斧 1			二段
M153	T0832 等方的东部和 T1032 等方的西部	④层下，打破 M174 和⑤层	不太规整的长方形直壁竖穴土坑	90°	灰褐色土，夹有大量的红烧土块和颗粒	侧身直肢微曲	单人一次葬	头向东	面向北	成年男性，25 岁左右				下肢北部多条少量骨骼	
M154	T1032 等方的西部	④层下，被 M94 叠压，打破 M174、F5D133 和⑤层	不太规整的长方形直壁竖穴土坑	86°	灰褐色土，夹有大量红烧土块和颗粒	俯身直肢	单人一次葬	头向东	面向北	成年男性，30 岁左右	鼎 1（BcII）	锛 1（Ad）			三段
M155	T0832 等方的北部	④层下，被 M68 叠压，打破 H53、F5D87 和⑤层	不太规整的长方形直壁竖穴土坑	78°	灰褐色土，肉夹红烧土块和炭粒	俯身直肢	单人一次葬	头向东	面向下	成年男性，25~30 岁	鼎 1（BbI）、纺轮 1（Cb）				二段
M156	T1032 等方的西南部	④层下，打破 M159、F5D154 和⑤层	不太规整的长方形直壁浅竖穴土坑	82°	灰褐土，夹大量红烧土块和颗粒	仰身直肢	单人一次葬	头向东	面向上	女性，20~25 岁	纺轮 1（Ca）、豆 1（AaII）			头骨北部有另 1 残头骨	三段
M157	T1032 等方的西南部	④层下，打破 F5D156、F5D157 和⑤层	不太规整的长方形直壁浅竖穴土坑	78°	灰褐土，夹大量红烧土块和颗粒	仰身	单人一次葬	头向东	面向北	男性，30 岁左右	鼎 1（BcII）	锛 1（Aa）			三段

续附表七

墓号	位置	层位关系	形状	墓向	填土	葬式	单人一次葬或合葬	头向	面向	性别年龄	随葬品 陶器	随葬品 石器	随葬品 玉器	特殊现象	备注
M158	T1032 等四方的西南部	④层下，打破 M157、F5D143、F5D156 和⑤层	不太规整的长方形直壁浅竖穴土坑	70°	灰褐色土，夹大量红烧土块和颗粒	仰身直肢	单人一次葬	头向东	面向上	20~25岁	三足钵1			下肢上随葬倒扣的三足钵1件	三段
M159	T1032 等四方的中部	④层下，被 M76 叠压，被 M156 打破，打破 F5D153、F5D154 和⑤层	不太规整的长方形直壁浅竖穴土坑	90°	灰褐色土，夹大量红烧土块和颗粒	仰身直肢	单人一次葬	头向东	面向北上	女性，25~30岁	鼎1（AaⅡ）、纺轮1（A）		璜1（A）		二段
M160	T1032 等四方的北部	④层下，打破 M161、M203、F5D152 和⑤层	不太规整的长方形直壁浅竖穴土坑	90°	灰褐色土，夹大量红烧土块和颗粒	仰身直肢	单人一次葬	头向东	面向上	成年男性	纺轮1（A）	锛1（Ac）			三段
M161	T1032 等四方的东北部	④层下，被 M113 叠压，被 M160 打破，打破 M203、F5D166 和⑤层	圆角长方形直壁浅竖穴土坑	90°	黄褐色土，夹大量红烧土块和颗粒	俯身直肢	单人一次葬	头向东		成年男性（?）					
M162	T1032 等四方的北部	④层下，被 M87 打破，打破 F5D150 和⑤层	不太规整的长方形直壁浅竖穴土坑	96°	灰褐色土，夹大量红烧土块和颗粒	侧身直肢	单人一次葬	头向东	面向北	男性，30岁左右					
M163	T1032 等四方的北部	④层下，打破 F5D128 和⑤层	不太规整的长方形直壁浅竖穴土坑	76°	灰褐色土，夹大量红烧土块和颗粒	侧身直肢	单人一次葬	头向东	面向北	未成年，12~13岁					
M164	T1032 等四方的西北部	④层下，打破 F5D127、F5D128、F5D129 和⑤层	不太规整的圆角三角形直壁浅竖穴土坑	90°	黑褐色土，夹大量红烧土块和颗粒	可能为二次葬	单人二次葬			成年		凿1（Aa）			二段

续附表七

墓号	位置	层位关系	形状	墓向	填土	葬式	单人一次葬或合葬	头向	面向	性别年龄	随葬品			特殊现象	时段
											陶器	石器	玉器		
M165	T1032等四方的西北部	④层下，打破F5D128、F5D130和⑤层	不太规整的长方形直壁浅竖穴土坑	81°	灰褐色土，夹大量红烧块和颗粒	侧身直肢	单人一次葬	头向东	面向北	男性（?）	钵1（AaⅡ）				三段
M166	T0832等四方的东北部、T1032等四方的西北部	④层下，打破F5D111、F5D134和⑤层	不太规整的长方形直壁竖穴土坑	90°	黑褐色土，夹杂红烧土颗粒	俯身直肢	单人一次葬	头向东		成年男性，25岁左右	罐1（AⅠ）	凿1（Ac）			二段
M167	T1032等四方的西北部	④层下，打破F5D130、F5D131和⑤层	不太规整的长方形直壁浅竖穴土坑	103°	灰褐色土，夹大量红烧土块和颗粒	直肢	单人一次葬	头向可能朝东		成年					
M168	T1232等四方的西北部	④层下，被M148打破，打破M169、M170、M226和⑤层	长方形直壁浅竖穴土坑	93°	灰褐色土，夹有较多的红烧土颗粒	侧俯身直肢	单人二次葬	头向东		成年女性	罐1（Da）				三段
M169	T1232等四方的西北部	④层下，被M168、M148打破，打破M212、M226、F5D191、F5D192和⑤层	长方形浅竖穴土坑	76°	灰褐色土，夹零星陶片	可能为二次葬	单人二次葬	头向东	面向南	成年	鼎1（DⅠ）				三段
M170	T1232等四方的北部	④层下，被M77、M168打破，打破M214、M194、F5D190、F5D205和⑤层	不太规整的长方形直壁浅竖穴土坑	82°	灰褐色土，夹有较多的红烧土颗粒	个体I仰身直肢，个体II可能为二次葬，个体III、IV均侧身直肢	合葬墓	个体I、III、IV头向东	个体III、个体IV均面向北	个体I未成年、个体III、IV均成年	鼎2（BcII、AaⅡ）、纺轮1（A）、钵1（AaⅠ）、釜1（Aa）	锛1（Aa）			二段

续附表七

墓号	位置	层位关系	形状	墓向	填土	葬式	单人一次葬或合葬	头向	面向	性别年龄	随葬品 陶器	随葬品 石器	随葬品 玉器	特殊现象	时段
M171	T1032等四方的南部	④层下，被H41打破，打破⑤层	不太规整的长方形直壁浅竖穴土坑	86°	黑褐色土，夹红烧土颗粒	侧俯身直肢	单人一次葬	头向东	面向下	成年，20岁左右					
M172	T1032等四方的中部	④层下，被M75、M117叠压，打破F5D152和⑤层	一端较宽、一端稍窄的不太规整的长方形直壁浅竖穴土坑	90°	灰褐色土，夹有大量的红烧土块和颗粒	俯身直肢	单人一次葬	头向东	面向北	成年	纺轮2（A1、Cc1）、鼎2（AaⅡ2）、器盖2（Aa1、Ba1）、杯1（I）			右前部多余一残头骨	三段
M173	T1032等四方的东北部	④层下，被3层表F1D2打破，打破F5D163、F5D164、F5D172、F5D173和⑤层	不太规整的长方形直壁浅竖穴土坑	90°	黑褐色土	中间个体交肢，南北两侧肢骨散乱，可能为二次葬	疑似合葬墓	中间个体头向可能朝东		中间个体成年					
M174	T0832东部和T1032等四方的西部	④层下，被M153、M154打破，打破M199和⑤层	长方形直壁竖穴土坑	90°	黑褐色土，夹有红烧土颗粒	侧身直肢	单人一次葬	头向东		成年					
M175	T1232等四方的北部	④层下，打破F5D203和⑤层	长方形直壁竖穴土坑	90°	灰褐色土，夹碎陶片	俯身直肢	单人一次葬	头向东	面向下	成年	罐1（Da）、纺轮1（Cc）、器盖1（Ba）	石片1			三段
M176	T0832等四方的东北部	④层下，M93叠压，打破F5D93、F5D94、F5D95和⑤层	长方形直壁竖穴土坑	86°	灰褐色土，夹红烧土和炭粒	俯身直肢	单人一次葬	头向东	面向南	成年	鼎1（BbI）				二段

续附表七

墓号	位置	层位关系	形状	墓向	填土	葬式	单人一次葬或合葬	头向	面向	性别年龄	陶器	石器	玉器	特殊现象	时段
M177	T0832 等四方的东南部	④层下，打破，打破 H63、F5D105 和⑤层	不大规整的长方形直壁竖穴土坑	87°	灰褐色土，夹有红烧土粒和炭粒	仰身屈肢	单人一次葬	头向东	面向上	成年女性（?）	鼎 1（Ba1）				二段
M178	T1232 等四方的西南部	④层下，被 M69 叠压，打破 M209、M186、M227 和⑤层	长方形直壁浅竖穴土坑	79°	灰褐色土	仰身直肢微交	单人一次葬	头向东	面向南	成年女性	鼎 1（Bb1）				二段
M179	T1232 等四方的北部	④层下，也被③层表打破，柱洞 F1D25 打破 F5D187、F5D188、F5D204 和⑤层	长方形直壁浅竖穴土坑	90°	灰褐色土	交肢	单人一次葬	头向可能朝东		成年		锛 3（Bc1、残 2）		北侧有个别凌乱肢骨	三段
M180	T0832 等四方的东南部和 T1032 等四方的西南部	④层下，被 M99 打破，打破 H63、F5D118、F5D119、F5D139、F5D140 和⑤层	不大规整的长方形直壁浅竖穴土坑	87°	灰褐色土，夹有红烧土块和炭粒	直肢	单人一次葬	头向东		成年					
M181	T1232 等四方的西南部	④层下，被 G1 打破，叠压 M208 和⑤层表		90°		直肢	单人一次葬	头向东		成年		凿 1（Ba）			四段
M182	T1230 等四方的西北部	④层下，被 H45 打破，打破 M260、F5D216、H46 和⑤层	长方形直壁竖穴土坑	70°	灰褐色土，夹有较多红烧土颗粒	俯身微侧	单人一次葬	头向东		成年	鼎 1（Cc）	穿孔石斧 1（II）、锛 1（Ba）			三段
M183	T1230 等四方的西北角	④层下，打破 M185 和⑤层	不大规整的长方形直壁竖穴土坑	90°	灰褐色土，夹有较多的红烧土颗粒	可能为二次葬	单人一次葬	头向东			纺轮 1（A）				三段

续附表七

墓号	位置	层位关系	形状	墓向	填土	葬式	单人一次葬或合葬	头向	面向	性别年龄	随葬品 陶器	随葬品 石器	随葬品 玉器	特殊现象	时段
M184	T1230 等四方的西北部	④层下，叠压 M260、M185 和⑤层		90°		仰身直肢	单人一次葬	头向东	面向上	成年女性	带把钵 1、纺轮 1（A）				四段
M185	T1230 等四方的西北角	④层下，被 M184 叠压，打破 M260、F5D216 和⑤层	不太规整的长方形直壁竖穴土坑	73°	灰褐色土，夹有较多的红烧土颗粒	仰身直肢	单人一次葬	头向东		成年					
M186	T1232 等四方的西南部，T1032 等四方的东南部	④层下，被 M69 叠压，打破 M178 打破 M227 和⑤层	长方形直壁竖穴土坑	86°	灰褐色土	侧身直肢	单人一次葬	头向东		成年女性	纺轮 1（Ca）	锛 1（Ac）			二段
M187	T1032 等四方的东南部	④层下，被 M105 打破，打破 F5D168 和⑤层	长方形直壁浅竖穴土坑	98°	黑褐色土，夹少量红烧土颗粒	侧身交肢	单人一次葬	头向东	面向北	成年女性	鼎 1（AaⅠ）、器盖 1（C）、网坠 1（Aa）				一段
M188	T1032 等四方的东部	④层下，被 M122 叠压，被 M149 打破，打破 F5D175 和⑤层	长方形直壁竖穴土坑	90°	黑褐色土，夹少量红烧土颗粒	仰身直肢	单人一次葬	头向东	面向北上	成年女性（?）	鼎 1（AaⅡ）、纺轮 2（CaⅠ、CbⅠ）		璜 1（A）、管 3		二段
M189	T1032 等四方的东南部，T1232 等四方的西南部	④层下，打破 M145、M215、M220、F5D199、F5D200 和⑤层	不太规整的长方形直壁竖穴土坑	102°	黑褐色土，夹少量红烧土颗粒	俯身直肢	单人一次葬	头向东	面向南	成年女性	罐 1（Da）、纺轮 1（A）				三段
M190	T1032 等四方的东部，T1232 等四方的西部	④层下，被 M114、M120、M80 叠压，打破 F5D176 和⑤层	不太规整的长方形直壁浅竖穴土坑	90°	灰褐色土，夹零星陶片	侧身交肢	单人一次葬	头向东	面向北	成年女性	鼎 1（AbⅠ）、纺轮 1（Cc）	纺轮 1	管 1		二段

续附表七

墓号	位置	层位关系	形状	墓向	填土	葬式	单人一次葬或合葬	头向	面向	性别年龄	随葬品			特殊现象	时段
											陶器	石器	玉器		
M191	T1032等四方的南部	④层下，被M139叠压，打破M222、M223、M224、M192和⑤层	长方形直壁浅竖穴土坑	90°	黑褐色土夹红烧土颗粒	个体I可能仰身直肢，个体II可能为二次葬	合葬墓	个体I头向东		均为成年					
M192	T1032等四方的东南部	④层下，被M191，打破M224、M218、F5D168和⑤层	不太规整的长方直壁竖穴坑	86°	黑褐色土，夹红烧土颗粒	仰身	单人一次葬	头向东	面向上	成年男性（?）	鼎1（CaI）				二段
M193	T1232等四方西部偏南、T1032等四方的东部偏南	④层下，被M146打破，打破M202、F5D198和⑤层	长方形直壁竖穴土坑	83°	灰褐色土，夹有少量红烧土颗粒和个别陶片	仰身直肢微侧	单人一次葬	头向东		成年	纺轮1（Ca）				三段
M194	T1232等四方的中部偏西	④层下，被M148、M170打破，打破F5D193、F5D194和⑤层	不太规整的长方形直壁竖穴土坑	100°	灰褐色土	俯身直肢	单人一次葬	头向东	面向北	成年女性	纺轮1（A）	斧1			二段
M195	T1232等四方的北部	④层下，叠压F5D190和⑤层表		90°		俯身直肢	单人一次葬	头向东		成年	纺轮2（A1、Cb1）				四段
M196	T1230等四方的西北部	④层下，叠压M260和⑤层		89°		侧身交肢	单人一次葬	头向东	面向北	成年女性	纺轮1（A）、鼎1（BdⅢ）				四段
M197	T1032等四方的中部偏南	④层下，打破F5D157、F5D168和⑤层	长方形直壁浅竖穴土坑	80°	灰褐色土，夹少量红烧土颗粒	侧身交肢微曲	单人一次葬	头向东	面向北	成年女性	罐1（AⅡ）、纺轮1（Cc）				三段

续附表七

墓号	位置	层位关系	形状	墓向	填土	葬式	单人一次葬或合葬	头向	面向	性别年龄	随葬品			特殊现象	时段
											陶器	石器	玉器		
M198	T0832 等四方的东部，T1032 等四方的西部	④层下，打破 F5D135 和⑤层	不太规整的长方形直壁竖穴土坑	87°	灰褐色土，夹有零星红烧土块和炭粒，土质较硬	俯身交肢	单人一次葬	头向东	面向北	成年男性	罐 1（AI），匜 1（Ab）				三段
M199	T0832 等四方的东部，T1032 等四方的西部	④层下，被 M129、M174 打破，被 M79 叠压，打破 F5D116 和⑤层	不太规整的长方形直壁竖穴土坑	87°	灰褐色土，内夹红烧土和炭粒	仰身交肢	单人一次葬	头向东	面向上	成年女性（?），25~30 岁	鼎 1（BaI），纺轮 1（BI），网坠 1（Ab）			头下枕有人体肢骨	三段
M200	T0832 等四方的东南部	④层下，被 M99 打破，打破 H63、F5D104、G2 和⑤层	不太规整的长方形直壁竖穴土坑	89°	灰褐色土，夹有零星红烧土粒和炭粒	仰身	单人一次葬	头向东	面向南上	成年男性（?）	鼎 1（AaⅢ）				三段
M201	T0832 等四方的东南部	④层下，被 M100 和④③层下的 F8D22 打破，打破 H63 和⑤层	不太规整的长方形直壁竖穴土坑	102°	灰褐色土，夹有红烧土块	仰身直肢	单人一次葬	头向东	面向上	成年男性（?）	罐 1（AI）				三段
M202	T1032 等四方的东部	④层下，被 M193、M145、M150 打破，打破⑤层	长方形直壁竖穴土坑	85°	黑褐色土，夹有少量红烧土颗粒	均仰身直肢	合葬墓	均头向东	均面向北	个体I成年男性、个体II成年	罐 1（AI），鼎 1（AaⅡ）	凿 1（Ab）			三段
M203	T1032 等四方的东北部	④层下，和 M161 打破，打破 F5D152 和⑤层	长方形直壁浅竖穴土坑	104°	青灰色土，夹红烧土块和颗粒	仰身直肢	单人一次葬	头向可能朝东				斧 1			三段

续附表七

墓号	位置	层位关系	形状	墓向	填土	葬式	单人一次葬或合葬	头向	面向	性别年龄	随葬品			特殊现象	时段
											陶器	石器	玉器		
M204	T0832 等四方的东部，T1032 等四方的西部	④层下，打破 F5D116、F5D139 和⑤层	不太规整的长方形直壁竖穴土坑	91°	灰褐色土，夹有红烧土块和炭粒	侧身直肢	单人一次葬	头向东	面向北上	成年男性	鼎1（DI）	环形器1，锛2（Ac、Bc 各1）			三段
M205	T0832 等四方的东北部，T1032 等四方的西北部	④层下，被 M71 叠压，打破⑤层	不太规整的长椭圆形直壁竖穴坑	82°	灰褐色土，夹有较多的红烧土块	侧身交肢	单人一次葬	头向东	面向北	成年					
M206	T0832 等四方的东南部	④层下，被③层下的 F8D22 打破，打破 H63 和⑤层	不太规整的长方形直壁竖穴土坑	96°	灰褐色土，夹有零星红烧土粒	侧身直肢交	单人一次葬	头向东	面向北	成年女性（?）	纺轮1（A）				三段
M207	T0832 等四方的东南角	④层下，打破 H54、F5D121 和⑤层	不太规整的长方形直壁竖穴土坑	85°	灰褐色土，夹有零星红烧土粒和炭粒	侧身直肢微曲	单人一次葬	头向东	面向北	成年男性（?）					
M208	T1232 等四方的南部	④层下，被 M181 叠压，被 G1 打破，打破⑤层	长方形直壁竖穴浅土坑	90°	灰褐色土	直肢	单人一次葬	头向东		成年					
M209	T1232 等四方的南部	④层下，被 G1 打破，打破 M178、M227、F5D215 和⑤层	长方形浅直壁浅竖穴土坑墓	86°	灰褐色土	直肢	单人一次葬	头向可能朝东		成年					
M210	T1032 等四方、T1232 等四方、T1130 等两方、T1230 等四方的交界处	④层下，被 M221 叠压，打破 M225、FSD201 和⑤层	不太规整的长方形直壁竖穴土坑	72°	灰褐色土，夹零星陶片	直肢	单人一次葬	头向东	面向北	成年	鼎1（AaⅢ）				三段

续附表七

墓号	位置	层位关系	形状	墓向	填土	葬式	单人一次葬或合葬	头向	面向	性别年龄	陶器	石器	玉器	特殊现象	时段
M211	T1032 等四方的南部、T1130 等四方的西北部	④层下，打破 M217、F5D170 和⑤层	不太规整的长方形直壁浅竖穴土坑	90°	灰黑色土夹少量红烧土颗粒	个体I俯身直肢，个体II可能为二次葬	疑似合葬墓	个体I头向东	个体I面向下	个体I成年	罐1（AII）、纺轮1（A）				三段
M212	T1232 等四方的西北部	④层下，被 M148、M169、M152 打破，打破 M226、F5D192 和⑤层	长方形直壁浅竖穴土坑	101°	灰褐色土夹少量红烧土颗粒	仰身直肢	单人一次葬	头向东	面向北	成年女性	纺轮1（Ca）			头骨下枕有肢骨	三段
M213	T1232 等四方的北部	④层下，被 M135 叠压，打破 F5D187、F5D188、F5D189 和⑤层	长方形直壁竖穴土坑	104°	灰褐色土	可能为二次葬	单人二次葬			成年男性	罐1（BI）				二段
M214	T1232 等四方的中北部	④层下，被 M170 打破，打破 F5D205 和⑤层	长方形直壁浅竖穴土坑	85°	灰褐色土，夹有大量的红烧土块和颗粒	仰身直肢微侧	单人一次葬	头向东	面向北	成年女性	鼎1（AaII）、纺轮1（A）				三段
M215	T1032 等四方的东南部、T1232 等四方的西南部	④层下，被 M137 叠压，打破 M145 打破 M219、M232、F5D199、F5D200 和⑤层	长方形直壁竖穴土坑	90°	黑褐色土	仰身直肢	单人一次葬	头向东	面向北	未成年	鼎1（BbII）				三段
M216	T1032 等四方东南部	④层下，打破 M221 和⑤层	不太规整的长方形直壁竖穴土坑	90°	黑褐色土夹少量红烧土颗粒	侧身交肢	单人一次葬	头向东	面向北	成年女性	罐2（AII1、残1）、纺轮1（A）				三段

续附表七

墓号	位置	层位关系	形状	墓向	填土	葬式	单人一次葬或合葬	头向	面向	性别年龄	随葬品			特殊现象	时段
											陶器	石器	玉器		
M217	T1032等四方的南部	④层下，被M211打破，打破F5D169和⑤层	不太规整的长方形直壁浅竖穴土坑	88°	黑褐色土，夹少量红烧土颗粒	侧身直肢	单人一次葬	头向东	面向北	成年	豆1（AaⅠ）				二段
M218	T1032等四方的东南部	④层下，被M192打破F5D168和⑤层	不太规整的长方形直壁浅竖穴土坑	96°	黑褐色土	仰身直肢	单人一次葬	头向东	面向北	成年男性（?）	鼎1（AaⅠ）	锛1（Bb）			一段
M219	T1032等四方的东南部、T1232等四方的西南部	④层下，被M189打破，和M215打破，打破M220、M232和⑤层	长方形直壁竖穴坑	85°	灰褐色土，夹少量红烧土颗粒	仰身直肢	单人一次葬	头向东	面向北	成年男性	鼎1（AaⅡ）、纺轮1（A）	穿孔石斧1（I）			二段
M220	T1032等四方的东南角	④层下，被M189和M219打破，打破⑤层	长方形直壁竖穴深土坑	93°	黑褐色土，夹少量红烧土颗粒	俯身交肢	单人一次葬	头向东	面向北	成年女性（?）	鼎1（AaⅡ）		管状坠1		二段
M221	T1032等四方的东南角、T1232等四方的西南部	④层下，被M138叠压，被M210和M216打破，打破F5D201和⑤层	不太规整的长方形直壁竖穴土坑	90°	灰褐色土	侧身直肢	单人一次葬	头向东	面向北	成年	釜1（Aa）、纺轮1（Ca）				二段
M222	T1032等四方的南部	④层下，被M191打破，和H41打破，打破M223和⑤层	长方形直壁竖穴浅土坑	86°	黑褐色土，夹红烧土颗粒	仰身微侧	单人一次葬	头向东	面向北	成年					
M223	T1032等四方的南部	④层下，被M191打破，和M222打破，打破⑤层	长方形直壁竖穴浅土坑	90°	黑褐色土，夹红烧土颗粒	俯身直肢	单人一次葬	头向东	面向南	成年	鼎1（BdⅠ）	锛1（Bc）			二段

续附表七

墓号	位置	层位关系	形状	墓向	填土	葬式	单人一次葬或合葬	头向	面向	性别年龄	随葬品			特殊现象	时段
											陶器	石器	玉器		
M224	T1032等四方的南部偏东	④层下，被M191打破，打破M192和⑤层	不大规整的长方形直壁浅竖穴土坑	105°	黑褐色土，夹红烧土颗粒	直肢	单人一次葬	头向东		成年	圈足罐1（AaI）				二段
M225	T1130等两方的东北角	④层下，叠压M210，F5D201和⑤层		90°		可能为二次葬	单人一次葬	头向东		未成年					
M226	T1232等四方的西北部	④层下，被M148、M168、M169、M212打破，打破F5D192、F5D193和⑤层	不大规整的长方形直壁浅竖穴土坑	98°	灰褐色土	仰身屈肢微侧	单人一次葬	头向东	面向北	成年女性	陶垫1（B）、纺轮2（AI、CbI）				二段
M227	T1232等四方的西南部	④层下，叠压M69，被M209、M178、M186打破，打破⑤层	长方形直壁竖深穴土坑	90°	灰褐色土	侧身交肢	单人一次葬	头向东	面向北	成年女性（？）	鼎1（AaII）		璜1（B）	头下枕有肢骨	二段
M228	T1232等四方的西南部	④层下，被M137叠压，打破F5D206和⑤层	长方形直壁浅竖穴土坑	90°	灰褐色土	仰身直肢	单人一次葬	头向东	面向北	成年女性（？）	鼎1（AaII）、纺轮2（AI、CbI）				二段
M229	T1032等四方的西南部	④层下，被H41打破，打破F5D147和⑤层	不大规整的长方形直壁浅竖穴土坑	70°	黑褐色土	俯身直肢	单人一次葬	头向东		成年	纺轮1（A）				三段
M230	T0832等四方的东南部	④层下，被F8D22打破的F8D22打破，打破F5D106和⑤层	不大规整的长方形直壁竖穴土坑	103°	灰褐色土，较纯净、较硬	直肢	单人一次葬	头向可能朝东		成年					

续附表七

墓号	位置	层位关系	形状	墓向	填土	葬式	单人一次葬或合葬	头向	面向	性别年龄	陶器	石器	玉器	特殊现象	时段
M231	T1032 等四方的东南部、T1232 等四方的西南部	④层下、被 M145 打破，打破 F5D202 和⑤层	长方形直壁竖穴土坑	88°	黑褐色土，夹红烧土颗粒	俯身直肢	单人一次葬	头向东	面向北	成年女性	鼎1（E）、纺轮1（A）				三段
M232	T1032 等四方的东南部、T1232 等四方的西南部	④层下、被 M137 叠压，被 M219、M215、M189 打破，打破 F5D199、F5D200 和⑤层	长方形直壁竖穴深土坑	87°	灰褐色土，夹少量红烧土颗粒	俯身直肢	单人一次葬	头向东	面向北	成年男性	鼎1（AaI）、匜1（AaI）				一段
M233	T0832 等四方的北部	④层下、打破 H21、H53、F5D90 和⑤层	长方形直壁竖穴土坑	90°	灰褐色土，夹有红烧土和炭粒	侧身直肢	单人一次葬	头向东	面向北	未成年					三段
M234	T0832 等四方的北部	④层下、打破 H53 和⑤层	长方形直壁竖穴土坑	90°	灰褐色土，夹有红烧土块，土质较硬	俯身直肢	单人一次葬	头向东	面向北	成年女性	鼎1（AbI）、纺轮2（AI、CaI）	锛1（Bc）、箅1（Ac）			三段
M235	T1232 等四方的西北角、T1032 等四方的西北角	④层下、⑤层表		90°		屈肢	单人一次葬	头向东							三段
M236	T1232 等四方的西北角、T1032 等四方的东北角	④层下、被③层下、F4D5 打破，打破 F5D171、F5D180 和⑤层	长方形直壁竖穴土坑	78°	灰褐色土	中间个体俯身直肢，其余骨骼可能为二次葬	疑似合葬墓	中间个体头向东	中间个体面向南	中间个体成年	罐1（DbI）、纺轮2（AI、CbI）				三段

续附表七

墓号	位置	层位关系	形状	墓向	填土	葬式	单人一次葬或合葬	头向	面向	性别年龄	陶器	石器	玉器	特殊现象	时段
M237	T0832 等四方的东北角，T1032 等四方的西北角			90°		仰身微侧	单人葬	头向东	面向北	成年男性					
M238	T1032 等四方的东北角	④层下、⑤层表		90°		个体I、II均为俯身直肢	疑似合葬墓	均头向东	均面向南	个体I、II均成年					
M239	T1032 等四方的北部偏东	④层下、⑤层表		90°		俯身直肢	单人一次葬	头向东	面向北	成年					
M240	T1032 等四方的东北角	④层下、被③层叠压 F4D4 打破、F5D160 和⑤层表		90°		仰身直肢微侧	单人一次葬	头向东	面向北下	成年		铲1（Aa）			四段
M241	T1032 等四方的北部	④层下、打破 F5D52 和⑤层	不太规整的长方形直壁竖穴土坑	90°	黑褐色土，夹杂大量红烧土颗粒	仰身交肢	单人一次葬	头向东	面向北	成年	鼎1（CaⅡ）				三段
M242	T1232 等四方的西北角	④层下、⑤层表		90°		侧身	单人一次葬	头向东	面向北	成年					四段
M243	T1232 等四方的西北角	④层下、被③层破 F1D9 打破、打破 F5D184 和⑤层	长方形直壁竖穴土坑	90°	灰褐色土	可能为二次葬	单人二次葬	头向东	面向北	成年		铲1（Ac）			四段
M244	T1130 等两方的西北角	④层下、打破 M245、M246、F5D170 和⑤层	不太规整的长方形直壁浅竖穴土坑	90°	黑褐色土	侧俯身	单人一次葬	头向东	面向下	成年		铲1（Ac）			三段

续附表七

墓号	位置	层位关系	形状	墓向	填土	葬式	单人一次葬或合葬	头向	面向	性别年龄	随葬品			特殊现象	时段
											陶器	石器	玉器		
M245	T1130 等两方的北部	④层下，被 M244 打破，打破⑤层	长方形直壁浅竖穴土坑	90°	黑褐色土	个体Ⅰ侧身直肢、个体Ⅱ侧身屈肢、个体Ⅲ可能为二次葬	合葬墓	个体Ⅰ、Ⅱ均头向东	个体Ⅰ、Ⅱ均面向北	个体Ⅰ、Ⅱ、Ⅲ均为成年	罐 1 残				三段
M246	T1130 等两方的西北角	④层下，被 M244 打破，打破 F5D170 和⑤层	长方形直壁浅竖穴土坑	90°	黑褐色土	侧身直肢	单人一次葬	头向东	面向北	未成年	鼎 1（BⅡ?）				三段
M247	T1334 的西南部	④层下，叠压 M253、M255、H97 和⑤层表		90°		可能为二次葬	单人二次葬			成年					
M248	T1234 的东南部、T1334 的西南部	④层下，叠压 H97 和⑤层表		90°		可能为二次葬	单人二次葬								
M249	T1334 的东南部	④层下，被③层下 H95 打破，叠压⑤层表		101°		仰身直肢	单人一次葬	头向东		成年		锛 2（Bc2）			四段
M250	T1334 的东南部	④层下，被③层下 H95 打破，叠压⑤层表		108°		仰身直肢	单人一次葬	头向可能朝东		成年					
M251	T1334 的东北部	④层下，被 M251 打破，打破 F1D35 和⑤层、M252 和⑤层	长方形直壁竖穴土坑	74°	灰黑色土	侧身	单人一次葬	头向东	面向北	成年男性					
M252	T1334 的东北部	④层下，被 M251 打破，打破 F5D218 和⑤层	长方形直壁竖穴土坑	90°	灰黑色土	侧身	单人一次葬	头向东	面向北	成年					

墓号	位置	层位关系	形状	墓向	填土	葬式	单人一次葬或合葬	头向	面向	性别年龄	随葬品 陶器	随葬品 石器	随葬品 玉器	特殊现象	时段
M253	T1234的东南部，T1334的西南部	④层下，被 M255、H97 和⑤层叠压，打破南部	长方形直壁竖穴土坑	70°	灰黑色土	可能为二次葬	单人二次葬			成年					
M254	T1234的东部、T1334的西部	④层下，打破 M255、M256、H97 和⑤层	不太规整的长方形直壁竖穴土坑	74°	灰黑色土	可能为二次葬	单人二次葬			成年					
M255	T1234的东部、T1334的西部	④层下，被 M247、M253 叠压，M254 打破，打破 M256、H97 和⑤层	不规则的长梯形直壁竖穴土坑	105°	灰黑色土	个体I侧身曲肢，个体II可能为二次葬	合葬墓	个体 I 头向东	个体I面向南	个体I成年男性，个体II成年					
M256	T1234的东部	④层下，被 M30、M31 叠压，M254、M255 打破，打破 H97 和⑤层	不太规整的长方形直壁竖穴土坑	92°	灰褐色土	俯身直肢	单人一次葬	头向东	面向北	成年男性		条形器 1			三段
M257	南扩方东部	④层下，被 M141 叠压，打破 H98、F5D249 和⑤层	不太规整的长方形直壁竖穴土坑	98°	黑褐色土，夹零星红烧土颗粒	仰身直肢	单人一次葬	头向东	面向上	成年男性	鼎 1（DI）				三段
M258	南扩方东北部	④层下，叠压 H98 和⑤层		90°		直肢	单人一次葬	头向东		成年					三段
M259	南扩方北部	④层下，打破 F5D240、F5D242 和⑤层	不太规整的长方形直壁浅竖穴土坑	100°	黑褐色土	侧身屈肢	单人一次葬	头向东	面向北	未成年	圈足罐 1（Ab）				三段

续附表七

墓号	位置	层位关系	形状	墓向	填土	葬式	单人一次葬或合葬	头向	面向	性别年龄	随葬品			特殊现象	时段
											陶器	石器	玉器		
M260	T1230 等四方的北部	④层下，被 M184、M196 叠压，被 M182、M185 打破，打破 F5D216 和⑤层	不太规整的长方形直壁竖穴土坑	80°	黄褐色土，夹有红烧土颗粒和陶片	俯身直肢微侧侧	单人一次葬	头向东	面向北	成年女性	匜1（AaII）、鼎1（BbII）、纺轮2（AI、BIII）、圈足罐1（AaII）				三段
M261	南扩方北部	④层下，打破 F5D240 和⑤层	不太规整的长方形直壁浅竖穴土坑	90°	黑褐色土	侧身，下肢弯折	单人一次葬	头向东	面向北	成年女性	纺轮1（A）、鼎1（Cc）				三段
W1	T0834 等四方的东北部	④层下、叠压 H27 和⑤层表									鼎1（I）				
W2	T0834 等四方的东北部	④层下、叠压 H27 和⑤层表									釜1（Ca）、豆1（B）				
W3	T1034 等四方的西南角	④层下、叠压 F5D41 和⑤层表									釜1（B）				
W4	T0834 等四方的北部	④层下、叠压 H27 和⑤层表									釜1（Ca）				
W5	T0834 等四方的东南部	④层下、叠压 H21 和⑤层表									釜1（Ca）				
W6	T1034 等四方的北部偏东	④层下、⑤层表									釜1（Ca）				

続附表七

附　表　53

墓号	位置	层位关系	形状	墓向	填土	葬式	单人一次葬或合葬	头向	面向	性别年龄	陶器	石器	玉器	特殊现象	时段
W7	T1034 等四方的西部	④层下，⑤层表									釜1（Cb）、器盖1				
W8	T1034 等四方的西南角	④层下，⑤层表									釜1（Ca）				
W9	T0834 等四方的东北部	④层下，⑤层表									釜1（Ca）				
W10	T0832 等四方的南部	④层下，⑤层表									鼎1（I）				
W11	T1130 等两方的西部	④层下，⑤层表									釜1（Ca）				
W12	T0832 等四方的西部	④层下，被H42打破，打破⑤层	近圆形坑		黄褐色土，土质较硬，内夹红烧土和炭渣						釜1（Ca）				
W13	T0832 等四方的中部偏西	④层下，打破G2和⑤层	近圆形坑		灰褐色土，内夹少量红烧土块，土质较硬						釜1（Cb）				
W14	T0832 等四方的北上部	④层下，叠压H53和⑤层表									釜1（Ca）				
W15	南扩方中部	④层下，打破⑤层	近圆形坑		黄褐色土						釜1（B）、圈足1				
W16	南扩方东北角	④层下，⑤层表									釜1（B）				

附表八

神墩遗址崧泽—良渚文化清墓葬登记表

墓号	位置	层位关系	形状	墓向	填土	葬式	头向	随葬品 陶器	随葬品 石器
M58	T0832等四方的西南部	②a层下,打破②b层	长方形浅竖穴土坑	208°	浅黄色土,夹杂零星红烧土颗粒和炭粒,土质较硬			双鼻壶1,豆1	锛1,穿孔石斧1
M59	T0832等四方的南部及南扩方北部	②b层下,打破③层	不太规整的长方形浅竖穴土坑	227°	黄褐色土,夹杂零星红烧土和炭粒,土质较硬			双鼻壶1,豆1,大口缸1	锛1,穿孔石斧1
M60	T0832等四方的西南角	②b层下,打破③层	长方形浅竖穴土坑	230°	黄褐色土,夹杂少量红烧土颗粒和炭粒,土质较硬	单人仰身直肢	头向可能为西南	杯1,豆1,匜1,带把鼎1	穿孔石斧2,锛1
M61	T0832等四方的西部和西扩方	②b层下,打破③层	不太规整的长方形浅竖穴土坑	217°	黄灰色土,夹杂零星红烧土块,土质较硬			带把罐1,豆1,罐1,杯1,纺轮1	
M62	西扩方南部	②b层下,打破③层	北端稍宽,南端稍窄的长方形浅竖穴土坑	214°	黄褐色土,夹杂零星红烧土颗粒和炭粒,土质较硬			壶1,豆1,罐底1	
M63	西扩方南部	②b层下,打破M65和③层	长方形浅竖穴土坑	218°	黄灰色土,土质相对较硬	单人仰身直肢	头向西南	壶1,豆1,大口缸1	锛3,穿孔石钺1
M64	西扩方南部	②b层下,打破③层	长方形浅竖穴土坑	203°	灰褐色土,夹杂零星红烧土块和炭粒,土质较硬			罐1,杯1,器底1	
M65	西扩方南部	②b层下,被M63打破并打破③层	长方形竖穴土坑	221°	杂黄色土块及零星红烧土,炭粒	单人仰身直肢	头向西南	杯1,罐1,豆2	穿孔石斧1
M66	T0832等四方的南部及南扩方北部	②b层下,打破③层	不太规整的长梯形竖穴土坑	221°	黄褐色土,夹杂零星红烧土颗粒和炭粒	单人仰身直肢	头向西南	杯4,盆1,鼎1,豆1	穿孔石斧1,锛1

附表九

神墩遗址夏商、春秋时期灰坑登记表

编号	位置	层位关系	现状	坑口形状	结构	填土	包含物	期段
H1	T1235 西南部	①层下，打破③层	完整	圆角方形	坑壁较直，不见加工痕迹。口径1.54×1.6米，经钻探深至4.7米处到底	灰黄色，夹有一定数量的红烧土块和红烧土颗粒，土质相对较硬	出土物有豆6（Aa 或 Ab2、C3、D1）、盆1（BⅡ）、刻槽盆3（BaⅡ2、CaⅠ1）、三足盘2（AⅡ1、残1）、鬲1、鬲甗足1（A）、石削1、石锥3、石饰1（Aa）、穿孔石斧1	夏商时期
H13	T1034 等四方西南部，T1234 的西南部	①层下，打破 F1D5 和③层	完整	近椭圆形	坑底不平。长径1.66米，短径0.98米，深0.34米	灰黑色，包含红烧土颗粒和草木灰，土质较硬	出土物有大罐1（AⅡ）、豆盘3（Ab1、EⅡ1、残1）	夏商时期
H28	T1232 等四方西南部，T1230 等四方的西北部	①层下，打破 G1 和③层	完整	不规则形	斜壁、斜底，坑底平。口径长2米，宽1.42米，深0.34米	深灰色，土质较松	出土物有豆柄1（BdⅡ）、豆圈足4（Bd1、C2、EⅠ1）、豆盘1（Bd）、豆柄1（Bd）、碗1（A）	夏商时期
H29	T0832 等四方西南部，西扩方的西南部	②a层下，打破②b层	完整	不规则形	斜壁、坑内有台坡，坑底不平。口径最长3.2米，宽1.88米，深0.15~0.72米	灰黑色、土质较硬，夹杂有零星红烧土块和草木灰	出土物有大罐2（BⅠ1、BⅢ1）、豆圈足2（Aa Ab1、E1）、豆盘2（Aa1、E1）、器盖1（Ab）、石镰1	夏商时期
H30	T1032 等四方西南部	①层下，打破③层	完整	近椭圆形	斜坡，圆底较平。口径长径1.5米，短径1.1米，深0.22米	灰黑色，夹杂有零星红烧土块和草木灰，土质较硬	出土物有豆1（C）、豆圈足1（EⅠ）、豆盘1（Aa或Ab）、钵1（AcⅢ）、小罐1（C）	夏商时期
H31	T1232 等四方西南部	①层下，打破③层	完整	近圆形	斜壁，平底。口径1.1~1.2米，深0.78米	灰褐色，夹杂草木屑、炭屑和植物根茎，灰褐类袋软	出土物有小罐1（DbⅡ）	夏商时期
H33	T0832 等四方西北部，西扩方东部	②a层下，打破②b层	完整	不规则长条形	东高西低，直壁，斜坡底。长4.73米，宽约1.1~1.64米，深0.2~0.36米	深灰色，夹杂有红烧土块和草木灰，土质较硬	出土物有大罐1（AⅠ）、小罐2（DaⅠ1、DbⅠ1）、豆圈足1（D）、豆盘1（Bd）、鸭形壶1、器盖1（Ac）、石鏃1（B）、石盖1（A）、高甗类袋足1（Aa1、Ac1）、石刀2（Aa1、Ac1）、穿孔石斧1（A）	夏商时期

编号	位置	层位关系	现状	坑口形状	结构	填土	包含物	期段
H37	T0832 等四方北部	②a 层下，打破②b 层和③层	完整	近椭圆形	直壁，平底。长径约 1.04 米，短径约 0.8 米，深 0.36 米	灰褐色，夹杂有零星红烧土粒和草木灰，土质较硬	出土物有豆盘及柄 1（Ab）	夏商时期
H91	南扩方西北部，延伸至探方外	②a 层下，打破②b 层	残，进入探方外	清理部分近圆角长方形	直壁，平底。残长 1.48 米，宽约 1.04 米，深 0.26 米	灰黑色，夹杂灰白色斑块	出土物有豆圈足 1（C），纺轮 1（A），网坠 1（B）	夏商时期
H88	南扩方的西南角，进入探方外	①层下，打破②a 层	残，进入探方外	清理部分呈不规则形	斜壁，平底。残长 3.1 米，残宽 1.4 米，深 0.6 米	灰白色，土质较硬	出土物有罐 4（A1、Ca2、Cb1），盆形鼎 2，高瓶类足 1，瓷碗 3	春秋时期
H89	南扩方的东南部，进入探方外	①层下，打破 F10 和③层	残，进入探方外	清理部分为不规则形	斜壁，坡形底，底面凹凸不平。长 4.8 米，残宽 3.48 米，深 0.5 米	灰黑色，土质较硬	出土物有罐 2（Ca2），甑 1，釜 1	春秋时期
H90	南扩方的西南部，进入探方外	①层下，打破②a 层	残，进入探方外	清理部分为不规则形	近直壁，底面略平。长 3.44 米，残宽 0.98 米，深 0.34 米	灰黑色，土质较硬	出土物有豆柄 1，穿孔石刀 1	春秋时期

附表一〇

G1 第①层出土陶片陶系、器形统计表

陶系　　器形	泥质陶					夹砂陶				夹蚌陶				硬陶		合计	百分比
	黑衣	灰	褐	红	橙黄	红	褐	黑衣	黄	红	褐	黑衣	红褐	紫褐	灰褐		
豆	32	20	17	3	1		1			3	1		3	6	5	92	2.45%
刻槽盆	6	31	37	6	2											82	2.19%
罐	8	8	8	7	4	9	2	1		9	6	3	5	3	4	78	2.08%
圈足	21	8	10	6	2	3				4	1		3	10	10	78	2.08%
鼎足						21	11	2		13	11		1			59	1.57%
平底	7	3	7	3	2	8	7			10	4			3	2	56	1.49%
鼎（网）						10	7	1		12	7			3	4	44	1.17%
盆	5	1	5	2	1	3	1			2	2		2			24	0.64%
钵	2		3	2		3	1			2	3		2	1	3	22	0.59%
三足盘	2	4	9	2											2	19	0.51%
凹底	4	3		1		2	1			1						12	0.32%
器耳	1					4	1		1	2						9	0.24%
器盖						1	1	1		1						4	0.11%
缸						2										2	0.05%
瓿							2									2	0.05%
良渚鼎足				2												2	0.05%
腹片	329	252	448	382	103	222	276	23	3	349	491	67	33	78	109	3165	84.40%
合计	417	330	544	416	115	283	317	30	4	406	527	72	48	104	137	3750	100.00%
百分比	11.12%	8.80%	14.51%	11.09%	3.07%	7.55%	8.45%	0.80%	0.11%	10.83%	14.05%	1.92%	1.28%	2.77%	3.65%	100.00%	

附表一一

G1 第①层出土陶片陶系、纹饰统计表

纹饰 \ 陶系	泥质陶					夹砂陶				夹蚌陶			硬陶			合计	百分比
	黑衣	灰	褐	红	橙黄	红	褐	黑衣	黄	红	褐	黑衣	红褐	紫褐	灰褐		
绳纹	9	14	79	35	7	40	67	13	1	12	21	4				302	8.05%
方格纹	59	84	72	13	4	5	1			1	2		2	5	9	257	6.85%
弦纹	61	43	53	22	10	7	5			1			10	16	19	247	6.59%
叶脉纹	40	50	36	29	17								8		4	184	4.91%
梯格纹	2	1	10	127	35	1	1								1	178	4.75%
云雷纹	1	1	3	18	4								4	7	6	44	1.17%
刻划纹		1	3			18	6	2		1	6		1			38	1.01%
弦纹+方格纹	10	15	11		1											37	0.99%
弦纹+绳纹	4	10	18	5												37	0.99%
凸棱	11	1	7		1		1			1						22	0.59%
席纹	6	2	7	4	1											20	0.53%
弦纹+叶脉纹	8	2	5		4											19	0.51%
间断套菱纹	1	3	9		1									5		19	0.51%
篮纹	6	2	2		1											11	0.29%
折线纹	3	3		4	1											11	0.29%
附加堆纹+指窝纹						6	5									11	0.29%
朱乱套菱纹	1			4			1						1		3	10	0.27%
弦纹+镂孔	2								1				1	5	1	10	0.27%
戳印圆圈纹			2			1	4									7	0.19%
弦纹+云雷纹	1		2											2	1	6	0.16%
弦纹+席纹	1												1	1	2	5	0.13%
弦纹+乳丁+绳纹	1		2													3	0.08%
菱形填线纹			2										1			3	0.08%
弦纹+折线纹			2													2	0.05%

续附表——

陶系 / 纹饰	泥质陶					夹砂陶				夹蚌陶				硬陶		合计	百分比
	黑衣	灰	褐	红	橙黄	红	褐	黑衣	黄	红	褐	黑衣	红褐	紫褐	灰褐		
弦纹+篮纹		2														2	0.05%
乳丁纹		1					1									2	0.05%
方格纹+菱形填线纹															2	2	0.05%
镂孔				1												1	0.03%
附加堆纹+指窝纹+折线纹				1												1	0.03%
绳纹+戳印圆圈纹						1										1	0.03%
附加堆纹+叶脉纹			1													1	0.03%
素面	197	97	227	154	30	198	225	15	2	391	497	68	17	56	83	2257	60.19%
合计	417	330	544	416	115	283	317	30	4	406	527	72	48	104	137	3750	100.00%
百分比	11.12%	8.80%	14.51%	11.09%	3.07%	7.55%	8.45%	0.80%	0.11%	10.83%	14.05%	1.92%	1.28%	2.77%	3.65%	100.00%	

附表一二

G1 第②层出土陶片陶系、器形统计表

器形＼陶系	泥质					夹砂			夹蚌		硬陶			合计	百分比
	黑衣	灰	褐	红	橙黄	红	褐	黑	红	褐	紫褐	灰褐	红褐		
罐	4	4	1	1		3	2		1	1	1	2		20	4.96%
豆	5	3	2	1					1		4	1	3	20	4.96%
平底	1		3	1	1		2			2				10	2.48%
鼎足						3	1		1	4				9	2.23%
鼎（两）						2	3			4				9	2.23%
圈足	4		1							1		2		8	1.99%
刻槽盆	2	1	2	1										6	1.49%
钵			2								1			3	0.74%
鼎									2	1				3	0.74%
回底								1			1			2	0.50%
高（甗）											1			1	0.25%
支座				1										1	0.25%
盆							1							1	0.25%
腹片	45	19	32	26	10	27	27	8	39	61	6	8	2	310	76.92%
合计	61	27	43	31	11	35	36	9	44	74	14	13	5	403	100.00%
百分比	15.14%	6.70%	10.67%	7.69%	2.73%	8.68%	8.93%	2.23%	10.92%	18.36%	3.47%	3.23%	1.24%	100.00%	

附表一三

G1第②层出土陶片陶系、纹饰统计表

纹饰＼陶系	泥质					夹砂			夹蚌		硬陶			合计	百分比
	黑衣	灰	褐	红	橙黄	红	褐	黑	红	褐	紫褐	灰褐	红褐		
方格纹	11	5	17	2		1				1	1	1		39	9.68%
弦纹	13	5	8	1			1		1		5	5		39	9.68%
绳纹						4	9	4	5	5				27	6.70%
叶脉纹	2	4	6	1	3						1	2	2	21	5.21%
梯格纹			2	11	6									19	4.71%
弦纹＋方格纹	3	2	1											6	1.49%
刻划纹		1					1					1		3	0.74%
云雷纹				2								1		3	0.74%
弦纹＋镂孔													3	3	0.74%
弦纹＋叶脉纹		1	1											2	0.50%
折线纹				1										1	0.25%
篮纹		1												1	0.25%
戳印圆圈纹	1													1	0.25%
素面	31	8	8	13	2	30	25	5	38	67	7	4		238	59.06%
合计	61	27	43	31	11	35	36	9	44	74	14	13	5	403	100.00%
百分比	15.14%	6.70%	10.67%	7.69%	2.73%	8.68%	8.93%	2.23%	10.92%	18.36%	3.47%	3.23%	1.24%	100.00%	

附表一四

G1 第③层出土陶片陶系、器形统计表

器形	泥质					夹砂		夹蚌			硬陶				原始瓷	合计	百分比
陶系	黑衣	灰	褐	红	橙黄	红	褐	黑衣	红	褐	黑衣	红褐	紫褐	灰褐			
鼎足	4	6	1	1	1	4	12									29	2.36%
罐	10		5	4		2	2					1		2	1	27	2.20%
豆（高）		5	5		2											26	2.11%
鼎（高）足	6	4	6	1		4	7	2	6	5			4	2		25	2.03%
圈足	3	3	6				1		1							24	1.95%
刻槽盆	5	1	16	1	1											23	1.87%
平底	5	1	2	1	1	1	2	1	3		1					19	1.54%
器盖						1	2		1	3			1			7	0.57%
钵	1	1	1				1									5	0.41%
盆	1	2	1	1												5	0.41%
凹底		1	1													2	0.16%
器耳			1				1									2	0.16%
高（瓿）足							1			1						1	0.08%
腹片	128	76	133	80	7	56	100	5	152	245	11	11	10	21		1035	84.15%
合计	158	99	172	89	9	68	126	8	167	269	12	12	16	24	1	1230	100.00%
百分比	12.85%	8.05%	13.98%	7.24%	0.73%	5.53%	10.24%	0.65%	13.58%	21.87%	0.98%	0.98%	1.30%	1.95%	0.08%	100.00%	

附表一五

G1 第③层出土陶片陶系、纹饰统计表

纹饰＼陶系	泥质					夹砂			夹蚌			硬陶			原始瓷	合计	百分比
	黑衣	灰	褐	红	橙黄	红	褐	黑衣	红	褐	黑衣	红褐	紫褐	灰褐			
方格纹	28	18	46	3	3	1	6	1		2				4		112	9.11%
弦纹	16	18	26	3	3	1	1		2			1	2	4	1	78	6.34%
叶脉纹	16	16	16	13	1							4		1		67	5.45%
绳纹	2		7	5		12	17	2	6	12	2					65	5.28%
梯格纹	7		2	20		1						2				32	2.60%
弦纹+方格纹	5	8	16													29	2.36%
刻划纹			1	1			10		1	5						18	1.46%
弦纹+镂孔	2	1	1	1									2	1		8	0.65%
凸棱	3	1	1											1		6	0.49%
篮纹			2	2		1										5	0.41%
弦纹+叶脉纹	1				1	2	1									5	0.41%
附加堆+指窝纹	1						1			1				1		4	0.33%
弦纹+绳纹			2	1												3	0.24%
戳印圆圈纹				1								1	1			3	0.24%
折线纹	1			1												2	0.16%
套菱纹				1									1			2	0.16%
云雷纹													2			2	0.16%
指窝纹										2						2	0.16%
弦纹+云雷纹	1															1	0.08%
素面	75	37	52	37	1	50	90	5	158	247	10	4	9	11		786	63.90%
合计	158	99	172	89	9	68	126	8	167	269	12	12	17	23	1	1230	100.00%
百分比	12.85%	8.05%	13.98%	7.24%	0.73%	5.53%	10.24%	0.65%	13.58%	21.87%	0.98%	0.98%	1.38%	1.87%	0.08%	100.00%	

附表一六

G1 第④层出土陶片陶系、器形统计表

器形＼陶系	泥质					夹砂			夹蚌			硬陶			合计	百分比
	黑衣	灰	褐	红	橙黄	红	褐	黑衣	红	褐	黑衣	紫褐	灰褐	红褐		
鼎（高）						5	21	3	10	10	2				51	2.50%
罐	7	11	12	2		1	6		1	4		2	1		47	2.30%
平底	4	6	3		1	6	7		5	8	1	1			42	2.06%
刻槽盆	6	11	16			1									34	1.67%
豆	12	5	7	2	1				1	1					31	1.52%
圈足	12	4	7		1	1						3		1	29	1.42%
鼎足						10	6		1	8					25	1.22%
盆	2	3	2			1	1			1					10	0.49%
器盖							2		2	2					6	0.29%
凹底	1		3												5	0.24%
钵	1	1				1		1							4	0.20%
高（甗）足							2			1					4	0.20%
三足盆	2		1	1											4	0.20%
器耳			1						1	1					3	0.15%
鬲（甗）							2								2	0.10%
杯	1														1	0.05%
腹片	231	166	229	73	17	118	233	22	213	376	21	15	25	4	1743	85.40%
合计	278	207	280	78	20	144	281	26	235	412	24	23	28	5	2041	100.00%
百分比	13.62%	10.14%	13.72%	3.82%	0.98%	7.06%	13.77%	1.27%	11.51%	20.19%	1.18%	1.13%	1.37%	0.24%	100.00%	

附表一七

G1 第④层出土陶片陶系、纹饰统计表

纹饰 \ 陶系	泥质					夹砂			夹蚌			硬陶			合计	百分比
	黑衣	灰	褐	红	橙黄	红	褐	黑衣	红	褐	黑衣	紫褐	灰褐	红褐		
方格纹	75	51	87	3	4	15	41	6	3	6	1	2	3		297	14.55%
弦纹	53	36	30	5		3	2		1	2		6	3	1	142	6.96%
绳纹	1			1		14	68	10	9	8	1				112	5.49%
叶脉纹	24	28	27	16	3							5	5	2	110	5.39%
弦纹+方格纹	13	17	25	1											56	2.74%
弦纹+叶脉纹	10	10	5												25	1.22%
梯格纹			3	20	2										25	1.22%
篮纹	1	6	8		2	1									18	0.88%
刻划纹			2			5	3								10	0.49%
戳印加圆圈纹						7	2								9	0.44%
附加堆纹+指捺纹	1					2				2					5	0.24%
凸棱			3							1					4	0.20%
指窝孔						2	2								4	0.20%
镂孔	1									1					2	0.10%
弦纹+云雷纹	1									1					2	0.10%
云雷纹		1								1					2	0.10%
弦纹+刻划纹		1													1	0.05%
折线纹				1											1	0.05%
三角填线纹					1										1	0.05%
素面	98	57	90	31	8	95	163	10	222	390	22	10	17	2	1215	59.53%
合计	278	207	280	78	20	144	281	26	235	412	24	23	28	5	2041	100.00%
百分比	13.62%	10.14%	13.72%	3.82%	0.98%	7.06%	13.77%	1.27%	11.51%	20.19%	1.18%	1.13%	1.37%	0.24%	100.00%	

附表一八

G1 第⑤层出土陶片陶系、器形统计表

器形＼陶系	泥质陶				夹砂陶			夹蚌陶		硬陶		合计	百分比
	黑衣	灰	褐	红	红	褐	黑衣	红	褐	灰褐	紫褐		
豆	10	2	3								1	16	3.21%
罐	4	5	3		1			1	1			15	3.01%
圈足	2	5	3	1								11	2.21%
鼎（商）	2				3	5	1		2		1	11	2.21%
平底	2		1			1		2	3			10	2.01%
刻槽盆		2	1	1	1						1	7	1.41%
鼎足		1		1	1	1		2				6	1.20%
盆						1		1				2	0.40%
凹底			1							1		2	0.40%
瓶（高）隔档						1						1	0.20%
腹片	63	43	47	14	25	64	8	55	85	10	3	417	83.73%
合计	83	58	59	16	31	73	9	61	91	11	6	498	100.00%
百分比	16.67%	11.65%	11.85%	3.21%	6.22%	14.66%	1.81%	12.25%	18.27%	2.21%	1.20%	100.00%	

附表一九

G1 第⑤层出土陶片陶系、纹饰统计表

陶系　　纹饰	泥质陶				夹砂陶		夹蚌陶			硬陶		合计	百分比
	黑衣	灰	褐	红	红	褐	黑衣	红	褐	灰褐	紫褐		
方格纹	17	10	11	3	1	5			1	2		50	10.04%
弦纹	17	6	15		2				3			43	8.63%
叶脉纹	3	16	9							3	1	32	6.43%
绳纹			1	3	2	5	7	2				20	4.02%
弦纹+方格纹	4	4	2									10	2.01%
凸棱	5		1			1						7	1.41%
梯格纹	1		1	5								7	1.41%
弦纹+叶脉纹	2	2	1									5	1.00%
刻划纹		1		1		1						3	0.60%
篮纹		1		1								2	0.40%
三角填线纹	1											1	0.20%
折线纹										1		1	0.20%
弦纹+指窝纹								1				1	0.20%
素面	33	18	18	3	26	61	2	58	87	5	5	316	63.45%
合计	83	58	59	16	31	73	9	61	91	11	6	498	100.00%
百分比	16.67%	11.65%	11.85%	3.21%	6.22%	14.66%	1.81%	12.25%	18.27%	2.21%	1.20%	100.00%	

附表二○

G1 第⑥层出土陶片陶系、器形统计表

陶系\器形	泥质					夹砂			夹蚌				硬陶			合计	百分比
	黑衣	灰	褐	红	黄褐	红	褐	黑衣	红	褐	黑衣	灰	红褐	紫褐	灰褐		
豆	63	18	25	3	1				3	3				2	2	120	2.07%
罐	23	19	9	9	1	4	4	1	4	10	1		1	1	1	88	1.52%
平底	12	2	3	2	1	10	9		8	19			2	1	2	71	1.22%
圈足	28	13	18	3	1				1					4	2	70	1.21%
刻槽盆	12	15	28	2	2		2									61	1.05%
鼎足						8	17	1	8	14				1		49	0.84%
鼎（高）						1	15	3	9	7						35	0.60%
盆	10	4	4	4		1			3	3						29	0.50%
凹底	4	8	2												2	16	0.28%
钵	2					1	2		1					1	1	8	0.14%
器盖						3			4	1						8	0.14%
鬶（甗）足						4	3									7	0.12%
三足盘	2		1	2												5	0.09%
器耳		1		1		1										3	0.05%
支座	1															1	0.02%
杯							1									1	0.02%
腹片	880	471	627	299	61	233	445	23	855	1156	33	30	19	32	63	5227	90.14%
合计	1037	551	717	325	67	266	498	28	896	1213	34	30	22	42	73	5799	100.00%
百分比	17.88%	9.50%	12.36%	5.60%	1.16%	4.59%	8.59%	0.48%	15.45%	20.92%	0.59%	0.52%	0.38%	0.72%	1.26%	100.00%	

附表二一

G1 第⑥层出土陶片陶系、纹饰统计表

纹饰＼陶系	泥质					夹砂			夹蚌				硬陶			合计	百分比
	黑衣	灰	褐	红	黄褐	红	褐	黑衣	红	褐	黑衣	灰	红褐	紫褐	灰褐		
方格纹	184	117	168	15	5	3	15	3	9	6			5	2	11	543	9.36%
弦纹	210	106	71	10	4	6	8		4				3		14	436	7.52%
叶脉纹	67	117	108	19	5								9	5	9	339	5.85%
梯格纹	2	3	14	123	29		2									173	2.98%
绳纹	2	6	9	14		21	57	3	17	7	4					140	2.41%
弦纹+方格纹	32	24	25	6										10		97	1.67%
弦纹+叶脉纹	19	24	13													56	0.97%
凸棱	24	7	9				3									43	0.74%
刻划纹	3		1		3	7	9	1								21	0.36%
篮纹	7	2	8													17	0.29%
附加堆纹+指窝纹							6			7						13	0.22%
折线纹	1	2	2	3										1		12	0.21%
云雷纹	3	1	2	1										2		12	0.21%
套菱纹	2	1	3		1											7	0.12%
戳印圆圈纹						2	3									5	0.09%
回纹			1	1				1								4	0.07%
镂孔	2		1	1												4	0.07%
指窝纹				1			1			1						3	0.05%
弦纹+云雷纹	2															2	0.03%
弦纹+刻划			1													1	0.02%
弦纹+绳纹			1													1	0.02%
弦纹+镂孔+方格纹				1												1	0.02%
戳孔				1												1	0.02%
附加堆纹+指窝纹+叶脉纹							1									1	0.02%
素面	477	141	280	130	20	221	399	21	865	1192	30	30	5	22	34	3867	66.68%
合计	1037	551	717	325	67	266	498	28	896	1213	34	30	22	42	73	5799	100.00%
百分比	17.88%	9.50%	12.36%	5.60%	1.16%	4.59%	8.59%	0.48%	15.45%	20.92%	0.59%	0.52%	0.38%	0.72%	1.26%	100.00%	

附表二二　　　　　　　　　　　　**H1 出土陶片陶系、纹饰统计表**

陶系 / 纹饰	泥质					夹砂			硬陶	原始瓷	合计	百分比
	红	黄	灰	黑衣	红衣	红	黄褐	灰褐				
弦纹		3	8	18	1	13	2		2	1	48	7.06%
梯格纹	39	1		2		3		2			47	6.91%
叶脉纹	3		9	13					4		29	4.26%
折线纹	20	3	2	4							29	4.26%
绳纹			4	2		20	1	1			28	4.12%
方格纹	2	1	7						3		13	1.91%
附加堆纹			1			4	2				7	1.03%
刻划纹						4		2	1		7	1.03%
抹断绳纹						4	1				5	0.74%
凹槽						1	2				3	0.44%
指窝纹						2					2	0.29%
云雷纹	2										2	0.29%
镂孔											1	0.15%
戳印圆圈							1				1	0.15%
凸棱					1						1	0.15%
素面	48	4	42	31	11	246	28	31	16		457	67.21%
合计	114	12	73	70	13	298	36	37	26	1	680	100.00%
百分比	16.76%	1.76%	10.74%	10.29%	1.91%	43.82%	5.29%	5.44%	3.82%	0.15%	100.00%	

附表二三　　　　　　　　　　　　**H1 出土陶片陶系、器形统计表**

陶系 / 器形	泥质					夹砂			硬陶	原始瓷	合计	百分比
	红	黄	灰	黑衣	红衣	红	黄褐	灰褐				
豆	2	3	9	18	2	1			1		36	5.29%
鼎						16	3				19	2.79%
釜						12	5	1			18	2.65%
罐	3		2		1	9			1		16	2.35%
鬲（甗）						8		1			9	1.32%
刻槽盆	3		4	1		1					9	1.32%
器盖	1					2		1			4	0.59%
圈足			3						1		4	0.59%
平底						2					2	0.29%
碗									1	1	2	0.29%
三足盘			2								2	0.29%
钵						1					1	0.15%
腹片	105	9	58	45	10	246	28	34	23		558	82.06%
合计	114	12	73	69	13	298	36	37	27	1	680	100.00%
百分比	16.76%	1.76%	10.74%	10.15%	1.91%	43.82%	5.29%	5.44%	3.97%	0.15%	100.00%	

附表二四　　　　　　　　　　　　　　H13 出土陶片陶系、纹饰统计表

陶系／纹饰	夹蚌		夹砂		泥质			原始瓷	合计	百分比
	红	褐	红	褐	红	黑衣	褐			
梯格纹			23		12				35	22.44%
叶脉纹			9	3			2		14	8.97%
绳纹							4		4	2.56%
方格纹					1		2		3	1.92%
弦纹			1			2			3	1.92%
素面	42	7	12	2	13	5	14	2	97	62.18%
合计	42	7	45	5	26	7	22	2	156	100.00%
百分比	26.92%	4.49%	28.85%	3.21%	16.67%	4.49%	14.10%	1.28%	100.00%	

附表二五　　　　　　　　　　　　　　H13 出土陶片陶系、器形统计表

陶系／器形	夹蚌		夹砂		泥质			原始瓷	合计	百分比
	红	褐	红	褐	红	黑衣	褐			
罐	1		2			1	1		5	3.21%
豆						2	1		3	1.92%
釜	1								1	0.64%
碗								1	1	0.64%
腹片	40	7	43	5	26	4	20	1	146	93.59%
合计	42	7	45	5	26	7	22	2	156	100.00%
百分比	26.92%	4.49%	28.85%	3.21%	16.67%	4.49%	14.10%	1.28%	100.00%	

附表二六　　　　　　　　　　　　**H28 出土陶片陶系、纹饰统计表**

陶系 纹饰	夹蚌			夹砂			泥质			硬陶		合计	百分比
	红	褐	红衣	红	褐	黑衣	红	灰	黑衣	红褐	灰褐		
弦纹							4		3		1	8	10.53%
叶脉纹									6			6	7.89%
绳纹						3	1					4	5.26%
梯格纹							4					4	5.26%
方格纹								1			3	4	5.26%
素面	4	9	2	11	7		5	3	4	2	3	50	65.79%
合计	4	9	2	11	7	3	14	4	13	2	7	76	100.00%
百分比	5.26%	11.84%	2.63%	14.47%	9.21%	3.95%	18.42%	5.26%	17.11%	2.63%	9.21%	100.00%	

附表二七　　　　　　　　　　　　**H28 出土陶片陶系、器形统计表**

陶系 器形	夹蚌			夹砂			泥质			硬陶		合计	百分比
	红	褐	红衣	红	褐	黑衣	红	灰	黑衣	红褐	灰褐		
豆			1				1		3			5	6.58%
罐					1		1		1			3	3.95%
圈足									1	1	1	3	3.95%
鼎		1			1							2	2.63%
刻槽盆							1					1	1.32%
盆								1				1	1.32%
器耳								1				1	1.32%
腹片	4	8	1	10	6	3	11	2	8	1	6	60	78.95%
合计	4	9	2	11	7	3	14	4	13	2	7	76	100.00%
百分比	5.26%	11.84%	2.63%	14.47%	9.21%	3.95%	18.42%	5.26%	17.11%	2.63%	9.21%	100.00%	

附表二八 **H29 出土陶片陶系、纹饰统计表**

陶系 纹饰	夹蚌				泥质	硬陶	合计	百分比
	红	褐	红衣	黑衣	褐	灰褐		
梯格纹	20	1					21	13.04%
弦纹	1	3		5		1	10	6.21%
绳纹	2	2		4			8	4.97%
叶脉纹	2	6					8	4.97%
方格纹		3		4			7	4.35%
刻划纹	1						1	0.62%
指窝纹	1						1	0.62%
弦纹+镂孔						1	1	0.62%
素面	51	34	2	9	2	6	104	64.60%
合计	78	49	2	22	2	8	161	100.00%
百分比	48.45%	30.43%	1.24%	13.66%	1.24%	4.97%	100.00%	

附表二九 **H29 出土陶片陶系、器形统计表**

陶系 器形	夹蚌				泥质	硬陶	合计	百分比
	红	褐	红衣	黑衣	褐	灰褐		
鼎足	5						5	3.11%
腰檐	4						4	2.48%
釜	1		1	1			3	1.86%
罐					1	2	3	1.86%
平底		2	1				3	1.86%
豆		1			1		2	1.24%
鼎	1						1	0.62%
盆				1			1	0.62%
碗						1	1	0.62%
器盖		1					1	0.62%
器耳		1					1	0.62%
腹片	67	46		18		5	136	84.47%
合计	78	49	4	20	2	8	161	100.00%
百分比	48.45%	30.43%	2.48%	12.42%	1.24%	4.97%	100.00%	

附表三○　　　　　　　　　　**H30 出土陶片陶系、纹饰统计表**

纹饰 ＼ 陶系	夹砂 红	夹炭 褐	夹蚌 红衣	夹蚌 褐	夹蚌 红	泥质 黑衣	泥质 橙黄	泥质 红	泥质 灰	硬陶 褐	合计	百分比
弦纹						1	1	1		3	6	7.89%
叶脉纹						2	2				4	5.26%
戳印圆圈					1						1	1.32%
方格纹								1			1	1.32%
素面	2	3	8	28	16	3	1	1	2		64	84.21%
合计	2	3	8	28	17	6	5	2	2	3	76	100.00%
百分比	2.63%	3.95%	10.53%	36.84%	22.37%	7.89%	6.58%	2.63%	2.63%	3.95%	100.00%	

附表三一　　　　　　　　　　**H30 出土陶片陶系、器形统计表**

器形 ＼ 陶系	夹砂 红	夹炭 褐	夹蚌 红衣	夹蚌 褐	夹蚌 红	泥质 黑衣	泥质 橙黄	泥质 红	泥质 灰	硬陶 褐	合计	百分比
豆		1		1		1	2		2		7	9.21%
罐				1		2				3	6	7.89%
鼎足		1			2						3	3.95%
釜		1		1							2	2.63%
平底			1	1							2	2.63%
钵								1			1	1.32%
腹片	2	1	6	24	15	3	3	1			55	72.37%
合计	2	3	8	28	17	6	5	2	2	3	76	100.00%
百分比	2.63%	3.95%	10.53%	36.84%	22.37%	7.89%	6.58%	2.63%	2.63%	3.95%	100.00%	

附表三二　　　　　　　　　　　**H31 出土陶片陶系、纹饰统计表**

陶系＼纹饰	夹蚌				泥质			夹砂		硬陶		原始瓷	合计	百分比
	红	褐	红衣	黑衣	红	灰	黑衣	红	灰	红褐	灰褐			
指窝纹	2												2	2.63%
绳纹						2							2	2.63%
弦纹							1	1			2		4	5.26%
弦纹＋戳印纹								1					1	1.32%
折线纹											1		1	1.32%
方格纹											1		1	1.32%
叶脉纹										1			1	1.32%
素面	9	23	5	10	1	4	3	5	1	1	1	1	64	84.21%
合计	11	23	5	10	1	6	4	7	1	2	5	1	76	100.00%
百分比	14.47%	30.26%	6.58%	13.16%	1.32%	7.89%	5.26%	9.21%	1.32%	2.63%	6.58%	1.32%	100.00%	

附表三三　　　　　　　　　　　**H31 出土陶片陶系、器形统计表**

陶系＼器形	夹蚌				泥质			夹砂		硬陶		原始瓷	合计	百分比
	红	褐	红衣	黑衣	红	灰	黑衣	红	灰	红褐	灰褐			
罐		1					1	1			2		5	6.58%
鼎	1	1	1										3	3.95%
腰檐	2	1											3	3.95%
豆			1				1				1		3	3.95%
平底		1									1		2	2.63%
器耳	1												1	1.32%
足		1											1	1.32%
腹片	7	19	2	10	1	6	2	5	1	2	2	1	58	76.32%
合计	11	23	5	10	1	6	4	6	1	2	6	1	76	100.00%
百分比	14.47%	30.26%	6.58%	13.16%	1.32%	7.89%	5.26%	7.89%	1.32%	2.63%	7.89%	1.32%	100.00%	

附表三四　　　　　　　　　　　**H33 出土陶片陶系、纹饰统计表**

陶系＼纹饰	夹蚌				泥质			夹砂	硬陶	原始瓷	合计	百分比
	红	褐	红衣	黑衣	褐	红	黑衣	红	灰褐			
叶脉纹		2			1	2	22		1	1	29	11.65%
方格纹		1							7		8	3.21%
弦纹		1					3			1	5	2.01%
刻划纹	1				1						2	0.80%
戳印纹	1	1									2	0.80%
指窝纹							1				1	0.40%
素面	74	46	12	10	20	3	21	9	2	5	202	81.12%
合计	76	51	12	10	22	5	47	9	10	7	249	100.00%
百分比	30.52%	20.48%	4.82%	4.02%	8.84%	2.01%	18.88%	3.61%	4.02%	2.81%	100.00%	

附表三五　　　　　　　　　　　**H33 出土陶片陶系、器形统计表**

陶系＼器形	夹蚌				泥质			夹砂	硬陶	原始瓷	合计	百分比
	红	褐	红衣	黑衣	褐	红	黑衣	红	灰褐			
豆	1	1			3		3				8	3.21%
罐	2		1				2			3	8	3.21%
器足	7	1									8	3.21%
平底	3	1			2			1			7	2.81%
鼎	2	3									5	2.01%
圈足					1	2					3	1.20%
器盖		1									1	0.40%
器耳			1								1	0.40%
盆						1					1	0.40%
腹片	61	44	11	9	16	5	39	8	10	4	207	83.13%
合计	76	51	12	10	22	8	44	9	10	7	249	100.00%
百分比	30.52%	20.48%	4.82%	4.02%	8.84%	3.21%	17.67%	3.61%	4.02%	2.81%	100.00%	

附表三六　　　　　　　　　　　**H37 出土陶片陶系、纹饰统计表**

陶系 纹饰	夹蚌		夹砂	泥质		硬陶	合计	百分比
	褐	红衣	褐	灰	红	灰褐		
梯格纹						2	2	11.76%
方格纹						1	1	5.88%
素面	8	2	1	2	1		14	82.35%
合计	8	2	1	2	3	1	17	100.00%
百分比	47.06%	11.76%	5.88%	11.76%	17.65%	5.88%	100.00%	

附表三七　　　　　　　　　　　**H37 出土陶片陶系、器形统计表**

陶系 器形	夹蚌		夹砂	泥质		硬陶	合计	百分比
	褐	红衣	褐	灰	红	灰褐		
器盖			1				1	5.88%
豆				2			2	11.76%
腹片	8	2			3	1	14	82.35%
合计	8	2	1	2	3	1	17	100.00%
百分比	47.06%	11.76%	5.88%	11.76%	17.65%	5.88%	100.00%	

附表三八　　　　　　　　　　　**H91 出土陶片陶系、纹饰统计表**

陶系 纹饰	夹砂		夹蚌			泥质			硬陶	合计	百分比
	红	褐	红	褐	红衣	黑衣	红	灰	灰褐		
弦纹	1						1			2	4.35%
叶脉纹							2			2	4.35%
梯格纹									1	1	2.17%
素面		1	12	11	11	1		2	3	41	89.13%
合计	1	1	12	11	11	2	2	2	4	46	100.00%
百分比	2.17%	2.17%	26.09%	23.91%	23.91%	4.35%	4.35%	4.35%	8.70%	100.00%	

附表三九　　　　　　　　　　　**H91 出土陶片陶系、器形统计表**

陶系 器形	夹砂		夹蚌			泥质			硬陶	合计	百分比
	红	褐	红	褐	红衣	黑衣	红	灰	灰褐		
平底		1								1	2.13%
腰檐			1	1						2	4.26%
鼎				1						1	2.13%
豆						2				2	4.26%
把手									1	1	2.13%
腹片	1		11	10	10	1	2	3	2	40	85.11%
合计	1	1	12	11	11	3	2	3	3	47	100.00%
百分比	2.13%	2.13%	25.53%	23.40%	23.40%	6.38%	4.26%	6.38%	6.38%	100.00%	

附表四〇　T0832、T0834 第②a层出土陶片陶系、纹饰统计表

陶系 纹饰	夹蚌 褐	红	灰	黑	黑衣	红衣	夹砂 褐	红	灰	红衣	泥质 褐	红	灰	黑衣	红衣	硬陶 红	灰	褐	原始瓷	合计	百分比
菱形填线纹									1			1				23		123		148	6.73%
方格纹	1										15	1	3	9		14		105		148	6.73%
席纹											4	1	2	2		21		88		118	5.37%
绳纹	2								4		6	6	4	66			3			91	4.14%
弦纹	5	3				1	2				5	1	6	16		6	7	20	5	77	3.50%
小方格纹																	17	23		40	1.82%
叶脉纹											9	4	4	11		10	2	14		54	2.45%
米筛纹		1											2			1	4	21		29	1.32%
梯格纹	2										2	27				11	4	4		50	2.27%
竹节纹											3		3	4				1		11	0.50%
回字纹														1		2		7		10	0.45%
指窝纹	4	12				2						1		1						20	0.91%
云雷纹							2											2		4	0.18%
水波纹																		2		2	0.09%
镂孔										1										1	0.05%
附加堆纹		1																		1	0.05%
弦纹+指窝纹	4	1																		5	0.23%
素面	318	230	5	3	15	24	207	44	2	4	131	48	96	93	13	14	0	106	36	1389	63.19%
合计	336	248	5	3	15	27	211	44	7	5	175	90	120	203	13	102	37	516	41	2198	
百分比	15.29%	11.28%	0.23%	0.14%	0.68%	1.23%	9.60%	2.00%	0.32%	0.23%	7.96%	4.09%	5.46%	9.24%	0.59%	4.64%	1.68%	23.48%	1.87%		100%
百分比	28.84%						12.15%				27.34%					29.80%			1.87%		

附表四一

H88 出土陶片陶系、纹饰统计表

纹饰 ╲ 陶系	夹砂				夹蚌				泥质				硬陶		原始瓷	合计	百分比
	黑衣	红衣	红	褐	黑衣	红	红衣	褐	红	灰	黑衣	橙黄	红褐	灰褐			
菱形填线纹	8												14	50		72	13.77%
弦纹		1	3	31					6	14	1			10	2	68	13.00%
席纹														28		28	5.35%
叶脉纹								1		23	1					25	4.78%
绳纹									3	16	1	2				22	4.21%
小方格纹									3	4		2		13		22	4.21%
梯格纹									9	1						10	1.91%
米筛纹														5		5	0.96%
回字纹														3		3	0.57%
刻划纹										1						1	0.19%
"S"形纹												1				1	0.19%
水波纹															1	1	0.19%
窗格纹														1		1	0.19%
素面	4	4	7	15	28	30	7	84	10	41	2	2	3	27		264	50.48%
合计	12	5	10	46	28	30	7	85	31	100	5	7	17	137	3	523	100.00%
百分比	2.29%	0.96%	1.91%	8.80%	5.35%	5.74%	1.34%	16.25%	5.93%	19.12%	0.96%	1.34%	3.25%	26.20%	0.57%	100.00%	

附表四二

H88 出土陶片陶系、器形统计表

器形＼陶系	夹砂				夹蚌				泥质				硬陶		原始瓷	合计	百分比
	黑衣	红衣	红	褐	黑衣	红	红衣	褐	红	灰	黑衣	橙黄	红褐	灰褐			
鼎	12	5	3	31	3	2	1	3								60	11.47%
罐				2		1		2	7	12	1	1		8		34	6.50%
平底					2				2	5				7	1	17	3.25%
豆						1	1	1	1	8	1					13	2.49%
鼎足					2	5				1						8	1.53%
盆					2											2	0.38%
腰檐								2								2	0.38%
器盖								2								2	0.38%
高						1										1	0.19%
支座							1									1	0.19%
釜						1										1	0.19%
碗															1	1	0.19%
腹片			7	13	19	19	4	75	21	74	4	5	17	122	1	381	72.85%
合计	12	5	10	46	28	30	7	85	31	100	6	6	17	137	3	523	100.00%
百分比	2.29%	0.96%	1.91%	8.80%	5.35%	5.74%	1.34%	16.25%	5.93%	19.12%	1.15%	1.15%	3.25%	26.20%	0.57%	100.00%	

附表四三   **H90 出土陶片陶系、纹饰统计表**

纹饰＼陶系	夹砂		泥质			夹蚌		硬陶	原始瓷	合计	百分比
	红	褐	红	褐	黑衣	红	褐	灰褐			
梯格纹	1		1	3				1		6	15.79%
绳纹	1		3							4	10.53%
叶脉纹			1					1		2	5.26%
弦纹			1			1				2	5.26%
方格纹	1									1	2.63%
素面	4	2	3	3	2	2	4	1	2	23	60.53%
合计	7	2	9	6	2	3	4	3	2	38	100.00%
百分比	18.42%	5.26%	23.68%	15.79%	5.26%	7.89%	10.53%	7.89%	5.26%	100.00%	

附表四四   **H90 出土陶片陶系、器形统计表**

器形＼陶系	夹砂		泥质			夹蚌		硬陶	原始瓷	合计	百分比
	红	褐	红	褐	黑衣	红	褐	灰褐			
鼎	2									2	5.26%
平底				1						1	2.63%
豆			1		2					3	7.89%
鼎足						1				1	2.63%
腹片	5	2	8	5		3	3	3	2	31	81.58%
合计	7	2	9	6	2	4	3	3	2	38	100.00%
百分比	18.42%	5.26%	23.68%	15.79%	5.26%	10.53%	7.89%	7.89%	5.26%	100.00%	

彩 版

1. 遗址发掘前外景（南—北）

2. 遗址发掘后外景（北—南）

彩版一　神墩遗址外景

彩版二　马家浜文化F1（东北—西南）

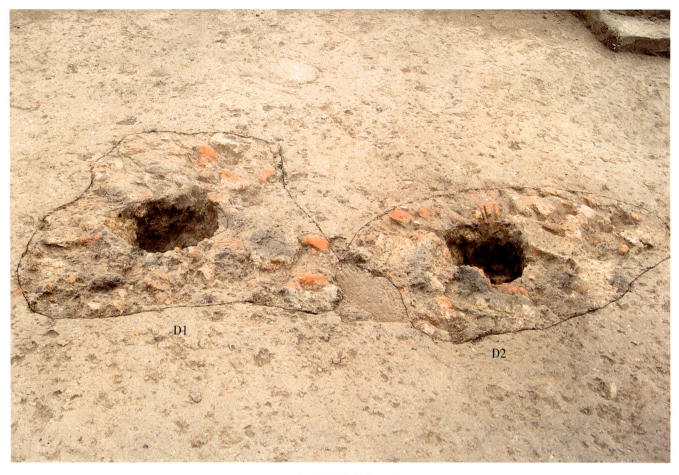

1. F1柱洞局部（北—南）

2. 陶鼎（F1D5：1）

3. 陶罐（F1D10：1）

彩版三　马家浜文化F1柱洞及其出土器物

1. 刻纹白陶片（F1D7：1）

2. 陶纺轮（F1：2）

3. 陶纺轮（F1D7：2）

4. 石锛（F1：1）

5. 石锛（F1D35：1）

6. 磨制石片（F1：3）

彩版四　马家浜文化F1出土器物

1. 发掘前（西南—东北）

2. 发掘后（西南—东北）

彩版五　马家浜文化F2

1. 陶缸（F2：1）

2. 陶罐（F3Z1：1）

彩版六　马家浜文化F2、F3出土器物

1. 发掘前（北—南）

2. 发掘后（北—南）

彩版七　马家浜文化F3

1. 发掘前（西—东）

2. 发掘后（西—东）

彩版八　马家浜文化F5北部（T0834～T1034等）

1. 发掘前（西—东）

2. 发掘后（西—东）

彩版九　马家浜文化F5 中部（T0832～T1032等）

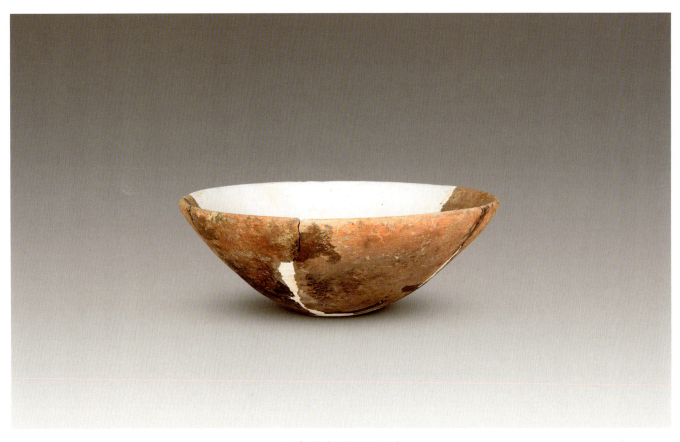

1. 陶碗（F5D132∶1）

2. 陶纺轮（F5D38∶1）

3. 陶网坠（F5D118∶1~6）

彩版一〇　马家浜文化F5出土器物

彩版一一 马家浜文化F6（东—西）

1. 发掘前（西—东）

2. 发掘后（西—东）

彩版一二　马家浜文化F7

彩版一三　马家浜文化F8（西—东）

1. 陶鼎（F8D37：1）

2. 小陶罐（F8：2）

3. 小陶罐（F8：4）

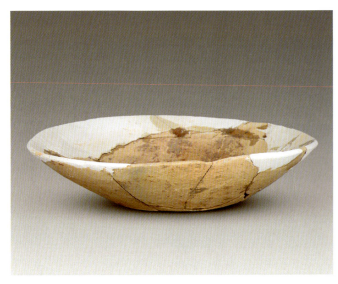

4. 陶盘（F8：1）

5. 陶纺轮（F8：5）

6. 石锛（F8：3）

彩版一四　马家浜文化F8出土器物

1. 发掘前（北—南）

2. 发掘后（北—南）

彩版一五　马家浜文化F10

1. H25（北—南）

4. H43出土龟甲

2. 陶纺轮（H25：1）

5. 陶釜（H43①：2）

6. 陶匜（H43①：3）

3. H43（东—西）

7. 陶球（H43①：1）

彩版一六　马家浜文化H25、H43及其出土器物

1. H65（南—北）

3. 陶钵（H70②：4）

2. H70（南—北）

4. 陶钵（H70②：2）

5. 陶纺轮（H70②：3）

彩版一七　马家浜文化H65、H70及其出土器物

1. H84（南—北）

3. H52（南—北）

2. H84出土鳖甲

4. 陶釜（H52①∶1）

彩版一八　马家浜文化H84、H52及其出土器物

1. H12（南—北）

4. H15（东南—西北）

2. 刻纹白陶片（H12：1）

5. 石锛（H15：1）

3. 陶网坠（H12：2）

彩版一九　马家浜文化H12、H15及其出土器物

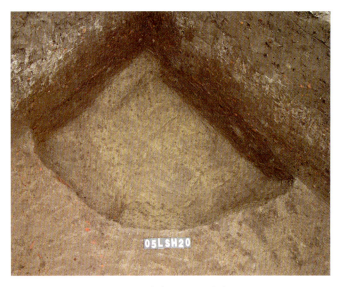

1. H20（东北—西南）

2. 石锛（H20：1）

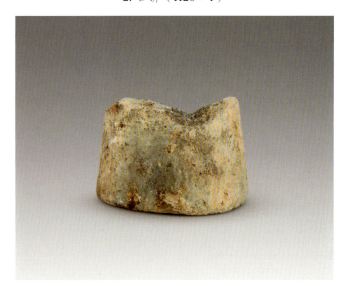

3. 陶支座（H20：3）

4. H26（东北—西南）

5. 陶器盖（H26：1）

彩版二〇　马家浜文化H20、H26及其出土器物

1. 陶釜（H26：3）

2. 陶釜（H26：7）

3. 陶匜（H26：2）

4. 陶纺轮（H26：4）

彩版二一　马家浜文化H26出土器物

1. H41（西北—东南）

2. 陶罐（H41：1）

3. 小陶罐（H41：5）

4. 陶器盖（H41：3）

5. 陶器盖（H41：6）

6. 陶器盖（H41：7）

7. 陶纺轮（H41：2）

彩版二二　马家浜文化H41及其出土器物

1. H56（南—北）

2. 陶器盖（H56：1）

彩版二三　马家浜文化H56及其出土器物

1. H63（北—南）

2. H66（西—东）

彩版二四　马家浜文化H63、H66

1. 石斧（H63：1）

4. 陶网坠（H63：4）

2. 碗（H63：2）

5. 陶网坠（H63：12~16）

3. 陶釜（H63：5）

6. 骨匕（H63：3）

彩版二五　马家浜文化H63出土器物

1. 陶网坠（H66：1）

2. 陶釜（H66：2）

彩版二六　马家浜文化H66出土器物

1. H71（西南—东北）

2. 石锛（H71：1）

3. 陶纺轮（H71：2）

4. H74（东—西）

5. 陶璜形器（H74：1）

彩版二七　马家浜文化H71、H74及其出土器物

1. H75（西南—东北）

2. 陶网坠（H75：1）

4. H98（南—北）

3. 陶网坠（H75：2）

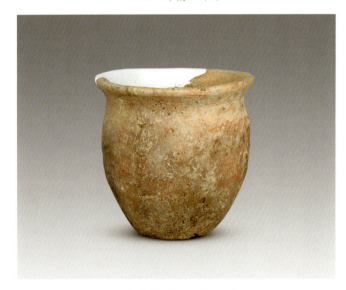

5. 小陶罐（H98②：1）

6. 陶罐（H98②：2）

彩版二八　马家浜文化H75、H98及其出土器物

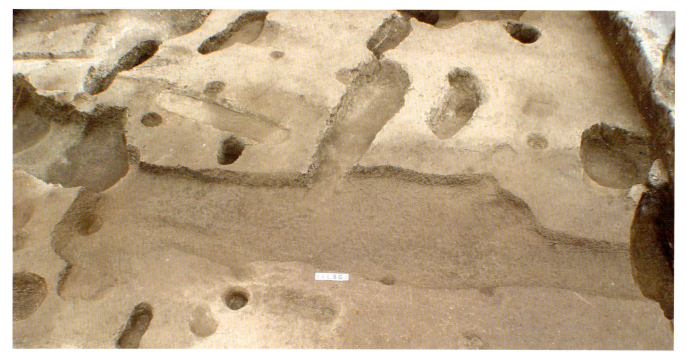

1. G2（北—南）

2. 穿孔石斧（G2：1）

3. 陶碗（G2：2）

4. 陶钵（G2：3）

彩版二九　马家浜文化G2及其出土器物

1. A I 式（H22∶1）

2. A II 式（H26∶3）

3. A IV 式（T1232等④∶2）

4. B II 式（T0834等⑤∶1）

5. B II 式（T0834等⑤∶2）

6. B II 式（T0834等⑤∶4）

彩版三〇　马家浜文化堆积出土陶釜

1. E Ⅱ 式（T0834等⑤：3）

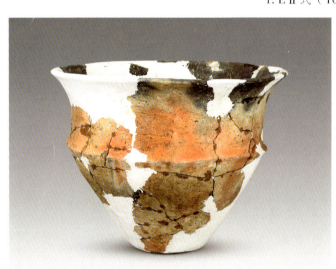

2. F Ⅰ 式（H66：2）

3. G Ⅰ 式（H52①：1）

4. G Ⅱ 式（H63：5）

5. Ⅰ型（T1130等⑥：2）

彩版三一　马家浜文化堆积出土陶釜

1. AⅠ式鼎（T1034等④：11）

2. AⅡ式鼎（F1D5：1）

3. A型小鼎（T1032等④：3）

4. B型小鼎（T1130等④：3）

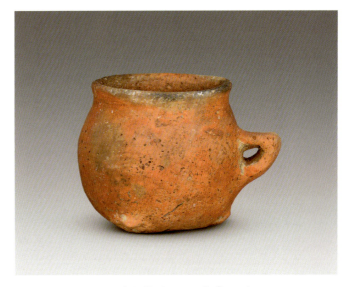

5. B型小鼎（T1130等④：1）

彩版三二　马家浜文化堆积出土陶鼎

1. A Ⅱ 式罐（T0834等⑤：5）

2. A Ⅰ 式小罐（T1032等⑤：1）

3. A Ⅱ 式小罐（H98①：1）

4. A Ⅲ 式小罐（T0834等④：8）

5. A Ⅳ 式小罐（T1032等③：3）

6. A Ⅳ 式小罐（T1130等③：3）

彩版三三　马家浜文化堆积出土陶罐

1. AⅣ式（T1232等③：11）

2. BⅠ式（T1235⑤：2）

3. BⅢ式（T1032等④：28）

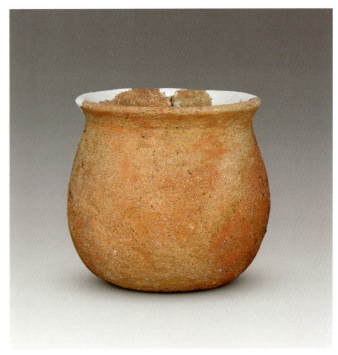

4. BⅣ式（T1032等③：7）

彩版三四　马家浜文化堆积出土小陶罐

1. BⅣ式豆盘（T1032等④：26）   2. Ⅱ式盘（T1130等④：2）

3. AⅠ式盆（T1034等⑤：4）

4. AⅢ式盆（T1234③：1）

彩版三五　马家浜文化堆积出土陶豆、盘、盆

1. AⅡ式匜（T1034等③：4）

2. B型匜（T0834等⑤：11）

3. 甗（T0834等⑤：7）

4. 器圈足（T0834等④：7）

5. A型蒸箅（T1232等⑥：3）

6. D型纺轮（T0834等④：11）

彩版三六　马家浜文化堆积出土陶匜、甗等

1. Ab型（T0834等④：9）

3. DⅠ式（T1335④：1）

2. C型（T1032等④：5）

4. DⅡ式（T1034等③：6）

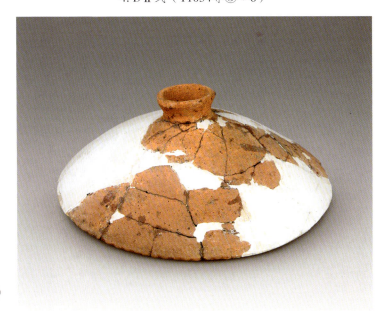

5. DⅡ式（T1034等③：5）

彩版三七　马家浜文化堆积出土陶器盖

1. Aa型网坠（T1032等③：19）

2. 拍（T0834等③：3）

3. 璜（T1034等⑤：2）

4. 坠（T1334④：4）

5. 动物陶塑（T0834等⑤：25）

彩版三八　马家浜文化堆积出土陶器

1. AaⅢ式锛（T1032等③∶2）　　2. AbⅡ式锛（T1032等④∶1）　　3. 钻头（T1034等④∶6）

5. 钻头（T1130等③∶4）　　6. 钻头（T1032等④∶8）

4. 铲（T1034等④∶3）

彩版三九　马家浜文化堆积出土石器

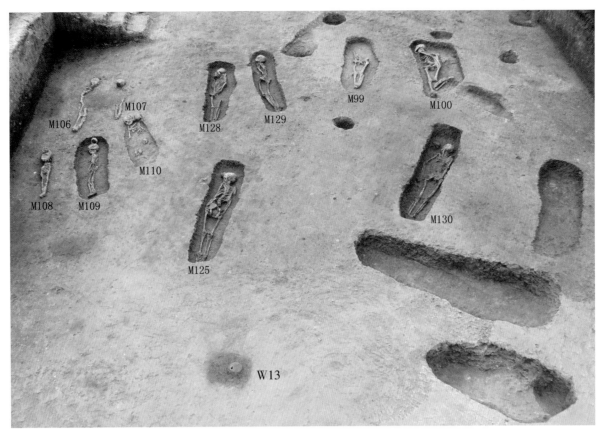

1. T0832等四方（西—东）

2. T1034等四方（北—南）

彩版四〇　马家浜文化墓葬分布情况

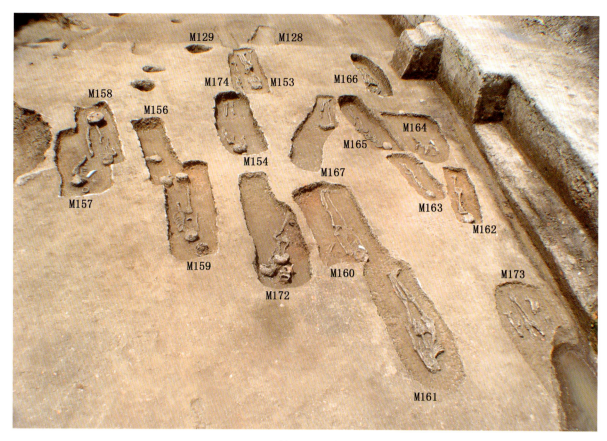

M129　M128
M174　M153　M166
M158
M156　M164
M165
M154　M167
M157
M163
M159　M162
M160
M172　M173
M161

1. T1032等四方（东—西）

2. T1130等（北—南）

彩版四一　马家浜文化墓葬分布情况

1. M2（南—北）

2. M4（北—南）

3. M4石锛出土情况（北—南）

彩版四二　马家浜文化M2、M4

1. 石锛（M4：1）

2. 石锛（M4：2）

3. 石锛（M4：3）

4. 陶罐（M4：4）

彩版四三　马家浜文化M4出土器物

1. M5（南—北）

2. M5石锛出土情况（北—南）

3. 石锛（M5：1）

4. 石锛（M5：2）

5. 石锛（M5：3）

6. 石锛（M5：4）

彩版四四　马家浜文化M5及其出土器物

1. M7（北—南）

2. M7陶豆出土情况（北—南）

3. 陶豆盘（M7：1）

4. M8（北—南）

5. 残石片（M8：1）

彩版四五　马家浜文化M7、M8及其出土器物

1. M10（北—南）

2. M11（南—北）

3. M12（南—北）

彩版四六　马家浜文化M10、M11、M12

1. 陶鼎（M10：1）

2. 陶鼎（M11：1）

4. 陶器圈足（M12：2）

3. 玉玦（M12：1）

彩版四七　马家浜文化M10、M11、M12出土器物

1. M13（北—南）

3. 陶罐（M14：1）

2. M14（北—南）

4. 陶纺轮（M14：2）

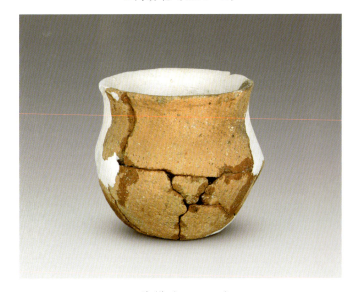

5. 陶罐（M14：3）

彩版四八　马家浜文化M13、M14及其出土器物

1. M16（北—南）

4. 石锛（M18：1）

2. M17（北—南）

5. 石锛（M18：2）

3. M18（北—南）

6. 石锛（M18：3）

彩版四九　马家浜文化M16、M17、M18及其出土器物

1. M19（东北—西南）

2. M20（北—南）

3. M20人骨头部器物出土情况（南—北）

4. M20死者口部玉璜出土情况（西—东）

彩版五〇　马家浜文化M19、M20

1. 玉璜（M20：1）

2. 陶鼎（M20：2）

3. 玉璜（M20：3）

彩版五一　马家浜文化M20出土器物

1. M21（北—南）

4. M22（北—南）

2. 陶豆盘（M21：1）

5. M24（东北—西南）

3. 陶釜（M21：2）

6. 陶纺轮（M24：1）

彩版五二　马家浜文化M21、M22、M24及其出土器物

1. M25（北—南）

2. 陶纺轮（M25∶1）

3. M26（北—南）

4. M28（北—南）

彩版五三　马家浜文化M25、M26、M28

1. M29（北—南）

2. M32（南—北）

3. M33（北—南）

彩版五四　马家浜文化M29、M32、M33

1. 陶罐（M32：1）

2. 陶纺轮（M33：1）

3. 陶纺轮（M36：1）

4. 陶罐（M36：2）

5. 陶圈足罐（M38：1）

6. 陶纺轮（M41：1）

彩版五五　马家浜文化M32、M33、M36、M38、M41出土器物

1. M34（北—南）

2. M35（北—南）

3. M36（北—南）

彩版五六　马家浜文化M34、M35、M36

1. M37（北—南）

2. M38（北—南）

3. M39（北—南）

彩版五七　马家浜文化M37、M38、M39

1. M40（北—南）

2. M41（北—南）

3. M42（北—南）

彩版五八　马家浜文化M40、M41、M42

1. M43（北—南）

2. 陶罐（M43：1）

3. 陶圈足罐（M43：2）

4. M44（北—南）

彩版五九　马家浜文化M43、M44及其出土器物

1. M47（北—南）

2. 陶纺轮（M47：1）

3. M49（北—南）

4. M50（北—南）

5. M51（南—北）

6. 陶纺轮（M51：1）

彩版六〇　马家浜文化M47、M49、M50、M51及其出土器物

1. M52（北—南）

2. M52头部陶器出土情况（北—南）

3. 石锛（M52：1）

4. 陶器盖（M52：2）

5. 陶罐（M52：3）

彩版六一 马家浜文化M52及其出土器物

1. M54（北—南）

2. M55（北—南）

3. 陶鼎（M54：1）

4. M55玉石器出土情况（北—南）

彩版六二　马家浜文化M54、M55

1. 玉璜（M55：1）

3. 石锛（M55：3）

2. 玉玦（M55：2）

4. 石锛（M55：4）

彩版六三　马家浜文化M55出土器物

1. M56（北—南）

2. M69（南—北）

3. 陶圈足罐（M69：1）

4. M70、M71（北—南）

彩版六四　马家浜文化M56、M69、M70、M71及其出土器物

1. M73（南—北）

2. 陶罐（M73：1）

3. 陶罐（M73：2）

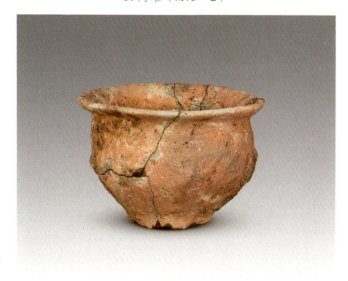

4. 陶圈足罐（M73：3）

彩版六五　马家浜文化M73及其出土器物

1. M74（南—北）

2. M75（南—北）

3. M76（北—南）

彩版六六　马家浜文化M74、M75、M76

1. 石锛（M75：1）

4. 陶罐（M76：1）

2. 石锛（M75：2）

5. 陶鼎（M76：2）

残石器（M75：3）

3. 残石器（M75：3）

6. 陶器盖（M76：3）

彩版六七　马家浜文化M75、M76出土器物

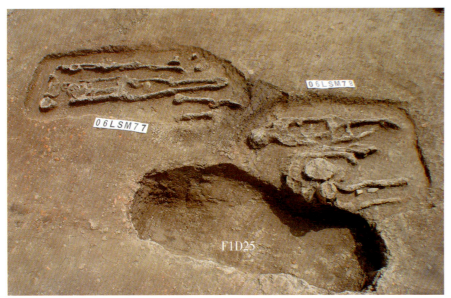

1. M77、M78相对位置（北—南）

2. M77（北—南）

3. M78（北—南）

彩版六八　马家浜文化M77、M78

1. 陶纺轮（M77：1）

2. 石锛（M77：2）

3. 石刀（M78：2）

4. 陶鼎（M78：3）

彩版六九　马家浜文化M77、M78出土器物

1. M79（北—南）

2. 石锛（M79：1）

3. 陶釜（M79：2）

4. 陶鼎（M79：3）

5. M80（北—南）

6. 花石子（M80：6）出土情况

彩版七〇　马家浜文化M79、M80及其出土器物

1. 陶器盖（M80：1）

2. 陶鼎（M80：2）

3. 陶鼎（M80：4）

4. 陶纺轮（M80：5）

5. 花石子（M80：6）

彩版七一　马家浜文化M80出土器物

1. M81（北—南）

2. M82（北—南）

3. 陶钵（M81：1）

4. 石锛（M82：1）

5. 石凿（M82：2）

彩版七二　马家浜文化M81、M82及其出土器物

1. M83（北—南）

2. 石锛（M83：1）

3. 石锛（M83：2）

4. 陶纺轮（M83：3）

5. 陶纺轮（M83：4）

彩版七三　马家浜文化M83及其出土器物

1. M84~M87（南—北）

2. M84（南—北）

3. M87（南—北）

彩版七四　马家浜文化M84~M87

1. 石凿（M84：1）

2. 陶鼎（M85：1）

3. 陶器盖（M86：1）

4. 陶罐（M86：2）

5. 陶鼎（M87：1）

彩版七五　马家浜文化M84～M87出土器物

1. M88（北—南）

2. M88玉串饰出土情况（北—南）

3. 陶罐（M88：7）

彩版七六　马家浜文化M88及其出土器物

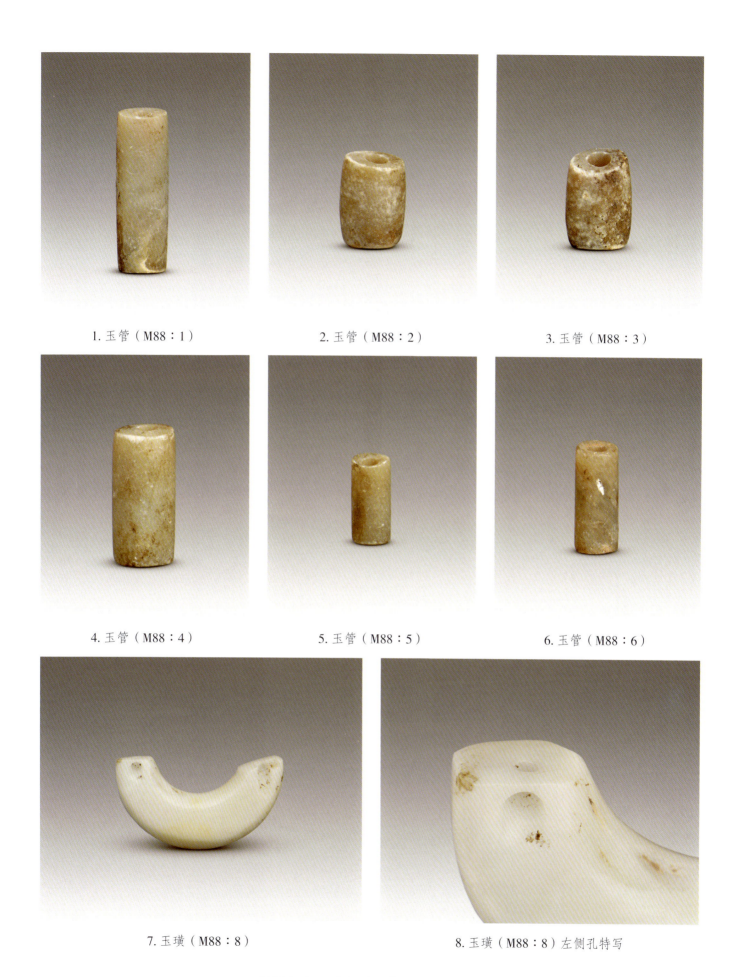

1. 玉管（M88：1）　　　　　2. 玉管（M88：2）　　　　　3. 玉管（M88：3）

4. 玉管（M88：4）　　　　　5. 玉管（M88：5）　　　　　6. 玉管（M88：6）

7. 玉璜（M88：8）　　　　　8. 玉璜（M88：8）左侧孔特写

彩版七七　马家浜文化M88出土器物

1. M89（北—南）

2. M90（北—南）

3. M91（北—南）

彩版七八　马家浜文化M89、M90、M91

1. 石锛（M91：1）

2. 石锛（M91：2）

3. 石锛（M91：3）

4. 陶釜（M91：4）

彩版七九　马家浜文化M91出土器物

1. M93（南—北）

2. M97（北—南）

3. 陶纺轮（M97∶1）

4. 陶钵（M97∶2）

彩版八〇　马家浜文化M93、M97及其出土器物

1. M98（北—南）

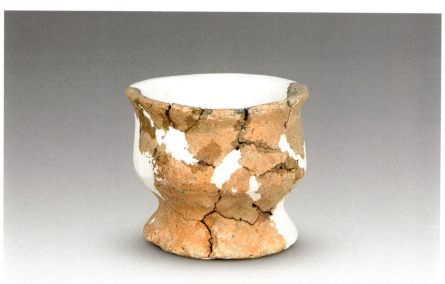

2. 陶圈足罐（M98：1）

3. M99（北—南）

彩版八一　马家浜文化M98、M99及其出土器物

1. M100（北—南）

2. 陶网坠（M100：1）

3. M101（东北—西南）

彩版八二　马家浜文化M100、M101及其出土器物

1. M102（北—南）

2. M102陶鼎出土情况（北—南）

3. 陶鼎（M102：1）

4. 陶鼎（M102：2）

彩版八三　马家浜文化M102及其出土器物

1. M103（北—南）

2. M105（北—南）

3. M108（北—南）

彩版八四　马家浜文化M103、M105、M108

1. 陶杯（M103：1）

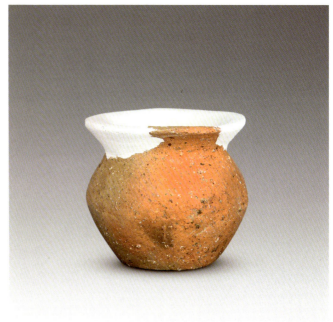

2. 陶罐（M103：2）

3. 陶纺轮（M105：2）

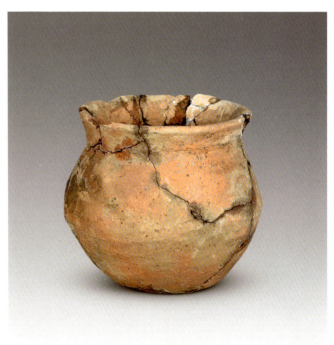

4. 陶罐（M108：1）

彩版八五　马家浜文化M103、M105、M108出土器物

1. M109（北—南）

2. M110（北—南）

彩版八六　马家浜文化M109、M110

1. 陶罐（M109：1）

3. 陶鼎（M110：2）

2. 陶鼎（M110：1）

4. 陶鼎（M111：1）

5. 陶纺轮（M111：2）

彩版八七　马家浜文化M109、M110、M111出土器物

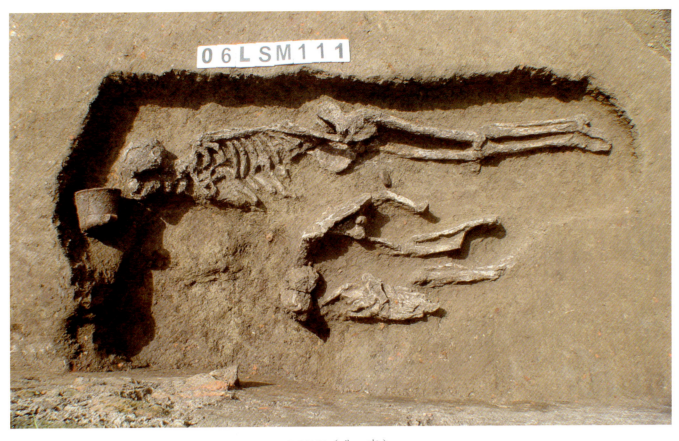

1. M111（北—南）

2. M113（北—南）

彩版八八　马家浜文化M111、M113

1. M116（北—南）

2. M117（北—南）

彩版八九　马家浜文化M116、M117

1. 陶鼎（M113：1）

2. 陶鼎（M113：2）

3. 残石锛（M117：2）

4. 陶纺轮（M117：3）

彩版九〇　马家浜文化M113、M117出土器物

1. M121（东北—西南）

2. 陶纺轮（M121∶1）

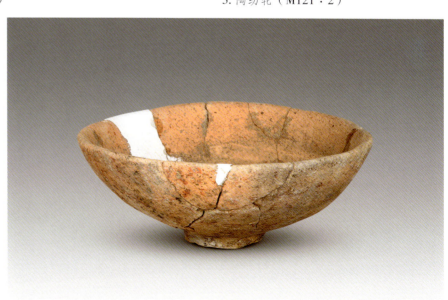

3. 陶纺轮（M121∶2）

4. 陶豆（M121∶3）

彩版九一　马家浜文化M121及其出土器物

1. M122（北—南）

2. 陶鼎（M122：1）

3. 陶鼎（M122：2）

4. M124（北—南）

5. 石凿（M124：1）

彩版九二　马家浜文化M122、M124及其出土器物

1. M125（北—南）

2. M125头部陶圈足罐出土情况（北—南）

3. 陶圈足罐（M125：1）

4. 陶纺轮（M125：2）

5. 陶纺轮（M125：3）

彩版九三　马家浜文化M125及其出土器物

1. M126（南—北）

2. M127（北—南）

3. 陶鼎（M127：1）

彩版九四　马家浜文化M126、M127及其出土器物

1. M128（北—南）

2. M128陶鼎出土情况（北—南）

3. 陶鼎（M128：1）

4. 陶纺轮（M128：2）

彩版九五　马家浜文化M128及其出土器物

1. M129（南—北）

2. M130（东北—西南）

3. 陶鼎（M130∶1）

彩版九六　马家浜文化M129、M130及其出土器物

1. M131（北—南）

2. M131玉璜出土情况（北—南）

3. 玉璜（M131：1）

4. 陶纺轮（M131：2）

彩版九七　马家浜文化M131及其出土器物

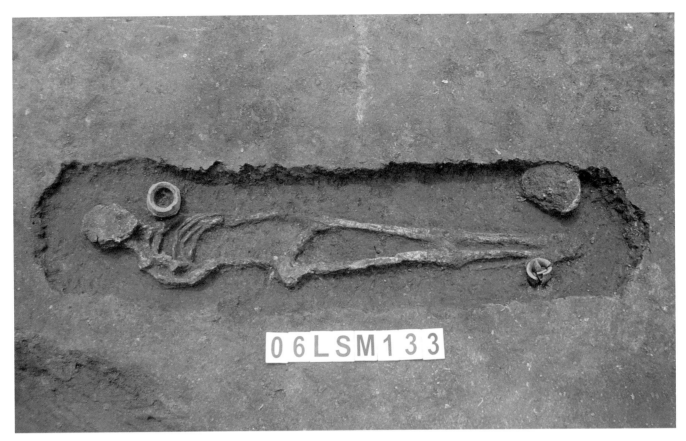

1. M133（北—南）

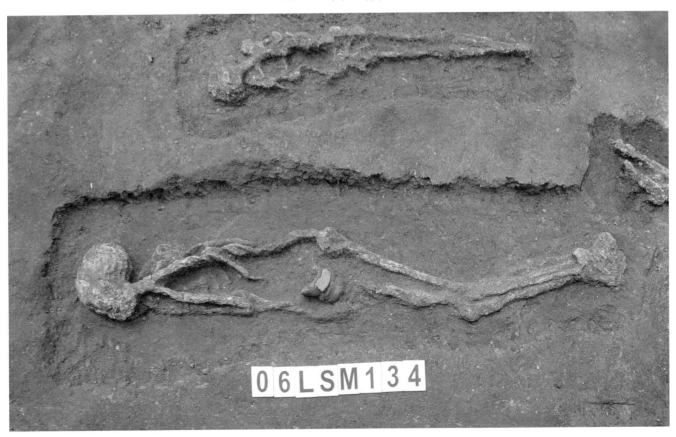

2. M134（北—南）

彩版九八　马家浜文化M133、M134

1. 陶鼎（M133：1）

2. 陶圈足罐（M133：2）

3. 陶圈足罐（M134：1）

4. 陶器盖（M134：2）

5. 陶器盖（M134：3）

彩版九九　马家浜文化M133、M134出土器物

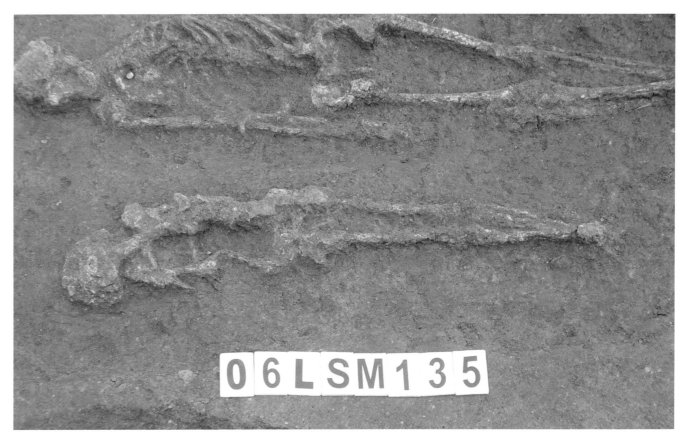

1. M135（北—南）

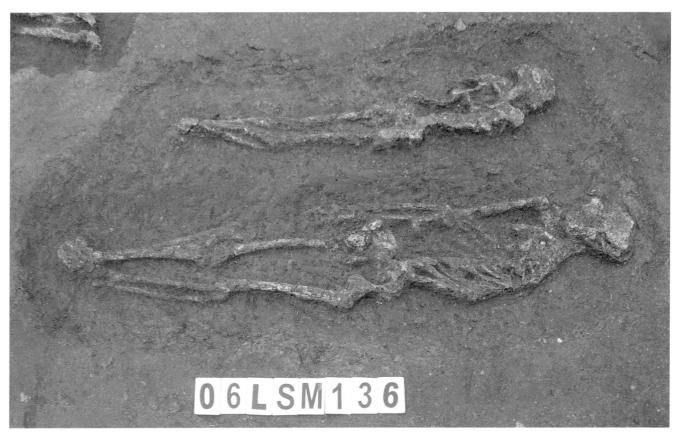

2. M136（南—北）

彩版一〇〇　马家浜文化M135、M136

1. M137（北—南）

2. M137陶盆出土情况（北—南）

3. 陶盆（M137：1）

4. 陶罐（M137：2）

彩版一〇一　马家浜文化M137及其出土器物

1. M140（北—南）

2. M140头部陶器出土情况（北—南）

3. 陶罐（M140：1）

4. 陶鼎（M140：2）

彩版一〇二　马家浜文化M140及其出土器物

1. M141（北—南）

2. M142（南—北）

3. M142陶鼎出土情况（南—北）

4. 陶鼎（M142：1）

彩版一〇三　马家浜文化M141、M142及其出土器物

1. M143（北—南）

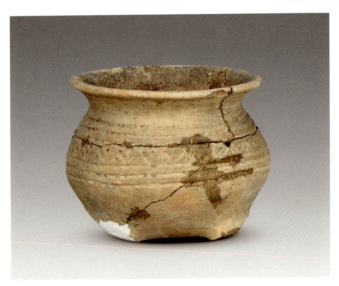

2. 陶鼎（M143：1）

3. 陶纺轮（M143：2）

彩版一〇四　马家浜文化M143及其出土器物

1. M145（北—南）

2. M145陶器出土情况（北—南）

3. 陶鼎（M145：1）

4. 陶豆（M145：2）

5. 陶圈足罐（M145：3）

彩版一〇五　马家浜文化M145及其出土器物

1. M146（南—北）

2. M147（北—南）

3. M147陶鼎出土情况（北—南）

彩版一〇六　马家浜文化M146、M147

1. 陶鼎（M146：1）　　　　　　　　2. 陶鼎（M146：2）

3. 陶鼎（M147：1）　　　　　　　　4. 陶纺轮（M149：1）

5. 陶纺轮（M149：2）　　　　　　　6. 陶鼎（M150：1）

彩版一〇七　马家浜文化M146、M147、M149、M150出土器物

1. M149（北—南）

2. M150（北—南）

彩版一〇八　马家浜文化M149、M150

1. M151（北—南）

2. M151陶鼎出土情况（北—南）

3. M152（北—南）

彩版一〇九　马家浜文化M151、M152

1. 陶鼎（M151：1）

2. 陶纺轮（M152：1）

3. 陶鼎（M152：2）

4. 石斧（M152：3）

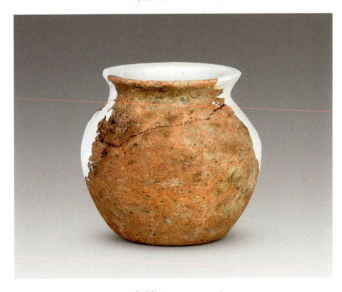

5. 陶罐（M152：4）

彩版一一〇　马家浜文化M151、M152出土器物

1. M153（北一南）

2. M154（北一南）

3. 陶鼎（M154：1）

4. 石锛（M154：2）

彩版一一一 马家浜文化M153、M154及其出土器物

1. M155（南—北）

2. M155陶鼎出土情况（南—北）

3. 陶纺轮（M155：1）

4. 陶鼎（M155：2）

彩版一一二　马家浜文化M155及其出土器物

1. M156（北—南）

2. M157、M158（北—南）

3. M157石锛出土情况（北—南）

彩版一一三　马家浜文化M156、M157、M158

1. 陶纺轮（M156：1）

2. 陶豆（M156：2）

3. 陶鼎（M157：1）

4. 石锛（M157：2）

1. M159（北—南）

2. M159随葬器物出土情况（南—北）

3. 陶鼎（M159：1）

4. 玉璜（M159：2）

5. 陶纺轮（M159：3）

彩版一一五　马家浜文化M159及其出土器物

1. M160（北—南）

2. M160石锛出土情况（北—南）

3. 石锛（M160∶1）

4. 陶纺轮（M160∶2）

彩版——六　马家浜文化M160及其出土器物

1. M161（北—南）

2. M162（北—南）

3. M163（北—南）

彩版一一七　马家浜文化M161、M162、M163

1. M165（北—南）

2. M165陶钵出土情况（北—南）

3. 陶钵（M165：1）

彩版一一八　马家浜文化M165及其出土器物

1. M166（北—南）

2. 陶罐（M166：1）

3. 石凿（M166：2）

4. M168（南—北）

5. 陶罐（M168：1）

彩版一一九　马家浜文化M166、M168及其出土器物

1. M170（北—南）

2. M171（北—南）

彩版一二〇　马家浜文化M170、M171

1. 陶纺轮（M170：1）

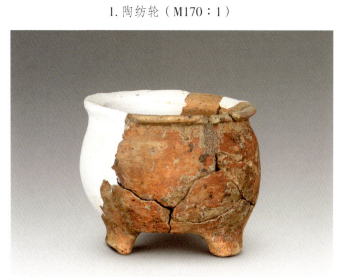

2. 陶钵（M170：2）

3. 陶鼎（M170：3）

4. 石锛（M170：4）

5. 陶釜（M170：5）

6. 陶鼎（M170：6）

1. M172（北—南）

2. M172头部陶器出土情况（北—南）

3. 陶纺轮（M172：5）

4. 陶纺轮（M172：6）

彩版一二二　马家浜文化M172及其出土器物

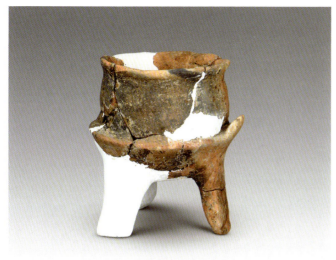

1. 陶鼎（M172：1）

3. 陶杯（M172：3）

2. 陶鼎（M172：2）

4. 陶器盖（M172：4）

5. 陶器盖（M172：7）

彩版一二三　马家浜文化M172出土器物

1. M174（北—南）

2. M175（北—南）

3. M176（北—南）

彩版一二四　马家浜文化M174、M175、M176

1. 陶罐（M175：1）

2. 陶纺轮（M175：2）

3. 石片（M175：3）

4. 陶器盖（M175：4）

5. 陶鼎（M176：1）

彩版一二五　马家浜文化M175、M176出土器物

1. M177（北—南）

2. M178（北—南）

3. 陶鼎（M177：1）

4. 陶鼎（M178：1）

彩版一二六　马家浜文化M177、M178及其出土器物

1. M182（北—南）

4. 穿孔石斧（M182：2）

2. M182石器出土情况（北—南）

3. 陶鼎（M182：1）

5. 石锛（M182：3）

彩版一二七　马家浜文化M182及其出土器物

1. M184（北—南）

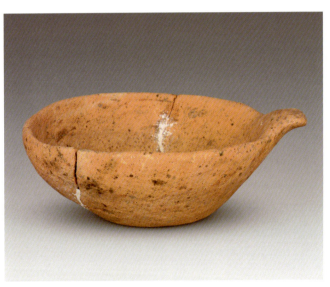

2. 带把陶钵（M184：1）

3. 陶纺轮（M184：2）

4. M185（北—南）

彩版一二八　马家浜文化M184、M185及其出土器物

1. M186（北—南）

2. M187（北—南）

3. M187头部陶器盖出土情况（北—南）

彩版一二九　马家浜文化M186、M187

1. 陶纺轮（M186：1）

2. 石锛坯料（M186：2）

3. 陶器盖（M187：1）

4. 陶鼎（M187：2）

5. 陶网坠（M187：3）

彩版一三〇　马家浜文化M186、M187出土器物

1. M188（北—南）

2. M189（北—南）

3. M190（北—南）

彩版一三一　马家浜文化M188、M189、M190

1. 陶鼎（M188：1）

2. 玉璜（M188：2）

3. 玉管（M188：3）

4. 玉管（M188：4）

5. 玉管（M188：5）

6. 陶纺轮（M188：6）

7. 陶纺轮（M188：7）

彩版一三二　马家浜文化M188出土器物

1. 陶罐（M189：1）

2. 陶纺轮（M189：2）

3. 陶鼎（M190：1）

4. 陶纺轮（M190：2）

5. 石纺轮（M190：3）

6. 玉管（M190：4）

彩版一三三　马家浜文化M189、M190出土器物

1. M192（北—南）

2. M192陶鼎出土情况（北—南）

3. 陶鼎（M192：1）

4. 陶纺轮（M194：1）

5. M194（北—南）

6. 石斧（M194：2）

彩版一三四　马家浜文化M192、M194及其出土器物

1. M196（北—南）

2. M197（北—南）

3. M198（南—北）

彩版一三五　马家浜文化M196、M197、M198

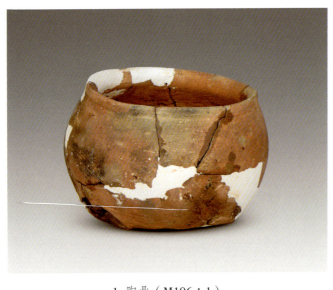

1. 陶鼎（M196：1）

2. 陶纺轮（M196：2）

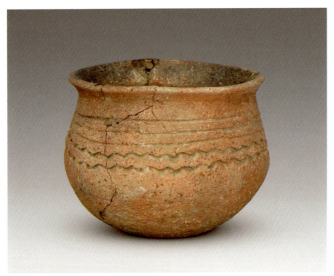

3. 陶罐（M197：1）

4. 陶纺轮（M197：2）

5. 陶罐（M198：1）

6. 陶匜（M198：2）

彩版一三六　马家浜文化M196、M197、M198出土器物

1. M199（北—南）

2. 陶鼎（M199：1）

3. 陶纺轮（M199：2）

4. 陶网坠（M199：3）

彩版一三七　马家浜文化M199及其出土器物

1. M200（北—南）

2. M201（北—南）

3. 陶鼎（M200：1）

4. 陶罐（M201：1）

彩版一三八　马家浜文化M200、M201及其出土器物

1. M202（北—南）

2. 陶罐（M202：1）

3. 陶鼎（M202：3）

4. 石凿（M202：2）

彩版一三九　马家浜文化M202及其出土器物

1. M204（北—南）

2. M204头部器物出土情况（北—南）

3. 环形石器（M204：1）

4. 陶鼎（M204：2）

5. 石锛（M204：3）

6. 石锛（M204：4）

彩版一四○　马家浜文化M204及其出土器物

1. M205（北—南）

2. M206（北—南）

3. 陶纺轮（M206：1）

4. M207（北—南）

彩版一四一　马家浜文化M205、M206、M207及其出土器物

1. M211（南—北）

2. 陶罐（M211：1）

3. 陶纺轮（M211：2）

4. M212（北—南）

5. 陶纺轮（M212：1）

彩版一四二　马家浜文化M211、M212及其出土器物

1. M213（北—南）

2. M214（北—南）

3. M215（北—南）

彩版一四三　马家浜文化M213、M214、M215

1. 陶罐（M213：1）

2. 陶鼎（M214：1）

3. 陶纺轮（M214：2）

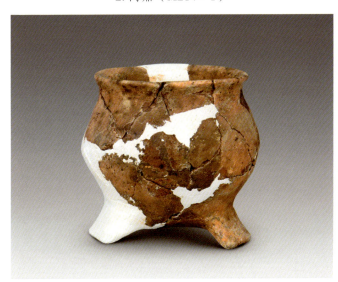

4. 陶鼎（M215：1）

5. 陶罐（M216：1）

6. 陶纺轮（M216：2）

彩版一四四　马家浜文化M213~M216出土器物

1. M216（北—南）

2. M217（北—南）

3. M217头部陶豆出土情况（北—南）

4. 陶豆盘（M217：1）

彩版一四五　马家浜文化M216、M217及其出土器物

1. M218（北—南）

2. M219（北—南）

3. M219头部陶鼎出土情况（北—南）

4. M219穿孔石斧出土情况（北—南）

1. 陶鼎（M218：1）

2. 石锛（M218：2）

3. 陶鼎（M219：1）

4. 陶纺轮（M219：2）

5. 穿孔石斧（M219：3）

彩版一四七　马家浜文化M218、M219出土器物

1. M220（北—南）

2. M220玉管状坠出土情况（北—南）

3. M220头部陶鼎出土情况（北—南）

4. 陶鼎（M220：1）

5. 玉管状坠（M220：2）

彩版一四八　马家浜文化M220及其出土器物

1. M221（北—南）

2. M221石锛出土情况（北—南）

3. 陶釜（M221：1）

4. 石凿（M221：2）

5. 陶纺轮（M221：3）

彩版一四九　马家浜文化M221及其出土器物

1. M223（南—北）

2. M226（北—南）

3. M226陶纺轮出土情况（北—南）

彩版一五〇　马家浜文化M223、M226

1. 石锛（M223：1）

2. 陶鼎（M223：2）

3. 陶坠（M226：1）

4. 陶纺轮（M226：2）

5. 陶纺轮（M226：3）

彩版一五一　马家浜文化M223、M226出土器物

1. M227（南—北）

2. M227陶鼎出土情况（南—北）

3. M228（北—南）

彩版一五二　马家浜文化M227、M228

1. 陶鼎（M227：1）

2. 玉璜（M227：2）

3. 陶鼎（M228：1）

4. 陶纺轮（M228：2）

5. 陶纺轮（M228：3）

彩版一五三　马家浜文化M227、M228出土器物

1. M231（北—南）

2. M231头部陶鼎出土情况（北—南）

3. 陶鼎（M231：1）

4. 陶纺轮（M231：2）

彩版一五四　马家浜文化M231及其出土器物

1. M232（北—南）

2. 陶鼎（M232：1）

3. 陶匜（M232：2）

彩版一五五　马家浜文化M232及其出土器物

1. M234（南—北）

2. M234陶鼎出土情况（南—北）

彩版一五六　马家浜文化M234

1. 陶鼎（M234：1）

2. 石锛（M234：2）

3. 陶纺轮（M234：3）

4. 陶纺轮（M234：4）

5. 石凿（M234：5）

彩版一五七　马家浜文化M234出土器物

1. M236（北—南）

2. 陶罐（M236：1）

3. 陶纺轮（M236：2）

4. 陶纺轮（M236：3）

彩版一五八　马家浜文化M236及其出土器物

1. M237（北—南）

2. M238（北—南）

3. M240（北—南）

4. 石锛（M240：1）

彩版一五九　马家浜文化M237、M238、M240及其出土器物

1. M251、M252（北—南）

2. M255（南—北）

彩版一六〇　马家浜文化M251、M252、M255

1. M256（南—北）

2. 条形石器（M256：1）

3. 陶鼎（M257：1）

4. M257（南—北）

彩版一六一　马家浜文化M256、M257及其出土器物

2. M260头部陶器出土情况（北—南）

1. M260（西—东）

3. M261（北—南）

彩版一六二　马家浜文化M260、M261

1. 陶匜（M260：1）

4. 陶纺轮（M260：3）

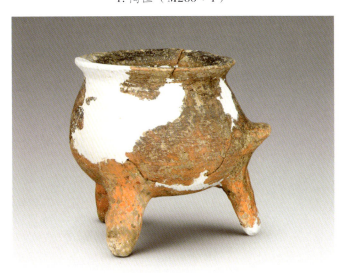

2. 陶鼎（M260：2）

5. 陶纺轮（M260：4）

6. 陶鼎（M261：1）

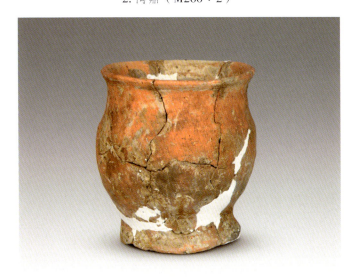

3. 陶圈足罐（M260：5）

7. 陶纺轮（M261：2）

彩版一六三　马家浜文化M260、M261出土器物

1. W1、W2

2. W4

3. W10

4. W10局部

5. W11

1. 陶豆（W2：2）

2. 陶釜（W4：1）

3. 陶釜（W6：1）

4. 陶釜（W9：1）

彩版一六五　马家浜文化瓮棺葬葬具

1. 陶鼎（W10：1）

2. 陶釜（W11：1）

3. 陶釜（W12：1）

彩版一六六　马家浜文化瓮棺葬葬具

1. W13

2. W13

3. 陶釜（W13：1）

4. 陶釜（W14：1）

彩版一六七　马家浜文化瓮棺葬及葬具

1. 陶釜（W16：1）

2. 殉狗遗迹1

3. 殉狗遗迹2

彩版一六八　马家浜文化瓮棺葬葬具及殉狗遗迹

1. Aa I 式（M218：1）

2. Aa II 式（M227：1）

3. Aa III 式（M128：1）

4. Ab I 式（M190：1）

5. Ab II 式（M234：1）

彩版一六九　马家浜文化墓葬出土陶鼎

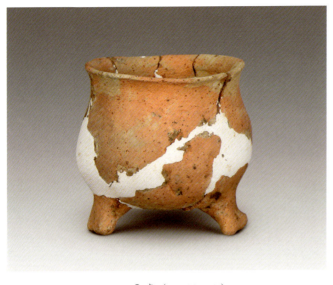

1. Ba I 式（M199：1）

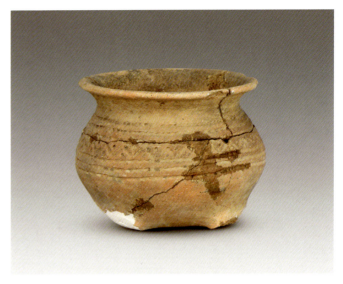

2. Ba II 式（M143：1）

3. Bb I 式（M155：2）

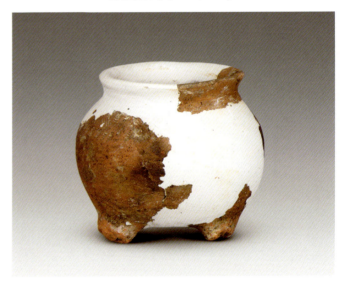

4. Bb II 式（M146：2）

5. Bc I 式（M127：1）

6. Bc II 式（M154：1）

彩版一七〇　马家浜文化墓葬出土陶鼎

1. Bc Ⅲ 式（M20：2）

2. Bd Ⅰ 式（M102：1）

3. Bd Ⅱ 式（M10：1）

4. Bd Ⅲ 式（M76：2）

5. D Ⅰ 式（M169：1）

6. D Ⅱ 式（M67：1）

彩版一七一　马家浜文化墓葬出土陶鼎

1. Ca I 式（M192：1）

2. Ca II 式（M241：1）

3. Ca III 式（M85：1）

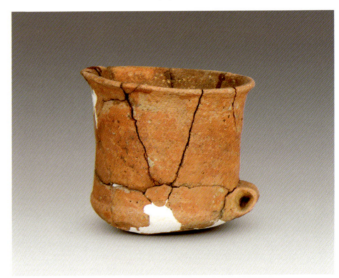

4. Cb I 式（M111：1）

5. Cb II 式（M146：1）

6. Cb III 式（M113：1）

彩版一七二　马家浜文化墓葬出土陶鼎

1. AⅠ式（M202：1）

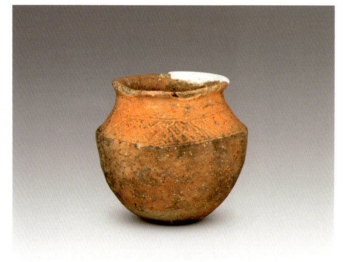

2. AⅡ式（M197：1）

3. BⅠ式（M213：1）

4. BⅡ式（M138：1）

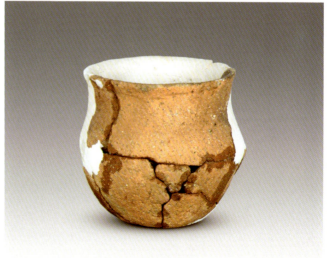

5. CⅠ式（M4：4）

6. CⅡ式（M14：3）

彩版一七三　马家浜文化墓葬出土陶罐

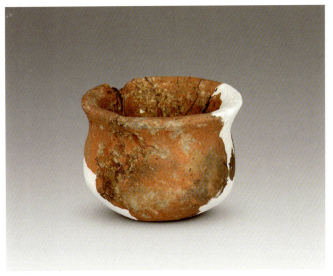

1. DbI式罐（M36：2）

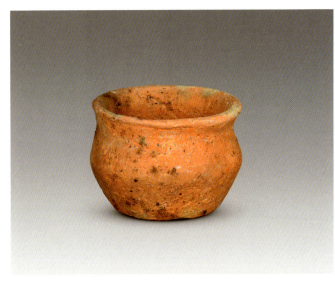

2. DbII式罐（M132：1）

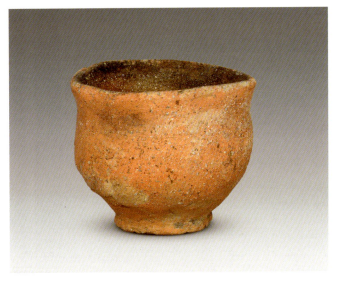

3. AaI式圈足罐（M224：1）

4. AaII式圈足罐（M260：5）

5. AaI式匜（M232：2）

6. AaII式匜（M260：1）

彩版一七四　马家浜文化墓葬出土陶罐、圈足罐、匜

1. 豆（T1032等②b：2）

3. 豆（T1032等②b：1）

2. 豆（T0832等②b：7）

4. 双鼻壶（T0832等②b：1）

5. 壶（T1032等②b：6）

彩版一七五　崧泽—良渚文化地层出土陶器

1. 陶罐（T0832等②b：5）

2. 陶罐（T0832等②b：8）

3. 穿孔石斧（T0832等②b：2）

4. 穿孔石斧（T1032等②b：4）

5. 有段石锛（T0832等②b：6）

6. 有段石锛（T0832等②b：3）

彩版一七六　崧泽—良渚文化地层出土陶、石器

M63

M64

M65

M62

M61

M60

彩版一七七　崧泽—良渚文化墓葬分布（东—西）

1. M58（西北—东南）

2. 有段石锛（M58：1）

3. 穿孔石斧（M58：2）

4. 陶双鼻壶（M58：3）

5. 陶豆（M58：4）

彩版一七八　崧泽—良渚文化M58及其出土器物

1. M59（西北—东南）

2. 陶双鼻壶（M59：1）

4. 陶缸（M59：5）

3. 陶豆（M59：3）

彩版一七九　崧泽—良渚文化M59及其出土器物

1. 穿孔石斧（M59：2）

2. 石锛（M59：4）

3. 穿孔石斧（M60：1）

4. 石锛（M60：2）

5. 穿孔石斧（M60：3）

彩版一八〇　崧泽—良渚文化M59、M60出土器物

1. M60（东南—西北）

2. 陶豆（M60：4）

3. 陶匜（M60：5）

4. 陶带把鼎（M60：6）

5. 陶杯（M60：7）

彩版一八一　崧泽—良渚文化M60及其出土器物

1. M61（东南—西北）

2. 陶纺轮（M61:5）

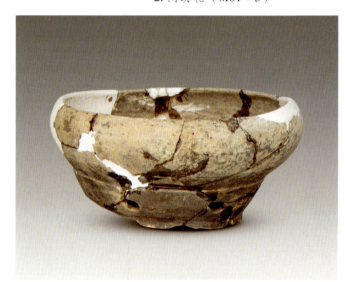

3. 带把陶罐（M61:1）

4. 陶豆（M61:2）

5. 陶罐（M61:3）

6. 陶杯（M61:4）

彩版一八二　崧泽—良渚文化M61及其出土器物

1. M62（东南—西北）

2. 陶壶（M62：1）

3. 陶豆（M62：2）

4. M63（东南—西北）

彩版一八三　崧泽—良渚文化M62、M63及其出土器物

1. 石锛（M63：1）

2. 陶壶（M63：2）

3. 石锛（M63：3）

4. 石锛（M63：4）

5. 穿孔石钺（M63：5）

6. 陶大口缸（M63：7）

彩版一八四　崧泽—良渚文化M63出土器物

1. M64（东南—西北）

2. 陶杯（M64：1）

3. 陶罐（M64：2）

彩版一八五　崧泽—良渚文化M64及其出土器物

1. M65（东南—西北）

2. 穿孔石斧（M65∶2）

彩版一八六　崧泽—良渚文化M65及其出土器物

1. 陶杯（M65：1）

2. 陶罐（M65：3）

3. 陶豆（M65：4）

4. 陶豆（M65：5）

1. M66（西北—东南）

2. 穿孔石斧（M66：1）

3. 石锛（M66：3）

4. 陶鼎（M66：5）

彩版一八八　崧泽—良渚文化M66及其出土器物

1. 陶杯（M66：2）

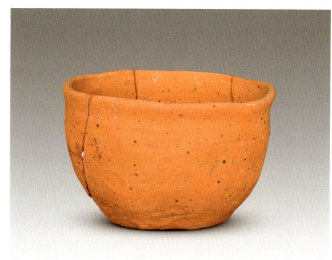

2. 陶盆（M66：4）

3. 陶杯（M66：6）

4. 陶杯（M66：7）

5. 陶豆（M66：8）

6. 陶杯（M66：9）

彩版一八九　崧泽—良渚文化M66出土器物

彩版一九〇　夏商时期G1（西南—东北）

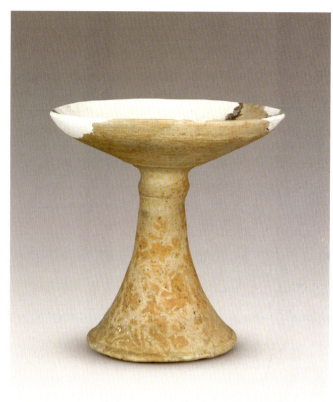

1. AaⅠ式（T1230等G1⑥：106）　　　　　　　2. AbⅠ式（T1230等G1⑥：103）

3. AbⅠ式（T1230等G1⑥：107）　　　　　　　4. Ba型（T1230等G1⑥：119）

彩版一九一　夏商时期G1出土陶豆

1. Bd型（T1230等G1⑥：102）

2. Bd型（T1232等G1⑤：27）

3. C型（T1232等G1④：16）

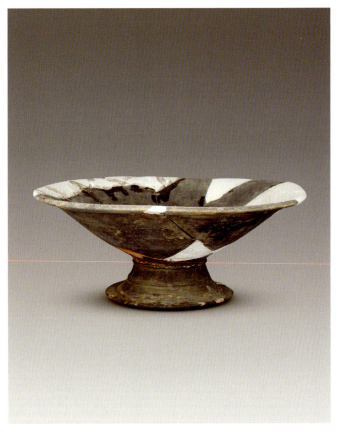

4. D型（T1232等G1⑥：6）

彩版一九二　夏商时期G1出土陶豆

1. AⅡ式（T1230等G1①：20）

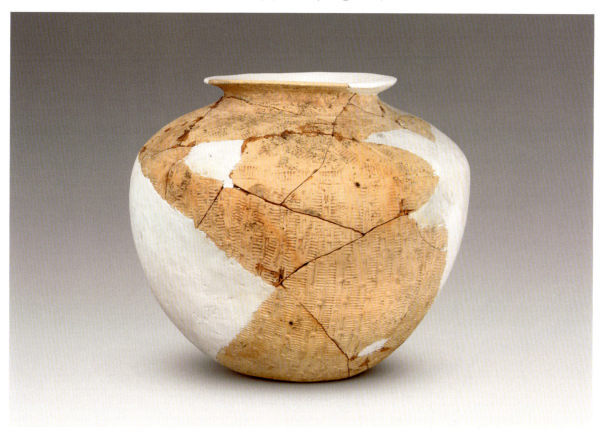

2. BⅢ式（T1230等G1①：25）

彩版一九三　夏商时期G1出土大陶罐

1. Ba型（T1230等G1⑥：101）

2. DaⅡ（T1230等G1④：2）

3. DbⅠ式（T1230等G1⑥：104）

4. DbⅡ式（T1230等G1②：1）

彩版一九四　夏商时期G1出土小陶罐

1. AⅢ式（T1230等G1①：29）

2. BbⅠ式（T1230等G1⑤：1）

3. BbⅡ式（T1230等G1③：2）

彩版一九五　夏商时期G1出土陶刻槽盆

1. B型釜甑类口沿（T1232等 G1④：15）

2. AⅡ式三足盘（T1230等G1④：4）

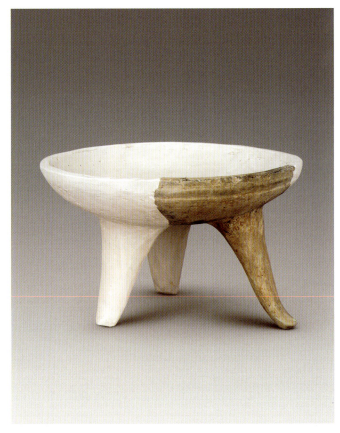

3. B型三足盘（T1232等G1①：2）

彩版一九六　夏商时期G1出土陶釜甑类口沿、三足盘

1. Aa I 式（T1230等G1⑥：117）

2. Ab I 式（T1232等G1⑤：28）

3. Ab II 式（T1230等G1①：28）

4. AC III 式（T1230等G1①：22）

彩版一九七　夏商时期G1出土陶钵

1. 刀（T1230等G1①：14）

2. 镰（T1230等G1⑥：34）

彩版一九八　夏商时期G1出土石刀、镰

1. H1（南—北）

2. 陶鬲（H1∶9）

3. 石锥（H1∶7）

4. H13（东南—西北）

彩版一九九　夏商时期H1、H13及其出土器物

1. H28（北—南）

2. H29（东—西）

3. H30（南—北）

彩版二〇〇　夏商时期H28、H29、H30

1. 陶豆（H29：8）

2. 石镰（H29：1）

3. 陶豆（H30：1）

彩版二〇一　夏商时期 H29、H30出土器物

1. H31（南—北）

2. H33（北—南）

彩版二〇二　夏商时期H31、H33

1. 陶鸭形壶（H33：7）

2. 陶器盖（H33：13）

3. 石镞（H33：1）

4. 石刀（H33：2）

5. 穿孔石斧（H33：3）

6. 石刀（H33：4）

彩版二〇三　夏商时期H33出土器物

1. H91（东—西）

2. 陶纺轮（H91：1）

3. 陶网坠（H91：2）

彩版二〇四　夏商时期H91及其出土器物

1. 石镰（T0832等②a：2）

2. 石镰（南扩方②a：3）

3. 铜镞（T0832等②a：5）

彩版二〇五　春秋时期地层出土石、铜器

1. H88（北—南）

2. 陶鼎（H88：1）

3. 陶鼎（H88：4）

4. 原始瓷碗（H88：2）

5. 原始瓷碗（H88：3）

彩版二〇六　春秋时期H88及其出土器物